# Das Ein- und Zweikammersystem im deutschen Konstitutionalismus

**Europäische Hochschulschriften**

European University Studies

Publications Universitaires Européennes

Reihe II **Rechtswissenschaft**

Series II Law

Série II Droit

Band/Volume **5804**

Claudia Essmann-Bode

# Das Ein- und Zweikammersystem im deutschen Konstitutionalismus

## Eine Studie über die Vor- und Frühformen des heutigen Parlamentarismus

PL ACADEMIC RESEARCH

**Bibliografische Information der Deutschen Nationalbibliothek**
Die Deutsche Nationalbibliothek verzeichnet diese Publikation in der Deutschen Nationalbibliografie; detaillierte bibliografische Daten sind im Internet über http://dnb.d-nb.de abrufbar.

Zugl.: Bielefeld, Univ., Diss., 2015

D 361
ISSN 0531-7312
ISBN 978-3-631-66769-9 (Print)
E-ISBN 978-3-653-06429-2 (E-Book)
DOI 10.3726/978-3-653-06429-2


PL Academic Research ist ein Imprint der Peter Lang GmbH.
Peter Lang – Frankfurt am Main · Bern · Bruxelles · New York · Oxford · Warszawa · Wien



Diese Publikation wurde begutachtet.

www.peterlang.com

# Danksagung

Zunächst möchte ich mich bei meinem Doktorvater Herrn Prof. Dr. Kotulla für die umfassende Betreuung und die wertvollen Anregungen und Ratschläge bedanken, die ich stets dankbar angenommen habe und viele hiervon in der vorliegenden Dissertation berücksichtigen konnte.

Weiterhin gilt mein besonderer Dank meinen Eltern und meiner Schwester, bei denen ich stets auf offene Arme und Ohren, aber vor allem auf tröstende Worte gestoßen bin, wodurch ich die notwendige Motivation erfahren habe, auch in „schwierigeren" Zeiten nicht aufzugeben und die Arbeit zu beenden.

Diesen besonderen Dank möchte ich auch meinem damaligen Freund und jetzigen Ehemann Timo aussprechen, auf dessen liebevolle Unterstützung ich jederzeit zählen kann. Vor allem sein Vertrauen in mich macht ihn zu einem ganz besonderen und einzigartigen Menschen, der es wie kein anderer schafft, mich mit humorvollen und aufmunternden Worten stets zu motivieren.

Schließlich möchte ich namentlich noch Verena Zahn und Lena Schmid danken, die sich sehr viel Zeit genommen haben, meine Dissertation Korrektur zu lesen und mir dadurch nicht nur einen erheblichen Teil an Arbeit abzunehmen, sondern mir auch wertvolle Tipps und Änderungsvorschläge gegeben haben, die ich dankbar angenommen habe.

# Inhaltsverzeichnis

# Einführung

## I. Ausgangslage

Bei der Gründung eines Staates stellt sich neben anderen staatspolitischen Fragen auch immer die Frage nach der verfassungsrechtlichen Gestaltung. So stand auch auf dem Wiener Kongress, als es um die Neuordnung der deutschen Staaten nach Auflösung des Rheinbundes ging, die Frage nach der Ausgestaltung neuer Verfassungen im Vordergrund der Beratungen der 39 deutschen Länder.[1] In diesen mitgliedstaatlichen Monarchien kam es im Laufe der Zeit des Deutschen Bundes sukzessive zum Erlass von Grundgesetzen, in denen als politisches System entweder ein Ein- oder ein Zweikammersystem festgesetzt wurden, wobei sich die meisten Länder für ein Einkammersystem entschieden.

Eine solche Bandbreite an unterschiedlichen politischen Ausgestaltungen auf begrenztem Raum gab es nach Auflösung des Deutschen Bundes in Deutschland nicht mehr und stellt aus heutiger Sicht eine vollkommen außergewöhnliche Situation dar. Die Zeit des Deutschen Bundes ist damit politisch gesehen eine außerordentlich interessante Ära, denn eine derartige Vielfalt divergierender Systeme stellt eine ideale Möglichkeit für einen unmittelbaren Vergleich dar. Hierdurch können Vor- und Nachteile der unterschiedlichen politischen Ausgestaltungen besonders gut beleuchtet und Rückschlüsse auf aktuelle politische Entscheidungen gezogen werden.

Dennoch hat sich bis heute kaum ein Schriftsteller mit der Frage beschäftigt, wie die Vorschriften in den Verfassungen der Einzelstaaten im Hinblick auf die Kammersysteme beschaffen waren und welche Gemeinsamkeiten und Divergenzen es zwischen den Ein- und Zweikammersystemen gab. Viele Schriften befassen sich lediglich mit den heute in einigen Staaten noch vorherrschenden Zweikammersystemen.[2] Daneben gibt es zwar eine Vielzahl wissenschaftlicher Ausarbeitungen, die sich mit der verfassungsrechtlichen Situation zur Zeit des Deutschen Bundes beschäftigen, die hierbei jedoch das Augenmerk jeweils nur auf einen der vielen Einzelstaaten richten und dadurch einen unmittelbaren Vergleich zwischen den damals bestehenden

---

1 Siehe hierzu: Spiel, Der Wiener Kongreß in Augenzeugenberichten, S. 42 ff.; Kissinger, Großmacht Diplomatie – von der Staatskunst, Castlereaghs und Metternichs, S. 173 ff.; Griewank, Der Wiener Kongress und die Europäische Restauration 1814/1815, S. 11 ff.; Klüber, Übersicht der diplomatischen Verhandlungen des Wiener Kongresses überhaupt und insbesondere über wichtige Angelegenheiten des teutschen Bundes, Vorrede; Treitscke, Der Wiener Kongress, S. 118 ff.

2 So beispielsweise: Riescher/Ruß/Haas (Hrsg.), Zweite Kammern; Reyes, Die Rolle zweiter Kammern in Bundesstaaten – rechtsvergleichende Untersuchung am Beispiel Deutschlands, der Vereinigten Staaten von Amerika und der Vereinigten Mexikanischen Staaten; Hanf, Bundesstaat ohne Bundesrat? Die Mitwirkung der Glieder und die Rolle zweiter Kammern in evolutiven und devolutiven Bundesstaaten.

Kammersystemen vermissen lassen.[3] Eine verfassungsvergleichende Studie zu den Einzelstaaten des Deutschen Bundes findet sich lediglich in der Dissertation „Volksvertretung im Vormärz, Studien zur Zusammensetzung, Wahl und Funktion der deutschen Landtage im Spannungsverhältnis zwischen monarchischem Prinzip und ständischer Repräsentation“ von Peter Michael Ehrle aus dem Jahr 1979. Allerdings bezieht sich der Autor allein auf die Zeit des Vormärz von 1815–1848. Gerade die Jahre von 1850 bis zur Auflösung des Deutschen Bundes im Jahre 1866 waren jedoch noch einmal geprägt von großen Verfassungsänderungen, die durch die Restaurationspolitik nach den Ereignissen der Märzrevolution erzwungen worden waren. Ein umfassender Vergleich der Verfassungen im Hinblick auf die Ein- und Zweikammersysteme während der gesamten Zeit des Deutschen Bundes fehlt mithin in Ehrle's Dissertation. Zudem untersucht der Autor lediglich die Zusammensetzung und die Wahl der damaligen Landtage, ohne auch die verfassungsrechtlichen Regelungen zu den Rechten und Pflichten der Mitglieder der Landtage mit einzubeziehen. Schließlich vergleicht der Autor nur die Ein- und Zweikammersysteme untereinander, ohne beide Systeme selber noch einmal einer Untersuchung nach Gemeinsamkeiten und Unterschieden zu unterziehen.

Ein unmittelbarer und umfassender Vergleich der verfassungsrechtlichen Regelungen zu den Ein- und Zweikammersystemen, wie sie in den Einzelstaaten in der Zeit von 1815–1866 bestanden, hat damit bis heute noch keinen Platz in der deutschen Fachliteratur gefunden.

## II. Zielsetzung der Dissertation

Das bisherige Fehlen einer solchen Abhandlung rechtfertigt die vorliegende Dissertation in der Weise, als dass hierdurch erstmals eine umfassende Darstellung von den damaligen verfassungsrechtlichen Gegebenheiten im Hinblick auf das Ein- und Zweikammersystem zur Zeit des Deutschen Bundes geboten wird. Im Unterschied zu der oben genannten Dissertation von Peter Michael Ehrle bezweckt die Verfasserin einen Vergleich aller Verfassungen, die zu irgendeinem Zeitpunkt während des Bestehens des Deutschen Bundes, und damit auch über 1848 hinaus, in den Einzelstaaten Gültigkeit besaßen. Eine erschöpfende Behandlung dieses Themas erfordert dabei eine Darstellung *sämtlicher* Regelungen, die das Ein- und Zweikammersystem in den jeweiligen Verfassungen betrafen. Daher sind neben der Zusammensetzung und dem Wahlrecht der damaligen Landtage auch die Rechte und Pflichten der Abgeordneten zu untersuchen, die in der Dissertation von Peter Michael Ehrle ebenfalls außer Acht gelassen wurde.

---

3 Um nur einige wenige Beispiele zu nennen: Nathan, Preußens Verfassung und Verwaltung im Urteile rheinischer Achtundvierziger; Pfeiffer, Geschichte der landständischen Verfassung in Kurhessen; Oberschelp, Politische Geschichte Niedersachsens 1803–1866; Pollmann, Die braunschweigische Verfassung von 1832.

Der angestrebte unmittelbare Vergleich zwischen den Verfassungen der Einzelstaaten ist erforderlich, um die damalige verfassungsrechtliche Lage in ihrer Gänze zu verstehen. Dazu ist eine zeitgenössische Sichtweise unabdingbar, da oftmals das heutige und das damalige politische Grundverständnis, schon allein aufgrund der unterschiedlich vorherrschenden Staatsformen, sehr stark voneinander abweichen. Während wir heutzutage in der Bundesrepublik Deutschland in einer repräsentativen Demokratie leben, waren die Mitgliedstaaten des Deutschen Bundes konstitutionelle Monarchien, was sich entsprechend auf die Funktionsweise und die Stellung der jeweiligen Landtage ausgewirkt hat.

Hinsichtlich der Regelungen zu der Zusammensetzung der Landtage ist insbesondere von Interesse, welche Mitglieder als Abgeordnete zugelassen wurden, welche Voraussetzungen sie hierfür mitbringen mussten und ob es insoweit Unterschiede zwischen den Ein- und Zweikammersystemen gab. Im Rahmen der Untersuchung des damaligen Wahlrechts ist zu analysieren, inwieweit die Bevölkerung in den Wahlvorgang einbezogen wurde und welche Wahlrechtsvoraussetzungen sie hierfür erfüllen mussten. Schließlich interessiert noch die Frage, welche Kompetenzen die Abgeordneten hatten und wie sich diese Rechte im Laufe des Bestehens des Deutschen Bundes möglicherweise veränderten.

Durch den ausführlichen Verfassungsvergleich sollen weiterhin Erkenntnisse darüber gewonnen werden, warum einige Einzelstaaten sich für ein Zweikammersystem entschieden, andere wiederum ein Einkammersystem präferierten. Wurden beispielsweise Zweikammersysteme nur in größeren Staaten eingeführt, da es aufgrund ihrer Größe nur in diesen Staaten Sinn machte, die Landtage in zwei Kammern zu unterteilen? Oder lag es vielmehr daran, dass ungleiche Entwicklungen in den Einzelstaaten zu unterschiedlichen Ausgestaltungen der Landtage führten? Haben sich die jeweiligen Einzelstaaten möglicherweise am englischen oder französischen Vorbild orientiert? Oder war ein Zweikammersystem effizienter als ein Einkammersystem? Diese Fragen werden unter anderem im vorzunehmenden Vergleich zu beantworten sein.

Eine solch umfassende geschichtliche Darstellung ermöglicht es, Rückschlüsse aus der heutigen Sicht ziehen zu können. Dieses Vorgehen findet sich vielfach in historischen Untersuchungen, um für die Gegenwart Erkenntnisse darüber zu gewinnen, welche Auswirkungen die damaligen Verhältnisse und welche Vor- und Nachteile vergangene Erscheinungsformen hatten. Nicht selten wird ein bereits früher bestehendes System als Vorbild für die heutigen Gegebenheiten genommen. Ein Beispiel hierfür stellt auch das Zweikammersystem dar, welches heutzutage immer noch rund einem Drittel aller Staaten weltweit als politische Staatsstruktur dient. Erst wenn die geschichtliche Entwicklung betrachtet wird, ist es möglich, die heutigen Gegebenheiten in Gänze zu verstehen.

Aus diesem Gedanken heraus rechtfertigt sich das weitere Anliegen dieser Dissertation, nämlich zu untersuchen, inwieweit die damaligen Verhältnisse als Vorformen des heutigen Parlamentarismus zu werten sind. Es stellt sich mithin die Frage, wann im Verlauf der Geschichte der Weg für politische Strukturen, wie sie heutzutage vorzufinden sind, geebnet wurde. Ganz bewusst setzt die Autorin hier den Begriff der

„Vorformen“ ein. Denn der Parlamentarismus an sich, wie wir ihn heute verstehen, ist in Deutschland erst mit Beginn der Weimarer Republik entstanden. Es gilt deshalb zu erkennen, ob die Merkmale des heutigen Parlamentarismus in Ansätzen bereits in den Ausgestaltungen der Ein- und Zweikammersysteme des 19. Jahrhunderts vorhanden waren.

Durch einen umfassenden Verfassungsvergleich soll zunächst die Erkenntnis gewonnen werden, ob in der Zeit des Deutschen Bundes verfassungsrechtlich eine kontinuierliche Weiterentwicklung in die Richtung des heutigen Verständnisses des modernen Parlamentarismus stattgefunden hat, so dass als Vergleichsmaßstab die letzte zeitliche Unterteilung, d.h. die Zeit von 1851–1866, dienen würde. Sollte hingegen eine mögliche Weiterentwicklung durch erneute Rückschritte im Laufe der Zeit verhindert worden sein oder eine Stagnation in der Entwicklung stattgefunden haben, so gab es möglicherweise nur zu bestimmten Zeiten einzelne Vorformen, die sich in dem aktuellen Verfassungssystem als Merkmale des Parlamentarismus wiederfinden. Gibt es beispielsweise Grundsätze des damaligen Wahlrechts auch heute noch? Findet sich ein Ein- oder gar Zweikammersystem in der politischen Ordnung Deutschlands wieder? Und haben sich möglicherweise bestimmte Rechte und Pflichten der damaligen Abgeordneten bis in die gegenwärtige Zeit durchgesetzt? Nur bei Klärung all dieser Fragen ist es möglich, die Entstehung des modernen Parlamentarismus in seiner Gesamtheit zu verstehen und mögliche Veränderungen im Laufe der Zeit nachzuvollziehen.

Die vorliegende Dissertation dient somit dem Zweck, Aufschluss darüber zu gewinnen, ob die damaligen Ein- und Zweikammersysteme als Vorläufer des heutigen Parlamentarismus zu werten und ob die heutigen Verhältnisse als Fortsetzung einer Traditionslinie zu verstehen sind.

## III. Gegenstand der Untersuchung

Die Grundlage der Untersuchung bilden die Verfassungen der Einzelstaaten des Deutschen Bundes. Da es allerdings während des Bestehens des Staatenbundes zu territorialen Veränderungen kam, sind diese in der vorliegenden Arbeit zu berücksichtigen, soweit sich die Umgestaltungen der einzelnen Gebiete auch auf die Verfassunggebung ausgewirkt haben.

Zu den Einzelstaaten gehörten das Kaiserreich Österreich, die Königreiche Bayern, Hannover, Preußen und Sachsen, das Kurfürstentum Hessen-Kassel, die Großherzogtümer Hessen-Darmstadt, Luxemburg, Mecklenburg-Schwerin und -Strelitz, Sachsen-Weimar-Eisenach und Oldenburg sowie die Herzogtümer Anhalt-Bernburg, -Dessau und -Köthen, Braunschweig, Holstein-Lauenburg, Nassau-Usingen, Nassau-Weilburg, Sachsen-Gotha-Altenburg, Sachsen-Coburg-Saalfeld, Sachsen-Meiningen und -Hildburghausen.[4] Zum Zeitpunkt der Gründung gab es zudem zwölf Fürstentümer: Dazu zählten Hohenzollern-Hechingen und -Sigmaringen, Liechtenstein,

4 Bornhak, Deutsche Verfassungsgeschichte, S. 345 ff.

Reuß-Greiz (*Reuß älterer Linie*), sowie Reuß-Schleiz, -Ebersdorf und -Lobenstein (zusammen: *Reuß jüngerer Linie*), Lippe-Detmold, Schaumburg-Lippe, Schwarzburg-Rudolstadt und -Sondershausen sowie Waldeck. Die vier freien Städte waren Bremen, Hamburg, Frankfurt und Lübeck.[5]

Durch den Beitritt Badens und Württembergs stieg die Mitgliederzahl am 1. September 1815 auf 41 deutsche Staaten an,[6] reduzierte sich dann kurzzeitig auf 40, als sich das Herzogtum Nassau-Usingen und das Fürstentum Nassau-Weilburg am 24. März 1816 zu dem Herzogtum Nassau zusammenschlossen,[7] erhöhte sich jedoch schon ein Jahr später wieder durch den Beitritt des Landgrafentums Hessen-Homburg am 07. Juli 1817.[8]

Im Laufe des Bestehens des Deutschen Bundes kam es zu weiteren territorialen Veränderungen, so dass es zum Zeitpunkt seiner Auflösung im Jahr 1866 insgesamt nur noch 34 Staaten gab.[9] Veränderungen widerfuhren zunächst den Kleinstaaten Reuß-Ebersdorf, -Schleiz und -Lobenstein, die sich zu Reuß jüngerer Linie am 7. Mai 1824 zusammenschlossen.[10] Vor ihrem Zusammenschluss zu *einem* Staat waren keine Staatsgrundgesetze erlassen worden, so dass nur die Verfassung von Reuß jüngerer Linie vom 20.11.1849 in dem folgenden Vergleich als Untersuchungsgegenstand dient.

Schon ein Jahr später kam es zu weiteren Modifikationen in den sächsischen Herzogtümern: So erlosch die Linie Sachsen-Gotha-Altenburg mit dem Tod des Herzogs Friedrich IV. am 11. Februar 1825 und Gotha fiel an Sachsen-Coburg-Saalfeld, das wiederum auf das Fürstentum Saalfeld zugunsten Sachsen-Meiningen verzichtete und sich nunmehr Sachsen-Coburg-Gotha nannte.[11] Altenburg wurde hingegen vom bisherigen Herzog von Sachsen-Hildburghausen übernommen, welcher seinerseits seinen Herrschaftsbereich an Sachsen-Meiningen übertrug. Das bis dahin bekannte Sachsen-Hildburghausen wurde somit zu Sachsen-Altenburg und Sachsen-Meiningen zu Sachsen-Meiningen-Hildburghausen.[12] Die ursprünglichen Staaten Sachsen-Coburg-Saalfeld und Sachsen-Hildburghausen hatten bereits vor den genannten Veränderungen Verfassungen ausgearbeitet, weshalb sie bei der Untersuchung zu berücksichtigen sind.

Da sowohl das Herzogtum Anhalt-Köthen als auch Anhalt-Dessau seit 1847 vom Herzog Leopold IV. Friedrich regiert wurden, waren beide Verfassungen inhaltlich identisch ausgestaltet.[13] Es wird deshalb in dem vorzunehmenden Vergleich der

5 Kotulla, Deutsche Verfassungsgeschichte, Rdnr. 1316; Bornhak, a.a.O., S. 345 ff.

6 Conrad, Der deutsche Staat, S. 127; Kotulla, a.a.O., Rdnr. 1316.

7 Köbler, Historisches Lexikon der deutschen Länder, S. 450.

8 Galletti, Allgemeine Weltkunde, S. 183.

9 Kotulla, a.a.O., Rdnr. 1331.

10 Lentz, Das nördliche Vogtland um Greiz, S. 451; Bornhak, a.a.O., S. 349; Kotulla, a.a.O., Rdnr. 1332.

11 Schleiermacher, Vorlesungen über die kirchliche Geographie und Statistik, S. 401.

12 Brockhaus, Conversations-Lexikon der Gegenwart, 3. Band, S. 408.

13 Grund für die gemeinsame Regierung war der Tod des kinderlosen Herzogs Heinrich von Anhalt-Köthen, der am 23. November 1847 verstarb und Anhalt-Köthen daraufhin

Einfachheit halber der Begriff *Anhalt-Dessau-Köthen* verwendet, wenn eine der beiden Verfassungen zu untersuchen sein wird.

Die Frage nach der nationalen Zugehörigkeit der schleswig-holsteinischen Herzogtümer bot erst seit 1848 immer wieder Anlass zu neu aufbrechendem Streit zwischen Dänemark und dem Deutschen Bund, hatte jedoch bis zu seiner Auflösung keine verfassungsrechtliche Bedeutung mehr.[14] Deshalb sind insoweit die Gesamtstaatsverfassungen der Herzogtümer Schleswig und Holstein von 1831 und von 1848, die eine gemeinsame Ständeversammlung vorsahen, in die Untersuchung mit einzubeziehen. In Lauenburg[15] trat am 14.05.1849 eine Verfassung in Kraft. Da zu jener

---

in den gemeinsamen Besitz der Linien Dessau und Bernburg kam (vgl. Huber, Deutsche Verfassungsgeschichte, Band II, S. 534). Das Herzogtum bestand bis zur formellrechtlichen Vereinigung von Anhalt-Dessau und Anhalt-Köthen zu Anhalt-Dessau-Köthen durch den Staatsvertrag vom 2./7. Mai 1853 als selbständiger Staat fort (vgl. Huber, a.a.O., Bd. II, S. 534). Für das neu formierte Herrschaftsgebiet wurde keine eigene Staatsordnung erlassen. Grundlage der verfassungsvergleichenden Analyse sind daher die zuvor ergangenen Verfassungen der Staaten Anhalt-Köthen, Anhalt-Dessau und Anhalt-Bernburg, die im Jahre 1848 in Kraft getreten waren.

14 Kotulla, a.a.O., Rdnr. 1860.
Während sich 1806 Dänemark Schleswig, das zuvor im Besitz Norwegens war, als Staatsgebiet einverleibte, versuchte Kronprinz Friedrich VI. alles, um auch Holstein, das seit 1815 dem Deutschen Bund angehörte, auf dänische Seite zu ziehen (Brandt, Geschichte Schleswig-Holsteins, S. 221/224). Dieser Versuch gelang jedoch erst viele Jahre später, als am 02. Juli 1850 nach unzähligen Kämpfen der Berliner Friede zwischen Preußen und Dänemark geschlossen wurde (Brandt, a.a.O., S. 251). Das Nationalgefühl über die schleswig-holsteinischen Herzogtümer aber blieb auf deutscher Seite bestehen, was sich insbesondere in der Forderung nach einer gemeinsamen Repräsentativverfassung und einem gemeinsamen Landtag zu Beginn der 1830er Jahre äußerte (Opitz, Schleswig-Holstein, S. 188; Brandt, a.a.O., S. 254). Das am 02.10.1855 gesamtstaatliche Verfassungsgesetz Dänemarks wurde vom Deutschen Bund am 11./25. Februar 1858 wegen der nach Artikel 56 der Wiener Schlussakte (WSA) fehlenden landständischen Zustimmung für unwirksam deklariert (Kotulla, a.a.O., Rdnr. 1862). Der Streit über die Zugehörigkeit flammte erneut zwischen den beiden europäischen Mächten auf und es kam erst nach dem Frieden von Wien am 30.10.1864 zu der erhofften gesamtdeutschen Lösung, so dass ab diesem Zeitpunkt die Herzogtümer Schleswig und Holstein dem Deutschen Bund zugehörig waren (Müller, Der Deutsche Bund 1815–1866, S. 47 f.).

15 Das Herzogtum Lauenburg war seit dem Wiener Kongress von 1815 in Personalunion mit dem Königreich Dänemark verbunden (Dippel, Verfassungen der Welt, Teil 3, Fußnote 1 der Verfassung von Lauenburg, S. 125). Es wurde jedoch im Sommer 1848 vorübergehend in die Verwaltung des Deutschen Bundes aufgenommen und besaß seit dem Malmöer Waffenstillstand eine selbständige Regierung (Dippel, a.a.O., S. 125). Mit dem gesamtstaatlichen Verfassungsgesetz Dänemarks vom 02.10.1855 wurde Lauenburg in die dänische Territorialstruktur mit einbezogen (Kotulla, a.a.O., Rdnr. 1862). Aufgrund des einverleibten Besitzes Holsteins durch Dänemark im Jahr 1852 wird dieses Verfassungsgesetz nicht mit berücksichtigt.

Zeit das Gebiet als dem Deutschen Bund zugehörig galt, wird diese Verfassung in Kapitel 3 ebenfalls zu untersuchen sein.

Aus den so vorgefundenen Verfassungen werden diejenigen Normen Gegenstand des Vergleichs, die Regelungen zu den Landtagen beinhalten. Hierzu gehören die Zusammensetzungen der einzelnen Kammern, das Wahlrecht und die Befugnisse, die den Landtagen oblagen.

Hinsichtlich der einzelnen Untersuchungsgegenstände wird die Dissertation zwar auch aus Gründen der Übersichtlichkeit der Darstellung in einzelne Zeitperioden unterteilt; der primäre Anlass für diese Unterteilung ist jedoch in der geschichtlichen Entwicklung des Deutschen Bundes begründet, da er nicht als ein homogen verlaufender Zeitraum zu verstehen ist. Vielmehr gab es zahlreiche Ereignisse, die durchschlagende Wirkung auf die Verfassungsverhältnisse hatten. Die einzelnen Zeitperioden sind deshalb so gewählt worden, dass sie die charakteristischen Einschnitte in der Verfassungsentwicklung der Einzelstaaten des Deutschen Bundes widerspiegeln. Die erste Periode behandelt die Jahre zwischen **1815** und **1830**, da in dieser Zeit fast die Hälfte der Einzelstaaten die ersten Verfassungen und Verfassungsentwürfe erließen. Dazu gehörten: Nassau (1./2.09.1814), Schwarzburg-Rudolstadt (08.01.1816), Schaumburg-Lippe (15.01.1816), Waldeck (19.04.1816), Sachsen-Weimar-Eisenach (05.05.1816), Sachsen-Hildburghausen (19.03.1818), Bayern (26.05.1818), Baden (22.08.1818), Liechtenstein (09.11.1818), Württemberg (25.09.1819), Hannover (07.12.1819), Braunschweig (25.04.1820), Hessen-Darmstadt (17.12.1820), Sachsen-Coburg-Saalfeld (08.08.1821) und Sachsen-Meiningen (04.09.1824 und 23.08.1829.)[16]

Eine zweite „Verfassungswelle" wurde durch die Julirevolution Anfang der **1830er Jahre** ausgelöst, da sie die deutsche Bevölkerung in hohem Maße beeinflusste und sich die Landesherren der Einzelstaaten dadurch gezwungen sahen, auf die neuen Forderungen des Volkes durch entsprechende Verfassungsänderungen zu reagieren. Deshalb wird an dieser Stelle der nächste Zeitabschnitt gesetzt. Zu den Staaten, die in dieser Zeit neue oder erste Verfassungen erließen, gehörten: Hessen-Kassel (05.01.1831), Sachsen-Altenburg (29.04.1831), Schleswig-Holstein (04.06.1831), Sachsen (04.09.1831), Braunschweig (12.10.1832), Hohenzollern-Sigmaringen (11.07.1833), Hannover (26.09.1833, 06.08.1840), Lippe-Detmold (06.07.1836), Schwarzburg-Sondershausen (24.09.1840), und Luxemburg (12.10.1841).[17]

Die dritte Periode behandelt die Jahre von **1848** bis **1850**. Dieser kurze Zeitraum ist politischen Unruhen geschuldet, die eine Verfassungsrevolution in Deutschland provozierten. Auch in dieser Zeit mussten die Landesherren auf die Forderungen, die von Seiten der Bevölkerung gestellt wurden, mittels des Erlasses neuer Verfassungen oder der Änderung einzelner Regelungen reagieren. In diesen Untersuchungszeitraum fallen mithin die folgenden Gesetze und Verfassungen: Österreich (25.04.1848 aufgehoben am 16.05.1848; 04.03.1849 aufgehoben am 31.12.1851), Luxemburg (09.07.1848), Schleswig-Holstein (15.09.1848), Anhalt-Köthen (28.10.1848

16 Kotulla, a.a.O., Rdnr. 1404.
17 Kotulla, a.a.O., Rdnr. 1404.

aufgehoben am 04.11.1851), Anhalt-Dessau (29.10.1848 aufgehoben am 04.11.1851), Preußen (05.12.1848 und 31.01.1850), Anhalt-Bernburg (14.12.1848 und 05.02.1850), Oldenburg (18.02.1849), Sachsen-Gotha (25.03.1849), Lauenburg (14.05.1849), Waldeck (23.05.1849), Mecklenburg-Schwerin (10.10.1849 aufgehoben am 14.09.1850), Reuß jüngerer Linie (30.11.1849), Schwarzburg-Sondershausen (12.12.1849), Sachsen-Weimar-Eisenach (15.10.1850) und Nassau (28.12.1849).[18]

Schließlich kam es aufgrund des sogenannten „Bundesreaktionsbeschlusses" von Seiten der Bundesversammlung zu einer vierten und letzten „Verfassungswelle". Mit diesem Beschluss wurden die Länder aufgefordert, die Verhältnisse von vor 1848 wiederherzustellen, was dazu führte, dass viele Einzelstaaten ihren früheren Staatsgrundgesetzen abermals Gesetzeskraft verliehen oder neue Verfassungen erließen, so in: Nassau (25.11.1851), Hessen-Kassel (13.04.1852), Reuß jüngerer Linie (14.04.1852), Hessen-Homburg (20.04.1852), Sachsen-Coburg-Gotha (03.05.1852), Waldeck (17.08.1852), Oldenburg (22.11.1852), Schwarzburg-Rudolstadt (21.03.1854), Luxemburg (27.11.1856), Schwarzburg-Sondershausen (08.07.1857), Anhalt (18.07./31.08.1859), Hessen-Kassel (30.05.1860), Österreich (26.02.1861) und Liechtenstein (26.09.1862).[19]

Innerhalb dieser vier zeitlichen Unterteilungen werden zunächst die Einkammersysteme getrennt von den Zweikammersystemen untersucht, um dann zum Schluß einer jeden Epoche eine Gegenüberstellung beider Systeme vorzunehmen. Schließlich wird nach jeder Zeitperiode ein Vergleich zum heutigen Parlamentarismus angestellt, um das weitere Anliegen dieser Arbeit – zu untersuchen, inwieweit die Ein- und Zweikammersysteme Vorläufer des heutigen Parlamentarismus waren – vollumfassend analysieren zu können.

## IV. Aufbau der Dissertation

Die eigentliche verfassungsvergleichende Analyse erfordert zunächst einen geschichtlichen Überblick über die politischen und verfassungsrechtlichen Verhältnisse, die zwischen Bund und Ländern zur Zeit des Deutschen Bundes herrschten, da ein Verständnis der staatsrechtlichen Gegebenheiten ohne eine Veranschaulichung der damaligen politischen Lage nicht möglich ist. Deshalb werden im 1. Kapitel („Geltung verfassungsrechtlicher Grundprinzipien in den Einzelstaaten") die Prinzipien, die in den Einzelstaaten Geltung fanden, erörtert. Insbesondere wird in diesem Zusammenhang auf das „monarchische Prinzip" eingegangen, dass die Grundlage für die weiteren Ausführungen in dieser Arbeit bildet. Grundlegende geschichtliche Ausführungen zu den Ein- und Zweikammersystemen und Begriffsdefinitionen, insbesondere die Wortbedeutung des heutigen Parlamentarismus, werden im 2. Kapitel erläutert. Dieses Kapitel „Das Ein- und Zweikammersystem im Überblick" dient als „Hintergrundinformation" für das daran anschließende Kapitel „Vergleich der Verfassungen der Einzelstaaten des Deutschen Bundes", in dem es um den Schwerpunkt

18 Kotulla, a.a.O., Rdnr. 1404.
19 Kotulla, a.a.O., Rdnr. 1404.

dieser Arbeit geht – die Untersuchung der Verfassungen im Hinblick auf die Kammersysteme der Einzelstaaten, jeweils unter Berücksichtigung der Fragestellung, inwieweit die damaligen Systeme Vorläufer des heutigen Parlamentarismus waren. Im 4. Kapitel („Die Auswertung und der Erkenntnisgewinn der verfassungsvergleichenden Analyse“) werden schließlich die Erkenntnisse, die aus der verfassungsvergleichenden Analyse gewonnen werden konnten, in einem umfassenden Überblick auszuwerten sein.

# 1. Kapitel: Geltung verfassungsrechtlicher Grundprinzipien in den Einzelstaaten

## I. Das monarchische Prinzip

Bei dem Deutschen Bund, der am 08. Juni 1815 durch die Unterzeichnung der Deutschen Bundesakte von den Bevollmächtigten der 39 Einzelstaaten gegründet wurde,[20] handelte es sich politisch um einen Staatenbund[21], so dass die Mitgliedstaaten grundsätzlich frei darin waren, selbst darüber zu befinden, welches politische System sie in ihren Verfassungen für das jeweilige Gebiet festsetzen wollten. Einschränkungen ergaben sich allerdings durch die verbindlichen Rechtsnormen des Bundes.[22] Artikel 13 der Deutschen Bundesakte (DBA) sah für das auszugestaltende Verfassungsrecht vor, dass „in allen Bundesstaaten eine landständische Verfassung stattfinden wird".[23]

---

20 Kotulla, Deutsche Verfassungsgeschichte, Rdnr. 1304, 1903; Zippelius, Kleine deutsche Verfassunggeschichte, S. 99 ff.

21 Ein Staatenbund entsteht – anders als ein Bundesstaat – durch eine völkerrechtliche Vereinbarung mehrerer Staaten (vgl. Dennewitz, Volk und Staat in Lehre, Geschichte und Gegenwart, S. 104). Diese Staaten sind nach wie vor souveräne Staaten und damit Völkerrechtssubjekte, besitzen also die volle völkerrechtliche Rechtsfähigkeit; allerdings kann die Handlungsfreiheit der Einzelstaaten durch Bundesbeschlüsse eingeschränkt werden (vgl. Dennewitz, a.a.O., S. 104). Im Deutschen Bund war die Bundesversammlung das repräsentierende Organ (vgl. Dennewitz, a.a.O., S. 104). Die Einigung über die Staatsform kam in Artikel 2 der Deutschen Bundesakte zum Ausdruck, ohne dass der Begriff selbst dort verwendet worden wäre: „Der Zweck desselben [des Deutschen Bundes] ist Erhaltung der äußern und innern Sicherheit Deutschlands, und der Unabhängigkeit und Unverletzbarkeit der einzelnen deutschen Staaten". Der Inhalt dieses Artikels wurde noch ergänzt durch die Ausführungen in Artikel 1 und 2 der Wiener Schlussakte: „Der Deutsche Bund ist ein völkerrechtlicher Verein der deutschen souveränen Fürsten und freien Städte, zur Bewahrung der Unabhängigkeit und Unverletzbarkeit ihrer im Bunde begriffenen Staaten, und zur Erhaltung der innern und äußern Sicherheit Deutschlands (Art. 1); dieser Verein besteht in seinem Innern als eine Gemeinschaft selbständiger, unter sich unabhängiger Staaten, mit wechselseitigen gleichen Vertrags-Rechten und Vertrags-Obliegenheiten, in seinen äußern Verhältnissen aber, als eine in politischer Einheit verbundene Gesamt-Macht (Art. 2)".

22 Kotulla, a.a.O., Rdnr. 1363.

23 Auf dem Wiener Kongress gab es viele Kontroversen zu der Frage der Ausgestaltung der Verfassungsangelegenheiten in den Einzelterritorien (vgl. Meisner, Die Lehre vom monarchischen Prinzip, S. 168 f.). Preußen hatte in einer ganzen Reihe von Entwürfen immer wieder die Forderung erhoben, dass es eines Minimums an ständischer Rechte bedürfe, darunter die Mitwirkung bei der Gesetzgebung, die Bewilligung

Da der Begriff „landständisch“ unterschiedliche Interpretationsmöglichkeiten zuließ, setzte der Kongress schließlich einen Ausschuss ein, der sich mit dem Inhalt des Artikels 13 DBA auseinandersetzte. Der österreichische Staatsmann Metternich legte dabei die Richtung für die am Ende zu stehende Interpretation fest, indem er den Beratern eine Schrift übergab mit dem Inhalt: „Indem der Bund eine zwischen souveränen Fürsten geschlossene Förderation ist, muss das durchgreifende Prinzip der einzelnen Verfassungen das monarchische sein; denn dort, wo das demokratische Prinzip in einer Verfassung die Oberhand hätte, würde die souveräne Gewalt zur Handhabung der Förderativzwecke nicht nur gelähmt sein, sondern nur zu bald gänzlich verschwinden“.[24]

Der Ausschuss entschied sich unter Berücksichtigung dieser aufgestellten Leitlinien für die Einführung eines weiteren Artikels (Art. 57 WSA), der normierte, dass die landständische Verfassung ihre Grenzen im „monarchischen Prinzip“[25] zu

---

neuer Steuern, die Beschwerdeführung über Mängel in der Landesverwaltung und schließlich der Schutz und die Vertretung der eingeführten Verfassung bei den Landesherrn und dem Bunde (vgl. Meisner, a.a.O., S. 169). Andere Länder wiederum, wie Württemberg und Bayern, hielten die Festsetzung eines solchen Minimums ständischer Rechte für nicht erforderlich, da schon zuvor von dem Landesherrn eine „den äußern und innern Verhältnissen angemessene und geeignete Verfassung“ beschlossen worden sei (vgl. Meisner, a.a.O., S. 169). Erst in den Beratungen aller deutschen Staaten im Mai und Juni 1815 kam es zu einem gemeinsam gefassten Beschluss aller Beteiligten über die Einführung des Artikels 13 DBA in der oben ausgeführten inhaltlichen Fassung (vgl. Meisner, a.a.O., S. 170). Diese gewählte Formulierung stieß jedoch bei den Mitgliedstaaten auf größte Bedenken, da sie befürchteten, der Artikel könne als Aufforderung zu einer Ausbildung liberaler Repräsentativorgane verstanden werden, wodurch die Souveränität der Monarchen erheblich eingeschränkt worden wäre (vgl. Frotscher/Pieroth, Verfassungsgeschichte, Rdnr. 236). Um der Gefahr der Weiterentwicklung zu einem gänzlich konstitutionellen oder gar parlamentarischen System auszuweichen, beauftragte der österreichische Staatsmann Metternich, der führend an der Neuordnung Europas auf dem Wiener Kongress mitwirkte, den Staatsrechtler Friedrich von Gentz eine Schrift zu erarbeiten, die dem Artikel 13 DBA rechtliche Grenzen ziehen sollte, um so einer zu weiten Auslegung des Wortlauts vorzubeugen (vgl. Stolleis, Geschichte Bd. 2, S. 145 f.; zu dem Inhalt der Schrift siehe: Gentz, Über den Unterschied zwischen den landständischen und Repräsentativverfassungen, in: Brandt (Hrsg.), Restauration und Frühliberalismus, S. 218 f.). Diese Schrift wurde 1819 den Teilnehmern der Karlsbader Konferenz übergeben (vgl. Frotscher/Pieroth, a.a.O., Rdnr. 240).

24 Hoffmann, Monarchisches Prinzip und Ministerverantwortlichkeit, S. 13.

25 Diese Staatsform impliziert, dass der Monarch Ursprung aller Staatsgewalt bleibt, er als Souverän figuriert (vgl. Von Westphalen, Deutsches Regierungssystem, S. 15). Im Gegensatz zu einer Demokratie, in der das Parlament nicht Repräsentant des Volkes gegenüber dem Staatsoberhaupt, sondern Organ der politischen Willensbildung ist, ist für eine konstitutionelle Monarchie kennzeichnend, dass der Landesherr den Staat gegenüber dem Volk und die Abgeordneten das Volk gegenüber dem Landesherrn repräsentiert (vgl. Kimminich, Deutsche Verfassungsgeschichte, S. 330/331).

finden hatte: „Da der Deutsche Bund, mit Ausnahme der freien Städte, aus souverainen Fürsten besteht, so muss, dem hierdurch gegebenen Grundbegriffe zufolge, die gesammte Staats-Gewalt in dem Oberhaupte des Staates vereinigt bleiben, und der Souverain kann durch eine landständische Verfassung nur in der Ausübung bestimmter Rechte an die Mitwirkung der Stände gebunden werden".[26] Den Vorgaben der Wiener Schlussakte verpflichtend enthielten viele Verfassungen[27], ungeachtet der Wahlmodalität des Kammersystems und des Zeitraums, in dem sie Wirksamkeit

---

26 Artikel 58 WSA ergänzte den vorhergehenden Artikel noch um den Zusatz, dass die Bindung einer landständischen Verfassung nicht so weit gehen durfte, dass der jeweilige Herrscher an der Erfüllung seiner Bundespflichten gehindert oder eingeschränkt worden wäre.

27 Die Verfassungen von Anhalt-Dessau und Anhalt-Köthen von 1848 stellten hierzu Ausnahmen dar. Beide Einzelstaaten hatten die Bestimmung getroffen, dass die Regierungsform „democratisch-monarchisch" (§ 4) ausgestaltet sein solle und „alle Gewalten vom Volke" auszugehen haben (§ 5). Dieser Regelungszusatz fand sich dann auch in zahlreichen weiteren Bestimmungen der Verfassung wieder, etwa in der starken Stellung, die der Landtag in seiner Eigenschaft als Volksvertretung hatte (vgl. Kotulla, Deutsches Verfassungsrecht, Bd. 1, S. 326). Allerdings erschien diese liberale Verfassungspolitik bereits mit der im Laufe des Jahres 1849 die Oberhand gewinnenden Reaktion keinesfalls mehr als nachahmenswert (vgl. Engler, Revolution und Reaktion in Anhalt-Dessau-Köthen, ein Beitrag zur Geschichte Anhalts in den Jahren 1848–1861, in: Anhaltische Geschichtsblätter, 4. Heft 1928, S. 43). Anhalt-Dessau und Anhalt-Köthen wurden in negativer Weise als „Demokratennester" beschimpft und durch die preußische Geheimpolizei überwacht (vgl. Grossert, Alle Gewalten gehen vom Volke aus, in: Landesheimatbund Sachsen-Anhalt e.V. (Hrsg.), Zur Kultur- und Sozialgeschichte Sachsen-Anhalts, S. 92). Hinter der Entscheidung der Landesherren für eine derartige demokratische Ausgestaltung steckte die Angst vor einer staatlichen Vereinnahmung durch Preußen, wie es die Frankfurter Zentralgewalt für Kleinstaaten unter 500.000 Einwohner, wie Anhalt-Köthen und –Dessau es waren, vorsah (vgl. Kotulla, Deutsches Verfassungsrecht, Bd. 1, S. 332). Durch die Bestimmungen in den Verfassungen jedoch fiel das politische Argument, womit die Mediatisierung seitens der Zentralgewalt gerechtfertigt wurde, weg, nämlich, dass die Kleinstaaten für Rückständigkeit und Fortschrittsverweigerung stünden (vgl. Kotulla, Deutsches Verfassungsrecht, Bd. 1, S. 332). Zudem bewiesen die anhaltischen Kleinstaaten auch durch die Stärkung der Rechte der Bürger strategisches Geschick, da nun auch das Volk eine Mediatisierung ablehnte, aus Angst, ihrer gerade neu erworbenen Rechte sofort wieder beraubt zu werden (vgl. Kotulla, Deutsches Verfassungsrecht, Bd. 1, S. 332). Massive Widerstände seitens der Bevölkerung wären folglich bei einem Versuch der Vereinnahmung durch Preußen zu erwarten gewesen. Diese Formulierungen wurden jedoch nur bis zum Jahr 1850 aufrechterhalten. Zuviel Druck wurde von Seiten der preußischen Gegenrevolution und des herzoglichen Regimes auf die anhaltischen Liberalen und Demokraten ausgeübt (vgl. Grossert, a.a.O., S. 94). Preußen drohte mit dem Einsatz des Militärs, die preußische und sächsische Geheimpolizei beobachtete ununterbrochen die Szenerie, Spitzel wurden eingesetzt und eine zügellose Verleumdung war an der Tagesordnung (vgl. Grossert, a.a.O., S. 94).

erlangten, neben der Formulierung: „Die Regierungsform ist (constitutionell)[28]-monarchisch“[29] den Zusatz: „Der Monarch ist Oberhaupt des Staates. Er übt alle Rechte der Staatsgewalt auf verfassungsmäßige Weise aus.[30]

## II. Die Stellung des Landtags im monarchischen System

Bei einem solchen monarchisch austarierten System stellt sich die Frage, warum in Artikel 57 WSA überhaupt noch eine weitere Institution in Form von Landständen, denen bedeutende Mitentscheidungsrechte zuflossen, geregelt wurde. Denn wie aus diesem Artikel hervorgeht, war das monarchische Prinzip Ursprung aller verfassunggebenden Momente. Dieses Prinzip durfte von keiner Seite angegriffen oder gar ausgehebelt werden.

Was für die heutige deutsche Bevölkerung aufgrund ihrer geschichtlichen Entwicklung, vor allem der letzten 80 Jahre, für mehr als ein politisches Wagnis gehalten und daher als eine nicht mehr akzeptable Herrschaftsform abgelehnt wird, war für die

---

28 In einigen Verfassungen wurde das Wort „constitutionell“ ersetzt durch das Wort „erblich“ wie in Braunschweig 1832 (§ 2) und Hannover 1833 (§ 3); in der Verfassung Schwarzburg-Sonderhausens von 1849 wurde die Regierungsform von einer *erblich*-monarchischen (Verfassung von 1841) in eine *demokratisch*-monarchische umgestaltet, was aber bereits durch das im Jahre 1857 erlassene Landesgrundgesetz wieder in die ursprüngliche Form von 1841 gebracht wurde.

29 In alphabetischer Reihenfolge: Anhalt-Bernburg 1848 (§ 78); Anhalt-Dessau 1848 (§ 94), die allerdings den Zusatz verwendete, die Regierungsform sei *demokratisch*-monarchisch; Bayern 1818 (§ 1: „souverainer monarchischer Staat“); Hessen-Kassel 1831 (§ 2), Osterreich 1848 (§ 1) und 1849 (§ 2); in den Verfassungen von Sachsen-Weimar-Eisenach und Sachsen-Hildburghausen wird dieser Zusatz nicht erwähnt; aufgrund der dort aufgeführten Befugnisse des Landesherrn ist aber auch von einer monarchischen Form auszugehen; Sachsen 1831 (§ 3); Schwarzburg-Sondershausen 1841 (§ 2).

30 In alphabetischer Reihenfolge: Anhalt-Dessau-Köthen 1848 (§ 60); Baden 1818 (§ 5); Braunschweig 1832 (§ 3); Bayern 1819 (Titel II § 1); Hannover 1833 (§ 6); Hessen-Darmstadt 1820 (§ 4); Hessen-Kassel 1831 (§ 10); Hohenzollern-Sigmaringen 1833 (§ 4); Liechtenstein 1862 (§ 2); Mecklenburg-Schwerin 1849 (§ 58); Nassau 1849 (§ 44); Oldenburg 1849 (Art. 4); Sachsen 1831 (§ 4); Sachsen-Meiningen 1829 (Art. 3); Sachsen-Gotha 1849 (§ 3); Sachsen-Gotha 1852 (§ 3); Sachsen-Altenburg 1831 (§ 4); Schwarzburg-Rudolstadt 1854 (§ 1); Schwarzburg-Sondershausen 1841 (§ 4); Schleswig-Holstein 1848 (Art. 33); Württemberg 1819 (§ 4).
In der überwiegenden Anzahl der Verfassungen wurde dieser Zusatz mit der sinngemäßen Erörterung ausgeführt, dass der Landesherr die *gesetzgebende* Gewalt verfassungsmäßig mit Vertretern des Volkes ausübte, die *vollziehende* Gewalt hingegen allein (In alphabetischer Reihenfolge: Anhalt-Bernburg 1848 (§ 80), Anhalt-Dessau-Köthen 1848 (§ 66); Luxemburg 1849 (Art. 33/34/47): Mecklenburg-Schwerin 1849 (§ 121); Nassau 1849 (§ 49); Österreich 1848 (§ 10); Oldenburg 1849 (Art. 22); Preußen 1848 (Art. 43/60); Reuß j.L. 1848 (§ 59); Sachsen-Coburg-Gotha 1852 (§ 104); Sachsen-Gotha 1849 (§ 39/46); Schleswig-Holstein 1848 (Art. 33); Waldeck-Pyrmont 1849 (§ 73/74).

damalige Bevölkerung die einzig erklärbare und mögliche politische Daseinsberechtigung. Die Demokratie als Regierungssystem, wenn sie nicht gar als Schimpfwort galt, so war sie doch auf das Äußerste verpönt.[31] Der Großteil der Bürger waren überzeugte Christen, die ihr vollständiges Dasein nach ihrem Glauben ausrichteten.[32] Diese Lebensart spiegelte sich auch in den damaligen Verfassungen wider, in denen hinter dem Namen des jeweiligen Landesherrn der Zusatz „von Gottes Gnaden" zu finden war.[33] Der Monarch wurde als „von Gott gegeben" angesehen, und all seine Entscheidungen entsprachen demnach dem Willen Gottes.[34] Mit dem entsprechenden Paragraphen kam dieser Grundsatz in der überwiegenden Anzahl der Verfassungen auch zum Ausdruck: „Seine Person ist heilig, unverletzlich und unverantwortlich".[35] Es wurde nicht zugelassen, dass ein anderer als der von Gott auserwählte Monarch die Entscheidungen fällte. War dieser aus Krankheits- oder ähnlichen Gründen verhindert, sein Land zu regieren, so wurde kein Nachfolger gewählt, sondern ein Regent an seine

---

31 Mann, Deutsche Geschichte des 19. und 20. Jahrhunderts, S. 80.

32 An dieser volkstümlichen Grundeinstellung änderte auch die Säkularisierung der Kirche nichts, die sich in Deutschland ab 1803/05 durch die Übernahme der Kirchenherrlichkeit durch die Landesfürsten, die Konstitution über landesherrliche Edikte und die Verwahrung der Kirchengüter durch den Staat auszeichnete; siehe hierzu: Kluxen, Religion und Nationalstaat im 19. Jahrhundert, *in*: Schoeps, Religion- und Zeitgeist im 19. Jahrhundert, Bd. 1, S. 37 ff.

33 In alphabetischer Reihenfolge: Anhalt-Bernburg 1848, Anhalt 1859, Baden 1818, Braunschweig 1820 und 1832, Bayern 1818, Hannover 1819, 1833 und 1840, Hessen-Darmstadt 1820, Hessen-Kassel 1831, Hessen-Homburg 1850, Hohenzollern-Sigmaringen 1833, Liechtenstein 1818/1862, Lippe 1836, Luxemburg 1841 und 1848, Mecklenburg-Schwerin 1849, Nassau 1814, Oldenburg 1852, Preußen 1848 und 1850, Reuß j.L. 1852, Sachsen-Coburg-Meiningen 1824, Sachsen-Meiningen-Saalfeld 1829, Sachsen-Weimar-Eisenach 1816 und 1850, Sachsen-Hildburghausen 1818, Sachsen-Altenburg 1831, Sachsen 1831, Schwarzburg-Rudolstadt 1816 und 1854, Schwarzburg-Sondershausen 1841 und 1857, Schleswig-Holstein-Lauenburg 1855, Schaumburg-Lippe 1816, Württemberg 1819, Waldeck-Pyrmont 1816 und 1849.

34 Willoweit, Deutsche Verfassungsgeschichte, S. 281.

35 In alphabetischer Reihenfolge: Anhalt-Bernburg 1848 (§ 79); Anhalt-Dessau 1848 (§ 60); Anhalt-Köthen 1848 (§ 60); Baden 1818 (§ 5); Braunschweig 1832 (§ 3); Bayern 1819 (Titel II § 1); Hannover 1833 (§ 6); Hessen-Darmstadt 1820 (Art. 4); Hessen-Kassel 1831 (§ 10); Hohenzollern-Sigmaringen 1833 (§ 4); Liechtenstein 1862 (§ 2); Luxemburg 1849 (§ 4); Mecklenburg-Schwerin 1849 (§ 127); Nassau 1849 (§ 48); Österreich 1848 (§ 8); Oldenburg 1848 (Art. 4/23); Preußen 1848 (Art. 41); Reuß j.L. 1848 (§ 57); Sachsen-Meiningen 1829 (Art. 102); Sachsen-Coburg-Gotha 1852 (§ 21); Sachsen-Gotha 1849 (§ 3); Sachsen-Altenburg 1831 (§ 4/36); Sachsen 1831 (§ 4); Schleswig-Holstein 1848 (Art. 35); Schwarzburg-Rudolstadt 1854 (§ 2); Schwarzburg-Sondershausen 1841 (§ 5); Württemberg 1819 (§ 4); Waldeck-Pyrmont 1849 (§ 72).

Seite gestellt, der die Geschäfte nach dem Willen des Monarchen fortan ausführte.[36] Dementsprechend war auch die Nachfolge in der Regierung erblich ausgestaltet.[37]

Dieses zeitgenössische Verständnis zugrunde legend stellt sich umso mehr die Frage nach dem Sinn eines Landtags, der einen erheblichen Anteil an bestimmten politischen Entscheidungen zugesprochen bekam. Für die Notwendigkeit des Bestehens eines Kammersystems neben dem Monarchen als Oberhaupt des Staates werden in der Literatur unterschiedliche Gründe angeführt: Nach der Ansicht des Philosophen Friedrich Julius Stahls[38] sollte die Volksvertretung für den Monarchen das Prüfinstrument sein, ob die Regierung auf dem Willen des Volkes ruhe und ob und wie sich die Volksgesinnung zu neuen Gesetzen verhalte. Diese Überlegung spiegelte in zutreffender Weise die allgemeine Stimmung des deutschen Volkes nach dem Ende des Rheinbundes wider.[39] Nach der napoleonischen Herrschaft und dem Untergang des Rheinbundes[40] hatten die Staatsregierungen in erheblichem Maße an Vertrauen seitens der Bevölkerung eingebüßt. Diese mit Misstrauen behaftete Stimmung wurde auch öffentlich in Blättern proklamiert: „Einzelheiten ausgenommen ist die ganze Nation vollkommen mit sich einverstanden und weiß, was ihr frommt und was sie zu fordern berechtigt ist; mit unendlicher Verachtung reden sie von dem Lottospiele der Politiker und den Spiegelfechtereien der Diplomatik".[41] Die konstitutionellen Ideen der Revolution hatten in der Stille auf deutschem Boden überall Wurzeln geschlagen, „Verfassung" und „Repräsentativsystem" galten bereits als gleichbedeutende Worte.[42] Die Landesherren fühlten diese Verpflichtung, wenn nicht gar die Notwendigkeit, der Grundstimmung des Volkes durch eine entsprechende, vom Volkswillen getragene Verfassung entgegen zu treten.[43] Trotz aller Bitterkeit akzeptierte das Volk dennoch den Landesherrn weiterhin als Oberhaupt des Staates; zu tief saß – trotz oder gerade

36 So enthalten fast alle Verfassungen sehr detaillierte Vorschriften über eine im Falle der Minderjährigkeit oder Verhinderung des Monarchen einsetzende Regentschaft.

37 Dieser Grundsatz war in folgenden Verfassungen fest verankert: Anhalt-Bernburg 1848 (§ 86); Anhalt-Dessau 1848 (§ 61); Anhalt-Köthen 1848 (§ 61); Baden 1818 (§ 4); Braunschweig 1832 (§ 11); Bayern 1819 (Titel II § 2); Hannover 1833 (§ 11); Hessen-Darmstadt 1820 (Art. 5); Hessen-Kassel 1831 (§ 3); Hohenzollern-Sigmaringen 1833 (§ 5); Liechtenstein 1862 (§ 3); Luxemburg 1849 (Art. 3); Mecklenburg-Schwerin 1849 (§ 63); Nassau 1849 (§ 45); Österreich 1848 (§ 5); Oldenburg 1849 (Art. 8); Preußen 1848 (Art. 51); Reuß j.L. 1848 (§ 62); Sachsen-Gotha 1849 (§ 4); Sachsen 1831 (§ 6); Sachsen-Meiningen 1829 (Art. 3); Sachsen-Coburg-Gotha 1852 (§ 6); Schwarzburg-Sondershausen 1841 (§ 6); Württemberg 1849 (§ 7); Waldeck-Pyrmont 1849 (§ 84).

38 Danecki, Die ideengeschichtlichen Grundlagen des sog. monarchischen Prinzips im 19. Jh., S. 11.

39 So auch Mohl, der die Notwendigkeit der Entwicklung einer Interessenvertretung der einzelnen gesellschaftlichen Kreise als Ziel sah. Vgl. dazu Mohl, Staatsrecht, Völkerrecht und Politik, Bd. 1, S. 410 f.

40 Siehe dazu: Kotulla, Deutsche Verfassungsgeschichte, Rdnr. 1153–1197.

41 Treitschke, Deutsche Geschichte im 19. Jahrhundert, S. 677.

42 Treitschke, a.a.O., S. 676.

43 Biedermann, Die Repräsentativ-Verfassungen mit Volkswahlen, S. 106.

aufgrund der Erfahrungen der französischen Revolution – der Gedanke des Gottesgnadentums.[44] Nur wenn das Herrscheramt auf Gott, und nicht auf den Willen des Volkes zurückzuführen sei, sei es unangreifbar.[45]

Andere Autoren sehen dagegen die Einrichtung eines Landtags als einen unverzichtbaren Bestandteil des Staates. So spricht Joseph Held davon, dass eine absolute Herrschergewalt in Deutschland unbestritten nie Rechtens gewesen und der Konstitutionalismus in den deutschen monarchischen Staaten nur eine Bestätigung und Fortsetzung des früheren deutsch-nationalen Staatszustandes sei.[46] Die Erfahrung hätte gezeigt, dass der Regierung allein solche Sachen nicht überlassen werden könne, denn diese wisse oft nicht, was das Volk braucht, begehrt, wünscht oder scheut.[47]

Bei der Untersuchung aller Verfassungen aus dieser Zeit drängt sich jedoch noch ein anderer Aspekt auf, der ausschlaggebend für die Errichtung von Landständen gewesen war und zwar finanzielle Erwägungen seitens der Landesherren. Deutlich sichtbar in allen Verfassungen ist, dass die Landtage besonders im Bereich der Finanzen ein erhebliches Mitspracherecht hatten und ihre Einwilligung Voraussetzung für eine Vielzahl von finanzbedingten Entscheidungen war. So oblag ihnen das Recht der Steuerbewilligung[48] und der Prüfung und Kontrolle des Staatshaushalts.[49] Ferner war

44 Willoweit, a.a.O., S. 281.

45 Willoweit, a.a.O., S. 281.

46 Held, System des Verfassungsrechts, Band II, S. 137.

47 Schöttle, Karl von Rotteck, Über Landstände und Volksvertretungen, S. 89.

48 In alphabetischer Reihenfolge: Anhalt-Bernburg 1848 (§ 74); Anhalt-Dessau-Köthen 1848 (§ 88); Anhalt 1859 (§ 19); Baden 1819 (§ 56); Braunschweig 1820 (§ 15); Braunschweig 1832 (§ 173–181); Bayern 1818 (Titel VII, § 3/9); Hannover 1833 (§ 145); Hessen-Kassel 1831 (§ 98); Hessen-Kassel 1852 (§ 70); Hohenzollern-Sigmaringen 1833 (§§ 66/68); Liechtenstein 1818 (§ 15) und 1862 (§ 43); Lippe-Detmold 1836 (§ 5); Mecklenburg-Schwerin 1849 (§ 167); Nassau 1814 (§ 2) u. 1849 (§ 57/82); Oldenburg 1849 (Art. 166 i.V.m. Art. 216); Reuß j.L. 1849 (§ 70a); Sachsen-Coburg-Meiningen 1824 (§ 14); Sachsen-Meiningen-Saalfeld 1829 (Art. 81); Sachsen-Coburg-Gotha 1852 (§ 118); Sachsen-Weimar-Eisenach 1816 (§ 5); Sachsen-Hildburghausen 1818 (§ 2d); Sachsen-Gotha 1849 (§ 53); Sachsen-Coburg-Saalfeld 1821(§ 68); Sachsen-Altenburg 1831 (§ 204); Sachsen 1831 (§ 96); Schwarzburg-Rudolstadt 1854 (§ 23/27); Schwarzburg-Sondershausen 1841 (§ 138); Schleswig-Holstein 1848 (Artikel 140); Schaumburg-Lippe 1816 (§ 2): Hier hatten die Landstände jedoch nur das Recht, Vorschläge zu den Landessteuern dem Fürsten zu unterbreiten; Württemberg 1819 (§ 109); Waldeck-Pyrmont 1849 (§ 124).

49 In alphabetischer Reihenfolge: Anhalt-Bernburg 1848 (§ 73); Anhalt-Dessau-Köthen 1848 (§ 91); Baden 1818 (§ 55); Braunschweig 1820 (§ 24); Braunschweig 1832 (§§ 188/189); Bayern 1818 (Titel VII §§ 4/13); Hannover 1833 (§ 139); Hessen-Darmstadt 1820 (Art. 68); Hessen-Kassel 1831 (§ 144); Hessen-Kassel 1852 (§ 112); Hohenzollern-Sigmaringen 1833 (§ 69); Liechtenstein 1862 (§ 45); Luxemburg 1848 (§ 108: Danach stellt die Kammer sogar die Staatsrechnung selber durch Gesetz fest); Mecklenburg-Schwerin 1849 (§§ 162/163); Nassau 1849 (§ 89); Österreich 1849 (§ 111); Oldenburg 1849 (Art. 153); Preußen 1848 (Art. 103); Reuß j.L. 1849 (§ 71); Sachsen-Coburg-Meiningen

der Monarch an die Zustimmung der Landstände gebunden, was die Aufnahme neuer Schulden[50] und die Veräußerung von Teilen des Staatsvermögens[51] anging. In einigen anderen Staaten wie Anhalt-Bernburg, Anhalt-Dessau-Köthen, Braunschweig, Hohenzollern-Sigmaringen, Luxemburg, Mecklenburg-Schwerin, Reuß jüngerer Linie, Sachsen-Meiningen, Sachsen-Weimar-Eisenach, Sachsen-Coburg-Saalfeld, Sachsen-Altenburg und Schwarzburg-Rudolstadt war als weitere Einwirkungsmöglichkeit die Hinzuziehung des Landtags bei der Festsetzung des Staatsguts sowie der Stamm- und Fideicommißgütern vorgesehen. Die Monarchen gaben den Landtagen jedoch nicht freiwillig eine solche weitreichende Befugnis. Ihnen ging es in Wirklichkeit sogar darum, die Umsetzung des Artikels 57 WSA in Bezug auf die Rechte der Landstände so weit wie möglich einzuschränken.[52] Was also trieb die Landesherren zu der Normierung von Kontrollrechten für die Stände in einem so elementaren Bereich wie den staatseigenen Finanzen? Bei genauerer Betrachtung der Zusammensetzung der Landtage lässt sich feststellen, dass nur in seltenen Fällen der Landtag ausschließlich aus Mitgliedern zusammengesetzt war, die allein vom Volk in allgemeinen und freien Wahlen gewählt wurden.[53] In der Regel hatten die Einzelstaaten

1824 (§ 14); Sachsen-Meiningen-Saalfeld 1829 (Art. 47); Sachsen-Coburg-Gotha 1852 (§ 120/122); Sachsen-Weimar-Eisenach 1816 (§ 5); Sachsen-Gotha 1849 (§ 56); Sachsen-Coburg-Saalfeld 1821 (§ 68); Sachsen 1831 (§§ 98–100); Schwarzburg-Rudolstadt 1854 (§ 28); Schwarzburg-Sondershausen 1841 (§§ 139–142); Schleswig-Holstein 1848 (Art. 139/141); Württemberg 1819 (§ 111); Waldeck-Pyrmont 1849 (§ 122).

50 In alphabetischer Reihenfolge: Anhalt-Bernburg 1848 (§ 75); Anhalt-Dessau-Köthen 1848 (§ 187); Bayern 1819 (Titel VII, § 11); Hannover 1833 (§ 147); Hessen-Darmstadt 1820 (Art. 71); Hessen-Kassel 1831 (§ 94); Hessen-Kassel 1852 (§ 74); Hohenzollern-Sigmaringen 1833 (69); Liechtenstein 1862 (§ 23); Lippe-Detmold 1836 (§ 5); Mecklenburg-Schwerin 1849 (§ 159); Nassau 1849 (§ 88); Oldenburg 1849 (Art. 153); Reuß j.L. 1849 (§ 77); Sachsen-Coburg-Meiningen 1824 (§ 14); Sachsen-Meiningen-Saalfeld 1829 (Art. 42/43); Sachsen-Coburg-Gotha 1852 (§ 118); Sachsen-Weimar-Eisenach 1816 (§ 5); Sachsen-Hildburghausen 1818 (§ 2d); Sachsen-Gotha 1849 (§ 58); Sachsen-Coburg-Saalfeld 1821 (§ 69); Sachsen 1831 (§ 18//105); Schwarzburg-Rudolstadt 1854 (§ 27); Schwarzburg-Sondershausen 1841 (§ 26/36); Schleswig-Holstein 1848 (Art. 136); Waldeck-Pyrmont 1849 (§ 128); Württemberg 1819 (§ 85/107).

51 In alphabetischer Reihenfolge: Anhalt-Bernburg 1848 (§ 93); Anhalt-Dessau-Köthen 1848 (§ 54); Anhalt 1859 (§ 19); Baden 1818 (§ 58); Braunschweig 1820 (§ 25); Braunschweig 1832 (§ 164); Bayern 1819 (Titel VII § 18); Hannover 1833 (§ 123); Hessen-Kassel 1852 (§ 110); Hohenzollern-Sigmaringen 1833 (§ 78); Liechtenstein 1862 (§ 23); Mecklenburg-Schwerin 1849 (§ 159); Nassau 1849 (§ 88); Oldenburg 1849 (Art. 153); Sachsen-Meiningen-Saalfeld 1829 (Art. 45); Sachsen-Coburg-Gotha 1852 (§ 117); Sachsen-Gotha 1849 (§ 51); Sachsen 1831 (§ 18); Schwarzburg-Rudolstadt 1854 (§ 10); Schwarzburg-Sondershausen 1841 (§ 26/35); Schleswig-Holstein 1848 (§ 136); Württemberg 1819 (§ 85/107).

52 Meisner, a.a.O., S. 210 f.

53 So in Anhalt-Bernburg, Anhalt-Dessau und -Köthen, in Luxemburg, Oldenburg, Reuß jüngerer Linie, Sachsen-Gotha, Schwarzburg-Sondershausen und Württemberg.

Landtage eingeführt, die (zumindest teilweise) aus bestimmten Klassen bestanden. Zu diesen Klassen gehörten vornehmlich der Adel, die Rittergutsbesitzer, die ländlichen Grundbesitzer und die Geistlichen.[54] Diesen Ständen war gemein, dass sie nicht nur ein gewisses Ansehen in den Staaten genossen, sondern vor allem regelmäßig über ausreichende finanzielle Mittel verfügten. Den Landesherren dagegen ging es zu Beginn des Deutschen Bundes in finanzieller Hinsicht äußerst schlecht; nach Ende der napoleonischen Herrschaft waren die meisten durch die vielen Kriege und die Zwangsabgaben an den französischen Staat hoch verschuldet.[55] Es bestand folglich ein großes Interesse seitens der Monarchen, diese monetäre Zwangsmisere, in der sie sich befanden, schnellstmöglich wieder zu beseitigen. Die Einzigen, die hierbei entsprechende Abhilfe schaffen konnten, waren die Stände. Entsprechend schloßen die Monarchen mit den Ständen Abkommen, in denen sich die Stände verpflichteten, den Monarchen finanziell zu unterstützen. Im Gegenzug dafür erhielten sie bestimmte politische Rechte, insbesondere eine gewisse Kontrolle über die Staatsangelegenheiten.[56] Solche Abreden sind in der politischen Geschichte keine Unbekannten. Bereits im 14. und 15. Jahrhundert wurde als Grund für die Einführung von Landständen die finanzielle Notsituation der damaligen Fürstenhäuser vorgetragen.[57]

---

Dass die Landtage der vorgenannten Staaten ausschließlich aus durch freie Wahlen hervorgehende Abgeordnete bestanden, lag allerdings in erster Linie an dem Zeitpunkt des Erlasses der jeweiligen Verfassungen (ab 1848). Viele Verfassungen wurden nach dem Vormärz, der durch Unruhen seitens der Bevölkerung charakterisiert war, „demokratischer" ausgestaltet, indem die Volksvertretungen nun nicht mehr aus zum Teil durch den Monarchen benannten Personen bestanden. Der Grund dafür, dass den Landtagen in diesen Verfassungen dennoch weiterhin finanzielle Rechte zugesprochen wurden, lag darin, dass die Monarchen in der derzeitigen Situation nicht die Möglichkeit hatten, die Stellung der Abgeordneten noch zu schwächen; eine dahingehende Reduzierung der Rechte hätte das Volk mit großer Wahrscheinlichkeit nicht akzeptiert. Detailliertere Ausführungen hierzu finden sich im 3. Kapitel.

54 Detailliertere Ausführungen zu den einzelnen Zusammensetzungen der Landtage finden sich im 3. Kapitel.

55 Kotulla, Deutsche Verfassungsgeschichte, Rdnr. 1224. Zwar wird hier nur auf den preußischen Staat eingegangen; jedoch sind in fast allen Verfassungen der Mittel- und Kleinstaaten Erläuterungen zu finden, die sich inhaltlich mit der Tilgung von Landesschulden auseinander setzen, was darauf hindeutet, dass eine Finanzkrise in ganz Deutschland verbreitet war.

56 Carsten, Die deutschen Landstände und der Aufstieg der Fürsten, in: Heinz Rausch (Hrsg.), Die geschichtlichen Grundlagen der modernen Volksvertretung, Zweiter Band, S. 318.

57 Rausch, Die geschichtlichen Grundlagen der modernen Volksvertretung, 2. Band, S. 318.

## III. Die Stellung des Monarchen im Verhältnis zu den Landtagen

Trotz diverser Mitentscheidungsrechte der Landtage behielt doch der jeweilige Monarch in allen Bereichen die Oberhand, wie aus den zahlreichen Kompetenzen, die ihm zugesprochen wurden, hervorgeht. Zu den grundlegenden, in fast allen einzelstaatlichen Grundgesetzen normierten Rechten gehörten das Einberufungsrecht, aber auch Vertagungs- und Auflösungsrecht des Landtags[58], das Gesetzesinitiativ- sowie Sanktions- und Verkündigungsrecht bezüglich des Gesetzgebungsverfahrens[59] und das Recht der Begnadigung in Strafsachen.[60] Einige Verfassungen wie die von Braunschweig, Hannover, Luxemburg, Österreich, Preußen, Sachsen-Gotha sowie Schleswig-Holstein sahen die Befugnis zur Verleihung von Titeln, Würden, Orden u.ä. vor. Daneben gaben ihm andere Verfassungen wie etwa die von Luxemburg, Mecklenburg-Schwerin, Nassau, Österreich, Preußen und Schleswig-Holstein zusätzlich das Recht der Münzprägung.

---

58 In alphabetischer Reihenfolge: Anhalt-Bernburg 1848 (§ 58/84); Anhalt-Dessau 1848 (§§ 46/48–49/66); Anhalt-Köthen (§§ 46/48–49/66); Anhalt 1859 (§§ 24/27–28); Baden 1818 (§ 42); Braunschweig 1820 (§ 39/44); Braunschweig 1832 (§§ 128–131/147); Bayern 1818 (Titel VII § 22,23); Hessen-Darmstadt 1820 (Art. 63–64); Hessen-Kassel 1831 (§§ 80/83–84); Hohenzollern-Sigmaringen 1833 (§§ 111–113); Liechtenstein 1862 (§ 90); Luxemburg 1849 (Art. 73–76); Mecklenburg-Schwerin (§§ 84–86/ 97–99); Nassau 1849 (§ 55); Österreich 1848 (§ 16); Oldenburg 1849 (Art. 165/169/172); Preußen 1848 (Art. 49/50); Reuß j.L. 1848 (§ 99/114); Sachsen-Coburg-Meiningen 1824 (§ 7/9); Sachsen-Coburg-Gotha (§§ 76–78); Sachsen-Weimar-Eisenach 1816 (§ 54); Sachsen-Hildburghausen 1818 (§§ 36–37/43); Sachsen-Coburg-Saalfeld 1821 (§ 81); Sachsen-Altenburg 1831 (§§ 165–166); Sachsen 1831 (§§ 115–117); Schwarzburg-Rudolstadt 1841 (§§ 165/195); Schleswig-Holstein 1848 (Art. 86); Waldeck-Pyrmont 1849 (§§ 55/79–81).

59 In alphabetischer Reihenfolge: Anhalt-Bernburg 1848 (§ 85); Anhalt-Dessau-Köthen 1848 (§§ 66/81–82); Baden 1818 (§ 50/66); Braunschweig 1820 (§ 68); Braunschweig 1832 (§ 5/145); Bayern 1818 (Titel VII § 30); Hannover 1833 (§ 8//88); Hessen-Darmstadt 1820 (Art. 76); Hohenzollern-Sigmaringen 1833 (§ 67); Liechtenstein 1862 (§ 41); Luxemburg 1849 (Art. 48); Mecklenburg-Schwerin (§§ 109–111); Nassau 1849 (§ 51); Österreich 1848 (§ 15); Oldenburg 1849 (Art. 22/162); Preußen 1848 (Art. 43/ 61); Reuß j.L. 1848 (§§ 81–81); Sachsen 1831 (§ 85/87); Sachsen-Coburg-Gotha (§§ 105/107–108); Sachsen-Gotha 1849 (§ 40/42); Sachsen-Coburg-Saalfeld 1821 (§ 67); Sachsen-Altenburg 1831 (§ 5/251); Schleswig-Holstein 1848 (Art. 70/71); Schwarzburg-Rudolstadt 1854 (§ 24); Schwarzburg-Sondershausen 1841 (§ 136); Waldeck-Pyrmont 1849 (§§ 43–44/75).

60 In alphabetischer Reihenfolge: Anhalt-Bernburg 1848 (§ 83); Anhalt-Dessau-Köthen 1848 (§ 66); Hohenzollern-Sigmaringen 1833 (§ 60); Luxemburg 1849 (Art. 38); Mecklenburg-Schwerin 1849 (§ 125); Nassau 1849 (§ 53); Österreich 1848 (§ 13); Oldenburg 1849 (Art. 31); Preußen 1848 (Art. 47); Reuß j.L. 1849 (§ 61); Sachsen-Meiningen 1829 (Art. 106); Sachsen-Coburg-Gotha 1852 (§ 129); Sachsen-Gotha 1849 (§ 46); Sachsen-Altenburg 1831 (§ 8); Sachsen 1831 (§ 150); Schleswig-Holstein 1848 (Art. 42); Waldeck-Pyrmont 1849 (§ 78). Württemberg 1819 (§ 97).

Der jeweilige Landesherr in den Ländern Anhalt, Hessen-Kassel, Hohenzollern-Sigmaringen, Mecklenburg-Schwerin und Oldenburg hatte die Berechtigung, einen Sonderlandtag einzuberufen. Darüber hinaus stand dem Monarchen im Allgemeinen auch die Oberbefehlsführung über das Militär zu.[61] Was die vollziehende Gewalt anbelangt, so erstreckte sich diese auf den Erlass von Verordnungen und Verfügungen, die zur Vollstreckung und Handhabung der Gesetze erforderlich waren.[62]

Allein Anhalt-Bernburg sah in seiner Verfassung von 1848 das Recht der Besetzung der Richterstellen vor. Dagegen war die Berechtigung der Monarchen zur Schließung von Staatsverträgen mit anderen Regierungen in der Mehrzahl der Verfassungen der Einzelstaaten rechtlich normiert.[63]

Dass die „Gerichtsbarkeit vom Landesherrn ausgeht“ wurde nur in den Verfassungen von Bayern, Hannover, Österreich, Sachsen-Meiningen, Sachsen-Altenburg, Schwarzburg-Sondershausen und Württemberg statuiert und eine Notgesetzgebungskompetenz sahen lediglich Mecklenburg-Schwerin, Reuß j.L. und Sachsen-Gotha vor.

Letztendlich hatten fast alle Monarchen noch die Berechtigung, Minister einzuberufen.[64] Für sie bedeutete dies in erster Linie eine Befreiung der Verantwortlichkeit für alle Entscheidungen, da die Minister – zusammen mit dem Landtag – diese

---

61 So etwa in Anhalt-Bernburg 1848 (§ 81); Braunschweig 1832 (§ 7); Hannover 1833 (§ 8), Hessen-Darmstadt 1820 (Art. 74); Hessen-Kassel 1831 (§ 51); Hohenzollern-Sigmaringen 1833 (§ 62); Liechtenstein 1862 (§ 38); Luxemburg 1849 (Art. 35); Mecklenburg-Schwerin 1849 (§ 123); Nassau 1849 (§ 50); Oldenburg 1849 (Art. 29); Preußen 1848 (Art. 44); Reuß j.L. 1848 (§ 69); Sachsen-Altenburg 1831(§ 10); Waldeck-Pyrmont 1849 (§ 76) und Württemberg 1819 (§ 99).

62 In alphabetischer Reihenfolge: Anhalt-Bernburg 1848 (§ 80); Braunschweig 1832 (§ 101); Hannover 1833 (§ 87); Hessen-Darmstadt 1820 (Art. 73); Hessen-Kassel 1831 (§ 95); Hohenzollern-Sigmaringen 1833 (§ 55); Liechtenstein 1862 (§ 24): Luxemburg 1849 (Art. 36); Mecklenburg-Schwerin 1849 (§ 122); Oldenburg 1849 (Art. 22); Preußen 1848 (Art. 43); Reuß j.L. 1848 (§ 59); Sachsen-Coburg-Gotha 1852 (§ 128); Sachsen-Gotha 1849 (§ 46); Sachsen-Coburg-Saalfeld 1821 (§ 66); Schleswig-Holstein 1848 (Art. 33); Waldeck-Pyrmont 1849 (§ 75); Württemberg 1819 (§ 89).

63 In alphabetischer Reihenfolge: Anhalt-Bernburg 1848 (§ 81); Anhalt-Dessau-Köthen 1848 (§ 66); Braunschweig 1832 (§ 6); Hannover 1833 (§ 7); Hohenzollern-Sigmaringen 1833 (§ 52); Mecklenburg-Schwerin 1849 (§ 124); Nassau 1849 (§ 52); Österreich 1848 (§ 12); Oldenburg 1849 (Art. 27); Preußen 1848 (Art. 46); Sachsen-Coburg-Gotha 1852 (§ 128); Sachsen-Gotha 1849 (§ 46); Schleswig-Holstein 1848 (Art. 41); Waldeck-Pyrmont 1849 (§ 77).

64 In alphabetischer Reihenfolge: Anhalt-Bernburg 1848 (§ 81); Anhalt-Dessau-Köthen 1848 (§ 66); Braunschweig 1832 (§ 158); Hessen-Kassel 1831 (§ 51); Hohenzollern-Sigmaringen 1833 (§ 47); Liechtenstein 1862 (§ 27); Luxemburg 1849 (Art. 74); Mecklenburg-Schwerin 1849 (§ 128); Nassau 1849 (§ 50); Österreich 1848 (§ 11); Oldenburg 1849 (Art. 24); Preußen 1848 (Art. 43); Reuß j.L. 1848 (§ 60); Sachsen-Coburg-Gotha 1852 (§ 128); Sachsen-Gotha 1849 (§ 46); Schwarzburg-Rudolstadt 1854 (§ 4); Schleswig-Holstein 1848 (Art. 38); Waldeck-Pyrmont 1849 (§ 76).

übernahmen. So war in den überwiegenden Verfassungen der Satz „Der Landesherr ist nicht verantwortlich" und damit angeknüpft die Normierung, dass „die Minister verantwortlich sind", zu finden.[65] Für die Stellung der Abgeordneten der Landtage bedeutete dies einen entscheidenden Nachteil im Gegensatz zu der der Monarchen, denn sie waren für all ihre Entscheidungen selbst verantwortlich. Um dieses Ungleichgewicht zu beheben, wurde die sogenannte Ministeranklage geschaffen und in den deutschen Verfassungen etabliert.[66] Die Landstände hatten so verfassungsrechtlich die Möglichkeit, gegen Entscheidungen der Minister und damit auch des Monarchen vorzugehen.

Neben den genannten Rechten wurden einigen Monarchen jedoch auch Grenzen auferlegt, die sie nicht überschreiten durften. So war ihnen beispielsweise verwehrt, den Sitz der Staatsregierung außer Landes zu verlegen, wie die Verfassungen Anhalt-Dessau-Köthens, Braunschweigs, Hannovers, Hessen-Kassels, Mecklenburg-Schwerins, Oldenburgs, Reuß j.L., Sachsen-Coburg-Gothas, Sachsen-Altenburgs, Württembergs und die Verfassung Waldeck-Pyrmonts deklarierten.

---

65 In alphabetischer Reihenfolge: Anhalt-Bernburg 1848 (§ 79); Anhalt-Dessau-Köthen 1848 (§ 70); Hessen-Hassel 1831 (§ 61); Hohenzollern-Sigmaringen 1833 (§ 51); Liechtenstein 1862 (§ 27); Luxemburg 1849 (Art. 4); Mecklenburg-Schwerin 1849 (§ 127); Nassau 1849 (§ 48); Österreich 1848 (§ 32); Oldenburg 1849 (Art. 26); Preußen 1848 (Art. 42); Reuß j.L. 1848 (§ 57); Sachsen-Meiningen 1829 (Art. 102); Sachsen-Coburg-Gotha 1852 (§ 21); Sachsen-Altenburg 1831 (§ 7); Sachsen 1831 (§ 42); Schwarzburg-Rudolstadt 1854 (§ 4); Schwarzburg-Sondershausen 1841 (§ 5); Schleswig-Holstein 1848 (Art. 35); Waldeck-Pyrmont 1849 (§ 73).

66 In alphabetischer Reihenfolge: Anhalt-Bernburg 1848 (§ 77); Anhalt-Dessau-Köthen 1848 (§ 55); Baden1818 (§ 67); Braunschweig 1820 (§ 31); Braunschweig 1832 (§ 108); Hannover 1833 (§ 151); Hessen-Darmstadt: Gesetz über die Verantwortlichkeit der Minister von 1821 (Art. 4 ff.); Hessen-Kassel 1831(§ 61); Hohenzollern-Sigmaringen 1833 (§ 66e/70); Luxemburg 1848 (Art. 84); Lippe-Detmold 1836 (§ 7); In der Verfassung von Mecklenburg-Schwerin von 1849 wird in § 104 hinsichtlich der besonderen Befugnis der Ministeranklage auf ein betreffendes Gesetz hingewiesen, das jedoch nicht mehr erlassen wurde, weil zuvor schon die Verfassung von 1849 wieder aufgehoben worden war; Nassau 1849 (§ 57); Oldenburg 1849 (Art. 155 verweist insoweit auf den Art. 230); Preußen 1848 (Art. 59); Preußen 1850 (Art. 61); Reuß j.L. 1849 (§ 70d); Sachsen-Coburg-Meiningen 1824 (§ 14); Sachsen-Meiningen-Saalfeld 1829 (Art. 88); Sachsen-Coburg-Gotha 1852 (§ 132); Sachsen-Weimar-Eisenach 1816 (§ 5); Sachsen-Weimar-Eisenach 1850 (§ 4); Sachsen-Hildburghausen 1818 (§ 2h); Sachsen-Gotha 1849 (§ 61 verweist insoweit auf § 91 f.); Sachsen-Coburg-Saalfeld 1821 (§ 78); Sachsen-Altenburg 1831 (§ 37); Sachsen 1831 (§ 141); Schwarzburg-Rudolstadt 1854(§ 35); Schwarzburg-Sondershausen 1841 (§ 159), 1849 (§ 127), 1857 (§ 57); Waldeck-Pyrmont 1816 (§ 25), 1849 (§ 66).

## IV. Die Stellung der Minister im Verhältnis zu den Landtagen

Wie gerade aufgezeigt, kam den Ministern die „verantwortliche" Position zu. Auf der anderen Seite wurde ihnen aber auch eine Reihe von Kompetenzen zugesprochen, so beispielsweise das Recht der „Contrasignierung" von Verfügungen des Landesherrn in Staatsangelegenheiten, was bedeutete, dass die Regierungsanordnungen des Monarchen stets einer Gegenzeichnung von mindestens einem Mitglied des Staatsministeriums bedurfte.[67]

Einige Verfassungen, darunter die von Anhalt-Bernburg, Mecklenburg-Schwerin und Sachsen-Gotha, sahen vor, dass das Staatsministerium mit dem Landtag in unmittelbarer Geschäftsbeziehung stehen sollte. Jedenfalls aber hatten die Minister in fast allen Ländern ein Zutrittsrecht zu den Landtagsverhandlungen, das meistens auch ein Anhörungsrecht mit einschloss.[68]

Die Befugnis, „Commissarien" einzuberufen war nur den Ministerien der anhaltischen Staaten gestattet, das Recht der Erteilung von Erfindungspatenten lediglich dem anhalt-bernburgischen Ministerium. In letzt genanntem Staat und in Hessen-Darmstadt war den Ministern unter strengen Voraussetzungen vorbehalten, in außerordentlichen Fällen „Capitalien" aufznehmen. In einigen Einzelstaaten oblagen den Ministern neben diesen Rechten auch Pflichten. So sah die Verfassung von Anhalt-Bernburg sowohl eine Aufklärungspflicht gegenüber dem Landtag vor (so auch in Anhalt-Dessau und -Köthen) als auch eine Pflicht, dem Landtag den Hauptfinanzetat und die demselben zu Grunde liegenden besonderen Etats vorzulegen (ebenso Bayern).[69]

67 In alphabetischer Reihenfolge: Anhalt-Dessau-Köthen 1848 (§ 67); Braunschweig 1820 (§ 32); Braunschweig 1832 (§ 153); Hessen-Kassel 1831 (§ 108); Hohenzollern-Sigmaringen 1833 (§ 50); Liechtenstein 1862 (§ 29); Luxemburg 1849 (Art. 81); Mecklenburg-Schwerin 1849 (§ 116/130); Nassau 1849 (§ 48); Österreich 1848 (§ 8); Oldenburg 1849 (Art. 23); Preußen 1848 (Art. 42); Reuß j.L. 1848 (§ 57); Sachsen-Meiningen 1829 (Art. 103); Sachsen 1831 (§ 43); Schwarzburg-Rudolstadt 1854 (§ 5); Schwarzburg-Sondershausen 1841 (§ 59); Schleswig-Holstein 1848 (Art. 36); Württemberg 1819 (§ 51); Waldeck-Pyrmont 1849 (§ 43).

68 So etwa in Anhalt-Bernburg, Anhalt-Dessau und -Köthen, Anhalt, Baden, Bayern, Mecklenburg-Schwerin, Oldenburg, Preußen, Schleswig-Holstein und Waldeck-Pyrmont.

69 Der Meinung des Staatsrechtlers Rotteck nach waren die Minister damit insgesamt bloß die unmittelbaren Werkzeuge des königlichen Willens (Rotteck, a.a.O., S. 118). Diese Ansicht ist jedoch fraglich, wenn man sich vergegenwärtigt, dass der Landesherr aufgrund der rechtlichen Vorgaben auch auf die Minister angewiesen war, so beispielsweise bei der Gegenzeichnungspflicht seiner Regierungsanordnungen. Dadurch konnte er seinen Willen nur durchsetzen, soweit die Minister gleicher Meinung waren. Zudem sahen sich auch die Minister selbst nicht als bloße Werkzeuge, sondern vielmehr als Diener ihrer Fürsten an (Meisner, Die Lehre vom monarchischen Prinzip, S. 276).

## V. Umsetzung der Vorgaben des Artikels 57 der Wiener Schlussakte

Aus dem oben aufgeführten Kanon ergibt sich ein Konflikt zwischen der Forderung nach einem souveränen Landesherrn einerseits und dem Ansinnen einer dem Willen des Volkes entsprechenden Institution andererseits. Eine schwierige Gestaltung nahm dabei insbesondere die Aufteilung der *Rechte* zwischen dem jeweiligen Monarchen und Landtag eines Staates an. Die Einzelstaaten sind dieser durch Artikel 57 WSA normierten Herausforderung derart begegnet, dass die jeweiligen Landtage gewisse Kompetenzen erhielten, dafür aber dem Monarchen ein Letztentscheidungsrecht verblieb, so dass er missliebige Maßnahmen durch die Landtage immer noch verhindern konnte.

Durch die Umsetzung der Vorgaben des Artikels 57 WSA entwickelte sich letztendlich ein Verfassungssystem in allen Einzelstaaten, das bedingt war durch die Prinzipien der Selbstregulierung des Monarchen einerseits und seiner verfassungsmäßigen Beschränkung durch die Rechte der Landstände und aller Staatsbürger andererseits[70], wobei das politisch-tatsächliche Verhältnis zwischen Krone und Parlament aber letztendlich geprägt war von einer Vorrangstellung der ersteren, die sie als den ersten Faktor im Staatsleben erscheinen ließ.[71]

---

70 Willoweit, a.a.O., S. 281.
71 Meisner, a.a.O., S. 2/280.

# 2. Kapitel: Das Ein- und Zweikammersystem im Überblick

Um die historischen Gründe für die Einführung der Ein- und Zweikammersysteme im deutschen Verfassungsgefüge des 19. Jahrhunderts verstehen zu können, ist ein Überblick über die Entstehung und die geschichtliche Entwicklung dieser Institutionen unabdingbar, insbesondere, weil gerade europäische Verfassungen oftmals als Vorbild für spätere deutsche Verfassungen genommen wurden, wie etwa die französische Charte von 1814. Deshalb wird sowohl auf die europäische als auch auf die deutsche Entwicklung Bezug genommen.

Um ein allgemeines Verständnis zu erleichtern, erfolgen zunächst Erläuterungen zu Begriffen, die im Zusammenhang mit den Ein- und Zweikammersystemen benutzt werden, wozu die Begriffe „Volksvertretung", „Landtag" und „Landstände" gehören. Im Hinblick auf das Erkenntnisinteresse der Dissertation – zu überprüfen, ob die damaligen politischen Verhältnisse als Vorläufer des heutigen Parlamentarismus zu werten sind – ist hierbei auch auf den Begriff und das heutige Verständnis des Parlamentarismus einzugehen.

## I. Begriffserläuterungen

Ein von besonderer Wichtigkeit gekennzeichneter Begriff im Zusammenhang mit den Ein- und Zweikammersystemen ist derjenige der *Volksvertretung*. Dem allgemeinen Sprachgebrauch nach wird hierunter eine Organisationseinheit verstanden, die zur Wahrung der allgemeinen Interessen des Landes eingesetzt wird und damit als Repräsentant des gesamten Volkes fungiert.[72]

Zu Beginn des Deutschen Bundes wurden zunächst die Begriffe „Stände" und „Volksrepräsentation" auf den Wiener Konferenzen als Synonyme gebraucht.[73] Durch die Karlsbader Beschlüsse und die durch Gentz vorgetragene Kritik an Repräsentativkörper-schaften kam es jedoch schnell zu einer strikten Differenzierung, die auch die Einzelstaaten in ihren Verfassungen berücksichtigten: So wurde beispielsweise in der württembergischen Verfassung von 1819 das Wort „Volk" in der ursprünglichen Bezeichnung „Kammer der *Volk*sabgeordneten" einfach herausgestrichen.[74] Erst in der Zeit der Märzrevolution tauchten Begriffe wie „Volksvertretung", „Volkskammer" oder auch „Volkshaus" wieder häufiger auf. Dies lag vornehmlich an den Erweiterungen in der Zusammensetzung und Aufgabenstellung der Kammern, die durch die

72 Meyer, Die Stellung der Parlamente in der Verfassungsordnung des Grundgesetzes, in: Schneider/Zeh (Hrsg)., Parlamentsrecht und Parlamentspraxis, S. 120.

73 Kühne, Volksvertretungen im monarchischen Konstitutionalismus (1814–1918), in: Schneider/Zeh (Hrsg.), Parlamentsrecht und Parlamentspraxis, S. 54.

74 Kühne, a.a.O., S. 54.

Revolutionsforderungen hervorgerufen und umgesetzt worden waren.[75] So wurden in zahlreichen Verfassungen nunmehr die Landtage als Vertreter der Gesamtheit aller Staatsangehörigen oder als Vertreter des *gesamten* Volkes bezeichnet.[76]

Eine begriffliche Unterscheidung zwischen den Wortbedeutungen der „Landstände" und „Landtage" ist nicht sinnvoll, da diese beiden Begriffe nicht nur in der überaus weitreichenden Literatur zum Verfassungswesen des 19. Jahrhunderts, sondern auch in den zeitgenössischen Verfassungen der Mitgliedstaaten selbst als Synonyme benutzt wurden.

Allgemein verstand man unter einem Landtag bzw. unter Landständen eine Versammlung von Abgeordneten, die in Landesangelegenheiten zu beraten und oftmals mitzubestimmen hatten.[77]

Um Erkenntnisse darüber gewinnen zu können, ob die Ein- und Zweikammersysteme des 19. Jahrhunderts Vorformen des heutigen Parlamentarismus darstellen, ist es unabdingbar, zunächst einen umfassenden Überblick darüber zu erhalten, wie der Begriff „Parlamentarismus" heutzutage definiert wird und welche Merkmale ein parlamentarisches System nach dem gegenwärtigen Begriffsverständnis beinhaltet.

Dem Begriff „Parlamentarismus" wohnt das Wort „Parlament" inne. Dieser Ausdruck stammt von dem französischen Wort „parler", also „sprechen".[78] Das Wort Parlament wird übersetzt mit dem Satz: „der Ort, wo gesprochen wird"[79]. Wie das Parlament wiederum in einem parlamentarischen Regierungssystem auszusehen hat, diesem Gedanken widmen sich zahlreiche Staatsrechtler. So wird unter einem Parlament beispielsweise die „Bildung des maßgeblichen staatlichen Willens durch ein vom Volke auf Grund des allgemeinen und gleichen Wahlrechts, also demokratisch, gewähltes Kollegialorgan nach dem Mehrheitsprinzipe"[80] verstanden. Auch Carl Schmitt verwendet für das Parlament eine ganz ähnliche Definition in seinem Aufsatz „Die Prinzipien des Parlamentarismus": „Eigentlich müßte das Volk in seiner wirklichen Gesamtheit entscheiden, wie das ursprünglich der Fall war, als sich noch alle Gemeindemitglieder unter der Dorflinde versammeln konnten; aber aus praktischen Gründen ist es heute unmöglich, daß alle zu gleicher Zeit an einem Platze zusammenkommen; auch ist es unmöglich, alle wegen jeder Einzelheit zu befragen; deshalb hilft man sich vernünftigerweise mit einem gewählten Ausschuß von Vertrauensleuten, und das ist eben das Parlament."[81] Schließlich weist Karl Loewenstein

75 Kühne, a.a.O., S. 54.
76 So in: Sachsen-Weimar-Eisenach 1850 (§ 17); Sachsen-Coburg-Gotha 1852 (§ 84); Oldenburg 1852 (Art. 127); Waldeck 1852 (§ 46); Schwarzburg-Sondershausen 1857 (§ 21); Preußen 1850 (§ 83); Reuß j.L. 1852 (§ 50).
77 So etewa Karl von Rotteck, in: Schöttle, Über Landstände und Volksvertretungen, S. 89 oder auch Johann Jakob Moser in: Krüger, Die Landständische Verfassung, S. 33.
78 Theimer, Lexikon der Politik S. 237.
79 Theimer, a.a.O., S. 237.
80 Kelsen, Das Problem des Parlamentarismus, S. 5.
81 Schmitt, Die Prinzipien des Parlamentarismus, in: Kurt Kluxen (Hrsg.), Parlamentarismus, S. 41.

in seiner Abhandlung „Zum Begriff des Parlamentarismus“ ebenfalls darauf hin, dass nach dem heutigen Verständnis von einer Repräsentativkörperschaft im Grunde alle erwachsenen Staatsbürger in dieser „vertreten“ und die Wahlen zur Herbeiführung eines solchen Organs entsprechend „demokratisch ‚ehrlich‘ sein“ müssen, „das heißt, die Parlamentsvertreter müssen ihr Mandat aus allgemeinen Wahlen unter Zugrundelegung des allgemeinen Stimmrechts, mit freier Gruppen- und Meinungsbildung und ohne staatlichen Zwang oder Einfluß ableiten“[82].

Diese Definitionen heben nach dem heutigem Verständnis bereits ein ganz zentrales Merkmal des Parlamentarismus hervor, nämlich, dass das Parlament „Vertreter des gesamten Volkes“ ist, in freier, allgemeiner, gleicher und geheimer Wahl gewählt. Dies bedeutet jedoch nicht, dass das einzige Merkmal des Parlamentarismus die Existenz eines derart gewählten Volksvertetungsorgans ist. Weitere Elemente des heutigen Verständnisses ergeben sich bei der Betrachtung der geschichtlichen Herleitung. In Deutschland wurde der Begriff zunächst häufig im Zusammenhang mit der Paulskirchenverfassung von 1848 verwendet.[83] Das heutige Verständnis von Parlamentarismus ist jedoch in seinen Grundzügen erst mit der Gründung der Weimarer Reichsverfassung vom 11.08.1919, die „das erste demokratische Verfassungsinstrument“[84] darstellte, entstanden. Hauptanliegen zu jener Zeit war es, ein Regierungssystem zu schaffen, dass den bis dahin existierenden Konstitutionalismus zwar nicht ablösen, aber doch zumindest durch neu hinzutretende Elemente abschwächen sollte, insbesondere wollten die Verantwortlichen die Beschränkung der Staatsmacht erreichen.[85] Dies bewirkten sie dadurch, dass ein Parlament vom Volke gewählt wurde, dem gegenüber die Regierung verantwortlich war; ein weiteres wesentliches Merkmal des heutigen Parlamentarismus.[86]

Die Merkmale, wie sie sich aus der Weimarer Reichsverfassung ergaben, übernahm der Parlamentarische Rat bei der Ausarbeitung des Grundgesetzes.[87]

Das heutige parlamentarische Regierungssystem zeichnet sich weiterhin durch die einzelnen Rechte des Parlaments und ihrer Abgeordneten aus, die im Grundgesetz aufgeführt sind. Zu den wichtigsten Rechten gehört insbesondere die Befugnis,

---

82 Loewenstein, Zum Begriff des Parlamentarismus, in: Kurt Kluxen (Hrsg.), Parlamentarismus, S. 65.

83 Beyme, Die parlamentarischen Regierungssysteme in Europa, S. 35; Brunner/Conze/Koselleck, Geschichtliche Grundbegriffe, Band 4, S. 656.

84 Fromme, Von der Weimarer Verfassung zum Bonner Grundgesetz, S. 1.

85 Fromme, a.a.O., S. 25/27.

86 Art. 56 Abs. 2 der WRV
Im Gegensatz zu heute wurde auch der Reichspräsident vom Volke gewählt und dem Parlament an die Seite gestellt, wodurch das monarchische Prinzip zu dieser Zeit noch nicht vollständig aufgelöst wurde. Aufgrund der Erfahrungen in der Weimarer Republik wollte man dem Staatsoberhaupt in unserer heutigen Zeiten eine solche Machtposition nicht mehr zuerkennen, weshalb es nunmehr zu republikanischen Verhältnissen gekommen ist.

87 Fromme, a.a.O., S. 24.

sich zu Parteien und Fraktionen zusammenzuschließen (Art. 21 GG, § 10 GO BT), die Bestimmung des Bundestages über den Schluß und den Wiederbeginn seiner Sitzungen (Art. 39 Abs. 3 S. 1), das Wahlprüfungsrecht in Art. 41 GG, Indemnität- und Immunitätsregelungen in Art. 46 GG, das Anklagerecht des Bundespräsidenten gem. Art. 61 GG, das Mißtrauensvotum gegenüber dem Bundeskanzler (Art. 67 GG), das Gesetzesinitiativ- (Art. 76) und Beschlussrecht. Zudem ist der Bundestag zuständig für die Gesetzgebung im Bereich der Zölle und Finanzmonopole (Art. 105 I GG) sowie unter bestimmten Voraussetzungen über die übrigen Steuern (vgl. Art. 105 II GG).

## II. Die historischen Anfänge eines Ein- und Zweikammersystems in Europa

Der territoriale Ursprung von Volksvertretungssystemen trat in England und Frankreich im Laufe des 17. und 18. Jahrhunderts hervor und gilt als Vorläufer politischer Anordnungen, die sich kurz danach auf ganz Europa in divergierenden Ausformungen ausbreitete.[88]

### 1. England

Anfänge einer Theorie zu einem Volksvertretungsorgan lassen sich in England bereits seit der Revolution (1688) des 17. Jahrhunderts finden.[89] Diese beinhaltete nicht nur die Forderung nach einer *Teilnahme* eines Repräsentativorgans in der legislativen Gewalt, sondern nach einer obersten Stellung des Volkes, so dass der König lediglich die Bedeutung eines „trustee" der Gesamtheit innehaben sollte.[90] Aus der reinen Theorie entwickelten sich schon kurze Zeit später erste Bemühungen der englischen Lords, die wichtigsten Dokumente der Vergangenheit über das politische System in einer Sammlung zu veröffentlichen, mit dem Ziel, mittels der Geschichte die Existenz und die Organisation der „parlamentarischen Institutionen" zu rechtfertigen.[91] Tatsächlich zeigte die Geschichte, dass die Wurzeln zu den Grundzügen eines Bikameralismus bereits auf das Mittelalter zurückzuführen waren.[92] In dieser Zeit bildeten der höhere und niedere Adel, die Geistlichkeit, die Bürger der Städte und die Bauern bereits eigene Stände, deren Aufgabe in Beratungen, insbesondere über die Zahlungen in die Schatullen des Fürsten, und in der Mitwirkung bei der Führung der Staatsgeschäfte

88 Haas, a.a.O., S. 5 f.

89 Scheuner, Volkssouveränität und Theorie der parlamentarischen Volksvertretung, in: Bosl (Hrsg.), Der moderne Parlamentarismus und seine Grundlagen in der ständischen Repräsentation, S. 304; Voegelin, Zwischen Revolution und Restauration, S. 7.

90 Gralher, Demokratie und Repräsentation in der Englischen Revolution, in: Heidelberger Politische Schriften 6, S. 60 ff., 103 ff.

91 Lousse, Parlamentarismus oder Korporatismus, in: Rausch (Hrsg.), Die geschichtlichen Grundlagen der modernen Volksvertretung, S. 280.

92 Haas, a.a.O., S. 5.

bestand.[93] Im 14. Jahrhundert kam es erstmalig zu der Etablierung zweier Kammern.[94] Die Erste Kammer wurde *House of Lords* genannt, zu dem sich die Bischöfe und Äbte mit den Baronen zusammenschlossen, während der niedere Adel zusammen mit den stimmberechtigten Bürgern das *House of Commons* statuierten.[95] Das House of Lords hatte in erster Linie eine repräsentative Funktion, derweil das House of Commons vor allem für den Bereich der Steuerbewilligung zuständig war.[96] Je nach dem gerade regierenden Throninhaber wurde den Kammern im Laufe der weiteren Zeit mal mehr, mal weniger Macht zugestanden, was sich sowohl in der willkürlichen Auflösung des Unterhauses durch die Krone zeigte als auch darin, dass die Kammern sporadisch und immer nur für kurze Zeit einberufen wurden.[97] Die Geschichte des Bikameralismus bis zum 17. Jahrhundert zeigte insgesamt eine Volksvertretung, die den Schwankungen der monarchischen Persönlichkeit unterworfen und daher allenfalls als *rudimentäre* Volksvertretungen zu sehen waren, andererseits aber doch zu einem unentbehrlichen, nicht mehr wegzudenkenden Bestandteil der politischen Ordnung wurde.[98] Doch erst im 17. Jahrhundert kam es zu einer ersten echten Rebellion der Kammern gegen die Krone.[99] Die Mitglieder des House of Commons, die das verbriefte Recht der Geldbewilligung für die Regierungsführung besaßen, wiesen alle finanziellen Forderungen der Krone zurück.[100] Diese Handlungsweise blieb nicht ohne politische Folgen. Karl I. (1623–1649) fand andere Wege, die finanzielle Lage durch eine Reihe von Maßnahmen teils legaler, teils illegaler Natur zu sichern und regierte fortan elf Jahre lang ohne Kammern.[101] Religiöse Konflikte[102] waren schließlich der Anlass zu einer offenen Rebellion gegen den König, der daraufhin das aufständische London verlassen musste. Von nun an mussten die Kammern die Gesetzgebung in die eigene Hand nehmen.[103]

Es kam in der Folgezeit zu zwei Bürgerkriegen zwischen den Anhängern des Königs und jenen des englischen Parlaments (1642–1646 und 1648/49).[104] Aber auch

93 Fetscher, Großbritannien, S. 102; Haas, a.a.O., S. 5.
94 Loewenstein, Der britische Parlamentarismus, S. 28.
95 Kluxen, Englische Verfassungsgeschichte, S. 134; Haas, a.a.O., S. 5.
96 Gebauer, Das britische Oberhaus, in: Haas/Ruß/Riescher, Zweite Kammern, S. 271.
97 Loewenstein, a.a.O., S. 29 ff.
98 Loewenstein, a.a.O., S. 31.
99 Loewenstein, a.a.O., S. 42.
100 Voegelin, a.a.O., S. 11; Jennings/Ritter, Das britische Regierungssystem, S. 38.
101 Hatschek, Englische Verfassungsgeschichte, S. 334 ff.; Loewenstein, a.a.O., S. 46 f.
102 Diese bestanden vor allem in der Forderung der puritanischen Mehrheit der Commons, eine durchgreifende Kirchenreform durchzuführen und damit verbunden die Vernichtung der bisherigen monarchischen Verfassung. Charles I. lehnte diese Deklaration mit dem Namen „Nineteen Propositions" von 1641 ab und drang in das House der Commons mit seinen Söldnern ein. Das war für die Commons, die rechtzeitig gewarnt worden waren, der Aufruf zu einer offenen Rebellion. Siehe hierzu Loewenstein, a.a.O., S. 46.
103 Loewenstein, a.a.O., S. 46.
104 Loewenstein, a.a.O., S. 49 ff.

diese Auseinandersetzungen vermochten es noch nicht, eine Lösung im Machtkampf zwischen dem Monarchen und den Gemeinen zu finden. Erst im Laufe der 1670er Jahre kam es immer mehr zu einer Stärkung der Rechte für die Kammern, wie etwa die uneingeschränkte Debattierfreiheit, die Schaffung neuer Unterhaussitze durch Parlamentsakt statt durch königliche Anweisung, das Bewilligungsrecht bezüglich aller neuen Einkünfte sowie die Aufnahme der Appellationsgerichtsbarkeit durch die Lordskammer.[105] Auf der anderen Seite verfügte aber auch die Krone nach wie vor über entscheidende Machtmittel und Rechte.[106] Nach weiteren Machtkämpfen mit Karl II. als Throninhaber institutionalisierten sich erst in der Glorreichen Revolution von 1688 die Kammern als Schwergewicht, die sich zur Ausübung der Regierungsgewalt des Königs bedienten.[107] Zu dieser Entwicklung kam es zum einen durch die neue Übernahme der Krone durch William und Mary, die den Kammern die Rolle der Inhaber der Souveränität zustanden, und zum anderen durch die drei in Kraft getretenen Gesetzgebungsakte, namentlich die Bill of Rights von 1689, der Triennial Act von 1694 und der Act of Settlement von 1700.[108] Diese Gesetze spiegelten zwar im Wesentlichen die Rechte wider, die die Kammern auch zuvor schon für sich verbürgten; aufgrund der Formalität konnten sich die Abgeordneten nun aber im Ernstfall auch darauf berufen.

Durch die Revolution war ein echter Übergang von der absolutistischen zu einer konstitutionellen Monarchie geschaffen worden, in dem die Macht der Krone zugunsten der Stellung der Kammern beschränkt wurde. Der Anfang eines Volksvertretungsorgans in Form eines Zweikammersystems war geebnet.

## 2. Frankreich

Die Idee zu einer Errichtung eines Zweikammersystems in Frankreich beschrieb bereits der französische Staatstheoretiker Montesquieu in seinem Werk „De l'esprit des Loix" von 1748, indem er für die Legislative die Bildung zweier voneinander unabhängig tagender und beschließender Körperschaften verlangte, die zum einen aus den gewählten Volksvertretern und zum anderen aus der erblichen Adelskörperschaft bestehen sollten.[109] Darüber hinaus sah Montesquieu bereits einige Elemente vor, die in dieser Form auch in den Verfassungen der Einzelstaaten des Deutschen Bundes wiederzufinden sind: Dazu zählen die Befugnis des Monarchen, die Körperschaften nach seinem Ermessen einzuberufen und wieder aufzulösen und das Recht eines Vetos für den an der exekutiven Spitze stehenden Erbmonarchen im Hinblick auf Gesetzesbeschlüsse.[110] Ebenso sprach er sich für die Notwendigkeit der Unverantwortlichkeit der Krone und die hiermit im engen Zusammenhang stehende

105 Gneist, Englische Verfassungsgeschichte, S. 608; Loewenstein, a.a.O., S. 54 f.
106 Loewenstein, a.a.O., S. 55.
107 Loewenstein, a.a.O., S. 59 ff.
108 Hatschek, a.a.O., S. 343 ff.; Loewenstein, a.a.O., S. 61.
109 Montesquieu, Vom Geist der Gesetze, S. 18 ff.
110 Bellers/Westphalen, Parlamentslehre, S. 28.

erforderliche Verantwortlichkeit der Minister aus, um der monarchischen Regierung eine starke Stellung zu geben.[111]

Nicht nur die Gedanken Montesquieus, sondern auch anderer namhafter Autoren – darunter Rousseau, der die Lehre vom Gesamtwillen und einer Souveränität im Ganzen predigte – beschäftigte Frankreichs Regimespitze, als es aufgrund der französischen Revolution von 1789 zu der Abschaffung der absoluten Monarchie zugunsten der Einführung eines konstitutionellen Machtregimes kam.[112] Dadurch entwickelte sich eine Vorstellung, die einen Fürsten vorsah, der zwar die exekutive Gewalt in seiner Person vereinte, die legislative Gewalt jedoch mit dem Parlament wie in England teilen sollte.[113] Verwirklicht wurde diese Theorie durch die Aufnahme der entscheidenden Leitsätze in der Verfassung von 1791[114]. Sie spiegelte damit den Grundgedanken der Nationalrepräsentation wider, der sich zuvor bereits in England ausgebreitet hatte und dessen Annahme den entscheidenden Durchbruch der französischen Revolution darstellte.[115]

Vorgesehen war ein Einkammersystem, das aus einer aus drei Ständen bestehenden Vertretung bestand, und von französischen Staatsrechtlern definiert wurde als „Zusammenkunft der drei Stände einer Provinz zu einer ordnungsgemäß konstituierten Versammlung, die in regelmäßigen Zeitabständen einberufen wird und mit gewissen politischen und administrativen Aufgaben betraut ist, deren wichtigste die Steuerbewilligung ist".[116] Neben dem Steuerbewilligungsrecht oblagen der Kammer noch das Recht zur Gesetzesinitiative und das Budgetrecht, während die Verfassung dem König ein Vetorecht bezüglich der verabschiedeten Gesetze zugestand.[117]

Die Verfassung vom 03.09.1791 hielt jedoch aufgrund des bevorstehenden Krieges lediglich ein Jahr.[118] Nachdem die zweite Verfassung von 1793 erst gar nicht in Kraft trat, wurde am 22. August 1795 eine neue Staatsordnung beschlossen, die zum ersten

---

111 Bellers/Westphalen, a.a.O., S. 28.

112 Jones, Frankreich, S. 184; Holtzmann, Französische Verfassungsgeschichte, S. 356; Peifer, Das rechtliche Spannungsverhältnis von Zentralismus und Dezentralisierung, S. 17; Richter, Staats- und Gesellschaftsrecht der französischen Revolution, S. 262 f.; Vgl. Scheuner, a.a.O., S. 305 f.

113 Scheuner, a.a.O., S. 306; Richter, a.a.O., S. 262 f.

114 Déclaration des droits de l'homme et du citoyen du 26 aout 1789, titre III Art. 1–2. Die 2 Titel lauteten:
„1. La Souveraineté est une, indivisible, inalienable, imprèscriptible. Elle appartient à la Nation; aucune section du Peuple, ni aucun individu, ne peut s'en attributer l'exercise.
2. La Nation, de qui seule émanent tous les pouvoirs, ne peut les exercer que par delegation. La Constitution francaise est representative; les représentants sont le Corps legislatif et le Roi."

115 Scheuner, a.a.O., S. 298 f.

116 Hirschauer, Les Etats d'Artois, Bd. I, S. 1/2.

117 Kirsch, Monarch und Parlament im 19. Jahrhundert, S. 83 f.; Sieburg, Geschichte Frankreichs, S. 187.

118 Hartmann, Französische Verfassungsgeschichte der Neuzeit, S. 51.

Mal in der französischen Verfassungsgeschichte ein Zweikammersystem vorsah.[119] Die Erste Kammer „Le Conseil des Anciens“ bestand aus 250 Abgeordneten, die über 40 Jahre alt, verheiratet oder verwitwet und 15 Jahre in Frankreich wohnhaft sein mussten.[120] In der Zweiten Kammer „Le Conseil des Cinq-Cents“ tagten 500 Männer mit einem Mindestalter von 30 Jahren, die das Recht der Gesetzesinitiative besaßen.[121]

Auch die Konstitution von 1795 sollte sich jedoch nicht länger als fünf Jahre bewähren. Nach der Rückkehr Napoleon Bonapartes aus Ägypten dauerte es nicht lange, bis er 1799 lediglich einige ihm wohlgesinnte Abgeordnete der beiden Kammern zu einem Kommitée versammelte, die ihm nicht nur die Regierungsgewalt übertrugen, sondern darüber hinaus auch eine neue Verfassung annahmen.[122] Das Legislativorgan bestand nun aus drei Kammern: Das „Tribunat“, das „Corps législativ“ und der „Sénat conservateur“.[123] Allen drei Kammern war gemein, dass sie aus Abgeordneten bestanden, die von der Regierung ernannt wurden und dass ihnen Rechte in der Gesetzgebung zustanden, die so eingeschränkt wurden, dass sie praktisch leer liefen oder keine weitere Bedeutung fanden.[124] Napoleon stellte damit lediglich ein Provisorium einer „Volksvertretung“ auf, mit dem Ziel, eine übermächtige Exekutive zu schaffen, um so letztendlich seine Militärdiktatur zu erreichen.[125] Die fortschreitende Entwicklung der Errichtung eines parlamentarischen Regierungssystems war damit faktisch mit einem Schlag beendet.

Erst nach dem Ende der napoleonischen Herrschaft kam es zu einer Reintegration eines repräsentativen Regimes in der neuen Verfassung, der sogenannten *Charte* von 1814.[126] Es entstand wiederum ein Zweikammerorgan, das zusammen mit dem König die Legislativgewalt verkörperte.[127] Erstmalig fungierte die Erste Kammer, die „Chambre des pairs“, als echte Ständevertretung, indem sie aus Abgeordneten – hauptsächlich Mitgliedern der Herrscherfamilie und Prinzen – bestand, die vom König auf Lebenszeit ernannt wurden oder durch Erbfolge ihren politischen Status erhielten.[128]

---

119 Kirsch, a.a.O., S. 85; Dass die Verfassung von 1793 lediglich einen rein provisorischen Charakter besaß, lag daran, dass der Konvent keinen bestimmten Termin für die Wirksamkeit bestimmte, es vielmehr auf die Zeit nach der Revolution verschob. Vgl. hierzu: Sieburg, Geschichte Frankreichs, S. 198.

120 Sieburg, Grundzüge der französischen Geschichte, S. 115; Hartmann, a.a.O., S. 59.

121 Hartmann, a.a.O., S. 59; Sieburg, Grundzüge der französischen Geschichte, S. 115.

122 Hartmann, a.a.O., S. 63.

123 Hartmann, a.a.O., S. 66.

124 Haupt, Von der französischen Revolution, in: Hinrichs, Geschichte Frankreichs, S. 224; Hartmann, a.a.O., S. 66.

125 Haupt, a.a.O:, S. 224; Hartmann, a.a.O., S. 67.

126 Rohden, Französische Geschichte, S. 135; Schmale, Geschichte Frankreichs, S. 195 f.; Kirsch, a.a.O., S. 87.

127 Köller/Töpfer, Frankreich, Teil 2, S. 149; Rohden, a.a.O:, S. 135; Hartmann, a.a.O., S. 80.

128 Hartmann, a.a.O., S. 80.

Die Aufnahme in die Zweite Kammer war auf solche Abgeordneten beschränkt, die eine direkte Steuer von nicht weniger als 1000 Francs pro Jahr zahlen konnten.[129] Sie wurden von Wahlkollegien für fünf Jahre im Turnus gewählt, wobei das Wahlrecht an strenge Zensusbestimmungen geknüpft war.[130] Beide Kammern erhielten umfassende Rechte, wozu die Befugnis der Mitwirkung bei der Gesetzgebung, das Recht auf Immunität und das Steuerbewilligungsrecht zählte.[131]

Damit war ein System geschaffen worden, durch das die Grundgedanken Montesquieus, die dieser bereits 1748 entwickelt hatte, in die Praxis umgesetzt wurden.

Die *Charte* von 1814 hatte eine Vorbildfunktion für spätere Konstitutionen in Europa, so z.B. für die süddeutschen Verfassungen der Königreiche Bayern und Württemberg und des Großherzogthums Baden sowie für die belgische Verfassung.[132]

## 3. Die deutsche Entwicklung

Landstände waren bereits in den deutschen Territorien des Heiligen Römischen Reiches ein fester Bestandteil des Landtags.[133] So befand 1231 das königliche Hofgericht „dass weder Fürsten noch sonstige Herren Gesetze oder neue Rechte machen können, wenn nicht die Zustimmung der Vornehmen und Großen des Landes vorliegt".[134] Die Einführung von Landständen ergab sich insbesondere aus zwei Gründen: Zum einen waren die Fürsten, deren Landesvermögen durch Kriege, wirtschaftlicher Schwierigkeiten und Geldentwertung immer weiter schrumpfte, auf die finanzielle Hilfe des Adels oder der Städte angewiesen und mussten ihnen durch Abkommen eine Gegenleistung in Form der Mitwirkung bei den politischen Fragen des Landes versprechen.[135] Zum anderen waren die Landstände gezwungen, eine Art „Schiedsrichterrolle" einzunehmen, wenn es um die zahlreichen Konflikte und endlosen inneren Zwistigkeiten zwischen Brüdern und Vettern der verschiedenen Fürstenhäuser ging.[136]

---

129 Hartmann, a.a.O., S. 80.

130 Hartmann, a.a.O., S. 80.

131 Schmale, a.a.O., S. 196.
Das Mitwirkungsrecht bei der Gesetzgebung umfasste allerdings nicht auch das Gesetzesinitiativrecht. Dies stand allein dem König zu. Die Kammern hatten jedoch die Möglichkeit, den König darum zu bitten, ein Gesetz vorzuschlagen. Die Minister konnten zudem von den Kammern verantwortlich gemacht werden, obwohl dieses Recht in der Charte nicht ausdrücklich festgehalten wurde. Vgl. Hartmann, a.a.O., S. 80 f.

132 Hartmann, a.a.O., S. 78.

133 Kimminich, a.a.O., S. 119.

134 Monumenta Germaniae Historica, Constitutiones et Acta publica II, Nr. 305, 420.

135 Carsten, Die deutschen Landstände und der Aufstieg der Fürsten, in: Heinz Rausch, Die geschichtlichen Grundlagen der modernen Volksvertretung S. 318 f.

136 Carsten, a.a.O., S. 319.

Die Landstände bestanden im Allgemeinen aus drei Kurien: Adel, Geistlichkeit und Städte; nur in einigen Territorien (z.B. in Baden, Ostfriesland und Tirol) waren auch die Bauern im Landtag vertreten.[137] Vorherrschend war damit ein Einkammersystem.

In der Epoche des Mittelalters waren die Landstände gleichwohl nicht hoch angesehen. Sie fanden keinen Rückhalt in der Öffentlichkeit, wurden sogar nicht selten vom Volk als Feinde des Gemeinwohls angesehen.[138] Als Folge dessen wagten sie es nicht, ihr an sich umfassend zustehendes Bewilligungsrecht nach ihrem Ermessen auszuüben.[139] Auch das Recht, sich selbst zu einer Versammlung einzuberufen, übten sie nicht mehr aus. Sie ließen es geschehen, dass eine kleine Anzahl aus ihrer Mitte und in ihrem Namen mit den fürstlichen Beamten verhandelte, was dazu führte, dass sie zunächst immer seltener, zuletzt gar nicht mehr einberufen wurden.[140]

Zusätzlich kämpften die Landesherren im Laufe der Zeit verstärkt um eine Machtstellung, die nicht weiter von den Rechten der Landstände begrenzt werden sollte.[141] Gelungen ist ihnen dieses erst mit der Konzentration der Souveränitätsentfaltung auf die Territorien und dem Niedergang des Bürgertums im Westfälischen Frieden.[142] Die Schwächung des Einflusses der Landstände war dabei von Staat zu Staat unterschiedlich: in einigen Ländern (Bayern, Brandenburg-Preußen und Österreich) blieben die Landstände zwar noch formell erhalten, besaßen aber keine politische Macht mehr, andernorts wie in Preußen wurden sie gänzlich aufgehoben.[143] In Württemberg, Hannover und Kurhessen dagegen blieben die Stände bestehen, was insbesondere an dem ausgeprägten Rechtssinn ihrer Bevölkerungen lag.[144] Die Einflussminimierung der Landstände wurde insbesondere durch das Verbot der ständischen Steuerselbstverwaltung und der eigenmächtigen Versammlung der Landstände erzeugt.[145]

Diese Entwertung der Rechtsstellung der Landtage hielt bis zum Ende des Römischen Reiches an. So hieß es beispielsweise noch in der Wahlkapitulation des römischen Kaisers Franz II vom Jahre 1792: „Wir wollen auch nicht gut heissen, noch zugeben, daß die Landstände die Disposition über die Landsteuer, deren Empfang, Ausgab und Rechnungs-Receßirung mit A u s s c h l i e ß u n g d e s L a n d e s h e r r n, privative vor- und an sich ziehen, oder in dergleichen... Sachen, ohne des Landesfürsten Vorwissen und Bewilligung, Convente anstellen und halten."

137 Kimminich, a.a.O., S. 118.
138 Biedermann, Die Repräsentativ-Verfassungen mit Volkswahlen, S. 102 f.
139 Biedermann, a.a.O., S. 103.
140 Biedermann, a.a.O., S. 103.
141 Kimminich, a.a.O., S. 119.
142 Kimminich, a.a.O., S. 240 f.
143 Ingelmann, Ständische Elemente in der Volksvertretung, S. 13; vgl. Kimminich, a.a.O., S. 240 f.
144 Biedermann, a.a.O., S. 104.
145 Kimminich, a.a.O., S. 240 f.

Die Grundstimmung in den Kreisen der Gebildeten wandelte sich dagegen seit der zweiten Hälfte des 18. Jahrhunderts derart, dass sie für die Einführung eines Repräsentativorgans und damit gegen den Absolutismus stimmten.[146] Es wurde ausdrücklich eine andere Zusammensetzung, insbesondere eine Vertretung des Bauernstandes gefordert.[147] Diese Stimmung erfasste die einschlägige Gesellschaftsschicht des Bürgertums erst in der Zeit der Freiheitskriege 1813.[148] Die Anfänge eines Volksvertretungssystems, wie es sich in England und Frankreich bereits seit dem 17. bzw. 18. Jahrhundert zeigte, entwickelte sich in Deutschland erst mit der Gründung des Deutschen Bundes 1815. Auch die Regierungen der deutschen Staaten waren in diesem Zusammenhang nicht unberührt von den Ideen der französischen Revolution geblieben.[149] Aber nicht nur der europäische Umschwung, sondern auch einige deutsche Entwicklungen im altständischen Recht führten zu einer unausweichlichen Neuordnung der Gegebenheiten. Dazu gehörte zum einen die Wiedereinführung der Stände, die auch zu Zeiten des Rheinbundes noch ein fehlendes Element in den meisten Rheinbundstaaten waren.[150] Zum anderen war eine Umwandlung der ständischen Gesellschaft erforderlich, die im altständischen Recht noch in ihrer Zusammensetzung und ihrer Trennung in Kurien aufgeteilt war, diese Formen aber nunmehr aufgehoben waren.[151]

Aufgrund dieser Änderungen erhielten fast sämtliche deutsche Staaten zu Beginn des Deutschen Bundes Verfassungen und Vertretungen nach neuem Zuschnitt, die vielerorts die französische Charte von 1814 als Vorbild nahmen.[152]

## III. Überblick über die Systeme im Deutschen Bund

Anders als in England und Frankreich gab es im Deutschen Bund nicht nur *ein* Kammersystem. Dies lag in der Rechtsnatur des Deutschen Bundes als Staatenbund begründet. Jeder Einzelstaat entwarf für sich eine individuelle Verfassung und bestimmte allein die jeweilige Zusammensetzung des Landtags, wodurch Deutschland ein bunter Flickenteppich politischer Systeme blieb.

In den meisten Einzelstaaten entschieden sich die Landesherren zu irgendeinem Zeitpunkt zwischen 1815 und 1866 für ein Einkammersystem. Dazu zählten die anhaltischen Staaten, Hessen-Homburg, Hohenzollern-Sigmaringen, Liechtenstein, Luxemburg, Mecklenburg-Schwerin, Oldenburg, Reuß jüngerer Linie, die sächsischen Herzogtümer mit Ausnahme von Sachsen selbst, Schwarzburg-Rudolstadt

---

146 Bergsträßer, Die Entwicklung des Parlamentarismus in Deutschland, in: Kluxen (Hrsg.), Parlamentarismus, S. 138.
147 Scheuner, a.a.O., S. 314.
148 Bergsträßer, a.a.O., S. 138.
149 Scheuner, a.a.O., S. 300.
150 Scheuner, a.a.O., S. 318.
151 Scheuner, a.a.O., S. 318.
152 Biedermann, a.a.O., S. 107.

und –Sondershausen, Schaumburg-Lippe, Schleswig-Holstein, Lauenburg und Waldeck-Pyrmont. In vielen dieser Staaten wurden im Laufe der Zeit des Deutschen Bundes mehrere Verfassungen erlassen, ohne dass jedoch das System geändert wurde. Lediglich in Hessen-Kassel fand ein Wechsel von einem Einkammersystem im Jahre 1831 zu einer Zweikammerordnung in den Verfassungen von 1852 und 1860 statt.

Nur wenige Staaten wie Baden, Bayern, Hannover, Hessen-Darmstadt, Österreich, Preußen und Sachsen blieben bis zum Ende des Deutschen Bundes bei einem Zweikammersystem. Lippe-Detmold, Württemberg, Braunschweig und Nassau hatten sich zwar zunächst auch für eine solche Zusammensetzung des Landtags entschieden, wechselten aber im Laufe des Bestehens des Deutschen Bundes zu einem Einkammersystem.

Damit war die Besetzung des Landtags mit nur einer Kammer vorherrschend in den Territorien des 19. Jahrhunderts. Dies verwundert auf den ersten Blick nicht, da es die Aufteilung der Vertretung in zwei Kammern im altständischen System in Deutschland nicht gegeben hatte[153] und die Einzelstaaten, die sich für zwei Kammern entschieden, damit ein Neopolitikum einführten, das sich erst noch bewähren musste. Orientierungshilfe gab ihnen hierzu unter anderem das englische Kammersystem.[154]

Zusammenfassend resultiert aus der geschichtlichen Betrachtung, dass es einen wesentlichen Unterschied zwischen der deutschen Entwicklung und der in England oder Frankreich gab. Während in England und in Frankreich eine gänzlich neue Reform im staatlichen System geschaffen und ein Bestreben hin zu einer Staatsmacht, die ganz auf dem Willen des Volkes zu gründen war, verwirklicht wurde, bestanden in Deutschland weiter erhebliche Vorbehalte gegen die vollen Konsequenzen einer Herrschaft des Volkes.[155] Ein Einlassen auf ein völlig neues System geschah deshalb nicht. Die Verfassungen, die seit 1815 in Deutschland entstanden, sind vielmehr als ein Kompromiss zwischen altständischem Recht einerseits und Neuorientierung an den Ideen des übrigen Europas andererseits zu verstehen.

---

153 Vierhaus, Von der altständischen zur Repräsentativverfassung, in: Bosl (Hrsg.), Der moderne Parlamentarismus und seine Grundlagen in der Ständischen Repräsentation, S. 182.

154 Vierhaus, a.a.O., S. 183.

155 Scheuner, a.a.O., S. 298 ff.

# 3. Kapitel: Vergleich der Verfassungen der Einzelstaaten des Deutschen Bundes

Bei einem Verfassungsvergleich stellt sich anfangs die Frage, unter welchen Aspekten eine Gegenüberstellung erfolgen soll. In der vorliegenden Arbeit ist das Augenmerk auf die Ein- und Zweikammersysteme zur Zeit des Deutschen Bundes gerichtet. Es sind daher die Untersuchungsmerkmale herauszufiltern, die in diesem Zusammenhang eine entscheidende Rolle spielen. In den Verfassungen der Einzelstaaten des Deutschen Bundes findet sich insoweit eine stringente Abfolge von Normen, die Regelungen zu den Landtagen beinhalteten. Dazu gehören: Die Zusammensetzung der Landtage, das Wahlrecht und die Befugnisse, die den Abgeordneten gewährt worden waren. Diese Merkmale geben zum einen Aufschluß darüber, welche Rolle die Kammern im Verfassungsgefüge der Einzelstaaten einnahmen, zum anderen aber auch, an welcher Stelle die bedeutenden Unterschiede zwischen einem Ein- und einem Zweikammersystem lagen. Diese Aspekte sind deshalb als Untersuchungsgegenstände im folgenden Kapitel zu erörtern.

Aufgrund der Fülle der zu überprüfenden Verfassungen ist eine weitere Unterteilung innerhalb der oben genannten Merkmale sinnvoll, nicht nur um eine bessere Übersichtlichkeit zu erzeugen, sondern vor allem, um einen Vergleich möglich zu machen. In Betracht käme insoweit ein entweder staatengebundener oder ein zeitlicher Vergleich. Erstere Möglichkeit wäre dadurch gekennzeichnet, dass die Staaten eingeteilt werden nach Groß-, Mittel- und Kleinststaaten.[156] Unabhängig von einzelnen Vor- und Nachteilen dieser Vergleichsmethode hat sich die Verfasserin für die zweite Möglichkeit und damit für eine zeitliche Gegenüberstellung entschieden. Der Grund hierfür liegt in der zielorientierten Erkenntnisgewinnung, die die Verfasserin mit ihrer Dissertation anstrebt. Wie eingangs schon angemerkt, sollen Erkenntnisse darüber gewonnen werden, inwieweit die Ein- und Zweikammersysteme als Vorläufer des heutigen Parlamentarismus zu werten sind.[157] Da sich der Deutsche Bund nach seiner Gründung verfassungsrechtlich gesehen nicht stagnierend entwickelte, sondern es in den Einzelstaaten sogar mehrere „Verfassungswellen" gab, interessiert insbesondere die Frage, ob es insoweit eine kontinuierliche Weiterentwicklung hin zum heutigen Verständnis von Parlamentarismus gab oder ob es diesbezüglich auch zu etwaigen „Rückschritten" innerhalb dieser Zeit gekommen ist. Sollte letzteres zutreffen, wird zu untersuchen sein, *zu welcher Zeit* innerhalb des Deutschen Bundes die Verfassungen hinsichtlich ihrer Landtage mit den heutigen staatsrechtlichen

156 Eine solche Unterteilung hat Ehrle in seinem Werk „Volksvertretung im Vormärz" vorgenommen.

157 Zum heutigen Parlamentarismusbegriff siehe 2. Kapitel, III. Definitionen zum Begriff des Parlamentarismus.

Verhältnissen am ehesten kongruent waren. Eine zeitliche Einteilung ist deshalb die vorteilhafteste, wenn nicht sogar die einzige Methode im Hinblick auf den Erkenntnisgehalt der Arbeit.

Diesem Aufbau folgend sind zunächst die zeitlichen Epochen voneinander abzugrenzen, in denen ein Vergleich zwischen den Landtagen der Staaten erfolgen soll, und zwar in der Weise, dass die Staaten mit einem Einkammersystem getrennt von den Staaten mit einem Zweikammersystem untersucht werden. Anschließend ist ein Gesamtvergleich zwischen beiden Systemen darzustellen, auch im Hinblick darauf, ob zu den jeweiligen Zeiten bereits Vorformen zum heutigen Parlamentarismus zu erkennen sind.

Es lassen sich insgesamt vier temporäre Einschnitte in der Zeit des Deutschen Bundes ausmachen, die für die Verfassunggebung der Einzelstaaten von entscheidender Bedeutung waren.

Die erste zeitliche Epoche bestimmte die Jahre von **1815–1830**. Diese Zeit war geprägt von den Geschehnissen des Wiener Kongresses. Der Deutsche Bund wurde als Staatenbund deklariert, es wurde die konstitutionelle Monarchie als Staatsform eingeführt und für die neu zu gestaltenden Verfassungen in den Einzelstaaten wurden Vorgaben in der Deutschen Bundesakte gemacht.[158] Auf dem Wiener Kongress beschloss das sogenannte „Deutsche Komitee" die Errichtung des Deutschen Bundes.[159] Im Vordergrund stand dabei die Entscheidung über die territoriale Gebietsgliederung, die Frage nach der Staatsform und die Verabschiedung einer bundesdeutschen Verfassung (die deutsche Bundesakte vom 08./09.06.1815).[160] Bei diesen Verhandlungen über das neue deutsche Staatsgebiet versuchte das Komitee ein Gleichgewicht herzustellen zwischen einer neuen Bundesstruktur und der Vermeidung einer vollständigen Aufgabe des status quo ante mit dem uneingeschränkten Ziel, nach den Geschehnissen der napoleonischen Zeit nunmehr eine Friedenssicherung und Selbsterhaltung in Europa zu etablieren.[161] Kurze Zeit nach Abschluss des Wiener Kongresses nahm die Bundesversammlung ihre Tätigkeit als zentrales Bundesorgan auf. Im Vordergrund stand zunächst die Aufgabe, die Bundesakte, die bis dahin lediglich eine Rahmenordnung darstellte, mit Inhalt auszufüllen.[162] Die Erledigung dieser Aufgabe dauerte bis weit in die 1820er Jahre, was die Bundesversammlung jedoch nicht daran hinderte, bereits ab 1815 die Bundesstaaten dazu aufzufordern,

---

158 Kaltenborn, Einleitung in das constitutionelle Verfassungsrecht, S. 260 ff.

159 Angelow, Der Deutsche Bund, S. 3 ff.
Die offizielle Eröffnung begann am 18.09.1814, der Abschluss erfolgte am 11.06.1815.

160 Rürup, Deutschland im 19. Jahrhundert, S. 125; vgl. Angelow, a.a.O., S. 3 ff. Eine detaillierte Übersicht über die damaligen Diskussionen zu der Neugliederung eines deutschen Gebiets findet sich in: Griewank, Der Wiener Kongress, S. 164–172.

161 Angelow, a.a.O., S. 13 f.; Dyroff, Der Wiener Kongress 1814/1815, S. 99; Zu den vorzeitlichen Entwicklungen vor Gründung des Deutschen Bundes siehe die umfassenden Erläuterungen in: Rürup, a.a.O., S. 110 ff.

162 Bentfeldt, Der Deutsche Bund als nationales Band, S. 32; Rürup, a.a.O., S. 128; Dyroff, a.a.O., S. 110.

landständische Verfassungen zu errichten. Es entstand mithin eine Welle der Verfassunggebung im Zeitraum von 1816 bis 1820. Diese Verfassungen können als erster Versuch gesehen werden, den Vorgaben der Deutschen Bundesakte, insbesondere der Umsetzung des Artikels 13 DBA gerecht zu werden.[163] Da erst 1820 die weitläufige Vorschrift eine gewisse Auslegungstendenz durch Gentz erhielt, konnten die Verfassungsgeber in den zuvor erlassenen Verfassungen kaum etwas falsch machen und sie nach ihrem Ermessen ausgestalten, ohne dass sie Sanktionen von Seiten der deutschen Bundesversammlung zu befürchten hatten. Dies gestaltete sich bei den erst 1821 und 1824 in Kraft getretenen Grundgesetzen in Sachsen-Coburg-Saalfeld und Sachsen-Meiningen anders, da sie nunmehr die Interpretation Gentz' zu Artikel 13 DBA bei der inhaltlichen Ausgestaltung ihrer Verfassungen zu berücksichtigen hatten. Diese Interpretation beinhaltete, dass eine Verfassung nur dann in Einklang mit dem Artikel 13 DBA stehe, wenn sie die Souveränität des Fürsten nicht in der Weise schmälere, dass sie die Staatshoheit zwischen ihm und einer Volksvertretung teile.[164] Aber auch die süddeutschen Staaten blieben nicht ohne Einfluss auf diese Veränderung. So wurde an sie das Ansinnen gerichtet, die bis dato erlassenen Verfassungen dahingehend zu ändern, dass das Recht der Mitwirkung der Landstände bei der Gesetzgebung wegfallen müsse, da eine solche Regelung nun nicht mehr im Einklang mit der bundesdeutschen Verfassung stehe.[165] Das scheiterte freilich am Widerspruch der Betroffenen.[166]

In den 1820er Jahren kam es zu massiven revolutionären Unruhen seitens der Bevölkerung, die mit der französischen Julirevolution von 1830 ihren Höhepunkt erreichten.[167] Diese Unruhen begannen bereits einige Jahre vor Gründung des Deutschen Bundes, als Privatpersonen anfingen, sich zu unterschiedlichen Interessenvertretungen zusammenzuschließen, in deren Vordergrund die Ausarbeitung und Verbreitung revolutionärer Ideen stand.[168] Nicht zuletzt durch den Zusammenschluss tausender Studenten zu den sogenannten „Burschenschaften" kam es im Laufe der Jahre immer mehr zu einer nationalen Freiheitsbewegung im deutschen Volk, die bereits 1817 mit dem von deutschen Studenten organisierten Wartburgfest besonderen Ausdruck fand.[169] Der Bund reagierte auf diese Umtriebe mit einer massiven Gegenwehr in Form

163 Der Artikel 13 DBA wurde durch den Artikel 57 der Wiener Schlussakte präzisiert. Sinn dieses Artikels war es, das monarchische Prinzip gegenüber dem Parlamentarismus zu stärken. Dadurch sollte dem Prinzip der Volkssouveränität und des Grundsatzes der Gewaltenteilung die Möglichkeit der Etablierung genommen werden. Vgl. hierzu Conze, Das Spannungsfeld von Staat und Gesellschaft im Vormärz, in: Conze (Hrsg.), Staat und Gesellschaft im deutschen Vormärz, S. 221.

164 Forsthoff, a.a.O., S. 94.

165 Forsthoff, a.a.O., S. 95.

166 Forsthoff, a.a.O., S. 95; siehe auch Conze, a.a.O., S. 223.

167 Kotulla, Deutsche Verfassungsgeschichte, Rdnr. 1481.

168 Rürup, a.a.O., S. 138 f.

169 Rürup, a.a.O., S. 139 f.; vgl. Scharff, Deutscher Bund, in: Schieffer, Deutsche Geschichte im Überblick, S. 401 f.; Wende, Radikalismus Im Vormärz, S. 20 ff.

der Ausarbeitung dreier Bundesgesetze, die am 20.09.1819 auf einer Ministerkonferenz in Carlsbad von der Bundesversammlung beschlossen wurden, die sogenannten „Karlsbader Beschlüsse". Diese beinhalteten neben einem Verbot bestehender studentischer Verbindungen die Entziehung des öffentlichen Amtes für Lehrer, die sich der „Verbreitung verderblicher, der öffentlichen Ordnung und Ruhe feindseliger oder die Grundlagen der bestehenden Staatseinrichtung untergrabender Lehren" schuldig machten.[170] Mit dem zweiten Gesetz, „die provisorischen Bestimmungen hinsichtlich der Freiheit der Presse" wurde unter anderem die Verbreitung öffentlicher Blätter mit einem staatsfeindlichen Inhalt verboten.[171] Schließlich wurde in Mainz eine „Central-Untersuchungs-Commission" eingerichtet, die ausschließlich mit der Aufdeckung und Unterdrückung „revolutionärer Umtriebe und demagogischer Verbindungen" beauftragt wurde.[172] Durch die Karlsbader Beschlüsse kam es jedoch nicht zu einer Vernichtung, sondern lediglich zu einem Stillstand der deutschen freiheitlichen Nationalbewegung, was nicht zuletzt daran lag, dass diese Bundesbeschlüsse oftmals lediglich auf dem Papier verblieben oder die praktische Umsetzung von den Behörden milder gehandhabt wurde.[173]

Infolge der französischen Julirevolution[174] von 1830 kam es auch in Deutschland zu weit verbreiteten Unruhen seitens der Bevölkerung, die vor allem politische Reformen und die Aufhebung sozialer Missstände verlangte.[175] Die Reaktion des Deutschen Bundes auf diese politischen und sozialen Bewegungen war die Verabschiedung von sechs Artikeln am 28. Juni 1832, die die Souveränität des Fürsten stärken und die Rechte der Landstände in ihre Schranken weisen sollten.[176]

---

170 Provisiorischer Bundesbeschluss über die in Ansehung der Universität zu ergreifenden Maßregeln vom 20. September 1819. Abgedruckt in: Huber, Dokumente zur deutschen Verfassungsgeschichte, Band I, Nr. 32.

171 Abgedruckt in: Huber, a.a.O., Nr. 33.

172 Siehe den „Beschluss betreffend die Bestellung einer Centralbehörde zur nähern Untersuchung der in mehreren Bundesstaaten entdeckten revolutionären Umtriebe". Abgedruckt in Huber, a.a.O., Nr. 34.

173 Scharff, a.a.O., S. 414.

174 Hintergründe zu Entstehung und Ursachen der Julirevolution siehe: Langewiesche, Europa zwischen Restauration und Revolution, S 48 ff.

175 Langewiesche, Europa zwischen Restauration und Revolution, S. 65.

176 Forsthoff, a.a.O., S. 95. Die sechs Artikel hatten folgenden Inhalt:
1. Die Bundesfürsten müssen Anträge der Stände verwerfen, die dem Grundsatz, dass die gesamte Staatsgewalt im Souverän vereinigt ist, widersprechen.
2. Die Stände dürfen den Fürsten weder die Mittel zur Durchführung einer verfassungsmäßigen Regierung verweigern noch an die Bewilligung die Durchsetzung anderweitiger Wünsche knüpfen.
3. Die innere Gesetzgebung darf weder dem Zweck des Bundes widersprechen noch die Erfüllung von Bundespflichten, besonders Leistung von Geldbeträgen verhindern.
4. Am Bundestage wird eine besondere Kommission eingesetzt (zunächst auf sechs Jahre), um die Landtage zu überwachen.

Diese Artikel hatten naturgemäß Auswirkungen auf die ab dieser Zeit editierten Verfassungen. Dementsprechend ist ein weiterer Untersuchungszeitraum auf die Jahre von **1831** bis **1847** zu erstrecken. Nicht bei allen der in dieser Zeit erlassenen Staatsgesetze wurden jedoch die Vorgaben der sechs Artikel beachtet, da die Staaten nicht gewillt waren, die restriktiven bundesrechtlichen Vorgaben ohne Weiteres hinzunehmen.[177] Auf Bundesebene verursachte dieses Verhalten wiederum Gegenmaßnahmen: Die Bundesversammlung verabschiedete neue Gesetze und Vorschriften, so etwa „die Maßregeln zur Aufrechterhaltung der gesetzlichen Ordnung und Ruhe im Deutschen Bunde" vom 05. Juli 1832[178], die „Gemeinsamen Maßregeln in Betreff der Universitäten und anderer Lehr- und Erziehungs-Anstalten Deutschlands" vom 13. November 1834, oder gar die Errichtung einer Bundeszentraluntersuchungsbehörde vom 30. Juni 1833.[179] Alle seit dem Jahre 1819 erlassenen Maßnahmen gingen als „Ausnahmegesetze" in die deutsche Geschichte ein und wurden vom Bund erst am 02. April 1848 im Zuge der revolutionären Ereignisse wieder aufgehoben.[180]

Zu Beginn der 1840er Jahre wurden Rufe nach einem einheitlichen Nationalstaat, nach Freiheit und neuen Verfassungen sowie nach politischer und wirtschaftlicher Betätigung ohne Zwang öffentlich laut.[181] Seit 1847 wurden diese Äußerungen zu drängenden Forderungen, was insbesondere auf die missliche wirtschaftliche und soziale Lage zurückzuführen war, die sich während dieser Jahre immer weiter zuspitzte.[182] Stetig zunehmendes Bevölkerungswachstum, ein Mangel an Arbeitsplätzen, Niedriglöhne und Inflation waren nur einige der Ursachen hierfür.[183] Im Jahr 1848 erreichte das Drängen der Bevölkerung nach Veränderung im gesamten deutschen Staatsgebiet ihren Höhepunkt. Dies wurde durch Straßendemonstrationen, Zusammenrottungen, Volksumzüge und –versammlungen sowie Massenpetitionen vielerorts zum Ausdruck gebracht.[184] Die Monarchen sahen keinen anderen Ausweg mehr, als sich den Forderungen des Volkes zu beugen.

---

5. Angriffe der Landtage gegen den Bund sind zu verhindern.
6. Zur Auslegung der Bundes- und Schlussakte ist nur die Bundesversammlung berechtigt.

177 Kotulla, Deutsche Verfassungsgeschichte, Rdnr. 1497.

178 Abgedruckt in: Zachariä, Die Deutschen Verfassungsgesetze der Gegenwart, S. 31 ff.

179 Abgedruckt in: Huber, Dokumente zur deutschen Verfassungsgeschichte, Band 1, Nr. 44.

180 Kotulla, a.a.O., Rdnr. 1526.

181 Scharff, a.a.O., S. 425/428; Schnabel, Eine Einführung in die Geschichte der neuesten Zeit, S. 68.

182 Scharff, a.a.O., S. 429. Hinsichtlich der sozialen Ursachen der Revolution siehe: Stadelmann, Soziale und politische Geschichte der Revolution von 1848, Kapitel 1.

183 Siehe hierzu: Kimminich, Deutsche Verfassungsgeschichte, S. 344 ff.; Forsthoff, a.a.O., S. 116 ff.

184 Scharff, Revolution und Reichsgründungsversuche, in: Schieffer, Deutsche Geschichte, S. 433; Korn, Die verlorene Revolution 1848, S. 33.

Nur zwei Monate nach dem Ausbruch der Märzrevolution trat die gewählte „Deutsche verfassunggebende Nationalversammlung“ in der Frankfurter Paulskirche zusammen, um über eine neue deutsche Verfassung zu beraten.[185] Das Ergebnis war die sogenannte „Paulskirchenverfassung“, die einen umfassenden Grundrechtskatalog enthielt.[186] Aufgrund der Ablehnung der Kaiserkrone durch Friedrich Wilhelm IV. am 28.04.1849 trat diese Verfassung jedoch nie in Kraft.[187]

Die Revolution auf Bundesebene wirkte sich auch auf die Einzelstaaten aus. Dem öffentlichen Druck beugend wurden neue Verfassungen erlassen oder die alten durch entsprechende Gesetze revidiert. Die Veränderungen in den Grundgesetzen beinhalteten die Entwicklungsrichtung der politischen Bewegung. Das Bürgertum forderte mehr Einfluss bei der politischen Willensbildung[188] und beanspruchte für sich immer mehr Rechte. Die Regenten der Einzelstaaten reagierten, indem sie den Landständen mehr Mitwirkungsmöglichkeiten zugestanden, das Wahlrecht liberalisierten und vielfach auch die Zusammensetzung der Landtage so umgestalteten, dass die Kammern ein Mehr an vom Volk gewählten Abgeordneten bekamen.[189] Bis zum Jahr 1850 hatten die meisten Staaten neue Verfassungen mit oben genannten Veränderungsmerkmalen errichtet. Diese „Verfassungswelle“ von **1848–1850** bietet sich daher als ein weiterer Untersuchungszeitraum an.

Mit dem Abebben der Revolution erwachte das Interesse bei allen dem Bunde angehörigen Staaten, einen gesamtdeutschen Zusammenhang wieder herzustellen, da der Bund durch die Revolution lahm gelegt worden war.[190] Der Bund nahm das Interesse der Staaten zum Anlass, wieder massiv in die mitgliedstaatlichen Verfassungsverhältnisse einzugreifen.[191] Gesetzlich fixiert wurde dieses Bestreben seitens des Deutschen Bundes durch den „Bundesreaktionsbeschluss“ vom 23. August 1851: Hiernach hielt sich die Bundesversammlung unter Berufung auf die „Verfassung“ des Bundes „für berechtigt und verpflichtet, dafür Sorge zu tragen, dass in keinem Bundesstaate Institutionen und Zustände bestehen, welche für die innere Ruhe und

185 Weber-Fas, Epochen deutscher Staatlichkeit, S. 102.

186 Scharff, Revolution und Reichsgründungsversuche, in: Schieffer, Deutsche Geschichte, S. 452. Ausführliche Erörterungen zum Inhalt des Grundrechtskataloges sind nachzulesen in: Stahl, Die deutsche Reichsverfassung, S. 59 ff.; Kühne, Die Reichsverfassung der Paulskirche, S. 159 ff.

187 Bauer, Der Untergang des Frankfurter Parlaments, S. 142 f.; Hempel/Conrads, Die Breslauer Revolution, in: Benninghoven/Koeppen/Lowenthal-Hensel (Hrsg.), Denkwürdige Jahre 1848–1851, S. 77 f.

188 Hartung, Deutsche Verfassungsgeschichte, S. 181; siehe auch Schieder, Vom Deutschen Bund zum Deutschen Reich, S. 80 f.

189 Auf die einzelnen Veränderungen in dieser Epoche wird im weiteren Verlauf der Arbeit noch explizit eingegangen.

190 Forsthoff, a.a.O., S. 142.

191 Kluke, Der Kampf der beiden deutschen Grossmächte um die Gestaltung Deutschlands, in: Schieffer, Deutsche Geschichte, S. 457; Engelberg, Deutschland von 1849–1871, S. 30 ff.; Schieder, a.a.O., S. 123 f.

Ordnung desselben und dadurch für die allgemeine Sicherheit des Bundes bedrohlich sind".[192] Sie forderte in dem gleichen Beschluss die Landesregierungen darüber hinaus auf, insbesondere die seit 1848 geschaffenen staatlichen Einrichtungen und gesetzlichen Bestimmungen „einer sorgfältigen Prüfung" zu unterziehen und im Falle ihrer Bundesrechtswidrigkeit die Übereinstimmung mit den Bundesgrundgesetzen unverzüglich herzustellen. Als Sanktionsmaßnahme bei Nichtbeachtung behielt sich der Bund vor, auf die mitgliedstaatlichen Verhältnisse einzuwirken, wozu er sich der Einrichtung eines Ausschusses bediente. Dieser „Bundesreaktionsbeschluss" läutete eine „Revisionsepoche" ein (**1851–1866**).

Aufgrund dieser bedeutsamen geschichtlichen Prozesse in der Zeit des Bestehens des Deutschen Bundes ist die nun folgende Untersuchung der Ein- und Zweikammersysteme der einzelnen Mitgliedstaaten unter Berücksichtigung der zeitlichen Epochen vorzunehmen, um so die Entwicklungen in den Verfassungen der Mitgliedstaaten entsprechend begreifen zu können.

## I. Zusammensetzung der Landtage

Zwischen den Ein- und Zweikammersystemen bestanden möglicherweise gerade im Hinblick auf die Zusammensetzung der Landtage eklatante Unterschiede. Eine getrennte Auseinandersetzung der einzelnen Systeme ist deshalb an dieser Stelle sinnvoll, um etwaige Gemeinsamkeiten und Differenzierungen herausarbeiten und gegenüberstellen zu können. Insbesondere interessiert die Frage, warum sich einige Staaten für ein Ein- und andere für ein Zweikammersystem entschieden. Möglicherweise ist die Beantwortung dieser Frage davon abhängig, *wem* ein bestimmtes System die größten Vorteile bot: So darf nicht vergessen werden, dass *die Landesherren* der Einführung eines repräsentativen Systems, wie es mit der Etablierung der Landtage verwirklicht worden war, grundsätzlich als politische Entscheidungsinstanz ablehnend gegenüber standen. Wie an anderer Stelle bereits erörtert[193], hatten sie jedoch aufgrund ihrer finanziellen Überschuldung nach den napoleonischen Kriegen keine andere Möglichkeit, als den über ausreichendes Kapital verfügenden Ständen politische Mitwirkungsrechte zuzugestehen, um so eine monetäre Unterstützung als Gegenleistung zu erhalten. Damit war ihnen ein Teil ihrer autonomen Stellung genommen. Trotzdem oder gerade deshalb versuchten die einzelnen Monarchen durch die Möglichkeit ihres Entscheidungsrechts, Einfluss auf die Zusammensetzung und die Kompetenzen zu nehmen. Es stellte sich die Frage, welche der Systemalternativen für sie die meisten Vorteile brachte: Durch die Bildung nur einer Kammer könnte

192 ProtDBV 1851, S. 271 f. Abgedruckt in: Meyer (Hrsg.), Corpus Juris Confoederationis Germanicae, Bd. 2, S. 560 f.; Kotulla, Deutsche Verfassungsgeschiche, Rdnr. 1531; Hohlfeld, Dokumente zur deutschen Politik, Bd. 1, S. 77; Huber (Hrsg.), Dokumente zur deutschen Verfassungeschichte, Bd. 2, S. 1 f; Engelberg (Hrsg.), Im Widerstreit um die Reichsgründung, S. 85 f.

193 Siehe 1. Kapitel: Grundstrukturen des Deutschen Bundes, II. Die Stellung des Landtags im monarchischen System.

diese einer besseren Kontrolle zugänglich gewesen sein. Möglicherweise konnte die politische Richtung auch derart beeinflusst worden sein, dass die „richtigen" Abgeordneten für die Kammer bestimmt wurden, d.h. allein solche, die ihre Interessen teilten. Denn es lag nahe, dass Bürger, die von den Landesherren eine bestimmte Würde verliehen bekommen hatten und dadurch in gewisser Weise „in ihrer Schuld standen", sich eher ihrer Meinung im politischen Amt anschließen würden. Demgegenüber dürfte sich aber auch eine Etablierung zweier Kammern für die Landesherren als sinnvoll erwiesen haben, da es hierdurch ermöglicht wurde, die zu ernennenden Personen anteilsmäßig noch zu erhöhen.

Neben den Landesherren hatte die Entscheidung für ein Ein- oder Zweikammersystem natürlich auch für das *Bürgertum* eine immense Bedeutung. Der Zivilbevölkerung, die in einem solchen repräsentativen System nur die Möglichkeit hatte, über die in den Landtag entsandten Vertreter Einfluss auf die politischen Geschicke zu nehmen, wird es in erster Linie darum gegangen sein, durch Wahlen solche Personen auszusuchen, die ihre Interessen auch tatsächlich vertreten. Für sie würde sich daher ein Zweikammersystem als vorteilhafteste Variante darstellen, da zumindest eine der beiden Kammern mit solchen vom Volk gewählten Abgeordneten besetzt wäre, *ohne* dass der Landesherr sich dadurch zurückgedrängt sähe. Es böte damit die Chance, die Interessen des Bürgertums auf der politischen Ebene vertreten zu sehen und damit ein zumindest mittelbares Mitspracherecht zu ermöglichen.

Wie die Landtage tatsächlich in den Jahren von 1815–1866 ausgestaltet waren und warum sich viele Einzelstaaten für ein Einkammersystem, andere wiederum für ein Zweikammersystem entschieden, ist im Folgenden zu erörtern.

## 1. Der Zeitraum von 1815–1830

### a. *Die Zusammensetzung hinsichtlich der Einkammersysteme*

In der Zeit von 1815–1830 erließen **Liechtenstein** (1818), **Sachsen-Meiningen** (1824/1829), **Sachsen-Weimar-Eisenach** (1816), **Sachsen-Hildburghausen** (1818), **Sachsen-Coburg-Saalfeld** (1821), **Schwarzburg-Rudolstadt** (1816), **Schaumburg-Lippe** (1816) und **Waldeck-Pyrmont** (1816) als erste im Deutschen Bund neue Verfassungen und sprachen sich hierin für ein Einkammersystem aus.

#### *aa. Unmittelbarer Vergleich der Verfassungen*

##### (1) Mitglieder der Kammern

Die Ausgestaltung der Mitgliedervertretung in einer Kammer hat zweifellos konkrete Auswirkungen auf die allgemeine politische Entwicklung in dem jeweiligen Staat. Werden zudem noch die den Abgeordneten zuerkannten Kompetenzen und das implementierte Wahlrecht berücksichtigt, stilisiert es zu einem hochbrisanten und hochpolitischen Thema des 19. Jahrhunderts.

Abhängig von dem Charakteristikum der jeweiligen Kammer – in Form einer eher feudalen oder eher repräsentativen Ausprägung – ergeben sich unterschiedliche Bedeutungen sowohl für den Monarchen als auch für das Volk.

Eine feudale Zusammensetzung zeichnet sich dadurch aus, dass die Mitglieder entweder vom Monarchen ernannt werden oder durch Erbfolge in die Kammer gelangen, wie beispielsweise die Prinzen des jeweiligen Herrscherhauses. Des Weiteren besteht die Möglichkeit, eine Interessenvertretung derart zu gestalten, dass Angehörige einer bestimmten Interessen- bzw. Berufsgemeinschaft Abgeordnete *aus ihrer Mitte* wählen. So können etwa Rittergutsbesitzer oder Großgrundbesitzer andere, ihren Besitzverhältnissen entsprechende Personen als Abgeordnete bestimmen. Das Resultat eines feudal ausgestalteten Kammersystems wäre eine eher „monarchisch-treue" und damit systemtragende Mitgliedervertretung. Der entscheidende Vorteil läge damit bei der Person des Monarchen, da die ausgewählten Personen die öffentlichen Aufgaben zumindest auch in seinem Interesse wahrnehmen würden. Je mehr Stände sich zahlenmäßig also im Verhältnis zu solchen, vom Volk gewählten Abgeordneten in einer Kammer befinden, desto berechenbarer stellt sich der Ausgang politischer Entscheidungen für den Landesherrn dar. Die einzelne Ausgestaltung innerhalb einer Kammer kann damit ganz erhebliche Wirkung erzeugen.

Neben einer feudalen Zusammensetzung gäbe es hingegen auch die Möglichkeit, einen Landtag mit Mitgliedern zu besetzen, die vom Volk gewählt werden. Bei einem solchen Aufbau hätten die mit einem Wahlrecht ausgestatteten „Untertanen" einen entscheidenden Einfluss auf die Zusammensetzung einer Kammer. Die gewählten Abgeordneten würden möglicherweise bei politischen Entscheidungen eine andere Ansicht als die des Monarchen und die der Stände vertreten und damit eine Opposition bilden. Aus Sicht des Landesherrn würde sich eine solche Kammer als unberechenbar darstellen, für Teile des Volkes bedeutet es jedoch eine Möglichkeit der politischen Teilnahme, wenn auch nur mittelbar über Wahlen. Zudem hätten sie eine reele Chance, dass bei politischen Angelegenheiten die von ihnen gewählten Repräsentativorgane ihren Interessen entsprechend entscheiden. Trotz der vordergründigen Nachteile für den Monarchen ist die Anordnung einer solchen Kammerzusammensetzung sinnvoll, wenn das Volk die Vertretung repräsentativer Organe unwiderruflich fordert, um seinen Willen in einigen politischen Bereichen vertreten zu wissen.

Für welche Art der Zusammensetzung aber entschieden sich die einzelnen Monarchen der Staaten zu Beginn des Deutschen Bundes? An dieser Stelle sollen zur Beantwortung der vorangestellten Frage zunächst die Landtage miteinander verglichen werden, die sich aus nur einer Kammer zusammensetzten:

Die Kammern der oben aufgezählten Staaten bestanden im Zeitraum von 1815–1830 aus Ständen, deren Mitglieder aus den jeweiligen Klassen heraus gewählt wurden. Ein System, in dem auch Bürger, die nicht zu der Gruppe der Landstände gehörten, eine Möglichkeit der Abgeordnetenstellung bekamen, war ausgeschlossen. Die Monarchen nahmen in diesen Kleinstaaten die altständischen Verfassungen aus dem 17. und 18. Jahrhundert zum Gegenstand und änderten diese nur bedingt ab, wie im weiteren Verlauf noch deutlich wird.[194] Dabei waren in fast jedem dieser

194 Schweitzer, Öffentliches Recht des Großherzogthumes Sachsen-Weimar-Eisenach, S. 29; Rürup, Deutschland im 19. Jahrhundert 1815–1871, S. 129.

Staaten[195] die in den Kammern vertretenen Gruppen identisch: Neben den Besitzern eines landtagsfähigen Ritterguts waren auch Vertreter der Städte und die Bauern[196], die ausnahmslos männlichen Geschlechts waren,[197] als Ständegruppen repräsentiert. Diese Vertretung rechtfertigten die Monarchen mit dem altständischen Prinzip, in dem als Stände historisch nur die Ritterschaft, die Städte und die bäuerlichen Grundbesitzer anerkannt waren. Allein dieser „geschlossenen Gemeinschaft" würde unter den weiteren gesetzlichen Voraussetzungen persönlicher Qualifikation das Recht zustehen, an den Wahlen teilzunehmen.[198] Die Kleinstaaten, in denen in der Vergangenheit nur die Ritterschaft und die Städte als Stände vertreten gewesen waren, begründeten die Einführung eines neuen Standes in Form von Bauern damit, dass die beiden anderen Stände allein nicht das Recht für sich in Anspruch nehmen könnten, repräsentativ für die Bevölkerung zu sein.[199]

Die Verfassung von 1818 im Staat **Sachsen-Hildburghausen** sah über die drei Stände hinaus noch ein Mitglied aus dem geistlichen Stand oder dem Lehrstande vor.[200] Der Landesherr wollte in jedem Fall gewährleisten, dass „die Art der bisherigen Zusammensetzung, die eine sehr unvollkommene Repräsentation aller Stände enthielt", wie er in den Einleitungsworten zur Verfassungsurkunde vom 19. März 1818 deutlich machte, ein für allemal der Vergangenheit angehören sollte. Diese Auffassung konnte er am Besten dadurch proklamieren, indem er einen neuen, bis dahin unbekannten Stand in den Landtag entsandte. Dass insoweit nur ein einzelnes Mitglied diesen Stand repräsentieren sollte, zeigt die Zurückhaltung im Umgang mit

---

195 So in Waldeck-Pyrmont (1816), Sachsen-Weimar-Eisenach (1816), Schaumburg-Lippe (1816), Schwarzburg-Rudolstadt (1816) und Sachsen-Meiningen (1824).

196 Sachsen-Meiningen 1824 (§ 2, § 11); Waldeck-Pyrmont 1816 (§ 11) und Sachsen-Weimar-Eisenach (§ 6/7); In Schaumburg-Lippe wird in § 4 zunächst nur allgemein von den „wirklichen Besitzern adelicher Güter", den „Deputierten der Städte und Flecken" und den „Deputierten der Amts-Unterthanen" gesprochen. Erst in den weiteren Normen (§ 5 f.) wird dann explizit die Ritterschaft als einzige Besitzer adeliger Güter und die Bauern als Deputierte der Amtsuntertanen genannt. In Schwarzburg-Rudolstadt wird ebenso wie in Schaumburg-Lippe bezüglich des dritten Standes von „mit Landeigenthum angesessenen Unterthanen" gesprochen, wobei die weiteren Regelungen keinen Aufschluss darüber geben, ob es sich bei dem Landeigenthum um ein Bauerngut handeln musste. Aufgrund der ähnlichen Wortwahl zu den Regelungen von Schaumburg-Lippe ist aber davon auszugehen, dass es sich auch in Schwarzburg-Rudolstadt um bäuerliche Abgeordnete im dritten Stand handeln muss.

197 Ausdrücklich ist dies nur in der Verfassung von Sachsen-Weimar-Eisenach (§ 3) normiert.

198 Grotefend, Das deutsche Staatsrecht der Gegenwart, S. 558.

199 Lathwesen, Der Schaumburg-Lippische Landtag und seine Abgeordneten, S. 4. Zwar bezieht sich der Autor hier nur auf Schaumburg-Lippe, doch entsprachen diese Überlegungen der allgemeinen Meinung in den Mittel- und Kleinstaaten zu Beginn des Deutschen Bundes.

200 Sachsen-Hildburghausen 1818 (§ 7).

neuen Ständen in der Kammer. Der Landesherr hatte wohl gemeinhin noch Bedenken, wie sich diese Mitglieder etablieren würden, und scheute deshalb davor zurück, zahlenmäßig eine stärkere Anzahl festzusetzen.

Die Untersuchung der Anzahl der Abgeordneten ergibt in einigen Staaten, **darunter Sachsen-Meiningen, Sachsen-Weimar-Eisenach und Schwarzburg-Rudolstadt** ein zahlenmäßig gleichwertiges Verhältnis der einzelnen Stände.[201] Die Landesherren konnten dabei aufgrund der jeweiligen Drittelparität aus jedem Stand einen Vertreter ernennen, wodurch eine gewisse Kompensation für eine fehlende Erste Kammer geschaffen werden sollte.[202] In **Sachsen-Hildburghausen,** ebenso wie in **Sachsen-Coburg-Saalfeld** herrschte dagegen ein ungleichmäßiges Verhältnis der einzelnen Stände.[203] So vertraten in erst genanntem Staat von den insgesamt achtzehn Landtagsabgeordneten lediglich ein Mitglied den Stand der Bauern und ein Mitglied den Geistes- oder Lehrstand, dagegen elf Mitglieder die Städte und sechs Abgeordnete die Rittergutsbesitzer. In beiden Staaten herrschte eine besondere Verfassunggebung, die auf die Initiative der alten Stände zurückging: Diese strebten die Wiedereinsetzung ihrer alten Rechte an.[204]

Die Verfassung von **Waldeck-Pyrmont** wies keine genauen Zahlen auf. So wurde in § 11 lediglich darauf hingewiesen, dass diejenigen Rittergutsbesitzer zugelassen seien, die auch „bisher“ bereits als solche angesehen wurden. Lediglich hinsichtlich der Bauern, die in der Vergangenheit noch nicht vertreten gewesen waren, hatte der Verfassungsgeber eine konkrete Anzahl in Höhe von zehn Abgeordneten festgesetzt. Ebenso verhielt es sich auch in **Schaumburg-Lippe**, wo zwar vier Vertreter der Städte und sechs Vertreter der Bauern explizit zugelassen wurden, hinsichtlich der Anzahl der Rittergutsbesitzer jedoch genauere Angaben fehlten. Allerdings galt hier das gleiche „Prinzip“ wie in Waldeck-Pyrmont: Es wurden nur die *landtagsfähigen* Rittergüter zugelassen, wovon es zu jener Zeit fünf gab.[205] Damit wies die Kammer von **Schaumburg-Lippe** ebenso wie diejenigen der Staaten **Sachsen-Meiningen, Sachsen-Weimar-Eisenach** und **Schwarzburg-Rudolstadt** eine gleichmäßige Verteilung der Stände auf.

---

201 So verteilten sich in Sachsen-Weimar-Eisenach die insgesamt 31 Mitglieder dergestalt, dass es 11 Vertreter der Rittergutsbesitzer, 10 Vertreter der Städte und 10 Vertreter der Bauern gab. In Sachsen-Meiningen waren von den insgesamt 21 Mitgliedern (1829 waren es 24 Mitglieder) 7 Rittergutsbesitzer, 7 Vertreter der Städte und 7 Vertreter der Bauern. Und auch in Schwarzburg-Rudolstadt waren von den insgesamt 18 Mitgliedern in den einzelnen Ständen jeweils 6 Abgeordnete vertreten.

202 Jonscher, Thüringische Verfassungsgeschichte im 19. Jahrhundert, in: Thüringer Landtag, Thüringische Verfassungsgeschichte im 19. und 20. Jahrhundert, S. 17.

203 So waren hier 11 Vertreter der Städte und 6 Abgeordnete der Rittergutsbesitzer aufgestellt.

204 Jonscher, a.a.O., S. 17.

205 Lathwesen, a.a.O., S. 4.

Die Abgeordneten der Kammern wurden aus ihrer Mitte gewählt, das heißt, die Rittergutsbesitzer wählten die zur Wahl aufgestellten Rittergutsbesitzer, die Vertreter der Städte ernannten passiv wahlberechtigte Personen der Städte und auch die Bauern wählten nur solche ihrem Berufsstand zugehörigen Mitglieder. In **Sachsen-Meiningen** wurde darüber hinaus aus je einem Landstand ein Abgeordneter von dem Regenten ernannt.[206] Diese Art der Ernennung ging ebenfalls auf das altständische Prinzip zurück, wonach jeder Stand nur berechtigt war, aus *seiner* Mitte den Abgeordneten zu wählen, so dass die ständische Vertretung nur eine Vertretung der „Stände" sei.[207]

Für alle Abgeordneten sahen die Staaten besondere Voraussetzungen vor, die es zu erfüllen galt, um in die Kammer eintreten zu können: In **Schaumburg-Lippe** musste die Ritterschaft „in dem wirklichen Besitze eines adelich freien Guts sich befinden" (§ 5), wobei vereinzelte adelige freie Grundstücke oder adelige freie Wohnhäuser nicht ausreichten. Bei welcher Ausprägung es sich um ein Gut im oben genannten Sinne handelte, wurde dagegen nicht explizit aufgezeigt. Dem Landesherrn wurde auf diese Weise ein Ermessen eingeräumt, so dass er einzelne Rittergutsbesitzer von dem Abgeordnetenposten ausschließen konnte, wenn diese seiner Meinung nach nicht im Besitz eines solchen adeligen Gutes waren. Zudem mussten die Deputierten das fünfundzwanzigste Lebensjahr erreicht haben. Auch **Sachsen-Weimar-Eisenach** forderte für den Stand der Rittergutsbesitzer in § 24 der Verfassung die Bedingung, dass der zu wählende Abgeordnete Besitzer eines ihm ganz oder zum Teil gehörenden Ritterguts war, „und zwar, wenn er das Gut zuerst erworben, nicht durch Erbgangsrecht erhalten hat, wenigstens seit drei Jahren in dem Bezirke ansässig seyn". Nicht notwendig war, dass er in dem Bezirk auch wohnte. Eine fast identische Regelung sah auch die Verfassung von **Sachsen-Hildburghausen** vor. In § 11 wurde bestimmt, dass das Wohnen in dem Land nicht als Voraussetzung galt, „wenn er sich nur in einem deutschen Bundeslande aufhält" und im Besitz oder Mitbesitz eines immatrikulierten Ritterguts, d.h. eines mit Repräsentationsrecht in dieser Klasse versehenen Guts gewesen war. Von Bedeutung für die Monarchen war damit lediglich der Umstand der Steuerabgabe, die an den Besitz des Ritterguts als Berechnungsgrundlage anknüpfte.

Die Abgeordneten der Bürger mussten in allen vorgenannten Staaten mit Ausnahme von **Schaumburg-Lippe**, dessen Verfassung keine spezielle Bedingung für diesen Stand vorsah, und **Sachsen-Hildburghausen**, dessen Grundgesetz die Erlangung des Bürgerrechts und dessen wirkliche Ausübung in den Gemeindeversammlungen als Voraussetzung aufstellte, einem (besteuerten und unverschuldeten) Besitztum zugehörig sein.[208] Zusätzlich wurde in **Sachsen-Weimar-Eisenach** und

206 Sachsen-Meiningen 1824 (§ 11).

207 Grotefend, a.a.O., S. 558.

208 In **Sachsen-Weimar-Eisenach** musste dieses Besitztum ein in der Stadt oder Vorstadt liegendes Wohnhaus sein (§ 26) und in **Waldeck** (§ 13) musste es wenigstens einen Wert von fünfhundert Reichstalern (Rthlr.) haben.

**Sachsen-Meiningen** ein unabhängiges Einkommen von je drei bis fünfhundert Gulden (fl.) gefordert.[209]

Durch die Aufnahme dieser Bürger in den Landtag, die die vorstehenden Bedingungen erfüllten, wurde der veränderten wirtschaftlichen und sozialen Lage, dem Übergang zahlreicher Rittergüter in den Besitz von wohlhabenden Bürgerlichen oder von solchen Adeligen, die die zur Landtagsfähigkeit erforderliche strenge Ahnenprobe nicht bestehen konnten, Rechnung getragen.[210] Streng genommen war damit dieser Stand eine Erweiterung des Standes der Rittergutsbesitzer. In **Schaumburg-Lippe** brauchte es indes keine Wählbarkeitsvoraussetzungen für die Abgeordneten der Bürger, da nach Teilung der alten Grafschaft nur noch die Ritterschaft und die Städte[211] übriggeblieben waren und sie sich hinsichtlich der Teilnahme am Landtag noch auf ihr Recht aus der Vergangenheit berufen konnten.[212]

Bezüglich des Bauernstandes sah **Sachsen-Meiningen** keine weiteren Qualifikationsmerkmale vor; **Waldeck** und **Sachsen-Weimar-Eisenach** hingegen ordneten in ihren Verfassungen an, dass die Bauern Eigentum eines in dem Wahlbezirk gelegenen Gutes (in Waldeck wurde eine bestimmte Mindestgröße[213] dieses Gutes gefordert) vorzuweisen hatten. § 27 der Waldecker Verfassung ließ insoweit auch eine gesetzliche Nutznießerschaft an dem Vermögen der Ehefrau ausreichen, wenn der Bauer hieran wenigstens einen Wert von 2000 Thalern besäße und **Schaumburg-Lippe** forderte neben einem Besitz an Bauerngütern auch die Vollendung des dreißigsten Lebensjahres sowie die Ableistung des Militärdienstes und die allzeitige Führung eines unbescholtenen Lebenswandels. Eine alternativ ausgestaltete Normierung zu der Wählbarkeit der Abgeordneten des dritten Standes sah **Sachsen-Hildburghausen** vor, in dem es entweder das Nachbarrecht einer Dorfgemeinde oder das Eigentum an einem nicht immatrikulierten Gut oder einer Fabrik des zu vertretenen Bezirks, in dem die jeweiligen Abgeordneten wohnhaft waren, als ausreichend erscheinen ließ.[214] An diesen divergierenden Voraussetzungen ist zu sehen, dass die einzelnen Staaten hinsichtlich der Aufnahme eines neuen Standes noch keine bestehenden Grundsätze hatten und zunächst erproben wollten, welche passiven Wahlrechtsbedingungen sich als am besten geeignet herausstellen sollten. Dabei waren einige Staaten wie beispielsweise **Schaumburg-Lippe** vorsichtiger als andere, etwa **Sachsen-Meiningen**, wie an den unterschiedlich strengen Anforderungen zu erkennen ist.

Generell fällt bei einem Vergleich der Voraussetzungen für die passive Wahlfähigkeit der Abgeordneten auf, dass **Schwarzburg-Rudolstadt** überhaupt keine und

---

209 Sachsen-Weimar-Eisenach 1816 (§ 26) und Sachsen-Meiningen 1824 (§ 25).

210 Hartung, Deutsche Verfassungsgeschichte, S. 204.

211 Dazu gehörten Bückeburg, Stadthagen, Steinhude und Hagenburg. Vgl. Lathwesen, Der Schaumburg-Lippische Landtag und seine Abgeordneten, S. 4.

212 Lathwesen, a.a.O., S. 4 f.

213 Nach § 13 der waldeck'schen Verfassung wurde insoweit Eigentum eines „Schatzungspflichtigen nicht verschuldeten Gutes von wenigstens 30 Morgen den Morgen zu 120 Ruthen gerechnet" gefordert.

214 Sachsen-Hildburghausen 1818 (§ 13).

**Schaumburg-Lippe** im Gegensatz zu den anderen Staaten nur sehr vage Aussagen traf, die näherer Ausführung noch bedurften. Dies überrascht jedoch nicht, wenn die rudimentäre Ausgestaltung der Verfassungen der beiden Staaten in Augenschein genommen wird, die mit insgesamt acht bzw. elf Paragraphen gemessen am Umfang am Geringsten ausfielen. Auch entsprechende Ausführungsgesetze hierzu fehlten.

Die im Jahre 1821 in **Sachsen-Coburg-Saalfeld** erlassene Verfassung wies im Verhältnis zu den gerade untersuchten Edikten, bezogen auf die Ständevertretung, einige Besonderheiten auf. Zwar waren hier der erste Stand wie in allen anderen Staaten auch durch die Rittergutsbesitzer und der zweite Stand durch Abgeordnete der Städte vertreten, ein Stand der Bauern war dagegen nicht vorgesehen.[215] Hinsichtlich der Abgeordneten der Städte wurde eine Unterteilung in drei Gruppen vorgenommen. Die erste Gruppe bildeten die Stadtobrigkeiten zu Coburg und Saalfeld, die aus ihrer Mitte gewählt wurden, die zweite sah drei Abgeordnete der Städte Coburg, Saalfeld und Pößneck, die von ihren Bürgern ernannt wurden, vor und die letzte Gruppe bestand aus sechs Abgeordnete der übrigen Städte und Dorfgemeinden, die von den Einwohnern gewählt wurden (§ 35). Eine Klassifizierung fand insbesondere hinsichtlich des Wahlrechts in § 42 statt: Während die Mitglieder der Rittergutsbesitzer und Stadtobrigkeiten unmittelbar durch die Wahlberechtigten aus der betreffenden Klasse selbst ernannt wurden, wurden die übrigen Abgeordneten durch Wahlmänner gewählt.[216] Diese Aufteilung unter den Abgeordneten der Städte beruhte auf der Vorstellung, dass einige Städte, namentlich Coburg, Saalfeld und Pößneck, eine Sonderstellung einnehmen sollten, da nur diesen „der für ein städtisches Wesen eigentümliche Charakter“ zukomme.[217] Die Einwohner der übrigen Städte stünden dagegen mit den Untertanen der Ämter in einem „näheren genossenschaftlichen Bande“.[218]

Aber auch diese Unterscheidung der Städteabgeordneten änderte nichts daran, dass nur „ausgewählte“, d.h. mit bestimmten Eigenschaften versehene Personen in den Landtag einziehen durften. Bezüglich der besonderen Voraussetzungen der Wählbarkeit der Rittergutsbesitzer ließ der Verfassungsgeber es über den Besitz oder Mitbesitz eines Ritterguts hinaus auch ausreichen, wenn die Ehefrau Eigentum an den Rittergütern hatte oder aber die Mitglieder einen Nießbrauch an den Gütern ihrer Kinder vorweisen konnten.[219] Damit wurde dem Umstand Rechnung getragen, dass seit dem 17. Jahrhundert der Anteil der weiblichen Rittergutsbesitzer erheblich gestiegen war: Zu Beginn des 19. Jahrhunderts waren etwa 12 % der Güter in weiblicher Hand.[220] Ähnlich den Verfassungen in **Sachsen-Meiningen**

215 Sachsen-Coburg-Saalfeld 1821 (§ 35).
216 Sachsen-Coburg-Saalfeld 1821 (§ 42).
217 So Johann Friedrich Lotz in seinem Gutachten vom 09. Oktober 1815, dessen Gedanken schließlich auch in der Verfassungsurkunde von 1821 inhaltlich umgesetzt wurde. StACo LReg. 254 fol. 38–62, siehe dazu: Hundt, Michael, Quellen zur kleinstaatlichen Verfassungspolitik.
218 StACo LReg. 254 fol. 38–62.
219 Sachsen-Coburg-Saalfeld 1821 (§ 45).
220 Flügel, Bürgerliche Rittergüter, S. 139.

und **Sachsen-Weimar-Eisenach** wurden für die Abgeordneten aus den Städten und Dorfgemeinden gefordert, dass sie entweder Besitzer eines im Lande belegenen schuldenfreien Vermögens von fünftausend rheinische Gulden (Rfl.) oder ein unabhängiges reines Einkommen von jährlich vierhundert Gulden nachweisen oder eidlich versichern konnten.[221] Der Begriff des „reinen" Einkommens ist insoweit gleichzusetzen mit dem, was wir heute unter einem Nettoeinkommen verstehen. Weitere wesentliche Bedingung war nach § 47 das Wohnen im Land, es sei denn, es erging für die Personen, die im wirklichen Dienste eines anderen Staates standen, eine besondere Bewilligung des Landesherrn. Mit der Aufnahme dieser Bestimmungen war gewährleistet, dass nur die „privilegierten" Bürger der Städte Einzug in den Landtag erhielten.

Ein Staat weicht von dem bisher Beschriebenen deutlich ab: **Liechtenstein**. Dessen Verfassung sah einen Landtag vor, der aus der Geistlichkeit und der Landmannschaft bestand.[222] Unter ersterem wurden nach § 3 alle Besitzer geistlicher Benefizien und alle geistlichen Kommunitäten verstanden. Es wurden insgesamt drei Geistliche aus ihrer Mitte auf Lebenszeit erwählt. Neben der „geistlichen Pfründe"[223] mussten sie wenigstens ein liegendes oder der Versteuerung unterworfenes Vermögen von zweitausendfünfhundert Gulden (fl.) besitzen.[224] Der Landmannschaft gehörten solche Personen an, die entweder „durch die zeitlichen Vorsteher oder Richter, und durch die Altgeschwornen oder Säckelmeister einer jeden Gemeinde vorgestellt" wurden (§ 4), oder aber, die einen Steuersatz von zweitausend fl. nach damaligem Steuermaßstabe aufweisen konnten, mindestens dreißig Jahre alt, vom unbescholtenen und uneigennützigem Ruf und verträglicher Gemütsart waren. Dass die Verfassung in **Liechtenstein** sich in den meisten Merkmalen stark von den Verfassungen der anderen Staaten unterschied, lag insbesondere daran, dass der Fürst eine oktroyierte Verfassung erlassen hatte, in der er „Neuständisches" in der Zusammensetzung des Landtags ablehnte. Nach österreichischem Vorbild wurde lediglich eine altständische Vertretung zugelassen, die noch erheblich durch den Absolutismus gekennzeichnet war.[225] Zur Begründung ist an dieser Stelle auf einen Bericht, der vom Landvogt Joseph Schuppler an den Fürsten gesandt wurde, zu verweisen; dort heißt es: „Demokratisch kann und darf die Verfassung des Liechtensteinischen Staates nicht sein, einerseits weil er unter dieser Gestalt in dem deutschen Bund nicht bestehen könnte, und andererseits weil hierdurch die wohlerworbenen Regierungsrechte des Erlauchten

221 Sachsen-Coburg-Saalfeld 1821 (§ 46).

222 Liechtenstein 1818 (§ 2).

223 Pfründe ist der Inbegriff gewisser Kirchengüter, deren Ertrag und Genuss mit der Verwaltung eines bestimmten Kirchenamtes verbunden ist. Definition in: Meyers Konversationslexikon, Zwölfter Band, S. 978.

224 Liechtenstein 1818 (§ 3).

225 Ignor, Monarchisches und demokratisches Prinzip in der liechtensteinischen Verfassungsentwicklung, in: Press/Willoweit, Liechtenstein – Fürstliches Haus und staatliche Ordnung, S. 470.

Fürstenhauses von Liechtenstein beeinträchtigt würde".[226] Auch den Landständen sollte jedes Mitspracherecht in den inneren Landesangelegenheiten abgesprochen werden, weil „an und für sich den Landständen eine Competenz in die eigentlich innere Landesregierung [...] nicht zugestanden werden (kann), nicht als ob man sich dieser Einsichtsnehmung zu entziehen Ursache hätte, sondern weil man sich dieser wegen selbst an fremde Grundsätze anschliessen musste, nicht als eigene Unterthanen zu Rate ziehen könne".[227] Dass gerade die zwei Stände der Geistlichkeit und der Landmannschaft den Landtag repräsentierten, lag daran, dass Liechtenstein außer seiner fürstlichen Familie – den fürstlichen Nachfolgern der Grafen von Vaduz und Herren von Schellenberg – keinen Adel hatte.[228]

### (2) Allgemeine Bestimmungen

#### (a) Allgemeine Voraussetzungen für die Wählbarkeit

Neben den besonderen Voraussetzungen für die Wählbarkeit gab es noch die Möglichkeit, *allgemeine* Bedingungen festzusetzen. Diese Forderungen hatten, da sie für *alle* Abgeordneten galten, einen sehr hohen Stellenwert und damit besondere Bedeutung in der Öffentlichkeit. Es bedeutete aber andererseits für die Personen, die ein höheres Amt erringen wollten, eine zusätzliche Einschränkung. Je nach Anzahl und Art der Wählbarkeitsvoraussetzungen fallen diese Einschränkungen stärker oder schwächer aus.

Die Verfassungen von **Sachsen-Meiningen, Sachsen-Hildburghausen** und **Waldeck-Pyrmont** verlangten in allgemeiner Weise für alle Abgeordneten der Kammer eine Angehörigkeit zu einer christlichen Konfession, das Erreichen des fünfundzwanzigsten Lebensjahres (in **Sachsen-Hildburghausen** das Erreichen des neunundzwanzigsten Lebensjahres), das Vorweisen eines unbescholtenen Rufes und des selbständigen Erklärens des Willens.[229] **Waldeck-Pyrmont** forderte darüber hinaus die Eigenschaft als Landesuntertan und die Beendigung des Militärdienstes. Ausgeschlossen sowohl in **Sachsen-Meiningen** als auch in **Sachsen-Hildburghausen** waren diejenigen Personen, die in Konkurs gegangen waren. In letzt genannten Staat war allerdings der in „in Concurs verfallene nach dessen Beendigung wieder wählbar, wenn er ohne sein Verschulden darein verfallen war".[230] Hintergrund der Aufnahme dieses Ausschlusskriteriums war die kritische Bewertung einer solchen Situation. Bereits in der frühindustriellen Zeit hatten Zahlungsunfähigkeit und Konkurs unzweifelhaft als unmoralisch gegolten.[231] Ein Schuldner,

---

226 Quaderer, Politische Geschichte des Fürstentums Liechtenstein von 1815–1848, S. 13.

227 Quaderer, a.a.O., S. 13/14.

228 Raton, Liechtenstein, S. 27.

229 Waldeck-Pyrmont 1816 (§ 13) und Sachsen-Meiningen 1824 (§ 17).

230 Sachsen-Hildburghausen 1818 (§ 10).

231 Tilly, Unternehmermoral und -verhalten im 19. Jahrhundert. Indizien deutscher Bürgerlichkeit, in: Kocka (Hrsg.), Bürgertum im 19. Jahrhundert, Bd. II, S. 52.

der nicht zahlen konnte, wurde als ein unfähiger, moralisch minderwertiger Mensch angesehen.[232]

Auch **Sachsen-Weimar-Eisenach** forderte das Bekenntnis zur christlichen Religion, das Erreichen des dreißigsten Lebensjahres und einen unbescholtenen Ruf, legte darüber hinaus aber ebenfalls Wert auf die Abstammungsverhältnisse. So war nach § 22 die „teutsche Geburt, welches dahin genauer bestimmt wird, daß der zu Erwählende von einem Vater abstammen muß, der selbst in Teutschland gebohren war, und den wesentlichen Wohnsitz (domicilium) in Teutschland hatte", die eheliche sowie die christliche Geburt erforderlich, d.h. die „Geburt von Ältern, welche sich ebenfalls zur christlichen Religion bekannt haben". Die eheliche Geburt wurde dabei nicht wegen der Anrüchigkeit des Unehelichen vorausgesetzt, sondern um des Beweises der deutschen und christlichen Geburt willen.[233] Damit sollte offenbar garantiert werden, dass in der Kammer weder ausländische Staatsbürger noch Angehörige einer anderen Religionsgemeinschaft wie etwa die Juden aufgenommen wurden, damit es bei „deutschen" Verhältnissen im Landtag blieb.

Die Verfassung von **Schwarzburg-Rudolstadt** enthielt zu den Wählbarkeitsvoraussetzungen keine Direktionen, was wiederum auf das rudimentär ausgestaltete Regelungswerk von 1816 zurückzuführen ist. Auch entsprechende Gesetze wurden hierzu nicht erlassen.

In **Sachsen-Coburg-Saalfeld** unterschieden sich die diesbezüglichen Erfordernisse kaum von denen der anderen Staaten: Es bedurfte nach § 44 eines Bekenntnisses zur christlichen Religion ohne Unterschied der Konfession, des Staatsbürgerrechts, des Erreichens des dreißigsten Lebensjahres und eines unbescholtenen Rufes. Im Gegensatz zu den anderen Verfassungen wurde hier jedoch erstmalig aufgeführt, was unter einem „unbescholtenen Ruf" zu verstehen war. Ein Mitglied durfte nicht „wegen eines gesetzlich mit Criminalstrafe bedroheten Verbrechens ohne unbedingt erfolgte Freisprechung in Untersuchung gekommen, oder auch ohne vollständige Befriedigung seiner Gläubiger in Concurs befangen gewesen sein" (§ 44). Weitere Voraussetzung für die Aufnahme in die ständische Versammlung war zudem, dass das Mitglied weder unter väterlicher Gewalt, noch unter Vormundschaft, noch unter Privatdienstherrschaft stand.[234]

Durch einen solchen umfassenden Katalog der allgemeinen und besonderen Voraussetzungen für das passive Wahlrecht in den Staaten wurde gewährleistet, dass nur ganz bestimmte Personen Zugang zu einer Abgeordnetenstellung bekamen. Hierbei wurde insbesondere Wert gelegt auf bestimmte Einkommensverhältnisse, auf ein bestimmtes Mindestalter, und die Angehörigkeit zu einer christlichen Konfession. Dass insoweit nur das Bekenntnis zur *christlichen* und nicht auch zu anderen Religionen vorausgesetzt wurde, lag daran, dass nur diese als allein in Deutschland herrschend

---

232 Nipperdey, Deutsche Geschichte 1800–1866, S. 208.
233 Schweitzer, a.a.O., S. 85.
234 Sachsen-Coburg-Saalfeld 1821 (§ 44).

betrachtet wurde,[235] wie sich schon aus Art. 16 der Deutschen Bundesakte ergab, dessen Inhalt sich nur auf die „Verschiedenheit der *christlichen* Religions-Partheyen" erstreckte. Diese Bestimmung richtete sich erkennbar gegen die Juden in Deutschland, für die die Möglichkeit einer Abgeordnetenstellung damit kategorisch ausgeschlossen war.[236] Schließlich war in den meisten Staaten auch der Nachweis eines unbescholtenen Rufes zu erbringen, da dieses Kriterium als eines der höchsten menschlichen Güter angesehen wurde.[237] Die Voraussetzung eines bestimmten Mindestalters war von jeher eine zulässige Beschränkung der Wählbarkeit.

Solche Voraussetzungen stellten allgemeinhin sicher, dass diejenigen, die ins Amt kamen, einen gewissen Status in der Öffentlichkeit besaßen und damit als privilegiert galten. Diese an sich schon sehr selektierte Gruppe wurde noch durch den Umstand geschmälert, dass es unter ihnen wiederum nur Wenige gab, die von ihrer normalen Tätigkeit abkömmlich waren: Dazu zählten allenfalls die freiberuflich Tätigen, wie beispielsweise Advokaten und Ärzte oder aber Angehörige des Adels.[238]

### (b) Versammlungshäufigkeit

Da die Kammern kein ständig tagendes Gremium darstellten, war es erforderlich, in den Verfassungen Regelungen zur Einberufung der Landtage zu treffen. Die Frage nach der Häufigkeit und den Abständen zwischen den Versammlungen war dabei für die Landtage sehr entscheidend, da sich danach bemaß, wieviel Einfluss sie auf die politischen Entscheidungen nehmen konnten.

Die Regelungen zu der Versammlungshäufigkeit waren in **Sachsen-Weimar-Eisenach** und in **Sachsen-Meiningen** nahezu identisch. Dort hieß es in § 54 bzw. § 49: „Die Landtage theilen sich in ordentliche und außerordentliche. Zu einem ordentlichen Landtage werden die Landständischen Abgeordneten von drei zu drei Jahren, [...] zu einem außerordentlichen Landtage aber so oft zusammenberufen, als es nach dem Ermessen des Fürsten/Regenten nothwendig ist". Eine solche Regelung findet sich auch in der Verfassung von **Sachsen-Hildburghausen**, ohne dass jedoch zwischen ordentlichem und außerordentlichem Landtag unterschieden wurde.[239] **Waldeck-Pyrmont** und **Sachsen-Coburg-Saalfeld** sahen eine jährliche Zusammenkunft des ordentlichen Landtags vor und eine außerordentliche Versammlung war in **Waldeck-Pyrmont** neben dem Befehl des Regenten auch auf Antrag der

235 Linde, Archiv für das öffentliche Recht, 2. Band, 1. Heft, S. 14.

236 Gehrke, Landtag und Öffentlichkeit, S. 107.

237 Woeniger, Preußens erster Landtag, S. 24.

238 Conze, Das Spannungsfeld von Staat und Gesellschaft, in: Conze (Hrsg.), Staat und Gesellschaft im deutschen Vormärz, S. 225.

239 Insoweit heißt es in § 36 der Verfassung von 1818: „Alle drei Jahre, jedesmal zu Anfang des Jahres wird in der Regel ein Landtag gehalten, außerdem aber so oft, als es der Regent, auf Antrag des Ausschusses oder aus eigner Bewegung, für nöthig hält."

Stände möglich, jedoch auch hier nur mit Genehmigung des Landesherren.[240] Eine außergewöhnliche Zusammenkunft des Landtags sollte in letzt genanntem Staat außerdem erfolgen, wenn es um eine Verfassungsänderung oder um die Einführung einer neuen Steuerordnung ging. In allen vier Staaten lag damit die Einberufung eines außerordentlichen Landtags allein in den Händen des Monarchen und auch den ordentlichen Landtag konnte er *jederzeit* auflösen. Die Dauer zwischen den einzelnen Versammlungen war in **Waldeck-Pyrmont** und **Sachsen-Coburg-Saalfeld** mit einer jährlichen Einberufung im Verhältnis zu der dreijährigen Versammlungshäufigkeit in **Sachsen-Weimar-Eisenach, Sachsen-Hildburghausen** und **Sachsen-Meiningen** relativ kurz, was jedoch im Hinblick darauf, dass die Einberufung sowieso allein in das Ermessen der Landesherren gestellt wurde, keine weitere Bedeutung hatte.

### (c) Legislaturperiode

Neben der Versammlungshäufigkeit war die Frage nach der Dauer der Legislaturperiode ein weiterer bedeutsamer Punkt, den es in den Verfassungen zu regeln galt. Denn hiernach entschied sich auf der einen Seite, wie lange die gewählten Abgeordneten die Möglichkeit hatten, ihrer politischen Arbeit nachzugehen, auf der anderen Seite aber auch, wie häufig die Bürger, falls sie ein Wahlrecht besaßen, von diesem Gebrauch machen konnten und damit Einfluss auf die Zusammensetzung zu nehmen vermochten.

Die Abgeordneten wurden in **Sachsen-Meiningen**, in **Sachsen-Weimar-Eisenach,** in **Schwarzburg-Rudolstadt,** in **Sachsen-Coburg-Saalfeld** und in **Sachsen-Hildburghausen** auf sechs Jahre berufen.[241] **Schaumburg-Lippe und Liechtenstein** sahen hierzu keinerlei Regelung vor. Da auch hinsichtlich der Versammlungshäufigkeit entsprechende Direktionen in diesen beiden Staaten fehlten, liegt die Annahme nahe, dass das Interesse der Monarchen an einer tatsächlichen Tätigkeitsausübung nicht sehr groß war und die Kammern reine Provisorien bleiben sollten.

In **Waldeck-Pyrmont** wurde in § 19 der Verfassung bestimmt, dass die Repräsentanten des Bauerstandes und die Repräsentanten der Stadt Arolsen auf Lebenszeit gewählt wurden, es sei denn, die Voraussetzungen der passiven Wahlfähigkeit fielen weg. Durch die lebenslange Abgeordnetenstellung wollten die Landesherren wohl erreichen, erfahrene Personen zu gewinnen und zu binden. Eine Wahl auf Lebenszeit hatte für die Bürger dagegen erheblich negative Folgen. Denn die Abgeordneten hatten so die Möglichkeit, Entscheidungen, auch zu Lasten der Bürger, zu treffen, ohne dass ihnen dadurch Konsequenzen in Form der Verweigerung einer Wiederwahl trafen.

---

240 Waldeck-Pyrmont 1816 (§ 23).

241 Sachsen-Weimar-Eisenach 1816 (§ 30); Sachsen-Meiningen 1824 (§ 39); Schwarzburg-Rudolstadt 1816 (Nr. 7), Sachsen-Hildburghausen 1818 (§ 16); Sachsen-Coburg-Saalfeld 1821 (§ 36).

(3) Verfassungsrechtliche Änderungen innerhalb eines Staates

Die im Jahre **1829** erlassene neue Verfassung in **Sachsen-Meiningen** brachte nur wenige Änderungen im Gegensatz zum Grundgesetz von **1824**. Während die Zusammensetzung hinsichtlich der Landstände lediglich eine Veränderung in der Anzahl der Vertreter erfuhr (so wurde die Mitgliederanzahl von einundzwanzig Abgeordneten im Jahre 1824 auf nunmehr vierundzwanzig Abgeordnete erhöht, was insbesondere mit der wachsenden Bevölkerungsdichte aufgrund der Vergrößerung Meiningens im Jahr 1826 zu erklären ist), wurden zusätzliche Anforderungen für die Wählbarkeit des Standes der Rittergutsbesitzer normiert, die 1824 noch völlig fehlten. So sah Artikel 71 das Erfordernis vor, im Genuss des Staatsbürgerrechts zu sein, der christlichen Religion anzugehören und das fünfundzwanzigste Lebensjahr erreicht zu haben sowie im Besitz oder Mitbesitz eines landtagsfähigen Ritterguts zu sein. Abgesehen von diesen kleinen Abweichungen gab es hinsichtlich der Zusammensetzung keine weiteren Modifikationen im Vergleich zu der Verfassung von 1824.

*bb. Auswertung der Einkammersysteme*

Zusammenfassend ist zu erkennen, dass die Grundgesetze der Staaten **Sachsen-Meiningen, Sachsen-Weimar-Eisenach, Sachsen-Hildburghausen, Sachsen-Coburg-Saalfeld, Schwarzburg-Rudolstadt, Schaumburg-Lippe** und **Waldeck-Pyrmont,** die während des Untersuchungszeitraumes ergangen waren, sehr starke Ähnlichkeiten zueinander, teilweise sogar eine vollständige Identität aufwiesen, was die Stände in den Landtagen, die allgemeinen und besonderen Voraussetzungen der Wahlfähigkeit sowie die Versammlungshäufigkeit anbelangte. Alle Staaten sahen einen Landtag vor, der lediglich aus ständischen Abgeordneten bestehen sollte. Damit waren sie zwar noch stark an den altständischen Verhältnissen orientiert, versuchten sich aber bereits an der Etablierung neuer Elemente, was insbesondere an der Aufnahme neuer ständischer Vertreter in den Landtagen, namentlich dem Stand der Bauern, zu beobachten ist.[242]

Die Verfassungen der Fürstentümer **Schaumburg-Lippe** und **Liechtenstein** enthielten weder Regelungen zur Versammlungshäufigkeit noch zur Legislaturperiode. Dadurch waren weder feste Sitzungstermine noch periodische Wahlwiederholungen gesetzlich vorgeschrieben, was dazu führte, dass die Einflussmöglichkeiten

242 So wurde in der Präambel der Waldeckschen Verfassung von 1816 beispielsweise darauf hingewiesen, dass eine landständische Verfassung bereits schon „von grauen Zeiten her" bestand, dass die Verfassung aber auch „in mehreren Hinsichten einer Abänderung bedurfte". Auch in Sachsen-Weimar-Eisenach finden sich in den Denkschriften zu der Verfassung von 1816 ähnliche Worte wieder. So sagte der „Vater" der Verfassung Gersdorf hierin unter anderem, dass die Notwendigkeit bestehe, die Verfassung des Großherzogtums dem „Zeitgeist gemäß" weiterzuentwickeln, wobei das „Alte und Herkömmliche mit dem Neuen und Einzurichtenden sanft" zu verbinden sei. Siehe hierzu: Ortloff, Verfassungsentwicklung im Großherzogtum Sachsen-Weimar-Eisenach, S. 107 ff.

der Landtage erheblich eingeschränkt waren, die Kammern nahezu wirkungslos blieben. Tatsächlich fand in **Schaumburg-Lippe** in den 1820er Jahren keine einzige Sitzung statt[243] und auch in **Liechtenstein** fungierte der Landtag lediglich als Empfänger der Anweisungen des Fürsten.[244]

### *b. Die Zusammensetzung hinsichtlich der Zweikammersysteme*

Die Landtage der Staaten **Baden** (1818), **Bayern** (1818), **Hannover** (1819), **Hessen-Darmstadt** (1820), **Württemberg** (1819), **Braunschweig** (1820) und **Nassau** (1814) setzten sich aus zwei Kammern zusammen.

#### *aa. Unmittelbarer Vergleich der Verfassungen*

Um einen Vergleich innerhalb der Zweikammersysteme zu erzielen, ist es erforderlich, eine Gegenüberstellung von Erster und Zweiter Kammer vorzunehmen. Auf diesem Wege können zunächst die Unterschiede innerhalb der Ersten Kammern festgestellt und dann in einem umfassenden Überblick mit den Zweiten Kammern verglichen werden.

#### (1) Titulierungen der Kammern in den Einzelstaaten

Alle Verfassungen der Einzelstaaten, die während des Zeitraums von 1815–1830 erlassen wurden, beinhalteten eine Normierung mit dem Inhalt, dass sich die Stände in zwei Kammern teilten. Für die Kammern selber existierten dabei ganz unterschiedliche Bezeichnungen: Als „Kammer der Standesherren“[245], „Kammer der Reichs-Räthe[246], „Mitglieder der Herren-Bank“[247] oder als „Section“[248] wurde die Erste Kammer tituliert, während für die Zweite Kammer Bezeichnungen wie „Kammer der Abgeordneten“[249] oder „Landesdeputierte“[250] in den Einzelstaaten gebräuchlich waren. Lediglich die Verfassungen von **Baden**, **Hessen-Darmstadt** und **Hannover** gaben den Kammern keine bestimmte Bezeichnung, so dass nur von „Erster“ und „Zweiter Kammer“ die Rede war.

Der Einfachheit halber werden im folgenden Vergleich lediglich die Bezeichnungen „Erste und Zweite Kammer“ verwandt.

---

243 Schneider, Schaumburg in der Industrialisierung, S. 7.
244 Hansen, Politisches System des Kleinstaates Liechtenstein, S. 7.
245 So in Württemberg 1819 (§ 129).
246 So in Bayern 1818 (Titel VI § 1).
247 So in Nassau 1814 (§ 1).
248 So bezeichnete Braunschweig nicht nur die Erste, sondern auch die Zweite Kammer (1820 Titel I § 2).
249 Württemberg 1819 (§ 133); Bayern 1818 (Titel VI § 1).
250 So in Nassau 1814 (§ 1).

### (2) Die Ersten Kammern

Die Ersten Kammern der Landtage mit einem Zweikammersystem zeichneten sich zu dieser Zeit dadurch aus, dass alle vertretenen Mitglieder von den jeweiligen Landesherren bereits in den Verfassungsurkunden festgesetzt wurden. Dieses geschah ausnahmslos in allen Staaten sowohl durch Nennung des konkreten Namens als auch durch Bezeichnung der entsprechenden Personengruppen, denen die Deputierten angehörten. Diese gleichartige Ausgestaltung der Ersten Kammern in den süddeutschen Staaten zeigt die allgemeine Staatsauffassung, die hier vertreten wurde. So wollten die Regierungen Süddeutschlands den monarchischen Charakter unter Ablehnung der als revolutionär geltenden Lehren von der Volkssouveränität und der Gewaltenteilung in ihren Verfassungen auch weiterhin stark betonen.[251]

Mit Namen aufgeführt wurde in allen Staaten mit Ausnahme von **Braunschweig** der volljährige Prinz des je nach Gebiet bestehenden königlichen, fürstlichen, herzoglichen oder großherzoglichen Hauses.[252] Die Verfassungsurkunden von **Bayern** (§ 2), **Baden** (§ 27), **Nassau** (§ 4), **Württemberg** (§ 129) und **Hessen-Darmstadt**[253] (Art. 52) sahen weiterhin die Festsetzung der Häupter standesherrlicher Familien vor. Diese wurden nicht ernannt, sondern als erbliche Landstände und damit als „gebohrene" Mitglieder in den Landtag aufgenommen. Lediglich der Eintritt der Volljährigkeit wurde in **Bayern**, **Baden**, **Nassau** und **Württemberg** vorausgesetzt.[254] Um als Haupt einer standesherrlichen Familie zu gelten, wurde in **Bayern**, **Baden**, **Nassau** und **Hessen-Darmstadt** der Besitz einer Standesherrschaft gefordert.[255] Diesen Besitz erlangte das jeweilige Haupt nicht aufgrund bestimmter

251 Hartung, a.a.O., S. 198.

252 Hannover 1819 (A1), Hessen-Darmstadt 1820 (Art. 52), Württemberg 1819 (§ 129), Baden 1818 (§ 27), Bayern 1818 (Titel VI § 2), Nassau 1814 (§ 4). In Hannover wurden mehrere Herzöge und Fürsten aufgezählt, so der Herzog von Aremberg, der Herzog von Corswaren Looz und der Fürst von Bentheim. Die Volljährigkeit erreichte man mit Beginn des 21. Lebensjahres.

253 Die Regierung von Hessen-Darmstadt erließ zunächst ein Edikt am 18. März 1820, das zu der gleichen Zeit verfasst wurde wie der Gentz'sche Entwurf zur Konkretisierung des Art. 13 DBA. Das Edikt stand damit bereits unter dem Einfluss dieses Entwurfs, war aber noch lange nicht als ein vollständiges Verfassungswek zu werten. Um die staatsrechtlichen Verhältnisse gänzlich an die Vorstellungen Gentz anzupassen, war eine neue Verfassung erforderlich, die am 17. Dezember 1820 in Kraft trat. Vgl. hierzu: Andres, Die Einführung des konstitutionellen Systems im Großherzogtum Hessen, S. 152.

254 Bayern 1818 (Titel VI § 5), Baden 1818 (§ 28), Württemberg 1819 (§ 134) und Nassau 1814 (§ 4). In Württemberg wurde als Grundlage für die Frage nach der Volljährigkeit insoweit die gemeinrechtliche Bestimmung benutzt. In Nassau und Bayern galt man mit dem Eintritt in das 25. Lebensjahr als nicht mehr minderjährig.

255 Wer das Privileg eines Standesherrn genoss, ging auf die Zeit des deutschen Rheinbundes zurück. Die rheinische Bundesakte vom 12. Juli 1806 unterwarf eine große Menge deutscher Fürsten und Grafen, die bis dahin zu den erblichen Reichsständen gehörten, der Souveränität eines der damaligen rheinischen Bundesfürsten,

Voraussetzungen, sondern übernahm ihn von Geburt an. In **Nassau** wurden in § 4 die Standesherren gleich namentlich aufgeführt (so etwa die Fürstlichen Häuser von Anhalt-Bernburg-Schaumburg, von Solms-Braunfels, von Wied-Neuwied und von Wied-Runckel). Die Verfassung von **Württemberg** sah vor, dass auf den „Besitzungen vormals eine Reichs- oder Kreistags-Stimme geruht" haben musste (§ 129). In Artikel 52 des Grundgesetzes von **Hessen-Darmstadt** wurde bezüglich der Standesherren auf den § 16 des Edicts über die standesherrlichen Verhältnisse verwiesen. Dort wurde angeführt, dass die Häupter der standesherrlichen Familien nach den Prinzen des großherzoglichen Hauses „die vordersten gebornen Stimmführer auf dem Landtage" seien. Ihnen wurde damit eine besondere Stellung, wie es die Deutsche Bundesakte in Artikel 14 explizit vorschrieb, im Vergleich zu allen weiteren Mitgliedern der Ersten Kammer zugesprochen.

Dass die von jeher dem Adel zugehörigen Familien in großer Anzahl in den Ersten Kammern aller Einzelstaaten vertreten waren, war zu dieser Zeit kein Selbstverständnis, auch wenn sie aufgrund ihres Reichtums, ihrer Herkunft und internationaler verwandschaftlicher Verbindungen als besonders privilegiert galten und sich zu der sonstigen Gesellschaft insbesondere durch Grundbesitz und steuerliche Besserstellung abhoben.[256] Seit Beginn des 19. Jahrhunderts mussten die standesherrlichen Familien aufgrund der Forderungen nach Gleichheit um ihre Vorrechtstellung in der Gesellschaft kämpfen.[257] Sie übten deshalb öffentlich Druck auf die Regierungen aus, an der politischen Willensbildung beteiligt zu werden, wodurch sich die Landesherren immer wieder zu Verfassungsversprechen gezwungen sahen, da sie auf die monetären Mittel von Seiten des finanzstarken Adels angewiesen waren.[258]

Einige Staaten wie **Württemberg**, **Bayern**, **Baden** und **Hessen-Darmstadt** sahen neben den gerade genannten Mitgliedern zusätzlich solche Deputierte vor, die zwar noch nicht festgesetzt, aber im Ermessen des Königs jederzeit entweder erblich oder auf Lebenszeit ernannt werden konnten.[259] In **Bayern** hieß es wörtlich in § 2 (Titel VI): „Die Kammer der Reichs-Räthe ist zusammengesetzt aus [...] denjenigen Personen, welche der König entweder wegen ausgezeichneter dem Staate geleisteter Dienste, oder wegen ihrer Geburt, oder ihres Vermögens zu Mitgliedern dieser Kammer entweder erblich oder lebenslänglich besonders ernennt".[260] Die Monarchen

---

die sog. „Mediatisierung". Ihre Privilegierung verloren sie dadurch nicht, jedoch wurde für sie die Bezeichnung „Standesherren" gebräuchlich. Vgl. Rotteck/Welcker, Staatslexikon, 12. Band, S. 412.

256 Krauss, Herrschaftspraxis in Bayern und Preußen im 19. Jahrhundert, S. 163 ff.

257 Reif, Adel im 19. und 20. Jahrhundert, S. 45; Asch, Europäischer Adel in der Frühen Neuzeit, S. 3 ff.

258 Reif, a.a.O., S. 41.

259 Bayern 1818 (Titel VI, 2), Baden 1818 (§ 27) und Württemberg 1819 (§ 129).

260 Mit dem Gesetz, „die Bildung der Kammer der Reichsräthe betreffend" vom 09. März 1828 wurde lediglich der Wortlaut umgewandelt; nunmehr hieß es: „Der König wird die von ihm zu ernennenden erblichen und lebenslänglichen Reichsräthe aus jeden Personen auswählen, die entweder dem Staate ausgezeichnete Dienste geleistet

der betreffenden Staaten hatten sich damit grundsätzlich eine Machtposition zugesichert, indem sie durch die Aufstellung bestimmter Mitglieder in den Kammern weiterhin eine gewisse Einflussmöglichkeit behielten. Diese Einflussmöglichkeit wurde jedoch durch weitere Normierungen wiederum auf ein Minimum beschränkt, so etwa in § 3 der bayerischen Verfassung, in dem aufgeführt wurde, dass der König das Recht der Vererbung nur adeligen Grundbesitzern verleihen dürfe, welche das Staatsbürgerrecht für das Königreich und ein Grundvermögen besitzen, von welchem sie dreihundert Gulden an Steuern entrichten sollten und wo „eine agnatisch-linealistische Erbfolge nach dem Rechte der Erstgeburt eingeführt ist". In § 4 hieß es weiter: „Die Zahl der lebenslänglichen Reichs-Räthe kann den dritten Theil der erblichen nicht übersteigen". In **Württemberg** wurden fast identische Normen diesbezüglich mit den § 130 und § 132 eingeführt. Hinsichtlich der Mitglieder, die auf Lebenszeit ernannt worden waren, wurde noch der Zusatz gebracht, dass der König sie aus den würdigsten Staatsbürgern zu ernennen hatte (§ 131). Eine solche Einflussbeschränkung sahen die Verfassungen von **Baden** und **Hessen-Darmstadt** nicht vor: Die Monarchen konnten hier ohne Rücksicht auf Stand und Geburt noch weitere Personen zu Mitgliedern dieser Kammer ernennen, wobei die Zahl der ernannten Mitglieder acht Personen nicht übersteigen durfte.

Neben dem Prinzen des herzoglichen Hauses und der Standesherrschaft sah die Verfassung von **Nassau** von 1814 keine weiteren Mitglieder für die Erste Kammer vor. Bereits ein Jahr später erfolgte jedoch ein Gesetz, „die Bildung der Herrenbank der Landstände betreffend", in dem einige Änderungen in der Zusammensetzung der Ersten Kammer vorgenommen wurden: Der Stand der erblichen Mitglieder, der sich aus Häuptern der fürstlichen, gräflichen und freiherrlichen Familien zusammensetzte, wurde teilweise neu besetzt[261] und es kam ein weiterer Stand in Form der adeligen Gutseigentümer hinzu. Insgesamt sollten sechs aus ihrer Mitte gewählt werden. Diese Umstrukturierung war nicht etwa auf eine Versagung seitens des Monarchen gegenüber einigen Mitgliedern der Herrenbank zurückzuführen, vielmehr hatten die erblichen Mitglieder selbst ihren Rückzug aus der Kammer bekannt gegeben. Zudem

---

haben, oder von adelicher Geburt sind, oder Vermögen besitzen". Hinsichtlich der Verleihung des Vererbungsrechts sollten weiterhin die Bestimmungen des Titels VI § 3 fortgelten.

261 So blieben zwar weiterhin der Prinz, das Haupt des fürstlichen Hauses von Schaumburg, die Häupter der gräflichen Häuser von Waldbot-Bassenheim, Walderndorf und Leyen und der Freiherr von Stein als Mitglieder bestehen. Jedoch fielen einige fürstliche Häuser weg, so etwa von Solms-Braunfels, Wied-Neuwied, Wied-Runckel und Solms Lich. Dafür trat die Herzogin Hermine von Österreich hinzu. Auch das gräfliche Haus von Hatzfeld gehörte nicht mehr länger zu den Mitgliedern der Ersten Kammer.

kamen einige territoriale Veränderungen hinzu, weshalb eine Neureglementierung hinsichtlich der Ersten Kammer notwendig wurde.[262]

In den entsprechenden Regelungen des Grundgesetzes von **Württemberg** wurden neben dem Prinzen und der Standesherrschaft lediglich noch die vom König zu ernennenden Mitglieder als Abgeordnete der Ersten Kammer normiert. Alle anderen Staaten postulierten zusätzlich zahlreiche Deputierte, die insoweit nicht mehr vergleichbar sind, da sie hauptsächlich in den einzelnen Staaten mit Namen genannt wurden. In **Bayern** wurden beispielsweise der Kronbeamte des Reiches, die beiden Erzbischöfe sowie ein vom König ernannter Bischof und der regierende Präsident des protestantischen General-Constistoriums aufgestellt.[263] Dementsprechend divergierend gestalteten sich auch die Bedingungen des passiven Wahlrechts. In **Baden** bestand die Erste Kammer neben dem Prinzen und den Häuptern der standesherrlichen Familien darüber hinaus aus dem Landesbischof und einem vom Großherzog lebenslänglich ernannten protestantischen Geistlichen mit dem Rang eines Prälaten[264], acht Abgeordneten des grundherrlichen Adels[265] und zwei Abgeordneten der Landesuniversitäten. Voraussetzung für die Wählbarkeit der Häupter des grundherrlichen Adels war das Erreichen des fünfundzwanzigsten Lebensjahres und der Besitz eines nach dem Recht der Erstgeburt und der Linealerbfolge erblichen Stamm- oder Lehenguts, das steuerlich wenigstens zu dreihunderttausend Gulden in den Grund- und Gefällsteuern, nach Abzug des Lasten-Capitals, angeschlagen war (§ 28). Bei solchen Adeligen, die sechzigtausend Gulden an Steuern abgaben, konnte der Großherzog die Wählbarkeit bei der Grundherrenwahl anordnen. Die beiden Abgeordneten der Landesuniversitäten wurden jeweils von ihrer Hochschule aus der Mitte der Professoren gewählt.[266] Damit war **Baden** der einzige Staat, in dessen Kammer neben den vom Großherzog ernannten Personen auch Abgeordnete des Adels vorgesehen waren, die *aus ihrer Mitte* gewählt werden sollten. Diese Ausgestaltung war ein Merkmal der frühkonstitutionellen Repräsentativverfassung, wie sie sich vornehmlich in Süddeutschland seit 1815 entfaltete,[267] mit anderen Worten,

---

262 Auf diese Änderungen weisen Friedrich August und Friedrich Wilhelm zu Anfang des Gesetzes als Einleitungsworte hin und begründen damit die Notwendigkeit der Revision.

263 Bayern 1818 (Titel VI § 2).

264 „Ein Geistlicher mit dem Rang eines Prälaten“ bedeutete, dass derjenige geistlicher Würdenträger war.

265 Eine Definiton des Adels wurde in Baden bereits am 03. Juli 1815 in der Verordnung, „die Adels-Matrikel im Großherzogthum Baden betreffend“ vorgenommen. Danach waren diejenigen Personen dem Adel angehörig, die in der Adelsmatrikel des Großherzogtums eingetragen wurden und durch festen Wohnsitz und Niederlassung im Land oder durch überkommenen Staatsdienst in den persönlichen Staats-Bürgerverband getreten waren.

266 Baden 1818 (§ 31).

267 Vierhaus, Von der altständischen zur Repräsentativverfassung, in: Bosl, Der moderne Parlamentarismus und seine Grundlagen in der ständischen Repräsentation, S. 190.

es wurde der Versuch unternommen, neben dem altständischen Modell neuständische Elemente bei der Landtagszusammensetzung zu berücksichtigen, und zwar dergestalt, dass auch bestimmte Bevölkerungsschichten mit an der Stimmgebung beteiligt werden sollten.

Der Landtag von **Hessen-Darmstadt** bestand ebenfalls aus einem Landesbischof, einem protestantischem Geistlichen mit der Würde eines Prälaten und aus dem Kanzler der Landesuniversitäten.[268]

Dass in den genannten Staaten sowohl Universitätsprofessoren als auch geistliche Würdenträger vertreten waren, lag daran, dass sie als Mitglieder althergebrachter Stände galten und damit ein gewisses Ansehen in der Öffentlichkeit genossen.[269]

Zusätzliches Mitglied in **Hessen-Darmstadt** war darüber hinaus der Senior der Familie der Freyherrn von Riedesel. Um Mitglied eines Standes werden zu können, wurde allgemein vorausgesetzt, dass die Person das fünfundzwanzigste Lebensjahr erreicht hatte und ihr in Hinsicht auf die Ausübung staatsbürgerlicher Rechte kein Hindernis entgegen stand.[270] Was insoweit als Hindernis angesehen wurde, war in Artikel 60 genannt. Dort hieß es: „Wer als Mitglied der einen oder andern Kammer auf Landtagen erscheinen will, darf nie wegen Verbrechen, oder Vergehen, die nicht blos zur niederen Polizei gehören, vor Gericht gestanden haben, ohne gänzlich freigesprochen worden zu sein." Die Wortwahl „nicht blos zur niederen Polizei gehören" bedeutete, dass geringfügige Vergehen nicht unter den Begriff des „Hindernisses" fielen. Der Monarch wollte mit diesem Ausschlusskriterium offenbar sicherstellen, dass Personen mit kriminellen Ambitionen kein höheres Amt übernehmen durften.

Die Verfassung von **Hannover** enthielt ein „Verzeichnis der Mitglieder der allgemeinen Stände-Versammlung", in dem unter Buchstabe A) all diejenigen namentlich aufgelistet wurden, die einen Sitz in der Ersten Kammer erhielten.[271] Bezüglich der Ritterschaft wurden lediglich die Bezirke und die Anzahl derer registriert, die hieraus aus der Mitte der Rittergutsbesitzer ernannt werden sollten. Der Grund

268 Hessen-Darmstadt 1820 (Art. 52).

269 Klinge, Die Universitätslehrer, in: Rüegg (Hrsg.), Geschichte der Universität in Europa, Band III, S. 113.

270 Hessen-Darmstadt 1820 (Art. 54).

271 In der dort genannten Reihenfolge waren das: 1) Die mediatisierten Fürsten (Der Herzog von Aremberg, der Herzog von Corswaren-Looz, der Fürst von Bentheim), 2) Der Erbmarschall des Königreiches, 3) Der Graf von Stolberg, 4) Der General-Erb-Postmeister Graf von Platen und Hallermund, 5) Der Abt zu Loccum, 6) Der Abt zu St. Michaelis zu Lüneburg, 7) Der Präsident der Bremischen Ritterschaft, 8) Der oder die katholischen Bischöfe des Königreiches, 9) Ein angesehener protestantischer Geistlicher, 10) Diejenigen Majorats-Herren, welchen die Landesherrschaft ein persönliches erbliches Stimmrecht in der Ständeversammlung verleihen wird, 11) Der Präsident des General-Steuer- und Schatz-Collegii, 13) Die auf die Dauer eines jeden Landtags erwählten Deputierten der Ritterschaften (an dieser Stelle wurden nun die Ritterschaften mit der dort zu erwählenden Anzahl von Rittergutsbesitzern im Einzelnen aufgezählt).

für die Berücksichtigung der Ritterschaft in der Ersten Kammer lag darin begründet, dass sie auch in den Provinziallandschaften eine Vormachtstellung genoss und dementsprechend zu einer bereits bewährten politischen Gruppierung zählte.[272] Besondere Wahlfähigkeitsbedingungen sah die Verfassung insoweit nur für die Majorats-Herren und die erwählten Deputierten der Ritterschaft vor. Bezüglich der Majorats-Herren wurde gefordert, dass sie ein Majorat[273] errichtet haben mussten, „welches aus einem im Königreiche belegenen Rittersitze nebst anderm ebenfalls im Lande belegenen von gutsherrlichen Verbindlichkeiten befreieten Grundeigenthume von wenigstens Sechstausend Rthlrn. reiner Einkünfte bestehet und mit keinen Hypotheken beschweret ist" (§ 3). Die Deputierten der Ritterschaft mussten ein aus im Königreich belegenen Grundeigentum reines, mit keinen öffentlichen oder gerichtlichen Hypotheken beschwertes Einkommen von sechstausend Reichsthalern (Rthlrn.) besitzen (§ 3).

Von den bisher erwähnten Verfassungen weist lediglich die von **Braunschweig** einige signifikante Besonderheiten auf. Anstelle der „üblichen" Mitglieder wie Prinz, Häupter standesherrlicher Familien oder adelige Grundbesitzer sollte die Hälfte der bisherigen Prälaten-Curie und die Besitzer der bisher landtagsfähigen Güter die Erste Kammer als Stände repräsentieren. Dabei wurde hinsichtlich ersterem in § 4 die jeweiligen Äbte aus den entsprechenden Klöstern und Stifte genannt, und bezüglich letzterem wurde der Zusatz angeführt, dass diejenigen Rittergutsbesitzer landtagsfähig seien, die bisher mit Sitz und Stimme auf den Landtagen ausgestattet und im Besitz der Landstandschaft befindlichen adeligen Güter seien (§ 3). Der Einfachheit halber wurden die in Betracht kommenden Rittergutsbesitzer aber mit Namen noch einmal aufgeführt.

### (3) Die Zweiten Kammern

Neben den Besonderheiten in der Zusammensetzung der Ersten Kammer war **Braunschweig** auch der einzige Staat in diesem Zeitraum, dessen Zweite Kammer hinsichtlich ihrer Mitgliederpräferenz sehr ähnlich zu der der Ersten Kammer war. Unterstrichen wurde dieser Umstand durch folgende Worte in § 2 der Verfassung von 1820: „Die gesammte Landschaft bildet ein, aus zwei einander an Rechten und Ansehen völlig gleichen Sectionen bestehendes, ungetrenntes Ganzes. Die erste derselben begreift die Hälfte der bisherigen Prälaten-Curie und die Besitzer der bisher landtagsfähigen Güter, die zweite die andere Hälfte der bisherigen Prälaten-Curie, die Deputierten der Städte und die Abgeordneten der Besitzer ländlicher freier Güter, welche bislang nicht landtagsfähig waren." Wer im Einzelnen unter die andere Hälfte der Prälaten-Curie fiel, wurde in § 4 detailliert ausgeführt. Hinsichtlich der

272 Wrage, Der Staatsrat im Königreich Hannover 1839–1866, S. 5.

273 Unter einem Majorat verstand man in weitestem Sinne das Verhältnis einer Adelsfamilie zu deren Familiengütern mit Rücksicht darauf, dass sich die Ordnung der Nachfolge nach der Erstgeburt oder auf sonstige Weise nach dem höheren Alter bestimmt. Vgl. hierzu: Rotteck/Welcker, Staatslexikon, 8. Band, S. 701.

Deputierten der Städte wurde in § 5 zunächst festgesetzt, wie viele Abgeordnete aus den dort genannten Städten in den Landtag zu senden waren.[274] In § 11 wurde dann eine Unterteilung dergestalt vorgenommen, dass die Städte durch den Vorsteher der die Güter der Stadt verwaltenden Behörde vertreten wurden. In den Städten Braunschweig, Wolfenbüttel und Helmstedt war dies der Stadtdirektor, erster Stadtrat oder der Bürgermeister. Die übrigen fünf Abgeordneten der Stadt Braunschweig sollten dann aus der Bürgerschaft gewählt werden und zwar derart, dass zwei derselben aus den Großhändlern, Bankiers und Fabrikherren, die drei anderen aus der „übrigen Kaufmannschaft, den kleineren Fabrikanten, Rentirern, Künstlern oder Handwerkern und anderen bürgerliche Nahrung treibenden Personen" zu nehmen seien. Von all diesen Deputierten wurde verlangt, dass sie mit Grundstücken ansässig waren. Ein gleiches galt für die zu wählenden Deputierten der Städte Wolfenbüttel und Helmstedt, welche ebenfalls zu der Klasse der bürgerlichen gewerbetreibenden Einwohner gehören mussten. Für den Stand der nicht zu der Ritterschaft gehörigen Grundbesitzer auf dem Land wurde in jedem Kreisgericht aus der Zahl der sowohl auf dem platten Land als auch in den Städten und Flecken ansässigen Schrift- und Freisassen[275] ein Deputierter auserkoren. Unter den Besitzern der Freisassengüter waren nur solche zur Wahl zugelassen, welche den Ackerbau als ihr Hauptgewerbe betrieben, nicht aber solche, bei denen andere bürgerliche Verhältnisse vorherrschend waren (§ 12). Zudem durften die Güter und Höfe in ihren Hauptbestandteilen keiner Dienst- oder Meier-Verpflichtung unterworfen sein. Die Wahlfähigkeit wurde aufgehoben, sobald der Besitzer solcher Güter und Höfe dieselben durch Trennung oder Veräußerung verlor (§ 6). Ernannt wurden sie durch Mehrheitswahl aus ihrer Mitte.

Damit war **Braunschweig** der einzige Staat, der eine gänzlich andere Landtagsaufstellung vorsah als die anderen Staaten. Dass eine Aufteilung der Prälatenkurie in gleicher Anzahl auf die Erste und Zweite Kammer erfolgte, hatte weder historische noch politische Gründe, wie der Graf von Münster bei der Eröffnung der Ständeversammlung am 12. Oktober 1819 betonte.[276] Vielmehr lag es daran, dass es sich um einen Stand handelte, der hinsichtlich öffentlicher Angelegenheiten im Gegensatz zu vielen anderen Ständen allgemeine statt eigentümliche Interessen

274 Für die Hauptstadt Braunschweig sollten sechs Deputierte, für Wolfenbüttel und Helmstedt zwei, und jede der übrigen Städte, namentlich Blankenburg, Gandersheim, Hasselfelde, Holzminden, Königslutter, Schöningen, Schöppenstedt, Seesen und Stadtoldendorf sollten nochmal jeweils 1 Mitglied zu der Versammlung gewählt werden.

275 Unter Schrift- und Freisassen verstand man Besitzer von Güter oder Waren, die von gewissen Abgaben frei waren; beispielsweise ein freies Landgut, auf welchem keine Lehnspflichten und Steuern hafteten oder ein Bauerngut, welches nicht zu Frohnen und anderen Dienstbarkeiten verpflichtet war, sondern nur die gewöhnlichen Landsteuern oder einen Freizins unterworfen. Definition in: Brockhaus, Conversations-Lexikon, Vierter Band, S. 340.

276 Dobbeler, Landständische Verfassung des Herzogthums Braunschweig, S. 49.

vertrat.[277] Durch die Hinzuziehung der Grundbesitzer war wiederum ein Gegengewicht für den Fall gegeben, dass sich die Prälaten zu einseitig auf das Wohl der Städte konzentrierten.[278] Die Zulassung freier, nicht zu den stimmfähigen Rittergütern gehörender Landgüter war eine neue Anordnung in dem braunschweigischen Landtag und diente dem Zweck, dass die zweite Section zumindest zum Teil aus Landsleuten bestehen sollte.[279]

Ebenso wie in Braunschweig sahen auch die Verfassungen von **Bayern**, **Hannover**, **Baden**, **Württemberg** und **Hessen-Darmstadt** Abgeordnete aus Städten vor. Durch die Anteilnahme des Volkes am Staatsleben wollten insbesondere die süddeutschen Staaten das Staatsbewusstsein kräftigen.[280]

Die Städte wurden dabei in einigen Verfassungen auch namentlich aufgezählt, so in **Württemberg** (§ 133: „Die Zweite Kammer ist zusammengesetzt: [...] aus einem gewählten Abgeordneten von jeder der Städte Stuttgart, Tübingen, Ludwigsburg, Ellwangen, Ulm, Heilbronn und Reuttlingen“ und „aus einem gewählten Abgeordneten von jedem Oberamts-Bezirke“), in **Hannover**[281] und in **Hessen-Darmstadt**.[282] Die Verfassung von **Baden** verwies hierzu auf eine der Verfassungsurkunde angehängten Verteilungsliste (§ 33). Tatsächlich aufgeführt wurden die Städte jedoch erst in der „Wahlordnung zur Verfassungsurkunde des Großherzogthums“ vom 23. Dezember 1818. Dass in allen Staaten insoweit die Städte, aus denen die Abgeordneten gewählt werden sollten, *explizit* genannt wurden, lag offenbar daran, dass diesen Städten im Verhältnis zu den anderen Ortschaften ein besonderes Gewicht beigelegt wurde. Es ist davon auszugehen, dass gerade in diesen Städten sehr einflussreiche Personen ihren Wohnsitz hatten. Diese Abgeordneten wurden in jedem der aufgezählten Staaten durch die besteuerten Bürger jeder einzelnen Gemeinde in mittelbarer Wahl gewählt.[283]

---

277 Dobbeler, a.a.O., S. 49.

278 Dobbeler, a.a.O., S. 49.

279 Bülow, Zur Erläuterung der Landschaftsordnung des Herzogthums Braunschweig von 1820, S. 10.

280 Hartung, Deutsche Verfassungsgeschichte, S. 198.

281 Hier wurden die Städte, aus denen die Deputierten zu wählen waren, im „Verzeichnis de Mitglieder der allgemeinen Stände-Versammlung“ unter Buchstabe B) aufgelistet.

282 Hessen-Darmstadt unterschied zwischen solchen Städten, denen ein besonderes Wahlrecht zur Ehrung der Interessen des Handels und alter achtbarer Erinnerungen zustehen sollte und solchen, denen ein solches besonderes Wahlrecht nicht zuteil wurde. Erstere wurden namentlich in Art. 53 aufgeführt: So die Stadt Gießen, Offfenbach, Friedberg, Alsfeld, Worms und Bingen. Aus den zweitgenannten Städten sollten insgesamt 34 Abgeordnete gewählt werden.

283 Württemberg 1819 (§ 137), Badener Wahlordnung von 1818 (§ 34 ff.), Hannover 1819 (§ 1 spricht insoweit von „gewählten“ und nicht ernannten Deputierten), Hessen-Darmstadt 1820 (Art. 53 verweist insoweit auf das Wahlgesetz), Bayern 1818 (§ 11 verweist ebenso wie in Hessen-Darmstadt auf die in dem angeführten Edikt vorgeschriebenen Wahlordnung).

In den entsprechenden Regelungen der Verfassung von **Baden** wurden darüber hinaus keine weiteren Personen zu Abgeordneten bestimmt. Die Zweite Kammer war damit völlig ständefrei. Eine solche Ausgestaltung der Zweiten Kammer war wahrlich keine freiwillige, sondern eine zwangsläufige, dem Ruf des Volkes folgende Entscheidung des Monarchen. Die badische Bevölkerung offenbarte in dieser Zeit der Verfassungsentwicklung ihre Stellung dem Monarchen ohne Umschweife und forderte offensiv ein solches Volksvertretungsorgan.[284] Bereits zuvor wurde in den Diskussionsausschüssen die Verfassungsfrage hinsichtlich der Zusammensetzung der Zweiten Kammer überaus kontrovers diskutiert: Einige lehnten rigoros eine solche durch das Volk legitimierte Landtagsaufstellung ab; die Zweite Kammer solle, ebenso wie in den anderen süddeutschen Staaten, aus Vertretern des Bürger- und Bauernstandes, aus Geistlichen und Vertretern der Hochschulen bestehen.[285] Demgegenüber wünschten sich die in Karlsruhe tagenden Abgeordneten, dass diejenigen einen Platz im Landtag erhalten sollten, die sich nicht durch ihr Vermögen, sondern durch das Zutrauen ihrer Mitbürger und aufgrund ihrer persönlichen Fähigkeiten auszeichneten.[286] Nachdem die Regierung abermals den Zorn der Bevölkerung durch neue finanzielle Maßregeln hervorrief, blieb dem Großherzog keine andere Wahl als die letztgenannte Ansicht in die Tat umzusetzen und dadurch den Druck zu lindern.[287]

Die Verfassung von **Nassau** sah als einziges Land keine Deputierten der Städte vor. Stattdessen sollte die Zweite Kammer nach § 1 des Ediktes aus Geistlichen und Vertreter der höheren Lehranstalten, aus „begütertesten" Landeigentümern und schließlich aus Inhabern größerer Gewerbe bestehen, die nach § 6 alle jeweils aus ihrer Mitte in mittelbarer Wahl zu ernennen waren. Auch die Grundgesetze von **Bayern**, **Württemberg** und **Hannover** beorderten Geistliche in die Zweite Kammer. Während **Bayern** insoweit 1/8 an Mitgliedern aus der Klasse der Geistlichen der katholischen und protestantischen Kirche festsetzte (§ 9), sollten in **Württemberg** sechs protestantische General-Superintendenten, der Landesbischof, einem von dem Domkapital aus dessen Mitte gewählten Mitglied und dem der Amtszeit nach ältesten Dekan katholischer Konfession in die Zweite Kammer rekrutiert werden (§ 133). In **Hannover** wurden die Deputierten je nach Stift, das jeweils explizit genannt wurde, festgesetzt. Die Geistlichen zeichneten sich durch Prestige aus, was ihnen ein hohes Ansehen in der Bevölkerung einbrachte.[288] Die Monarchen konnten durch die Aufnahme dieser Klasse in die Kammer somit ein deutliches Zeichen nach außen setzen, dass im Sinne der Bevölkerung gehandelt würde, wenn es um die Zusammensetzung des Landtags ging.

---

284 Andreas, Geschichte der badischen Verwaltungsorganisation und Verfassung, S. 405.
285 Andreas, a.a.O., S. 402.
286 Andreas, a.a.O., S. 402.
287 Andreas, a.a.O., S. 402.
288 Nitsche, Die Entwicklungsdynamik des deutschen Liberalismus im 19. Jahrhundert, S. 6.

Die mit Landeigentum ausgestatteten Personen, die keine gutsherrliche Gerichtsbarkeit ausübten, wurden nicht nur in **Nassau**, sondern auch in **Bayern** als Mitglieder der Zweiten Kammer normiert und zwar in einem Verhältnis von zwei Viertel der Gesamtheit der Abgeordneten (§ 9). Die Verfassung von **Hessen-Darmstadt** sah sechs Grundbesitzer von insgesamt fünfzig zu wählenden Abgeordneten vor, die der in dem Großherzogtum genügend mit Grundeigentum angesessene Adel aus seiner Mitte wählen sollte. Die adeligen Grundeigentümer konnten allerdings nur gewählt werden, wenn sie jeweils dreihundert fl. (Gulden) direkte Steuern für eigentümliches oder nutznießliches Vermögen entrichteten.[289] Die Verfassungsgeber wollten zu dieser Zeit auch in der Zweiten Kammer noch nicht auf solche Abgeordneten verzichten, die ein bestimmtes Eigentum bzw. Vermögen vorweisen konnten. Denn damit war eine finanzielle Absicherung geschaffen, auf die die meisten Monarchen noch stark angewiesen waren.

In der Verfassung von **Hannover** wurden Deputierte zugelassen, die freie Gutsbesitzer waren, nicht zur Ritterschaft gehörten, jedoch auf Provinzial-Landtagen zur Stimmführung berechtigt waren. Die entsprechenden Landschaften einschließlich Mitgliederzahl wurden im Weiteren im Verzeichnis explizit aufgeführt.[290] Das Grundgesetz von **Bayern** sah insoweit solche Grundbesitzer vor, die eine gutsherrliche Gerichtsbarkeit ausübten und nicht Sitz und Stimme in der Ersten Kammer hatten (§ 7). Auch dem Hochschulrecht wurde eine Bedeutung beigemessen, indem entweder einem Deputierten der Universität (so in **Hannover** und **Bayern**) oder aber dem Kanzler der Landeshochschule (so in **Württemberg**) ein sicherer Platz in der Zweiten Kammer zugesichert wurde. Dies gründete auf dem hohen Ansehen der universitär vermittelten wissenschaftlichen Bildung als Voraussetzung für die Erreichung höherer Positionen im staatlichen Dienst.[291]

Die Verfassung von **Württemberg** sah darüber hinaus noch dreizehn Mitglieder des ritterschaftlichen Adels vor, welche von diesem aus seiner Mitte gewählt werden sollte (§ 133) und das Grundgesetz von **Hannover** normierte zusätzlich, dass auch auf Lebenszeit gewählte Mitglieder des Schatz-Collegii – soweit sie nicht von der Ritterschaft waren – und zwei von den Consistorien[292] zu erwählende Deputierte für das Kirchen- und Schulrecht subjektive Bestandteile der Zweiten Kammer werden sollten. Mit der Aufnahme dieser Mitglieder hatten es die Landesherren geschafft, weitere einflussreiche Personen in die Zweite Kammer zu etablieren. So waren

---

289 Hessen-Darmstadt 1820 (Art. 55).

290 Von der Calenberg-Grubenhagenschen, der Lüneburgischen und der Hildesheimischen Landschaft sowie Deputierte von andern Freien sollte jeweils ein Abgeordneter zugelassen werden, von den Hoya- und Diepholzischen Freien zwei, von der Osnabrückschen Landschaft drei, vom Ostfriesischen dritten Stande fünf und schließlich von der Bremen- und Verdenschen insgesamt sechs.

291 Vierhaus, Vergangenheit als Geschichte, S. 303.

292 Consistorien wurden von kirchlichen Vertretern gebildet und hierin versammelte man sich regelmäßig, um über Kirchenangelegenheiten zu beraten. Definition in: Brockhaus, Conversations-Lexikon, Vierter Band, S. 372 f.

solche des Schatz-Collegii damit betraut, die öffentlichen Einkünfte zu verwalten. Die von den Consistorien zu wählenden Deputierten übten die kirchlichen Regierungsrechte des Monarchen aus.[293]

#### (4) Allgemeine Bestimmungen

#### (a) Allgemeine Voraussetzungen für die Wählbarkeit[294]

Viele der Verfassungen der zu untersuchenden Staaten regelten allgemeine Voraussetzungen für die Wahlfähigkeit der Abgeordneten, unabhängig davon, ob diese der Ersten oder der Zweiten Kammer angehörten.[295] So sah das Grundgesetz **Braunschweigs** in § 8 f. beispielsweise vor, dass die Abgeordneten volljährig und der christlichen Religion angehörig sein mussten sowie nicht wegen Verbrechens in Untersuchung oder zu einer härteren als Geld- oder simplen Gefängnisstrafe verurteilt sein durften. „Frauenzimmer" wurden als Mitglieder in den Kammern nicht zugelassen (§ 10). Dieser Zulassungsauschluss wurde in den Verfassungen mit Ausnahme von **Braunschweig**[296] nicht ausdrücklich normiert, galt aber in den politischen Bereichen als fester Grundsatz, nicht nur aus Sicht der Männer, sondern auch aus dem Blickwinkel der überwiegenden Anzahl an Frauen.[297] Es widersprach dem Charakter des Geschlechts und damit der Natur der Frau, auf politische Weise denken oder gar handeln zu können.[298] Die Verfassungen **Hannovers** und **Badens** forderten neben der Volljährigkeit (Erreichen des fünfundzwanzigsten bzw. dreißigsten Lebensjahres) und der Angehörigkeit einer christlichen Konfession[299] zusätzlich den Besitz eines gewissen unabhängigen Vermögens.[300]

---

293 Müller, Lexikon des Kirchenrechts und der römisch-katholischen Liturgie, 1. Band, S. 727.

294 Zur Bedeutung der allgemeinen Voraussetzungen der Wählbarkeit siehe unter 1. Der Zeitraum von 1815–1830, aa. Unmittelbarer Vergleich der Verfassungen, (2) Allgemeine Bestimmungen unter Buchstabe (a).

295 Die Nassauische Verfassung stellte insoweit eine Ausnahme dar. Allgemeine Voraussetzungen für das passive Wahlrecht wurden in der Verfassungsurkunde nicht normiert.

296 § 111 normierte insoweit: „Frauen sind nur als Besitzerinnen von Ritter- oder Freigütern oder von Handlungen, auch hier bloß activ wahlberechtigt."

297 Zaar, „Weise Mäßigung" und „ungetrübter Blick", in: Mazohl-Wallnig (Hrsg.), Bürgerliche Frauenkultur im 19. Jahrhundert, S. 233.

298 Zaar, a.a.O., S. 234.

299 Zur Bedeutung der Forderung nach einer *christlichen* Konfession siehe unter 1. Der Zeitraum von 1815–1830, aa. Unmittelbarer Vergleich der Verfassungen, (2) Allgemeine Bestimmungen unter Buchstabe (a).

300 Hannover 1819 (§ 3); Baden 1818 (§ 37). In Baden mussten die Abgeordneten in dem Grund-, Häuser- und Gewerbssteuer-Kataster wenigstens mit einem Kapital von 10.000 Gulden eingetragen sein oder eine jährliche lebenslängliche Rente von wenigstens 1500 Gulden von einem Stamm- oder Lehngutsbesitz oder eine fixe

Ebenso wie **Braunschweig** war ein Mitglied in **Württemberg** nur dann passiv wahlfähig, wenn es sich eines Verbrechens zuvor nicht schuldig gemacht hatte[301] und dem christlichen Glauben angehörte. Darüber hinaus musste es die braunschweigische bzw. württembergische Staatsangehörigkeit besitzen, nicht in Konkurs gefallen und nicht der väterlichen Gewalt bzw. einer Vormundschaft unterworfen sein.[302]

**Bayern** stellte insoweit eine Ausnahme dar. Die Verfassung sah nur allgemeine Wählbarkeitsbedingungen für die Mitglieder der *Zweiten* Kammer vor. Diese mussten selbständige Staatsbürger sein, das dreißigste Lebensjahr erreicht haben und im Besitz eines im betreffenden Bezirks oder Ortes gelegenen Vermögens sein, welches den unabhängigen Unterhalt sichert und einer festgesetzte Größe der jährlichen Versteuerung unterlag (§ 12). Zudem mussten sie sich zu einer christlichen Religion bekennen und durften niemals einer Spezialuntersuchung wegen Verbrechens oder Vergehens unterlegen haben, wovon sie nicht gänzlich wieder freigesprochen worden sind. Dass für die Abgeordneten der Ersten Kammer keine Voraussetzungen für das passive Wahlrecht normiert wurden, ergibt sich aus der Zusammensetzung: Da nur solche Personen zugelassen wurden, die entweder erblich bestimmt oder durch den Landesherrn festgesetzt waren, konnte auf weitergehende Bedingungen verzichtet werden.

Das Edikt von **Hessen-Darmstadt** unterschied zwischen den Wählbarkeitsvoraussetzungen für die Erste und denen für die Zweite Kammer. Die Bedingungen für Mitglieder der Zweiten Kammer glichen denen in **Bayern**. Hinsichtlich des einer unabhängigen Existenz zu sichernden Einkommens wurde je nach Abgeordnetenstand unterschieden: Der mit Grundeigentum angesessene Adel musste dreihundert fl. direkte Steuern und die übrigen Abgeordneten hundert fl. zahlen oder als Staatsdiener ein ständiges jährliches Gehalt von wenigstens tausend fl. beziehen.[303] Im Gegensatz zu manch anderem Staat wurden damit in **Hessen-Darmstadt** durch die exorbitante Höhe der Steuern erhebliche Anforderungen an eine Abgeordnetenposition gestellt, so dass die Auswahl der Wählbaren nur auf eine geringe Gruppe an vemögenden Personen fiel.[304] Die Mitglieder der Ersten Kammer konnten dagegen bereits dann von ihren Rechten Gebrauch machen, wenn sie das fünfundzwanzigste

---

ständige Besoldung oder Kirchenpfründe von gleichem Betrag als Staats- oder Kirchendiener beziehen.

301 Insoweit forderte § 135 explizit: „Dasselbe (das Mitglied) darf weder in eine Criminal-Untersuchung verflochten noch durch gerichtliches Erkenntniß zur Dienst-Entsetzung, zur Vestungs-Strafe mit Zwang zu öffentlichen Arbeiten oder angemessener Beschäftigung, oder zum Zuchthaus verurtheilt worden, oder wegen eines angeschuldigten Verbrechens blos von der Instanz entbunden sein".

302 Württemberg 1819 (§ 135).

303 Hessen-Darmstadt 1820 (Art. 55).

304 N.N., Bibliothek politischer Reden aus dem 18. und 19. Jahrhundert, Band 3, S. 39.

Lebensjahr erreicht hatten und ihnen in Hinsicht auf die Ausübung staatsbürgerlicher Rechte kein Hindernis entgegen stand.[305] Auch hier waren die Mitglieder der Ersten Kammer bereits von vornherein explizit ausgewählt worden, so dass auf weitergehende Einschränkungen in Form von Wählbarkeitsvoraussetzungen verzichten werden konnte.

(b) Versammlungshäufigkeit[306]

Überwiegend fand in den Staaten die Versammlung der Ersten gleichzeitig mit der Zweiten Kammer statt.[307] Die Verfassung von **Hannover** machte hierzu keine Angaben, sondern verwies diesbezüglich auf Bestimmungen, die in einem besonderen Reglement näher festgesetzt werden sollten.[308] Dieses Reglement wurde jedoch nie ausgefertigt, was darauf schließen lässt, dass eine tatsächliche Versammlung zum Zwecke der politischen Entscheidungsfindung durch den Landtag von Anfang an nicht vorgesehen war, so dass der Monarch die alleinige Entscheidungsgewalt behielt. In **Braunschweig** bildeten die Kammern nicht nur jeweils für sich eine besondere Versammlung, sondern sollten auch nicht zu gleicher Zeit abgehalten werden.[309] Der Sinn dahinter bestand darin, dass sich die Kammern nicht gegenseitig in ihren Entscheidungsfindungen beeinflussen sollten. Der Monarch sah jede Kammer für sich als eine bestehende getrennte Staatsgewalt an.[310] Schnell merkte er jedoch, dass ein solches Verfahren in der Praxis nicht taugte. Es wurden durch die abgetrennten Verhandlungen so gut wie nie Übereinstimmungen in der Beschlussfassung erreicht.[311] Für den Landesherrn wiederum war dieses Ergebnis von Vorteil, da seine Regierung in einem solchen Fall die Entscheidung übernehmen konnte.

In **Nassau** wurden die Landstände alljährlich zwischen dem 1. Januar und dem 1. April zusammenberufen und darüber hinaus außerordentlich, so oft es dem Herzog Friedrich August und dem Fürst Friedrich Wilhelm für erforderlich erschien.[312] Zudem behielten sie sich das Recht vor, die Sitzungen willkürlich zu unterbrechen oder aber die Versammlung der Landesdeputierten ganz aufzulösen und eine anderweitige

305 Hessen-Darmstadt 1820 (Art. 54).

306 Zur Bedeutung der Versammlungshäufigkeit siehe unter 1. Der Zeitraum von 1815–1830, aa. Unmittelbarer Vergleich der Verfassungen, (2) Allgemeine Bestimmungen unter Buchstabe (b).

307 Nassau 1814 (§ 5); Bayern 1818 (§ 16), Hannover 1819 (§ 2); Württemberg 1819 (§ 127); Braunschweig 1820 (§ 2); in Baden ist die gleichzeitige Versammlung nicht explizit normiert worden; da aber in dem entsprechenden Paragraphen nur von der *einen* Versammlung die Rede war, ist im Umkehrschluss davon auszugehen, dass auch in diesem Staat die Erste und Zweite Kammer zeitgleich tagte.

308 Hannover 1819 (§ 7).

309 Braunschweig 1820 (§ 45/ 47).

310 Pölitz, Die europäischen Verfassungen seit dem Jahre 1789 bis auf die neueste Zeit, S. 952.

311 Pölitz, a.a.O., S. 952.

312 Nassau 1814 (§ 3).

Wahl derselben anzuordnen. Eine eigenmächtige Versammlung der Landstände war nicht erlaubt. Damit hatte der Landesherr von Nassau die vollständige Entscheidungsgewalt über die Existenz des Landtags. Drohte eine Angelegenheit entgegen seiner eigenen Meinung entschieden zu werden, so hatte er die Möglichkeit, durch Unterbrechung oder Auflösung des Landtags in die Entscheidungsfindung einzugreifen und diese zu diskreditieren.

In **Württemberg**, **Hessen-Darmstadt** und **Braunschweig** sollte der Landesherr die Versammlung der Stände alle drei Jahre einberufen, wobei in **Württemberg** und **Braunschweig** auch die Errichtung eines außerordentlichen Landtags vorgesehen wurde, so oft es zur Erledigung wichtiger oder dringender Landesangelegenheiten erforderlich war.[313] Dass ein solcher außerordentlicher Landtag gerade einberufen wurde, wenn es um die Erledigung *wichtiger* und *dringender* Angelegenheiten ging, spiegelt auf den ersten Blick die gewichtige Position der Landtage wider. Tatsächlich aber lag es im Ermessen des Monarchen, eine Angelegenheit als wichtig und dringend zu deklarieren und damit darüber zu entscheiden, ob ein außerordentlicher Landtag einberufen wurde oder nicht.

In der **badischen** Verfassung wurde in § 46 insoweit sogar vorgeschrieben, dass eine Ständeversammlung alle zwei Jahre stattfinden *musste*. Der **badische** Landesherr war durch diese Muss-Vorschrift damit an ein zweijähriges Intervall hinsichtlich der Einberufung der Stände gebunden und konnte nicht, wie in anderen Staaten, die Regelung einfach umgehen. Für die Stände bedeutete das ein erheblich größeres Mitwirkungsrecht als in anderen Staaten, da sie durch eine derartige Ausgestaltung als „Muss-Vorschrift" eine Garantie für eine regelmäßige Versammlung hatten.

### (c) Legislaturperiode[314]

In allen Staaten wurden die Mitglieder der Ersten Kammer, wie an anderer Stelle schon erwähnt,[315] auf Lebenszeit oder aber erblich bestimmt. Die Dauer der Versammlung für die Zweite Kammer war von Staat zu Staat unterschiedlich lang: In **Nassau** wurden sie auf sieben Jahre gewählt[316], in **Bayern**, **Hessen-Darmstadt** und **Württemberg** auf sechs[317] und in **Baden** auf acht Jahre ernannt.[318] Eine solch lange Legislaturperiode war für die Abgeordneten selbst von Vorteil, da sie hierdurch

313 Württemberg 1819 (§ 127); Hessen-Darmstadt 1820 (Art. 64); Braunschweig 1820 (§ 40).

314 Zur Bedeutung der Legislaturperiode siehe unter 1. Der Zeitraum von 1815–1830, aa. Unmittelbarer Vergleich der Verfassungen, (2) Allgemeine Bestimmungen unter Buchstabe (c).

315 Siehe unter 1. Der Zeitraum von 1815–1830, b. Die Zusammensetzung hinsichtlich der Zweikammersysteme unter (2) Die Ersten Kammern.

316 Nassau 1814 (§ 6).

317 Bayern 1818 (Titel VI § 11); Hessen-Darmstadt 1820 (Art. 59), Württemberg 1819 (§ 157).

318 Baden 1818 (§ 38).

ihrer Parlamentsarbeit auf lange Sicht gesehen nachgehen durften. So konnten auch Entscheidungen, die einen umfassenden Zeitrahmen beanspruchten, noch von denselben Abgeordneten getroffen werden.

### *bb. Auswertung der Zweikammersysteme*

Bezüglich der Zusammensetzung der Landtage in den Zweikammerstaaten ist eine simultane Anordnung der Ersten und Zweiten Kammer im Vergleich der einzelnen Länder nicht festzustellen.

#### (1) Beurteilung der Ersten Kammern

Die Mitgliederpräferenz der Ersten Kammer unterschied sich dabei nicht signifikant in den einzelnen Ländern. Es fanden sich durchweg ähnliche, teilweise sogar identische Stände (z.B. die Festlegung des Oberhauptes des königlichen, gräflichen oder herzoglichen Hauses oder auch die Häupter der standesherrlichen Familie). Darüber hinaus wurden aber auch in jedem Staat unterschiedlich viele Stände bzw. Einzelpersonen als Mitglieder der Ersten Kammer benannt. Unabhängig von der Mitgliederpräferenz und der Anzahl der Abgeordneten war jedoch jedem Staat gemein, dass die Deputierten der Ersten Kammern durch den jeweiligen Landesherrn von vornherein in der Verfassungsurkunde festgesetzt und von diesem somit ernannt wurden.

Diese allgemeine Entwicklungstendenz lag darin begründet, dass die in den Einzelstaaten zumeist kongruenten Stände bereits in früheren Zeiten an der Regierungsbildung beteiligt gewesen waren und sich dementsprechend bereits als funktionsfähig erwiesen hatten.[319] Die Landesherren konnten es sich zudem weder finanziell erlauben, noch waren sie administrativ in der Lage, auf Landstände zu verzichten.[320] Die wirtschaftlichen Zustände hatten sich insofern gegenüber dem 18. Jahrhundert kaum gewandelt und es herrschte allgemeiner Konsens darüber, dass die politische Teilhabe nur von denjenigen wahrgenommen werden konnten, die durch Besitz oder durch Bildung zu freier Urteilsfindung in der Lage waren.[321]

Die ständische Vertretung **Nassaus** fiel im Vergleich zu allen anderen Staaten am spärlichsten aus; die Erste Kammer bestand hier lediglich aus dem Oberhaupt des herzoglichen Hauses und aus den Häuptern der standesherrlichen Familien. Warum die Nassauische Verfassung nicht mehr Stände zuließ, ist ersichtlich, wenn man sich den Verfassungsentwurf des an der Verfassungsentwicklung hauptsächlich beteiligten Ministers Marschall ansieht.[322] Er sah eine Zusammensetzung für

319 Vierhaus, Von der altständischen zur Repräsentativverfassung, in: Bosl, Der moderne Parlamentarismus und seine Grundlagen in der ständischen Repräsentation, S. 183 ff.

320 Vierhaus, a.a.O., S. 188.

321 Vierhaus, a.a.O., S. 189.

322 Dieser Entwurf Marschalls trug den Namen „Hauptideen zur Organisation einer landständischen Verfassung für das Herzogtum Nassau“. Abgedruckt in Sauer, Das Herzogtum Nassau, S. 10–12.

die Erste Kammer vor, in denen lediglich diejenigen zu berufen waren, „denen die Tragung der Staatslasten vorzüglich" oblag. Zur Begründung gab er an, dass die Hauptaufgabe der Landstände in der „Mitwirkung und Kontrolle der Regierung in der Erhebung und Ausschreibung der Staatsabgaben und deren Verwendung für Staatszwecke" lag und zu solchen Aufgaben seien nur die „Privilegierten" in der Lage.[323] Da Nassau ein „ackerbauendes" Land war, kamen dafür in erster Linie die Grundsteuerpflichtigen in Frage.[324] Dieser Vorschlag wurde schließlich von dem Herzog übernommen.

### (2) Beurteilung der Zweiten Kammern

Die Mitgliederpräferenz in der Zweiten Kammer war im Gegensatz zu der in der Ersten Kammer sehr unterschiedlich in den Einzelstaaten ausgestaltet. So wurden die Abgeordneten teilweise durch den Landesherrn persönlich berechtigt, teilweise – ebenso wie im Einkammersystem – von den Mitgliedern des entsprechenden Standes aus ihrer Mitte berufen oder aber durch das Volk in mittelbarer Wahl gewählt. In einigen Staaten war diesbezüglich auch eine kumulative Anordnungsweise vorgesehen (so in **Württemberg**, **Bayern** und **Hessen-Darmstadt**). Generell verwiesen die Landesherren gerade in den süddeutschen Staaten den niederen Adel in die Zweite Kammer. Trotz aller Unterschiede in der individuellen Besetzung der Zweiten Kammer haben jedoch die meisten Staaten auch hier nicht auf eine Ständevertretung verzichtet.

Eine weitere Auffälligkeit, die im Vergleich zwischen Erster und Zweiter Kammer sichtbar wird, ist die unterschiedliche Festlegung der Anzahl der Mitglieder. Während in den meisten Verfassungen die Anzahl der Mitglieder in der Ersten Kammer offen gehalten wurde, war die Menge an Vertretern für die Zweite Kammer von vornherein festgelegt. Alle Einzelstaaten hatten insoweit für die Erste Kammer zwar Einzelpersonen mit Namen aufgelistet, hatten jedoch hinsichtlich der von den Landesherren zu berufenen Mitglieder und den Häuptern der standesherrlichen Familien keine genauen Aussagen über die Anzahl getroffen. Was die Anzahl der Mitglieder der Zweiten Kammern betraf, wurden demgegenüber in **Hessen-Darmstadt**, in **Nassau**, in **Bayern** und **Baden** ganz genaue Angaben über die Anzahl gemacht (in Hessen-Darmstadt fünfzig Mitglieder, in Nassau zweiundzwanzig Mitglieder, in Bayern auf siebentausend Familien ein Abgeordneter und in Baden insgesamt dreiundsechzig Mitglieder). Durch eine solche Ausgestaltung hatten die Landesherren die Möglichkeit, die Erste Kammer im Verhältnis zur Zweiten Kammer überproportional zu besetzen, und zwar mit solchen Personen, die ihnen wohlgesinnt waren. Nicht umsonst wurden die meisten Abgeordneten in der Ersten Kammer mit Namen aufgelistet. Dies wiederum hatte den entscheidenden Vorteil, dass die Abgeordneten der Ersten Kammer politische Entscheidungen oftmals im Sinne der Landesherren fällten.

---

323 Sauer, a.a.O., § 1.

324 Ehrle, Volksvertretung im Vormärz, Teil 1, S. 56.

### c. *Auswertung der Ein- und Zweikammersysteme in dieser Periode*

In den Verfassungen dieser Zeit wird ein starkes Spannungsverhältnis zwischen altständischen und neuständischen Elementen sichtbar. Das altständische System war dadurch gekennzeichnet, dass es nur eine Vertretung der aus dem Mittelalter überkommenen politischen Stände vorsah, während das neue, konstitutionelle System die Untertanen als solche in dem Organismus des Staates anerkannte und deshalb zur Anteilnahme an dem Leben des Staates berechtigt hielt.[325] Die Verantwortlichen waren sich gemeinhin noch nicht sicher, wie viel „Modernes“ zu vertragen war, was an der Zusammensetzung insbesondere daran zu sehen ist, dass immer nur zaghafte Versuche gemacht wurden, auch neue Elemente mit einzubringen. Diese Entwicklung herrschte sowohl in den Staaten mit einem Einkammer- als auch in denen mit einem Zweikammersystem. In den „Einkammerstaaten“ ist es daran zu erkennen, dass die meisten Staaten zwar überwiegend bei Deputierten aus der Frühzeit blieben (so die Rittergutsbesitzer und die Deputierten der Städte), eine Neuheit aber durchaus damit wagten, Bauern mit in den Landtag aufzunehmen. Damit wurde ein Stand zugelassen, der die zahlreichste Klasse der Untertanen darstellte.[326] In den Staaten mit einem Zweikammersystem wurden Neuerungen dergestalt proklamiert, dass bestimmte Stände nicht mehr durch den Landesherrn festgesetzt, sondern aus ihrer Mitte gewählt wurden (so beispielsweise in **Baden**).

Allen Landtagen war zusammenfassend gemein, unabhängig davon, ob sie sich in einer oder in zwei Kammern aufteilten, dass die Ständevertretung zu dieser Zeit unzweifelhaft im Vordergrund stand und dass alle Landtage einem großen Einfluss hinsichtlich der Zusammensetzung durch die jeweiligen Landesherren ausgesetzt waren. Denn sie waren es, die letztendlich darüber bestimmten, wer in den Landtag einziehen durfte, mit anderen Worten, welche Stände insoweit eine Sonderstellung erfuhren. Dies könnte daran gelegen haben, dass fast alle Verfassungen dieser Staaten oktroyierte Verfassungen waren mit Ausnahme von **Württemberg** und **Hessen-Darmstadt**. Solche Verfassungen zeichneten sich dadurch aus, dass die Landesherren diese einseitig, d.h. ohne Zustimmung der Stände, erließen.[327] Nur in **Württemberg**[328]

325 Grotefend, Das deutsche Staatsrecht der Gegenwart, S. 555.

326 Vierhaus, a.a.O., S. 191.

327 Kimminich, a.a.O., S. 338.

328 Zwar versuchte auch hier der König bereits 1815 eine Verfassung durch einseitigen Erlass zu erzwingen, stieß jedoch auf erheblichen Widerstand bei Ständen und Volk, was zu erbitterten Auseinandersetzungen führte. Erst mit einem neuen Staatsoberhaupt an der Spitze kam es im Einvernehmen der Stände zu der Verfassung von 1819. Damit stellt das Edikt eine vereinbarte Verfassung dar. Vgl. hierzu: Gerner, Vorgeschichte und Entstehung der württembergischen Verfassung, S. 205 ff., 452 ff.; ebenso: Andres, Die Einführung des konstitutionellen Systems im Großherzogthum Hessen, S. 40.

und in **Hessen-Darmstadt**[329] wurden die Verfassungen mit Zustimmung der Stände für rechtsgültig erklärt (sogenannte „vereinbarte Verfassungen"). Wie im Vergleich zwischen **Württemberg** und **Hessen-Darmstadt** zu den anderen Verfassungen, die ein Zweikammersystem vorgesehen hatten, jedoch sichtbar, unterschieden sich die vereinbarten Verfassungen hinsichtlich ihrer Zusammensetzung des Landtags kaum von der der anderen oktroyierten Verfassungen. Die Art der Verfassunggebung hatte damit offensichtlich keine Auswirkung auf die Ausgestaltung der Zusammensetzung der Landtage. Zur Begründung dieses Ergebnisses ist darauf hinzuweisen, dass auch die oktroyierten Verfassungen zumeist gar nicht so einseitig vom Landesherrn erlassen wurden wie oftmals dargestellt. Vielmehr gab es durchaus vorangegangene Verhandlungen zwischen Monarch und Landständen, auf denen die Verfassungen beruhten. Darüber wurde jedoch oftmals Stillschweigen bewahrt, da es der öffentlichen Stellung des Monarchen nicht zuträglich war, wenn nach außen proklamiert wurde, dass dieser nicht in der Lage war, über die staatsrechtlichen Verhältnisse selbst zu entscheiden.[330]

Dass eine oftmalige Kongruenz in der generellen Zusammensetzung der Landtage vieler Einzelstaaten auszumachen ist, lag nicht zuletzt daran, dass einige Länder die Verfassungen anderer Staaten als Vorlage für ihren Verfassungsentwurf nahmen. Ein Beispiel dafür ist die Verfassung von **Hessen-Darmstadt**, deren Formulierungen fast durchweg der der württembergischen Verfassung entspricht.[331]

Die Zeit von 1815–1830 kann im Ergebnis charakterisiert werden als ein zaghaftes Herantasten an die veränderten Bedingungen des neu entstandenden Staatsverhältnisses, jedoch ohne Mut, sich gänzlich auf eine umfassende Veränderung einzulassen. Diesen epochalen Zustand beschreibt der Staatsrechtler Karl Ernst Schmid zutreffend mit den Worten: „Das Staatsrecht des deutschen Bundes und der Bundesstaaten ist erst im Werden; nur durch die Ausbildung der Landesverfassungen kann

---

329 Die hessische Verfassung vom 17. Dezember 1820 war insoweit das Werk des Gesetzgebungsausschusses der Zweiten Kammer. Vgl. Karenberg, Die Entwicklung der Verwaltung in Hessen-Darmstadt, S. 102.

330 Stolleis, Geschichte des öffentlichen Rechts, Band II, S. 190. So auch in Sachsen-Coburg-Saalfeld und Hannover, in denen „verschleierte Verfassungsvereinbarungen" stattfanden und zwar dergestalt, dass mit den Landständen über längere Zeit hinweg über den Inhalt der Verfassungsurkunde verhandelt wurde, später jedoch der Monarch die Verfassung nach außen hin einseitig erließ. Vgl. hierzu Dressel, Die Entwicklung von Verfassung und Verwaltung in Sachsen-Coburg, S. 464.
In Waldeck-Pyrmont musste der Fürst Georg Heinrich seine im oktroyierten Organisationsedikt von 1814 niedergelegten Reformpläne sogar zum großen Teil aufgeben und daraufhin mit den Landständen in ständiger Beratung über einen neuen Regierungsentwurf entscheiden. Vgl. Weigel, Fürst, Stände und Verfassung im frühen 19. Jahrhundert, S. 106 ff.; vgl. Budach, Das Fürstentum Waldeck in der Zeit des Deutschen Bundes, S. 159 f.

331 Andres, Die Einführung des konstitutionellen Systems im Großherzogtum Hessen, S. 235.

die Bundesverfassung Kraft und Haltbarkeit gewinnnen; das Gemeinsame muss sich im Besonderen entfalten."[332]

### d. *Vergleich der Ein- und Zweikammersysteme zum heutigen Parlamentarismus*

Bereits als Diskussionsthema zugelassen war in der Zeit von 1815–1830 die Etablierung demokratischer Elemente, was daran zu erkennen ist, dass zwei Staaten, namentlich **Baden** und **Hessen-Darmstadt,** den Versuch „wagten", einige Deputierte vom Volk mittelbar wählen zu lassen. Dies war jedoch, wie der Vergleich zeigt, die absolute Ausnahme. Die Abgeordneten aller anderen Staaten, unabhängig ob Ein- oder Zweikammersystem, waren entweder durch Erbfolge in die Kammer berufen, von den jeweiligen Monarchen ausgewählt worden oder gehörten einem bestimmten Stand an. Eine solche Zusammensetzung eines politischen Organs ist heute nicht mehr denkbar und kann deshalb als Relikt der damaligen Zeit definiert werden. Ebenfalls nicht vergleichbar mit der heutigen Zeit sind die damaligen Bedingungen zu der Versammlungshäufigkeit und der Legislaturperiode. So war es vom Willen des Monarchen abhängig, ob und wie häufig sich die jeweiligen Landtage versammeln durften, während im heutigen politischen System ein Selbstversammlungsrecht etabliert ist. Ebenfalls gibt es gegenwärtig kein jederzeitiges Auflösungsrecht mehr, über das ein oberstes Staatsorgan bestimmen kann. Die Legislaturperiode der einzelnen Staaten war damals, wenn überhaupt schon verfassungsrechtlich geregelt, in der Regel auf sechs bis acht Jahre festgesetzt, während es heute eine Legislaturperiode von nur noch vier Jahren gibt.

Was die passiven Wählbarkeitsvoraussetzungen anbelangt, so gab es einige, die nur in der damaligen Zeit bestanden: So wurden Frauen nicht als Abgeordnete zugelassen, was dem heutigen Grundsatz der Gleichheit völlig widerspricht. Ebenso undenkbar sind mittlerweile der Nachweis eines bestimmten Besitzes bzw. eines bestimmten Einkommens und die Voraussetzung der Angehörigkeit zu einer christlichen Religion. Einige Wählbarkeitsvoraussetzungen sind dagegen durchaus als Vorformen des heutigen Parlamentarismus auszumachen, da sie in den bundesgesetzlichen Regelungen wiederzufinden sind. So wurde auch damals schon ein bestimmtes Mindestalter gefordert, was in den meisten Staaten bei fünfundzwanzig bzw. dreißig Jahren lag. Dass mittlerweile das Mindestalter auf achtzehn Jahre festgesetzt ist, liegt an der geänderten Bestimmung der Volljährigkeit. Auch gibt es in den derzeitigen Gesetzen immer noch die Voraussetzung der deutschen Staatsangehörigkeit und den Ausschlussgrund der Verurteilung wegen Verbrechens oder Vergehens, wenn auch mit anderer Formulierung (vgl. § 15 Nr. 2 BWG: „Nicht wählbar ist, wer infolge Richterspruchs die Wählbarkeit oder die Fähigkeit zur Bekleidung öffentlicher Ämter nicht besitzt") und etwas anderem Inhalt: Nach § 45 Abs. 1 StGB verliert die Wählbarkeit, wer wegen eines Verbrechens zu Freiheitsstrafe von mindestens

332 Schmid, Lehrbuch des gemeinsamen deutschen Staatsrechts, § 123.

einem Jahr verurteilt wird und auch das nur, wenn das Gericht tatsächlich die Fähigkeit zur Bekleidung öffentlicher Ämter nach pflichtgemäßem Ermessen aberkennt.

## 2. Der Zeitraum von 1831–1847

### *a. Die Zusammensetzung hinsichtlich der Einkammersysteme*

Zu vergleichen sind die Staaten, die innerhalb des Zeitraumes von 1831–1847 durch neue oder erstmalige Verfassungserlasse ein Einkammersystem festsetzten. Dazu gehörten **Hohenzollern-Sigmaringen** (1833), **Luxemburg** (1841), **Sachsen-Altenburg** (1831), **Schwarzburg-Sondershausen** (1841), **Schleswig-Holstein** (1831), **Hessen-Kassel** (1831) und **Braunschweig** (1832). Letzt genannter Staat hatte bereits 1820 seine erste Verfassung erlassen, wobei zu jener Zeit der Landtag noch aus zwei Kammern bestand.

#### *aa. Unmittelbarer Vergleich der Verfassungen*

##### (1) Mitglieder der Kammer[333]

Die Zusammensetzung der Kammern waren in dieser Zeit in den Einzelstaaten sehr unterschiedlich ausgestaltet: So fanden sich in **Hohenzollern-Sigmaringen** und in **Hessen-Kassel** jeweils Gruppen von Deputierten, die sowohl vom Landesherrn ernannt als auch aus ihrer Mitte berufen wurden (zu letzterem gehörten dabei Geistliche, Hochschullehrer, Rittergutsbesitzer und Adelige) sowie solche (Vertreter der Städte und Landbezirke), die vom Volk gewählt wurden. In **Sachsen-Altenburg**, **Schwarzburg-Sondershausen** und **Braunschweig** wurden dagegen keine Stände vom Landesherrn persönlich berechtigt. In **Schleswig-Holstein** wurden die Stände vom Monarchen ernannt und andere Abgeordnete vom Volk in mittelbarer Wahl gewählt, jedoch finden sich keine Deputierten, die aus ihrer Mitte berufen wurden. In diesen Staaten hatten bei der Frage nach der Zusammensetzung der Kammern teilweise die eigenen früheren Verfassungen, teilweise aber auch Staatsgrundgesetze anderer Staaten als Vorlage gedient, wie im weiteren Verlauf noch sichtbar wird.[334]

---

333 Zur Bedeutung von Kammermitgliedern siehe unter 1. Der Zeitraum von 1815–1830, aa. Unmittelbarer Vergleich der Verfassungen, (1) Mitglieder der Kammer.

334 Pölitz, Andeutungen über den staatsrechtlichen und politischen Charakter des Grundgesetzes für das Herzogthum Sachsen-Altenburg vom 29. April 1831, S. 54/134 f/168 f.; Pfeiffer, Geschichte der landständischen Verfassung in Kurhessen, S. 286 f.; Dobbeler, Über geschichtliche Entstehung, Charakter und zeitgemäße Fortbildung der landständischen Verfassung des Herzogthums Braunschweig und Fürstenthums Blankenburg, S. 52; Geisthövel, Eigentümlichkeit und Macht, Deutscher Nationalismus 1830–1851, Der Fall Schleswig-Holsteins, S. 35.
In **Hohenzollern-Sigmaringen** fehlte es beispielsweise gänzlich an einer früheren Verfassung; es gab im 18. Jahrhundert lediglich eine sogenannte Landschaft, die sich aus Abgeordneten einzelner Gemeinden zusammensetzte, vergleichbar mit den Landständen anderer Gebiete war sie jedoch nicht. Als die Verfassungsurkunde von

**Luxemburg** war der einzige Staat, der für seine Kammer *ausschließlich* solche von den Landesuntertanen in mittelbarer Weise gewählte Abgeordnete vorsah. Diese Vertretungsstruktur fand ihren Ursprung in der sozialen und wirtschaftlichen Lage des Großherzogtums begründet. Anfang der 1840er Jahre herrschten katastrophale Zustände in **Luxemburg**: Die Verwaltung war zerrüttet, die Kassen leer und das vorherige Jahrzehnt war geprägt gewesen von der Frage einer Gebietsaufteilung[335], was zur Folge hatte, dass das Land in seinen Grundfesten erschüttert war.[336] Ende 1839 war die Unzufriedenheit der Bevölkerung so groß, dass der geringste Zwischenfall eine Erhebung auslösen konnte.[337] Diese Zustände wirkten sich demzufolge auch auf den Entschluss der Zusammensetzung des neu zu errichtenden Landtags aus. Die Regierung wagte es nicht, ein erneutes Hervorrufen eines Misstrauens in der Bevölkerung, was durch die explizite Bestimmung einer Ständevertretung in der Verfassung mit großer Wahrscheinlichkeit geschehen wäre, zu riskieren. Dementsprechend zurückhaltend fielen auch die Einleitungsworte zu Beginn der Verfassung vom 12. Oktober 1841 aus: „In der Absicht in Unserem Großherzogthume eine dauerhafte, der Lage und den Bedürfnissen des Landes angemeßene Verwaltung zu gründen, und den Wunsch hegend, Unseren Luxemburger Unterthanen einen Beweis Unseres Wohlwollens zu geben, haben für gut gefunden, ihnen eine mit den Gesetzen des hohen deutschen Bundes im Einklang stehende Landständische Verfassung zu ertheilen."

Auch die Anzahl und die Aufteilung der Stände waren von Landtag zu Landtag divergierend. Die **braunschweigische Verfassung** sah insgesamt achtundvierzig Abgeordnete vor, wovon zehn Abgeordnete der Ritterschaft, zwölf Abgeordnete der Städte, zehn Abgeordnete der Fleckenbewohner, Freisassen und Bauern und sechzehn Abgeordnete, welche gemeinschaftlich von den drei Standesklassen gewählt wurden, einen Sitz im Landtag erhielten.[338] Eine ebensolche gleichmäßige Aufteilung innerhalb der einzelnen Stände normierte auch die Verfassung von **Sachsen-Altenburg** in § 167: Von den insgesamt vierundzwanzig Abgeordneten waren jeweils acht Rittergutsbesitzer, Abgeordnete der Städte und Bauern. Durch die gleiche Anzahl der Stände wurde sichergestellt, dass alle Abgeordneten den gleichen Einfluss bei der

1833 ausgearbeitet wurde, hielt man sich deshalb vornehmlichan die bereits erlassenen Verfassungen der Nachbarstaaten, wozu unter anderem auch Kurhessen gehörte, allerdings unter gleichzeitiger Berücksichtigung eines repräsentativen Charakters.

335 Die Frage nach der Gebietsaufteilung gründete daher, dass auch Belgien Anspruch auf Luxemburg erhob und der Deutsche Bund das Risiko eines Konflikts mit einem anderen europäischen Staat nur zu gern vermeiden wollte. Deshalb beschloss schließlich die Londoner Konferenz am 30. August 1831 die Frage durch eine Gebietsaufteilung zu regeln. Der westliche Teil des Großherzogtums mit Arlon, Bastogne und Bouillon sollte an Belgien fallen, während der östliche Teil unter der Souveränität des Großherzogs im Deutschen Bund verbleiben sollte. Vgl. hierzu: Calmes, Gründung und Werden eines Landes, S. 346 ff.

336 Calmes, Gründung und Werden eines Landes, S. 356.

337 Calmes, a.a.O., S. 356.

338 Braunschweig 1832 (§ 60).

Stimmausübung hatten. Der Monarch wollte dadurch ein öffentliches Bild vom Landtag schaffen, das den veränderten gesellschaftlichen Verhältnissen Rechnung trug und hoffte so, neue Unruhen in der Bevölkerung zu vermeiden.[339]

Eine sehr divergierende Aufteilung sahen dagegen die Verfassungen von **Schwarzburg-Sondershausen** und von **Hohenzollern-Sigmaringen** vor.[340] Im erst genannten Staat wurden nur zwei Deputierte der Ritter- und Freigutsbesitzer, zwei Abgeordnete des Gelehrten- sowie zwei Abgeordnete des Handelsstandes für die Kammer zugelassen, dagegen jedoch neun Abgeordnete der Städte und sieben Deputierte des Bauernstandes. **Hohenzollern-Sigmaringen** teilte die insgesamt siebzehn Abgeordneten dergestalt auf, dass zwei fürstliche Standesherren, ein Abgeordneter der Geistlichkeit, aber vierzehn Abgeordnete der Städte Einzug in den Landtag hielten. In diesen beiden Staaten war damit eine deutliche Überrepräsentation der Abgeordneten der Städte erkennbar. Der Grund dafür war, dass durch eine solche Besetzung eine Garantie des öffentlichen Kredits geschaffen wurde.[341] Da die Staaten völlig verschuldet waren, mussten sie eine Kammer mit solchen Mitgliedern schaffen, die als Anleihegläubiger und Garanten fungieren konnten.[342] Dies erreichten sie insbesondere durch die Festsetzung eines hohen Passivzensus, so dass nur die vermögende Bevölkerungsschicht als Abgeordnete in Betracht kam.[343]

In der Verfassung von **Luxemburg** wurde keine konkrete Anzahl an Mitgliedern genannt; in Artikel 12 heißt es: „Die Zahl der Ständischen Deputierten ist nach der Bevölkerung im Verhältniß von einem auf fünf tausend Einwohner bestimmt." Wie sich aus dem „Reglement für die Wahl der Mitglieder der Stände im Großherzogtum Luxemburg vom 16. Oktober 1841" ergab, wurde zur Ermittlung der Bevölkerungszahl die Volkszählung von 1839 als Grundlage genommen (Art. 44). Die Bevölkerung wiederum wurde verschiedenen Kantonen zugeteilt, woraus dann die Anzahl der Abgeordneten bestimmt wurde. Diesem zufolge bestand der Landtag aus vierunddreißig Abgeordneten. Der Grund für die außergewöhnliche Anordnungsweise lag darin begründet, dass auf diese Weise doch noch die gewünschte, aus *Ständen* bestehende Kammervertretung etabliert werden konnte. Denn die Wahlmänner, die vom Volk gewählt wurden, ließen nur solche Abgeordneten zu, die aus den höheren Kreisen kamen: Dazu zählten von den vierunddreißig gewählten Vertretern acht Grundbesitzer, fünf Industrielle, sieben Notare, neun höhere Beamte, drei Kaufleute, ein Rechtsanwalt und ein Arzt.[344] Damit schaffte es der Landesherr nicht nur, durch die nach außen erscheinende, vom Volk legitimierte Vertretung einen Aufstand seitens der Bevölkerung zu vermeiden, sondern auch aufgrund der Ausgestaltung des Wahlrechts einen Landtag zu gründen, der letztlich doch zu einem Großteil aus Ständen bestand, auch wenn diese Vorgehensweise gegen Artikel 14 der luxemburgischen

339 Kunze, Braunschweigs Weg zur „Neuen Landschaftsordnung" 1830–1832, S. 9.
340 Schwarzburg-Sondershausen 1841 (§ 109); Hohenzollern-Sigmaringen 1833 (§ 80).
341 Aeppli, Das beschränkte Wahlrecht, S. 83.
342 Aeppli, a.a.O., S 83.
343 Aeppli, a.a.O., S. 83.
344 Calmes, a.a.O., S. 357.

Verfassung verstieß. Dort hieß es explizit: „Bis der König Großherzog anderweit verfügt haben wird, werden die Großherzoglichen Landstände ohne Unterschied des Standes gebildet."[345]

Der entsprechenden Regelung des Grundgesetzes von **Schleswig-Holstein** wiederum lässt sich eine konkrete Bezifferung der Ständevertretung gar nicht entnehmen, da in § 2 nur allgemein darauf hingewiesen wurde, dass „die Provinzialstände aus gewählten, so wie aus solchen Abgeordneten bestehen, denen Wir eine besondere Stimme beilegen werden". Diese Regelung deutet darauf hin, dass hierdurch eine Umgehung in der Weise erreicht werden sollte, dass ein entsprechender Landtag gar nicht einberufen werden musste. Ob dies der Wirklichkeit entsprach, wird im Weiteren noch zu untersuchen sein.

In der Verfassung von **Hessen-Kassel** wurde die Anzahl der Abgeordneten in § 63 benannt: So sollten neben dem Haupt einer jeden fürstlichen oder gräflichen Familie einer der ritterschaftlichen Obervorsteher der adeligen Stifter Kaufungen und Wetter, ein Abgeordneter der Landesuniversität, sechs Abgeordnete der Ritterschaft, ein Abgeordneter des Adels, sechzehn Abgeordnete der Städte und sechzehn Abgeordnete der Landbezirke einen Sitz in der Kammer erhalten. Ebenso wie in **Hohenzollern-Sigmaringen** und **Schwarzburg-Sondershausen** dominierten auch in **Hessen-Kassel** damit solche Mitglieder, die vom Volk in mittelbarer Wahl gewählt wurden. Der Grund hierfür war ebenfalls finanzpolitischer Natur aufgrund der damaligen Überschuldung.[346]

Bei aller Verschiedenheit der Anordnungsweise und der individuell vertretenen Gruppen von Deputierten lassen sich auch hier kongruente Stände finden, die in mehreren Landtagen vertreten waren. Dergestalt wurden in den Verfassungen **Hohenzollern-Sigmaringens** und **Hessen-Kassels** die Häupter fürstlicher oder gräflicher Familien als ein Stand der Kammer von vornherein festgesetzt.[347] Ausnahmslos in jedem Landtag derjenigen Staaten, die in dieser Zeitperiode eine Verfassung erlassen hatten, waren Abgeordnete der Städte als Vertreter zugelassen, die in mittelbarer Wahl durch die Bewohner gewählt werden sollten.[348] Hierbei wurden die entsprechenden Städte, aus denen die Deputierten stammen sollten und in der die Wahlen stattzufinden hatten, zugleich in den meisten Verfassungsurkunden

---

345 Vgl. insoweit auch: Eyschen, Das Staatsrecht des Großherzogtums Luxemburg, S. 55.

346 Geisthövel, Restauration und Vormärz 1815–1847, S. 31 f.; Hartung, Deutsche Verfassungsgeschichte, S. 207; Pfeiffer, Geschichte der landständischen Verfassung in Kurhessen, S. 266.

347 Hohenzollern-Sigmaringen 1833 (§ 80); Hessen-Kassel 1831 (§ 63).
Zu der Frage, warum gerade die adeligen Familien in die Kammern aufgenommen wurden siehe 1. Der Zeitraum von 1815–1830, b. Die Zusammensetzung hinsichtlich der Zweikammersysteme unter (2) Die Ersten Kammern.

348 Hessen-Kassel 1831 (§ 63); Schwarzburg-Sondershausen 1841 (§ 109); Hohenzollern-Sigmaringen 1833 (80); Sachsen-Altenburg 1831 (§ 167); Luxemburg 1841 (Art. 2), Schleswig-Holstein 1831 (§ 2); Braunschweig 1832 (§ 60).

ausdrücklich festgelegt. In **Hohenzollern-Sigmaringen** wurde eigens hierfür der Verfassungsurkunde eine Aufstellung der Wahlbezirke beigefügt.[349]

**Schleswig-Holstein** nahm diesbezüglich eine Sonderrolle ein: Zwar normierte auch hier der Landesherr in der Verfassung, dass die „Provinzialstände" zu einer Hälfte aus gewählten Abgeordneten bestehen sollte (§ 2), verwies jedoch in § 8 darauf, dass zur näheren Regulierung der ständischen Verhältnisse und des Verfahrens bei den Wahlen vom Herzogtum noch besondere Vorschriften zu erlassen seien. Ebenso vage wurde die zweite Hälfte der vorgesehenen Abgeordneten betitelt: Es sollten nur solche in die Kammer aufgenommen werden, „denen Wir eine besondere Stimme beilegen werden". Eine weitere „Soll-Vorschrift" wurde in § 3 normiert, in dem es hieß: „[...] Auch sollen der ständischen Versammlung in jedem Herzogthum Abgeordnete für die Geistlichen und für Unsere Kielische Universität beiwohnen, die Wir allergnädigst ernennen werden". Diese sehr allgemein gehaltenen und rudimentär ausgestalteten Aussagen legen die Vermutung nahe, dass der Monarch einen Landtag im Grunde gar nicht wollte und es durch die Ausgestaltung der Verfassung erreichte, einen solchen nicht einberufen zu müssen, um so die ganze Macht in seiner Person vereinen zu können. Tatsächlich ist es jedoch zu den ersehnten Wahlvorschriften und auch zu der Einberufung der Stände gekommen, so dass der anfangs geäußerte Verdacht als nicht bestätigt zurücktreten muss. Die Wahlvorschriften, die in jedem Herzogtum durch nähere Regulierungen erlassen wurden, waren so stark eingeschränkt, dass bei den Wahlen im Herbst 1834 lediglich 2–3 % der Bevölkerung wahlberechtigt waren.[350] Die zur Wahlberechtigung aufgestellten Vertreter waren in beiden Herzogtümern fast identisch: Neben Großgrund- und Rittergutsbesitzern, wurden der Bauernstand und Abgeordnete der Städte und der Geistlichen gewählt.[351] Die Zusammensetzung war in beiden Herzogtümern folgendermaßen aufgeteilt:

| **Stand** | **Schleswig** | **Holstein** |
|---|---|---|
| Ritterschaft | 4 | 4 |
| Geistlichkeit | 2 | 2 |
| Universität Kiel | 1 | 1 |
| Fürsten | 1 | 1 |
| Gutsbesitzer | 5 | 9 |
| Landdistrikte | 17 | 16 |
| Städte | 12 | 15 |
| Aerö, Fehmarn | 2 | |

349 In Hessen-Kassel wurden insgesamt 16 Abgeordnete der Städte zur Wahl aufgestellt, in Schwarzburg-Sondershausen insgesamt 9, in Sachsen-Altenburg 8, in Hohenzollern-Sigmaringen 14 und in Braunschweig 12.

350 Scharff, Schleswig-Holstein in der deutschen und nordeuropäischen Geschichte, S. 77.

351 Brandt, a.a.O., S. 231; Schultz Hansen, Demokratie und Nationalismus, in: Lange, Geschichte Schleswig-Holsteins, S. 429.

Die Darstellung spiegelt wider, dass in Schleswig und Holstein die Zusammensetzung der jeweiligen Kammern fast kongruent war. Die Deputierten der Ritterschaft, der Geistlichkeit und der Kieler Universität wurden dabei vom König ernannt, die übrigen Mitglieder wurden für sechs Jahre in direkter, offener Wahl bestimmt.[352]

Dennoch ist es nicht von der Hand zu weisen, dass der Landesherr durchaus das Ziel verfolgte, trotz der Einführung einer Ständeversammlung seine politische Machtstellung zu erhalten.[353] Dies wird vor allem bei der Begutachtung der Befugnisse der Stände deutlich. Er wies ihnen allenfalls eine beratende Funktion zu.[354] Durch die allgemein gehaltenen Aussagen zu Zusammensetzung und Wahl der Landtage hatte er sich insoweit letzten Endes doch die Möglichkeit offen gelassen, die Staatspolitik nach seinen Vorstellungen ohne Einmischung der Stände zu betreiben.

Wie sich aus dem gerade Gesagten schon ergibt, lag eine weitere Besonderheit **Schleswig-Holsteins** darin, dass es für jedes Herzogtum (Schleswig und Holstein) einen Landtag gab. Nach § 1 der Verfassung waren diese Landtage mit völlig gleichen Rechten und Befugnissen ausgestattet und es wurden solche Gesetzgebungsgegenstände, die beide Herzogtümer betrafen, auch beiden Landtagen zur Beratung vorgelegt, ohne dass jedoch eine gemeinsame Versammlung statt fand.[355] Insoweit stellt sich die Frage, warum nicht mit dem Erlass eines gleichen Ediktes für Schleswig-Holstein auch ein gemeinsamer Landtag für beide Herzogtümer eingeführt wurde. Bei Vornahme einer geschichtlichen Betrachtung des Entwicklungsverlaufs in **Schleswig-Holstein** ergibt sich, dass die Verantwortlichen deshalb bei zwei getrennten Landtagen blieben, um sich nicht mit der Frage der Zusammengehörigkeit und des damit eng verbundenen Problems der verfassungsrechtlichen Einheit der Herzogtümer beschäftigen zu müssen.[356]

Bezüglich der Abgeordneten der Städte forderten die Grundgesetze der Staaten **Sachsen-Altenburg, Schwarzburg-Sondershausen**, **Hessen-Kassel** und **Braunschweig** besondere Wählbarkeitsvoraussetzungen. Alle vier Verfassungen knüpften die Abgeordnetenposition an ein bestimmtes Einkommen oder an eine bestimmte Summe der Entrichtung von Abgaben an, um so die „einfachen" Untertanen, denen weitreichende politische Entscheidungen nicht zugetraut wurden, von der Möglichkeit einer Abgeordnetenstellung auszuschließen. Die Verfassung **Sachsen-Altenburgs** unterschied hinsichtlich der Höhe der Entrichtung der Abgaben je nach Stadt- oder Amtszugehörigkeit, ungeachtet dessen, ob diese Abgaben zu den Land-, Handels-, Grund- oder Viehsteuern gehörten oder auch zum Teil von der Ehefrau entrichtet wurden.[357] Lediglich die Glieder, die in den Städten den Vorsitz führten – dazu

352 Schultz Hansen, a.a.O., S. 429 f.
353 Schultz Hansen, a.a.O., S. 429.
354 Schultz Hansen, a.a.O., S. 429.
355 Schleswig-Holstein 1831 (§ 5).
356 Brandt, Geschichte Schleswig-Holsteins, S. 231. Zu der Zusammengehörigkeit beider Herzogtümer siehe 1. Kapitel.
357 Sachsen-Altenburg 1831 (§ 196). Eine Änderung hinsichtlich der vorgeschriebenen Abgabenhöhe in den einzelnen Städten Sachsen-Altenburgs erfolgte mit dem Patent,

zählten beispielsweise die Bürgermeister, Stadtschultheiße, Stadtrichter, Stadtältesten, Syndikusse und die Stadträte – brauchten die Entrichtung einer bestimmten Steuer nicht vorzuweisen, um als Abgeordnete gewählt zu werden. Sie wurden schon allein aufgrund ihrer Kenntnisse der Stadtverhältnisse als befähigt angesehen, für die Zeit ihrer Amtsdauer jederzeit als Deputierte berufen zu werden.[358]

Das Grundgesetz von **Schwarzburg-Sondershausen** verlangte ein jährliches Einkommen von dreihundert Thalern.[359] Die Verfassung von **Hessen-Kassel** unterteilte insoweit die Abgeordneten in zwei Gruppen: Acht Abgeordnete der Städte, „nämlich einer für Cassel sowie einer für Hanau, und sechs für die übrigen Städte gemäs der, nach dem Wahlgesetze von Landtag zu Landtag eintretenden, Abwechselung" (§ 64) mussten entweder Magistratsmitglieder oder solche Einwohner sein, die als Mitglieder der Bürger-Ausschüsse zum zweiten Mal gewählt worden waren. Oder aber sie mussten ein Vermögen von mindestens sechstausend Thalern besitzen, andernfalls sicheres und ständiges Einkommen von vierhundert Thalern jährlich bekommen oder monatlich einen Thaler und zwölf Groschen an öffentlichen ständigen Abgaben entrichten. Die acht Abgeordneten der übrigen Städte brauchten lediglich die allgemeinen Wählbarkeitsvoraussetzungen erfüllen und in dem Bezirke wohnhaft sein. Handelte es sich hierbei um untere landesfürstliche, standesherrliche oder Patrimonial-, Justiz-, Verwaltungs- und Finanzbeamte, konnten diese wiederum nur dann gewählt werden, wenn sie ihren Wohnsitz gerade nicht in dem jeweiligen Bezirk hatten (§ 66). Die Städte, die nur Personen mit einem gewissen Einkommen zuließen, wurden folglich stets abwechselnd festgelegt – mit Ausnahme von den Bezirken Kassel und Hanau. Das lässt den Schluss zu, dass durch diese Festsetzung lediglich gesichert werden sollte, dass zumindest die Hälfte der Abgeordneten geordnete Einkommensverhältnisse besaßen. Dass zwei davon gerade aus den Städten Kassel und Hanau kommen sollten, ist offenbar der Bedeutung der größten und wichtigsten Städte des Kurfürstentums zuzuschreiben.

Die städtischen Abgeordneten in **Braunschweig** waren nur wahlberechtigt, wenn sie stimmführende Mitglieder des Magistrats waren oder Bürger, die entweder Handel oder Gewerbe oder Ackerbau betrieben, Grundeigentum im Bezirke der Stadt besaßen und dort auch ihren wirklichen Wohnsitz hatten sowie zu den Höchstbesteuerten ihrer Stadt gehörten.[360] Damit wurde auch hier nur Personen mit hohem Ansehen und einem gesicherten Einkommen eine Position als Abgeordnete zugesichert.

---

„die Herabsetzung des Wahlcensus für städtische oder bäuerliche Landtagsabgeordnete betreffend", vom 23. September 1837. Diese Änderung beinhaltete eine Herabsetzung der Steuern, das mit dem Wegfall der außerordentlichen Handelssteuer, der Braurechtssteuer und des 13. Landsteuertermins erforderlich war.

358 Sachsen-Altenburg 1831 (§ 197).

359 Schwarzburg-Sondershausen 1841 (§ 114).

360 Braunschweig 1832 (§ 77b).

Die Rittergutsbesitzer waren ebenfalls in dieser Zeitepoche in einigen Staaten im Landtag vertreten, denn sie hatten sich bereits vor der Zeit des Deutschen Bundes als feste Größe in den landständischen Systemen etabliert. Die Verfassung von **Schwarzburg-Sondershausen** normierte in § 109, dass ein Mitglied der Ritter- und Freigutsbesitzer in der Unterherrschaft aufzustellen sei und ein ebensolches Mitglied aus der Oberherrschaft kommen sollte.[361]

In **Hessen-Kassel** sollte ein Abgeordneter der althessischen Ritterschaft von jedem der fünf Bezirke, namentlich Diemel, Fulda, Schwalm, Werra und Lahn sowie ein Abgeordneter aus der Ritterschaft der Grafschaft Schaumburg aus ihrer Mitte gewählt werden.[362] Besondere Voraussetzungen für das Bestehen des passiven Wahlrechts wurden indes nicht gefordert, da dieser Gruppierung schon allein aufgrund ihres Besitzes ausreichendes Vertrauen entgegen gebracht wurde. Insgesamt acht Abgeordnete der Rittergutsbesitzer (fünf aus dem Altenburgischen und drei aus dem Kahla-Eisenbergischen Kreis) waren in **Sachsen-Altenburg** für die Kammer vorgesehen. In **Braunschweig** bekamen zehn Rittergutsbesitzer, die aus insgesamt sieben Wahlbezirken zu wählen waren, einen Sitz im Landtag. Neben den allgemeinen Voraussetzungen für die Wählbarkeit ordneten die Verfassungen von **Sachsen-Altenburg** und von **Schwarzburg-Sondershausen** darüber hinaus für diesen Stand den Besitz eines Ritterguts (in **Schwarzburg-Sondershausen** wahlweise den Besitz eines Freiguts, das mindestens vier Hufen achtbares Land enthielt) an.[363] Es musste sich hierbei in letzt genannten Staat um ein grundsteuerfreies Eigentum handeln, in erstgenannten Staat um ein landtagsfähiges Rittergut, „ohne Unterschied der adelichen oder nicht adelichen Geburt des Besitzers“ (§ 184). Die in **Sachsen-Altenburg** demnach in Betracht kommenden Rittergutsbesitzer wurden namentlich in der Unterbeilage A. der Wahlordnung, die der Verfassung beigefügt war, aufgelistet. Darüber hinaus stand es dem Landesherrn frei, den bis dato nicht landtagsfähigen Rittergütern eine solche Eigenschaft zu verleihen.[364] Die Verfassung von **Schwarzburg-Sondershausen** sah als einzige Bedingung für die Wählbarkeit eines Rittergutsbesitzers nur den Aufenthalt von einer jährlichen Mindestdauer von vier Monaten im Inland vor.[365] Wählbar als Abgeordnete der Ritterschaft waren nach § 76a der Verfassung von **Braunschweig** „nur Eigenthümer und lebenslängliche

---

361 Der Einzelstaat Schwarzburg-Sondershausen bestand behördenrechtich aus einer solchen Zweiteilung, seitdem 1716 die unter- und oberherrschaftlichen Landesteile zu einem Gesamtstaat zusammengeschlossen worden waren. Die Unterherrschaft zerfiel in die Ämter Sondershausen, Clingen, Ebeleben, Schernberg und Keula. Die Oberherrschaft setzte sich aus den Ämtern Arnstadt, Käfernburg und Gehren zusammen. Vgl. Eberhardt, Die Geschichte der Behördenorganisation in Schwarzburg-Sondershausen, in: Zeitschrift des Vereins für Thüringische Geschichte und Altertumskunde, Beiheft 28, S. 42 ff.

362 Hessen-Kassel 1831 (§ 63).

363 Sachsen-Altenburg 1831 (184 f.); Schwarzburg-Sondershausen 1841 (§ 112).

364 Sachsen-Altenburg 1831 (§ 185).

365 Schwarzburg-Sondershausen 1841 (§ 114).

Nutznießer eines landtagsfähigen, in die Rittermatrikel eingetragenen, Gutes". Damit war in **Braunschweig** und in **Sachsen-Altenburg** eine freie Wahl der vorhandenen Rittergutsbesitzer ausgeschlossen; es wurde veranlasst, dass *nur* die schon als landtagsfähig eingetragenen und damit bereits bewährten Besitzer in die Kammer aufgenommen wurden.

Eine weitere Übereinstimmung in der Zusammensetzung der Landtage erfuhren **Schwarzburg-Sondershausen** und **Hessen-Kassel**, indem sie Vertreter aus dem Gelehrtenstand in die Kammer beorderten.[366] **Hessen-Kassel** konkretisierte diese Forderung derart, dass der Gelehrte ein Abgeordneter der Landesuniversität sein musste. In **Schwarzburg-Sondershausen** kamen nur solche Gelehrte in Betracht, die ein jährliches Einkommen von dreihundert Thalern aufweisen konnten.[367] Es kam dem Monarchen dieses Staates damit weniger auf das Ansehen, sondern vielmehr auf die Absicherung durch den geforderten Zensus an.

Aus ihrer Mitte zu wählen waren in **Hohenzollern-Sigmaringen** und **Hessen-Kassel** überdies die Geistlichen[368]; in **Hessen-Kassel** musste es insoweit ein ritterschaftlicher Obervorsteher der adeligen Stifte Kaufungen und Wetter sein.[369] Besondere passive Wählbarkeitsvoraussetzungen waren indes in beiden Verfassungen hinsichtlich dieses Standes nicht proklamiert.

Zusätzlich zu den gerade genannten Ständen waren in einigen Staaten weitere, nur in diesen Ländern vertretene Stände und Abgeordnete vorgesehen. In **Hessen-Kassel** wurden demgemäß acht aus Landbezirken stammende Mitglieder der Kammer zusätzlich anerkannt.[370] Die Bezirke wurden in § 63 der Verfassung aufgeführt. Auch bei den Abgeordneten der Landbezirke wurde – ebenso wie bei den Abgeordneten der Städte – in diesem Staat hinsichtlich der besonderen Wählbarkeitsvoraussetzung zwischen zwei Gruppen unterschieden: acht von ihnen kamen nur dann als Deputierte in Betracht, wenn sie „entweder soviel Grundeigenthum besitzen, daß es ihnen an eigentlicher Grundsteuer (zu deren vollen ordentlichen Ansatze und nach Abzug der gesetzlich zu vergütenden Real-Lasten) wenigstens zwei Thaler monatlich erträgt, oder sie müssen mindestens fünftausend Thaler im Vermögen haben und zugleich die Landwirthschaft, als Haupt-Erwerbsquelle, betreiben" (§ 65). Für die übrigen acht Abgeordneten der Landbezirke galten dagegen die gleichen Voraussetzungen wie für die Wahl der übrigen acht Abgeordneten der Städte.[371] Wer von ihnen

---

366 Schwarzburg-Sondershausen 1841 (§ 109); Hessen-Kassel 1831 (§ 63). Zu der Bedeutung des Gelehrtenstandes siehe unter 1. Der Zeitraum von 1815–1830, b. Die Zusammensetzung innerhalb der Zweikammersysteme unter (3) Die Zweiten Kammern.

367 Schwarzburg-Sondershausen 1841 (§ 114).

368 Zur Bedeutung des Standes der Geistlichen siehe unter 1. Der Zeitraum von 1815–1830, b. Die Zusammensetzung innerhalb der Zweikammersysteme unter Ziffer (3) Die Zweiten Kammern.

369 Hessen-Kassel 1831 (§ 63); Hohenzollern-Sigmaringen 1833 (§ 80).

370 Hessen-Kassel 1831 (§ 63).

371 Hessen-Kassel 1831 (§ 66).

zu der ersten und wer zu der zweiten Gruppe gehörte, wurde abwechselnd festgelegt. Damit bestand für die Abgeordneten der Landbezirke die gleiche Anordnungsweise wie für diejenigen aus den Städten. Auch in diesem Bereich sollte gewährleistet sein, dass zumindest die Hälfte der Deputierten eine sichere Einkommensquelle vorweisen konnte.

§ 167 der **sachsen-altenburgischen** Verfassung normierte acht Abgeordnete des Bauernstandes, wobei für diesen Stand die gleichen Wählbarkeitsbedingungen vorausgesetzt wurden wie für die städtischen Abgeordneten.[372] Dass der Verfassungsgeber insoweit nicht auf weitergehende Voraussetzungen verzichten wollte, signalisiert, dass die Bauern kein erhöhtes Ansehen, wie es beispielsweise die Rittergutsbesitzer besaßen, genossen; sie wurden auf „eine Stufe" mit den städtischen Abgeordneten gestellt, was nicht zuletzt daran lag, dass sie die gleichen geringen Einkommen bezogen.[373] Diese Einstellung, die den Bauern entgegengebracht wurde, ist ebenfalls am Beispiel von **Braunschweig** zu belegen: So sah auch dieser Staat Bauern als Abgeordnete vor, ließ aber Fleckenbewohner und Freisassen ebenso in dieser Klasse zu und im Gegensatz zu **Sachsen-Altenburg** wurden die Bauern auch nicht aus ihrer Mitte gewählt, sondern in mittelbarer Wahl von den Untertanen bestimmt.[374] Ein passives Wahlrecht wurde nur solchen zuteil, die „Eigentümer oder lebenslängliche Nutznießer eines Freisassenhofes oder einer Reihestelle sind, in dem ländlichen Wahlbezirke wohnen, Landwirthschaft als Erwerbszweig treiben und nach dem Contributions-Cataster[375] zu den Höchstbesteuerten ihres Amtes gehören" (§ 78c).

Die Verfassung **Hessen-Kassels** bestimmte noch den Senior oder das sonst mit dem Erbmarschall-Amte beliehene Mitglied der Familie der Freiherren von Riedesel sowie Abgeordnete aus dem Adel für die Kammer und zwar dergestalt, dass „ein Abgeordneter aus dem ehemals reichsunmittelbaren Adel in den Kreisen Fulda und Hünfeld" und „ein Abgeordneter aus dem ehemals reichsunmitelbaren und sonst stark begüterten Adel in der Provinz Hanau" einberufen werden sollten.[376] An dieser kleinen Anzahl des vertretenen Adels in der Kammer ist zu erkennen, dass der Stand kaum eine Rolle gespielt hat.[377] Er galt als finanzschwach, da er auf hochverschuldeten Gütern saß und über keine autonome Machtbasis verfügte.[378]

372 Sachsen-Altenburg 1831 (§ 167/196).
373 Pröve, Stadtgemeindlicher Republikanismus und die „Macht des Volkes", S. 113. Der Autor bezieht sich insoweit explizit auf Kurhessen. Die dort beschriebene wirtschaftliche Lage der Bauern kann man allerdings auch auf die übrigen Territorien des Deutschen Bundes übertragen.
374 Braunschweig 1832 (§ 60/66a-68c).
375 Contributions-Cataster waren Beiträge, die sich nach dem durchschnittlich möglichen Reinertrag des landwirtschaftlich genutzten Bodens berechneten. Vgl. Schremmer, Steuern und Staatsfinanzen während der Industrialisierung Europas, S. 68/77.
376 Hessen-Kassel 1831 (§ 63).
377 Pröve, a.a.O., S. 113.
378 Pröve, a.a.O., S. 113.

Aus diesem Grund wurden nur die adeligen Geschlechter zugelassen, von denen bekannt war, dass sie über ausreichendes monetäres Potential verfügten.

Schließlich bestand der Landtag in **Schwarzburg-Sondershausen** zusätzlich aus Deputierten der bäuerlichen Grundbesitzer (zwei Deputierte aus den übrigen Orten der Unterherrschaft und ein Deputierter aus den übrigen Orten der beiden oberherrschaftlichen Ämter Arnstadt und Gehren und dem Gerichtsort Behringen), und aus jeweils einem Abgeordneten des Handelsstandes in der Unter- und Oberherrschaft, da auch diese beiden Klassen zu dem vertretenen Bürgerstand gehörten.[379] Um in die Kammer eintreten zu dürfen, mussten die bäuerlichen Grundbesitzer als Voraussetzung ein nach Abzug der Schulden übrig bleibendes Vermögen von zweitausend Talern, welches in Haus und Äckern bestehen musste, vorweisen.[380] Die Klasse des Handelsstandes musste ein jährliches Einkommen von sechstausend Talern erwirtschaften.[381]

Die Verfassung von **Braunschweig** ließ schließlich noch solche Abgeordneten zu, welche gemeinschaftlich von den drei Standesklassen gewählt werden sollten, d.h. sowohl von den Abgeordneten der Ritterschaft, der Städte und der Fleckenbewohner, Freisassen bzw. Bauern. Dabei sollten nur solche Männer gewählt werden, die von höherer Geistesbildung waren (§ 79d). Diese Voraussetzung schaffte einen gewissen Zensus dafür, dass nicht jeder „einfache" Untertan zugelassen, sondern eine entsprechende schulische Ausbildung gefordert wurde. Der Begriff der „höheren Geistesbildung" war dabei der Historie entlehnt; bereits im Altertum war dieses Wort als Synonym für eine grundlegende Wissensausbildung benutzt worden.[382]

### (2) Allgemeine Bestimmungen

### (a) Allgemeine Voraussetzungen für die Wählbarkeit[383]

Neben den bereits aufgezählten Voraussetzungen für das passive Wahlrecht bestanden in jedem Staat zusätzlich allgemeine Bedingungen, die alle Abgeordneten der Kammern vorzu- weisen hatten.[384] Allen Landtagen war gemein, dass Frauen nicht als Abgeordnete zugelassen wurden.[385]

---

379 Schwarzburg-Sondershausen 1841 (§ 109).

380 Schwarzburg-Sondershausen 1841 (§ 114).

381 Schwarzburg-Sondershausen 1841 (§ 114).

382 Rotteck/Welcker, Das Staats-Lexikon, 13. Band, „Schulen".

383 Zur Bedeutung der allgemeinen Voraussetzungen für die Wählbarkeit siehe unter 1. Der Zeitraum von 1815–1830, aa. Unmittelbarer Vergleich der Verfassungen, (2) Allgemeine Bestimmungen unter Buchstabe (a).

384 In Schleswig-Holstein waren die allgemeinen Voraussetzungen für das passive Wahlrecht in § 3, in Hessen-Kassel in § 67, in Schwarzburg-Sondershausen in § 113, in Luxemburg in Art. 6, in Sachsen-Altenburg in § 171 und in Hohenzollern-Sigmaringen in § 95 normiert.

385 Zur Bedeutung dieses Zulassungsausschlusses siehe unter 1. Der Zeitraum von 1815–1830, aa. Unmittelbarer Vergleich der Verfassungen, (4) Allgemeine Bestimmungen unter Buchstabe (a).

In jedem Staat mit Ausnahme von **Schleswig-Holstein** wurde darüber hinaus ein bestimmtes Mindestalter[386] gefordert. Die Verfassung **Schleswig-Holsteins** knüpfte das passive Wahlrecht lediglich an die Voraussetzung des Besitzes eines Land- oder städtischen Eigentums. Ebenso wie die Zusammensetzung im Landtag wurden demnach auch die Wählbarkeitsvoraussetzungen in dieser Verfassung nur sehr rudimentär ausgestaltet.

Im Besitz der Staatsbürgerrechte mussten die Abgeordneten zudem in **Hohenzollern-Sigmaringen**, **Luxemburg** und **Sachsen-Altenburg** sein. Die Grundgesetze von **Schwarzburg-Sondershausen** und **Braunschweig** ließen es insoweit genügen, wenn ein bleibender Aufenthalt im Lande nachgewiesen werden konnte (in Braunschweig wurde die fünfjährige Ansäßigkeit im Herzogtum gefordert). Das Bekenntnis zur christlichen Religion verlangten **Hohenzollern-Sigmaringen** und **Sachsen-Altenburg.**

Weitere Voraussetzung für das passive Wahlrecht war in einigen Verfassungen – darunter die von **Hessen-Kassel**, **Sachsen-Altenburg, Braunschweig** und von **Hohenzollern-Sigmaringen** – das, was gemeinhin zu der damaligen Zeit unter einem unbescholtenen Ruf[387] verstanden wurde: Das Mitglied durfte nicht in einer sogenannten „Criminaluntersuchung" verflochten oder bereits zu einer Zuchthausstrafe oder einem Dienstentzug verurteilt worden sein.

In **Hohenzollern-Sigmaringen** und **Hessen-Kassel** wurde darüber hinaus noch gefordert, dass über das Vermögen der Abgeordneten nicht ein gerichtliches Konkurs- oder Schuldverfahren entstanden war oder sie unter Kuratel[388] standen (so nur in der Verfassung von **Hessen-Kassel** und **Braunschweig** normiert). In **Braunschweig** war nur wichtig, dass die jeweiligen Abgeordneten keine Rückstände an öffentlichen oder Kommunalabgaben hatten, „wegen welcher die Exekution bereits verfügt ist" (§ 71).

Die Abgeordneten in **Hohenzollern-Sigmaringen** mussten ein „inner Landes entweder besteuertes Vermögen oder ständiges Diensteinkommen" als zusätzliche Voraussetzung vorweisen und in **Luxemburg** wurden Personen nur dann in die Kammer aufgenommen, wenn sie in diesem Land auch geboren worden waren und es wenigstens ein Jahr vor der Wahl bewohnt hatten. Vom passiven Wahlrecht ausgeschlossen waren nach der Verfassung **Schwarzburg-Sondershausens** die Mitglieder des „Geheimen Raths, der höhern Landescollegien, der Justiz- und Rentämter, alle

386 In Hessen-Kassel, Schwarzburg-Sondershausen und in Braunschweig lag das Mindestalter bei 30 Jahren, in Sachsen-Altenburg und Luxemburg bei 25 Jahren und in Hohenzollern-Sigmaringen bei 26 Jahren.

387 In Sachsen-Altenburg wurde in § 171 dergestalt nur ganz allgemein auf die Unbescholtenheit des Rufes eingegangen und diesbezüglich auf den § 89 verwiesen. § 89 normiert insoweit, dass der Abgeordnete sich nicht in einer peinlichen Untersuchung befinden dürfe, solange noch nicht feststehe, ob ein Freispruch oder eine „nicht entehrende Strafe" erfolgt.

388 Kuratel bedeutete Vormundschaft; vgl. hierzu: Schulz, Deutsches Fremdwörterbuch, 1. Band.

Canzlei- und Forstbeamte, Officiere und Militärbeamte". Dadurch sollte verhindert werden, dass jemand, der bereits dem Staat diente, daneben noch ein weiteres höheres Amt bekleidete, um so eine mögliche Befangenheit bei einzelnen Entscheidungen zu unterbinden.

**Sachsen-Coburg-Saalfeld** änderte in dem Gesetz, „die Wahl der Landtagsabgeordneten für das Herzogthum Coburg betreffend" vom 08. Dezember 1846 die in der Verfassungsurkunde von 1821 aufgestellten Erfordernisse für das passive Wahlrecht. Hieß es in § 44 der Verfassung von 1821 noch, dass nur diejenigen zur Teilnahme an der Ständewahl berechtigt sind, die im Genuss eines Staatsbürgerrechts sich befinden, das dreißigjährige Mindestalter erreicht und sich zu einer christlichen Religion bekannt haben sowie einen unbescholtenen Ruf genoßen, wurde nun nur noch neben dem Staatsbürgerrecht das Mindestalter von dreißig Jahren gefordert.[389] Für die Abgeordneten der Stadt Coburg wurde allerdings in diesem Gesetz eine Zusatzqualifikation rechtlich geregelt: So wurden von nun an lediglich solche zugelassen, die entweder den Besitz eines im Lande gelegenen, schuldfreien Vermögens von fünftausend rheinische Gulden (Rfl.) oder ein reines Einkommen von jährlich vierhundert Rfl. nachweisen oder eidlich versichern konnten. Die Revision von 1846 beinhaltete damit nur minimale Änderungen hinsichtlich der allgemeinen Wählbarkeitsvoraussetzungen für die Abgeordneten.

#### (b) Versammlungshäufigkeit[390]

Die Einberufungsperioden der Landtage variierten von Staat zu Staat. In der Verfassung von **Luxemburg** wurde eine jährliche Versammlung vorgegeben (nach Art. 18 am ersten Dienstag des Monats Juni), in der von **Schleswig-Holstein** eine zweijährige Periode (§ 7). In **Hohenzollern-Sigmaringen** (§ 112), **Braunschweig** (§ 128) und **Hessen-Kassel** (§ 80) sollte sich dagegen der jeweilige Landtag nur alle drei Jahre versammeln und in **Sachsen-Altenburg** (§ 219) und **Schwarzburg-Sondershausen** (§ 165) sogar nur alle vier Jahre. Bei einem Vergleich fällt auf, dass die Einberufungsnotwendigkeit eine unterschiedliche Gewichtung in den Einzelstaaten erfuhr. In den Verfassungen **Hessen-Kassels, Braunschweigs** und **Hohenzollern-Sigmaringens** wurden die § 80, § 128 bzw. § 112 als Muss-Vorschriften ausgestaltet, während im Grundgesetz von **Schwarzburg-Sondershausen** lediglich normiert wurde, dass der Landtag regelmäßig alle vier Jahre einberufen werden *sollte*. In den Verfassungen von **Sachsen-Altenburg** und **Luxemburg** hieß es: „Die Landstände versammeln sich [...]" und in **Schleswig-Holstein** „wird" der Landtag jedes zweite Jahr berufen. Mit Ausnahme derjenigen Staaten, die insoweit eine Muss-Vorschrift vorsahen, hatte der jeweilige Landesherr damit die Wortwahl derart ausgestaltet, dass die Einberufung in sein Ermessen gestellt wurde. Ob er den Landtag tatsächlich

---

389 Revision von Sachsen-Coburg-Saalfeld 1846 (§ 7).

390 Zur Bedeutung der Versammlungshäufigkeit siehe unter 1. Der Zeitraum von 1815–1830, aa. Unmittelbarer Vergleich der Verfassungen, (2) Allgemeine Bestimmungen unter Buchstabe (b).

in den entsprechenden Intervallen einberief, war ihm überlassen. Unterließ er die Einberufung, konnte diese Entscheidung aufgrund der Ausgestaltung der Entscheidungen auch nicht angegriffen werden.

In allen Staaten, mit Ausnahme von **Sachsen-Altenburg**, sahen die Verfassungen insoweit auch die Einberufung eines außerordentlichen Landtags vor, so oft es der jeweilige Monarch zur Erledigung wichtiger und dringender Angelegenheiten für nötig erachtete. Ebenso wurde in diesen Verfassungen auch auf die Einberufungs*dauer* Bezug genommen: In **Hohenzollern-Sigmaringen** wurde die gewöhnliche Dauer des Landtags auf die Zeit von sechs Wochen festgesetzt (§ 112), in **Hessen-Kassel** und **Braunschweig** (§ 146) durfte der Landtag nicht über drei Monate dauern und in **Luxemburg** waren fünfzehn Tage vorgesehen, und durfte nur mit Einverständnis der Stände und des Gouverneurs verlängert werden. Die Verfassung **Schleswig-Holsteins** ließ es auch diesbezüglich wieder an einer klaren Aussage fehlen, indem es in § 7 lediglich hieß: „Die Dauer der ständischen Versammlung für jedes Herzogthum wollen Wir immer den Umständen nach bestimmen, und darnach der Versammlung die Aufhebung derselben ankündigen lassen."

### (c) Legislaturperiode[391]

Die Verfassung **Hessen-Kassels** enthielt als einzige keine Regelungen zu der Legislaturperiode. Damit blieb dem Monarchen die Entscheidung frei, jederzeit neue Wahlen anzuberaumen. Eine Wahl der Abgeordneten auf sechs Jahre erfolgte in **Hohenzollern-Sigmaringen** (§ 120) und **Luxemburg** (Art. 13), wobei jeweils nach drei Jahren die Hälfte der Abgeordneten erneuert, d.h. durch neue Wahlen ersetzt wurden. „Austretende" konnten allerdings wieder gewählt werden. § 174 der **sachsen-altenburgischen** Verfassung legte die Wahl auf alle zwölf Jahre oder alle drei Finanzperioden fest. Letzteres betreffend wurde auf § 203 verwiesen, in dem es hieß, dass die Finanz-Etats regelmäßig alle vier Jahre festgesetzt wurden, so dass dementsprechend auch bei „drei Finanzperioden" eine Legislaturperiode von zwölf Jahren erreicht wurde. Weiterhin normierte § 174, dass sich die Versammlung vom zweiten ordentlichen Landtage nach Verkündung des Grundgesetzes sowie nach jeder Auflösung der Landschaft um ein Drittel ihrer Glieder erneuerte. In **Schwarzburg-Sondershausen** wurde ein jeder Deputierter und Stellvertreter auf acht und in **Braunschweig** auf drei Jahre gewählt, wobei nur die Hälfte der Abgeordneten aus dem Landtag scheiden und neu gewählt werden musste (§ 83).

Die überwiegende Anzahl der Staaten sah folglich eine sehr lange Amtszeit für die Abgeordneten vor. Auf der einen Seite wurde dadurch eine stabile Kontinuität für die Regierungshandlungen und -entscheidungen geschaffen, auf der anderen Seite jedoch war es damit dem Volk unmöglich, im Falle einer als nicht erwünscht

391 Zur Bedeutung der Legislaturperiode siehe unter 1. Der Zeitraum von 1815–1830, aa. Unmittelbarer Vergleich der Verfassungen, (2) Allgemeine Bestimmungen unter Buchstabe (c).

zusammengesetzten Kammer schnelle Neuwahlen herbeizuführen; ganz im Gegenteil, sie mussten sich dann für eine sehr lange Zeit, teilweise bis zu zwölf Jahren, mit dem Landtag arrangieren.

### (3) Verfassungsrechtliche Änderungen innerhalb eines Staates

**Braunschweig** war der einzige Staat mit einem Einkammersystem, der seit 1815 bereits seine zweite Verfassung erlassen hatte. Von signifikanter Bedeutung ist dabei, dass der Landtag von 1820 sich in zwei Kammern gliederte, die neue Verfassung von 1832 jedoch nur noch eine Kammer vorsah. Warum es überhaupt zu einer neuen Verfassung im Jahr 1832 in Braunschweig kam und weshalb ein Wechsel von einem Zwei- zu einem Einkammersystem realisiert wurde, lässt sich der geschichtlichen Entwicklung dieses Einzelstaates entnehmen.

In den zwanziger Jahren kamen erhebliche Zweifel an der damaligen Ausarbeitung der Landschaftsordnung von 1820 auf. Nicht nur die Zusicherung, dass der Landtag sich alle drei Jahre regelmäßig versammeln sollte, wurde nicht eingehalten. Darüber hinaus wurde auch die Rechtswirksamkeit der vereinbarten Landschaftsordnung moniert aufgrund des unter dem vormundschaftlichen Regiment stehenden Herzog Karl II.[392]

Bevor es diesbezüglich jedoch zu einer Entscheidung kam, brach am 07. September 1830 der Aufstand aus, der den Herzog aus dem Land verjagte.[393] Wilhelm, der Bruder des Herzogs, der zunächst provisorisch die Herrschaft übernahm, war mit allen Kräften bemüht, das Versprechen, dass er bei seiner Thronbesteigung seinen Untertanen gegeben hatte, einzuhalten: „Rechnet auf mich, wo es gilt, Euer Glück zu befördern, so weit es in meiner Macht steht".[394] Zu diesem Versprechen gehörte auch der Wille, die Regierung im konstitutionellen Sinne weiter zu führen.[395] Aufgrund dessen wurde der Landtag im Herbst 1831 zusammenberufen, um eine neue Verfassung auszuarbeiten, die eine Reform der Organisation des Landtags hin zu einer entsprechenden konstitutionellen Gangart vorsah.[396] Dem einberufenen Landtag ging eine Fülle von Gesetzesvorlagen und -vorschlägen zu, die sich gerade mit der Frage nach der Verhältnismäßigkeit eines Zweikammersystems beschäftigten. So finden sich auch in dem Werk des Staatsrechtlers Dobbeler Überlegungen zur Sinnhaftigkeit eines solchen Systems in Braunschweig: Seiner Ansicht nach sei ein Zweikammersystem für ein Land von der Größe des Herzogtums Braunschweig wenig vorteilhaft.[397] Die Funktion zweier Kammern wäre es, dem Staatsoberhaupt zur vollen Unterstützung eine Kammer, die größtenteils aus durch ihn ernannte Personen besteht, zu schaffen,

392 Rhamm, Das Staatsrecht des Herzogtums Braunschweig, S. 4.
393 Rhamm, a.a.O., S. 4.
394 Hohnstein, Geschichte des Herzogtums Braunschweig, S. 476.
395 Hohnstein, a.a.O., S. 476.
396 Hohnstein, a.a.O., S. 476; vgl. Rhamm, a.a.O., S. 4.
397 Dobbeler, Landständische Verfassung des Herzogthums Braunschweig, S. 50 f; siehe auch: Grefe, Gefährung monarchischer Autorität, S. 136 ff.

die nicht nur seine Interessen im Landtag vertrete, sondern insbesondere für Stabilität sorge und als Gegenwicht zu den Deputiertenversammlungen der Zweiten Kammer fungiere.[398] In einem kleinen Land wie Braunschweig wäre jedoch alles viel näher mit dem Fürsten vereint, mit anderen Worten, der Fürst hätte in einem kleinen Land eine bessere Übersicht über die Interessen der Untertanen, die schneller zu vereinen seien.[399] Zudem würde eine Erschwerung des Geschäftsganges und eine Bildung eine den Zwiespalt hervorrufende Opposition durch die Aufstellung nur einer Kammer größtenteils vermieden.[400]

Solche Überlegungen führten schließlich dazu, in der neuen Verfassung von 1832 den Landtag lediglich aus einer Kammer, statt wie bisher aus zwei Kammern, bestehen zu lassen.

#### *bb. Auswertung des Einkammersystems*

Während die Landtage in der Zeit von 1815–1830 in ihrer Zusammensetzung von Staat zu Staat noch sehr einheitlich ausgestaltet waren – die meisten Kammern bestanden aus den Ständen der Rittergutsbesitzer, der Städte und der Bauern – war eine solche uniformierte Anordnungsweise in der Periode von 1831–1847 in den Landtagen nicht mehr ersichtlich. Zwar waren auch hier die „altbekannten" Stände wie die Rittergutsbesitzer und die Vertreter der Städte weiterhin ein fester Bestandteil der meisten Kammern, zusätzlich kamen nunmehr aber viele „neue" Stände hinzu wie die Gelehrtenstände, Stände der Geistlichen oder etwa fürstliche Standesherren, um nur einige wenige zu nennen. Die meisten Staaten nahmen damit Abgeordnete auf, die es in der vorangegangenen Zeitepoche nur in den Zweikammersystemen gegeben hatte. Hinsichtlich der besonderen Wählbarkeitsvoraussetzungen gab es dagegen keine grundlegenden Neuerungen; es wurde weiterhin in den meisten Staaten die Entrichtung einer bestimmten Steuer oder ein bestimmtes Mindesteinkommen gefordert. Auch die Voraussetzungen für ein allgemeines passives Wahlrecht blieben in ihren Hauptmerkmalen, wozu die Staatsangehörigkeit, ein bestimmtes Mindestalter und das Vorliegen eines unbescholtenen Rufes gehörten, gleich. Schließlich waren die Regelungen zur Versammlungshäufigkeit im Vergleich zur vorangegangenen Zeitepoche schon vielfach detaillierter ausgestaltet. Es wurde nun in fast allen Ständen nicht nur die Einberufungshäufigkeit, sondern darüber hinaus auch die Länge der jeweiligen Versammlung gesondert geregelt. Ebenso verhielt es sich mit den Vorschriften zu den einzelnen Legislaturperioden. Im Gegensatz zu den früheren Verfassungen, in denen entweder gar keine Regelungen hierzu gemacht worden waren oder aber eine gleiche Wahlwiederholung alle sechs Jahre in allen Staaten normiert wurde, waren nunmehr die Legislaturperioden häufig von Staat zu Staat unterschiedlich lang und auch mittlerweile in jedem Land in den Verfassungsurkunden mit geregelt.

---

398 Dobbeler, a.a.O., S. 50 f.
399 Dobbeler, a.a.O., S. 50 f.
400 Dobbeler, a.a.O., S. 50 f.

Abgesehen von der allgemeinen Entwicklung, die die Aufnahme neuer Landstände zum Inhalt hatte, gab es auch hier in einigen Staaten besondere Auffälligkeiten: Der Landtag von **Sachsen-Altenburg** wies in seiner Zusammensetzung eine sehr starke Ähnlichkeit zu denjenigen der anderen sächsisch-ernestinischen Staaten auf. So waren auch **Sachsen-Meiningen** (1824/1829), **Sachsen-Hildburghausen** (1818), **Sachsen-Weimar-Eisenach** (1816) und **Sachsen-Coburg-Saalfeld** (1821) überwiegend an eine Drittelparität von ritterschaftlichen, bürgerlichen und bäuerlichen Abgeordneten orientiert. Insoweit nahm **Sachsen-Altenburg** diese bereits in den 1820er Jahren erlassenen Verfassungen als Vorlage und bildete seinen Landtag diesen in den grundsätzlichen Strukturen nach, jedoch mit einzelnen liberalen Fortschritten.[401]

Bei der Betrachtung der Zusammensetzung der Kammer von **Hessen-Kassel** ist eine Vergleichbarkeit zu der von **Hessen-Darmstadt** ersichtlich. Die Abgeordneten bzw. Stände, die sich dort auf zwei Kammern verteilten, waren in **Hessen-Kassel** nunmehr in einer Kammer vertreten. Nicht nur die Verfassung von **Hessen-Darmstadt** diente jedoch als Vorlage für die kurhessische Staatsordnung vom 05. Januar 1831, sondern ebenso das württembergische Grundgesetz von 1819 und zum Teil auch der kurhessische Verfassungsentwurf von 1816.[402] Die endgültige Verfassungsversion folge damit in ihren wesentlichen Zügen dem monarchisch-konstitutionellen Grundmodell des Vormärz.[403] Zutreffend waren insoweit die Worte von Ludwig Freiherr von Lerchenfeld in seinem Brief an den bayerischen König vom 11.1.1831, indem er die Verfassung als „den südteutschen nachgeahmt, nur noch um vieles liberaler“ charakterisierte.[404]

### *b. Die Zusammensetzung hinsichtlich der Zweikammersysteme*

Erste Verfassungen in der Zeit von 1831–1847 ergingen in **Lippe-Detmold** (1836) und **Sachsen** (1831). Der Monarch von **Hannover** (1833/1840) erließ dagegen bereits die zweite (und im gleichen Zeitraum die dritte) Verfassung seit Gründung des Deutschen Bundes. Insoweit ist ein eingehender Vergleich zwischen den Änderungen der jetzigen zu den früheren Verfassungen im folgenden Verlauf geboten.

Revisionen, die inhaltlich die Zusammensetzung der Kammern betrafen, erfuhren zu jener Zeit **Bayern** (1846) und **Hessen-Darmstadt** (1842). Beide Staaten sahen

---

401 Rotteck/Welcker, Staatslexikon, 11. Band, S. 746.

402 Grothe, Verfassungsgebung und Verfassungskonflikt, S. 81. Im Gegensatz zum Verfassungsentwurf von 1816 sah das in Kraft getretene Staatsgrundgesetz von 1831 eine erhebliche Ausweitung in der Zusammensetzung der Landtagsmitglieder vor. Während 1816 lediglich die Stände der Ritterschaft, der Prälaten, der Stadtbewohner und Grundeigentümer vorgesehen waren, wurden nunmehr auch einzelne Personen ausdrücklich ernannt (z.B. der Senior der Familie der Freiherrn von Riedesel) undzusätzliche Abgeordnete aufgestellt (s.o.).

403 Grothe, Verfassungsgebung und Verfassungskonflikt, S. 108.

404 HStA München, MA, Nr. 85622.

allerdings nur Änderungen hinsichtlich der allgemeinen Wählbarkeitsvoraussetzungen vor, die an entsprechender Stelle[405] in der Untersuchung berücksichtigt werden.

### *aa. Unmittelbarer Vergleich der Verfassungen*

#### (1) Die Ersten Kammern

Während die Ersten Kammern in **Sachsen** und **Hannover** aus zahlreichen, in der Verfassungsurkunde namentlich aufgeführten Ständen und einzelnen Abgeordneten bestanden, vertrat in **Lippe-Detmold** einzig der Stand der Rittergutsbesitzer die Erste Kammer.[406] Der Landesherr orientierte sich bei der Zusammensetzung der Ersten Kammer ausschließlich an der bereits aus dem Mittelalter bekannten „Landschaft", wozu die Ritterschaft gehört hatte.[407] Die Rittergüter, die insoweit landtagsfähig waren, wurden in § 8 explizit genannt. Daneben konnten aber auch solche Personen, die sich im Besitz eines mit einem angemessenen Wert ausgestatteten Gutes befanden, zu einem Mitglied der Ersten Kammer werden. Damit waren neben die Rittergutsbesitzer auch nichtadelige Großgrundbesitzer getreten, was darauf schließen lässt, dass nicht mehr nur der Adel als ausschließlich privilegiert galt. Auch **Sachsen** und **Hannover** sahen die Ritterschaft als Mitglieder der Ersten Kammer vor. In **Sachsen** wurde zwischen solchen auf Lebenszeit – aus ihrer Mitte – gewählten Abgeordneten und zehn vom König nach freier Wahl auf Lebenszeit zu ernennenden Rittergutsbesitzern unterschieden. Bezüglich ersterem wurden die für stimmberechtigt erklärten Rittergüter im Wahlgesetz vom 24.09.1831 namentlich aufgeführt, so dass eine wirklich freie Wahl durch diese vorgenommene Eingrenzung nicht mehr stattfand. Eine weitere Beeinflussung auf die Sitzverteilung geschah zudem noch durch die freie Wahl durch den König, so dass letzten Endes nur noch solche Rittergüter in der Kammer vertreten waren, die ausschließlich im Interesse des Monarchen agierten.

Alle drei Verfassungen dieser Staaten knüpften hinsichtlich der Wählbarkeitsbedingung für die Rittergutsbesitzer an einen bestimmten jährlichen Reinertrag an. In **Lippe-Detmold** musste der Reinertrag bei fünfhundert Reichsthalern (Rthl.) (§ 8), in **Hannover** bei sechstausend Thalern jährlich liegen (1833: § 100; 1840: § 87). Die Verfassung **Sachsens** unterschied auch diesbezüglich wieder zwischen den zu wählenden und den vom König zu ernennenden Rittergutsbesitzern, wie in § 65 normiert: „Wählbar sind nur diejenigen Rittergutsbesitzer, deren Gut mindestens jährlich 2000 Thaler reinen Ertrag gewährt. [....] Jeder der vom Könige zu ernennenden zehn Rittergutsbesitzer muß von einem, oder mehrern im Königreiche Sachsen

---

405 Siehe dazu in diesem Abschnitt unter (3) Allgemeine Bestimmungen unter Buchst. (a).

406 Regelungen zur Zusammensetzung der Ersten Kammer sind in der Verfassung von 1833 in Hannover in § 94, in der Verfassung von 1840 in § 84 aufgeführt. In Lippe befinden sich hierzu Vorschriften in § 8 des Ediktes und in Sachsen in § 63.

407 Falkmann, Das Staatsrecht des Fürstenthums Lippe, in: Marquardsen (Hrsg.), Handbuch des öffentlichen Rechts, Bd. III, S. 181.

gelegenen Rittergütern einen jährlichen Reinertrag von mindestens 4000 Thalern beziehen." Hierdurch sollte allein dem Monarchen die Befugnis überlassen werden, die Einflussreichsten, vor allem aber die Adeligen unter den Rittergutsbesitzern als Abgeordnete auszuwählen, da zu jener Zeit 83 % adelig waren, die über viertausend Taler Jahreseinkommen einbrachten, hingegen lediglich 15 % bürgerlich.[408] Neben dem jährlichen Reinertrag war in **Lippe-Detmold** darüber hinaus noch erforderlich, dass die Eigentümer männlichen Geschlechts, mindestens fünfundzwanzig Jahre alt und von jeder Curatel frei sowie unbescholtenen Rufes waren und eine christliche Konfession aufwiesen.

**Sachsen** und **Hannover** sahen weitere zahlreiche Abgeordnete für die Erste Kammer vor. In beiden Königreichen sollten die Prinzen des königlichen Hauses, Besitzer bestimmter Standes- und anderer Herrschaften und speziell vorgesehene Geistliche vertreten sein.[409] Den von der Landesherrschaft mit einem persönlichen erblichen Stimmrecht versehenen Majoratsherren stand in **Hannover** ein weiterer Sitz in der Ersten Kammer zu. Bezüglich der vom König zu ernennenden Mitglieder wurde 1840 eine Änderung in der neuen Verfassung von **Hannover** vorgenommen: Während 1833 noch vier Mitglieder vorgesehen waren, von denen nur eines auf Lebenszeit, die anderen drei für die Dauer des Landtags ernannt wurden, sollte 1840 nur noch ein Mitglied für die Dauer des Landtags vom König berufen werden. Dieses Mitglied musste zudem dem adeligen Stand angehören. Dadurch wurden zu einem äußerst geringen Anteil die Rechte des Monarchen beschnitten. Eine weitere Änderung in der Zusammensetzung der Ersten Kammer ab 1840 war, dass zusätzliche Abgeordnete vorgesehen waren, namentlich der Direktor der königlichen Domänenkammer und der Präsident des Ober-Steuer- und Schatzkollegiums, welche adelige Mitglieder einer Ritterschaft waren. Hierdurch wurde eine Stärkung der Ersten im

408 Matzerath, Adelsprobe an der Moderne, S. 89.

409 Die namentlich genannten Personen waren in den Verfassungen von Hannover 1833 und 1840 kongruent: Neben den königlichen Prinzen, Söhnen des Königs, und den Häuptern der Nebenlinien der Königlichen Familie waren die Herzoge von Armenberg, Looz-Corswaaren und der Fürst von Bentheim – so lange sie im Besitze ihrer Standesherrschaften sich befanden -, der Erblandmarschall des Königreichs, der Graf von Stolberg-Wernigerode und von Stolberg-Stolberg wegen der Grafschaft Hohnstein, der General-Erbpostmeister, der Abt von Loccum und von St. Michaelis in Lüneburg, der Präsident der Bremischen Ritterschaft als Director des Klosters Neuenwalde, die katholischen Bischöfe des Königreichs und einem bzw. zwei auf die Dauer des Landtags vom König zu ernennenden angesehenen evangelischen Geistlichen vorgesehen. In Sachsen wurden neben dem Prinzen des königlichen Hauses namentlich genannt: Ein Deputierter des Hochstifts Meißen, der Besitzer der Herrschaft Wildenfels, die Besitzer der fünf Schönburgischen Receßherrschaften, Glaucha, Waldenburg, Lichtenstein, Hartenstein und Stein, der Besitzer der Standesherrschaft Königsbrück und Reibersdorf, der evangelische Oberhofprediger, der Dekan des Domstifts zu St. Petri zu Budissin, der Superintendant zu Leipzig, ein Abgeordneter des Kollegialstifts zu Wurzen und die Besitzer der vier Schönburgischen Lehnsherrschaften, Rochsburg, Wechselburg, Penig und Remissen.

Verhältnis zur Zweiten Kammer erreicht. Dazu sah sich der Monarch aufgrund der Erfahrung, die er mit der Zweiten Kammer in der Vergangenheit gemacht hatte, veranlasst. So hieß es in einer königlichen Proklamation vom 14. Juli 1841, dass es den „Führern der Mehrheit gelungen war, die Verhandlungen zu einem nutzlosen Spiele herabzuwürdigen".[410] Die Zweite Kammer hätte sich durch ihr Verhalten als unfähig erwiesen, die ihr zustehenden Aufgaben zu erfüllen.[411]

Die Erste Kammer in **Sachsen** bestand zudem aus einem Abgeordneten der Universität Leipzig, der von selbiger aus dem „Mittel ihrer ordentlichen Professoren" gewählt wurde sowie aus der ersten Magistratsperson der Städte Dresden und Leipzig und aus der ersten „Magistratsperson in sechs vom König unter möglichster Berücksichtigung aller Teile des Landes, nach Gefallen zu bestimmenden Städten" (§ 65). In **Sachsen** war damit eine Erste Kammer geschaffen worden, die den Forderungen des Bürgertums nach einer liberalen Vertretung widersprach.[412] Dass es dennoch zu einer solch konservativen Ausgestaltung kam, lag an der Zusammensetzung der einberufenen Ständeversammlung von 1831, die über die Reformpläne beriet: Sie bestand hauptsächlich aus Teilen der Aristokratie,[413] die ihre eigene Volksgruppe in der Ersten Kammer vertreten sehen wollten. Insoweit verwundert es nicht, viele Mitglieder dieser Ständeversammlung auch später in der Ersten Kammer als Abgeordnete namentlich wieder zu finden.[414]

Der Regierungsentwurf zum Verfassungswerk **Hannovers** von 1833 sah zunächst eine ganz andere Zusammensetzung für die Erste Kammer vor: So sollte sie wesentlich aus Majoratsherren bestehen, während die Rittergutsbesitzer in die Zweite Kammer eintreten sollten.[415] Doch lehnten sowohl die ständischen Mitglieder der Ersten als auch die der Zweiten Kammer eine solche Zusammensetzung ab. Als Grund führten sie zum einen an, dass „Majorate von vielen nicht gestiftet werden könnten, schon weil ihre Güter Mannslehen seien"[416], zum anderen, dass es eine „Degradation" sei, die gewöhnlichen Ritter in der Zweiten und nicht in der Ersten

---

410 Abgedruckt in: Oppermann, Zur Geschichte des Königreichs Hannover von 1832–1860, Band I, ab S. 386.

411 Oppermann, a.a.O., S. 386 ff.

412 Vogel, Die liberale Bewegung in Sachsen 1830–1849, S. 52 ff.; Hardtwig, Vormärz, S. 52/54.

413 Vogel, a.a.O., S. 55.

414 Witzleben, Die Entstehung der constitutionellen Verfassung des Königreichs Sachsen, S. 204.

415 Oppermann, a.a.O., S. 6.

416 So die Worte des Geheimeraths von Scheele. Vgl. hierzu Oppermann, a.a.O., S. 6/7. Unter Mannslehen verstand man, dass der Lehensnehmer ausschließlich ein Mann war. Dies bedeutete jedoch widerum, dass die Majoratsherren nicht selber Eigentümer von Lehen waren, sondern solche von anderen übergeben bekamen und ein Nutzungsrecht daran hatten. Von Scheele deutete also mit seinen Worten darauf hin, dass die Majoratsherren selber keinen großen Besitz hatten und ihnen damit der entscheidende Einfluss für die Erste Kammer fehlte.

Kammer aufzunehmen, da die Erste Kammer grundsätzlich als die Einflussreichere galt.[417] Zudem erhielte durch die Aufnahme der Rittergüter in die Zweite Kammer der Grundbesitz eine zu starke Stellung, während Industrie und Gewerbe unvertreten seien.[418] Aus diesen Gründen kam es dann letzten Endes in der Ersten Kammer zu einer Zusammensetzung aus Rittergutsbesitzern, einer nur geringen Anzahl an Majoratsherren und solchen vom Landesherrn persönlich Berechtigten.

### (2) Die Zweiten Kammern

Die Zusammensetzung der Zweiten Kammer variierte, sowohl was die Anzahl als auch die vertretenen Stände anbelangte, signifikant von Staat zu Staat.[419] Hinsichtlich der Anzahl der Mitglieder der Zweiten Kammer wiesen **Sachsen** und **Lippe-Detmold** ein gleiches Verhältnis im Hinblick auf die einzelnen Stände auf. So waren in **Lippe-Detmold** von den vierzehn Abgeordneten sieben Mitglieder der Städte und sieben Abgeordnete der erblichen Gutsbesitzer in der Zweiten Kammer vertreten. In **Sachsen** bestand die Kammer aus zwanzig Abgeordneten der Rittergutsbesitzer, fünfundzwanzig Abgeordneten der Städte, fünfundzwanzig Abgeordneten des Bauernstandes und fünf Mitgliedern des Handels- und Fabrikwesens. Eine solche berufsständische Vertretungskonzeption war im Vormärz nur noch in Nassau zu finden.[420] Dennoch vertraten die Handels- und Fabrikbesitzer mit lediglich fünf Mitgliedern eine im Verhältnis sehr kleine Interessengruppe. Im Regierungsentwurf waren sie noch gar nicht vorgesehen, wegen der großen wirtschaftlichen Bedeutung der sächsischen Gewerbebetriebe wurden sie dann aber doch noch in die Zweite Kammer aufgenommen.[421]

In **Hannover** gestaltete sich die Zusammensetzung hinsichtlich der Anzahl wiederum anders. Diejenigen Mitglieder, die entweder vom König ernannt oder aber aus ihrer Mitte gewählt wurden, stellten die unterrepräsentierte Gruppe dar (drei Geistliche, drei vom König ernannte Mitglieder, ein Deputierter der Universität, zwei von den evangelisch königlichen Konsistorien zu erwählende Deputierte und ein Deputierter des Domkapitels). Dagegen gab es insgesamt siebenunddreißig Abgeordnete der Städte und Flecken und achtunddreißig Grundbesitzer. Dieses Zusammensetzungsverhältnis blieb auch 1840 mit der neuen Verfassung weiterhin bestehen (hier änderte sich lediglich geringfügig die Anzahl der Abgeordneten der Städte mit insgesamt sechsunddreißig Abgeordneten und die der Deputierten der Grundbesitzer mit neununddreißig Abgeordneten). Dass damit auch in der Zweiten Kammer dem König die Wahl von privilegierten Personen gestattet wurde, war von

417 Oppermann, a.a.O., S. 7.
418 So die Worte des Juristen Stüve in einer Sitzung. Vgl. Oppermann, a.a.O., S. 7.
419 Der Bestand der Zweiten Kammer ist in Lippe in § 11/12, in Sachsen in § 68, in Hannover 1833 in § 98 und 1840 in § 88 geregelt.
420 Ehrle, Volksvertretung im Vormärz, 1. Band, S. 164.
421 Ehrle, a.a.O., S. 164.

den Kommissarien der Ersten Kammer aufs Äußerste kritisiert worden;[422] ihnen ging offenbar der Einfluss, den der Monarch dadurch auf beide Kammern hatte, zu weit. Dennoch ging dieser Antrag durch, die vom König zu ernennenden Personen wurden allerdings zahlenmäßig auf ein Minimum beschränkt.[423]

Die einzige Gruppierung, die in *allen* drei Staaten in der jeweiligen Zweiten Kammer als Vertretung zugelassen wurde, war die der Abgeordneten der Städte. Es wurde damit den Forderungen des Volkes Rechnung getragen, die eine liberale Ausgestaltung der Landtage proklamierten. Diese Abgeordneten wurden vom Volk in mittelbarer Weise gewählt. Wählbar sowohl in **Hannover** als auch in **Lippe-Detmold** und **Sachsen** waren nur solche Deputierten, die ein gewisses Grundeinkommen besaßen. Die Vorschriften waren auch diesbezüglich sehr unterschiedlich in den Einzelstaaten ausgestaltet. **Sachsen** verwies hierzu auf die Wahlordnung vom 24.09.1831. In diesem Gesetz wurden in § 56 mehrere Alternativen für die Wählbarkeit festgesetzt, so etwa die Voraussetzung einer dreijährigen Ansässigkeit in der Stadt und die jährliche Entrichtung einer Grundsteuer von wenigstens zehn Thalern, alternativ ein Vermögen von sechstausend Thalern, ein sicheres Einkommen von vierhundert Thalern jährlich *oder* die Zahlung einer direkten Real- oder Personal-Landesabgabe in den großen Städten von dreißig, in mittleren Städten von zwanzig und in kleinen Städten von zehn Thalern. Die Abgabelast als Voraussetzung wurde damit dem Einkommen gleichgestellt.

Darüber hinaus wurde noch gefordert, dass die jeweiligen Personen seit drei Jahren Staatsangehörige waren oder ihren wesentlichen Aufenthalt in der betreffenden Stadt hatten, das Bürgerrecht erlangt und falls sie zu den Gewerbetreibenden gehörten, das Gewerbe bereits seit drei Jahren in der Stadt betrieben haben mussten. Damit wurde gewährleistet, dass nicht nur „vorübergehende" Gewerbetreibende aufgenommen wurden, sondern diese sich bereits durch ein *etabliertes* Gewerbe auszeichneten, wodurch wiederum sichergestellt war, dass diese Gewerbetreibenden auch entsprechenden Gewinn erzielten.

Ähnlich umfangreich waren die Vorschriften zum passiven Wahlrecht in der **lippischen** Verfassung: Die Landtagsabgeordneten mussten die Eigenschaften eines Wählers haben: Hierzu gehörte die Selbstverwaltung des Vermögens, die Solvenz, die Ansässigkeit im Land, das Bekenntnis zur christlichen Religion und das Erreichen des fünfundzwanzigsten Lebensjahres. Weiterhin durften sie keine entehrende Strafe bekommen haben, mussten die Befähigung vorweisen, ihre Gedanken schriftlich auszudrücken und im Besitz eines Grundeigentums im Wert von dreitausend Rthl. sein.[424] Diese letzte Forderung war dabei aus Sicht des Monarchen die Bedeutendste,

422 Oppermann, a.a.O., S. 7/8.
423 Oppermann, a.a.O., S. 8.
424 Zur Bedeutung der einzelnen Wählbarkeitsvoraussetzungen siehe unter 1. Der Zeitraum von 1815–1830, aa. Unmittelbarer Vergleich der Verfassungen, (2) Allgemeine Bestimmungen unter Buchst. (a).

da hierdurch nur die Vermögenden, die eine finanzielle Absicherung zugunsten des Staates schufen, Einzug in den Landtag erhielten.

In **Hannover** gab es hinsichtlich der Wählbarkeitsvoraussetzungen eine Änderung in der Verfassung von 1840. Während 1833 die nun folgenden Bedingungen noch für alle „übrigen Deputierten" der Zweiten Kammer galten, waren sie 1840 nur noch beschränkt auf die von den Städten und Flecken zu erwählenden Abgeordneten, so dass die vom König zu ernennenden Personen keine weiteren besonderen Bedingungen erfüllen mussten.[425] Für den Monarchen, der durch die Ausgestaltung der neuen Verfassung versuchte, den Landtag wieder zur Bedeutungslosigkeit zu degradieren, bedeutete auch diese kleine Änderung, dass er völlig frei in der Entscheidung war, welche Abgeordneten er in die Zweite Kammer einberief.[426]

Die Voraussetzungen selber blieben identisch. Sowohl 1833 als auch 1840 mussten die Abgeordneten ein reines Einkommen aus ländlichem oder städtischem Grundbesitz oder aus im Land radizierten Kapitalien in Höhe von dreihundert Rthl. vorweisen können. Hier wurde 1840 der neue Zusatz eingeführt, dass dieses Einkommen, wenn nicht durch Erbschaft, doch wenigstens ein Jahr vor der Wahl erworben sein musste. Anstelle des Einkommens wurde auch der Nachweis einer jährlichen Diensteinnahme von achthundert Thalern bzw. als Gemeindebeamter von vierhundert Rthl. zugelassen. Wurde das Einkommen aus der Wissenschaft, Kunst oder aus Gewerbe erzielt, musste es eintausend Rthl. betragen.

Bis auf die Abgeordneten der Städte waren alle weiteren Stände in den Zweiten Kammern von Staat zu Staat divergent. **Lippe-Detmold** sah daneben noch einen Stand der erblichen Gutsbesitzer des platten Landes vor. Zu diesem Stand zählten auch die Bürger in den Flecken Schwalenberg, Alverdissen, Bösingfeld und Varenholz. Die Wählbarkeitsbedingungen deckten sich insoweit mit denen, die auch der erste Stand in der Zweiten Kammer vorweisen musste. Fünfundzwanzig Rittergutsbesitzer, welche ein Gut von mindestens sechstausend Thalern reinem Ertrag jährlich erwirtschaften, wurden in **Sachsen** aus ihrer Mitte gewählt.[427] Weitere fünfundzwanzig Abgeordnete des Bauernstandes und fünf Vertreter des Handels- und Fabrikwesens wurden aus ihrer Mitte in mittelbarer Wahl ernannt. Um ein Abgeordneter des Bauernstandes sein zu können, musste nach § 95 der Wahlordnung neben den persönlichen Eigenschaften jedes Wählbaren (siehe allgemeine Voraussetzungen der Wählbarkeit) ein jährliches Steuerquantum an Schocken und Grundquatembern und Cavalerie-Verpflegungs-Geldern oder in der Oberlausitz an Rauch- oder Grundsteuern und Portionsgeldern und Grundanlage von mindestens dreißig Thalern entrichtet oder aber ein Fabrikgeschäft auf dem Lande als Hauptgewerbe betrieben werden. Hinsichtlich des passiven Wahlrechts für die Vertreter des Handels- und Fabrikwesens waren die Voraussetzungen im „Gesetz, die Wahlen der Vertreter des Handels- und Fabrikwesens betreffend" erst am 07.03.1839 festgelegt worden. Neben

425 Hannover 1830 (§ 100), 1840 (§ 89).
426 Ehrle, Volksvertretung im Vormärz, Teil 1, S. 181.
427 Sachsen 1831 (§ 68/70).

dem dreißigsten Lebensjahr mussten sie seit drei Jahren ihren wesentlichen Aufenthalt im Lande und seit dieser Zeit wenigstens in einer der drei ersten Unterabteilungen einen Gewerbesteuerbetrag entrichtet haben. In beiden Staaten ist die starke Stellung der Großgrundbesitzer zu dieser Zeit erkennbar. So sollten sie nicht nur in der Ersten Kammer, sondern zusätzlich auch in der Zweiten Kammer vertreten sein. Die bedeutende Rolle spielte dabei das bei diesem Stand vorhandene Vermögen.

In **Hannover** wurden, ebenso wie in der Ersten Kammer, zahlreiche Mitglieder auch für die Zweite Kammer festgesetzt. Dazu gehörten sowohl in der 1833 als auch in der 1840 neu gegründeten Kammer drei Mitglieder, welche der König wegen des allgemeinen Klosterfonds ernannte, drei Deputierte bestimmter Stifte, ein Deputierter der Universität Göttingen, zwei von den evangelischen königlichen Konsistorien zu erwählende Deputierte und ein Deputierter des Domkapitels zu Hildesheim sowie achtunddreißig bzw. neununddreißig aus bestimmten, namentlich genannten Städten und Flecken angeführten Grundbesitzer. Neu hinzu traten 1840 die in den Provinziallandschaften erwählten Mitglieder des Schatzkollegiums, welche nicht adeligen Standes waren. Während 1833 noch für alle „übrigen" Deputierten die gleichen Wählbarkeitsvoraussetzungen galten, wurden 1840 für die Grundbesitzer gesonderte Bedingungen gestellt. Nach § 90 der Verfassungen mussten sie „Grundbesitzer in der Provinz sein, aus welcher sie gewählt werden und aus ihrem ererbten oder wenigstens ein Jahr vor der Wahl erworbenen und im Königreiche belegenen Grundvermögen ein reines Einkommen von jährlich dreihundert Thalern haben". Damit sollte gewährleistet werden, dass nur die Grundbesitzer mit einem, wie es in der Vorschrift heißt, bestimmten „Grundvermögen" als Abgeordnete zugelassen wurden.

### (3) Allgemeine Bestimmungen

#### (a) Allgemeine Voraussetzungen für die Wählbarkeit[428]

Allgemeine Bedingungen der Wählbarkeit waren für die Abgeordneten der Ersten und Zweiten Kammer in **Lippe-Detmold** nicht vorgesehen. In **Sachsen** und **Hannover** forderten die Verfassungen neben dem Erreichen eines Mindestalters (in **Sachsen** dreißig Jahre[429], in **Hannover** fünfundzwanzig Jahre) auch den völligen Freispruch im Falle einer Untersuchung wegen eines begangenen Kriminalverbrechens.[430] Jedoch hatte der hannoversche König bei nicht entehrenden Verbrechen das Recht, die auf vorgedachte Weise verlorene Fähigkeit, Mitglied der Ständeversammlung zu sein, wieder herzustellen. Im Falle des Konkurses über das Vermögen wurde in beiden Staaten der Weg als Abgeordneter demjenigen so lange versperrt, bis nicht alle Gläubiger

428 Zur Bedeutung der allgemeinen Wählbarkeitsvoraussetzungen siehe unter 1. Der Zeitraum von 1815–1830, aa. Unmittelbarer Vergleich der Verfassungen, (2) Allgemeine Bestimmungen unter Buchstabe (a).

429 Dieses Mindestalter wurde dem Lindenau'sche Entwurf nachgebildet. Vgl. hierzu Witzleben, Die Entstehung der constitutionellen Verfassung des Königreichs Sachsen, S. 180.

430 Sachsen 1831 (§ 73/74); Hannover 1833/1840 (§ 102 ff.; 93 ff.).

vollständig befriedigt worden waren. In **Sachsen** durften die Mitglieder zudem nicht unter Kuratel stehen. Alle Personen, die 1833 und 1840 als Abgeordnete in die Kammern vom **hannoverschen** Landtag eintreten wollten, mussten weiterhin einer der im Königreich anerkannten christlichen Religion angehören, im Königreich wohnen und nicht in auswärtigem Dienste stehen. Ausgenommen von diesen allgemeinen Erfordernissen waren jedoch die Prinzen des Königlichen Hauses und diejenigen, welche in den „Herzoglich Braunschweig-Wolfenbüttelschen Landen“ ihren Wohnsitz hatten und dort selbst in Staatsdiensten standen. 1840 wurden noch weitere Personen von den Regelungen ausgenommen, so die Standesherren, die Rittergutsbesitzer und die Untertanen eines anderen Staates, wenn sie zugleich Mitglieder einer Ritterschaft im Königreich Hannover waren. Diese Personen wurden als bereits „privilegiert“ genug angesehen, als dass sie noch weitere Voraussetzungen hätten erfüllen müssen. Bis auf diese geringfügige Änderung in der Verfassung von 1840 waren damit die Regelungen, die die allgemeinen Voraussetzungen der Wählbarkeit betrafen, in den beiden Verfassungsurkunden von **Hannover** identisch.

**Bayern** und **Hessen-Darmstadt** erließen in der Zeitperiode von 1831–1847 einfache Gesetze, die Änderungen hinsichtlich der allgemeinen Wählbarkeitsvoraussetzungen in Bezug auf die früheren Verfassungen vorsahen. Erst genannter Staat ergänzte im „Gesetz, den § 44 lit. c im I. Titel der X. Beilage zur Verfassungsurkunde betreffend“ vom 23.05.1846 den § 44 lit. c der Verfassung von 1818, in dem es darum ging, dass Staatsdiener oder -pensionisten sowie alle für den öffentlichen Dienst verpflichteten Individuen nur dann als Abgeordnete gewählt werden konnten, wenn sie die Bewilligung des Königs hierzu erhielten. Diese Norm wurde nunmehr dahingehend ergänzt, dass auch noch andere Personen zum Eintritt in die Zweite Kammer der Bewilligung bedurften. Dazu gehörten nach Artikel I namentlich alle besoldeten Hofdiener, alle unmittelbar besoldeten Staatsdiener im Sinne der IX. Verfassungs-Beilage, die rechtskundigen Bürgermeister in den Städten erster Klasse, alle Offiziere und im Offiziers-Rang stehende Militärbeamten, welche eine Gage bezogen und die Advokaten. Professoren waren dagegen von dieser Regelung ausgenommen, auch wenn sie zugleich in einem der oben bezeichneten Verhältnisse gestanden hatten (Art. II). Diese Verfassungserweiterung hatte möglicherweise den Sinn, Verwicklungen und eine etwaige Befangenheit in der Staatsvertretung zu vermeiden, die sich ergeben konnten, wenn solche bereits im Staatsdienst befindlichen Personen auch als Vertreter in der Kammer zugelassen wurden. Zudem hatte der König so eine gewisse Kontrolle über die Besetzung der Zweiten Kammer.

Das Gesetz „die Abänderung der Art. 16 und 60 der Verfassungs-Urkunde betreffend“ vom 28.09.1842 betraf in **Hessen-Darmstadt** sowohl die Frage nach dem Verlust des Staatsbürgerrechts als auch die allgemeinen Wählbarkeitsvoraussetzungen der Mitglieder der Kammern. An dieser Stelle ist aufgrund des Sachzusammenhangs lediglich letzteres zu erörtern. Im Gesetz von 1842 wurde der Artikel 60 der Verfassung von 1820 ergänzend ausgelegt. So normierte Art. 60 lediglich: „Wer als Mitglied der einen oder anderen Kammer auf Landtagen erscheinen will, darf nie wegen Verbrechen, oder Vergehen, die nicht blos zur niederen Polizei gehören, vor Gericht gestanden haben, ohne gänzlich freigesprochen worden zu sein.“ Nach

Artikel 4 des Gesetzes von 1842 war nunmehr „einem freisprechenden Erkenntnis" auch die Abolition sowie der Verzicht des Beschädigten, insofern das Strafgesetzbuch das Verfahren von der Klage des Beschädigten abhängig machte, gleich zu erachten. Artikel 5 definierte die Begriffe „Verbrechen" und „Vergehen". Insoweit wurde zwischen diesen beiden Begriffen keine Unterscheidung – wie es heute im Bereich des Strafrechts der Fall ist – gemacht: „Verbrechen oder Vergehen im Sinne des vorhergehenden Artikels sind nur diejenigen Handlungen oder Unterlassungen, welche in dem Strafgesetzbuche oder in dem Militärstrafgesetzbuche mit Strafe bedroht sind." Eine Ergänzung sah Artikel 6 vor, indem auch solche Personen nicht mehr als Mitglieder der Kammern zugelassen wurden, die gegen die Gesetze und Verordnungen über die indirekten Abgaben verstießen, soweit es dadurch zu einer Freiheitsstrafe von über einem Jahr kam. In Artikel 7 wurden nun die Straftatbestände aufgezählt, die eine Unfähigkeit der Abgeordnetenstellung *nicht* zur Folge hatte, etwa die Ehrkränkung, die Verletzung fremder Geheimnisse oder auch Gewalttätigkeit. Bei militärischen Vergehen der Militärpersonen drohte ebenso keine Abweisung, falls keine andere Strafe als der Verweis, die Arreststrafe oder eine einfache Festungsstrafe bis zu einem Jahr festgesetzt wurde (Art. 8). Artikel 9 normierte schließlich die mit Strafe bedrohten Handlungen, die zumindest in den Provinzen Starkenburg und Oberhessen die Aberkennung des passiven Wahlrechts zur Folge hatte.

Insgesamt enthielten beide Revisionen, sowohl die in **Bayern** als auch in **Hessen-Darmstadt** damit lediglich Ergänzungen zu *einer* der Regelungen in den ursprünglichen Verfassungsurkunden.

(b) Versammlungshäufigkeit[431]

Die Einberufung der Landtage sollte in **Lippe-Detmold** und **Hannover** ab 1840 alle zwei Jahre erfolgen, in **Sachsen** dagegen nur alle drei Jahre und die Verfassung von **Hannover** von 1833 sah eine jährliche Einberufungshäufigkeit vor.[432] Neben der Versammlung eines ordentlichen Landtags war in **Lippe-Detmold**, **Sachsen** und schließlich auch in **Hannover** 1840 die Möglichkeit der Einberufung eines außerordentlichen Landtags bei dringenden Angelegenheiten gegeben. Die gewöhnliche Dauer der ordentlichen Versammlung war in **Lippe** in § 33 der Verfassung mit vierzehn Tagen bis drei Wochen und in **Hannover** ab 1840 mit einer Höchstdauer von drei Monaten (§ 107) festgesetzt. In **Hannover** wurden damit in der neuen Verfassungsurkunde von 1840 detailliertere Regelungen zur Versammlungshäufigkeit gemacht. Die Verfassung von **Hannover** 1833 war folglich im Verhältnis zu den anderen Staaten, was die Regelungen zur Versammlungshäufigkeit anbelangte, aus Sicht der Kammern die Vorteilhafteste. Denn der Landtag hatte nicht nur die Möglichkeit, sich jährlich zu

---

431 Zur Bedeutung der Versammlungshäufigkeit siehe unter 1. Der Zeitraum von 1815–1830, aa. Unmittelbarer Vergleich der Verfassungen, (2) Allgemeine Bestimmungen unter Buchstabe (b).

432 Lippe 1836 (§ 25), Sachsen 1831 (§ 115), Hannover 1833 (§ 118) und Hannover 1840 (§ 106).

versammeln und so regelmäßig Anteil am Staatsleben zu nehmen, sondern er hatte darüber hinaus auch mit der Gewährung von drei Monaten eine sehr lange Dauer zugeteilt bekommen, um über die Angelegenheiten, über die Beratungen stattzufinden hatten, ausführlich zu entscheiden.

### (c) Legislaturperiode[433]

Weder in der Verfassung noch in der Wahlordnung **Sachsens** finden sich Hinweise zur Legislaturperiode des Landtags. Die Verfassung **Lippe-Detmolds** verwies in § 22 diesbezüglich nur auf den zweiten und dritten Stand und damit nur auf die Legislaturperiode der Zweiten Kammer, deren Abgeordnete alle sechs Jahre gewählt werden sollten. Die Regelungen in den beiden Verfassungsurkunden von **Hannover** waren insoweit kongruent und gaben eine Dauer des Landtags von sechs Jahren vom Tage der Eröffnung an (1833: § 105; 1840: § 116).

Hinsichtlich der Legislaturperiode hatte damit keine weitergehende Entwicklung im Verhältnis zum vorangegangenen Zeitraum stattgefunden. Wie am Beispiel von **Sachsen** zu sehen ist, gab es immer noch Staaten, die durch Nichtregulierung solch elementarer Vorschriften für die Landtage eine Wahl und damit eine Neukonstitutierung der Kammern gänzlich umgehen konnten. Die anderen Staaten wie **Hannover** und **Lippe-Detmold** hatten zwar teilweise Regelungen getroffen, doch bedeutete eine sechsjährige Legislaturperiode aus Sicht der Bürger weiterhin eine sehr geringe Anteilnahme am politischen Geschehen.

### (4) Verfassungsrechtliche Änderungen innerhalb eines Staates

Nachdem die **hannoversche** Verfassung von 1833 durch den gerade erst seit sechs Monaten (Regierungsantritt: 05.07.1837) regierenden König Ernst August am 01. November 1837 aufgehoben wurde, erließ er am 06. August 1840 eine neue Verfassung. Wie im unmittelbaren Vergleich erkennbar, unterschieden sich die Inhalte bezüglich der Abgeordneten der *Ersten* Kammer in den beiden Grundgesetzen kaum voneinander. In der Verfassung von 1840 waren lediglich noch zusätzliche Abgeordnete vorgesehen. Dazu zählten in der Ersten Kammer der Direktor der königlichen Domänenkammer, der Präsident des Ober-Steuer- und Schatzkollegiums und die in den Provinziallandschaften erwählten Mitglieder des Schatzkollegiums, welche adelige Mitglieder einer Ritterschaft waren. Zudem musste das vom König zu ernennende Mitglied nunmehr dem adeligen Stand angehören, was in der Verfassung von 1833 noch nicht gefordert wurde. Der Mitgliederbestand der *Zweiten* Kammer wurde lediglich durch ein erwähltes Mitglied des Schatzkollegiums aufgestockt, ansonsten blieb es bei den bereits 1833 vorgesehenen Mitgliedern. Insgesamt wurden 1840 in die Erste und in die Zweite Kammer strikt die Abgeordneten wieder mit aufgenommen,

433 Zur Bedeutung der Legislaturperiode siehe unter 1. Der Zeitraum von 1815–1830, aa. Unmittelbarer Vergleich der Verfassungen, (2) Allgemeine Bestimmungen unter Buchstabe (c).

die bereits 1819 einen festen Sitz in der Ersten Kammer erhalten hatten und 1833 nicht mehr als Deputierte vorgesehen waren. Neu im Gegensatz zu dem Edikt von 1819 war allerdings in den Verfassungen, die ab 1833 erlassen wurden, dass Mitglieder auch vom König ernannt werden konnten. 1833 und 1840 waren zudem keine Deputierten der von den Consistorien zu wählenden Deputierten für das Kirchen- und Schulwesen, wie es 1819 noch normiert wurde, vorgesehen. Auch hinsichtlich der allgemeinen Wählbarkeitsvoraussetzungen und den Regelungen zur Versammlungshäufigkeit sind nur geringe Änderungen vorgenommen worden, wie der Vergleich gezeigt hat. Auffällig ist lediglich, dass in der Verfassung von 1840 nunmehr detailliertere Regelungen ausgearbeitet wurden.

Es stellt sich mithin die Frage, aus welchen Gründen im Jahr 1833 eine neue Verfassung entstanden ist, die bereits 1837 wieder aufgehoben und dafür im Jahr 1840 ein, seinen Inhalten nach fast identisches Staatsgrundgesetz zu 1819 erlassen wurde. Zu beantworten ist dies anhand der politischen Entwicklung Anfang der 1830er Jahre: Zu diesem Zeitpunkt kam eine Bewegung von Seiten der Bevölkerung auf, die die allgemeine Ständeversammlung aufforderte, ihre Machtstellung im Verhältnis zum Fürsten weiter zu verstärken, was dieser allerdings nach den bisherigen Verfassungsverhältnissen nicht gestattet war.[434] Daraufhin wurden sowohl an den König als auch an den Vizekönig vielfach Petitionen gerichtet, die den Wunsch nach Verfassungsänderungen beinhalteten.[435] Unter dem Druck der Öffentlichkeit fanden sich schon bald die ersten Kommissionszusammenkünfte ein, die eine neue Verfassung entwarfen. Hinsichtlich der Zusammensetzung des neuen Landtags schufen sie allerdings im Grundsatz nichts Neues, sondern behielten das Alte mit wenigen Modifikationen bei.[436]

Bereits am 01. November 1837 erfolgte ein „Patent über die Aufhebung der Verfassung“ von 1833. Der der Öffentlichkeit zugänglich gemachte Grund hierfür lag in der nicht vertragsgemäßen Errichtung des Staatsgrundgesetzes, „denn, mehrere der von der allgemeinen Stände-Versammlung in Beziehung auf das neue Staats-Grundgesetz gemachten Anträge erhielten nicht die Genehmigung der Königlichen Regierung, sondern es wurde dasselbe mit den, von dieser für nothwendig oder nützlich gehaltenen Abänderungen am 26. September 1833 vom Königе verkündigt, ohne dass diese zuvor den allgemeinen Ständen mitgetheilt und von ihnen wären genehmigt worden“, so König Ernst August in der Proklamation der Aufhebungsurkunde. Diese Begründung, mit der der neue König die Aufhebung des alten Staatsgrundgesetzes rechtfertigte, stieß auf eine Welle der Empörung. So lassen sich zahlreiche Briefe aus dieser Zeit finden, die gewichtige Argumente für die Widerlegung der Begründung

434 Oppermann, Zur Geschichte des Königreichs Hannover, Band 1, S. 1.
435 Oppermann, a.a.O., S. 1.
436 Oppermann, a.a.O., S. 31.

des Königs, dass das Staatsgrundgesetz von 1833 auf eine völlig ungültige Weise errichtet worden sei, boten.[437]

Schnell kommt damit der Verdacht auf, dass hinter der offiziellen Begründung zur Aufhebung der Verfassung ein anderer, tatsächlicher Grund stecken musste. Bei Betrachtung der Entstehungsgeschichte der im Jahr 1840 neu erlassenen Verfassung wird die wahre Absicht von Ernst August schnell deutlich. Der König verfasste selbst einen Entwurf und legte diesen 1838 den auf der Basis der Verfassung von 1819 reorganisierten altständischen Kammern zur Beratung vor.[438] Die Ständeversammlung stimmte nach zweimaliger Vertagung durch den König und erneutem Zusammentreten am 19. Mai 1840 der neuen hannoverschen Verfassung Anfang August 1840 zu.[439] Ernst August brachte dadurch seine absolutistisch gehaltene Regierungspräferenz deutlich zum Ausdruck, denn die Verfassung war geprägt durch einen Rückschritt im Verhältnis auf das konstitutionell ausgefertigte Produkt von 1833, indem beispielsweise die Gesetzgebungszuständigkeit der Kammern beschränkt und die Ministerverantwortlichkeit aufgehoben wurde. Wie im Vergleich sichtbar, waren hinsichtlich der Zusammensetzung der Kammern allerdings keine Rückschritte zu beobachten. Zwar waren die Mitglieder der Kammern nahezu identisch zu denjenigen, die 1819 in den Kammern vertreten waren, jedoch waren diesbezüglich auch in der Verfassung von 1833 keine großen Veränderungen vorgenommen worden. Insofern passt die Bemerkung des Staatsrechtlers Huber, „dass die rückwärtsführenden Bestimmungen der Verfassung von 1840 im Vergleich zu dem Staatsgrundgesetz von 1833 jedenfalls nicht so ins Gewicht fielen, dass es sich für König Ernst August wirklich gelohnt hatte, ihretwegen das Odium des Verfassungsbruchs auf sich zu nehmen und das Land in einen dreijährigen erbitterten Verfassungsstreit zu stürzen“[440].

### *bb. Auswertung hinsichtlich der Zweikammersysteme*

#### (1) Beurteilung der Ersten Kammer

Die Ersten Kammern bestanden ausnahmslos in allen Staaten lediglich aus vom Monarchen festgesetzten oder von den einzelnen Ständen zu wählenden Personen. Abgeordnete, die auch von dem Volk gewählt wurden, waren nicht vorgesehen.

---

437 Solche Briefe sind etwa von Joseph, Freiherr von Hormayr (bayerischer Ministerpräsident in Hannover), von den Göttinger Sieben (Zusammenschluß sieben Göttinger Professoren, die als Folge des Protestschreibens durch königliches Patent entlassen wurden) oder des Magistrats der Stadt Osnabrück geschrieben worden. Abgedruckt in: Real, Der Hannoversche Verfassungskonflikt 1837/1839. Das Hauptargument, das von Joseph, Freiherr von Hormayr angebracht wurde, lag zutreffend darin, dass es sich bei solchen, nur vom König erlassene Edikte keineswegs um formell verfassungswidrige Gesetze handeln würde, sondern diese oktroyierten Gesetze durchaus Bestand haben.

438 Krüger, Blindheit und Königtum, S. 36.

439 Huber, Deutsche Verfassungsgeschichte seit 1789, Band II, S. 114.

440 Huber, a.a.O., S. 114.

Insofern unterschieden sich die Ersten Kammern hinsichtlich ihrer Zusammensetzung nicht grundlegend von denen in der vorangangenen Zeitperiode. Es fällt jedoch auf, dass die Stände, die aus ihrer Mitte gewählt wurden, schon häufiger vertreten waren als noch vor 1830. Dementsprechend sahen alle zu vergleichenden Staaten den Stand der Rittergutsbesitzer und **Sachsen** darüber hinaus auch Abgeordnete der Universität zu Leipzig vor. Die Landesherren gaben sich offensichtlich Mühe, auch bezüglich der Ersten Kammern den Konstitutionalismus, wenn auch in sehr abgeschwächter Form, zum Entstehen zu bringen bzw. weiterzuentwickeln. Diese Bemühung rührte zum größten Teil gezwungenermaßen aus den Unruhen in der Bevölkerung Anfang der 1830er Jahre.

Die Mitglieder der Ersten Kammern der Königreiche **Sachsen** und **Hannover** waren sich hinsichtlich der allgemein vertretenen Stände und der festgesetzten Abgeordneten sehr ähnlich. Das lag vor allem daran, dass beide Staaten einen Balanceakt zwischen Alt- und Neuständischem versuchten, wobei altständische Elemente, insbesondere was die Zusammensetzung der Ersten Kammer anging, ohne Zweifel überwog. **Sachsen** orientierte sich hierbei noch an der jahrhundertealten ständischen Verfassung des Landes.[441] Dass die Verfassung vom 04. September 1831 die erste in der Zeit des Bestehens des Deutschen Bundes war, lag insbesondere an dem damalig regierenden König Friedrich August, dem das Wesen des konstitutionellen Repräsentativsystems wenig sympathisch war.[442] **Sachsen** hatte sich dabei – im Gegensatz zu vielen anderen Staaten – von allem konstitutionellen Schablonentum hinsichtlich ihrer Verfassungsausgestaltung freigehalten und hatte ausschließlich die konkreten Verhältnisse des Landes als Richtschnur genommen.[443]

Das Fürstentum **Lippe-Detmold** wich dagegen erheblich von den beiden anderen Staaten ab, sowohl was Mitgliederanzahl als auch die zu vertretenen Stände in der Ersten Kammer anbelangte. Lediglich der Stand der Rittergutsbesitzer war als Vertreter vorgesehen. Ebenso wie Braunschweig 1820 bestand hier, obwohl es sich mit einer Gesamtfläche von 122 001 ha im Vergleich zu anderen Staaten des Deutschen Bundes um einen kleinen Einzelstaat handelte, ein Zweikammersystem. Es stellt sich mithin die Frage, warum nicht – aus Gründen, die auch in Braunschweig für die Einführung eines Einkammersystems angebracht wurden – eine solche Kammerordnung eingeführt worden war. Dies lässt sich damit begründen, dass der Monarch von Lippe sich bei der Verfassunggebung ausschließlich an der bereits aus dem Mittelalter bekannten „Landschaft“ orientiert und daran festgehalten hatte.[444] Bereits zu jener Zeit wurden zwei selbständige Kurien aus der „Landschaft von Ritterschaft und Städten“ gebildet, die zu finanziellen und anderen öffentlichen Interessen und zu Landtagen

441 Witzleben, Die Entstehung der constitutionellen Verfassung des Königreich Sachsen, S. 7.

442 Witzleben, a.a.O., S. 7.

443 Witzleben, a.a.O., S. 15; Mayer, Das Staatsrecht des Königreich Sachsen, S. 114.

444 Falkmann, Das Staatsrecht des Fürstenthums Lippe, in: Marquardsen (Hrsg.), Handbuch des öffentlichen Rechts, Bd. III, S. 181.

berufen wurden.[445] Lediglich der Stand der erblichen Gutsbesitzer wurde 1836 in die neu entstandene Zweite Kammer zusätzlich aufgenommen.

### (2) Beurteilung der Zweiten Kammer

Bezüglich der Mitgliederpräferenz der Zweiten Kammern fällt auf, dass keiner der Staaten eine Kammer vorgesehen hatte, die *allein* aus vom Volk zu wählenden Abgeordneten bestand. Vielmehr wurden zahlreiche Mitglieder von vornherein festgesetzt oder aber bestimmte Stände nur von solchen zu ihrer Mitte gehörenden Personen gewählt. Im Vergleich zu der Zusammensetzung der Zweiten Kammern in den Jahren von 1815–1830 entstand insoweit keine Weiterentwicklung in den Einzelstaaten. An eine Kammer, die allein aus Volksvertretern im eigentlichen Sinne bestand, hatten die monarchischen Verfassungsgeber auch zu dieser Zeit noch kein Interesse.

## *c. Die Auswertung des Ein- und Zweikammersystems in dieser Periode*

Wie an dieser Welle der Verfassunggebung, die sich insbesondere zu Beginn der 1830er Jahre abzeichnete, zu sehen, wirkte sich die Julirevolution nicht nur auf die europäischen Staatsordnungen, sondern sogar auf die Verfassungen der Einzelstaaten des Deutschen Bundes aus. Insgesamt 13 Staaten erließen neue oder modifizierten ihre alten Verfassungen von vor 1830. Wie aus dem Vergleich ersichtlich, waren es vor allem die Staaten mit einem Einkammersystem, die signifikante Veränderungen in der Zusammensetzung des Landtags vornahmen, indem sie im Gegensatz zu 1815–1830 vor allem neue Stände bestimmten, um so eine größere Interessenvertretung zu erreichen. Die Staaten mit einem Zweikammersystem versuchten demgegenüber, die Bevölkerung bereits dadurch zu „beruhigen“, dass sie lediglich kleinere, teilweise kaum spürbare Änderungen hinsichtlich der Zusammensetzung der beiden Kammern vornahmen.

Bezüglich der allgemeinen Wählbarkeitsvoraussetzungen sowohl in den Ein- als auch in den Zweikammersystemen waren keine nennenswerten Unterschiede im Gegensatz zur vorangegangenen Zeitepoche festzustellen.

Insgesamt wurden damit in dieser Zeitperiode weitere konstitutionelle Elemente in die Verfassungen aufgenommen, eine neue Stufe der Fortentwicklung des konstitutionellen Lebens in Deutschland zu größerer Freiheit war jedoch nicht ersichtlich. Insofern ist der Bemerkung des Staatsrechtlers Willoweit zu dieser zweiten „Verfassungswelle“, deren Folge er als „drittes Deutschland“ charakterisiert, da es „ein ganz überwiegend konstitutionelles Gesicht enthält“ nicht zuzustimmen.[446] Die Landesherren schlossen sich vielmehr den *bestehenden* Grundsätzen des konstitutionellen

445 Falkmann, a.a.O., S. 181.

446 Vgl. die Bemerkung Willoweits in seinem Werk Deutsche Verfassungsgeschichte, S. 281.

Staatsrechts an. Die Entwicklung ist am ehesten zu charakterisieren als ein Kompromiss zwischen Tradition und Fortschritt.

### d. *Vergleich der Ein- und Zweikammersysteme zum heutigen Parlamentarismus*

Wie der Vergleich zeigt, ist bei beiden Kammersystemen im Verhältnis zu der vorangegangenen Zeitperiode ein kleiner „Fortschritt" in der Zusammensetzung der Landtage eingetreten, der zumindest auf den ersten Blick vergleichbar zu den heutigen politischen Gegebenheiten im Bundestag erscheint. Gemeint ist der in den Einkammersystemen große, in den Zweikammersystemen sehr geringe Zuwachs an solchen Abgeordneten, die vom Volk gewählt wurden, auch wenn es daneben in den meisten Staaten immer noch eine Ständevertretung gab und zusätzlich solche Deputierten, die von den Landesherren ernannt wurden. Auf den zweiten Blick ist jedoch eine Vorform zu den heutigen Abgeordneten trotz dieses Merkmals der Volkswahl nicht zu erkennen. Denn im Gegensatz zu den aktuellen Regelungen gab es damals weiterhin passive Wählbarkeitsvoraussetzungen, die heute schlichtweg nicht mehr als möglich erscheinen. So waren auch zu jener Zeit weiterhin Frauen als Abgeordnete ausgeschlossen und die Wählbarkeit wurde entscheidend durch den Nachweis von Besitz, eines bestimmten Steueraufkommens oder eines bestimmten Einkommens geprägt.

Ebenfalls sehr geändert hat sich die Anzahl der Abgeordneten. Während in den Einkammersystemen höchstens achtundvierzig Abgeordnete zugelassen wurden und in den Zweikammersystemen in Erster und Zweiter Kammer insgesamt nicht mehr als einhundert Personen vorgesehen waren, sieht das Bundeswahlgesetz in § 1 Abs. 1 S. 1 GG eine gesetzliche Mitgliederzahl von fünfhundertachtundneunzig Abgeordneten vor. Im Laufe der Jahrhunderte hat sich natürlich die Einwohnerzahl Deutschlands um ein Vielfaches erhöht, so dass die steigende Zahl der Bevölkerung gerne als Grund für die hohe Anzahl an Mitgliedern im Deutschen Bundestag genommen wird. Ob tatsächlich ein Bedarf nach derart vielen Abgeordneten besteht oder ein funktionierender Bundestag nicht auch mit weniger Mitgliedern möglich wäre, sei an dieser Stelle dahingestellt.

Keine nennenswerte Änderung hatte sich zudem hinsichtlich der Legislaturperiode und der Versammlungshäufigkeit zu der vorangegangenen Zeitperiode entwickelt. Weiterhin war Usus, dass die jeweiligen Landesherren die Entscheidungsgewalt über die Einberufung der Landtage behielten, was mit dem heutigen Selbstversammlungsrecht, das sich gerade dadurch auszeichnet, dass der Bundestag nach Art. 39 Abs. 3 GG den Schluss und den Wiederbeginn seiner Sitzungen *selbst* bestimmen kann, nicht zu vergleichen ist. Als Vorform scheidet damit das noch zu jener Zeit vorherrschende Selbstversammlungsrecht aus.

Die passiven Wählbarkeitsvoraussetzungen, die bereits in dem Untersuchungszeitraum von 1815–1830 als Vorformen des heutigen Parlamentarismus festgestellt wurden, waren auch in dieser Zeit noch in den meisten Einzelstaaten, unabhängig von Ein- oder Zweikammersystem vorhanden.

Ebenfalls in diese Zeit fielen die Anfänge der Parteienbildung und die Bildung von Fraktionen.[447] Zwar wurden noch keine Parteien, wie heute mit der Zweitstimme gewählt. Dennoch kann diese Entwicklung, die aus dem unsrigen Parlamentarismus nicht mehr wegzudenken ist, ebenfalls als Vorläufer angesehen werden.

## 3. Der Zeitraum von 1848–1850

### *a. Die Zusammensetzung hinsichtlich der Einkammersysteme*

In den Jahren von 1848 bis 1850 erließen die Staaten **Anhalt-Bernburg** (1848 und 1850), **Anhalt-Dessau-Köthen**[448], **Mecklenburg-Schwerin, Oldenburg, Reuß j.L., Sachsen-Gotha** und **Lauenburg** erstmalig Verfassungen. Dagegen errichteten einige Staaten bereits ihre zweite Verfassung, die die erste insoweit ablöste, namentlich **Luxemburg** (erste Verfassung von 1841), **Sachsen-Weimar-Eisenach** (1816), **Schwarzburg-Sondershausen** (1841), **Schleswig-Holstein** (1831), **Nassau** (1814) und **Waldeck-Pyrmont** (1816). In der Verfassung **Sachsen-Weimar-Eisenachs** vom 15. Oktober 1850 gab es insoweit eine Besonderheit, als dass sie keine Bestimmungen zu der Zusammensetzung des Landtags enthielt, sondern auf das zwei Jahre später erlassene Wahlgesetz verwies. Da dieses Wahlgesetz somit in den Untersuchungszeitraum von 1851–1866 fällt, ist es auch erst an jener Stelle zu berücksichtigen. **Hessen-Kassel, Württemberg, Lippe-Detmold, Sachsen-Meiningen, Sachsen-Altenburg** und **Sachsen-Coburg-Saalfeld** erließen jeweils ein *Revisionsgesetz*, das eine Änderung hinsichtlich der Zusammensetzung des Landtags vorsah.

Ein besonderes Augenmerk wird bei der Untersuchung auf den Staaten **Nassau, Württemberg und Lippe-Detmold** liegen, da dort ein Wechsel von einem Zwei- zu einem Einkammersystem stattfand.

#### *aa. Unmittelbarer Vergleich der Verfassungen*

#### (1) Mitglieder der Kammer[449]

Mit einigen wenigen Ausnahmen ließen die meisten Verfassungsgeber nunmehr nur noch Landtage zu, die ausschließlich aus Abgeordneten bestanden, die vom Volk gewählt wurden. Zu den Staaten, die insoweit ihren *ersten* Landtag mit einer solchen Mitgliederpräferenz gestalteten, gehörten **Sachsen-Gotha, Reuß jüngerer Linie**

---

447 Ritter, Die deutschen Parteien 1830–1914, S. 11.

448 Da die Verfassungen von Anhalt-Köthen und Anhalt-Dessau ihrem Inhalt nach völlig identisch sind, wird nur eine Verfassung unter der Bezeichnung Anhalt-Köthen-Dessau Gegenstand der Untersuchung.

449 Zur Bedeutung von Kammermitgliedern siehe unter 1. Der Zeitraum von 1815–1830, aa. Unmittelbarer Vergleich der Verfassungen unter (1).

**(j.L.), Anhalt-Bernburg, Anhalt-Dessau-Köthen und Oldenburg.**[450] Die Bundesstaaten **Sachsen-Coburg-Saalfeld, Luxemburg, Sachsen-Altenburg, Schwarzburg-Sondershausen, Sachsen-Meiningen, Württemberg, Lippe-Detmold, Nassau und Schleswig-Holstein**, die bis dahin eine andere Mitgliederpräferenz für ihren jeweiligen Landtag vorgesehen hatten, änderten die Zusammensetzung ebenso in der oben genannten Weise.[451] Diese Verfassungsänderungen waren durch die deutsche Revolution und den damit verbundenen Forderungen der Bürger nach einer demokratischeren Zusammensetzung hervorgerufen worden.[452]

Die Kammern wiesen von Staat zu Staat signifikante Abweichungen auf, was die Anzahl der Mitglieder betraf. In **Anhalt-Dessau-Köthen** gab es insgesamt zweiundzwanzig Abgeordnete (§ 38), in **Sachsen-Meiningen** und **Sachsen-Gotha** jeweils fünfundzwanzig[453] und in **Sachsen-Altenburg** neunundzwanzig (§ 1 Gesetz von 1848). Dagegen sahen **Sachsen-Coburg-Saalfeld** und **Schwarzburg-Sondershausen** beide eine Mitgliederzahl von achtzehn vor[454] und **Waldeck-Pyrmont** eine von fünfzehn (§ 46). Im Gegensatz hierzu wollte das Königreich **Württemberg** in seiner Kammer insgesamt vierundsechzig Mitglieder wissen (Art. 3 Gesetz von 1849) und **Schleswig-Holstein** nahm mit einhundert Abgeordneten die meisten Mitglieder in seine Kammer auf (Art. 76). Keine Regelung hierzu sah die Verfassung von **Anhalt-Bernburg** vor, und sowohl **Reuß j.L.** als auch **Oldenburg** und **Luxemburg** regelten in ihren Verfassungen nur ein allgemeines Zahlenverhältnis (so hieß es beispielsweise in § 66 der Verfassung von **Reuß j.L.**: „Auf je 4000 Einwohner ist ein Vertreter vom Volke zu wählen […]." Dass die Anzahl der Mitglieder stark voneinander abwich, war offenbar der Größe des jeweiligen Landes geschuldet. So waren **Württemberg** und **Schleswig-Holstein** „Großstaaten", die dementsprechend auch mehr Abgeordnete in der Kammer wissen wollten als die Kleinststaaten wie **Waldeck** oder **Sachsen-Coburg-Saalfeld**.

In einigen Verfassungen wurde der Zusatz gebracht, dass jeder Abgeordnete Vertreter der Gesamtheit der Staatsangehörigen, nicht einzelner Landesteile oder Volksklassen ist[455] oder aber es wurde angemerkt, dass sie ohne Unterschied des

---

450 Oldenburg 1849 (Art. 128); Anhalt-Bernburg 1848 (§ 51); Anhalt-Dessau-Köthen 1848 (§ 38); Sachsen-Gotha 1849 (§ 1 ff. der Beilage I.); Reuss j.L. 1849 (§ 6 ff. des der Verfassung beigefügten Wahlgesetzes).

451 Schwarzburg-Sondershausen 1849 (§ 77); Luxemburg 1848 (Art. 52); Schleswig-Holstein 1848 (Art. 74 ff.) und Sachsen-Coburg-Saalfeld im „Gesetz, die Ständeversammlung und die Wahl der Abgeordneten hierzu betreffend" von 1848 (Art. 2/3); Nassau 1849 (§ 67); Württemberg Gesetz 1849 (Art. 3), Lippe Gesetz 1849 (§ 5), Sachsen-Meiningen Gesetz 1848 (Art. 1) und Sachsen-Altenburg 1848 (§ 1).

452 Hartung, Deutsche Verfassungsgeschichte, S. 211 ff.

453 Sachsen-Meiningen Gesetz 1848 (Art. 1) und Sachsen-Gotha Wahlgesetz 1849 (§ 1).

454 Sachsen-Coburg-Saalfeld Gesetz 1848 (Art. 2) und Schwarzburg-Sondershausen Gesetz 1849 (§ 77).

455 So in § 52 der Verfassung von Anhalt-Bernburg, in § 19 der Verfassung von Sachsen-Gotha, in Art. 51 der Verfassung von Luxemburg, in Art. 1 des Gesetzes

Standes zu wählen sind[456]. Hierin manifestierte sich der äußerlich erkennbare Wille, dass eine Ständevertretung aufgehoben und das Volk zumindest mittelbar am Verfassungsleben beteiligt werden sollte. Dass der nach außen proklamierte Wille jedoch nicht unbedingt auch dem wahren Willen der Monarchen entsprach, zeigte sich in einigen Staaten daran, dass in den Regelungen zu der Zusammensetzung der Kammer auf ein Wahlgesetz bezüglich der näheren Ausgestaltung hingewiesen worden war, das jedoch nie erlassen wurde. So verhielt es sich in **Anhalt-Dessau-Köthen** und in **Waldeck-Pyrmont**, so dass in diesen Staaten der Landtag ein reines Provisorium darstellte.[457] Auch **Sachsen-Gotha, Anhalt-Bernburg, Nassau** und **Reuß j.L.** verwiesen auf ein entsprechendes Wahlgesetz. Im Gegensatz zu den oben genannten Staaten wurde dieses jedoch tatsächlich auch den Verfassungen als Anlage beigefügt, in **Nassau** galt insoweit das Wahlgesetz vom 05. April 1848.

**Lauenburg**, **Mecklenburg-Schwerin** und **Hessen-Kassel** wiesen hinsichtlich der Zusammensetzung des Landtags im Verhältnis zu den oben genannten Staaten eine entscheidende Aberration auf. Neben den durch allgemeine Wahlen hervorgehenden Abgeordneten sollten auch weiterhin bestimmte Stände vertreten sein, die aus ihrer Mitte gewählt wurden.[458] In **Lauenburg** wurden von den insgesamt einundzwanzig zu wählenden Deputierten neun bestimmt, die zu der Gruppe der Grundeigentümer gehörten, und zwar sechs von den ländlichen und drei von den städtischen Grundbesitzern. Nach Artikel 74 war die Wahl direkt, d.h. ohne Dazwischentreten von Wahlmännern. Besondere Wählbarkeitsvoraussetzungen für den Stand der Grundeigentümer wurden nicht deklariert. Die Verfassung von **Mecklenburg-Schwerin** verwies in § 74 auf das beigefügte Wahlgesetz. Dort wurde normiert, dass für das Großherzogtum sechzig Abgeordnete zu wählen waren, wovon vierzig durch allgemeine Wahlen und zwanzig durch besondere Wahlen seitens der ländlichen Grundbesitzer, der Kaufleute und Gewerbetreibenden bestimmt wurden (§ 1). Im dritten Abschnitt des Wahlgesetzes reglementierte der Verfassungsgeber lediglich besondere Vorschriften für das aktive, nicht jedoch für das passive Wahlrecht. Die Wahlen sollten nach § 8 des Wahlgesetzes in unmittelbarer Weise erfolgen. Schließlich wurde auch

---

von Sachsen-Coburg-Saalfeld und in § 76 der Verfassung von Schwarzburg-Sondershausen.

456 Reuß j.L. 1849 (§ 66): „Die Rechte des Volks werden durch freigewählte Abgeordnete ohne Unterschied des Standes vertreten." Nassau 1849 (§ 4): „Vor dem Gesetze gilt kein Unterschied der Stände. Der Adel als Stand ist aufgehoben."

457 In § 51 der Verfassung von Anhalt-Bernburg hieß es beispielsweise: „Die Gesammtheit der Staatsangehörigen wird in Einer Kammer durch Abgeordnete vertreten, welche nach Maaßgabe des dieser Verfassung beigefügten Wahlgesetzes gewählt werden" und in Waldeck-Pyrmont hieß es in § 45 der Verfassung insoweit, dass der Landtag durch die vom Volke nach dem der Verfassung beigefügten Gesetze gewählten Vertreter gebildet würde. Eine entsprechende Regelung findet sich in der Verfassung von Anhalt-Dessau-Köthen in § 38.

458 Lauenburg 1849 (Art. 74); Mecklenburg-Schwerin 1849 (§ 1 des Wahlgesetzes); Hessen-Kassel Gesetz 1849 (§ 2).

in dem **kurhessischen** Gesetz „die Zusammensetzung der Ständeversammlung und die Wahl der Landtagsabgeordneten betreffend" vom 05. April 1849 reglementiert, dass weiterhin Stände in Form der höchstbesteuerten Grundbesitzer und Gewerbetreibenden in der Kammer vertreten sein sollten, auch wenn sie mit nur sechzehn Sitzen von insgesamt achtundvierzig die Minoritätsgruppe repräsentierten.[459] Sie wurden aus ihrer Mitte gewählt. Die restlichen zweiunddreißig Sitze sollten von Abgeordneten aus Städten und Landbezirken, die von den stimmberechtigten Bürgern in unmittelbarer Weise gewählt wurden, besetzt werden.

In allen drei Staaten stellten die vertretenen Stände damit lediglich eine Minoritätsgruppe im Verhältnis zu denjenigen Abgeordneten dar, die in mittel- oder unmittelbarer Weise gewählt werden sollten. Dennoch wollten diese Staaten augenscheinlich nicht gänzlich auf eine Ständevertretung in ihren jeweiligen Landtagen verzichten. Mithin stellt sich die Frage, warum sie trotz der allgemeinen Entwicklung weiterhin Stände als Vertreter in ihren Kammern zuließen. In **Mecklenburg-Schwerin** lag dies an der Zersplitterung der Mecklenburgischen Staaten und der damit einhergehenden Art des Zustandekommens des Staatsvertrages. Großherzog Franz II. von **Mecklenburg-Schwerin** konnte nicht aus eigener Machtvollkommenheit die Verfassung auf den Weg bringen, sondern musste mit der Landesunion darüber verhandeln.[460] Eine derartige Vorgehensweise bei der Ausfertigung eines neuen Staatsgrundgesetzes war noch auf die altständische Ordnung von 1755 zurückzuführen.[461] Die bisher politisch privilegierten Gruppen versammelten sich daraufhin und arbeiteten eine, zwar im Gegensatz zu der altständischen Ordnung vergleichsweise konstitutionelle Verfassung aus – indem sie ein weitgefasstes Wahlrecht zuließen, das lediglich die Empfänger von Armenunterstützung und diejenigen ausschlossen, die in keiner der Gemeinden oder Städte das Niederlassungsrecht besaßen – die jedoch geprägt war von ihrem eigenen Nutzen, in dem sie weiterhin Stände in der Kammer vertreten sehen wollten.[462] Diese Verfassung, die schließlich am 10. Oktober 1849 in Kraft trat, wurde bereits ein Jahr später durch die Verordnung vom 14. September 1850 wieder aufgehoben mit der Folge, dass erneut der landesgrundgesetzliche Erbvergleich von 1755 galt.[463]

Dass im Landtag von **Lauenburg** weiterhin Stände agierten, schien im Gegensatz zu **Mecklenburg-Schwerin** keinen besonderen Grund zu haben. Vielmehr schien

---

459 Hessen-Kassel 1848 (§ 2).
460 Engehausen, Die Revolution von 1848/49, S. 29.
461 Engehausen, a.a.O., S. 29.
462 Engehausen, a.a.O., S. 164.
463 Hintergrund dieser Entwicklung war die Klage des Großherzogs Georg von Mecklenburg-Strelitz vor dem Bundesschiedsgericht gegen das Staatsgrundgesetz, bezüglich dessen er sich 1849 weigerte, es gegenzuzeichnen und das Friedrich Franz II. dennoch für rechtswirksam erklärte. Mit dem Freienwalder Schiedsspruch vom 11. September 1850 wurde das Staatsgrundgesetz für nichtig erklärt. Vgl. insoweit Engehausen, a.a.O., S. 164.

es – wird hierzu die geschichtliche Entwicklung der Märzrevolution in diesem Einzelstaat betrachtet – als sei es selbstverständlich gewesen, dass die Stände aus der Kammer nicht wegzudenken waren.[464] Die Bürgerschaft erhob lediglich die Forderung nach einer „verstärkten" Landesvertretung, die dadurch verwirklicht wurde, dass neben den vertretenen Ständen auch einundzwanzig aus allgemeinen Wahlen hervorgehende Abgeordnete vorgesehen waren.[465] Es bestand zu keiner Zeit der Anspruch, dass die Landesvertretung auch die staatliche Macht im Lande verkörpern sollte.[466] Damit schien dem Willen des Volkes bereits mit der Einsetzung einiger Abgeordneter, die nicht zu einem Stand gehörten, Genüge getan.

In **Hessen-Kassel** gab es widerum andere Gründe für den Fortbestand der Stände. Für die Regierung war es bereits ein herber Rückschlag, dass sämtliche privilegierte Stände (Prinzen, Standesherren, Prälaten und Ritter) im Landtag aufgehoben wurden.[467] Die Vertretung durch die sechzehn Höchstbesteuerten, deren Zensus in manchen Gegenden sehr gering war, konnte diesen Verlust nicht ansatzweise wieder aufwiegen.[468] Dennoch hielt die Regierung zumindest an dieser „Bevorrechtigung" entgegen des Protestes von Seiten der Demokraten und Linksliberalen fest[469]. Für die an der Ausarbeitung des Gesetzes Beteiligten war damit die Änderung in der Mitgliederpräferenz der Kammer bereits ein erheblicher Fortschritt.[470]

### (2) Allgemeine Bestimmungen

#### (a) Allgemeine Voraussetzungen für die Wählbarkeit[471]

**Anhalt-Dessau-Köthen** forderten in ihren Grundgesetzen keine allgemeinen Voraussetzungen für die Wählbarkeit der Abgeordneten. Dies verwundert nicht, wenn

464 Vgl. die geschichtlichen Ausführungen von William Boehart, Nicht Untertanen, sondern Staatsbürger, in: Beutin, Die deutsche Revolution von 1848/49 und Norddeutschland, S. 219–236.

465 Boehart, a.a.O., S. 226.

466 Boehart, a.a.O., S. 226.

467 Losch, Geschichte des Kurfürstentums Hessen, S. 253.

468 Losch, a.a.O., S. 253.

469 Seier, Revolution in Kurhessen, in: Böhme/Heidenreich (Hrsg.), „Einigkeit und Recht und Freiheit", S. 46.

470 So die Worte eines Ausschussmitgliedes (Bayrhoffer) in der Wahlgesetzdebatte vom 21. Dezember 1848. Die Vertretung durch weiterhin zumindest teilweise Bevorrechtigte, die aus ihrer Mitte auch weiterhin zu wählen waren, rechtfertigte er mit dem Argument, dass nicht gesagt werden könne, „dass jeder Mann, der etwas hätte, der viel Steuern zahle, ein Dummkopf oder Hundsfott sein müsse und nur schlechte Subjekte in die Ständeversammlung schicken würde". Vgl. insoweit Seier, Akten und Dokumente, Dokument Nr. 40.

471 Zur Bedeutung der allgemeinen Wählbarkeitsvoraussetzungen siehe unter 1. Der Zeitraum von 1815–1830, aa. Unmittelbarer Vergleich der Verfassungen, (2) Allgemeine Bestimmungen unter (a).

bedacht wird, dass diese Verfassungen zu den liberalsten ihrer Zeit gehörten.[472] So ordneten sie beispielsweise in **Anhalt-Köthen** bereits vor Erlass des Verfassungswerkes eine bürgerliche Gleichstellung der Juden an. Während in anderen Staaten noch das Bekenntnis zur christlichen Religion gefordert wurde, fiel es hier bereits als Bedingung weg.[473]

Alle anderen Verfassungen der zu untersuchenden Staaten wiesen sehr ähnliche Bedingungen auf[474]: So wurde in jedem Staat ein bestimmtes Mindestalter gefordert, das gemeinhin bei fünfundzwanzig Jahren lag mit Ausnahme von **Mecklenburg-Schwerin**, **Sachsen-Meiningen**, **Württemberg**, **Lippe-Detmold**, **Hessen-Kassel** und **Sachsen-Coburg-Saalfeld**, wo Personen erst mit dem Erreichen des dreißigsten Lebensjahres zu Abgeordneten der Kammer gewählt werden konnten. Die Verfassungen **Lauenburgs** und **Schleswig-Holsteins** bezogen sich insoweit nur auf den „mündigen" und **Nassau** gemeinhin auf den „volljährigen" Gemeindebürger. Das passive Wahlrecht war in jedem Staat[475] mit Ausnahme von **Waldeck-Pyrmont** und **Sachsen-Meiningen** ausgeschlossen, wenn eine rechtskräftige Verurteilung wegen Verbrechens oder Vergehens vorlag, wobei in **Oldenburg** der Ausschluss bereits bei einer bloßen Anschuldigung oder einer einstweiligen Verhaftung erfolgte. In **Anhalt-Bernburg, Luxemburg**, **Sachsen-Altenburg**, **Nassau**, **Württemberg**, **Waldeck-Pyrmont**, **Sachsen-Meiningen**, **Hessen-Kassel**, und **Sachsen-Coburg-Saalfeld** sowie in **Oldenburg, Sachsen-Gotha** und **Reuß j.L.** mussten die Abgeordneten

---

472 Kotulla, Deutsches Verfassungsrecht, 1. Band, S. 330 ff.

473 Kotulla, a.a.O., S. 323.

474 Die Wählbarkeitsvoraussetzungen sind in den einzelnen Verfassungen in folgenden Vorschriften geregelt: Oldenburg 1849 (Art. 133/134/136); Sachsen-Gotha 1849 (§ 12/13 des Wahlgesetzes); Reuß j.L. 1849 (§ 5 des Wahlgesetzes); Lauenburg 1849 (Art. 75); Mecklenburg-Schwerin 1849 (§ 7 des Wahlgesetzes); Luxemburg 1848 (Art. 53/54); Schwarzburg-Sondershausen 1849 (§ 79/82); Hessen-Kassel Gesetz 1849 (§ 7); Sachsen-Coburg-Saalfeld Gesetz 1848 (Art. 8/10), Schleswig-Holstein 1848 (Art. 76); Lippe Gesetz 1849 (§ 4); Württemberg Gesetz 1849 (Art. 7), Waldeck-Pyrmont 1849 (§ 51), Sachsen-Meiningen Gesetz 1848 (Art. 7/8) und Sachsen-Altenburg Gesetz 1848 (§ 3/4). In Nassau finden sich in der Verfassungsurkunde selbst keine Regelungen zur Wählbarkeitsvoraussetzung, jedoch ist insoweit davon auszugehen, dass die Bestimmungen des landesherrlichen Edikts von 1848 Geltung hatten. In diesem Edikt wurde in § 36 (i.V.m. § 1 i.V.m. § 3 pos. 1,2,3,4,5 und 7 des Gemeindeedikts vom 05. Juni 1816) auf die Voraussetzungen des passiven Wahlrechts Bezug genommen. In Anhalt-Bernburg standen die Voraussetzungen des passiven Wahlrechts in dem „Wahlgesetz für das Herzogthum Anhalt-Bernburg" in § 1 und 2.

475 § 7 des Gesetzes von Hessen-Kassel besagte insoweit, dass der Abgeordnete keine peinliche Strafe erlitten haben oder wegen eines, die öffentliche Ansehung entziehenden Vergehens, worunter Diebstahl, Unterschlagung, Betrug oder Fälschung fielen, verurteilt werden durfte. Eine ähnliche Bestimmung sah hierzu auch Luxemburg in Art. 54 der Verfassung vor: „Weder Wahlmann noch wählbar können sein: die zu Leibes- oder entehrenden Strafen Verurtheilten; die wegen Diebstahls, Prellerei oder Missbrauchs des Vertrauens Verurtheilten; (…)."

Staatsbürger sein. In den vier letzt genannten Staaten musste zusätzlich die Eigenschaft der Selbständigkeit vorliegen, in **Sachsen-Gotha** und **Reuß j.L.** jedoch wiederum nur dann, so lange eine allgemeine Einkommens- respektive Vermögenssteuer nicht eingeführt war. Wer als selbständig galt, wurde in diesen Staaten detailliert aufgeführt, wobei sich die Regelungen dem Inhalt nach deckten: Die Eigenschaft repräsentierte nur, wer nicht unter Curatel stand, innerhalb des letzten Jahres vor der Wahl keine Unterstützung aus öffentlichen Armenmitteln erhalten hatte und nicht bei anderen in Kost und Lohn stand. Dazu gehörten nach § 2 bzw. § 7 der Wahlgesetze von **Reuß j.L.** und **Sachsen-Gotha** „Haussöhne, Dienstboten und Handwerksgesellen, die keinen eigenen Hausstand haben und Handlungs- und andere Geschäftsgehilfen, welche keinen eigenen Hausstand haben, oder sich im Brode ihres Handlungs- oder Geschäftsherrn befinden". Diese Personen durften sich in **Lauenburg, Anhalt-Bernburg, Württemberg, Lippe-Detmold, Schwarzburg-Sondershausen, Schleswig-Holstein, Nassau, Hessen-Kassel**[476] und **Mecklenburg-Schwerin** auch nicht im Zustand der Vormundschaft oder der Armenunterstützung befinden, wobei **Lauenburg** zusätzlich das Bestehen eines Dienstverhältnisses als Ausschlusskriterium ansah. Gegen die zahlreichste Klasse dieser unselbständig Erwerbstätigen wurde angebracht, dass sie, wenn sie selbst nur in beschränkten Verhältnissen lebten, nicht in der Lage wären, über die eigenen Unterhaltssorgen hinaus die öffentlichen Angelegenheiten richtig zu bewerten.[477] Zudem könnten sie keinen eigenen selbständigen Willen besitzen, da sie zu sehr von dem Willen derjenigen abhängen würden, die sie bezahlten.[478]

Eine weitere Voraussetzung in **Sachsen-Gotha**, **Nassau**, **Mecklenburg-Schwerin, Schwarzburg-Sondershausen, Hessen-Kassel** und **Reuß j.L.** war das Fehlen eines Konkurses über das Vermögen. Des Weiteren forderten die Verfassungen **Luxemburgs, Schwarzburg-Sondershausens, Württembergs**[479] und **Waldeck-Pyrmonts** noch die Ansässigkeit im jeweiligen Gebiet, in den beiden letzt genannten Staaten seit wenigstens drei Jahren. In **Luxemburg** mussten die Personen zudem im Genuss der bürgerlichen und politischen Rechte stehen, ohne dass diese Eigenschaft näher definiert wurde.

Die Abgeordneten der Landtage von **Sachsen-Gotha** und **Reuß j.L.** mussten eine direkte Staatssteuer seit Anfang des der Wahl vorangegangenen Jahres entrichtet haben. Insoweit setzte erst genannter Staat jedoch ebenfalls auf die Alternative der Ansässigkeit „mit Grundstücken" im Herzogtum Gotha. Schließlich erhob das Grundgesetz von **Mecklenburg-Schwerin** noch weitere Regelungen: Es wurde ein entweder durch obrigkeitliche Verleihung oder faktische Ausübung erworbenes Niederlassungsrecht an einem Ort des Landes gefordert. Nicht zugelassen wurden

---

476 Hessen-Kassel sah insoweit jedoch nur das Stehen unter Vormundschaft als Ausschlusskriterium vor, ohne auch die Armenunterstützung zu nennen.

477 Winter, Die Volksvertretung in Deutschlands Zukunft, S. 47.

478 Winter, a.a.O., S. 47.

479 In Württemberg reichte es insoweit auch aus, wenn man seinen Wohnsitz in einem anderen deutschen Staat hatte.

hier dagegen „diejenigen, welche den von ihnen zu der zuletzt erhobenen außerordentlichen Contribution zu zahlenden Beitrag nicht gezahlt haben, oder von solcher Zahlung Armutshalber entfreiet sind" (§ 3). Die Verfassung **Nassaus** sah als Ausschlußkriterium noch die Anstellung im Staatsdienst oder als besoldeter Hofbediensteter vor. Das Recht, gewählt zu werden, hatte in **Sachsen-Altenburg** neben den Voraussetzungen eines Mindestalters, des Staatsbürgerrechts und der Unbescholtenheit des Rufes nur, wer sich zu einer christlichen Religion bekannte und einen eigenen Hausstand besaß.

Wie an diesem Vergleich sichtbar, hatten sich die allgemeinen Voraussetzungen für das passive Wahlrecht im Verhältnis zu den vorangegangenen Jahren in den Einzelstaaten nicht geändert. Es wurden weiterhin die bekannten Kriterien wie ein bestimmtes Mindestalter, die Selbständigkeit oder auch das Staatsbürgerrecht gefordert. Demnach hatten sich diese Bedingungen als gut bewährt, so dass die Landesherren keine Notwendigkeit einer Änderung sahen.

(b) Versammlungshäufigkeit[480]

Mit Ausnahme von **Reuß j.L.** und **Schwarzburg-Sondershausen,** in deren Verfassungen in § 98 bzw. § 88 eine Versammlungshäufigkeit von zwei Jahren normiert wurden, sollten die Landtage in allen anderen Staaten sich regelmäßig einmal im Jahr versammeln.[481] Das Grundgesetz von **Oldenburg** sah eine solche jährliche Zusammenkunft zumindest für die ersten drei aufeinander folgenden Jahre vor, danach sollte es der Gesetzgebung vorbehalten bleiben, auch weiterhin jährliche ordentliche Landtage versammeln zu lassen. In vielen Verfassungen, darunter die von **Anhalt-Dessau-Köthen, Anhalt-Bernburg, Mecklenburg-Schwerin, Luxemburg** und **Oldenburg** wurde die Regelung nicht nur als Muss-Vorschrift ausgestaltet, sondern darüber hinaus auch vorgeschrieben, dass im Falle des Unterbleibens der Einberufung seitens des Landesherrn der Landtag sich unaufgefordert alljährlich versammelt. Im Gegensatz zu den vorangegangenen Zeitepochen fand danach eine erhebliche Verschärfung der gesetzlichen Regelungen statt. Damit verbesserte sich auch in diesem Punkt die Situation der Landtage erheblich, was von der Bevölkerung ebenfalls gefordert worden war.

Die außerordentliche Zusammenkunft der Abgeordneten, soweit es zur Erledigung dringender und wichtiger Landesangelegenheiten erforderlich war, konnte in jedem Staat erfolgen.

---

480 Zur Bedeutung der Versammlungshäufigkeit siehe unter 1. Der Zeitraum von 1815–1830, aa. Unmittelbarer Vergleich der Verfassungen, (2) Allgemeine Bestimmungen unter Buchstabe (b).

481 Lauenburg 1849 (Art. 85); Sachsen-Gotha 1849 (§ 29); Mecklenburg-Schwerin 1849 (§ 84); Anhalt-Bernburg 1848 (§ 58); Oldenburg 1849 (Art. 166); Anhalt-Dessau-Köthen 1848 (§ 46); Waldeck-Pyrmont 1849 (§ 55); Luxemburg 1848 (Art. 73); Schleswig-Holstein 1848 (Art. 85); Nassau 1849 (§ 58).

Die Gesetze von **Hessen-Kassel, Württemberg, Lippe-Detmold, Sachsen-Meiningen, Sachsen-Altenburg** und **Sachsen-Coburg-Saalfeld** sahen zur Versammlungshäufigkeit keine neuen Vorschriften vor, so dass es bei den alten verblieb. Damit war die Einberufung der Landtage auch weiterhin nur alle zwei bis vier Jahre vorgesehen. In diesem Punkt wollten offensichtlich die Landesherren der betreffenden Staaten nicht von den früheren Regelungen abweichen, um weiterhin zu vermeiden, dass die Landtage ein erhöhtes Mitspracherecht bei den staatlichen Angelegenheiten erhielten, was bei einer höheren Versammlungshäufigkeit automatisch der Fall gewesen wäre.

#### (c) Legislaturperiode[482]

Die Legislaturperiode der Kammer war von Staat zu Staat unterschiedlich ausgestaltet.[483] Die Wahl der Abgeordneten wurde in **Anhalt-Dessau-Köthen, Waldeck-Pyrmont** und **Reuß j.L.** auf zwei Jahre festgelegt, in **Anhalt-Bernburg, Nassau, Sachsen-Gotha** und **Lauenburg** sollten sie alle drei Jahre stattfinden. Die Verfassungen von **Mecklenburg-Schwerin, Schleswig-Holstein und von Schwarzburg-Sondershausen** sahen insoweit eine Legislaturperiode von vier Jahren vor, **Luxemburg** und **Sachsen-Coburg-Saalfeld** sogar eine nur alle sechs Jahre stattfindende Wahl. Die Verfassung von **Oldenburg** ordnete an, dass für jeden ordentlichen Landtag eine neue Wahl sämtlicher Abgeordneten vorgenommen werden sollte. Da sich nach Artikel 166 ein ordentlicher Landtag alljährlich versammelte, erfolgte damit auch die Wahl der Abgeordneten einmal im Jahr. Die Gesetze von **Hessen-Kassel, Württemberg, Sachsen-Meiningen** und **Lippe-Detmold** ordneten auch bezüglich der Legislaturperiode keine neuen Bestimmungen an.

Insgesamt ist damit keine einheitliche Entwicklung auszumachen. Im Verhältnis zu den vorangegangenen Epochen wird aber deutlich, dass es mittlerweile auch kürzere Wahlabstände gab, was für die Bürger aufgrund des zunehmenden Einflusses in Form von Wahlen von Vorteil war.

### (3) Verfassungsrechtliche Änderungen innerhalb eines Staates

Im Zeitraum von 1848–1850 gab es eine Reihe von Veränderungen innerhalb der einzelnen Staaten. **Anhalt-Dessau** und **Anhalt-Köthen**, die beide im Jahr 1848 ihre ersten Verfassungen seit Bestehen des Deutschen Bundes erließen, hoben

---

482 Zur Bedeutung der Legislaturperiode siehe unter 1. Der Zeitraum von 1815–1830, aa. Unmittelbarer Vergleich der Verfassungen, (2) Allgemeine Bestimmungen unter Buchstabe (c).

483 Regelungen hierzu finden sich in den Einzelstaaten in: Sachsen-Coburg-Saalfeld Gesetz 1848 (Art. 5); Schleswig-Holstein 1848 (Art. 79); Luxemburg 1848 (Art. 57); Waldeck-Pyrmont 1849 (§ 45); Schwarzburg-Sondershausen1849 (§ 78); Anhalt-Dessau-Köthen 1848 (§ 47); Reuß j.L. 1849 (§ 8 des Wahlgesetzes); Anhalt-Bernburg 1848 (§ 59); Sachsen-Gotha 1849 (§ 21); Lauenburg 1849 (Art. 79); Mecklenburg-Schwerin 1849 (§ 75); Oldenburg 1849 (Art. 139) und Nassau 1849 (§ 69).

diese bereits drei Jahre später zeitgleich per Verordnung vom 04. November 1851 wieder auf. Zur Begründung beriefen sich die Landesherren darauf, dass die 1848 noch in Aussicht stehende Neugestaltung der inneren politischen Verhältnisse und staatlichen Organisationen sämtlicher deutscher Länder, auf deren Grundlage die Verfassung beruhte, nicht eingetreten sei. Weiterhin hieß es in der Verordnung: „Da nun die Verfassung vom 29. Oktober 1848 [...] mit dem bundesrechtlichen Grundsatze, daß die gesammte Staatsgewalt in dem Oberhaupt des Staats vereinigt bleibe, und das monarchische Prinzip in der Ausübung der den Ständen zugestandenen Rechte unverletzt erhalten werde, insofern in Widerspruch steht, als nach derselben Regierungsform auf dem Prinzip der Theilung der Gewalten zwischen Fürst und Volk beruht, dieselbe auch die durch den zweiten Bundesbeschluß vom 23. August dieses Jahres aufgehobenen Grundrechte in sich aufgenommen hat, so wird der Fortbestand der Verfassung des Herzogthums, als Theile des deutschen Bundes, unmöglich, und tritt dieselbe daher mit der heute erfolgten Publikation der gedachten Bundesbeschlüsse außer Kraft und Wirksamkeit."

**Anhalt-Bernburg** erließ 1850 bereits die zweite Verfassung in dieser Zeitperiode, die das Staatsgrundgesetz von 1848 ersetzte. Die Regelungen zur Zusammensetzung des Landtages waren im Edikt von 1850 völlig identisch zu denen von 1848. Auch hier wurde auf ein Wahlgesetz verwiesen, das jedoch, im Gegensatz zu 1848, nunmehr auch tatsächlich dem Grundgesetz hinzugefügt wurde. Danach waren die Abgeordneten in mittelbarer Wahl vom Volk zu wählen, derart, dass auf jede Vollzahl von dreitausend Seelen ein Abgeordneter kam. Nach § 10 des Wahlgesetzes vom 28. Februar 1850 wurde zu diesem Zweck „das Land nach Maßgabe des Anhangs in Wahlbezirke zu je 3000 Seelen getheilt". Bezüglich der Wählbarkeitsvoraussetzungen waren ebensolche vorgesehen, die auch größtenteils in den anderen Staaten gefordert wurden: Der zukünftige Abgeordnete musste selbständiger und unbescholtener Staatsbürger sein, mindestens seit einem halben Jahr im Lande wohnen, seit drei Jahren das Staatsbürgerrecht besitzen sowie das fünfundzwanzigste Lebensjahr erreicht haben. Die Begriffsdefinitionen zu „selbständig" und „unbescholten" deckten sich ebenso mit denen, die auch in anderen Staaten verwendet worden waren.

In den neuen Verfassungen und Gesetzen von **Schwarzburg-Sondershausen** 1849 (löste das Staatsgrundgesetz von 1841 ab) und von **Schleswig-Holstein** 1848 (löste die Verfassung von 1831 ab), von **Sachsen-Coburg-Saalfeld** (revidierte die früheren Regelungen von 1821), **Sachsen-Meiningen** (revidierte die Regelungen von 1829) und **Sachsen-Altenburg** (revidierte die Regelungen von 1831) gab es eine identische Entwicklung. In all diesen Staaten wurde die bis dahin etablierte Ständevertretung in den Kammern aufgelöst und es wurde zu einer Volksvertretung im damaligen Sinne übergegangen.[484] In **Luxemburg** brachte diese allgemeine

484 In Schwarzburg-Sondershausen besetzten 1841 noch die Rittergutsbesitzer, der Stand der Grundbesitzer, der Gelehrten- sowie der Handelsstand die Kammer. In Sachsen-Coburg-Saalfeld war nur der Stand der Rittergutsbesitzer 1821 vertreten gewesen.

Entwicklung dahingehend eine Veränderung mit sich, als die reine Volksvertretung, die zwar bereits 1841 in der Verfassung vorgesehen war, jedoch durch das damalige Wahlgesetz umgangen werden konnte[485], nunmehr tatsächlich auch realisiert wurde.

**Hessen-Kassel** schloß sich dieser allerorts verbreiteten Veränderung nur bedingt an: Ebenso wie in **Lauenburg** und **Mecklenburg-Schwerin** bestimmte der Verfassungsgeber mit dem Gesetz vom 5. April 1849 „die Zusammensetzung der Ständeversammlung und die Wahl der Landtagsabgeordneten betreffend" neben den neuen nichtprivilegierten Abgeordneten weiterhin die Einberufung von zumindest teilweise durch Stände hervorgehende Personen für die Kammer. Im Vergleich zu der Verfassung von 1831 bedeutete die, wenn auch nur bedingte Änderung aber einen herben Rückschritt für die Stände, die damals noch zahlreich und durch alle Schichten hindurch vertreten waren.[486] Hinsichtlich der Voraussetzungen zur allgemeinen Wählbarkeit blieb es mit dem Gesetz von 1848 beim Altbewährten von 1831.

Am Erheblichsten waren die innerpolitischen Entwicklungen in **Nassau, Württemberg und Lippe-Detmold**, da in diesen Staaten nicht nur ein Mitgliederwechsel stattfand, sondern darüber hinaus die jeweiligen Landtage von ehemals zwei auf eine Kammer reduziert wurden. Insofern stellt sich die Frage nach den Gründen, warum sich gerade in der Zeit von 1848–1850 gleich mehrere Einzelstaaten für einen Systemwechsel entschieden.

In **Nassau** hatte bereits mit dem landesherrlichen Edikt vom 05. September 1848 ein Wechsel von dem ehemals in der Verfassungsurkunde von 1814 angeordneten Zweikammersystem hin zu einer Einkammerordnung stattgefunden. Dieser Wandel in der Landtagsaufstellung wurde schließlich auch in der Verfassung von 1849 in § 56 noch einmal ausdrücklich deklariert. Als Begründung für die Einführung eines Einkammersystems hatte der Herzog Adolph angegeben, dass die in dem Edikt von 1814 „enthaltenen Bestimmungen über die Zusammensetzung der landständischen Versammlung Unseres Herzogthums den dermaligen Verhältnissen nicht mehr entsprechen" und deshalb die Repräsentation des Landes in Zukunft nur noch in einer Kammer stattzufinden hätte.[487] Diese sehr allgemeingehaltene Aussage bedarf insoweit der näheren Erörterung. Ebenso wie in den meisten anderen Staaten des Deutschen Bundes waren auch in **Nassau** die Volksunruhen im März 1848 ausgebrochen.[488] Die Proteste verliefen in der Rhein-Main-Region jedoch in einem ungewöhnlich starken

---

485 Siehe I. Zusammensetzung der Landtage, 2. Der Zeitraum von 1831–1847, aa. Unmittelbarer Vergleich der Verfassungen, (1) Mitglieder der Kammer.

486 Während 1831 auch noch das Haupt der fürstlichen Familie, ritterschaftliche Obervorsteher, Abgeordnete von Landes-Universitäten und von der Ritterschaft und Adelige in der Kammer vertreten waren, waren ab 1848 nur noch Grundbesitzer und Gewerbetreibende vorgesehen.

487 Siehe die Einführungsworte des Herzogs Adolph zum landesherrlichen Edikt von 1848.

488 Huber, Deutsche Verfassungsgeschichte, Band II, S. 517.

Maße,[489] was insbesondere in den Forderungen zum Ausdruck kam, die über das übliche Märzprogramm hinausgingen.[490] Zu den Bedingungen des Volkes gehörten neben vielen anderen Grundsätzen die Etablierung einer deutschen Volksvertretung sowie die Einberufung der Stände zur Verabschiedung eines Wahlgesetzes über das allgemeine und gleiche Wahlrecht.[491] Letzteres sollte auf dem Hauptgrundsatz beruhen, dass die Wählbarkeit nicht mehr an einen gewissen Vermögensbesitz gebunden sein sollte.[492] Diese eklatante Volksbewegung, deren Willen sich der Herzog bereits 1848 mit der Verabschiedung des landesherrlichen Edikts beugte, erklärt die radikale Veränderung in der Zusammensetzung des Landtags.[493] Um die neuen Grundsätze, die im landesherrlichen Edikt von 1848 proklamiert worden waren, zu einer vollständigen Verwirklichung zu bringen, wurden sie neben weiteren Neuerungen, die an dieser Stelle nicht interessieren, mit der Verfassungsurkunde von 1849 in Gesetzesform gegossen. Damit war in **Nassau** ab 1848 ein System geschaffen worden, dass im völligen Gegensatz zu der 1814 noch geltenden Zusammensetzungsordnung stand, nicht nur was die Wandlung eines Zwei- in ein Einkammersystem anbelangte, sondern auch was die Zusammensetzung in ihrer eigentlichen Gestalt betraf. Während 1814 noch sowohl in der Ersten als auch in der Zweiten Kammer *ausschließlich* Vertreter der Stände vorgesehen waren, wurden bereits 1848 mit dem Edikt alle Stände in der neugestalteten Kammer abgeschafft und durch Abgeordnete ersetzt, die vom Volk in mittelbarer Wahl gewählt wurden.

Im Gegensatz zu **Nassau**, das ein Einkammersystem als eine zukunftsträchtige Institution etablierte, sollte in **Württemberg** die Schaffung nur einer Kammer lediglich als vorübergehendes Provisorium dienen, das zwar auch diejenigen Staatsgeschäfte betreute, welche zu dem Wirkungskreise der Ständeversammlung gehörte,

489 Der dramatische Verlauf der Revolution in diesem Agrarland entstand insbesondere deshalb, weil schon zuvor die Regierung alles daran setzte, die Bauern fiskalisch auszubeuten, ohne auf die bäuerlichen Nutzungsrechte Rücksicht zu nehmen. Armut und große Existenzangst waren die Folge. Vgl. hierzu Huber, a.a.O., S. 516; Wettengel, Die Revolution von 1848/49 im Herzogtum Nassau, in: Böhme/Heidenreich, Einigkeit und Recht und Freiheit, S. 157 f.

490 Huber, a.a.O., S. 517.

491 Huber, a.a.O., S. 517.

492 Diese sog. Nassauische „Magna Charta“ enthielt insgesamt neun Forderungen der Nassauer, die von der liberalen Führungsgruppe ausgearbeitet und am 2. März auf einer Volksversammlung verlesen wurde. Zu finden in: Riehl, Nassauische Chronik, Beilage 2.

493 Zuvor war man sich jedoch noch uneins gewesen, ob die Forderungen seitens der Bevölkerung lediglich als Verfassungszusatz oder als Grundlage einer neuen, noch zu schaffenden Verfassung zu verstehen waren. Die radikaleren Kräfte der politischen Opposition erachteten ein Systemwechsel für dringend notwendig, während sich die Liberalen lediglich für ein Reformprogramm aussprachen. Da die Lage sich jedoch in der darauf folgenden Zeit immer weiter zuspitzte, war ein radikaler Wechsel der verfassungsrechtlichen Verhältnisse zwangsläufig von Nöten. Vgl. insoweit Wettengel, a.a.O., S. 163 f.

sich in erster Linie jedoch zur Beratung einer Revision der Verfassung versammeln sollte, wie sich aus dem „Gesetz, betreffend die Einberufung einer Versammlung von Volksvertretern zur Berathung einer Revision der Verfassung" vom 01. Juli 1849 ergibt. Das Gesetz war dabei in verfassungswidriger Weise entstanden, da die Regierung es ohne Zustimmung des Adels, die für die Rechtsgültigkeit erforderlich gewesen wäre, verabschiedete.[494] Die Regierung sah jedoch unter dem Druck der von den Radikalen geforderten Reform, deren Bedingungen eine Erweiterung des Wahlrechts, die Umwandlung der Zweiten Kammer in eine reine Wahlkammer und den Ausschluss der Standesherren aus der Ersten Kammer vorsahen, keine andere Möglichkeit, als schnell und ohne Zustimmung der Stände zu handeln.[495] Zu hoch war das Risiko und zu groß die Angst, der Adel könne ihr Einverständnis versagen und damit die derzeitige Situation ganz außer Kontrolle geraten.[496] In dem 1849 verabschiedeten Gesetz setzte die Regierung all die Forderungen, die erhoben worden waren, um, indem sie die frühere Ständevertretung, die sowohl in der Ersten als auch in der Zweiten Kammer vorhanden war, auch hier zugunsten einer volksnahen Zusammensetzung umgestaltete. Die Neugestaltung des Kammersystems war jedoch nur von kurzer Dauer. Nachdem der Verfassungsentwurf vom 12.12.1849 gescheitert war, hob der König mit der königlichen Verordnung „betreffend die Auflösung der Landesversammlung vom 06. November 1850" das Gesetz von 1849 wieder auf und setzte die bisherigen Landstände wieder an die Stelle der Landesversammlung. Zu einer neuen Verfassung kam es bis zum Ende des Deutschen Bundes nicht mehr.

Auch in **Lippe-Detmold** war die Umgestaltung des Landtags auf die Märzereignisse zurückzuführen. Rascher als in den meisten anderen Staaten hatte die Bevölkerung in den ersten zehn Tagen des März 1848 eine revolutionäre Haltung eingenommen und einen Umschwung der Dinge gefordert.[497] Die Landstände begriffen schnell, dass sie keinerlei Widerstand mehr gegen eine drohende Verfassungsänderung leisten konnten.[498] Bereits am 31. März verzichtete die ritterschaftliche Kurie einstimmig auf ihre Vorrechte und erklärte sich bereit, einer wirklichen Volksvertretung Platz zu machen.[499] Die Regierung aber war es, die eine solche Änderung nicht zulassen wollte; unter wahrheitswidrigen Vorwänden schob sie die Beschlussfassung über ein neues Wahlgesetz auf und vertagte den Landtag.[500] Dadurch schaffte sie es, Zeit zu gewinnen: Erst im Dezember 1848 wurden die alten Landstände nochmals einberufen und die Inhalte vereinbart, die in den Verordnungen vom 16. Januar 1849 öffentlich bekannt gemacht wurden.[501]

494 Vollmer, Der Kampf um die Grundrechte und um die Revision der Verfassung, S. 7 ff.
495 Vollmer, a.a.O., S. 9.
496 Vollmer, a.a.O., S. 9.
497 Volkhausen, Zur Geschichte eines kleinen Staates, S. 19.
498 Volkhausen, a.a.O., S. 24.
499 Volkhausen, a.a.O., S. 24; Niebuhr, Das Fürstentum Lippe 1848–1853, in: Reinighaus/Conrad, Für Freiheit und Recht, S. 81.
500 Volkhausen, a.a.O., S. 24.
501 Volkhausen, a.a.O., S. 30; Niebuhr, a.a.O., S. 81.

### *bb. Auswertung der Einkammersysteme*

An dem unmittelbaren Vergleich der Verfassungen, die in der Zeitperiode von 1848–1850 in den Einzelstaaten erlassen worden waren, ist deutlich zu erkennen, dass es eine klare Umstrukturierung in den Kammern gab, unabhängig davon, ob es sich um eine erstmals erlassene Verfassung handelte oder ob bereits das zweite oder dritte Staatsgrundgesetz seit Beginn des Deutschen Bundes erging. Fast ausnahmslos bewegten sich die Staaten weg von der traditionell altständischen Ständevertretung, die so viele Jahre als Vorbild und einzige Möglichkeit, die Kammern zu besetzen, gegolten hatte. Die Trendwende ging hin zu einer Vertretung, die durch eine Beteiligung in Form der mittelbaren oder unmittelbaren Wahl seitens der Bevölkerung gekennzeichnet war. Darüber hinaus gab es sogar einige Staaten, die zugunsten einer volksnahen Zusammensetzung im Landtag einen Systemwechsel durchführten. Diese Umkehr von der Ständeversammlung war zwar nicht zwingende, aber doch notwendige Folge der seit Jahren angekündigten und nunmehr im Jahre 1848 ausgebrochenen revolutionären Bewegung seitens des Volkes. Den Monarchen fehlte es am guten Gewissen, sich mit aller Macht der Erhebung zu widersetzen.[502]

Die politische Erschütterung, die zunächst in Frankreich das Staatswesen in hohem Maße ins Wanken brachte, nahm in Baden als erster der deutschen Staaten seinen Verlauf, indem Massendemonstrationen abgehalten wurden und der Ruf nach einem fundamentalen Systemwechsel laut wurde.[503] Nur kurze Zeit später nahmen auch die anderen Bundesstaaten die Geschehnisse in Baden zum Anlass, in eigener Regie Forderungen öffentlich zu proklamieren, wozu auch die Einführung eines allgemeinen Wahlrechts und eine im Ganzen wahrhaft konstitutionelle Verfassung gehörte.[504] Diese Bewegung ergriff nicht nur die großen Staaten, sondern drang bis in die Kleinstaaten wie **Sachsen-Weimar-Eisenach, Gotha, Lippe-Detmold**, **Oldenburg** oder auch **Reuß j.L.** vor.[505] Überall wurden die Volksforderungen mit Nachdruck zur Geltung gebracht, was letztlich dazu führte, dass die Landesherren keine andere Wahl mehr hatten, als die Verfassungen in einer demokratischeren Weise auszugestalten als es in der Vergangenheit der Fall gewesen war.[506] Nur so hatten sie die Möglichkeit, das Volk milde zu stimmen und somit weitere Unruhen zu vermeiden.

Von besonderem Interesse ist in dieser Zeit vor allem die Entwicklung, die **Nassau**, **Lippe-Detmold** und **Württemberg** durchlebten. In allen drei Staaten ist es während der Märzrevolution zu einem Systemwechsel in der Weise gekommen, dass das vormals herrschende Zweikammersystem sich in eine Einkammerordnung gewandelt hat. In der so neu geschaffenen Kammer waren nunmehr jeweils nur noch solche vom Volk in allgemeiner und gleicher Wahl hervorgegangene Abgeordnete

---

502 Hein, Die Revolution, S. 12.
503 Hein, a.a.O., S. 13.
504 Hein, a.a.O., S. 12/14; Blos, Die Deutsche Revolution, S. 84.
505 Blos, a.a.O., S. 99.
506 Blos, a.a.O., S. 99.

vertreten. Da auch in diesen Staaten die revolutionären Forderungen nach einer allgemeinen Volksvertretung laut geworden waren, sahen die Landesherren keinen sinnvollen Grund mehr darin, weiterhin zwei Kammern zu behalten, da eine Ständevertretung, die oftmals in der Ersten der beiden Kammern etabliert war, in dieser Zeit sowieso nicht mehr in Betracht kam.

### *b. Die Zusammensetzung hinsichtlich der Zweikammersysteme*

Eine Änderung in der Zusammensetzung der Landtage innerhalb der Zeitperiode von 1848–1850 führten die meisten Verfassungsgeber durch den Erlass einfacher Gesetze herbei. Zu diesen Staaten gehörten **Sachsen, Hannover, Hessen-Darmstadt** und **Bayern**. **Preußen** und **Österreich** hingegen erließen in dieser Zeit ihre ersten Verfassungen seit Bestehen des Deutschen Bundes.[507] Auffallend ist in beiden Staaten, dass sie in der Zeitepoche von 1848–1850 jeweils zwei Staatsgrundgesetze verabschiedeten (Preußen sowohl 1848 als auch 1850 und Österreich 1848 und 1849). Welche Gründe für diese Entwicklung ausschlagebend waren, wird im Folgenden zu erörtern sein. Eine Sonderstellung nahm **Baden** ein, wo die Ständeversammlung lediglich für ungültig erklärt und aufgelöst wurde. Warum in diesem Staat, in dem die revolutionäre Bewegung Deutschlands 1848 ihren Ursprung fand, keine weitergehenden Veränderungen ergangen sind, wird im Folgenden zu untersuchen sein.

#### *aa. Unmittelbarer Vergleich der Verfassungen*

##### (1) Die Ersten Kammern

Hinsichtlich der Änderungen in der Zusammensetzung der Ersten Kammern lässt sich keine allgemeine Entwicklungsrichtung in den Einzelstaaten ausmachen. Es gab Staaten, die durch die Reform eine gänzliche Aufhebung der ständisch orientierten Zusammensetzung vornahmen, wie beispielsweise **Hessen-Darmstadt**[508], **Österreich** (1849) und **Preußen** (1848). Damit folgten sie der allgemeinen Forderung der „Revoluzzer", eine Landtagsvertretung zu errichten, die allein aus vom Volk gewählten Abgeordneten bestehen sollte. So hieß es in dem 1849 entstandenen Gesetz, „die Zusammensetzung der beiden landständischen Kammern und die Wahlen der Abgeordneten betreffend" von **Hessen-Darmstadt** in Artikel 2, dass

---

507 Zu den Hintergründen, warum sowohl Österreich als auch Preußen erst so spät ihre ersten Grundgesetze verabschiedeten, vgl. Hardtwig, Vormärz, S. 50 ff.

508 In Hessen-Darmstadt wurde bereits mit dem revolutionären Gesetz vom 07. August 1848 die standesherrlichen Vorrechte für den Adel abgeschafft und damit die Reste des „Feudalsystems" aufgelöst. Explizite Regelungen zu der neuen Zusammensetzung des Landtags wurden allerdings erst mit dem Gesetz, „die Zusammensetzung der beiden landständischen Kammern und die Wahlen der Abgeordneten betreffend" von 1849 eingeführt. Vgl. insoweit: Fleck, Die 1848/49er Ereignisse und ihre Vorgeschichte in Hessen-Darmstadt, in: Böhme/Heidenreich (Hrsg.), „Einigkeit und Recht und Freiheit", S. 215.

die erste Kammer aus fünfundzwanzig Abgeordneten zu bestehen hat, die unmittelbar von den Staatsbürgern zu wählen seien (Art. 3). Etwas anders gestaltete sich die Zusammensetzung der Ersten Kammer (das als „Oberhaus" bezeichnet wurde) 1849 in **Österreich**, indem die Abgeordneten von den jeweiligen Landtagen gewählt wurden.[509] Die Vertretung sollte dabei zahlenmäßig die Hälfte der verfassungsmäßigen Zahl des Unterhauses ausmachen und zwar dergestalt, dass „jedes Kronland zwei Mitglieder seines Landtags als Abgeordnete zu senden hat, und die übrige Zahl nach dem Verhältnisse der Bevölkerung unter alle Kronländer vertheilt wird" (§ 41). Dass die Erste Kammer dennoch nur aus vom Volk legitimierten Abgeordneten bestand, wird deutlich, wenn man sich vergegenwärtigt, welche Mitglieder wiederum in den Landesvertretungen vorgesehen waren. Hierzu enthielt die Verfassung von 1849 weitere Bestimmungen.[510] In § 78 wurde aufgeführt, dass die Abgeordneten zu den Landtagen durch direkte Wahl berufen wurden. Dadurch, dass die Landesvertretungen also auch mit Abgeordneten besetzt waren, die durch das Volk gewählt waren, stellten sie ebenso reine Volksvertretungen im damaligen Sinne dar. Es bestand damit in Österreich lediglich eine weiterreichende Legitimationskette als in den anderen Staaten. **Preußen** sah in der Verfassungsurkunde von 1848[511] insoweit eine Besonderheit vor, dass die einhundertachtzig Abgeordneten von den Provinzial-, Bezirks- und Kreisvertretern gewählt werden sollten.[512] Zur näheren Bestimmung wurde auf das Wahlgesetz vom 05./06. Dezember 1848 verwiesen. Hieraus ergab sich, dass die Abgeordneten in mittelbarer Weise durch die Repräsentanten der Kommunalverbände gewählt wurden. Diese Anordnung der Wahl war allerdings insofern problematisch, als dass die Preußische Nationalversammlung gerade erst im Begriff war, eine neue Gemeindeordnung zu schaffen, die als Grundlage für ein solches Kommunalparlament hätte fungieren können.[513] Warum eine solche Anordnung geschaffen wurde und welche Folgen dies hatte,

509 Österreich 1849 (§ 40).

510 Siehe §§ 70 ff. der Verfassung von 1849.

511 Noch vor Einführung der ersten Verfassung von 1848 wurde in Preußen die Vertretung eines Provinzial-Landtags mit den „Gesetzlichen Bestimmungen über den Vereinigten Landtag" vom 03.02.1847 konstituiert. Bezweckt hatte man mit der Verordnung die Schaffung eines zumindest provisorischen Landtags, in dem die acht verschiedenen Provinziallandtage sich zu einer Versammlung zusammen finden sollten. Äußerst problematisch war jedoch, dass das Institut, das nach der Weise des Mittelalters die Selbständigkeit der Territorien erhielt, dazu führte, dass keine Verbindung der den Staat bildenden Landesteile zu einem Gesamtstaat erzielt wurde. Aus Sorge vor einer Zersplitterung Preußens in Territorialstaaten beseitigte man bereits 1848 die bestehende ständische Verfassung vollständig und löste sie ausdrücklich auf. Vgl. insoweit: Rönne, Das Staatsrecht der preußischen Monarchie, Band 1, S. 191/192.

512 Preußen 1848 (Art. 62/63).

513 Engehausen, Die Revolution von 1848/49, S. 134.

wird im Weiteren noch zu erörtern sein.[514] Bereits zwei Jahre später musste diese Anordnungsweise der Ersten Kammer zugunsten einer Vertretung weichen, die zumindest teilweise erneut aus Ständen bestehen sollte.[515] Für die Stände wurden in der Verfassungsurkunde von 1850 keine besonderen Voraussetzungen für das passive Wahlrecht gefordert.

Neben **Preußen** sah auch das Königreich **Sachsen** eine solche aus Ständen und Bürgern bestehende Erste Kammer ab 1848 vor, wie sich aus dem „Provisorischen Gesetz wegen einiger Abänderungen der Verfassungsurkunde vom 04. September 1831" in § 1 ergab, das an die Stelle des früheren § 63 trat: „Die erste Kammer besteht außer den volljährigen Prinzen des Königlichen Hauses, deren jedesmaliges Erscheinen von ihrem Willen abhängt, aus Fünfzig Abgeordneten, welche aus den § 64 gedachten Wahlbezirken dergestalt gewählt werden, daß je drei zusammengeschlagene Bezirke zwei Abgeordnete zu wählen haben." Damit reduzierte sich die Ständeanzahl im Vergleich zu den Verhältnissen von 1831 auf ein Minimum. Dass trotzdem weiterhin eine feudale Vertretung zugelassen wurde, lag daran, dass das Märzministerium, das sich durch eine starke Zurückhaltung bei den notwendig durchzuführenden Reformen auszeichnete, trotz vernichtenden Wahlergebnisses weiterhin im Amt blieb, da für den König eine andere Regierung nicht akzeptabel war.[516] Die Demokraten tolerierten dieses Verhalten, da sie fürchteten, durch ein mögliches Reaktionskabinett würde es zu weiteren unerwünschten Reformen kommen.[517]

Dass für die Erste Kammer weiterhin ausschließlich eine Ständevertretung gelten sollte, bestimmten nicht nur die Königreiche **Bayern** und **Hannover**, sondern setzte auch **Österreich** in der ersten Verfassungsurkunde von 1848 fest, bevor es zu der Veränderung von 1849 kam.[518] Anders als in vielen anderen deutschen Staaten stand

514 Siehe hierzu unter „Verfassungsrechtliche Änderungen innerhalb eines Staates" in diesem Abschnitt.

515 Nach Art. 65 bestand die Erste Kammer nunmehr „aus den großjährigen Königlichen Prinzen; aus den Häuptern der ehemals unmittelbaren reichsständischen Häuser in Preußen – und aus den Häuptern derjenigen Familien, welchen durch Königliche Verordnung das nach der Erstgeburt und Linealfolge zu vererbende Recht auf Sitz und Stimme in der Ersten Kammer beigelegt wird. [...]; aus solchen Mitgliedern, welche der König auf Lebenszeit ernennt [...]; aus neunzig Mitgliedern, welche in Wahlbezirken, die das Gesetz feststellt, durch die dreißigfache Zahl derjenigen Urwähler, welche die höchste direkten Staatssteuern bezahlen, durch direkte Wahl nach Maaßgabe des Gesetzes gewählt werden; aus dreißig, nach Maaßgabe des Gesetzes von den Gemeinderäthen gewählten Mitgliedern aus den größeren Städten des Landes."

516 Engehausen, Die Revolution von 1848/49, S. 166.

517 Engehausen, a.a.O., S. 166.

518 Der Senat bestand nach § 35 „aus Prinzen des kaiserlichen Hauses nach vollendetem 24. Jahre, aus den, von dem Kaiser ohne Rücksicht auf Stand und Geburt für ihre Lebensdauer ernannten Mitgliedern, aus hundertfünfzig Mitgliedern, welche von den bedeutendsten Grundbesitzern für die ganze Dauer der Wahlperiode aus ihrer Mitte gewählt werden." Da anzunehmen ist, dass der Kaiser nicht ohne

in **Bayern** nicht die Erste Kammer im Mittelpunkt der Reformdebatten, die deshalb die Revolutionsjahre unbeschadet in ihrer ursprünglichen Zusammensetzung überstand.[519] Die Autorität der alten Ständeversammlung wurde weithin nicht angezweifelt.[520] **Hannover** setzte die Mitglieder der Ersten Kammer erneut in dem Gesetz, „Verschiedene Änderungen des Landesverfassungs-Gesetzes betreffend“ von 1848 explizit fest.[521] Neben eigens vorgesehenen Ständen war allen drei Kammern dieser Staaten gemein, dass als Vertreter sowohl die Prinzen des königlichen bzw. kaiserlichen Hauses als auch vom König bzw. Kaiser ernannte Mitglieder und schließlich der Stand der Grundbesitzer vorgesehen waren. Damit unterschied sich die Mitgliederpräferenz von der Art der Stände her nicht signifikant von der, die in den vorangegangenen Jahren in den Ersten Kammern vertreten war.[522] Die Verfassung **Hannovers** legte für den Stand der größeren Grundbesitzer besondere Wählbarkeitsvoraussetzungen fest. So hieß es in § 37 des Gesetzes: „Wählbar als Abgeordnete der größeren Grundbesitzer sind nur diejenigen, welche selbst, wenngleich in einem andern Wahlbezirke oder in einer andern Provinz, als größere Grundbesitzer wahlberechtigt sind.“ Weiterhin wurde in diesem Paragraphen explizit darauf hingewiesen, dass alle anderen Stände lediglich die allgemeinen Voraussetzungen erfüllen mussten. Damit hielt jedoch der König von **Hannover** sein Versprechen nicht ein, das er am 20. April der Bevölkerung gab, nämlich, die Verfassung von 1833

eigennütziges Interesse nur privilegierte Personen zu Abgeordneten ernannte, stellte die Erste Kammer des Reichstages ausschließlich eine Ständevertretung dar.

519 Engehausen, a.a.O., S. 167.

520 Engehausen, a.a.O., S. 167.

521 Nach § 36 bestand die Erste Kammer aus den Königlichen Prinzen, den aus den dort genannten Städten kommenden Herzoge, dem Erblandmarschall, den dort namentlich genannten Grafen, vier vom König zu ernennenden Mitglieder, dem von der ersten Kammer ernannten Commissarius für das Schulden- und Rechnungswesen und 33 Grundeigentümern, die aus ihrer Mitte gewählt wurden. Weitere 10 Abgeordnete für Handel und Gewerbe, zehn Abgeordnete der Kirche und Schule und vier Abgeordnete des Standes der Rechtsgelehrten wurden als Vertreter aufgestellt.

522 In Bayern blieb die ursprüngliche Zusammensetzung der Ersten Kammer von 1818 unangetastet bestehen. In Hannover erfuhr die Erste Kammer im Verhältnis zu der Verfassung von 1840 lediglich eine etwas andere Zusammensetzung der Privilegierten. Wie sich aus § 36 des Gesetzes von 1848 ergibt, sollte die Erste Kammer weiterhin von dem Königlichen Prinzen, dem Herzog von Arenberg, dem Herzog von Looz-Corswaaren und dem Fürsten von Bentheim besetzt bleiben. Auch bekamen der Erblandmarschall des Königreichs und die Grafen von Stolberg-Wernigerode und Stolberg-Stolberg wieder einen festen Platz zugeteilt. Ebenso wie 1833 wurden wieder vier (statt nur eines, wie 1840 in der Verfassungsurkunde normiert) vom König zu ernennende Mitglieder zugelassen. Anstelle von Rittergutsbesitzern, die nun gar nicht mehr vorgesehen waren, wurden 33 Abgeordnete der größeren Grundeigentümer und 10 Abgeordnete für Handel- und Gewerbe festgesetzt. Neu war auch die Vertretung durch Rechtsgelehrte und Abgeordnete der Schulen. Hingegen wurde ebenso wie 1840 der Stand der Geistlichen nicht unberücksichtigt gelassen.

wiederherzustellen[523], wie deutlich an der im Gesetz niedergelegten Zusammensetzung erkennbar. Vielmehr entwickelte sich die Erste Kammer von einer reinen Adelsvertretung zu einem vorwiegend berufsständisch geprägten Gremium.[524] Dass die Erste Kammer aus ausschließlich privilegierten Gruppen bestand, lag daran, dass die alte Ständeversammlung einberufen wurde, um die Reformarbeit auf den Weg zu bringen.[525] Diese hatte an einer völligen Neugestaltung in nachvollziehbarer Weise kein Interesse.

#### (2) Die Zweiten Kammern

Im Gegensatz zu diesen divergierenden Entwicklungen der Mitgliederpräferenz in den Ersten Kammern gab es hinsichtlich der Vertretung in der Zweiten Kammer überwiegend eine einheitliche Änderungspolitik, die ebenfalls auf die Forderungen der revolutionären Bewegung zurückzuführen war. In fast allen Staaten, die in der Zeit von 1848–1850 diesbezüglich Umgestaltungen vorsahen, wurde eine Vertretung geschaffen, die ausschließlich aus Mitgliedern bestand, welche vom Volk in mittelbarer oder unmittelbarer Weise gewählt wurden.[526] Nur der König von **Hannover** erließ in dem Revisionsgesetz von 1848 eine Bestimmung, die für die Zweite Kammer neben solchen aus allgemeinen Wahlen hervorgehenden Abgeordneten noch weiterhin Personen vorsah, die von Anfang an feststanden oder aber von ihm selbst ernannt werden sollten, auch wenn diese zahlenmäßig eine absolute Minorität darstellten: Von den insgesamt zweiundachtzig Abgeordneten waren es lediglich zwei vom König zu ernennende Mitglieder und einer von der Zweiten Kammer ernannter Kommissarius für das Schulden- und Rechnungswesen (§ 41). Die Regierung hatte trotz anderslautender Versprechen an das Volk kein Interesse an tiefgreifenden politischen Veränderungen, musste sich aber dennoch den Forderungen beugen.[527]

#### (3) Allgemeine Bestimmungen

#### (a) Allgemeine Voraussetzungen für die Wählbarkeit[528]

Die Verfassungen von **Österreich, Preußen**, **Hannover** und **Sachsen** unterschieden zwischen den Wählbarkeitsvoraussetzungen für die Erste und denen für die

523 Huber, Deutsche Verfassungsgeschichte, Band II, S. 538.
524 Engehausen, Die Revolution von 1848/49, S. 162.
525 Engehausen, a.a.O., S. 162.
526 Hessen-Darmstadt Gesetz 1849 (Art. 2/3); Sachsen Gesetz 1848 (§ 64); Bayern Gesetz 1848 (Art. 1 ff.); Österreich 1848 (§ 36) und 1849 (§ 43); Preußen 1848 (Art. 66) und 1850 (Art. 69).
527 Zimmermann, Die deutsche Revolution, S. 173 f.
528 Zur Bedeutung der allgemeinen Wählbarkeitsvoraussetzungen siehe unter 1. Der Zeitraum von 1815–1830, aa. Unmittelbarer Vergleich der Verfassungen, (2) Allgemeine Bestimmungen unter Buchstabe (a).

Zweite Kammer.[529] Diese Vorgehensweise deutet darauf hin, dass den Abgeordneten je nach Kammer eine differenzierte Stellung zugeschrieben wurde, die durch entsprechende Voraussetzungen für das passive Wahlrecht realisiert werden sollten.

Für die Erste Kammer forderten die Verfassungen dieser Staaten mit Ausnahme der von **Sachsen** einstimmig das Erreichen eines bestimmten Mindestalters (Österreich dreißig, Peußen vierzig und Hannover fünfundzwanzig Jahre). **Preußen** und **Hannover** verlangten zusätzlich den Vollbesitz der politischen bzw. bürgerlichen Rechte, der im Falle eines rechtskräftig richterlichen Erkenntnisses aufgrund eines entehrenden Verbrechens verloren ging. In **Preußen** und **Sachsen** waren nur Staatsangehörige wählbar. Nicht unter Kuratel stehen durften die Abgeordneten in **Hannover** und **Sachsen**, wobei letzterer Staat darüber hinaus noch die Ausschlussgründe der Almosenempfängnis, der Anordnung des Konkurses über das Vermögen, des Schuldigsprechens wegen Vergehens und der Entsetzung vom öffentlichen Amt vorsah. In **Österreich** musste der Abgeordnete aus der Klasse der Wähler bestimmt werden und in **Preußen** seit mindestens fünf Jahren dem preußischen Staatsverband angehören. Schließlich wurde in **Sachsen** neben den genannten Bedingungen noch zusätzlich die Entrichtung einer jährlichen direkten Steuer von wenigstens zehn Thalern gefordert.

Mit dem **österreichischen** Staatsgrundgesetz von 1849 ordnete der Monarch nicht nur gänzlich neue Voraussetzungen für die Wählbarkeit an als noch 1848, sondern teilte die Bedingungen auch je nach Mitglied der Ersten Kammer ein.[530] Die Mitglieder, die aus jedem Landtag der Kronländer zu entsenden waren, mussten ein Alter von vierzig Jahren erreicht haben, im Vollgenuss der bürgerlichen und politischen Rechte, österreichischer Staatsbürger und seit mindestens fünf Jahren Reichsbürger sein. Für alle übrigen Mitglieder, die nach dem Verhältnis der Bevölkerung unter alle Kronländer verteilt worden waren, wurde über die gerade genannten Voraussetzungen hinaus noch die zusätzliche Bedingung gestellt, dass sie „im Reiche wenigstens fünfhundert Gulden Conv. Münze an directer Steuer“[531] zu entrichten haben.

**Preußen** verzichtete dagegen in der Verfassungsurkunde von 1850 auf neue Wählbarkeitsvoraussetzungen.

Für die Abgeordneten der Zweiten Kammern sahen alle Staaten ähnliche Voraussetzungen vor wie für die der Ersten Kammer. In **Sachsen** waren die Bedingungen bis auf die der Entrichtung der jährlichen direkten Steuer sogar identisch. Dass dementsprechend nur für die Mitglieder der Ersten Kammer die Bedingung des Nachweises einer bestimmten Steuerlast vorgesehen wurde, deutet darauf hin, dass der Monarch der Ersten Kammer weiterhin eine Sonderstellung im Verhältnis zu der Zweiten

---

529 Die Wählbarkeitsvoraussetzungen sind in folgenden Paragraphen geregelt: Österreich 1848 (§ 7/46 der Wahlordnung) und 1849 (§ 42/45); Preußen 1848 (Art. 65/71); Hannover Gesetz 1848 (§ 38/§ 43 i.V.m. § 42) und Sachsen Gesetz 1848 (§ 69 i.V.m. § 67).

530 Österreich 1849 (§ 42).

531 Österreich 1849 (§ 42).

Kammer einräumte, zumindest was die Mitgliederpräferenz anging. Die Verfassungen **Österreichs, Preußens** und **Hannovers** forderten wiederum das Erreichen eines bestimmten Alters (Österreich und Preußen dreißig, Hannover fünfundzwanzig Jahre). Die Abgeordneten in **Österreich** mussten darüber hinaus – ebenso wie die der Ersten Kammer – Wähler für den Senat oder der Kammer der Abgeordneten sein und die Staatsbürgerschaft angenommen haben. Für die Abgeordnetenstellung in **Preußen** wurde neben den Voraussetzungen, die die Deputierten der Ersten Kammer in diesem Staat auch erfüllen mussten, gefordert, dass sie ein Jahr lang dem preußischen Staatsverband angehören mussten. Ebenso wie für die Erste Kammer wurden auch für die Zweite Kammer **Hannovers** als Ausschlusskriterien das Stehen unter Vormundschaft bzw. unter väterlicher Gewalt und die Bestrafung wegen entehrenden Verbrechens sowie den Verlust der politischen Rechte festgesetzt. Zusätzlich durften diese Abgeordneten nicht in Kost und Lohn eines anderen stehen und mussten zu der direkten Landessteuer beigetragen haben. In **Österreich** gab es im Vergleich zu 1848 durch das neue Staatsgrundgesetz von 1849 nur geringfügige Änderungen hinsichtlich der Wählbarkeitsvoraussetzungen. Die Abgeordneten mussten nunmehr Staatsbürger seit wenigstens fünf Jahren und im Vollgenuss der bürgerlichen und politischen Rechte sein, um in die Zweite Kammer aufgenommen zu werden. Da sich das **bayerische** Gesetz von 1848 lediglich auf die Abgeordneten der Zweiten Kammer bezog, wurde in diesem Gesetz mit der entsprechenden Regelung auch nur Bezug auf die allgemeinen Wählbarkeitsvoraussetzungen für *diese* Mitglieder genommen. In Artikel 7 wurde gefordert, dass sie dreißgjährige Staatsbürger sein und eine direkte Steuer entrichten mussten sowie nicht wegen Verbrechens oder Vergehens der Fälschung, des Betruges, des Diebstahls oder der Unterschlagung verurteilt sein durften.

Die eingangs aufgestellte Hypothese, dass den Abgeordneten je nach Kammer eine bestimmte Stellung durch die entsprechenden Voraussetzungen eingeräumt wurde, ist hiernach nicht zu bestätigen. Wie im Vergleich sichtbar, waren die meisten Wählbarkeitsvoraussetzungen sehr ähnlich, teilweise sogar vollständig kongruent. Insbesondere wurde größtenteils kein bestimmtes Mindesteinkommen oder eine bestimmte Steuerabgabe mehr gefordert. Damit wurde eine weitere Märzforderung umgesetzt, die vom Volk gestellt worden war. Umso mehr stellt sich die Frage, warum dann überhaupt zwischen Erster und Zweiter Kammer diesbezüglich unterschieden wurde. Eine Vermutung ist, dass es auf diesem Wege am Unauffälligsten gewesen wäre, wenn die Regierung nach Abklingen der Märzrevolution erneut Zensusbestimmungen für die Erste Kammer in den Katalog aufgenommen hätte, um zu den alten Verhältnissen schnellstmöglich zurückzukehren. Denn die Monarchen hatten ein erhebliches Problem damit, sich dem Willen des Volkes zu beugen, da sie um ihre Machtposition fürchteten.

Im Gegensatz zu den gerade genannten Staaten unterschied **Hessen-Darmstadt** nicht zwischen den Mitgliedern der Ersten und denen der Zweiten Kammer. Für alle Abgeordneten wurden die gleichen Voraussetzungen aufgestellt, die da waren: Das Erreichen des dreißigsten Lebensjahres, der Besitz der hessischen Staatsbürgerschaft und das Fehlen eines Strafprozesses (wegen Diebstahls, Betrugs, Unterschlagung, Fälschung oder Meineids) sowie das Fehlen einer rechtskräftigen Verurteilung eines sonstigen im Straf- oder Militärgesetzbuche genannten Verbrechens oder Vergehens zu Dienstentsetzung oder „Correktionshaus" auf ein Jahr oder länger.[532]

### (b) Versammlungshäufigkeit und Legislaturperiode[533]

In den Verfassungen von **Sachsen**, **Hessen-Darmstadt** und **Bayern** gab es keine neuen Regelungen zur Versammlungshäufigkeit der Abgeordneten. Die Verfassungen aller anderen Staaten sahen eine jährliche Einberufungsdauer vor. In **Österreich** und **Preußen** blieb diese Regelung auch mit den jeweils neuen Verfassungsurkunden bestehen.[534] Die Landesherren sahen keinen Anlass zu einer Änderung, da sie nicht zu dem Katalog der Märzforderungen gehörte.

Auch hinsichtlich der Legislaturperiode fehlte es an neuen Regelungen in den Verfassungen der beiden Königreiche **Sachsen** und **Bayern**. Alle anderen Staaten bestimmten in ihren Grundgesetzen ganz unterschiedliche Perioden. So sah **Österreich** in der Verfassung von 1848 noch eine allgemeine Landtagsdauer von fünf Jahren vor (§ 34), änderte dies jedoch bereits ein Jahr später dahingehend, dass nunmehr die Erste Kammer für die Dauer von zehn Jahren, die Zweite Kammer lediglich für die Dauer von fünf Jahren bestehen sollte (§ 49). **Preußen** unterschied bereits schon mit der Verfassungsurkunde von 1848 zwischen der Legislaturperiode der Ersten Kammer (sechs Jahre) und der der Zweiten Kammer (drei Jahre).[535] Diese Landtagsdauer blieb auch mit Erlass der neuen Verfassung von 1850 bestehen.[536] Die Verfassungen von **Hessen-Darmstadt** und **Hannover** sahen für den gesamten Landtag eine Dauer von sechs Jahren vor.[537]

Indem die Grundgesetze **Österreichs** und **Preußens** insoweit zwischen der Legislaturperiode der Ersten und der Zweiten Kammer unterschieden, schufen sie Regelungen, die es so zuvor in den Einzelstaaten noch nicht gegeben hatte. Damit machten sie deutlich, dass sie die Erste Kammer, die jeweils eine doppelt so lange Legislaturperiode hatte wie die Zweite Kammer, längere Zeit vor Neuwahlen durch das Volk „bewahren" wollten; dadurch wurde eine längere Kontinuität in den Arbeitshandlungen der offenbar gewichtigen Abgeordneten der Ersten Kammer ermöglicht.

### (4) Verfassungsrechtliche Änderungen innerhalb eines Staates

Wie im obigen Vergleich sichtbar, stechen vor allem zwei Staaten hinsichtlich ihrer Entwicklung in der Zusammensetzung der Landtage in der Zeitperiode von

---

532 Hessen-Darmstadt Gesetz 1848 (Art. 7).

533 Zur Bedeutung der Versammlungshäufigkeit und Legislaturperiode siehe unter 1. Der Zeitraum von 1815–1830, aa. Unmittelbarer Vergleich der Verfassungen, (2) Allgemeine Bestimmungen unter Buchstabe (b) und (c).

534 Österreich 1848 (§ 34) und 1849 (§ 38); Preußen 1848 (Art. 75) und 1850 (Art. 76) und Hannover Gesetz 1848 (§ 58).

535 Preußen 1848 (Art. 64/70).

536 Preußen 1850 (Art. 67/73).

537 Hessen-Darmstadt Gesetz 1849 (Art. 22) und Hannover Gesetz 1848 (§ 57).

1848–1850 heraus: **Österreich** und **Preußen**. Beide Staaten hatten während dieser kurzen revolutionsbedingten Zeit jeweils zwei Staatsgrundgesetze erlassen, durch die sie Änderungen in der Mitgliederpräferenz der Kammern herbeiführten. Dabei ist jedoch sehr deutlich erkennbar, dass sich jeweils nur die Abgeordnetenvertretung der Ersten Kammern in beiden Staaten innerhalb der kurzen Zeit verändert hatte. Hinsichtlich der Mitgliederpräferenz der Zweiten Kammer blieb es bei der in den ersten Verfassungsurkunden proklamierten Zusammensetzung in Form einer Volksvertretung im damaligen Sinne. Eine kleine Veränderung erfolgte hier nur in **Österreich**, nämlich, dass die Abgeordneten ab 1849 nicht mehr in mittelbarer, sondern in unmittelbarer Weise vom Volk gewählt wurden. Dadurch hatte das Volk einen größeren Einfluss auf die Wahlbeteiligung erlangt.

In **Österreich** veränderte sich die Zusammensetzung in der *Ersten* Kammer derart, dass 1848 eine reine Ständevertretung festgesetzt worden war, die bereits 1849 durch eine Volksvertretung im damaligen Sinne ersetzt wurde. Bei Betrachtung dieser Entwicklung in **Österreich** stellt sich nicht nur die Frage, warum nach der Verabschiedung der ersten Verfassung von 1848 bereits ein Jahr später ein neues Staatsgrundgesetz erlassen wurde, sondern zum anderen auch, warum sich die Verantwortlichen für eine derart gravierende Änderung in der Zusammensetzung der Ersten Kammer entschlossen. Die rasche verfassungsrechtliche Entwicklung im Kaiserreich war hauptsächlich auf zwei Ereignisse zurückzuführen, die eine Veränderung unabdingbar werden ließ. Dazu gehörte zum einen die Thronbesteigung durch Franz Joseph I. und zum anderen die politischen und sozialen Ereignisse innerhalb der einzelnen Kronländer des Kaiserreichs. Durch ersteres Geschehnis kam ein frischer Wind in die verstaubten politischen Regierungsreihen Österreichs. Vorgänger von Franz Joseph I. war Kaiser Ferdinand I. gewesen. Dieser hatte es in seiner Regierungszeit zwar geschafft, die erste Verfassung im Kaiserreich zu erlassen, verpasste es jedoch, diese inhaltlich so auszugestalten, dass die Verfassung den Kräfteverhältnissen der Revolutionsjahre entsprach.[538] Vielmehr dirigierte der Adel die verfassungsrechtliche Richtung nach seinem Wohlwollen, dem sich der Kaiser nicht entzog, was in der Zusammensetzung der Ersten Kammer auch deutlich zu Tage trat.[539] Hinzu kamen noch die aktuellen revolutionären Ereignisse in den Teilstaaten der Gesamtmonarchie, die durch Bürgerkriege gekennzeichnet waren und sich durch eine tiefgreifend misstrauische Grundstimmung seitens der Bevölkerung auszeichneten.[540] Es drohte eine Zersplitterung des einst mit einer patriotischen Grundstimmung durchsetzten Kaiserreichs. Genau dies versuchte der neue Kaiser Franz Joseph I. mit aller Macht zu verhindern, wie er in dem Manifest vom 04. März 1849 kundtat: „In dem Manifeste vom 02. Dezember hatten Wir die Hoffnung ausgesprochen, daß es Uns mit Gottes Beistand und im Einverständnisse mit den Völkern gelingen werde, alle Lande und Stämme der Monarchie zu einem

538 Kolmer, Parlament und Verfassung in Österreich, Band 1, S. 1.
539 Friedjung, Österreich von 1848–1860, Band 1, S. 19 ff.
540 Vgl. den Inhalt des Kaiserlichen Manifests vom 04. März 1849, in: RGBl. 149/1849.

großen Staatskörper zu vereinigen. [...]; denn sie (die Worte) waren der Ausdruck eines längst gefühlten, jetzt zum allgemeinen Bewusstsein gelangten Bedürfnisses. In der Wiedergeburt der Gesammt-Monarchie, in der engeren Verbindung ihrer Bestandtheile erkennt der gesunde Sinn des Volkes die erste Bedingung für die Wiederkehr der gestörten Ordnung und des entwichenen Wohlstandes, sowie die sicherste Bürgschaft für eine gesegnete und glorreiche Zukunft."

Diesen Worten folgten schon bald Taten, indem bereits vier Tage später, am 04. März 1849, die sog. „Oktroyierte Märzverfassung" zumindest formell in Kraft trat. Durch die veränderte Zusammensetzung der Ersten Kammer wurde dem Gedanken einer engeren Verbindung zwischen den Kronländern Ausdruck verliehen, indem die Länder nunmehr mitzureden hatten, wenn es um die Besetzung der Ersten Kammer des Reichstages ging. Kaiser Franz Joseph I. hatte damit eine politische Neuheit statuiert, durch die erreicht wurde, dass sich alle Länder durch eine Beteiligung an den Reichsangelegenheiten wieder zugehörig fühlen konnten.[541]

Die Änderung in der Zweiten Kammer, dass die mittelbare durch eine unmittelbare Wahl ersetzt wurde, hatte den Sinn, der Bevölkerung das tiefsitzende Misstrauen zu nehmen, indem ihr gewährt wurde, in Zukunft in einer demokratischeren Weise als noch 1848 an den Wahlen beteiligt zu werden. Die veränderte Zusammensetzung im Reichstag hatte damit keinen anderen Grund, als das Kaiserreich wieder zu einer „freien, selbständigen, untheilbaren und unauflösbaren Erbmonarchie"[542] zurückzuführen.

Bei einem Vergleich zwischen **Österreich** und **Preußen** entsteht der Eindruck, dass die beiden Länder eine genau spiegelverkehrte Entwicklung während der Jahre durchgemacht hatten. Denn im Gegensatz zu **Österreich** bestand in **Preußen** 1848 die Erste Kammer lediglich aus von Repräsentanten der Kommunalverbände mittelbar gewählten Abgeordneten, bis im Jahr 1850 die neue Verfassung eine Kammer vorsah, die zumindest zum Teil wieder durch Stände vertreten werden sollte. Dementsprechend stellt sich die Frage, weshalb **Preußen** in der gleichen Zeitperiode eine „umgekehrte" Entwicklung erlebte, die es mit Blick auf die revolutionäre Geschichte Preußens zu beantworten gilt: Die erste Verfassung von 1848 war unter dem Druck der revolutionären Unruhen in **Preußen** zustande gekommen. Das öffentliche Leben war geprägt von Demonstrationen, Bildung von Bürgerwehr-Vereinen, der Stockung des Geschäftslebens, Arbeitslosigkeit und Inflation.[543] Um diese Entwicklung einzudämmen, musste ein Zeichen des Königs an die Bürger herangetragen werden. Friedrich Wilhelm IV. verließ im Dezember den Boden der Legalität und stützte sich auf das Recht zum Staatsstreich.[544] Das erste Staatsgrundgesetz war somit im Eilverfahren inhaltlich ausgestaltet worden, sehr zum Bedauern

541 Allerdings hielt diese Entwicklung nicht lange an. Bereits mit den sog. Sylvesterpatenten vom 31.12.1851 wurde die oktroyierte Märzverfassung bereits wieder förmlich aufgehoben. Vgl. Kotulla, Deutsche Verfassungsgeschichte, Rdnr. 1804.

542 Kolmer, Parlament und Verfassung in Osterreich, Band 1, S. 9.

543 Freiherr von Eberstein, Über die Revolution in Preußen, S. 42 ff.

544 Huber, Verfassungsgeschichte, Band II, S. 765.

des Königs, wie sich aus einem Schriftwechsel am Morgen des 05. Dezember 1848 an den preußischen Gesandten Bunsen ergab: „Die Verfassung giebt mir ein wenig Bauchweh, weil sie eigentlich schlecht ist."[545] Jedenfalls die Demokraten schienen aber befriedigt, da sie in der Verfassung das allgemeine Wahlrecht und andere Märzerrungenschaften fanden.[546] Nichtsdestotrotz schien die Verfassung als ein reines Provisorium konzipiert, um sich einerseits für „den Augenblick [...] (der) Möglichkeit des Bestehens" zu versichern, andererseits mit Hilfe liberaler Zugeständnisse zu einer „Beruhigung (der) Gemüter beizutragen", um erst dann – wie etwa Edwin v. Manteuffel es umschrieb – den „definitiven geordneten, haltbaren Zustand in Preußen herzustellen".[547] Gerade in der Ausgestaltung der Ersten Kammer ist der Charakter als Provisorium besonders deutlich zu sehen. Die Regierung hatte sich insoweit für die Errichtung einer weiteren Wahlkammer gegen den Widerstand Friedrich Wilhelms IV. entschieden, der daran festhalten wollte, dass die Mitglieder der Ersten Kammer von ihm persönlich ernannt werden sollten.[548] Tatsächlich wurden die Paragraphen zu der Ersten Kammer so ausgestaltet, dass letztlich der Charakter als „Wahlkammer" umgangen werden konnte und sie damit eine Scheinlösung präsentierten. So wurde beispielsweise in Artikel 63 bestimmt, dass die Bildung der betreffenden Wahlkörper „nach näherer Bestimmung des Wahlgesetzes" zu erfolgen hatte, diese jedoch wiederum von den in Artikel 104 angekündigten Ausführungsgesetzen über die Gemeinden, Kreis-, Bezirks- und Provinzial-Verbände abhängig blieb.[549] Diese Scheinlösung wurde noch untermauert durch eine evident lange Legislaturperiode von sechs Jahren. Durch diese Ausgestaltung der Verfassungsurkunde hinsichtlich der Zusammensetzung der Ersten Kammer war nicht zuletzt der Raum geschaffen für ein Wahlausführungsgesetz, dass alle Möglichkeiten, so etwa Wahlen mit verschärftem Zensus oder sogar nach Ständen, offen ließen.[550] Zu einer ausdrücklichen, und nicht mehr nur scheinbaren Einführung der Stände in die Erste Kammer kam es erst mit der Verfassungsurkunde vom 31.01.1850. Jedoch kam der betreffende Artikel der Verfassung (Art. 65) nie zur Anwendung.[551] Die Erste Kammer blieb somit in ihrer ursprünglichen Zusammensetzung bestehen, bis der König eine Neukonstituierung der Ersten Kammer mit der „Verordnung wegen Bildung der Ersten Kammer" am 12.10.1854 zuließ. In diesen Bestrebungen ist deutlich sichtbar, dass der König über die Jahre hinweg stets versuchte, die Stände

---

545 Siehe hierzu Ranke, Aus dem Briefwechsel Friedrich Wilhelms IV. mit Bunsen, S. 235.

546 Freiherr von Eberstein, a.a.O., S. 47.

547 Grünthal, Parlamentarismus in Preußen, S. 30; ähnlich äußerte sich auch Wesendonk, der die Verfassung als eine „Schein freisinnige Institution" und nicht als eine gute und freisinnige Grundlage erachtete, vgl. Nathan, Preussens Verfassung und Verwaltung, S. 64.

548 Grünthal, a.a.O., S. 44.

549 Grünthal, a.a.O., S. 45.

550 Grünthal, a.a.O., S. 45.

551 Kimminich, Deutsche Verfassungsgeschichte, S. 369.

als feste Größe in die Erste Kammer und damit in die Landesvertretung wieder zu etablieren. Mit der „vereinbarten" Verfassung von 1850 war der erste Versuch bereits unternommen, auch wenn es ihm erst durch die königliche Verordnung von 1854 tatsächlich gelungen war.

### *bb. Auswertung der Zweikammersysteme*

Radikale Umstrukturierungsmaßnahmen in den Landtagen bestimmten den Alltag der meisten Einzelstaaten. Unabhängig davon, ob in den einzelnen Ländern neue Verfassungen oder lediglich Verfassungsänderungen erlassen wurden, war in den Ersten Kammern überwiegend eine Entwicklung hin zu einem Vertretungssystem zu verzeichnen, das geprägt war von der Einbeziehung des deutschen Volkes durch Wahlen. So wurde entweder die ständisch gegliederte Zusammensetzung vollständig eliminiert, etwa in **Österreich** ab 1849, in **Preußen** 1848 und in **Hessen-Darmstadt** oder die Anzahl der repräsentierten Stände zumindest auf ein Minimum reduziert, wie in **Preußen** (für kurze Zeit 1850) oder in **Sachsen**. Lediglich **Bayern** und **Hannover** blieben bei einer reinen Ständevertretung für die Erste Kammer. Auch die Zweiten Kammern waren mit Ausnahme von **Hannover** in *allen* Staaten ab 1848 von Mitgliedern besetzt, die entweder in mittelbarer oder unmittelbarer Wahl vom Volk gewählt wurden.

Von revolutionsbedingten Zwangsmaßnahmen abgesehen hatte in dieser Zeit lediglich **Baden**. Dies ist deshalb in erheblichem Maße als außergewöhnlich zu beurteilen, da es sich gerade um den Staat handelte, in dem sich die französische Revolution als erstes in Deutschland auswirkte. Anders als in den meisten anderen Staaten beugte sich die Regierung hier zunächst nicht dem Mehrheitsdrang der Bevölkerung nach einer neuen Staatsordnung.[552] Die revolutionären Aufständischen erhöhten daraufhin den Druck auf die Regierung, so dass sie sich schließlich genötigt sah, in aller Eile einen Gesetzentwurf auszuarbeiten.[553] Der Entwurf schlug ein den öffentlichen Forderungen angepasstes konstitutionelles Kammersystem vor, indem sowohl die Erste als auch die Zweite Kammer nur noch aus von wahlberechtigten Bürgern entsandten Abgeordneten bestehen sollten. Er erlangte jedoch aufgrund der sich ab dem Jahre 1849 überschlagenden Ereignisse in Baden nie Rechtsgültigkeit. Die einzige Reaktion der Regierung war nunmehr die Auflösung der beiden Kammern durch das „Dekret, die Auflösung der Kammern betreffend" vom 17. Mai 1849 und die damit verbundene Einberufung einer neuen konstituierenden Versammlung, die sie am selben Tag mit einem entsprechenden Gesetz anordnete.[554] Nach Artikel 3 des Gesetzes „die Einberufung einer konstituierenden Versammlung betreffend" sollte jeder Wahlbezirk vier Abgeordnete unmittelbar für die konstituierende Versammlung ernennen. Wählbar war jeder Staatsbürger Badens, welcher das einundzwanzigste

---

552 Engehausen, Die Revolution von 1848/49, S. 170; vgl. Real, Die Revolution in Baden 1848/49, S. 49.

553 Kotulla, Deutsches Verfassungsrecht 1806–1918, Band I, S. 422.

554 Gesetz, die Einberufung einer konstituierenden Versammlung betreffend.

Lebensjahr erreicht hat (Art. 1). Nachdem am 03. Juni 1849 die Wahlen zu der neuen verfassunggebenden Versammlung auch stattgefunden hatten, sollte diese jedoch nicht lange bestehen.[555] Bereits am 13. Juni 1849 verabschiedete die Versammlung das Gesetz über „die Errichtung einer provisorischen Regierung mit diktatorischer Gewalt". Mit diesem Gesetz gab sie ihre Verantwortung mit Ausnahme der Möglichkeit, die Regierung jederzeit absetzen zu können, aus der Hand. Bevor eine erneute Diskussion über die immer noch ungeklärte Verfassungsfrage ausbrechen konnte, verhängte sie über Baden am 05. Juni 1849 mit einem entsprechenden Gesetz den Kriegszustand, welcher bis 1852 dauern sollte.[556] Bis zum Jahr 1866, in welchem der Deutsche Bund aufgelöst wurde, kam es in Baden nicht mehr zu der Verabschiedung einer neuen Verfassung. Nachdem der Sturm der Märzrevolution weitestgehend abgeflaut war, beseitigte die neue Regierung Anfang der 50er Jahre nicht nur die im Zuge der revolutionären Ereignisse zustande gekommenen Gesetze, sondern orientierte sich wieder an den in der Verfassungsurkunde von 1818 zugrunde liegenden staatsrechtlichen Verhältnisse.[557]

### c. *Auswertung der Ein- und Zweikammersysteme*

Die Zusammensetzung der Landtage änderte sich in den meisten Einzelstaaten, unabhängig davon, ob sie ein Einkammer- oder Zweikammersystem vorsahen, in dieser Zeitperiode von 1848–1850 vehement. Das lag insbesondere daran, dass die Bürger durch die revolutionären Aufmärsche eine neue Stellung in der Rangordnung forderten. Insbesondere wollten sie durch eine „Volksvertretung" Einfluss auf die politischen Geschehnisse nehmen. Die politisch Aktiven verstanden sich seit der Märzrevolution von 1848 als Bürger der jeweiligen Einzelstaaten und nicht mehr als Untertanen der Monarchen. Die meisten Monarchen reagierten prompt auf diese Bewegung seitens des Volkes, indem sie entweder neue Verfassungen erließen oder die bestehenden Verfassungen einer grundlegenden Revision unterzogen. Dabei wurde, wie in der Untersuchung zu sehen ist, in fast allen Staaten auch die bis dahin bestehenden Zusammensetzungen der Landtage reformiert. Aus Zweikammersystemen wurden Einkammerordnungen, der Adel wurde seiner standesherrlichen Rechte entmachtet und provisorische Landesvertretungen wurden eingeführt. Die Staaten mit einem Zweikammersystem hatten jedoch im Gegensatz zu denjenigen mit nur einer Kammer die Möglichkeit, lediglich eine, die Zweite Kammer dem Willen des Volkes entsprechend zu gestalten und in der Ersten Kammer weiterhin eine Ständevertretung zu etablieren. Wie im Vergleich jedoch gesehen, haben auch hier, aus Angst vor weiteren revolutionären Aufständen, nicht alle Staaten von dieser Möglichkeit Gebrauch gemacht. Durch die weitgehende Aufgabe der ständischen

555 Kotulla, a.a.O., S. 427.
556 Kotulla, a.a.O., S. 429 ff.
557 Kotulla, a.a.O., S. 431 f.

Strukturierung wandelte sich der Charakter der Kammern entscheidend; sie machten einen großen Schritt hin zu Volksvertretungskörperschaften des *gesamten* Volkes.

### *d. Vergleich der Ein- und Zweikammersysteme zum heutigen Parlamentarismus*

Die Zusammensetzung der Landtage in der Revolutionszeit kann seit Beginn des Bestehens des Deutschen Bundes zum ersten Mal als Vorform zu der Zusammensetzung des heutigen Parlaments bezeichnet werden. Denn zum ersten Mal in dieser Zeit wurden die meisten Landtage der Einkammersysteme ausschließlich mit solchen Abgeordneten besetzt, die vom Volk legitimiert wurden. Auch in den Zweikammersystemen sahen die Verfassungen solche vom Volk gewählten Personen für die Zweite Kammer fast ausschließlich und für die Erste Kammer teilweise vor. Im Gegensatz zu der Zeitperiode von 1831–1847 bestand der grundlegendste Unterschied jedoch darin, dass nicht mehr nur noch solche Abgeordneten zur Wahl zugelassen wurden, die den Nachweis eines bestimmten Besitzes, Steueraufkommens oder Einkommens erbringen mussten und der Kreis der wählbaren Personen damit erheblich erweitert wurde. Die anderen allgemeinen Voraussetzungen waren weiterhin nahezu identisch mit den heutigen passiven Wahlrechtsbedingungen, wie das Bestehen der deutschen Staatsangehörigkeit, das Erreichen eines bestimmten Mindestalters und der Ausschlußgrund des Verbrechens und Vergehens.

Als weitere Vorform, die erstmalig in einigen Staaten mit Einkammersystem in dieser Zeit entstanden ist, ist das – wenn auch noch eingeschränkte – Selbstversammlungsrecht der Landtage, das auch heute grundgesetzlich (Art. 39 Abs. 3 S. 1 GG) dem Bundestag zusteht. In diesen Staaten wurde zwar weiterhin geregelt, dass grundsätzlich der Landesherr für die Einberufung zuständig ist; jedoch gab es stets die Ergänzung, dass im Falle des Unterbleibens der Einberufung seitens des Landesherrn der Landtag sich unaufgefordert alljährlich versammeln soll. Damit hatten diese Kammern zwar noch kein uneingeschränktes Recht, sich zu jeder *beliebigen* Zeit versammeln zu dürfen, da es auf die jährliche Zusammenkunft reduziert war, aber die Idee zu dem heutigen Verständnis des Selbstversammlungsrechts war geboren. Angemerkt sei an dieser Stelle, dass auch das derzeitige Selbstversammlungsrecht nicht völlig uneingeschränkt besteht. So muss das Parlament spätestens am 30. Tag nach der Wahl zusammentreten und die letzte Sitzung hat vor Ablauf der Wahlperiode stattzufinden.

## 4. Der Zeitraum von 1851–1866

### *a. Die Zusammensetzung hinsichtlich der Einkammersysteme*

Die einzigen beiden Staaten, die innerhalb dieser Zeitperiode ihre ersten Verfassungen seit Bestehen des Deutschen Bundes erließen, waren das Herzogtum **Anhalt** und die Landgrafschaft **Hessen-Homburg.** Alle anderen Staaten erließen bereits ihre zweite oder dritte Verfassung, darunter **Reuß j.L.** (1852), **Liechtenstein** (1862), **Oldenburg** (1852), **Sachsen-Gotha** (1852), **Schwarzburg-Rudolstadt** (1854),

**Schwarzburg-Sondershausen** (1857) und **Waldeck-Pyrmont** (1852). Dabei fällt auf, dass eine Welle der Verfassunggebung vor allem im Jahr 1852 zu verzeichnen war. Zudem gab es noch einige Staaten, die die Zusammensetzung der Landtage jeweils nur einer Revision durch einfaches Gesetz unterzogen. Dazu gehörten **Luxemburg** (1856), **Reuß j.L.** (1856), **Schwarzburg-Sondershausen** (1852), **Sachsen-Meiningen** (1853), **Sachsen-Altenburg** (1855) und **Braunschweig** (1851). **Sachsen-Weimar-Eisenach** bekam zwar bereits 1850 die zweite „revidierte" Verfassung, jedoch trat das Wahlgesetz, in dem Bestimmungen über die Zusammensetzung des Landtags enthalten waren, erst 1852 in Kraft. Da die Regelungen über die neue Zusammensetzung der Kammer damit nicht mehr unter den revolutionären Ereignissen zustande kamen, werden sie an dieser Stelle zu erörtern sein.

### *aa. Unmittelbarer Vergleich der Verfassungen*

Bei einem unmittelbaren Vergleich fällt auf, dass es in der Zeitperiode von 1851–1866 zwei Arten der Zusammensetzung der Kammern gab, unter die die jeweiligen Staaten zusammengefasst werden können. Bei der ersten Gruppierung bestand die Zusammensetzung aus solchen Personen, die ausschließlich durch das Volk in mittelbarer oder unmittelbarer Wahl legitimiert wurden. Die zweite Gruppierung zeichnet sich dadurch aus, dass neben solchen von der Allgemeinheit gewählten Abgeordneten auch solche vom Monarchen persönlich Berechtigte und Honoratioren die Mitgliederpräferenz der Kammer ausmachten.

Hervorstechend ist insbesondere, dass sich für die erste Art der Zusammensetzung fast ausnahmslos solche Staaten entschieden, die eine derartige Organisation der Kammer bereits per Revision oder neuer Verfassung in den Jahren 1848/49 etabliert hatten, namentlich **Oldenburg, Reuß j.L., Luxemburg, Sachsen-Gotha** und **Waldeck-Pyrmont**. Ausnahmen hierzu bildeten **Schwarzburg-Sondershausen, Sachsen-Meiningen** und **Sachsen-Altenburg,** die mit ihren Gesetzen ab 1851 wieder eine ständisch orientierte Zusammensetzung der Kammern vorsahen.[558] Spiegelbildlich dazu kam die zweite Art der Zusammensetzung fast ausnahmslos in den Staaten vor, die entweder ihre erste Verfassung seit Bestehen des Deutschen Bundes erließen, namentlich **Anhalt** und **Hessen-Homburg** oder deren erste Verfassungen lange Jahre zurücklagen. Darunter fielen **Liechtenstein** (erste Verfassung 1818), **Schwarzburg-Rudolstadt** (erste Verfassung 1816), **Sachsen-Weimar-Eisenach**

558 In dem Gesetz von Schwarzburg-Sondershausen „die Abänderung des Verfassungsgesetzes vom 12. Dezember 1849 betreffend" vom 02. August 1852 wurde in § 18 bestimmt, dass die §§ 77–86 des Gesetzes von 1849 aufgehoben werden und durch das Wahlgesetz vom 01. Oktober 1852 eine andere Zusammensetzung des Landtags angeordnet werde. Sachsen-Altenburg bestimmte insoweit in der „Höchsten Verordnung, die landschaftlichen Wahlen betreffend vom 12.03.1855", dass das Gesetz von 1848 aufgehoben und die entsprechenden Regelungen des Grundgesetzes von 1831 wieder in Kraft treten würden. Sachsen-Meiningen nahm eine neue Zusammensetzung des Landtags vor, wie aus dem Gesetz von 1853 hervorgeht.

(1816) und **Braunschweig** (1832). Diese Staaten hatten in den Revolutionsjahren von 1848–1850 keine Änderungen hinsichtlich der Zusammensetzung der Landtage vorgenommen.

Woran diese unterschiedliche Entwicklung in den Einzelstaaten lag, ist unter dem Gliederungspunkt „Auswertung der Einkammersysteme" zu erörtern, da sie mit den allgemeinen geschichtlichen Ereignissen in dieser Zeit in unmittelbarem Zusammenhang stand.

(1) Mitglieder der Kammer[559]

Wie oben bereits erwähnt sahen die Staaten **Reuß j.L., Oldenburg, Luxemburg, Waldeck** und **Sachsen-Gotha** alle die gleiche Zusammensetzung der Kammer vor und zwar dergestalt, dass die darin vertretenen Abgeordneten durch das Volk gewählt wurden.[560] In allen Verfassungen wurde hinsichtlich der näheren Bestimmungen auf das Wahlgesetz, das entweder gesondert erlassen oder der Verfassung als Beilage angefügt wurde, verwiesen.[561] Die Wahlen erfolgten in jedem Staat in mittelbarer Weise.[562] Lediglich **Reuß j.L.** sah eine Besonderheit vor, indem von den neunzehn Landesvertretern vier allein von den großen Grundbesitzern ohne Beteiligung von Wahlmännern gewählt wurden.[563] Der Monarch erhoffte sich dadurch offenbar, dass diese Wählerschaft auch nur solche, aus ihrer Mitte bekannten Großgrundbesitzer wählten und dadurch – neben den „einfachen" Abgeordneten – eine vermögende Gruppe Einzug in den Landtag erhielt. Die übrigen fünfzehn Abgeordneten wurden dagegen nach § 5 des Wahlgesetzes durch Wahlmänner ernannt, die ihrerseits von der Bevölkerung gewählt wurden. Für **Waldeck-Pyrmont** und **Sachsen-Gotha,** die sich beide jeweils in zwei selbständige Fürsten- bzw. Herzogtümer teilten (Waldeck und Pyrmont sowie Coburg und Gotha), war hinsichtlich der gemeinschaftlichen Angelegenheiten, die beide Gebietsteile betrafen, ein gemeinsamer Landtag vorgesehen.[564]

---

559 Zur Bedeutung von Kammermitgliedern siehe unter 1. Der Zeitraum von 1815–1830, aa. Unmittelbarer Vergleich der Verfassungen unter (1).

560 Art. 1 des luxemburgischen Wahlgesetzes von 1857 bestimmte insoweit, dass von den 31 Abgeordneten 16 von den Cantonswählern und 15 von den Distriktswählern ernannt werden sollten. Diese Aufteilung hatte lediglich territorialspezifische Gründe.

561 Oldenburg 1852 (Art. 112–114); Waldeck 1852 (§ 49); Reuß j.L. 1852 (§ 51); Sachsen-Coburg-Gotha 1852 (§ 70) und Luxemburg Gesetz 1856 (Punkt 24).

562 Reuß j.L.: Wahlgesetz vom 14.04.1852 (§ 5); Oldenburg: Wahlgesetz 1852 (Art. 1); Sachsen-Gotha: Beilage I zum Staatsgrundgesetz 1852 (§ 1); Waldeck: Wahlgesetz vom 17.12.1852 (§ 1) und Luxemburg: Wahlgesetz vom 07. Juni 1857 (Kapitel IV).

563 Reuß j.L.: Wahlgesetz von 1852 (§ 4).

564 In Waldeck sollten dabei nach § 49 der Verfassungsurkunde 12 Abgeordnete aus dem Fürstentum Waldeck und 3 Abgeordnete aus dem Fürstentum Pyrmont entsandt werden. § 1 der Wahlordnung Sachsen-Coburg-Gothas sah vor, dass das Herzogtum Coburg in 11 das Herzogtum Gotha in 19 Wahlbezirke zerfiel, aus denen immer jeweils 1 Abgeordneter zu wählen war. Was als gemeinschaftlich

Allen Staaten war gemein, dass sie die Zusammensetzung, die sie bereits in den Verfassungen von 1849 statuiert hatten, auch in der Reaktionszeit bei Erlass dieser neuen Verfassungen und Gesetze beibehielten.[565]

Es gab zu dieser Entwicklung jedoch drei Ausnahmen: **Schwarzburg-Sondershausen, Sachsen-Meiningen** und **Sachsen-Altenburg.** Diese Staaten entschieden sich in den Jahren von 1851–1866 für eine neue, wieder aus Ständen bestehende Kammervertretung und revidierten damit die Gesetze von 1849. Das Fürstentum **Schwarzburg-Sondershausen** nahm insoweit 1852 eine strukturelle Novelle der Kammer vor. Während auch hier im Jahre 1849 eine Verfassung erlassen wurde, die in § 77 die Bestimmung vorsah, dass der Landtag aus achtzehn Abgeordneten bestehen sollte, die von den stimmfähigen Staatsbürgern unmittelbar gewählt wurden, wurde nunmehr im „Gesetz, die Abänderung des Verfassungsgesetzes betreffend" vom 02.08.1852 eine gänzliche Revision der Zusammensetzung vorgenommen. In § 18 des Gesetzes hieß es: „Die §§ 77–86 einschließlich des citirten Gesetzes werden aufgehoben. Die Zusammensetzung des Landtags wird durch das Wahlgesetz geordnet." Das hierin angesprochene Wahlgesetz, das am 1.10.1852 in Kraft trat, ordnete einen Landtag an, der zukünftig aus vier lebenslänglich ernannten Mitgliedern, fünf Abgeordneten der Höchstbesteuerten und zehn aus allgemeinen Wahlen hervorgehenden Abgeordneten bestehen sollte. Die höchstbesteuerten Abgeordneten wurden dabei auch nur von ebenfalls höchstbesteuerten Bürgern und damit aus ihrer Mitte ernannt (§ 13 des Wahlgesetzes). Die zehn Abgeordneten wurden von den stimmfähigen Wahlberechtigten in direkter Weise gewählt, wie sich aus den §§ 32 ff. ergibt.[566]

---

betreffende Angelegenheit angesehen wurde, wurde in Sachsen-Coburg-Gotha in § 71 der Verfassungsurkunde explizit aufgezählt: „1. Das Verhältnis der vereinigten Herzogthümer zum Herzog, mit Ausschluß der Bezüge des Herzogs und des Herzoglichen Hauses aus Staats- oder Domainenmitteln; 2. Alle Beziehungen der Herzogthümer zum deutschen Staatsorganismus und zu auswärtigen Staaten; 3. Das Staatsgrundgesetz; 4. Der gemeinschaftliche Landtag; 5. Das Staatsministerium; 6. Der Staatsgerichtshof; 7. Das Militairwesen; 8. Das Oberappelationsgericht und der durch ein Gesetz zu errichtende gemeinsame Appellhof, nebst den damit in Verbindung stehenden Einrichtungen; 9. Die Postsachen; 10. Die Zollsachen und 11. Die Staatsarchive. In § 48 der Verfassungsurkunde von Waldeck-Pyrmont wurde hingegen lediglich die Aussage getroffen, dass die Frage, welche Gegenstände als gemeinschaftlich zu behandeln sind, die besonderen Vereinbarungen bestimmen, „welche hierüber zwischen den beiderseitigen Ständen unter Zustimmung der Regierung getroffen sind, oder in Zukunft getroffen werden möchten".

565 Vgl. insoweit Oldenburg 1849 (Art. 127–129); Sachsen-Gotha 1849 (§ 1 der Wahlordnung); Waldeck-Pyrmont 1849 (§ 46), Reuß j.L. 1849 (§ 66/67 und § 6 des der Verfassung beigefügten Wahlgesetzes) und Luxemburg (Art. 1 des Wahlgesetzes von 1857).

566 Bereits vier Jahre später, 1856, erließ der Fürst ein neues Wahlgesetz. In diesem Gesetz wurde auch auf die Zusammensetzung der Kammer in § 1 Bezug genommen. Im Vergleich zu 1852 änderte sich insoweit in der Gestaltung des Landtags nichts mit Ausnahme der Anzahl der lebenslänglich ernannten Mitglieder, die

**Sachsen-Altenburg** setzte die Regelungen von 1831 wieder in Kraft, so dass 1855 die Kammer erneut aus insgesamt vierundzwanzig Abgeordneten bestehen sollte, wobei acht aus dem Stand der Rittergutsbesitzer, acht aus Abgeordneten der Städte und acht Bauern vertreten sein sollten.[567] Schließlich sah auch die Verfassung **Sachsen-Meiningens** neben solchen vom Volk gewählten Abgeordneten (sechzehn von insgesamt vierundzwanzig Mitgliedern) sechs Gutsbesitzer und zwei vom Herzog ernannte Mitglieder vor.[568]

Eine ebensolche Zusammensetzung wie in den gerade untersuchten Staaten erfolgte auch in den Ländern, die in den Revolutionsjahren keine Veränderungen veranlasst hatten, namentlich **Liechtenstein, Braunschweig, Hessen-Homburg, Schwarzburg -Rudolstadt, Sachsen-Weimar-Eisenach und Anhalt**. Es wurde in deren Verfassungen festgesetzt, dass die Kammern neben den Ständen immer auch aus Vertretern der Städte, die durch die Bevölkerung in mittelbarer Weise legitimiert wurden, bestehen sollten.[569] Hierbei ist auffällig, dass die durch das Volk legitimierten Abgeordneten in allen Landtagen mit Ausnahme des Landtags von **Anhalt** den größten Anteil an der Vertretung in den Kammern ausmachten: **Schwarzburg-Rudolstadt** sah von insgesamt sechzehn Abgeordneten dreizehn solcher Deputierter vor (§ 12), **Liechtenstein** von insgesamt fünfzehn zwölf (§ 55) und **Sachsen-Weimar-Eisenach** von insgesamt einunddreißig einundzwanzig (§ 2). In **Braunschweig** waren sogar von insgesamt sechsundvierzig zu wählenden Abgeordneten nur drei vorgesehen, die *nicht* vom Volk gewählt werden sollten (§ 1 f.). Im Gesetz, „die Verfassung des Landgrafentums und beziehungsweise die Bezirksräte betreffend" von **Hessen-Homburg** wurde schließlich in Artikel 4 angeordnet, dass von insgesamt neunundzwanzig Abgeordneten vierundzwanzig vom Volk legitimierte Personen die Kammer besetzen sollten. Diese allgemeine Zusammensetzung deutet darauf hin, dass die Staaten nach den Revolutions-ereignissen von 1848/49 die Kammern unter anderem aus Furcht vor einer erneuten Wiederkehr der Bevölkerungsaufstände noch überwiegend volksnah ausgestaltet wissen wollten.

**Anhalt** sah für seinen Gesamtlandtag (für die gemeinsamen Angelegenheiten der selbständigen Herzogtümer **Anhalt-Dessau-Köthen** und **Anhalt-Bernburg**) zwar auch zwölf Abgeordnete der Städte vor, diese wurden jedoch nicht von den stimmfähigen Wahlberechtigten ernannt, sondern von den Gemeinderäthen gewählt (§§ 2, 8 f.).[570] Weiterhin wurden zwölf Personen aus den Landgemeinden als Wählbare zugelassen, die durch die Schulzen der Landgemeinden oder aber aus der

---

nun nur noch mit einer Obergrenze (höchstens fünf, § 2) verbindlich festgesetzt wurde.

567 Sachsen-Altenburg Gesetz 1855 (§ 2).

568 Sachsen-Meiningen Gesetz 1853 (Art. 1).

569 Liechtenstein 1862 (§ 55); Schwarzburg-Rudolstadt 1854 (§ 12); Braunschweig 1851 (§ 2); Hessen-Homburg 1852 (Art. 4); Sachsen-Weimar-Eisenach 1852 (§ 2); Anhalt 1859 (§ 2).

570 Diese Ausgestaltung hatte insbesondere Auswirkungen auf das Wahlrecht. Siehe hierzu unter III. Wahlrecht der Landtage, 6. Der Zeitraum von 1851–1866, a. Das

Zahl der im Herzogtum **Anhalt-Dessau-Köthen** und **Anhalt-Bernburg** ansässigen bäuerlichen Grundbesitzer zu wählen waren, wie in §§ 11–13 bestimmt. Neben diesen Abgeordneten, die durch das stark einschränkende Wahlrecht nur durch einen Teil der Bevölkerung legitimiert wurden, bestand die Kammer noch aus zwölf Rittergutsbesitzern. Hinsichtlich der Anzahl der Deputierten des Gesamtlandtags wurde in den dafür vorgesehenen Regelungen klar bestimmt, wie viele Deputierte aus *einem* Stand aus dem Herzogtum **Dessau-Köthen** und wie viele davon aus dem Herzogtum **Bernburg** zu erfolgen hatten. Der Monarch hatte, indem er die Verfassung einseitig ohne Zustimmung des Landtags erließ, die Mitgliederpräferenz größtenteils seinen Wünschen entsprechend ausgestaltet, so dass die Kammer letztlich fast ausschließlich aus bevorrechtigten Personen bestand.

Auch in **Sachsen-Weimar-Eisenach** war ein Abgeordneter aus der Ritterschaft vorgesehen, der aus seiner Mitte gewählt werden sollte, darüber hinaus vier aus dem Stand der Besitzer eines inländischen Grundeigentums (von wenigstens eintausend Thalern jährlicher Rente) und schließlich Personen, die aus anderen Quellen als dem Grundbesitz ein jährliches Einkommen von wenigstens eintausend Thalern bezogen.[571] In **Schwarzburg-Rudolstadt** wurden ebenfalls größere Grundbesitzer zugelassen, deren Wahl unmittelbar durch sämtliche Wahlberechtigte erfolgte.[572] In **Liechtenstein** wurden drei der fünfzehn Mitglieder vom Fürsten aus der im Fürstentum wahlfähigen männlichen Bevölkerung ernannt. Die Verfassung **Braunschweigs** sah lediglich drei Abgeordnete vor, die dem Stand der Geistlichen angehörten.[573] Eine noch etwas andere Anordnung erfolgte in **Hessen-Homburg**, indem in Artikel 4 des Gesetzes bestimmt wurde, dass fünf Mitglieder durch den Landgrafen festgesetzt werden sollten. Hierzu wurde im genannten Artikel die weitere Ausführung gemacht, dass „die ernannten Mitglieder vorzugsweise aus der Kategorie der Zivilstaatsdiener und den Geistlichen der Landeskirchen jeden Amtes entnommen“ werden konnten. Durch das Wort „vorzugsweise“ war der Artikel jedoch so ausgestaltet, dass es letztlich dem Landgrafen überlassen blieb, welche konkreten Personen er in den Landtag aufnahm. Ebenso wie in **Hessen-Homburg** war auch in Artikel 1 des Gesetzes von **Sachsen-Meiningen** für die Kammer zwei Abgeordnete vorgesehen, die vom Herzog ernannt wurden.

In der Verfassung von **Schwarzburg-Rudolstadt** (§ 13) wurde für den Stand der größeren Grundbesitzer gefordert, dass die Mitglieder im Besitz eines geschlossenen Gutes von bestimmtem Umfang sein mussten, um das passive Wahlrecht zu erlangen. Für die übrigen Abgeordneten wurden als besondere Kriterien der Besitz des Stadt- bzw. Ortsbürgerrechts und die Entrichtung eines gewissen Betrags an direkten Steuern verlangt. Damit kehrte die Regierung auch hinsichtlich der passiven

---

Wahlrecht innerhalb der Einkammersysteme, aa. Unmittelbarer Vergleich der Einzelstaaten unter Ziffer (2).

571 Wahlgesetz vom 06. April 1852 (§ 2).

572 Schwarzburg-Rudolstadt Wahlgesetz 1854 (§ 2).

573 Gesetz, über die Zusammensetzung der Landesversammlung von 1851 (§ 2).

Wählbarkeitsvoraussetzungen wieder zu den Zuständen vor 1848 zurück, indem sie in der Ersten Kammer erneut nur Vermögende oder Besitzende zuließ, wobei Einkommen und Steuerabgabe als gleichgestelltes Kriterium gesehen wurde. Zur Wählbarkeit der Ritterschaft gehörten in **Anhalt** nach § 6 der Landschaftsordnung die Landstandsfähigkeit[574] und der Besitz eines in den Herzogtümern belegenen Ritterguts. Städtische Abgeordnete sollten nach § 10 aus der Zahl derer zu wählen sein, die das Bürgerrecht desjenigen Herzogtums erworben haben, welchem die zur Wahl berufenen Gemeinderäte angehörten. In **Liechtenstein** und **Sachsen-Weimar-Eisenach** wurden hingegen nur allgemeine Voraussetzungen für das passive Wahlrecht gefordert.

### (2) Allgemeine Bestimmungen

#### (a) Allgemeine Voraussetzungen für die Wählbarkeit[575]

Die Staaten **Anhalt**, **Hessen-Homburg, Sachsen-Altenburg** und **Sachsen-Coburg-Gotha** sahen weder in den Verfassungsurkunden noch in den entsprechend dazugehörigen Wahlgesetzen allgemeine Voraussetzungen für die Wählbarkeit der Abgeordneten vor. Diese Tatsache verwundert, bedenkt man doch die übermäßige Anzahl der durch das Volk gewählten Abgeordneten, für die ebenfalls keine besonderen Voraussetzungen galten. Damit waren die Bürger bei der Wahl keinerlei Beschränkungen ausgesetzt, was höchstwahrscheinlich auch der Hauptgrund für das Fehlen dieser Regelungen war. Es sollte dem Volk in diesen Staaten kein Anlass mehr für eine erneute politische Unzufriedenheit gegeben werden.

Die 1848 festgesetzten Wählbarkeitsbedingungen in **Luxemburg** wurden in der Revision von 1856 ohne inhaltliche Änderung übernommen (vgl. Punkt 25 des Gesetzes). In allen anderen Staaten[576] wurde in den Verfassungen ein bestimmtes

---

574 Was unter einer Landstandsfähigkeit zu verstehen war, wurde in § 14 definiert: „Landstandsfähig sind, abgesehen von den in den vorigen Paragraphen festgestellten besonderen Erfordernissen, nur Männer, welche das dreißigste Jahr zurückgelegt haben, sich zur christlichen Religion bekennen, sich im Vollgenusse der bürgerlichen Ehrenrechte befinden, nicht unter Zustandsvormundschaft stehen, über deren Vermögen nicht ein Konkurs eröffnet ist, und welche, insofern sie den Abgeordneten der Stadt- und Landgemeinden angehören, mindestens seit drei Jahren in einem Unserer Herzogthümer ihren Wohnsitz haben."

575 Zur Bedeutung der Wählbarkeitsvoraussetzungen unter 1. Der Zeitraum von 1815–1830, aa. Unmittelbarer Vergleich der Verfassungen, (2) Allgemeine Bestimmungen unter Buchstabe (a).

576 In Schwarzburg-Rudolstadt waren die Wählbarkeitsvoraussetzungen in § 13 der Verfassungsurkunde, in Reuß j.L. in § 10 und 11 des Wahlgesetzes, in Liechtenstein in § 57 und 60 der Verfassung und in Waldeck in § 8 des Wahlgesetzes und im Großherzogtum. In Oldenburg wurden die Wählbarkeitsvoraussetzungen sowohl in der Verfassungsurkunde in Art. 115–116 als auch im Wahlgesetz in Art. 7 und 8 festgesetzt. Die Regelungen waren komplett identisch. Sachsen-Weimar-Eisenach hatte die Voraussetzungen in § 3 des Wahlgesetzes von 1852, Braunschweig in § 14

Mindestalter[577] und die jeweilige Staatsangehörigkeit bzw. der Besitz bürgerlicher Rechte sowie die Unbescholtenheit[578] (mit Ausnahme von **Sachsen-Meiningen**) gefordert. In den Verfassungen von **Liechtenstein**, **Waldeck, Sachsen-Weimar-Eisenach, Braunschweig** und **Schwarzburg-Rudolstadt** wurde nun auch explizit normiert, dass nur Untertanen *männlichen* Geschlechts als Abgeordnete akzeptiert wurden. Weiterhin durften in allen Staaten mit Ausnahme von **Oldenburg** diejenigen Personen gewählt werden, die seit einer gewissen Zeit ihren Wohnort im Land hatten. In **Sachsen-Meiningen** und **Schwarzburg-Rudolstadt** mussten sie das Kriterium des Bekenntnisses zur christlichen Religion erfüllen, lediglich in **Liechtenstein** wurde das Nachgehen eines Berufs auf eigene Rechnung und in **Reuß j.L.** als einziger Staat die Abgabe einer gewissen direkten Staatssteuer gefordert. Als weiteres Kriterium wurde die Selbständigkeit in einigen Ländern verlangt, namentlich in **Reuß j.L., Sachsen-Meiningen, Sachsen-Weimar-Eisenach** und **Oldenburg**. Darunter wurde im Allgemeinen verstanden, dass der Abgeordnete nicht unter Curatel stand, keine Unterstützung aus öffentlichen Armenmitteln bekam und bei anderen nicht in Kost und Lohn stand. Diese Begriffsdefinition wurde in **Reuß j.L.** noch dahingehend erweitert, dass auch Haussöhne und Handlungs- bzw. andere Geschäftsgehilfen darunter fielen, die keinen Hausstand hatten oder sich im „Brode ihres Handlungs- und Geschäftsherrn" befanden.[579] Ohne dass der Begriff der Selbständigkeit gefallen war, wurden auch in **Liechtenstein** die oben genannten Bedingungen in § 60 niedergelegt. In der Verfassung von **Braunschweig** wurde insoweit nur darauf verwiesen, dass derjenige nicht wegen seiner Person oder seines Vermögens unter Curatel stehen durfte. Als Ausschlussgrund wurde darüber hinaus oftmals die Konkurssituation angegeben (so in **Reuß j.L., Waldeck** und **Liechtenstein**).

Im Vergleich zu den früheren Zeitperioden ist erkennbar, dass sich die Voraussetzungen des passiven Wahlrechts über die Jahre hinweg kaum verändert hatten.

---

des Gesetzes von 1851 und Sachsen-Meiningen in Art. 10 des Gesetzes von 1853 normiert.

577 Schwarzburg-Rudolstadt, Sachsen-Weimar-Eisenach, Braunschweig, Sachsen-Meiningen und Waldeck: 30 Jahre, Reuß j.L und Oldenburg: 25 Jahre und Liechtenstein: 24 Jahre.

578 Unbescholtenheit bedeutete ebenso wie in den vorherigen Jahren, dass der Abgeordnete nicht wegen einer entehrenden Strafe mittels richterlicher Erkenntnis für schuldig erachtet worden war. In einigen Verfassungen fiel dabei das Wort der „Unbescholtenheit" nicht ausdrücklich, jedoch wurde ebendieses gefordert. In Sachsen-Weimar-Eisenach wurde auf die Eigenschaft der Unbescholtenheit in § 4 noch einmal explizit eingegangen: Danach reichte nicht allein der Vollgenuss der staatsbürgerlichen Rechte aus, sondern der zu Wählende durfte auch sonst nicht, entweder durch seinen ganzen Lebenswandel oder durch einzelne Handlungen, seinen guten Ruf verloren haben.

579 Reuß j.L. Wahlgesetz 1852 (§ 11 i.V.m. § 15).

Lediglich die Vorschriften hierzu wurden überwiegend viel detaillierter ausgestaltet als noch in den Jahren zuvor.

(b) Versammlungshäufigkeit[580]

In **Hessen-Homburg, Liechtenstein, Luxemburg** und **Waldeck** erfolgte die Einberufung regelmäßig jedes Jahr.[581] Eine Einberufungsperiode von allen drei Jahren sahen dagegen die Staaten **Anhalt, Schwarzburg-Rudolstadt, Oldenburg, Sachsen-Weimar-Eisenach, Sachsen-Altenburg, Braunschweig und Reuß j.L** vor.[582] Auffällig ist, dass die Regelungen in **Oldenburg** und **Reuß j.L.** als Soll-Vorschriften ausgestaltet sind. Untermauert wurde dieses dem Monarchen eingeräumte Ermessen über die Entscheidung der Einberufung in **Reuß j.L.** noch durch die Regelung in § 82, in der es hieß: „Die Anordnung der Zusammensetzung des Landtags ergeht durch den Fürsten." In **Schwarzburg-Rudolstadt** gab es indes noch eine Besonderheit: § 39 der Verfassungsurkunde normierte, dass der Landtag alle drei Jahre nur zum Zwecke der Feststellung der Staatshaushaltsbedürfnisse und zur Beratung und Beschlussfassung über andere Vorlagen der Staatsregierung einzuberufen sei. Das bedeutete nicht nur, dass der Landtag eine sehr eingeschränkte Funktion wahrnahm, sondern auch, dass die dreijährige Einberufungsperiode immer unter der Voraussetzung eines bestimmten Zwecks stand und damit schnell umgangen werden konnte. In **Sachsen-Coburg-Gotha** fand im Einklang mit der Legislaturperiode alle vier Jahre eine Einberufung derart statt, dass die Landtage regelmäßig in dem ersten und dem letzten Jahre des vierjährigen Zeitraums, auf welchen die Abgeordneten gewählt worden waren, einberufen wurden.[583]

Alle Staaten sahen neben dem ordentlichen auch noch einen außerordentlichen Landtag vor, den der Regent immer dann einberufen lassen konnte, wenn es zur Beratung dringender Angelegenheiten erforderlich war.[584]

---

580 Zur allgemeinen Bedeutung der Versammlungshäufigkeit siehe unter 1. Der Zeitraum von 1815–1830, aa. Unmittelbarer Vergleich der Verfassungen, (2) Allgemeine Bestimmungen unter Buchstabe (b).

581 Hessen-Homburg 1852 (Art. 7); Liechtenstein 1862 (§ 90–92); Waldeck 1852 (§ 55) und Luxemburg Gesetz 1856 (Punkt 32).

582 In Sachsen-Weimar-Eisenach sah man insoweit keine Regelung im Wahlgesetz selbst vor. Deshalb ist insoweit die Bestimmung dem revidierten Staatsgrundgesetz von 1850 zu entnehmen (§ 6).
Anhalt 1859 (§ 16); Oldenburg 1852 (Art. 145); Schwarzburg-Rudolstadt 1854 (§ 39); Reuß j.L. 1852 (§ 81), Sachsen-Altenburg Gesetz 1855 (§ 4) und Braunschweig Gesetz 1851 (§ 18).

583 Sachsen-Coburg-Gotha 1852 (§ 80).

584 Hessen-Homburg 1852 (Art. 7); Liechtenstein 1862 (§ 92); Anhalt 1859 (§ 16); Oldenburg 1852 (Art. 145); Schwarzburg-Rudolstadt 1854 (§ 40); Reuß j.L. 1852 (§ 81); Sachsen-Coburg-Gotha 1852 (§ 80); Waldeck 1852 (§ 55).

### (c) Legislaturperiode[585]

In den meisten Staaten war eine Legislaturperiode von sechs Jahren festgelegt, so in **Hessen-Homburg** (Art. 6), **Anhalt** (§ 15), **Schwarzburg-Rudolstadt** (§ 16) und **Liechtenstein** (§ 98). Alle drei Jahre sollte dagegen die Wahl für die Abgeordneten in **Reuß j.L.** (§ 21 des Wahlgesetzes), in **Oldenburg** (Art. 145 § 2), in **Waldeck** (§ 10 des Wahlgesetzes), in **Sachsen-Altenburg** (§ 4) und in **Braunschweig** erfolgen, wobei in letzt genanntem Staat alle drei Jahre nur die Hälfte der Abgeordneten neu gewählt werden sollte (§ 18). In **Sachsen-Altenburg** sollte alle drei Jahre sogar nur ein Drittel der Mitglieder ausgetauscht werden. Damit hatten die Monarchen in den beiden letzt genannten Staaten einen Weg gefunden, dass zwar eine regelmäßige Wiederwahl stattfand, tatsächlich jedoch die Mitgliederaufstellung weitestgehend gleich blieb. Diese Vorgehensweise war nicht wirklich neu, wurde sie doch schon zu Zeiten des Vormärz ebenfalls so gehandhabt.

**Sachsen-Gotha** legte eine Legislaturperiode von vier Jahren fest (§ 74). Eine Besonderheit gab es in **Luxemburg**. In Artikel 97 des Wahlgesetzes von 1857 wurde normiert, dass im Jahr 1860 die Hälfte der Mitglieder aus dem Landtag auszutreten habe. Eine regelmäßige Bestimmung sah der König folglich hierzu nicht vor. Das Wahlgesetz von **Sachsen-Weimar-Eisenach** verwies lediglich auf die regelmäßige Einberufungshäufigkeit des Landtags. So hieß es in § 64: „Die Amtsdauer eines jeden Landtags-Abgeordneten beginnt regelmäßig mit dem, nach der Wahl zusammentretenden, ordentlichen Landtage und dauert bis zum Zusammentritte des auf jede Wahl folgenden zweiten ordentlichen Landtags, so daß die Amtsdauer eine Staats-Periode umfaßt."

### (3) Verfassungsrechtliche Änderungen innerhalb eines Staates

In den Staaten, die der ersten Gruppierung zuzuordnen sind, gab es, wie im Vergleich sichtbar, keine Änderungen zu den Revisions- bzw. Grundgesetzen von 1848. Es blieb bei einer Kammer, die lediglich aus vom Volk legitimierten Abgeordneten bestand.

Lediglich **Sachsen-Meiningen, Sachsen-Altenburg** und **Schwarzburg-Sondershausen** hatten jeweils die Zusammensetzung des Landtags im Vergleich zu den Jahren 1848/49 dahingehend geändert, dass sie wieder Stände einführten. Dabei wich jedoch die Anzahl und die Art der Ständevertretung von der Zusammensetzung ab, die es *vor* den Revolutionsjahren in den Kammern gegeben hatte: Während in **Sachsen-Meiningen** 1829, ebenso wie in vielen anderen Staaten in der damaligen Zeitperiode, noch drei Stände (Rittergutsbesitzer, Bauern und Städte) vertreten waren, wurde im Jahr 1853 nur noch *ein* Stand zugelassen, der aus den Besitzern größerer gebundener Güter bestand. Zwar waren auch weiterhin Vertreter der Städte

585 Zur allgemeinen Bedeutung der Legislaturperiode siehe unter 1. Der Zeitraum von 1815–1830, aa. Unmittelbarer Vergleich der Verfassungen, (2) Allgemeine Bestimmungen unter Buchstabe (c).

(und Landbewohner) aufgestellt, im Gegensatz zu 1829 gehörten diese jedoch nun nicht mehr einem Stand an, sondern sollten vom Volk in mittelbarer Weise gewählt werden. Eine Neugestaltung im Gegensatz zu 1829 stellte ebenso die Ernennung zweier Mitglieder durch den Herzog dar. Auch **Schwarzburg-Sondershausen** entschied sich im Vergleich zu 1841 für eine gänzlich andere Zusammensetzung hinsichtlich der Ständevertretung. Während zu der damaligen Zeit die Kammer noch aus zahlreichen Ständen bestand, wurden nunmehr nur noch fünf Mitglieder der Höchstbesteuerten und solche vom König lebenslänglich ernannten Personen zugelassen. Mit dieser Neuregelung wurde dem Monarchen folglich ein erheblich größerer Einfluss auf die Zusammensetzung gewährt, so dass die Kammer hinsichtlich der Mitgliederpräferenz aus seiner Sicht um ein Vielfaches berechenbarer wurde.

Nur **Sachsen-Altenburg** verzichtete mit dem Gesetz von 1853 auf eine neue Zusammensetzung der Kammer. Die Regierung ließ die bereits vom Jahre 1831 *bekannte* und *bewährte* Ständevertretung erneut zu, was wohl auch der Grund für die Wiederherstellung war.

Bei den Staaten **Anhalt** und **Hessen-Homburg** ist ein solcher Vergleich nicht möglich, da **Anhalt** zuvor überhaupt keine und **Hessen-Homburg** zwar eine Verfassung im Jahr 1850 verfasst hatte, diese aber nie in Kraft getreten war und deshalb als Vergleichsgröße nicht in Betracht kommt.

In **Schwarzburg-Rudolstadt** erfolgte im Jahr 1854 keine signifikante Veränderung in der Kammerzusammensetzung, obwohl zu dem Erlass der letzten Verfassung die beträchtliche Dauer von 38 Jahren lag. Der Regent hatte bereits 1816 Abgeordnete der Städte und Landeigentümer zugelassen. Im Jahr 1854 waren neben den Abgeordneten der Städte auch noch Bewohner aus kleineren Städten und vom Land vorgesehen, ohne dass sie nun jedoch Landeigentum als Wählbarkeitsvoraussetzung vorweisen mussten. Anstelle der Rittergutsbesitzer wurden 1854 die Grundbesitzer als Repräsentanten des Landtags aufgestellt. Ebenso wie in **Schwarzburg-Rudolstadt** waren auch in **Sachsen-Weimar-Eisenach** ab 1852 Grundbesitzer in der Kammer vertreten, die 1816 noch nicht vorgesehen waren. Dafür wurden, wie bereits im Jahr 1816, Rittergutsbesitzer zugelassen. Die Bauern waren hingegen nicht mehr als Abgeordnete befähigt und an ihre Stelle traten Abgeordnete, die über ein bestimmtes Einkommen verfügten. Es musste zu dieser Zeit, anders als zu Beginn des Deutschen Bundes, gemeinhin nicht mehr darauf geachtet werden, neuständische Elemente in die Kammer aufzunehmen, weshalb nun kein Wert mehr auf die Bauern als Abgeordnete gelegt wurde. Zu weit war die Zeit fortgeschritten und zu viele Ereignisse geschehen, als dass dies noch als wichtig erachtet worden wäre. Die Monarchen nutzten diesen Umstand aus, um die Kammer eher mit solchen Personen zu besetzen, die vermögend waren und dadurch großes Ansehen im Staate genossen.

Die Kammer von **Liechtenstein** erfuhr 1862 eine gänzlich andere Zusammensetzung als noch 1818. Während zu der damaligen Zeit der Landtag aus zwei Landständen bestand, nämlich zum einen aus der Geistlichkeit und zum anderen aus der Landmannschaft war nunmehr, 1862, überhaupt keine Ständevertretung mehr vorgesehen. Lediglich über drei Mitglieder hatte der Fürst die Macht, indem er diese selbst auswählen durfte. Alle anderen Mitglieder wurden vom Volk gewählt.

Damit hatte sich der Landtag **Liechtensteins** im Laufe des Bestehens des Deutschen Bundes von einem altständisch feudalistisch geprägten Organ in ein größtenteils konstitutionelles Repräsentativorgan verwandelt, was zunächst verwundert, da der Fürst erst 1852 auf Drängen des Deutschen Bundes gezwungen war, die landständische Verfassung von 1818 in vollem Umfange wieder einzuführen.[586] Doch bereits 1859 kam es zu neuen liberaleren Entwürfen, da die Politisierung des Volkes und sein Begehren nach einer konstitutionellen Verfassung sich nicht mehr umkehren ließ.[587] Nicht zuletzt verdankte das Volk diese neue Verfassung, wodurch Fürst und Landtag wieder nahezu gleichberechtigt waren, aber dem überaus zurückhaltenden und aufgeschlossenen Fürsten Johann II.[588]

Die Ständevertretung in **Braunschweig** wurde im Gegensatz zu den vorangegangenen Jahren auf ein Minimum reduziert. Während im Jahr 1832 noch achtunddreißig der insgesamt achtundvierzig Landtagsmitglieder Honoratioren waren, bestand der Landtag im Jahr 1851 nur noch aus drei Vertretern der Geistlichkeit. Für diese für das Reaktionsjahr 1851 doch sehr liberal ausgestaltete Zusammensetzung der Kammer trug der seit 1831 regierende Herzog Wilhelm erneut die Verantwortung. Ebenso wie beim Erlass der Verfassung von 1832 behielt der als dem Willen des Volkes beugend bekannte Monarch seine bürgernahe Linie bei.[589]

Innerhalb der Zeitperiode von 1851–1866 gab es einen Staat, der nach 1852 noch ein weiteres Gesetz erließ, mit dem es die zuvor festgesetzte Mitgliederpräferenz in der Kammer erneut änderte. So wurde das Staatsgrundgesetz von **Reuß j.L.** bereits vier Jahre später mit dem Gesetz „über die Zusammensetzung und Wahl der Landesvertretung vom 16.05.1856" wieder revidiert. Eine reine Volksvertretung im damaligen Sinne wurde durch eine Kammer ersetzt, die zumindest teilweise wieder von Ständen besetzt war. § 1 des Gesetzes ordnete dementsprechend an, dass der fürstliche Besitzer des Reuß-Köstritzer Paragiums und drei Abgeordnete der übrigen Rittergutsbesitzer Mitglieder des neuen Landtags wurden. Rittergutsbesitzer waren diejenigen Staatsangehörige, welche sich im „eigentümlichen Besitze" eines, nach der früheren landständischen Einrichtung landtagsfähigen Ritterguts befanden (§ 2). Die Rittergüter, die demnach in Betracht kamen, wurden im Folgenden dann auch namentlich aufgeführt. Der Vertreter des Fürstlichen Hauses musste die Eigenschaften besitzen, welche seine Wählbarkeit im Stande der Rittergutsbesitzer oder bei den allgemeinen Wahlen begründet hätte (§ 4 C). Daneben bestimmten noch insgesamt neun aus allgemeinen Wahlen hervorgehende Deputierte das Mitgliederverhältnis der Kammer. Für diese Personen wurde als besondere Bedingung in § 4 angeordnet, dass sie zu denjenigen Steuerpflichtigen gehören mussten, „welche entweder bei der Grundsteuer innerhalb des Bezirks der Steuer-Einnahme, in welchem sie wohnen, mit mindestens funfzehn Silbergroschen, oder bei der Personal- und Gewerbsteuer mit

586 Hansen, Politisches System des Kleinstaates Lierchtenstein, S. 7.
587 Hansen, a.a.O., S. 7.
588 Hansen, a.a.O., S. 8.
589 Hohnstein, Geschichte des Herzogtums Braunschweig, S. 481/482.

zehn Silbergroschen wenigstens terminlich angesetzt sind". Bezüglich der allgemeinen Voraussetzungen sind auf die Bedingungen, die die Verfassung von **Schwarzburg-Rudolstadt** gefordert hat, zu verweisen, da sie mit denen in § 3 des Gesetzes von **Reuß j.L.** identisch sind. Dass es in diesem Staat bereits im Jahre 1856 zu einer erneuten Änderung in der Mitgliederpräferenz der Kammer kam, lag einzig in dem 1854 stattgefundenen Regierungswechsel begründet. Fürst Heinrich LXVII., der als Nachfolger an die Stelle seines verstorbenen Bruders, des Fürsten Heinrich LXII., unter welchem das Staatsgrundgesetz von 1852 errichtet worden war, trat, wollte die Verfassung vom 18. April 1852 seinem ganzen Inhalt nach nicht bestätigen.[590]

### *bb. Auswertung des Einkammersystems*

Wie eingangs bereits erörtert, zeigt der Vergleich, dass diejenigen Staaten, die in den Jahren von 1848/49 ihre Kammer neu zusammengesetzt hatten, mit den Gesetzen ab 1851 keine erneuten Veränderungen durchführten, sondern bei der bereits vorhandenen Struktur blieben – namentlich **Reuß j.L., Oldenburg, Waldeck, Luxemburg** und **Sachsen-Coburg-Gotha**. Ausnahmen hiervon bildeten lediglich **Schwarzburg-Sondershausen**, **Sachsen-Meiningen** und **Sachsen-Altenburg**.

Anders dagegen diejenigen Länder, die bereits zu frühestem Zeitpunkt des Bestehens des Deutschen Bundes ihre ersten Verfassungen erlassen und in den Revolutionsjahren keine Veränderungen vorgenommen hatten. Diese Staaten (**Anhalt, Hessen-Homburg, Liechtenstein, Sachsen-Weimar-Eisenach, Braunschweig** und **Schwarzburg-Rudolstadt)** sahen im Gegensatz zu den früheren Vertretungen eine neue Zusammensetzung der Kammer vor, wobei es im Grundsatz bei einer Ständeversammlung blieb.

Es stellt sich mithin die Frage, woran diese unterschiedliche Entwicklung in den Einzelstaaten gelegen hat, was nur mit Hilfe der geschichtlichen Gegebenheiten zu dieser Zeit zu beantworten ist: Nachdem die Revolution in Deutschland mit dem Scheitern der Paulskirchenverfassung ein jähes Ende erfuhr, fing der Bund an, auf die Verfassungen der Einzelstaaten Einfluss auszuüben. In dem Bundesbeschluss „über Maßregeln zur Wahrung der öffentlichen Sicherheit und Ordnung im Deutschen Bund" vom 23. August 1851 forderte die Bundesversammlung die Bundesregierungen auf, „die in den einzelnen Bundesstaaten, namentlich seit dem Jahre 1848 getroffenen staatlichen Einrichtungen und erlassenen gesetzlichen Bestimmungen einer sorgfältigen Prüfung zu unterwerfen und dann, wenn sie mit den Grundgesetzen des Bundes nicht in Einklang stehen, diese nothwendige Übereinstimmung ohne Verzug wieder zu bewirken".[591] Es sollte gewährleistet werden, „dass in keinem Bundesstaate Institutionen und Zustände bestehen, welche für die innere Ruhe und Ordnung desselben und dadurch für die allgemeine Sicherheit des Bundes bedrohlich sind". Die Bundesregierung beabsichtigte mit diesem Beschluss eine Annulierung

590 Zachariä, Die deutschen Verfassungsgesetze, S. 216.

591 Siehe Dokument Nr. 1 in: Huber, Dokumente zur deutschen Verfassungsgeschichte, Band 2.

der in den meisten Einzelstaaten etablierten Reliquien aus der Zeit der Revolution. Mit anderen Worten: Sie wurden aufgefordert, die Veränderungen der Revolutionsjahre wieder im Sinne des „monarchischen Prinzips" zu revidieren, wozu auch die neuartigen, dem konstitutionellen Sinne entsprechenden Zusammensetzungen der Kammern gehörten.[592]

Wie im unmittelbaren Vergleich der Staaten mit einem Einkammersystem sichtbar, waren es lediglich die Staaten **Schwarzburg-Sondershausen**, **Sachsen-Meiningen** und **Sachsen-Altenburg**, die sich dem Willen des Bundes beugten, indem sie ab 1852 wieder eine Ständeversammlung für die Kammer vorsahen. Alle anderen Staaten, die im Jahre 1852 Verfassungen und Gesetze erließen, verzichteten jedoch auf eine Aufhebung der in den Revolutionsjahren 1848/1849 eingeführten reinen Volksvertretungen der Landtage und widersetzten sich damit in dem Punkt den Anordnungen der Bundesversammlung. Der Grund hierfür lag darin, dass sich für diese deutschen Mittel- und Kleinstaaten mit dem „Bundesreaktionsbeschluss" bedenkliche Perspektiven eröffneten, da hierdurch ihre Verfassungsautonomie, ihre Souveränität erneut bedroht war.[593] Infolgedessen beriefen sich die Staaten auf die Bundesgrundgesetze, in denen von den „souverainen Fürsten" die Rede war und bezogen sich damit auf ihren einzelstaatlichen Souveränitätsanspruch.[594] Bei ihnen hatten gerade die Erfahrungen von 1848/49, aber auch die anschließenden preußischen Unionspläne die Überzeugung gestärkt, dass von einer wie auch immer gearteten deutschen Einheit wenig Gutes zu erwarten sei.[595] Ein weiterer Grund dafür, warum sich gerade die Mittel- und Kleinstaaten dem Willen der deutschen Bundesversammlung nicht beugten, war die aufflammende Angst vor einer Auflösung des Partikularismus, wenn die verfassungsrechtlichen Verhältnisse erst einmal vereinheitlicht worden wären.[596] Zudem war es in einigen Staaten auch zu einem verbesserten Ansehen der Volksvertretung seitens der Regierung gekommen, was nicht sofort wieder durch eine andere Art der Zusammensetzung zerstört werden sollte, wie am Beispiel von **Oldenburg** gut erkennbar. Hier legte die großherzogliche Regierung in hoher Einsicht ein ganz besonderes Gewicht darauf, lieber mit dem Landtag einig zu werden, statt die Hilfe des Frankfurter Bundestages gegen die Meinung der eigenen Volksvertretung anzurufen.[597] Schließlich war auch die Angst vor einer erneuten Revolutionsbewegung der Untertanen in den Köpfen der regierenden Macht noch nicht erloschen. Zu präsent waren noch die Ereignisse der Jahre 1848/49, die viele Staaten in ihren Manifesten grundlegend erschüttert hatten. Die oppositionelle Haltung der Staaten **Oldenburg, Reuß j.L., Sachsen-Gotha**, **Waldeck** und **Luxemburg** war damit nicht unbedingt aus der Überzeugung des

---

592 Nipperdey, Deutsche Geschichte 1806–1866, S. 674.
593 Huber, Deutsche Verfassungsgeschichte, Band III, S. 135.
594 Müller, Der Deutsche Bund zw. Reaktion und Reform 1851–1858, LXI.
595 Müller, a.a.O., LXI.
596 Müller, a.a.O., LXII.
597 Schücking, Das Staatsrecht des Großherzogtums Oldenburg, S. 8.

1849 erstmalig eingeführten konstitutionellen Systems heraus eingenommen, sondern es war der bewusste Versuch einer partikularstaatlichen Selbstvergewisserung.

Diejenigen Staaten, die in der Revolutionszeit keine Änderungen vorgenommen hatten, namentlich **Anhalt, Hessen-Homburg, Liechtenstein, Schwarzburg-Rudolstadt** und **Sachsen-Weimar-Eisenach**, hatten von Seiten des Deutschen Bundes nichts zu befürchten, da sie somit durch den Inhalt des „Bundesreaktionsbeschlusses" nicht betroffen waren. Sie hatten daher auch keine Eile, nach der Revolution neue Verfassungen zu erlassen.

### *b. Die Zusammensetzung hinsichtlich der Zweikammersysteme*

Von denjenigen Staaten mit einem Zweikammersystem, die in der Zeitperiode von 1851–1866 Änderungen in der Zusammensetzung der Landtage vorgenommen hatten, erließen lediglich **Österreich** (1861) und **Hessen-Kassel** (1852/1860) Verfassungen. Alle anderen Staaten sahen hingegen nur einfache Gesetze vor, mit denen sie die Umgestaltungen herbeiführten. Überwiegend traten dabei im Jahr 1851 neue Gesetze in Kraft, so in **Nassau, Österreich** und **Preußen**. In den weiteren Jahren bis 1866 erließen noch das Fürstentum **Lippe-Detmold** 1853, **Preußen** 1853 und 1854, **Hannover** 1855 und **Hessen-Darmstadt** 1856 Gesetze. In **Sachsen** wurde die seit 1848 bestehende Kammer erst mit der Verordnung von 1861 einer Revision unterzogen.

In **Hessen-Kassel** fand ein Systemwechsel von einem vormals herrschenden Einkammersystem (seit 1831), das auch in der Revolutionszeit 1848 nicht geändert wurde, hin zu einer Aufteilung des Landtags in zwei Kammern statt. Auch **Nassau** und **Lippe-Detmold** änderten die Landtagsaufstellung, allerdings mit dem Unterschied, dass vor der Revolutionszeit die jeweiligen Landtage aus zwei Kammern bestanden, in der Revolutionszeit von 1848/49 eine Einkammerordnung präferiert und in der Reaktionszeit die ursprüngliche Aufteilung in zwei Kammern wieder eingeführt wurde.

#### *aa. Unmittelbarer Vergleich der Verfassungen*

#### (1) Die Ersten Kammern

Bei einem Vergleich zwischen den Änderungen in den Zusammensetzungen der Ersten Kammern ab 1851 innerhalb der Einzelstaaten fällt auf, dass sich ausnahmslos alle Staaten für eine ausschließliche Ständevertretung entschieden, unabhängig davon, ob schon seit jeher die Erste Kammer aus Ständen bestanden hatte oder ob diese in den Jahren 1848/49 gänzlich abgeschafft worden waren.[598] Eine weitere Besonderheit in dieser Zeitperiode war, dass es einige Staaten gab, die die Revisionsgesetze von

598 So hatten die Ersten Kammern in Österrreich, Hessen-Darmstadt, Nassau und Lippe-Detmold in der Revolutionszeit eine derartige Revision erfahren, dass nur noch Abgeordnete aus der Mitte der Bürger vertreten waren, wobei die beiden letzt genannten Staaten dieses dadurch verwirklichten, dass sie ein Einkammersystem anordneten. Preußen, Sachsen, Hessen-Kassel und Hannover behielten dagegen

1848/49 wieder aufhoben und lediglich auf die frühere, vor den Revolutionsjahren bestehende Mitgliederpräferenz verwiesen. Für eine solche Vorgehensweise entschieden sich **Hannover, Sachsen, Hessen-Darmstadt**, **Lippe-Detmold** und nicht zuletzt auch **Hessen-Kassel.** In der königlichen Verordnung **Hannovers** vom 01. August 1855 wurde unter dem Punkt Nr. 5 des Ausschussberichtes in § 10 insoweit angeordnet: „Der § 36 des Gesetzes vom 05. September 1848 wird unter einstweiliger Beibehaltung des von der Ersten Kammer ernannten Commissarius für das Schulden- und Rechnungswesen aufgehoben und es wird folgeweise das Mandat der nach jener Bestimmung zur bisherigen ersten Cammer der allgemeinen Ständeversammlung gewählten Abgeordneten für erloschen erklärt. Für den § 36 des Gesetzes vom 05. September 1848 tritt der § 84 des Landesverfassungs-Gesetzes vom 06. August 1840, soweit solches nach den seit 1848 eingetretenen Veränderungen ausführbar ist, wieder in Kraft."[599] Ebenso erklärte auch **Lippe-Detmold** in der Verordnung, „die landständische Verfassung betreffend" vom 15. März 1853 die Verfassung von 1836 hinsichtlich der Ausführungen zu der Zusammensetzung der Kammern für rechtsgültig. In **Sachsen** ergab sich die Wiederherstellung der 1831 geltenden Grundsätze zu der Landtagsaufstellung aus dem Gesetz, „einige Abänderungen der Verfassungsurkunde vom 04. September 1831 betreffend", das am 19. Oktober 1861 verabschiedet worden war. Deklariert wurde lediglich eine geringe Änderung in der Zusammensetzung der Zweiten Kammer. Neu gestaltet wurden durch das am selben Tag in Kraft tretende Wahlgesetz die Voraussetzungen für das passive Wahlrecht der Abgeordneten.

In dem Gesetz „die Zusammensetzung der beiden Kammern der Stände und die Wahlen der Abgeordneten betreffend, vom 06. September 1856" wurden in **Hessen-Darmstadt** namentlich die Mitglieder aufgeführt, die nunmehr in der Ersten Kammer als Vertreter zugelassen wurden. Bei näherer Betrachtung der Regelungen über die Zusammensetzung der Kammer, die in der Verfassungsurkunde von 1820 normiert waren, fällt jedoch auf, dass diese Zusammensetzung 1856 eins zu eins übernommen wurde. Damit fand sich auch in Hessen-Darmstadt eine Zusammensetzung wieder, die bereits in früheren Zeiten schon bestanden hatte. Vergleichbar ging auch **Hessen-Kassel** vor, indem die Mitglieder der Ersten Kammer den Mitgliedern, die 1831 in der Kammer vorgesehen waren, nachgebildet wurden.[600]

---

in der Revolutionszeit die zumindest teilweise Ständevertretung in der Ersten Kammer bei.

599 Der § 84 der Verfassungsurkunde von 1840 besagte, aus welchen Mitgliedern die Erste Kammer bestand.

600 Unterschiede in der ersten Kammer zu der Kammer von 1831 ergaben sich insoweit, dass 1852 jetzt auch erblich genannte Mitglieder und ein katholischer Bischof sowie drei protestantische Superintendanten zu Kassel, Marburg und Hanau vorgesehen wurden. Dafür vielen die 1831 noch aufgestellten Abgeordneten aus den Städten und Landbezirken weg (§ 41).

Es wurde damit in den genannten Staaten der „Druck" von Seiten des Deutschen Bundes explizit gefolgt, die früheren Verfassungen wiederherzustellen,[601] wodurch es erneut zu einer reinen Ständeversammlung in den Ersten Kammern kam.

Aber auch in solchen Einzelstaaten, die sich im Laufe der Zeitperiode von 1851–1866 für eine neue Zusammensetzung der Kammern entschieden, wurden zunächst die 1848 bestehenden Verhältnisse außer Kraft gesetzt und durch die alten Zustände ersetzt, bevor es dann tatsächlich zu einer neuen Ausgestaltung kam. Die entsprechenden Gesetze, mit denen die in den Revolutionsjahren vorherrschenden Zustände beseitigt wurden, ergingen in diesen Staaten bereits im Jahre 1851.[602] Für eine gänzlich neue Zusammensetzung der Ersten Kammer entschieden sich **Nassau, Preußen**[603] und **Österreich**.[604] Da **Österreich** und **Preußen** ihre ersten Verfassungen erst im Jahre 1848 erließen, hatten sie insoweit keine Möglichkeit, auf vorrevolutionäre Staatsgrundgesetze, worauf die anderen Staaten zurückgriffen, zu verweisen. Während sich **Österreich** hinsichtlich der Zusammensetzung an der ungarischen Verfassung von 1848 orientierte,[605] ging es den **Preußen** einzig und allein um die Erreichung eines „konservativen Übergewichts", so dass nicht das „Industrie- und Bildungsbürgertum das Rückgrat des preußischen Staates" bilden konnte.[606] Es wurde versuchte, mit Hilfe des „in Königsdienst und Waffenehre" erprobten Adels den „prachtvollen Dom der constitutionellen Monarchie" zu errichten.[607] **Nassau** nutzte offenbar die Möglichkeit, eine gänzlich neue Zusammensetzung herbeizuführen, wohl auch vor dem Hintergrund, dass seine vorrevolutionäre Verfassung fast vierzig Jahre zurücklag.

Alle drei Staaten sahen als Vertreter der Ersten Kammer den volljährigen Prinzen des königlichen bzw. herzoglichen oder kaiserlichen Hauses vor. Neben dem Prinzen ließ **Nassau** auch noch weitere gräfliche oder fürstliche Familien zu[608], solange die Häupter der jeweiligen Familien das fünfundzwanzigste Lebensjahr erreicht hatten.

---

601 Huber, Deutsche Verfassungsgeschichte, Bd. III, S. 199 ff.; Kröger, Grundrechtsentwicklung in Deutschland – von ihren Anfängen bis zur Gegenwart, S. 33 ff.

602 Nassau: *Verordnung über das geltende Staatsrecht und die Organisation der Stände vom 25. November 1851* und Österreich: *Kaiserliches Patent vom 31. Dezember 1851.*

603 Mit dem Gesetz vom 30. Mai 1855 ordnete Preußen zunächst an, dass die Erste Kammer fortan als Herrenhaus und die Zweite Kammer als Haus der Abgeordneten bezeichnet werden sollte.

604 Nassau 1851 (§ 4); Preußen 1854 (§ 1); Österreich 1861 (§ 1–5).

605 Dies wurde in den Reichsratsverhandlungen so explizit geäußert, siehe: Die neue Gesetzgebung Österreichs, erläutert aus den Reichsrathsverhandllungen, S. 127. Die Regierung versuchte dadurch, die Grundlage für Ausgleichsverhandlungen mit Ungarn zu schaffen, da sich der Konflikt mit Preußen bereits zuspitzte.

606 Schulze, Preußen von 1850–1871, in: Büsch, Handbuch der preußischen Geschichte, Band II, S. 305.

607 So die Worte Ludwig von Gerlachs. Vgl. Schulze, a.a.O., S. 305.

608 Dazu gehörte nach § 4 des Gesetzes von 1851 noch seine kaiserlich königliche Hoheit Erzherzog Stephan Franz Victor von Oesterreich, das Fürstliche Haus Wied, die Gräfliche Familie von Leiningen-Westerburg, die Gräfliche Familie von

Weiterhin wurden in **Preußen, Österreich und Nassau** jeweils erbliche Mitglieder zugelassen. Dazu gehörten in **Österreich** lediglich die großjährigen Häupter jener inländischen, durch ausgedehnten Gutsbesitz hervorragenden Adelsgeschlechter, denen der Kaiser die erbliche Reichsratswürde verliehen hatte. In **Preußen** wurden die erblichen Mitglieder in § 2 der Verordnung von 1854 namentlich aufgezählt. Danach gehörten zur Ersten Kammer „die Häupter der fürstlichen Häuser von Hohenzollern-Hechingen und Hohenzollern-Sigmaringen; die nach der Deutschen Bundes-Acte vom 08. Juni 1815 zur Standschaft berechtigten Häupter der vormaligen deutschen reichsständischen Häuser in Unseren Landen; die übrigen nach Unserer Verordnung vom 03. Februar 1847 zur Herren-Curie des vereinigten Landtags berufenen Fürsten, Grafen und Herren." Zusätzlich wurden solche Personen als erbliche Mitglieder behandelt, die dieses Recht durch besondere Verordnung vom König verliehen bekommen hatten. Auch in **Nassau** wurden Mitglieder mit dem Recht der Vererbung vom Herzog ernannt, mit der Einschränkung jedoch, dass sie wenigstens zweihundert Gulden zu jedem Grundsteuersimplum im Herzogtum beitragen mussten. Als weitere Mitglieder wurden sowohl in **Nassau** als auch in **Österreich** Geistliche zugelassen. Dazu gehörten nach § 9 und § 10 des **nassauischen** Gesetzes sowohl der katholische Bischof als auch der evangelische Landesbischof. In **Österreich** sollten dagegen gleich alle Erzbischöfe und jene Bischöfe in die Erste Kammer eintreten, denen ein fürstlicher Rang zukam. Neben den erblichen Mitgliedern behielten sich die Regenten von **Österreich** und **Preußen** zusätzlich vor, Personen auf Lebenszeit als Abgeordnete der Ersten Kammer zu ernennen. § 5 der **österreichischen** Verfassungsurkunde setzte allerdings als Bedingung fest, dass es sich dabei um solche „ausgezeichneten" Männer handeln musste, die sich entweder um Staat oder Kirche, Wissenschaft oder Kunst verdient gemacht hatten. In **Preußen** wurden die Personen, die insoweit in Betracht kamen, gleich namentlich genannt: „Personen, welche Uns in Gemäßheit der folgenden Paragraphen präsentiert werden[609]; die Inhaber der vier großen Landes-Aemter im Königreich Preußen; einzelne Personen, welche Wir aus besonderem Vertrauen ausersehn [...]." Damit hatten die Monarchen in beiden

---

Waldbott-Bassenheim, die Gräfliche Familie von Walderdorff, die Freiherrliche Familie von Stein und die Gräfliche Familie von Schönborn-Wiesentheid.

609 Hinsichtlich des Repräsentationsrechts wurden in § 4 nähere Ausführungen gemacht. Danach stand dieses Recht zunächst den in der Verordnung vom 03. Februar 1847 zur Herren-Curie des Vereinigten Landtags berufenen Stiftern zu. Diese Stifter wurden dabei aus ihrer Mitte berufen (§ 5). Weiterhin stand es je einem Repräsentanten der für jede Provinz zu bildenden Verbande der darin mit Rittergütern angesessenen Grafen zu. § 4 sah diesbezüglich als weitere Mitglieder vor: „den Verbänden der durch ausgebreiteten Familienbesitz ausgezeichneten Geschlechter, welche Wir mit diesem Rechte begnadigen; den Verbänden des alten und des befestigten Grundbesitzes; einer jeden Landes-Universität und denjenigen Städten, welchen Wir dieses Recht besonders beilegen." Die Abgeordneten der Landes-Universitäten wurden aus der Zahl der ordentlichen Professoren gewählt und die Repräsentanten der Städte von den Magistraten.

Staaten allerdings nicht die *volle* Entscheidungsgewalt darüber, wen sie noch in die Erste Kammer mit aufnahmen.

Im Großherzogtum **Nassau** waren solche auf Lebenszeit ernannten Mitglieder nicht vorgesehen; dafür vertraten aber noch weitere sechs von den höchstbesteuerten Grundbesitzern zu wählende und drei von den höchstbesteuerten Gewerbetreibenden zu wählende Abgeordnete die Erste Kammer. Im Unterschied zum Vormärz blieb die Erste Kammer damit nun nicht mehr nur dem Adel vorbehalten.[610] Er musste sich das Forum seiner politischen Mitwirkung mit den Vertretern der Kirche, vor allem aber mit den wohlhabendsten und einflussreichsten bürgerlichen Abgeordneten teilen.[611] Damit sollte der aufstrebenden wirtschaftlichen und industriellen Entwicklung Rechnung getragen werden.[612]

Die Ersten Kammern bestanden folglich in allen drei Staaten ausschließlich aus privilegierten Mitgliedern. Dadurch, dass die meisten Abgeordneten entweder bereits namentlich festgesetzt worden waren oder aber durch den König nach seinem Ermessen ernannt wurden, erübrigten sich Ausführungen zu besonderen Wählbarkeitsvoraussetzungen.

### (2) Die Zweiten Kammern

Die Staaten **Hannover**, **Sachsen**, **Hessen-Darmstadt** und **Lippe-Detmold,** die mit ihren Gesetzen ab 1851 die Wirksamkeit der früheren, die Zusammensetzung der Kammern betreffenden Paragraphen wieder anordneten, ließen damit naturgemäß nicht nur die Mitgliederpräferenz der Ersten Kammer nach altem Zustand wieder aufleben, sondern bezogen sich ebenso auf die Zweite Kammer, die die gleiche Zusammensetzung erfahren sollte wie vor den Jahren 1848/49. **Hannover** und **Sachsen** nahmen in den entsprechenden Gesetzen allerdings kleine Veränderungen in der Zusammensetzung der Zweiten Kammern vor. So ordnete **Hannover** durch § 12 an, dass für den § 41 des Gesetzes vom 05. September 1848 der § 88 des Landesverfassungsgesetzes vom 06. August 1840 wieder in Kraft treten sollte, jedoch „unter den vorstehenden Veränderungen". Diese Veränderungen beinhalteten zum einen, dass an die Stelle der in den Provinziallandschaften erwählten Mitgliedern des Schatzkollegiums (§ 88 der Verfassung von 1840) nun der von der Zweiten Kammer ernannte Commissarius für das Schulden- und Rechnungswesen treten sollte, zum anderen wurde die Mitgliederzahl der Deputierten der Städte von ehemals sechsunddreißig auf achtunddreißig erhöht und auch die vormals insgesamt neununddreißig Deputierten der sämtlichen Grundbesitzer sollten nunmehr durch zwei weitere Mitglieder unterstützt werden.

Auch in **Sachsen** fand eine solche Erhöhung der Mitglieder eines Standes in der Zweiten Kammer statt. Das Gesetz vom 19. Oktober 1861 ordnete insoweit unter Punkt I. an: „Die im § 68 der Verfassungsurkunde unter Nr. 4 aufgeführten

610 Rösner, Nassauische Parlamentarier, Teil 1, S. XXIV.
611 Rösner, a.a.O., S. XXIV.
612 Rösner, a.a.O., S. XXIV.

Vertreter des Handels- und Fabrikwesens werden um fünf vermehrt, mithin auf zehn festgestellt." Die Regierungen nutzten damit in beiden Staaten offenbar die „Gunst der Stunde", um die Zweiten Kammern mit mehr Mitgliedern zu besetzen. Ungeachtet dieser minimalen Abweichungen blieb es jedoch in beiden Staaten bei den vor 1848 in den Verfassungsurkunden angeordneten Mitgliedervertretungen. Ebenso wurden im Gesetz von 1855 in **Hannover** auch die § 89 und § 90 der damaligen Landesverfassung wieder für gültig erklärt, in denen die besonderen Voraussetzungen für die Wählbarkeit der Mitglieder der Zweiten Kammer geregelt waren. In **Sachsen** wurden die besonderen Wählbarkeitsvoraussetzungen für die Mitglieder des Landtags in dem Wahlgesetz vom 19. Oktober 1861 festgelegt. Diese entsprachen weitestgehend den Regelungen, die bereits sowohl in der Verfassungsurkunde als auch im Wahlgesetz von 1831 erlassen worden waren. **Hessen-Kassel** bildete die Zweite Kammer hinsichtlich der Mitgliederpräferenz derjenigen nach, die 1849 als eine Kammer angeführt wurde.[613] Hier bediente er sich damit einer bereits bekannten Zusammensetzung, ohne sich die Mühe zu machen, über eine neue Art zu befinden und schloss sich damit der allgemeinen Entwicklung an.

Anders als in den vorgenannten Staaten wurde in denjenigen Ländern, die eine neue Zusammensetzung proklamierten – namentlich **Preußen, Österreich** und **Nassau** – keine Stände als Vertretung in der Zweiten Kammer zugelassen. **Nassau** und **Preußen** sahen in den neuen Gesetzen Abgeordnete vor, die vom Volk in mittelbarer Wahl gewählt werden sollten.[614] Einzige Ausnahme hierzu bildete **Österreich**. Das Staatsgrundgesetz von 1861 ordnete in § 6 an, dass „in das Haus der Abgeordneten [...] durch Wahl dreihundert dreiundvierzig Mitglieder" kommen sollten. Diese Abgeordneten wurden jedoch nicht durch das Volk gewählt, sondern die Wahl hatte in der Art zu geschehen, „daß die nach Maßgabe der Landesordnungen auf bestimmte Gebiete, Städte, Körperschaften entfallende Zahl von Mitgliedern des Abgeordnetenhauses aus den Landtagsmitgliedern derselben Gebiete, derselben Städte, derselben Körperschaften hervorgehen" (§ 7). Da die meisten Landesordnungen Landtage vorsahen, die überwiegend aus Kurien gebildet wurden,[615] kam es letztendlich zu der Bildung einer Zweiten Kammer, die fast ausnahmslos aus privilegierten Mitgliedern bestand. Es wurde damit auch 1861 noch die Idee der Vereinigung der Kronländer durch ein Mitspracherecht bei der Zusammensetzung des Reichsrates beibehalten,

---

613 So bestand die Zweite Kammer ab 1852 ebenso wie 1849 aus 32 Abgeordneten der Städte und Landgemeinden, die vom Volk gewählt wurden und aus 16 Abgeordneten, die Besitzer von Güterkomplexen waren (insoweit wurde 1849 von den höchst besteuerten Grundbesitzern und Gewerbetreibenden gesprochen) und aus ihrer Mitte ernannt wurden.

614 Nassau Verordnung 1851 (§ 9) und Wahlgesetz 1851 (§ 17); Preußen Gesetz 1851 (Art. 1). Hinsichtlich der Wahlbedingungen wurde ein Wahlgesetz 1851 erlassen, das die Vorschriften der Wahlgesetze vom 06. Dezember 1848 und vom 30. Mai 1849 lediglich ergänzen sollten.

615 Brauneder, Österreichische Verfassungsgeschichte, S. 150; vgl. hierzu auch: Walter, Österreichische Verfassungs- und Verwaltungsgeschichte, S. 203.

die erstmalig 1849 entstanden und zugleich in den revolutionären Vorgängen umgesetzt worden war.

### (3) Allgemeine Bestimmungen

#### (a) Allgemeine Voraussetzungen für die Wählbarkeit[616]

Diejenigen Staaten, die bereits hinsichtlich der Zusammensetzung die entsprechenden Regelungen der früheren Verfassungen mit den neuzeitlichen Gesetzen wiederherstellten, verwiesen auch bezüglich der allgemeinen Voraussetzungen für das passive Wahlrecht auf die damaligen Verhältnisse.[617] Einzige Ausnahme stellte das Königreich **Sachsen** dar. Im Gesetz von 1861 wurde bestimmt, dass der § 74 der Verfassungsurkunde von 1831, der die allgemeinen Voraussetzungen der Wählbarkeit zum Inhalt hatte, aufgehoben wurde und die neuen Regelungen zur Stimmberechtigung und Wählbarkeit das Wahlgesetz enthielte. Hierin wurde in § 4 bestimmt: „Zur Wählbarkeit als Abgeordneter ist bei allen Wahlen die persönliche Stimmberechtigung und die Erfüllung des 30sten Lebensjahres erforderlich. [...] Dienstthuende Staatsminister, sowie solche Personen, welche in activen ausländischen Diensten stehen, sind nicht wählbar. Unselbständige Gewerbetreibende und Personen, welche in Gesindedienst stehen, sind von der Wählbarkeit ausgeschlossen." Es sollte insoweit die Wahlfähigkeit im Verhältnis zu 1831 verbessert werden[618], indem mögliche „befangene" Personen aufgrund ihres bereits aufgenommenen Amtes im Staatsdienst nicht zugelassen wurden. In der Verfassung von **Österreich** konnte auf zusätzliche Regelungen über das passive Wahlrecht verzichtet werden, da sich aus der Mitgliederpräferenz schon die Bedingungen für den Eintritt in die Kammern ergaben. So wurden in die Erste Kammer ohnehin nur solche Personen zugelassen, die entweder aufgrund erblichen Rechts oder aber durch die Ernennung des Kaisers eine Privilegierung erfuhren. Die Zweite Kammer bestand aus entsandten Landtagsmitgliedern der Kronländer, so dass diese zuvor schon durch bestimmte Bedingungen in die Landesvertretungen

616 Zur allgemeinen Bedeutung der Wählbarkeitsvoraussetzungen siehe unter 1. Der Zeitraum von 1815–1830, aa. Unmittelbarer Vergleich der Verfassungen, (2) Allgemeine Bestimmungen unter Buchstabe (a).

617 Hannover 1855 (§ 13); Hessen-Darmstadt 1856 (Art. 5 ff.). In Hessen-Darmstadt finden sich im Vergleich zu 1820 jedoch leichte Veränderungen: So wurde 1820 nur darauf verwiesen, dass die geborenen Mitglieder das 25ste Lebensjahr erreicht haben mussten und ihnen in Hinsicht auf die Ausübung staatsbürgerlicher Rechte kein Hindernis entgegenstehen durften; im Gesetz von 1856 wurden nunmehr in Art. 7 weitere Hinderungsgründe genannt. Dazu gehörte, dass sie nicht in Folge strafrechtlicher gegen sie ergangener Verurteilungen von der Stimmberechtigung ausgeschlossen sein durften, dass sie wegen Zuwiderhandlung gegen Art. 202 oder Art. 203 des Strafgesetzbuches nicht zu einer Strafe rechtskräftig verurteilt worden sein durften und dass sie zu der Zeit der Wahl zu ihrem Lebensunterhalte eine bloße Unterstützung aus öffentlichen Mitteln oder in den letzten der Wahl vorhergegangenen zwölf Monaten bezogen haben durften. Lippe 1853.

618 Roesler, Geschichte des Königreichs Sachsen, S. 478.

aufgenommen worden waren. In **Nassau** wurde gefordert, dass die Abgeordneten nassauische Staatsbürger mit einem Alter von dreißig Jahren sein und seit mindestens fünf Jahren dem Nassauischen Staatsverbande angehören mussten sowie „nach den Bestimmungen in § 2, 3 und 4 von der aktiven Wahl nicht ausgeschlossen" waren (§ 5 der Verordnung über die Wahl der Abgeordneten vom 25. November 1851). § 2 bestimmte dabei, dass sie unbescholten sein mussten (d.h. keine Verurteilung wegen einer entehrenden Strafe, eines entehrenden Verbrechens oder Vergehens und kein richterliches Urteil, durch das jemand vom öffentlichen Dienst ausgeschlossen wurde) und § 3, dass sie bei den Wahlen keine Stimmen erkaufen, ihre Stimmen verkaufen oder zur Einwirkung auf die Wahl überhaupt gesetzlich unerlaubte Mittel anwenden durften. Ferner sah § 4 vor, dass solche Personen zur Wahl nicht berechtigt sein sollten, die unter Kuratel standen, oder über deren Vermögen der Konkurs gerichtlich eröffnet worden war sowie Personen, die eine ständige Unterstützung aus öffentlichen Armenkassen enthielten oder in den letzten der Wahl vorausgegangenen zwölf Monate bezogen hatten. **Preußen** wiederum sah nur für die Abgeordneten der Ersten Kammer neue allgemeine Wählbarkeitsvoraussetzungen vor. In der „Verordnung wegen Bildung der Ersten Kammer" vom 12. Oktober 1854 wurde in § 7 für die Deputierten der Ersten Kammer gefordert, dass das Recht auf Sitz und Stimme nur von preußischen Untertanen ausgeübt werden konnte, „welche sich im Vollbesitze der bürgerlichen Rechte befinden, ihren Wohnsitz innerhalb Preußens haben und nicht im activen Dienste eines außerdeutschen Staates stehen". Ferner war ein Alter – außer bei den Prinzen des Königlichen Hauses – von dreißig Jahren erforderlich.

Damit änderten sich die allgemeinen Wählbarkeitsbedingungen im Verhältnis zu den vorangegangenen Jahren nicht. Offenbar hatten sie sich all die Jahre über bewährt, so dass hier kein erneuerbarer Handlungsbedarf gesehen wurde.

### (b) Versammlungshäufigkeit und Legislaturperiode[619]

Auch hinsichtlich der Regelungen über die Versammlungshäufigkeit und der Legislaturperiode kann bei den Staaten, die die alten Zustände wiederherstellten, auf die früheren Verfassungen verwiesen werden.[620] **Preußen** und **Österreich** bestimmten in ihren Gesetzen, die ab 1851 ergingen, dagegen neue Regelungen zur Versammlungshäufigkeit. Nach dem **preußischen** Gesetz vom 18. Mai 1857 „betreffend die Abänderung des Artikels 76 der Verfassungsurkunde vom 31. Januar 1850" blieb es grundsätzlich bei der regelmäßigen Einberufungsdauer von einem Jahr, neu hinzugenommen wurde nunmehr jedoch eine Bestimmung zur Versammlungsdauer. So hieß

---

619 Zur allgemeinen Bedeutung der Versammlungshäufigkeit und der Legislaturperiode siehe unter 1. Der Zeitraum von 1815–1830, aa. Unmittelbarer Vergleich der Verfassungen, (2) Allg. Bestimmungen unter Buchstabe (b) und (c).

620 Hannover 1855 (§ 13); Hessen-Darmstadt 1856 (Art. 48); Lippe 1853; Sachsen hatte in seinem Änderungsgesetz keinerlei Regelungen hierzu ausgeführt, so dass im Umkehrschluss davon auszugehen ist, dass die alten Bestimmungen von 1831 fortgelten sollten.

es in dem Gesetz: „Die beiden Häuser des Landtags der Monarchie werden durch den König regelmäßig in dem Zeitraum von dem Anfange des Monats November jeden Jahres bis zur Mitte des folgenden Januar und außerdem, so oft es die Umstände erheischen, einberufen". Eine solche jährliche Einberufungsdauer sah auch die Verfassung **Österreichs** vor.[621] Auf den ersten Blick hatten die Landtage damit ein erhebliches Recht hinzugewonnen, indem nun eine regelmäßige Versammlung vorgesehen war. In der Praxis bedeutete es jedoch nichts anderes, als dass das Einberufungsrecht weiterhin dem Monarchen oblag. Vor allem zog es keine Konsequenzen nach sich, wenn er gegen diese Regelung verstieß und nicht jedes Jahr die Landtage einberief.

In **Nassau** wurde gleich ganz auf eine konkrete Bestimmung der Einberufungsdauer verzichtet. In § 10 der Verordnung von 1851 wurde lediglich darauf hingewiesen, dass die Ständeversammlung auf eine erfolgte Einberufung zusammentritt. Zudem sah die Verordnung vor, dass die Abgeordneten auf sechs Jahre zu wählen waren.[622] Damit wurde die Legislaturperiode von vormals drei Jahren (1849, § 69) auf nunmehr weitere drei Jahre verlängert.

### (4) Verfassungsrechtliche Änderungen innerhalb eines Staates

In **Österreich** wurde dem Kaiser durch die neue Zusammensetzung im Jahre 1861 eine höhere Machtstellung bei der Auswahl der Mitglieder eingeräumt als noch im Rahmen des Erlasses des ersten Staatsgrundgesetzes von 1848. Während damals auch schon Prinzen und vom Kaiser ernannte Mitglieder vorgesehen waren, konnte der Kaiser nunmehr auch einzelnen Personen eine erbliche Reichsratswürde verleihen und sie so in die Erste Kammer aufnehmen. Grundbesitzer, die 1848 noch in großer Anzahl in der Kammer vertreten waren, wurden nun nicht mehr aufgestellt, was daran lag, dass die Erste Kammer vollständig dem Willen des Monarchen entsprechen sollte. Damit wandelte sich die 1848 bestehende Reichsvertretung in eine „Vertretung der Krone und Regierung"[623] um, was sich noch dadurch verstärkte, dass keine Mitgliederanzahl für die Erste Kammer genannt wurde. Damit hatte der Monarch die Möglichkeit, das „Oberhaus" im Verhältnis zu der Zweiten Kammer zahlenmäßig übermäßig zu besetzen, um so einen deutlich größeren Einfluss durch ausschließlich von ihm besetzte Mitglieder in der Ersten Kammer zu erhalten.

Auch in **Preußen** sollte augenscheinlich dem König ein größeres Mitspracherecht bezüglich der Ausgestaltung der Ersten Kammer eingeräumt werden, indem er nunmehr Mitglieder mit einer erblichen Berechtigung versehen konnte. Eine weiterer Unterschied in der neuen Zusammensetzung von 1854 im Verhältnis zu den Regelungen in der Verfassungsurkunde von 1850 lag darin, dass keine Vertreter mehr aus der Mitte der Bürger vorgesehen waren, während 1850 noch neunzig Abgeordnete von den Bürgern und dreißig Abgeordnete von den Gemeinderäten gewählt wurden. Vertreten waren in beiden Fällen aber wieder der Prinz des königlichen Hauses sowie

621 Österreich 1861 (§ 9).
622 Nassau 1851 (§ 14).
623 N.N., Politische Zustände Österreichs, S. 50.

Häupter der ehemals reichsständischen Häuser. Durch die neue Mitgliederpräferenz wurde damit eine Erste Kammer geschaffen, die ausschließlich ständische Mitglieder beinhaltete.

In **Nassau** wurde die vormalige, seit 1814 bestehende Zusammensetzung ab 1851 schlichtweg durch den Beitritt neuer Mitglieder erweitert. Im Verfassungsedikt von 1814 waren lediglich die Prinzen des Hauses und bestimmte gräfliche und fürstliche Familien aufgeführt. Es wurde nunmehr ab 1851 über diese Vertreter hinaus noch weitere, oben bereits genannte Stände für die Erste Kammer vorgeschlagen, wodurch für eine größere Anzahl von Personen die Möglichkeit geschaffen worden war, ein höheres Amt bekleiden zu können.

Eine große Veränderung in der Zusammensetzung des Landtags erfolgte in **Hessen-Kassel**, indem 1852 zum ersten Mal ein Wechsel von einer singulären Kammer zu einem Zweikammersystem stattfand. Im Vergleich interessant zu sehen ist vor allem, dass sich die Regierung hier für eine Zusammensetzung beider Kammern entschied, die es so in der Vergangenheit schon gegeben hatte. Die Erste Kammer wurde in ihrer Zusammensetzung der singulären Kammer von 1831 nachgebildet, die Zweite Kammer der von 1849. Mit der Verfassungsurkunde von 1860 blieb es bei der oben genannten Zusammensetzung der beiden Kammern.[624] Bei dieser Entwicklung stellt sich die Frage, warum ein solch „verspäteter“ Systemwechsel vorgenommen wurde. Zur Klärung dieser Frage ist ein Blick auf die geschichtlichen Ereignisse unabdingbar: Ein politischer Richtungswechsel wurde in **Hessen-Kassel** bereits im Jahr 1850 eingeläutet, als der Kurfürst Friedrich Wilhelm I. den reaktionären Ludwig Hassenpflug als leitenden Minister berief.[625] Von Beginn seiner Ministertätigkeit an entbrannte ein offener Kampf zwischen Landtag und kurfürstlicher Regierung.[626] Im Vordergrund dieses Streits stand das Ansinnen des Landesherrn, die finanziell angeschlagene Situation im Kurfürstentum mittels der Aufnahme eines Kredits und der Erhöhung der Steuern zu entkrampfen.[627] Zu beiden Vorhaben war jedoch nach altem Verfassungsrecht die Bewilligung der Stände erforderlich, die diese jedoch vehement verweigerten.[628] Der Verfassungskonflikt spitzte sich immer mehr zu, bis der Kurfürst am 02.09.1850 die Auflösung der Stände verfügte.[629] Zur Begründung wurde bereits zwei Tage vorher in der Debatte über die Bewilligung der Steuerforterhebung angeführt, dass die Stände „Steuerverweigerung“ und damit

---

624 Lediglich kleinste Veränderungen wurden vorgenommen, indem z.B. bestimmt wurde, dass bei Verhinderung des katholischen Bischofs auch der Domdechant Mitglied der Ersten Kammer werden konnte. Da auch alle anderen in § 46 des neuen Staatsgrundgesetzes genannten Umgestaltungen so minimal wie die gerade genannte war, ist hierauf nicht weiter einzugehen.

625 Wasielewski, Der Kurhessische Verfassungskonflikt von 1850, S. 27.

626 Nathusius, Kurfürst, Regierung und Landtag im Dauerkonflikt, S. 218.

627 Wasielewsk, i a.a.O., S. 31 f.

628 Losch, Geschichte des Kurfürstentums Hessen 1803–1866, S. 263.

629 Wasielewski, a.a.O., S. 40.

einen „Verfassungsbruch“ betreiben würden.[630] Nun war der Weg für die angestrebte Restaurationspolitik geebnet. Am 13.04.1852 setzte der Kurfürst die neue oktroyierte Verfassung in Kraft.[631] Für eine Zweite Kammer entschied er sich aus polittaktischen Gründen: Die Erste Kammer wurde derart angelegt, dass eine regierungsfreundliche Mehrheit gesichert war.[632] Das war vor allem deshalb erforderlich, da die kurhessische Regierung aufgrund des großen Haushaltsdefizits (circa 3,5 Millionen Thaler bei einem jährlichen Gesamtetat von ca. 4,5 Millionen) einen neuen Kredit aufnehmen musste, und diese Vornahme nur mit der Zustimmung der Kammern möglich war.[633] Hassenpflug war natürlich darum bemüht, diese Defizitstellung des Landes möglichst vor der Bevölkerung geheim zu halten. Deshalb gab er als Begründung für die Einführung eines Zweikammersystems „fadenscheinige“ Argumente an, beispielsweise, dass in sämtlichen größeren und mittleren deutschen Staaten ein Zweikammersystem bestehe oder dass es den kurhessischen Standesherren nicht zuzumuten sei, mit allen anderen Landesvertretern in einer gemeinsamen Versammlung zu tagen.[634] Der Sinn der Einführung zweier Kammern bestand also in Wirklichkeit darin, eine Vertretung zu formen, die die Interessen der Regierung, insbesondere das Interesse an der Aufnahme eines neuen Kredits, teilte.

Ebenso wie in **Hessen-Kassel** entschied sich der Monarch auch in **Nassau** für die Einführung zweier Kammern. Im Gegensatz zu Hessen war jedoch in Nassau dieses System bereits 1814 schon einmal etabliert gewesen, jedoch mit dem Revolutionsgesetz von 1849 zugunsten eines Einkammersystems abgeschafft worden. Im Jahre 1851, als sich die Regierung wiederum für die Aufteilung des Landtags in zwei Kammern entschied, nahm sie das nassauische Edikt von 1814 grundsätzlich als Vorbildsmodell für die Gestaltung der Mitgliederpräferenz in der Ersten Kammer, ließ jedoch die Möglichkeit nicht ungeachtet, Veränderungen im Verhältnis zu 1814 einzuführen.[635] Mithin blieb die Erste Kammer nun nicht mehr nur dem Adel vorbehalten; er musste sich vielmehr das Forum seiner politischen Mitwirkung mit den Vertretern der Kirche und mit den wohlhabendsten und einflussreichsten bürgerlichen Abgeordneten teilen.[636] Grund für diese Zusammensetzung war ein pekuniärer: Offenbar sollte damit der aufstrebenden wirtschaftlichen und industriellen Entwicklung Rechnung getragen werden.[637] Besonderes Interesse liegt jedoch auf der Klärung der Frage, warum sich die Regierung für die Wiedereinführung eines Zweikammersystems entschieden hatte. Dies lag an der offensichtlichen Absicht

---

630 Siehe das Dokument Nr. 57 in: Seier, Akten und Dokumente zur kurhessischen Parlaments- und Verfassungsgeschichte 1848–1866.
631 Wasielewski, a.a.O., S. 59.
632 Wasielewski, a.a.O., S. 60.
633 Nathusius, a.a.O., S. 289.
634 Natusius, a.a.O., S. 309.
635 Rösner, Nassauische Parlamentarier, Teil 1, Einleitung, S. XXIV.
636 Rösner, a.a.O., S. XXIV.
637 Rösner, a.a.O., S. XXIV.

der Regierung, die Stellung des Landtags zu schwächen.[638] Realisieren ließ sich dies durch eine im Vergleich zu der Zweiten Kammer zahlenmäßig erheblich überbesetzte Erste Kammer, die ausschließlich aus Honoratioren bestand.

Neben **Nassau** und **Hessen-Kassel** kam es auch in dem Fürstentum **Lippe-Detmold** zu einem Systemwechsel. Während mit dem Gesetz von 1849 das seit 1836 mit der Verfassung eingeführte Zweikammersystem durch eine Einkammerordnung ersetzt wurde, entschied sich die Regierung mit dem Gesetz von 1853 wiederum für einen Landtag, der in zwei Kammern geteilt war. Der Grund für die Wiedereinführung eines solchen Systems lag darin begründet, dass die fürstliche Regierung 1853 in oktroyierter Weise ein Gesetz verabschiedete, dessen Inhalt auf die erneute Anerkennung der Verfassung von 1836 unter gleichzeitiger Aufhebung der Verfassungsänderungsgesetze aus dem Jahre 1849 gerichtet war.[639] Der Fürst trug damit den Vorgaben des deutschen „Bundesreaktionsbeschlusses“ Rechnung.[640] Es kam in diesem Kleinstaat mithin automatisch zu der Wiedereinführung eines Zweikammersystems.

### *bb. Auswertung der Zweikammersysteme*

#### (1) Beurteilung der Ersten Kammern

Bei Beurteilung der Entwicklungen in der Zusammensetzung der Ersten Kammern der Einzelstaaten zueinander fällt auf, dass die überwiegende Mehrheit eine neue Zusammensetzung ablehnte und stattdessen die Wiederherstellung der alten Zustände durch neu verabschiedete Gesetze erreichte, wie in **Hessen-Darmstadt, Lippe-Detmold, Hessen-Kassel, Sachsen** und **Hannover** zu sehen. Diese Staaten folgten damit der Aufforderung der Bundesversammlung, die sie im „Bundesreaktionsbeschluss“ von 1851 proklamiert hatte, namentlich die Aufhebung von aus den Revolutionsjahren entstandenen liberalen Volksvertretungselementen in den einzelnen Kammern und die Wiederherstellung der alten, in Form von Ständen privilegierten Vertretungen. Sie wagten damit den Versuch, den konservativ-bürokratischen Obrigkeits- und Ordnungsstaat wieder fest zu etablieren und ihn gegen allen Liberalismus und all die Tendenzen, die zur Revolution geführt hatten, abzuschirmen.[641]

**Österreich, Preußen** und **Nassau** entschieden sich dagegen für eine neue Zusammensetzung der Kammern. In **Österreich** und **Preußen** nutzten die Monarchen die „Gunst der Stunde“, indem sie Neugestaltungen in den Ersten Kammern vornahmen, die ihre eigene Machtbeteiligung erheblich stärkten. So änderte beispielsweise **Preußen** die Erste Kammer dahingehend, dass die vormals gewählten Mitglieder durch solche durch Erbrecht legitimierten oder vom König auf Lebenszeit ernannten

---

638 Rösner, a.a.O., S. XXIV.
639 Historische Kommission, Allgemeine Deutsche Biographie, Band 7, S. 70.
640 Historische Kommission, a.a.O., S. 70.
641 Nipperdey, Deutsche Geschichte, S. 674.

Mitglieder ersetzt wurden. Damit war das Herrenhaus ein zuverlässiges Instrument der monarchischen Politik geworden.[642]

Unabhängig davon, ob die einzelnen Staaten sich für eine neue Zusammensetzung oder aber für die Wiederherstellung der alten Zustände entschieden, hatten sie doch alle gemein, dass ausnahmslos in jedem Staat wieder eine Mitgliederpräferenz in der Ersten Kammer bestand, die lediglich Ständevertreter und damit privilegierte Bürger einschloss. Alle Staaten mit einem Zweikammersystem hatten sich damit an die Vorgaben des Bundesreaktionsschlusses gehalten und die liberalen Züge, die mit der Revolution von 1848/49 aufgekommen waren, wieder zugunsten eines altständischen Modells beseitigt.

### (2) Beurteilung der Zweiten Kammern

Hinsichtlich der Mitgliederpräferenz der Zweiten Kammern ist ab dem Jahre 1851 zwischen zwei Arten von Zusammensetzungen zu unterscheiden: Zum einen gab es diejenigen Staaten, die sich für die frühere, vor den Revolutionsjahren existierende Zusammensetzung entschieden und damit eine Zweite Kammer wiederherstellten, die einzig aus Vertretern der Stände bestanden. Zum anderen hatten diejenigen Länder, die sich für eine grundlegend neue Zusammensetzung nach der Revolutionszeit entschieden, die Zweite Kammer derart gestaltet, dass diese aus Abgeordneten bestanden, die vom Volk unmittelbar gewählt wurden. Zumindest für die Zweite Kammer hatten sie damit eine Volksvertretung im damaligen Sinne geschaffen.

Hinsichtlich der erst genannten „Gruppe“ von Staaten kam es *zwangsläufig* zu einer aus einer ausschließlichen Ständevertretung gebildeten Zweiten Kammer, da diese vor den Ereignissen der Märzunruhen bereits statuiert war. Dadurch, dass diese Staaten nun die früheren Verfassungen wieder in Kraft setzten, kam es notwendigerweise zu der gleichen Zusammensetzung der Ersten und der Zweiten Kammer. Es handelte sich um konservative Regierungen, die eine vollständige Rückkehr zu den vorrevolutionären Verhältnissen anstrebten und auf diese Weise versuchten, die Auswirkungen der Revolution, wo immer es möglich war, ungeschehen zu machen.[643] Die zweite „Gruppe“ der Staaten gab sich durch die Vornahme des Erlasses neuer Bestimmungen die Möglichkeit, in ihrer Entscheidung über die Zusammensetzung der Kammern in freier Weise zu verfahren. Eine in den Jahren 1848/49 entstandene und etablierte Volksvertretung im damaligen Sinne für die Zweite Kammer sahen diese Regierungen aus dem Grunde vor, weil sie davon ausgingen, die in ihrer Wirkung nachhaltigen Märzereignisse könnten nicht einfach ungeschehen gemacht werden. Der preußische Ministerpräsident Otto von Manteuffel beschrieb dieses Beharren auf den nachrevolutionären status quo mit den Worten: „Es heißt

642 Forsthoff, Deutsche Verfassungsgeschichte, S. 134; vgl. hierzu auch: Biedermann, Die Repräsentativverfassungen, S. 133.

643 Wehler, Deutsche Gesellschaftsgeschichte, 3. Band, S. 197.

Wasser in ein Sieb schöpfen, wenn man die zerfallenen Zustände der Vergangenheit wiederherstellen wolle."[644]

### c. *Auswertung der Ein- und Zweikammersysteme in dieser Periode*

Bei einem Vergleich der Entwicklungen von 1851–1866 zwischen den Staaten mit einem Ein- und einem Zweikammersystem ergibt sich ein signifikanter Unterschied zu der Zusammensetzung seit 1848. Während die meisten Staaten mit einem Einkammersystem, die in den Revolutionsjahren 1848/49 Änderungen in der Zusammensetzung der Kammern vorgenommen hatten, bei diesen Zuständen auch in den Jahren nach der Revolution blieben, wurden in den Staaten mit einem Zweikammersystem unmittelbar im Jahre 1851 als Reaktion auf den „Bundesreaktionsbeschluss" Umgestaltungen im Verhältnis zu den Jahren von 1848/49 durchgesetzt. Es wurden damit die Veränderungen, die 1848/49 in den Staaten eingeführt wurden, namentlich die Loslösung von einer Ständevertretung, insbesondere in der Ersten Kammer wieder rückgängig gemacht. Die Staaten mit einem Zweikammersystem hatten sich damit entgegen der verbreiteten Haltung der Staaten mit einem Einkammersystem an die Vorgaben des Bundes durch den „Bundesreaktionsbeschluss" gehalten, indem sie entweder die alten Zustände wieder herstellten oder aber neue Zusammensetzungen schafften, die im Sinne der Regierung, nämlich einer Einführung der alten Ständevertretung, ausgeführt wurden.

In der Zeitperiode von 1851–1866 kam es mithin das erste Mal seit Bestehen des Bundes zu massiven Abweichungen hinsichtlich der politischen Entwicklungen innerhalb der Einzelstaaten. Trotz einheitlicher Vorgaben von Seiten des Deutschen Bundes durch den „Bundesreaktionsbeschluss" von 1851 waren die Reaktionen in den einzelnen Ländern durchaus unterschiedlich. Während die meisten Staaten mit einem Einkammersystem bei den Verhältnissen der Revolutionsjahre blieben und damit den Fortschritt beibehielten, erlebten die Staaten mit einem Zweikammersystem einen erheblichen Rückschritt, indem sie wieder zu einer ausschließlichen Ständevertretung zurückkehrten und damit zu einem System, das auch bereits vor den Revolutionsjahren die Monarchie beherrscht hatte.

### d. *Vergleich der Ein- und Zweikammersysteme zum heutigen Parlamentarismus*

Bis auf die allgemeinen Wählbarkeitsvoraussetzungen, die sich auch in der Zeit von 1851–1866 im Verhältnis zu den vorangegangenen Zeitperioden nicht geändert hatten und deshalb durchgängig als Vorformen des heutigen Parlamentarismus zu werten sind, kann die Zusammensetzung in jener Zeit nicht mehr als Vorläufer zum heutigen politischen System gewertet werden. Zwar wurde nicht allerorts wieder eine Ständevertretung eingeführt. Oftmals blieben sogar die Staaten mit einem

644 Wehler, a.a.O., S. 199.

Einkammersystem bei den seit 1848 gewählten Volksvertretern und zumindest die Zweiten Kammern der Staaten mit einem Zweikammersystem waren überwiegend weiterhin als Volksvertretungsorgan etabliert. Aufgrund der Wiedereinführung der passiven Wahlrechtsvoraussetzungen, wie etwa der Nachweis eines bestimmten Besitzes und eines bestimmten Steuerabgabeniveaus, stimmen die damaligen Verhältnisse mit den heutigen parlamentarischen Gegebenheiten jedoch erneut nicht überein. Auch das Selbstversammlungsrecht, das es in den Jahren von 1848–1850 in einigen Staaten in zumindest eingeschränkter Weise gegeben hatte, wurde durch vormärzliche Bestimmungen ersetzt, so dass die Entscheidungsgewalt über die Versammlungshäufigkeit der Landtage wieder allein in die Hände der Landesherren gelegt wurde.

Durch die Änderungen in der Zusammensetzung der Kammern stagnierte schließlich ebenso die Entwicklung hinsichtlich der Etablierung des Parteiensystems, so dass es in vielen Kammern an entsprechenden Zusammenschlüssen fehlte. Die kontinuierliche Entwicklung hin zu dem heutigen Verständnis von Parlamentarismus kann deshalb auch in diesem Bereich nicht festgestellt werden.

## II. Das Wahlrecht im Ein- und Zweikammersystem

Die Zusammensetzung der Landtage hängt entscheidend von dem im jeweiligen Gebiet bestehenden Wahlrecht ab. So wird sie nicht nur erheblich durch die zur Wahl zugelassenen Personen beeinflusst, sondern auch durch deren Anzahl und durch die Art des Wahlvorganges. Zur Erlangung eines umfassenden Überblicks der verfassungsrechtlichen Vorschriften zur Zeit des Deutschen Bundes soll deshalb an dieser Stelle die Ausgestaltung des Wahlrechts eingehend untersucht werden. Im Mittelpunkt des Erkenntnisinteresses steht dabei wiederum die Frage, inwieweit sich das aktive Wahlrecht im Laufe des Bestehens des Deutschen Bundes verändert, sich möglicherweise eine kontinuierliche Entwicklung hin zum heutigen Verständnis des Parlamentarismus entwickelt hat.

Zu Beginn des 19. Jahrhunderts zeichnete sich das Wahlrecht insbesondere durch evidente Beschränkungen auf nur wenige Bevölkerungsgruppen aus, die an den Wahlen teilnehmen durften.[645] Aus Sicht der damaligen Öffentlichkeit wurde dies

---

645 Graf/Seiler, Wahl und Wahlrecht im Klassenkampf, S. 16; Bergsträsser, Geschichte des Parlamentarismus in Deutschland, in: Anschütz (Hrsg.), Handbuch der Politik, Bd. 1, S. 330.
Eine solche einschränkende Ausgestaltung des Wahlrechts war nicht nur auf Landesebene, sondern auch auf Provinzialebene zu verzeichnen. Um ein Beispiel für die beträchtliche Einschränkung auch auf Provinzialebene zu geben, ist auf die Wahlgesetze für die preußischen Provinzialstände von 1823/1824 zu verweisen: Von den insgesamt 7934 Einwohnern des Kreises Solingen durften im Jahr 1830 lediglich 511 wählen; im Kreis Düsseldorf waren von den insgesamt 31596 Einwohnern sogar nur 246 wahlbeteiligt. Vgl. insoweit: Vogel/Nohlen/Schultze, Wahlen in Deutschland, S. 74.

indes nicht als eine Einschränkung der politischen Einflussnahme verstanden, denn der Begriff „Volk" wurde damals noch in anderer Weise definiert: Hierunter verstanden die führenden Repräsentanten des deutschen Liberalismus fast ausschließlich das gebildete und besitzende Bürgertum.[646] Die Angehörigen dieser Schicht seien die „wahren, unmittelbaren und ursprünglichen Glieder der Staatsgesellschaft [...]; Bürgschaft für die Teilnahme am gemeinsamen Wohl gibt nur das Vermögen der Stimmenden und zumal der Grundbesitz".[647] Sie sahen in der Zulassung der Besitzlosen zu den Wahlen eine Gefahr für die vernünftige Leitung des Staates, da solche Personen nicht nach ihrer vernünftigen Überzeugung handeln, sondern nach dem Willen dessen stimmen würden, der sie bezahlte.[648] Die Forderung nach einem allgemeinen und gleichen Wahlrecht kam erst gebündelt mit den anderen Märzforderungen in der Revolutionszeit von 1848/49.[649] Frauen waren zu der damaligen Zeit gänzlich von der Beteiligung an der Wahl ausgeschlossen[650] und in einigen Staaten, vorrangig in **Preußen** (1849), wurde ein Dreiklassenwahlrecht eingeführt[651]. In einem solchen System wurden die Wähler je nach Steuerabgaben in drei Klassen eingeteilt: Die höchstbesteuerten Wähler, welche ein Drittel vom Gesamtbetrag der direkten Staatssteuern aufbrachten, bildeten die erste Klasse, der Mittelstand, der ein anderes Drittel aufbrachte, die zweite Klasse und die dritte Klasse bestand aus den Geringstbesteuerten.[652] Jede Klasse wählte die gleiche Anzahl von Wahlmännern.[653] Durch die Überzahl an erster und zweiter Klasse kam es regelmäßig dazu, dass diese beiden Gruppen die Entscheidung über die Zusammensetzung des

646 Vogel/Nohlen/Schultze, a.a.O., S. 75; vgl. auch Groß-Bölting, Altersgrenzen im Wahlrecht, S. 44.

647 Rotteck, Ideen über Landstände, S. 53.
Zur Begründung gaben die Gelehrten an, dass der entscheidende Grund für die Unabhängigkeit des Einzelnen und seine Heranbildung zu einer Persönlichkeit im Besitz gesehen wurde. Vgl. insoweit Smend, Maßstäbe des parlamentarischen Wahlrechts, S. 5.

648 Boberach, Wahlrechtsfragen im Vormärz, S. 9; siehe auch Bergengrün, David Hansemann, S. 409; Arnim, Volksparteien ohne Volk, S. 46. Insoweit benutzte Kant klare Worte in seinem Werk „Metaphysik der Sitten", in dem er schrieb: „[...] der Geselle bei einem Kaufmann oder bei einem Handwerker; der Dienstbote; [...] der Unmündige [...]; alle Frauenzimmer und überhaupt jedermann, der nicht nach eigenem Betrieb, sondern nach der Verfügung anderer genötigt ist, seine Existenz zu erhalten, entbehrt der bürgerlichen Persönlichkeit" und „weil sie von anderen Individuen befehligt oder geschützt werden müssen", besitzen sie „mithin keine bürgerliche Selbständigkeit" (§ 46).

649 Vogel/Nohlen/Schultze, a.a.O., S. 76.

650 Tecklenburg, Wahlrecht und Wahlverfahren, in: Anschütz (Hrsg.), Handbuch der Politik, Bd. 1, S. 367; Vogel/Nohlen/Schultze, a.a.O, S. 73.

651 Gneist, Die nationale Rechtsidee von den Ständen und das preußische Dreiklassenwahlsystem, S. 26; Engelberg, Deutschland von 1849–1871, S. 6.

652 Tecklenburg, a.a.O., S. 367; siehe auch Engelberg, a.a.O., S. 6.

653 Engelberg, a.a.O., S. 6.

Landtags gaben.[654] Zur Begründung eines solchen Wahlsystems wurde angeführt, dass durch die Wahlen lediglich die Erlesensten des Volkes in das Parlament eingebracht werden sollten.[655] Das sei am Sichersten gewährleistet, wenn diejenigen Wähler, denen die beste Urteilsfähigkeit zugeschrieben wurde, ein bevorzugtes Stimmrecht genössen und dadurch den überwiegenden Einfluss auf die Wahl ausübten.[656] Insgesamt gab es damit eine Reihe von Einschränkungen mit der Folge, dass es kein „Volkswahlrecht“ im heutigen Sinne gab. Die Wahlrechtsgrundsätze der allgemeinen, freien, unmittelbaren, gleichen und geheimen Wahl, die heutzutage im Grundgesetz als bestehende Prinzipien etabliert sind (Art. 38 GG), waren den damaligen Verfassungsgebern zwar nicht unbekannt, wurden jedoch, da sie als unerwünscht galten, nicht berücksichtigt.

Ob es während der Zeit des Deutschen Bundes eine allgemeine Entwicklungstendenz hin zu einer Auflösung der oben aufgezeigten Beschränkungen gab oder ob diesbezüglich ein stagnierender Verlauf zu verzeichnen ist, wird nun anhand eines Vergleichs der Verfassungen der deutschen Bundesstaaten detailliert zu erörtern sein.

## 1. Der Zeitraum von 1815–1830

### *a. Das Wahlrecht innerhalb der Einkammersysteme*

Die konkrete Ausgestaltung des Wahlrechts und die Zusammensetzung der Landtage stehen in einem unmittelbaren Wirkungszusammenhang zueinander. Je nach Art des Wahlrechts können sich ganz unterschiedliche Präferenzen in den Kammern ergeben. Wird das Wahlrecht auf die Stimmberechtigung ausgewählter Bevölkerungsgruppen beschränkt, die lediglich dazu befugt sind, die aus ihrer Interessengemeinschaft stammenden Personen zu wählen, so folgt hieraus eine durch den Landesherrn gelenkte politische Vertretung. Denn für den Monarchen bietet eine solche Festsetzung eine uneingeschränkte Sicherheit für eine seinen Vorstellungen entsprechende Zusammensetzung. Nachteilige Auswirkungen hat diese Form des Wahlrechts allerdings für die Bürger. Denn ein Großteil des Volkes hat hierdurch keine Möglichkeit zur Ausübung einer politischen Beteiligung. Mithin führt eine solche Ausgestaltung aus Sicht des Gros der Bevölkerung zu einem reinen „Scheinwahlrecht“.

Daneben besteht aber auch die Möglichkeit, das Wahlrecht als Form einer demokratischen Herrschaftsausübung zu definieren, so dass die Wahlen als „Fundamentalausdruck der Volkssouveränität“[657] begriffen werden könnte. Diese Art zeichnet sich durch ein uneingeschränktes Stimmrecht der Bevölkerung aus, die hierdurch

654 Arnim, Volksparteien ohne Volk, S. 48; Tecklenburg, a.a.O., S. 367.
655 Tecklenburg, a.a.O., S. 368.
656 Tecklenburg, a.a.O., S. 368.
657 Schreiber, in: Schneider/Zeh (Hrsg.), Parlamentsrecht und Parlamentspraxis, § 12 Rn. 1; vgl. auch Lang, Gesetzgebung in eigener Sache, S. 31.

eine unmittelbare Einflussnahme auf die politische Daseinsberechtigung hätte. Die Kehrseite liegt in der abnehmenden Willenslenkung durch den Monarchen. Je weniger Beschränkungen für das aktive Wahlrecht bestehen, desto größer ist die Einwirkung auf die Zusammensetzung in den Kammern durch das Volk.

Neben der Untersuchung der Wahlrechtsvoraussetzungen, die Aufschluss darüber geben, *wer* wählen darf, ist das Augenmerk auch auf die Frage nach der konkreten Ausgestaltung, das heißt, *wie* gewählt wird, zu richten. Insoweit wird unterschieden zwischen unmittelbarer und mittelbarer Wahl. Während bei der unmittelbaren Vorgehensweise die zur Wahl aufgestellten Personen direkt, d.h. ohne Dazwischentreten Dritter, gewählt werden, werden bei einer mittelbaren Wahl zunächst sogenannte Wahlmänner von den Stimmberechtigten gewählt. Diese Wahlmänner bestimmen sodann in einem zweiten Wahlgang die Abgeordneten. Durch letzt genannte Anordnungsweise hat der Monarch einen entscheidenden Vorteil: Er kann die Wahlmänner, die anteilsmäßig nur einen Bruchteil der Stimmberechtigten darstellen, durch die Festsetzung bestimmter passiver Wählbarkeitsvoraussetzungen seinen Interessen entsprechend bestimmen. Denn es ist leichter, wenige Wahlmänner für seine Absicht zu gewinnen, als mehrere tausend Urwähler.[658] Folgerichtig ist eine unmittelbare Wahl für die Bürger vorteilhafter, da sie eine direkte Einflussnahme auf die Zusammensetzung der Kammern nehmen können.

Im Folgenden soll eruiert werden, für welche Wahlart und aus welchen Gründen sich die Monarchen der Einzelstaaten während der Zeit des Deutschen Bundes entschieden.

#### *aa. Unmittelbarer Vergleich der Einzelstaaten*

In den Anfangsjahren des Bestehens des Deutschen Bundes war das Wahlrecht in den meisten Einzelstaaten derart ausgestaltet, dass die Mitglieder der einzelnen Stände jeweils von Personen aus ihrer Mitte gewählt wurden. Da zu dieser Zeit hauptsächlich die Landtage aus drei Ständen bestanden, bedeutete dies im Einzelnen, dass die Vertreter der Rittergutsbesitzer auch nur von Besitzern von Rittergütern, die Vertreter der Städte von den jeweiligen Einwohnern der Städte und die Mitglieder des Bauernstandes ausnahmslos durch Bauern gewählt wurden. Ein solches Wahlrecht sahen die Verfassungen von **Sachsen-Meiningen**, **Sachsen-Weimar-Eisenach, Sachsen-Hildburghausen, Sachsen-Coburg-Saalfeld** und von **Schwarzburg-Rudolstadt** vor.[659] Das Fürstentum **Liechtenstein** machte hiervon eine Ausnahme, indem die Wählerschaft lediglich aus der „Geistlichkeit“ und der „Landmannschaft“ zusammengesetzt wurde. Zwar wurden die Vertreter der Geistlichkeit auch aus ihrer Mitte gewählt (§ 3), für die Mitglieder der Landmannschaft wurde jedoch geregelt, dass sie „durch die zeitlichen Vorsteher oder Richter, und durch die Altgeschwornen

658 Fränkisches Bürgerblatt: eine Zeitschrift für Wahrheit und Gesetz, S. 257.

659 Sachsen-Meiningen 1821 (Art. 63, 66); Sachsen-Meiningen 1824 (§§ 20–29); Sachsen-Weimar-Eisenach 1816 (§ 3); Sachsen-Hildburghausen 1818 (§ 8); Sachsen-Coburg-Saalfeld 1821 (§ 42) und Schwarzburg-Rudolstadt 1816 (§ 3–5).

oder Säckelmeister[660] einer jeden Gemeinde vorgestellt" wurden (§ 4).[661] In den Verfassungen **Schaumburg-Lippes** und **Waldeck-Pyrmonts** fehlten entsprechende Regelungen zu der Wahl der Rittergutsbesitzer. Die Landesherren waren den Besitzern solcher Güter nach den Jahren der Kriege nicht mehr wohlgesinnt, da die ehemals rein adlige Klassifizierung nunmehr verstärkt mit solchen Bürgern besetzt wurde, die weder dem Adel entstammten noch besonderes Vermögen vorweisen konnten.[662] Nach den Kriegsjahren waren die Grundeigentumswerte stark gesunken, so dass der Erwerb nicht mehr nur privilegierten Bürgern möglich war,[663] sehr zum Missfallen der Landesherren, wie beispielsweise in der Verfassungsurkunde von **Schaumburg-Lippe** eindeutig zum Ausdruck kommt, indem nur „die *wirklichen* Besitzer adeliger Güter" als Landtagskandidaten aufgestellt wurden und damit innerhalb der Rittergutsbesitzer noch einmal eine Unterteilung stattfand. Aufgrund des offenkundigen Missfallens der Monarchen an diesen neuen Entwicklungen ist davon auszugehen, dass sie auch das Wahlrecht nicht allen Rittergutsbesitzern zukommen lassen wollten. Realisieren konnten sie eine solche Vorgehensweise nur durch bewusst fehlende Regelungen in den Verfassungsurkunden. So hatten sie die Möglichkeit, künftig noch Regelungen zu treffen, die derart ausgestaltet waren, dass sie mit ihren eigenen Interessen übereinstimmten.

Die Bauern wurden in **Waldeck-Pyrmont** durch die Angehörigen des gleichen Standes gewählt[664], während in **Schaumburg-Lippe** lediglich der Besitz eines allgemeinen Grundeigentums gefordert wurde (§ 10).

Hinsichtlich der Wahl der Vertreter der Städte hieß es in der Verfassung des letzt genannten Staates in § 6: „Die Städte Bückeburg und Stadthagen, imgleichen die Flecken Steinhude und Hagenburg, sollen, jeder Ort einen Deputierten, zum Landtage schicken. Es wird dem Magistrate der Städte und der Flecken nachgelassen, den Landtags-Deputirten aus ihrer Mitte oder aus der Bürgerschaft zu bestellen." Der Magistrat hatte damit vollumfängliche Entscheidungsgewalt darüber, welche Personen er konkret für den Landtag bestimmte.

In **Waldeck-Pyrmont** wurden die Vertreter der Städte nach § 12 der Verfassung durch den Bürgermeister und/oder Stadtsekretär gewählt, so dass die Bürger auch hier keinen Einfluss auf die Wahlen hatten.

---

660 Unter Säckelmeister wurden Kassenwarte verstanden, d.h. die Verantwortlichen einer Geldeinnahme von öffentlich zu verwendenden Geldern Vermögen oder Gütern. Siehe Der neue Brockhaus, 4. Band unter „Sack".

661 Dies lag in der Aufrechterhaltung der altständischen Ordnung begründet, vgl. hierzu die ausführlichen Erläuterungen unter I. Die Zusammensetzung der Landtage, 1. Der Zeitraum von 12815–1830 unter a. Die Zusammensetzung der Einkammersysteme.

662 Bergenroth, Zeitschrift des Vereins für deutsche Statistik, 2. Jahrgang, 7. Heft, S. 605.

663 Bergenroth, a.a.O., S. 605.

664 Schaumburg-Lippe 1816 (§ 7); Waldeck-Pyrmont 1816 (§ 15).

Die *Art* der Wahl war von Staat zu Staat sehr unterschiedlich ausgestaltet. In **Liechtenstein** und **Sachsen-Hildburghausen** wurden alle Mitglieder ohne die Beteiligung von Wahlmännern berufen,[665] während in den Staaten **Sachsen-Meiningen, Sachsen-Weimar-Eisenach, Sachsen-Coburg-Saalfeld, Schwarzburg-Rudolstadt, Waldeck** und **Schaumburg-Lippe** je nach Stand unterschieden wurde. In **Sachsen-Weimar-Eisenach** und **Sachsen-Coburg-Saalfeld** waren die Mitglieder des Standes der Rittergutsbesitzer unmittelbar aus ihrer Mitte zu wählen, während die Wähler der anderen Stände (Städte und Bauern) zunächst Wahlmänner bestimmen mussten, die dann wiederum die Abgeordneten wählen sollten.[666] Zweifellos hatten die Landesherren trotz oben beschriebener Vertrauenskrise im Vergleich der Bevölkerungsgruppen zueinander dennoch weiterhin das größte Vertrauen in die Wählerschaft der Rittergutsbesitzer, so dass nur innerhalb dieser Gruppe eine unmittelbare Wahl zugelassen wurde. Ein mittelbares Wahlrecht, jedoch nur für den Stand der Bauern sahen auch **Schwarzburg-Rudolstadt, Schaumburg-Lippe, Sachsen-Meiningen** und **Waldeck** vor.[667] **Sachsen-Meiningen** änderte dieses Wahlrecht fünf Jahre später mit der neuen Verfassung von 1829 dahingehend, dass nunmehr auch die Vertreter der Städte über vorher ernannte Wahlmänner bestimmt werden sollten (Art. 69). Misstrauisch stand die Regierung bereits 1824 diesem besonderen Vertrauen, das den Bürgern mit der Möglichkeit der unmittelbaren Wahl entgegenbracht wurde, gegenüber. Mit Erlass der neuen Verfassung wurde nunmehr die Chance ergriffen, diese Regelung zuungusten der Bevölkerung zu verändern. Ob das Wahlrecht der Rittergutsbesitzer weiterhin unmittelbar ausgestaltet war, kann der entsprechenden Vorschrift nicht entnommen werden; in Artikel 64 hieß es nur: „Die Rittergutsbesitzer aus dem ganzen Herzogthum wählen ihre 8 Deputirte in zwei Abtheilungen zu Meiningen und Saalfeld nach einer künftig erfolgenden nähern Bestimmung."

Der Grundsatz der Gleichheit der Wahl wurde nicht in jedem Staat umgesetzt. So wurde beispielsweise in **Waldeck** normiert, dass jede Wahlgemeinde einen Wahlmann für den Bauernstand zu bestimmen hatte. Da die Wahlgemeinden aber unterschiedlicher Größe waren, kam es hier zu einer Ungleichheit in der Verteilung der Wahlstimmen.[668] Anders dagegen in **Sachsen-Meiningen**, wo die Landgemeinden ihrerseits zu jeweils fünfzig Häusern einen bzw. bei mehr als fünfzig Häusern zwei Wahlmänner wählten.[669] Ein ebensolches festgesetztes Verhältnis existierte auch in **Sachsen-Weimar-Eisenach** und **Sachsen-Coburg-Saalfeld**.[670] In den Verfassungen

665 Liechtenstein 1818 (3/4); Sachsen-Hildburghausen 1818 (§ 8).

666 Sachsen-Weimar-Eisenach 1816 (§ 13); Sachsen-Coburg-Saalfeld 1821 (§ 42).

667 Schwarzburg-Rudolstadt 1816 (5); Waldeck 1816 (§ 15); Sachsen-Meiningen 1824 (§ 29); Schaumburg-Lippe 1816 (§ 9).

668 Waldeck 1816 (§ 15).

669 Sachsen-Meiningen 1824 (§ 29) und 1829 (Art. 69). 1829 wählten die Landgemeinden, die über 25 Häuser zählten bereits einen, über 75 Häusern zwei Wahlmänner und bei weiteren 50 Häusern kam jeweils noch einer dazu.

670 Sachsen-Weimar-Eisenach 1816 (§ 18); Sachsen-Coburg-Saalfeld 1821(§ 42).

von **Schwarzburg-Rudolstadt** und **Schaumburg-Lippe** wurde explizit festgelegt, wie viele Wahlmänner aus den jeweiligen Gebieten zu bestimmen waren.[671] Da mehrere Städte zu einem Wahlbezirk zusammengefasst wurden, dagegen eine andere Stadt alleine einen Wahlbezirk ausmachte, ist davon auszugehen, dass bei der Aufteilung der Wahlbezirke der Grundsatz der Gleichheit der Wahl in diesen beiden Staaten berücksichtigt worden war.

Insgesamt kam es überall zu einer geringen Anzahl der Wahlmänner, was praktische Gründe hatte: Da es keine Kandidatenaufstellung gab, war eine Mehrheitsentscheidung – erforderlichenfalls in mehreren Wahlgängen – in der Wahlmännerversammlung erforderlich.[672] Eine solche konnte jedoch am besten in einer kleinen Gruppe herbeigeführt werden. **Liechtenstein** und **Sachsen-Hildburghausen** ließen sich dagegen die Möglichkeit offen, zukünftig auf unbürokratischerem Wege hierüber zu entscheiden und unterließen es, entsprechende Regelungen in den Verfassungen zu treffen. Eine weitere Besonderheit in den ernestinischen Staaten bestand darin, dass zusätzlich zu den einzelnen Abgeordneten mindestens ein Stellvertreter ernannt werden musste.[673] Die Stellvertreter hatten die Funktion, bei Tod, freiwilligem Austritt oder bei Verlust der Wahlrechtseigenschaften an die Stelle der jeweiligen Abgeordneten zu treten.[674]

### *bb. Allgemeine Bestimmungen*

#### (1) Voraussetzungen für die aktive Wahlfähigkeit

Durch die Bestimmung von Wahlrechtsvoraussetzungen ergibt sich die Möglichkeit, weitergehende Einschränkungen des aktiven Wahlrechts vorzunehmen und so den Kreis der gewünschten Wählerschaft einzugrenzen. Die Auswahl solcher Voraussetzungen kann dabei ganz unterschiedlicher Natur sein und ist dem Ermessen der jeweiligen politischen Machthaber uneingeschränkt überlassen. Bereits

---

671 So wurde in 5) der Verfassung von Schwarzburg-Rudolstadt normiert, dass die Wähler aus den Aemtern Rudolstadt und Blankenburg zusammen einen; die aus dem Amte Schwarzburg einen; aus den Aemtern Ilm, Ehrenstein, Paulinzelle, Seebergen einen; aus Leutenberg und Könitz einen; aus der Unterherrschaft zwei Repräsentanten zu ernennen hatten. Eine ähnliche Vorschrift findet sich auch in der Verfassung von Schaumburg-Lippe, wo es in § 7 heißt: „Unsere Aemter sollen zum Landtage Deputierte in folgender Zahl schicken: Bückeburg zwei, Stadthagen zwei, Hagenburg einen und Arensberg einen."

672 Böckenförde u.a. (Hrsg.), Der Staat, Beiheft 4, S. 26.

673 Sachsen-Weimar-Eisenach 1816 (§ 7); Sachsen-Coburg-Saalfeld 1821 (§ 39); Sachsen-Hildburghausen 1818 (§ 9); Sachsen-Meiningen 1824(§ 16) und 1829 (Art. 65). In Sachsen-Hildburghausen wurde insoweit nach Stand unterschieden: Für die Deputierten der Rittergüter wurden zwei, für jeden der übrigen Abgeordneten ein Stellvertreter ernannt.

674 So die explizite Regelung in der Verfassung von Sachsen-Weimar-Eisenach 1816 (§ 32), in der Verfassung von Sachsen-Hildburghausen 1818 (§ 16) und in der Verfassung von Sachsen-Meiningen 1824 (§ 40) und 1829 (Art. 77).

historisch anerkannt und deshalb als Bedingungen in Betracht kommend sind dabei ein bestimmtes Mindestalter – um nur „mündige" Bürger, die bereits denk- und entscheidungsfähig sind, als politische Mitbeteiligte zuzulassen –, das Anknüpfen an gewisse Steuerabgaben und eine bestimmte religiöse und staatliche Zugehörigkeit. Oftmals kongruierten dadurch die Voraussetzungen der aktiven mit denen der passiven Wahlfähigkeit.

Da die Wahlrechtsberechtigten Anfang des 19. Jahrhunderts von vornherein nur auf bestimmte Bevölkerungsgruppen beschränkt waren, hatten die meisten Verfassungsgeber nur wenige oder gar keine Regelungen zum aktiven Wahlrecht getroffen. Ganz darauf verzichtet hatten die Landesherren von **Liechtenstein** und **Sachsen-Hildburghausen**. Zwar wurde in der Verfassung von **Sachsen-Hildburghausen** in § 17 auf ein „besonderes Regulativ" verwiesen, dass die „Art und Weise, wie sämmtliche Wahlen für das erste Mal zu vollziehen sind" bestimmen sollte. Dieses Regulativ wurde jedoch nie vollzogen. Da sich **Schaumburg-Lippe** bereits die Aufstellung der Wahlberechtigten aus den Reihen der Rittergutsbesitzer offen ließ, wurden dementsprechend weder Aussagen über besondere noch über allgemeine Voraussetzungen für die Wählerschaft der Stände der Rittergutsbesitzer getroffen. Gleiches galt für die Wahl der Abgeordneten der Städte, da es aufgrunddessen, dass nur der Magistrat zur Wahl befugt war, obsolet war. Lediglich für die Wähler des Bauernstandes wurde in § 10 normiert, dass „nur solche Amtsunterthanen, welche Grundeigenthum besitzen" befugt sein sollten, an der Wahl teilzunehmen. In den Verfassungen der Staaten **Sachsen-Weimar-Eisenach, Sachsen-Coburg-Saalfeld, Schwarzburg-Rudolstadt** und **Sachsen-Meiningen**[675] fanden sich dagegen Regelungen über das aktive Wahlrecht derjenigen, die die Rittergutsbesitzer zu Abgeordneten ernannten. Diese Bestimmungen waren in den genannten Staaten sehr ähnlich ausgestaltet. So waren jeweils nur solche aktiv wahlfähig, die Besitzer eines im Land gelegenen Ritterguts waren.[676] Zugelassen wurde auch ein gemeinschaftlicher Besitz an einem Rittergut, wobei jedoch nur eine gemeinsame Stimme abgegeben werden durfte. War ein Wähler im Besitz mehrerer Rittergüter, so wurde pro Gut jeweils eine Stimme gezählt. In **Sachsen-Weimar-Eisenach** musste das Rittergut entweder zu den Reichsunmittelbaren gehören, alternativ die Voraussetzung der Landstandschaft schon gehabt haben oder künftig noch unter die Zahl dieser Rittergüter aufgenommen werden. Die Besitzer solcher Güter wurden unabhängig von Stand, Geburt, Religion oder aber dem Umstand, ob das Rittergut schrift- oder amtsässig war, als Wähler zugelassen. Es reichte den meisten Monarchen insoweit aus, die Zugehörigkeit zu einem bestimmten Rittergut als Zulässigkeitsvoraussetzung zu wissen, da damit bereits die Privilegierung dieser Bevölkerungsgruppe mit

---

675 Wer in Sachsen-Meiningen als Besitzer wahlfähig war, wurde in der Verfassung von 1824 in § 20 namentlich aufgeführt. In der Verfassung von 1829 wurde diesbezüglich in Art. 67 auf ein in der Anlage enthaltenes Verzeichnis verwiesen.

676 Sachsen-Weimar-Eisenach 1816 (§ 14); Sachsen-Coburg-Saalfeld 1821 (§ 39); Schwarzburg-Rudolstadt 1816 (6); Sachsen-Meiningen 1824 (§ 20) und 1829 (Art. 67).

einherging. Nicht so in **Sachsen-Coburg-Saalfeld,** wo die Besitzer eines Ritterguts darüber hinaus noch allgemeine Voraussetzungen vorweisen mussten. Nach § 38 der Verfassung wurden zur Teilnahme an der Ständewahl im Allgemeinen nur diejenigen Staatsbürger berechtigt, „welche im vollen Genuß des Staatsbürgerrechts sich befinden, und welche niemals wegen eines mit peinlicher Strafe gesetzlich bedrohten Verbrechens, wenigstens nicht ohne nachher erfolgte gänzliche Lossprechung, in Untersuchung, oder wegen Schulden, wenigstens nicht ohne völlige Befriedigung ihrer Gläubiger, in Concurs befangen waren". Es wurde damit dem Gedanken Rechnung gezollt, dass sich auch innerhalb dieser Bevölkerungsgruppe Menschen befinden konnten, die trotz ihres Besitzes einen nicht rechtschaffenen Lebenswandel führten. Ebenfalls allgemeine Voraussetzungen, wenn auch andere als die gerade Erwähnten, forderte die Verfassung von **Sachsen-Meiningen** von 1824. Als Bedingung wurde ein Mindestalter von fünfundzwanzig Jahren festgesetzt sowie der Wille, selbständig eine Erklärung abzugeben, das Bekenntnis zur christlichen Religion, ein unbescholtener Ruf und schließlich das Fehlen eines selbstverschuldeten Konkurses. Solche *allgemeinen* Voraussetzungen wurden in die neue Verfassung von 1829 nicht mehr mit aufgenommen, höchstwahrscheinlich deshalb, weil mit Blick auf die anderen Verfassungen, die auf solche Regelungen verzichtet hatten, diese doch für überflüssig erachtet wurden. Anstelle dessen wurden an die Rittergutsbesitzer noch weitere *besondere* Bedingungen gestellt. Nach Artikel 67 mussten sie großjährig und im Genuss des Staatsbürgerrechts sein sowie sich zur christlichen Religion bekannt haben. Frauen und Unmündige, die ein Rittergut besaßen, durften in **Sachsen-Weimar-Eisenach** und **Sachsen-Coburg-Saalfeld** nur durch ihre Ehemänner, Vormünder oder Bevollmächtigte eine Stimme abgeben.[677] Damit waren sie zwar nicht gänzlich von der Wahl ausgeschlossen, waren aber stets in ihrer Stimmführung von ihren „Vertretern" abhängig, was daran lag, dass die Frauen als grundsätzlich unmündig und minderbegabt angesehen wurden.[678] Das Fürstentum **Waldeck-Pyrmont** sah in seiner Verfassung keine besonderen Voraussetzungen für die Wähler der Rittergutsbesitzer vor. Da aber auch hier die Rittergutsbesitzer aus ihrer Mitte zu wählen waren, mussten die Wähler zwangsläufig den Besitz eines Ritterguts vorweisen.

Dadurch, dass die Vertreter der Städte nach § 12 durch den Bürgermeister und/oder Stadtsekretär gewählt wurden, waren in diesem Staat weitere Regelungen über Wahlrechtsvoraussetzungen hinsichtlich dieses Standes überflüssig. In **Schwarzburg-Rudolstadt** waren für die Wähler der Vertreter der Städte keine Vorschriften normiert. Die damalige Situation deutet darauf hin, dass das Fehlen solcher Regelungen nicht notwendigerweise einen politischen Hintergrund hatte, sondern vielmehr in der Eile des Augenblicks nicht genügend Zeit war, um sich hierüber profunde Gedanken zu machen. So war die Verfassung von 1816 nicht das Resultat einer politischen Überzeugung des Fürsten Friedrich Günther, da dieser

677 Sachsen-Weimar-Eisenach 1816 (§ 16/20); Sachsen-Coburg-Saalfeld 1821 (§ 39).
678 Polenz, Deutsche Sprachgeschichte, Bd. III, S. 57.

wenig Interesse an den politischen Geschehnissen seines Landes hatte.[679] Vielmehr erging die Verfassung auf Rat eines Vertrauten des Fürsten und unter dem Druck der Deutschen Bundesakte.[680] So dauerte es auch noch weitere fünf Jahre, bis es überhaupt zu den ersten Landtagswahlen kam.[681] Anders dagegen in **Sachsen-Weimar-Eisenach, Sachsen-Coburg-Saalfeld** und **Sachsen-Meiningen**:[682] In allen drei Staaten wurden der Besitz und die Ausübung eines Bürgerrechts gefordert. Alternativ sah **Sachsen-Weimar-Eisenach** den Besitz eines Hauses als ausreichend an. Kleinhäusler waren dabei nicht von der Wahl ausgeschlossen, wurden aber als bloße Schutzbürger[683] behandelt. In **Sachsen-Coburg-Saalfeld** musste die Wählerschaft dagegen zusätzlich zum Bürgerrecht auch eine „wesentliche Wohnung" besitzen und die allgemeinen Voraussetzungen für das aktive Wahlrecht erfüllen. Ebenso forderte auch die Verfassung von **Sachsen-Meiningen** 1824 das Vorliegen der allgemeinen Bedingungen. Im Jahr 1829 wurde diese Regelung revidiert und andere Voraussetzungen geschaffen. Die neue Verfassung wurde zum Anlass genommen, weitergehende und der Meinung des Monarchen nach wohl optimierte Voraussetzungen aufzunehmen. So wurde in Artikel 68 normiert, dass bei der Wahl der Wahlmänner all diejenigen stimmberechtigt seien, „welche als selbständige Hausväter christlicher Religion in den Städten und Landgemeinden directe Steuern bezahlen und sich im vollen Genuß des Staatsbürgerrechts befinden". Diese Voraussetzungen galten ebenso für die Wähler der Bauern, da auch diese zunächst Wahlmänner ernennen mussten. 1824 gab es bezüglich des letzt genannten Standes in **Sachsen-Meiningen** noch eigene Regelungen. In § 26 wurde statuiert, dass diese Wähler einer Landgemeinde zugehörig und im Besitz eines Hauses oder wenigstens im Besitz von sechs Ackern Grundeigentum sein mussten. Zudem durften sie nicht bereits bei der Wahl der landschaftlichen Abgeordneten der zwei höheren Stände mitgestimmt haben.

Ebenfalls der Besitz von Landeigentum (alternativ von Mühlen, Höfen oder Wirtschaften) wurde innerhalb der Wählerschaft der Bauern in **Schwarzburg-Rudolstadt** gefordert (§ 5). **Waldeck-Pyrmont** setzte dagegen explizit voraus, dass es sich um den Besitz von Acker- oder Köthergut handeln musste. Überdies wurden nur solche Personen zur Teilnahme an der Wahl der Bauern zugelassen, die unbescholten, volljährig und als guter Wirt bekannt waren (§ 15).

An den damaligen Voraussetzungen für das aktive Wahlrecht zu Beginn des Deutschen Bundes ist ersichtlich, dass die Bedingungen zur Teilnahme an einer

---

679 Herntrich, Thüringen, S. 68.

680 Herntrich, a.a.O., S. 68.

681 Herntrich, a.a.O., S. 68.

682 Regelungen zum aktiven Wahlrecht des Standes der Bürger finden sich in: Sachsen-Weimar-Eisenach 1816 (§ 19); Sachsen-Coburg-Saalfeld 1821 (§ 40/41) und Sachsen-Meiningen 1824 (§ 24) und 1829 (Art. 68).

683 Schutzbürger waren solche Einwohner, die nur für eine bestimmte Zeit in dem jeweiligen Gebiet aufgenommen wurden und deshalb nicht die vollen Rechte genossen (vgl. Pierer's Universal-Lexikon unter „Schutzbürger").

Wahl schon derart in sich beschränkt waren, dass in den meisten Staaten auf die Regelung weiterer *allgemeiner* Voraussetzungen verzichtet werden konnte. Das Wahlrecht stand nur denjenigen zu, die selbst zu dem jeweiligen Stand gehörten. Dies wiederum wurde von dem Besitz eines Ritter-, Haus- oder Bauerngutes abhängig gemacht. Wie eingangs schon erwähnt, war damit das aktive Wahlrecht gänzlich auf solche Personen beschränkt, die den Besitz von entsprechendem Eigentum vorweisen konnten. Dies entsprach der weit verbreiteten Auffassung, dass „in der Volksvertretung kein verkleinertes Abbild der Gesellschaft, sondern eine Auswahl der Besten“[684] zu sehen war.

(2) Wählbarkeitsvoraussetzungen für die Wahlmänner

Da in den meisten Staaten die Vertreter der Städte und/oder der Bauern durch Wahlmänner ernannt wurden, wurden in einigen Verfassungen mithin Voraussetzungen für die passive Wahlfähigkeit der Wahlmänner normiert, namentlich in denen von **Sachsen-Weimar-Eisenach, Sachsen-Coburg-Saalfeld** und **Schwarzburg-Rudolstadt**. In dem Grundgesetz des erst genannten Staates waren die Bedingungen insoweit identisch mit denen des aktiven Wahlrechts der Städte (§ 21 verwies insofern auf den § 19). Lediglich die Volljährigkeit wurde darüber hinaus für die Wählbarkeit des Wahlmannes noch gefordert. Die allgemeinen Erfordernisse eines Wahlmannes in **Sachsen-Coburg-Saalfeld** entsprachen denen eines Mitglieds der Ständeversammlung.[685] In **Schwarzburg-Rudolstadt** konnte zum Wahlmann nur gewählt werden, wer „angesessen, unbescholten und rechtlich“ war (§ 5).

*cc. Auswertung der Einkammersysteme*

In der Zeit von 1815–1830 war das Wahlrecht in Deutschland in den „Einkammerstaaten“ geprägt von einer reinen Ständewahl. Nur die Angehörigen eines Standes durften auch die Vertreter *dieses* Standes wählen, wobei die Zugehörigkeit an die Bedingung eines entsprechenden Besitzes geknüpft wurde. Damit dominierte ein den Interessen des Monarchen entsprechendes Wahlsystem.

Dass in **Schaumburg-Lippe** auch die Vertreter der Städte nicht durch „einfache Untertanen“, sondern allein durch die Magistrate bestimmt wurden, widerstrebte hier in besonderem Maße der Bevölkerung. Bereits in der zweiten Hälfte des 18. Jahrhunderts wurde in dem Fürstentum die Forderung des Bürgertums auf aktive Mitgestaltung im Gemeinwesen laut.[686] Es entfaltete sich ein politisches Bewusstsein, das die öffentliche Meinung und Teilhabe in Herrschaftsfragen zum Gegenstand hatte.[687] Diese Forderungen blieben bis zur Gründung des Deutschen

---

684 Grimm, Deutsche Verfassungsgeschichte, S. 128.

685 Siehe die Ausführungen in der Verfassung zum passiven Wahlrecht der Abgeordneten unter „Zusammensetzung der Landtage“ § 44.

686 Bethmann, Revolutionsrezeption und –gestaltung in Schaumburg in: Höing, Vom Ständestaat zur freiheitlich-demokratischen Republik, S. 79.

687 Habermas, Strukturwandel der Öffentlichkeit, S. 119.

Bundes aktuell. Dass sich der Fürst Georg Heinrich hierauf dennoch nicht einließ, bestätigte nur einmal mehr seinen Ruf: Er fand nichts dabei, sich über die Kompetenzen der Stände und Wünsche der Untertanen hinwegzusetzen, wenn es für gut befunden wurde.[688]

Insgesamt war das Wahlrecht noch überwiegend durch die altständischen Formen gekennzeichnet, die vor Entstehen des Deutschen Bundes in Deutschland vorherrschend waren. Die Abgeordneten wurden weitgehend von Vertretern der Städte und Landbezirke, von Ritterschaften und Bauern gewählt, da die Wahlkörper nicht nach numerischen Gesichtspunkten der Verteilung der Bevölkerung gebildet, sondern bestimmten Faktoren zugeteilt wurden.[689] Mit dieser Form der Ausgestaltung des Wahlrechts wurde die Möglichkeit geschaffen, die Landtage im Sinne des landesherrlichen Regiments zu besetzen. Zu wenig noch wurde in der damaligen Zeit einer Institution getraut, die neben dem Monarchen Bestand hatte, als dass die Vertreter durch das ganze Volk legitimiert werden sollten.[690]

Neben dem privilegierten Ständewahlrecht fällt bei einem Vergleich der Verfassungen der Einzelstaaten zudem auf, dass in den meisten Staaten eine Vermischung von direkten und indirekten Wahlelementen bestand. So wurden überwiegend die Rittergutsbesitzer in unmittelbarer Weise von den dazu berufenen Personen gewählt, während die Vertreter der Städte und/oder der Bauern mittelbar über Wahlmänner ernannt wurden. Dass die Wahl der Rittergutsbesitzer oder des grundherrlichen Adels in unmittelbarer Weise erfolgte, lag insbesondere daran, dass bei der geringen Zahl der zu wählenden Personen der komplizierte Apparat des indirekten Wahlsystems nicht angebracht erschien.[691] Dies gestaltete sich bei der großen Anzahl der Vertreter der Städte und Bauern dementsprechend anders. Ein indirektes Wahlrecht wurde hier als vorteilhafteste Methode angesehen. Es beruhte auf der Überlegung, dass die Wählerschaft sich nicht selbst organisieren könne und deshalb der Staat ihr diese Mühe abnehmen und sie zu kleinen Gruppen vereinigen müsse, von denen jede dann nur einen ihr persönlich bekannten Vertrauensmann zum Wahlmann ernennen würde.[692] Dadurch hatten die Landesherren einen starken Regierungseinfluss auf die Auswahl der Abgeordneten.[693] Überdies diente es dazu, die Vertreter von Besitz und Bildung in den kleinen Wahlgremien zu verstärken.[694]

---

688 Budach, Das Fürstentum Waldeck in der Zeit des Deutschen Bundes, S. 163.

689 Scheuner, Volkssouveränität und Theorie der parlamentarischen Vertretung in: Bosl (Hrsg.), Der moderne Parlamentarismus und seine Grundlagen in der ständischen Repräsentation, S. 337.

690 Scheuner, a.a.O., S. 339.

691 Meyer, Das parlamentarische Wahlrecht, S. 115.

692 Smend, a.a.O., S. 11.

693 Seibel, Die Waldeckischen Landstände im Vormärz, S. 142.

694 Scheuner, a.a.O., S. 338.

## b. Das Wahlrecht innerhalb der Zweikammersysteme

### aa. Unmittelbarer Vergleich der Einzelstaaten

#### (1) Die Ersten Kammern

Die Ersten Kammern in den Einzelstaaten **Bayern, Württemberg, Hessen-Darmstadt** und **Braunschweig** waren derart ausgestaltet, dass die Möglichkeit eines Wahlrechts für einzelne Bevölkerungsgruppen gänzlich wegfiel. Wie im unmittelbaren Vergleich der Zusammensetzung bereits sichtbar, bestanden die Ersten Kammern in den oben aufgeführten Staaten aus von den Landesherren entweder bereits in den Verfassungsurkunden namentlich aufgelisteten oder noch zu ernennenden Personen. Wieder andere Mitglieder wurden durch Erbfolge in die Erste Kammer aufgenommen. Bei einer solchen Zusammensetzung war ein Wahlrecht obsolet. Die Landesherren hatten durch die Ausgestaltung der Verfassungen die alleinige Entscheidungsgewalt über die Besetzung der Kammern, ohne dem Volk auch nur die geringste Teilhabe an dieser Entscheidung zuzubilligen. Ausnahmen hiervon bildeten die Staaten **Baden**, **Nassau** und **Hannover**. Diese Länder ließen zumindest die Möglichkeit der Wahl *einzelner* Deputierter aus ihrer Mitte zu.

Während in dem Verfassungsedikt **Nassaus** von 1814 noch die Regelung enthalten war, dass die Mitglieder der „Herren-Bank" entweder von der Regierung auf Lebenszeit oder aber erblich ernannt wurden,[695] wurde dies bereits ein Jahr später mit dem Gesetz, „die Bildung der Herrenbank der Landstände betreffend" dahingehend geändert, dass nunmehr auch adelige Gutseigentümer als Mitglieder zugelassen wurden, die aus ihrer Mitte gewählt werden sollten.[696] Zur Teilnahme an dieser Wahl waren alle Gutseigentümer vom Adel berechtigt, „die zu einem Grundsteuer-Simplum wenigstens 21 Gulden und darüber entrichten, oder die in den Fürstenthümern Dillenburg oder Hadamar, so wie in der Grafschaft Westerburg oder dem jenseits der Lahn gelegenen Theil des Amts Runkel, im gegenwärtig laufenden Jahr zur Grundsteuer einen Beitrag von zusammen 84 Gulden und darüber geleistet haben"(§ 3). Frauen und Minorennen[697] konnten ihr Stimmrecht nur durch Bevollmächtigte ausüben lassen. Insgesamt belief sich die Anzahl der zur Wahl zugelassenen adeligen Gutseigentümer nur auf sechs Personen und war damit verschwindend gering.[698] Dennoch entschied sich die Regierung mit dem nachträglich eingeführten Gesetz für eine solche Wahlmöglichkeit. Bereits zum Zeitpunkt der Entwurfsfassung für das spätere Edikt von 1814 wies der Minister Marschall darauf hin, dass die Herrenbank trotz ihrer vorläufigen Abgrenzung nicht als geschlossen betrachtet werden dürfe und

695 Nassau 1814 (§ 1).

696 Nassau Gesetz 1815 (§ 3.).

697 Minorennen waren Minderjährige. Vgl. Wahrig-Burfeind, Fremdwörterlexikon.

698 Bei den insgesamt sieben Wahlen zur Herrenbank waren zwischen 28 und 40 Personen wahlberechtigt; lässt man die außerhalb des Herzogtums Wohnenden außer Betracht, so blieben noch 20–30 wahlberechtigte Nassauer. Siehe Eichler, Nassauische Parlamentsdebatten, Bd. 1, S. 91.

dass den gerechten Wünschen des Adels auch später noch nachgekommen werden könne.[699] Diese Äußerung traf den Kern dessen, was tatsächlich nach nur kurzer Zeit des Bestehens des Edikts in den Reihen des Adels als Forderung entflammte: Ein lautes Aufbegehren über die Nichtberücksichtigung in der Herrenbank durchzog die Reihen des niederen, mittleren und hohen Adels.[700] Mit dem nachträglich eingeführten Gesetz beugte sich die Regierung diesem Begehren. Durch eine Beteiligung am Staatsleben sollte der Widerstand der in Nassau ansässigen Standesherren gegen eine Dynastie überwunden werden, deren Herrschaft sie unterworfen worden waren, obwohl sie ihr früher an Rang und Einfluss kaum nachgestanden hatten.[701]

In der Verfassung **Badens** von 1818 wurde bestimmt, dass die Abgeordneten des grundherrlichen Adels und die Abgeordneten der Landesuniversitäten jeweils durch aus ihrem Stand zugehörigen Mitgliedern gewählt werden sollten. Zugelassen zu der Wahl des Adels wurden nach § 29 „sämmtliche adeliche Besitzer von Grundherrschaften, die das 21. Lebensjahr zurückgelegt und im Lande ihren Wohnsitz haben“.[702] Möglich war aber auch die Beilegung der Stimmfähigkeit durch den Großherzog, „wenn sie ein Stamm- oder Lehensgut besitzen, das in der Grund- und Gefällsteuer, nach Abzug des Lastencapitals, wenigstens auf 60 000 Gulden angeschlagen ist, und nach dem Rechte der Erstgeburt nach der Linealerbfolge vererbt wird“ (§ 29). In der „Wahlordnung zur Verfassungsurkunde des Großherzogthums“[703] vom 23. Dezember 1818 wurde in § 1 angeordnet, dass das Großherzogtum in zwei grundherrliche Wahlbezirke eingeteilt wurde, wobei in jedem Bezirk jeweils vier Abgeordnete zu wählen waren. Die Wahl geschah in unmittelbarer Weise. Vor der Vornahme jeder Wahl wurde vom Ministerium des Innern eine Liste der stimmfähigen und wählbaren Grundherren in jedem Bezirk bekannt gemacht (§ 3 der Wahlordnung). Hinsichtlich der anderen Gruppe durfte jede der beiden Landesuniversitäten ihren Abgeordneten aus der Mitte der Professoren oder aus der Zahl der Gelehrten oder Staatsdiener des Landes nach Willkür wählen.[704] Die Wahl geschah durch Abstimmung von wenigstens ¾ der aktiven ordentlichen Professoren.[705] Zwischen **Nassau** und **Baden** bestand eine enge Verflechtung, da der nassauische Staatsmann Freiherr von Stein

---

699 Sarholz, Das Herzogtum Nassau 1813–1815 in: Nassauische Annalen, Band 57, S. 81.

700 Sarholz, a.a.O., S. 82.

701 Ehrle, Volksvertretung im Vormärz, Bd. 2, S. 330; Sarholz, a.a.O., S. 82.

702 Diese Anordnung wurde noch einmal in der „Wahlordnung zur Verfassungsurkunde des Großherzogthums“ vom 23. Dezember 1818 in § 1 wortgetreu wiederholt. Zusätzlich wurde angeführt, dass der Besitz mehrerer Grundherrschaften kein Recht auf mehrere Stimmen gibt. Von mehreren Teilhabernan einer Grundherrschaft war jeder stimmfähig.

703 In dieser Wahlordnung finden sich sodann in den § 4 ff. explizite Regelungen zum Wahlverfahren.

704 Baden 1818 (§ 31).

705 Wahlordnung Badens 1818 (§ 22). Auch hier finden sich in den § 21–33 explizite Regelungen zum Wahlverfahren.

erheblichen Einfluss auf die Entstehung der badischen Verfassung hatte.[706] Unterstützung dafür fand er bei seinem Bruder, dem Minister Marschall, der entsprechende Vorschläge für die Ausgestaltung des Grundgesetzes lieferte.[707] Demnach überrascht es nicht, dass auch in der Ersten Kammer der badischen Verfassung – ebenso wie in **Nassau** – Elemente eines Wahlrechtssystems zu finden sind. Marschall wollte zwar auch hier die große Volksmasse nicht wählen lassen, befand jedoch eine Wahlmöglichkeit für die Wohlhabendsten und Angesehensten für gut.[708]

Die Verfassung **Hannovers** sah eine Wahl für den Stand der Rittergutsbesitzer vor. In dem der Verfassung beigefügten „Verzeichnis der Mitglieder der allgemeinen Ständeversammlung" wurden hierzu klare Regelungen zu der Anzahl der zu wählenden Ritterschaften gemacht.

> So sollten von der Calenberg-Grubenhagenschen Ritterschaft acht, von der Lüneburgschen sechs („und behuf der mit der Lüneburgischen Landschaften vereinigten Lauenburgischen Ritterschaft, auf die Dauer der beiden nächsten Landtage einer"), von der Bremen- und Verdenschen sechs („von denen fünf von der Bremischen und einer von der Verdenschen Ritterschaft zu erwählen ist), von der Hoyaischen und Diepholzischen Ritterschaft, „wenn die beabsichtigte Vereinigung zu Stande gekommenen seyn wird", drei, von der Osnabrückschen, inkl. Meppen und Lingen fünf und von der Hildesheimschen Ritterschaft vier sowie von der Ostfriesischen zwei Abgeordnete gewählt werden.

Zu besonderen oder allgemeinen Voraussetzungen für die Wählerschaft fehlten entsprechende Direktionen in der Verfassung. Da die Wählerschaft aber aus der Mitte des Standes der Rittergutsbesitzer kommen musste, war zwangsläufige Voraussetzung der Besitz eines landtagsfähigen Ritterguts.

Die Regierung **Hannovers** entschied sich mit der Einführung eines Wahlrechts für Mitglieder des Ritterstandes für eine neue Form der Beteiligung an dem Landtag, war doch die altständische Verfassungsform vor 1819 noch so konzipiert gewesen, dass die Rittergutsbesitzer persönlich mitgliedschaftsberechtigt waren.[709] Dass gerade dieser Stand die Möglichkeit erhielt, aus seiner Mitte wählen zu lassen, lag zum einen daran, dass die Regierung diesem Stand zumindest im Gegensatz zu anderen Privilegierten mit mehr Wohlwollen entgegentrat und ihm auch eine gewisse Machtposition zuschrieb.[710] Da die durch Geburt *adeligen* Rittergutsbesitzer jedoch nach den Kriegsjahren oftmals kein besonderes Vermögen mehr vorweisen konnten, wurden mittlerweile auch solche anerkannt, die dem Adel nicht entstammten, sondern in den Besitz eines bürgerlichen Ritterguts gekommen waren.[711]

---

706 Andreas, Geschichte der badischen Verwaltungsorganisation, S. 399.
707 Andreas, a.a.O., S. 399 ff.; vgl. auch Weech, Geschichte der badischen Verfassung, S. 2 f.
708 Andreas, a.a.O., S. 402.
709 Klügel, Wahlrechtsbeschränkungen, S. 25; Meyer, Das parlamentarische Wahlrecht, S. 109.
710 Meyer, a.a.O., S. 110.
711 Meyer, a.a.O., S. 109.

### (2) Beurteilung der Ersten Kammern

Wie im obigen Vergleich sichtbar, ließ die Mehrheit der Regierungen eine Wahlmöglichkeit in den Ersten Kammern nicht zu. Dadurch, dass die Deputierten von den Landesherren entweder namentlich von vornherein festgelegt oder aber von diesen ernannt wurden, fungierte die Erste Kammer als reine Interessenvertretung, bestehend aus speziell dafür ausgewählten Personen. Damit wurde eine Art „Adelsopposition" geschaffen, wodurch dem Volkscharakter der Zweiten Kammer etwas entgegen gesetzt werden konnte. Nach außen hin rechtfertigten die Regierungen dieses fehlende Wahlrecht in der Ersten Kammer allerdings mit der Begründung, „dass zwischen der Regierung und den Volksvertretern ein Vermittelndes bestehen müsse, dass nur der Adel dieses vermittelnde Element seyn, und daß er diesen Beruf nur von einer eigenen Kammer aus erfüllen könne".[712]

Lediglich die Verfassungen **Badens, Hannovers** und **Nassaus** ließen ein beschränktes Wahlrecht für einzelne Standesgruppen aufgrund der oben genannten jeweiligen Besonderheiten, die in den Staaten vorherrschten, zu.

### (3) Die Zweiten Kammern

Da die Zweiten Kammern der zu untersuchenden Einzelstaaten in der Zeitperiode von 1815–1830 aus unterschiedlichsten Deputiertengruppen zusammengesetzt waren, war dementsprechend auch das Wahlrecht sehr unterschiedlich ausgestaltet.

Es gab Gruppen von Abgeordneten, die von vornherein festgelegt wurden, so dass eine Wahl dieser Personen gänzlich entfiel. Ein beschränktes Wahlrecht wurde bei anderen Deputierten in der Weise zugelassen, dass sie aus der Mitte der Mitglieder heraus gewählt wurden. Andere Abgeordnete wiederum, insbesondere die der Städte, wurden von der Bürgerschaft gewählt.

Ebenso unterschiedlich verhielt es sich mit der Anordnung der unmittelbaren und mittelbaren Wahl, die je nach Gruppe divergierte.

Um einen Überblick über diese unterschiedlichen Anordnungsweisen zu erhalten, sind die entsprechenden *Deputiertengruppen* der einzelnen Mitgliedstaaten im Folgenden miteinander zu vergleichen.

#### (a) Deputierte der Städte

Wie bereits im Vergleich zu der Zusammensetzung der Kammern sichtbar, hatten alle Einzelstaaten mit Ausnahme von **Nassau** die Zweite Kammer unter anderem mit Deputierten der Städte besetzt. Hinsichtlich dieser Abgeordneten sah fast jeder

---

712 Bolley, „Vortrag von Bolley über landschaftliche Ausschüsse" in: Drey in der würtembergischen Stände-Versammlung gehaltene Vorträge in Beziehung auf die Schrift; über die Trennung der Volksvertretung in zwey Abtheilungen und über Landschaftliche Ausschüsse, S. 3; Steinmetz, Gemeineuropäische Tradition und nationale Besonderheiten im Begriff der „Mittelklasse", in: Koselleck/Schreiner (Hrsg.), Bürgerschaft, S. 208 f.

Staat ein gleiches Wahlrecht vor. So wurden sie in **Baden, Bayern, Württemberg** und **Hessen-Darmstadt** durch die Bürgerschaft in mittelbarer Weise gewählt.[713] Die Wahl unterteilte sich dementsprechend in zwei Handlungen: Zunächst wählten die dazu berechtigten Bürger pro Wahlbezirk einen oder mehrere Wahlmänner, die dann wiederum in einem zweiten Wahldurchgang die in Betracht kommenden Abgeordneten ernannten. Ebenso wie in den Einkammerstaaten herrschte auch in diesen Staaten das Misstrauen gegenüber der Bevölkerung vor. Die Regierungen trauten ihnen eine eigenverantwortliche Entscheidung nicht zu, und beließen es daher bei einem mittelbaren Wahlrecht.

Die Verfassung des Großherzogtums **Hessen-Darmstadt** forderte sogar die Durchführung von drei Wahlhandlungen: Im Rahmen der ersten Wahl wurden Bevollmächtigte von den Bürgern einer jeden Gemeinde gewählt.[714] Diese Bevollmächtigten wiederum mussten dann in einem zweiten Wahlakt die Wahlmänner ernennen, die dann schließlich in einem dritten Wahlgang die eigentlichen Abgeordneten wählten.[715] Dieses dreistufige Wahlverfahren übernahm **Hessen-Darmstadt** vom rheinhessischen Generalrat französischer Provenienz.[716] Trotz der zweifachen Filterfunktion galt das hessische Wahlrecht als „demokratischer" wie manch anderes, das nur zweistufig aufgebaut war, da die Voraussetzungen für die Urwähler nicht derart stark beschränkt wurden wie in anderen Staaten üblich.[717]

Um in **Baden** als Urwähler zugelassen zu werden, musste jemand – unabhängig von der Religion – ein fünfundzwanzigjähriger Staatsbürger sein, der im Wahlort als Bürger ansässig war oder selbst ein öffentliches Amt bekleidete. Als Bürger „angesessen" galten dabei nur die Grundeigentümer.[718] Zudem durfte der Wähler nicht Mitglied der Ersten Kammer und bei der Wahl der grundherrlichen Abgeordneten nicht stimmfähig und nicht wählbar sein. Von vornherein von der Wahl ausgeschlossen waren bloße „Hintersassen[719], Gewerbsgehülfen, Gesinde, Bediente" usw.,[720] mithin solche Personen, die auf der untersten Stufe der gesellschaftlichen Kaste standen. In der Verfassung **Bayerns** wurde dagegen lediglich ein Mindestalter

---

713 Württemberg 1819 (§ 138); Hessen-Darmstadt 1820 (Art. 57) und Verordnung von 1820 (Art. 5–11). In Baden und Bayern wurde hierüber in den Verfassungsurkunden selbst nichts geregelt. In Baden findet sich jedoch die entsprechende Regelung in § 34 der Wahlordnung vom 23. Dezember 1818 und in Bayern in § 21–26 im „Edict über die Stände-Versammlung" (X. Beilage zur Verfassungsurkunde vom 26. Mai 1818).

714 Hessen-Darmstadt 1820 (Art. 57) und Verordnung von 1820 (Art. 6).

715 Hessen-Darmstadt 1820 (Art. 57) und Verordnung von 1829 (Art. 7/8).

716 Franz, Der Landtag des Großherzogtums Hessen, S. 20.

717 Franz, a.a.O., S. 22.

718 Huber, Deutsche Verfassungsgeschichte, Bd. 1, S. 345.

719 Als bloße Hintersassen wurden solche Personen bezeichnet, die den Schutz einer anderen Person bedurften. Vgl. Deutsches Rechtswörterbuch, Bd. 5, Heft 1.

720 Baden Wahlordnung 1818 (§ 43).

von fünfundzwanzig Jahren verlangt.[721] Im Grundgesetz von **Württemberg** wurden die gleichen Bedingungen wie für das passive Wahlrecht der Mitglieder der Zweiten Kammer gefordert, die da waren: Die Angehörigkeit einer christlichen Konfession, das Fehlen einer Verurteilung wegen Verbrechens oder Vergehens, das Fehlen der Eröffnung eines Konkurses und des Zustand der Vormundschaft.[722] In **Hessen-Darmstadt** reichte es dagegen schon aus, wenn der Wähler ein „in der Gemeinde wohnender Staatsbürger“ war.[723] Gewählt werden durften hier von den Urwählern nur solche Personen als Bevollmächtigte, die auch in der Gemeinde wohnten, Staatsbürger und wenigstens fünfundzwanzig Jahre alt waren, und mindestens zwanzig fl. direkte Steuern für eigentümliches oder nutznießliches Vermögen jährlich entrichteten.[724] Ebenso wie die allgemeinen Erfordernisse für das Stimmrecht der Bürgerschaft waren auch die Bedingungen des passiven Wahlrechts der Wahlmänner von Staat zu Staat sehr unterschiedlich ausgestaltet. Während in **Bayern** hierzu keine Regelungen ergingen, wurde in der Verfassungsurkunde von **Baden** bestimmt, dass für die Wählbarkeit als Wahlmann die gleichen Voraussetzungen gelten sollten wie für die Stimmfähigkeit der Urwähler (§ 34). In **Württemberg** wurde diesbezüglich unterschieden: Nach § 139 sollten 2/3 der Wahlmänner aus denjenigen Bürgern bestehen, „welche im nächstvorhergegangenen Finanzjahre die höchste ordentliche directe Steuer, sey es aus eigenem oder aus nutznießlichem Vermögen“ an den Staat zu entrichten hatten. Das letzte Drittel wurde von den übrigen Steuer-Contribuenten gewählt (§ 140). Wählbar als Wahlmann in **Hessen-Darmstadt** waren die sechzig in dem Bezirke wohnenden und höchstbesteuerten Staatsbürger, welche wenigstens dreißig Jahre alt waren.[725]

Wie an den allgemeinen Voraussetzungen für das aktive Wahlrecht der Bürger und das passive Wahlrecht der Wahlmänner sichtbar, waren auch die süddeutschen Staaten nicht gewillt, eine Beteiligung aller Bürger und damit die Einführung einer allgemeinen Wahl zu billigen. Als Argument führte das liberale Bürgertum an, dass die Masse der Unselbständigen und Besitzlosen unfähig wäre, in politischen Fragen ein eigenes Urteil zu fällen; es würde damit die urteilslose Masse dem Demagogentum als Hilfstruppe zugeführt werden.[726]

Die beiden norddeutschen Staaten **Braunschweig** und **Hannover** hatten mit ihren Regelungen eine Möglichkeit geschaffen, das Wahlrecht der „einfachen Untertanen“ fast gänzlich auszuschließen. So sah die braunschweigische Verfassungsurkunde in § 11 vor, dass die Städte entweder von vornherein durch den Vorsteher der die Güter der Stadt verwaltenden Behörde vertreten wurden oder aber die übrigen fünf Abgeordneten der dort aufgezählten Städte von den *Stadtdeputierten* durch die

721 Bayern 1818 (§ 13).
722 § 142 der württembergischen Verfassungsurkunde verwies insoweit auf den § 135.
723 Hessen-Darmstadt Verordnung 1820 (Art. 6).
724 Hessen-Darmstadt Verordnung 1820 (Art. 6).
725 Hessen-Darmstadt Verordnung 1820 (Art. 7).
726 Huber, Detsche Verfassungsgeschichte, Bd. 1, S. 345.

Mehrheit der Stimmen gewählt werden sollten. Ähnlich in **Hannover**, wo es in § 5 heißt: „Eine gleiche Wahlfreiheit wird auch den Städten verliehen und dabei bestimmt, dass die Wahl des Deputierten von dem Magistrate und den Repräsentanten der Bürgerschaft gemeinschaftlich vorgenommen werden, und die Concurrenz der letztern nach der in jeder Stadt bestehenden Verfassung sich richten solle." Mit einer solchen Ausgestaltung der Norm war es möglich, dass die Ämter die Zulassungskriterien der Repräsentanten bestimmten und damit letztendlich ein Wahlgremium schufen, das ihrem Interesse voll und ganz entsprach.

> Dass diese Vorgehensweise tatsächlich auch der Realität entsprach, sieht man beispielsweise an dem Wahlvorgang der Stadt Celle: Dort bestimmten die Ämter in dreijährigem Turnus vier Vertreter, die sog. Viermänner. Je ein Vertreter musste aus dem Gewandschneider- und dem Braueramte, den ehrwürdigsten Zünften, erwählt werden. An Zahlen verdeutlicht bedeutete das (wie aus einer Tabelle für das Jahr 1833 zu entnehmen ist), dass fünfundzwanzig Ämter der Gilden mit insgesamt dreihunderteinunddreißig Meistern bestimmend für die Repräsentation der rund viertausendfünfhundertköpfigen Stadtbevölkerung waren.[727]

In beiden Staaten hatten damit die Stadtrepräsentanten den entscheidenden Einfluß auf den Ausgang der Wahlen.

### (b) Vertreter der Geistlichen

Während in den Verfassungen **Hessen-Darmstadts** und **Badens** keine Vertreter der Geistlichkeit vorgesehen waren, wurden diese in **Braunschweig** und teilweise auch in **Württemberg** bereits namentlich in der Verfassungsurkunde festgelegt, so dass eine entsprechende Wahl dieses Standes damit ausgeschlossen war. Einzige Ausnahme bildete das Mitglied des Domkapitels in **Württemberg**, das ausdrücklich nach § 133 der Verfassung von 1819 von den anderen Mitgliedern, die ebenfalls dem Domkapitel angehörten, gewählt werden sollte. Eine ebensolche Wahl aus der Mitte heraus sahen auch die anderen Mitgliedstaaten für den Stand der Geistlichen vor.[728] Während die Wahl in **Bayern** und **Nassau** in mittelbarer Weise geschah, wurden in den Staaten **Württemberg** und **Hannover** die geistlichen Würdenträger ohne Dazwischenschaltung von Wahlmännern ernannt. Besondere Voraussetzungen für die Stimmfähigkeit wurden in keiner Verfassung für diese Wähler festgesetzt.

### (c) Deputierte der Landeigentümer

Diejenigen Verfassungen, die Landeigentümer als Deputierte für die Zweite Kammer vorsahen, namentlich die von **Bayern**, **Nassau** und **Braunschweig,** ordneten alle

---

727 Kolb/Teiwes, Beiträge zur politischen, Sozial- und Rechtsgeschichte der Hannoverschen Ständeversammlung von 1814–1833 und 1837–1849, Bd. 88, S. 45.

728 Bayern Edikt von 1818 (§ 19–20); Nassau 1814 (§ 6) und Hannover 1819 (§ 4).

eine Wahl aus der Mitte der Angehörigen dieses Standes heraus an.[729] **Nassau** war hierbei der einzige Staat, der in seiner Verfassung besondere Voraussetzungen für das aktive Wahlrecht forderte, was auf ein fehlendes Vertrauen allein in den Besitz eines Landeigentums hinweist. Nach § 6 waren nur diejenigen Landeigentümer zur Teilnahme an der Wahl berechtigt, „welche zu jedem Grundsteuer-Simplum[730] wenigstens Sieben Gulden und darüber beitragen". In **Braunschweig** fand eine unmittelbare, in **Nassau** und **Bayern** dagegen eine mittelbare Wahl statt. In letzt genanntem Staat bestand insoweit noch die Besonderheit, dass nicht nur zwei, sondern insgesamt drei Wahlhandlungen in dem Edikt gefordert wurden. Ebenso wie die Wahlhandlungen der Deputierten der Städte in **Hessen-Darmstadt** wurde auch im Edikt von **Bayern** die Auswahl der Abgeordneten dieser Klasse in drei Momente eingeteilt: Zum einen in die Urwahl, zum anderen in die Ernennung der Wahlmänner und zum Dritten in die eigentliche Wahl der Abgeordneten für die Kammer.[731] Bei der Urwahl hatte eine jede Gemeinde wenigstens einen Bevollmächtigten zu stellen (§ 30). Dieser Bevollmächtigte musste in der Gemeinde ansässig und wenigstens fünfundzwanzig Jahre alt sein, und so viel Grundvermögen besitzen, dass sein Steuersimplum die Summe von drei Gulden erreichte (§ 29). Die Bevollmächtigten hatten dann in einem zweiten Schritt die Wahlmänner zu wählen, die die Eigenschaften zur passiven Wahlfähigkeit eines Abgeordneten in der Kammer[732] besaßen. Nach Ernennung sämtlicher Wahlmänner wurden dann in einer letzten Handlung von diesen die Abgeordneten gewählt. Hierin ist die Bemühung der Regierung zu sehen, gerade innerhalb der Reihen der Landeigentümer lediglich die exklusive Oberschicht und nicht alle Besitzer eines solchen Gutes als Deputierte zuzulassen, um die Monarchie zu einem gewissen Grad zu stabilisieren.[733] Mit einer drei Wahlhandlungen umfassenden und damit von vornherein auf nur wenige Wähler beschränkten Wahl hatte sie mithin die besten Chancen, diesen politischen Wunsch zu realisieren.

### (d) Andere Abgeordnete

Alle anderen Abgeordneten, die in den Einzelstaaten noch für die Zweite Kammer vorgesehen waren, darunter beispielsweise die Deputierten der Landesuniversitäten (in **Bayern** und **Hannover**), Inhaber größerer Gewerbe (in **Nassau**) und Vertreter

---

729 Bayern Edikt von 1818 (§ 27–49); Nassau 1814 (§ 6) und Braunschweig 1820 (§ 12).

730 Grundsteuer-Simplum bedeutete, dass als Bemessungsgrundlage für die Grundsteuer anstelle des reinen mittleren Ertrages der rohe Ertrag galt. Vgl. Kremer, Darstellung des Steuerwesens, S. 151.

731 Bayern Edikt von 1818 (§ 27).

732 Dementsprechend wurde in § 33 auf § 8 verwiesen, in dem die Voraussetzungen für die passive Wahlfähigkeit eines Abgeordneten dieses Standes aufgezählt wurde: Die Abgeordneten aus der Klasse der Landeigentümer mussten ein eigenes oder erblich nutzbares Eigentum in ihrem Regierungsbezirk seit vollen drei Jahren besitzen, wovon sie als Simplum der Steuer wenigstens zehn Gulden bezahlten mussten.

733 Kotulla, Deutsches Verfassungsrecht, Band 2, S. 73 f.

des ritterschaftlichen Adels (in **Württemberg**) wurden jeweils von den Mitgliedern aus ihrer Mitte gewählt und zwar in unmittelbarer Weise.[734]

### (4) Beurteilung der Zweiten Kammern

In den Zweiten Kammern der meisten Einzelstaaten wurde die überwiegende Anzahl der Abgeordneten, insbesondere die Geistlichen, die Landesdeputierten aber auch andere Mitglieder, etwa der Stand des ritterschaftlichen Adels, auch nur durch Mitglieder *ihres* Standes gewählt.

Zudem sahen fast alle Mitgliedstaaten Deputierte der Städte vor, die von den jeweiligen Stadtbewohnern gewählt wurden. Hierbei war das Wahlrecht so ausgestaltet, dass bestimmte Personengruppen von den politischen Partizipationsmöglichkeiten gänzlich ausgeschlossen waren. Dass es sich dabei auch noch um eine mittelbare Wahl handelte, lag in erster Linie an dem Einfluss des „französischen Rechts" auf die deutsche Verfassunggebung.[735] Für die Regierungen war diese Art sehr förderlich, da die Möglichkeit bestand, nur solche Wahlmänner zuzulassen, die in *ihrem* Interesse die einzelnen Abgeordneten wählten.

### *bb. Auswertung der Zweikammersysteme*

Durch die Aufteilung der Landtage in zwei Kammern hatten die Regierungen die Möglichkeit, *eine* Kammer als reine Stände- und damit als eigene Interessenvertretung auszugestalten, ohne der Forderung nach einer Volksbeteiligung nachgehen zu müssen. Die überwiegende Anzahl an Staaten hatte diese Chance auch mit entsprechender Aufnahme privilegierter Mitglieder in die Erste Kammer für sich genutzt. Deputierter der Ersten Kammer wurde demnach jemand nicht durch Wahl, sondern kraft Erbrechts, kraft Amtes oder kraft landesherrlicher Ernennung.[736]

Auch die Zweiten Kammern fungierten derweil nicht als reine Volksvertretungen. Vielmehr waren in den meisten Einzelstaaten nur wenige Mitglieder vorgesehen, die durch eine beschränkte mittelbare Wahl durch die Bewohner der Städte gewählt werden sollten, während die anderen Deputierten wie gewohnt aus der Mitte ihres Standes ernannt wurden.

---

734 Besondere Voraussetzungen wurden dabei für die einzelnen Wahlmitglieder nicht aufgestellt mit Ausnahme der Wähler des ritterschaftlichen Adels in Württemberg. Hierzu heißt es in § 136, dass nur die immatrikulierten Besitzer oder Teilhaber der Rittergüter zur Wahl zugelassen wurden. In Nassau wurde für die Inhaber der Gewerbebesitzer gefordert, dass nur solche in der 12. bis 16. Gewerbesteuerklasse katastrierten Gewerbebesitzer wählen durften (§ 6).

735 Sternberger/Vogel, Die Wahl der Parlamente, Bd. I: Eurpa: Erster Halbband, S. 195.

736 Huber, Deutsche Verfassungsgeschichte, Band 1, S. 344.

### c. *Die Auswertung der Ein- und Zweikammersysteme in der Zeitperiode von 1815–1830*

Es herrschte damit sowohl in den Ein- als auch in den Zweikammerstaaten ein System, das eine Wahlmöglichkeit durch das „eigentliche" Volk kaum zuließ. Während in den Einkammersystemen die Wahlrechtsbestimmungen derart restriktiv ausgestaltet waren, dass nur Mitglieder aus den jeweiligen Ständen zur Wahl berechtigt waren, wurde in den „Zweikammerstaaten" überwiegend lediglich eine Wahl der Mitglieder der Zweiten Kammer zugelassen und auch dort nur so beschränkt, dass lediglich einer absoluten Minderheit der Bevölkerung, den Grund- und Gutsbesitzern, die aktive Wahlfähigkeit zugesprochen wurde.

Damit hatten die jeweiligen Landesherren ein System geschaffen, das ihnen ermöglichte, die Landtage von der Zusammensetzung her in ihrem Interesse zu besetzen. Es bestand insoweit ein Wahlvorgang, der erheblich beinflussbar war.

In den deutschen Anfängen des 19. Jahrhundert wurde damit ein Wahlrecht übernommen, das den Grundsätzen des französischen Modells entsprach. So nahmen die französischen Revolutionsverfassungen von 1791 und 1795 bereits Lohnempfänger ausdrücklich vom Wahlrecht aus, und es blieb auf „Bürger von Besitz und Bildung" beschränkt.[737] Durch den französischen Widerspruch des Prinzips der Volksrepräsentation wurden die meisten Wahlen in indirekter Weise ausgestaltet, dass ebenso von den deutschen Einzelstaaten zu Beginn des 19. Jahrhunderts übernommen wurde.[738] Deutschland wagte sich damit – trotz Neugliederung der Staatsform – auch hinsichtlich des Wahlrechts zu dieser Zeit noch nicht an neue Strukturen heran.

### d. *Vergleich der Ein- und Zweikammersysteme zum heutigen Parlamentarismus*

Wie bereits ausführlich erläutert, zeichneten sich die Anfangsjahre des Deutschen Bundes dadurch aus, dass ein sehr eingeschränktes Wahlrecht bestand, das hauptsächlich den Interessen der Monarchen diente. Im Vergleich zu den Grundsätzen des heutigen Wahlrechts lässt sich keine Vorform erkennen. Die Wahlen waren geprägt von einer Vorherrschaft der Standeszugehörigen, so die Rittergutsbesitzer und Bauern. Zwar durften auch vereinzelt Bürger wählen, allerdings war ihr Wahlrecht durch Art und Ausgestaltung derart eingeschränkt, dass ein „Volkswahlrecht", wie wir es im heutigen Sinne verstehen, nicht vorhanden war. Es gab weder den

---

737 Arnim, Volksparteien ohne Volk, S. 46.

738 Grimm, Deutsche Verfassungsgeschichte, S. 126; Philippson, Über den Ursprung des allgemeinen gleichen Wahlrechts in Deutschland, S. 10; Ehrle, a.a.O, Teil 2, S. 708 ff.
Nicht nur Frankreich sah indes ein solches beschränktes Wahlrecht vor. Auch andere europäische Staaten, wie etwa England, Spanien und Norwegen machten das Stimmrecht ebenfalls von bestimmten Vermögensnachweisen abhängig. Vgl. Meyer, Das parlamentarische Wahlrecht, S. 413 f.

Grundsatz der Unmittelbarkeit noch der Allgemeinheit der Wahl, wie es in Art. 38 I GG normiert ist. An der Allgemeinheit fehlte es schon allein dadurch, dass Frauen von der Wahl gänzlich ausgeschlossen waren, was im aktuellen Wahlsystem nicht mehr vorstellbar ist. Die Wahl durch lediglich bestimmte Bevölkerungsgruppen, die einen gewissen Besitzstand vorweisen mussten, wie es in den meisten Landtagen üblich war, könnte heutzutage ebenfalls nicht mehr gefordert werden, da es mit unserem Verständnis des Demokratieprinzips schlichtweg nicht vereinbar ist. Hinzu kam, dass ihnen nur eine Wahl in mittelbarer Weise zustand, während es heute ein unmittelbares Wahlrecht gibt. Bezüglich dieser Merkmale war das Wahlrecht damit derart weit von dem gegenwärtigen Wahlrecht entfernt, dass es als ein abgeschlossenes Vorkommnis der deutschen Geschichte zu bezeichnen ist.

Einzige Ausnahme hiervon bildeten, wie auch schon die passiven Wahlrechtsvoraussetzungen, die Bedingungen für das aktive Wahlrecht. Zwar waren diese in den Einkammersystemen noch sehr rudimentär ausgestaltet und spärlich verbreitet, dafür sahen die Monarchen in den Zweikammersystemen bereits für die Zweite Kammer ein Gros an aktiven Wahlrechtsvoraussetzungen vor, die nicht nur vergleichbar, sondern fast identisch zu den gegenwärtigen sind. So wurde auch damals bereits ein bestimmtes Mindestalter gefordert, das allerdings, ebenso wie auch bei den passiven Wahlrechtsbedingungen, höher als heute, mithin bei fünfundzwanzig Jahren lag. Ebenfalls bereits gefordert wurde der Nachweis der Staatsbürgerschaft, wie gegenwärtig in § 12 BWahlG. Die Regelung zum Ausschluss wegen Verbrechens und Vergehens, wie in vielen Verfassungen der damaligen Zeit normiert, wird mittlerweile in § 13 Nr. 1 BWahlG mit den Worten: „Ausgeschlossen vom Wahlrecht ist, wer infolge Richterspruchs das Wahlrecht nicht besitzt“ umschrieben. Auch der Zustand der Vormundschaft als Ausschlußkriterium (§ 13 Nr. 2 BWahlG) findet sich bereits in den verfassungsrechtlichen Bestimmungen zu Beginn des 19. Jahrhunderts. Mittlerweile nicht mehr normiert ist allerdings das bereits erwähnte Kriterium einer bestimmten Steuerabgabe, ebenso das Fehlen eines Konkurses und die Zugehörigkeit zu der christlichen Konfession.

Insgesamt sind damit in den Anfängen des Bestehens des Deutschen Bundes in einem Großteil der Verfassungen Grundsätze zu den allgemeinen aktiven Wahlrechtsvoraussetzungen niedergeschrieben worden, die sich auch heute noch fast eins zu eins in den Verfassungsgesetzen wiederfinden und daher als Vorformen bezeichnet werden können.

## 2. Der Zeitraum von 1831–1847

### *a. Das Wahlrecht innerhalb der Einkammersysteme*

Wie bereits bei der Untersuchung der Zusammensetzung der Kammern gesehen, bestanden die meisten Landtage zu dieser Zeit aus von den Landesherren ernannten, aus ihrer jeweiligen Mitte berufenen oder vom Volk gewählten Mitgliedern. Ein Wahlrecht kam insoweit nur hinsichtlich der beiden letzt genannten Mitgliedergruppen in Betracht, die nun im Folgenden näher zu untersuchen sind.

### *aa. Unmittelbarer Vergleich des Wahlrechts in den Einzelstaaten*

#### (1) Wahlrecht der Personen, die die Mitglieder aus ihrer Mitte beriefen

Bis auf **Luxemburg** und **Schleswig-Holstein** waren in allen anderen Staaten, namentlich in **Hohenzollern-Sigmaringen**, **Hessen-Kassel**, **Sachsen-Altenburg**, **Schwarzburg-Sondershausen** und **Braunschweig** die Kammern unter anderem mit Mitgliedern besetzt, die aus ihrer Mitte berufen wurden.[739] Dadurch, dass diesen Volksgruppen mehr Vertrauen entgegenbracht wurde als dem übrigen Volk, erfolgte die Wahl in fast jedem dieser Staaten in direkter Weise.[740] Allerdings wurden allerorts besondere Voraussetzungen für das Wahlrecht, abhängig vom jeweiligen Stand, gefordert. Zu diesen Ständen gehörten unter anderem Geistliche wie in **Hohenzollern-Sigmaringen** (§ 82), Rittergutsbesitzer (so in **Braunschweig, Sachsen-Altenburg** und in **Schwarzburg-Sondershausen,** wo auch bäuerliche Grundbesitzer zu den Wahlberechtigten gehörten), und Akademiker wie in **Hessen-Kassel**. In **Braunschweig** und in **Sachsen-Altenburg** wählten die in der Rittermatrikel eingetragenen landtagsfähigen Güter des Herzogtums die Mitglieder aus der Ritterschaft.[741] In der Klasse der Ritter- und Freigüter in **Schwarzburg-Sondershausen** gehörte zur Bedingung des Stimmrechts bei den Wahlen nach § 112 „der eigenthümliche Besitz eines grundsteuerfreien Ritter- oder Freigutes, das mindestens 4 Hufen artbares Land enthält". Ein Besitzer mehrerer Ritter- und Freigüter hatte dabei nur eine Stimme und mehrere Besitzer eines ungeteilten Gutes mussten sich über die Führung der Wahlstimmen einigen, und dies der die Wahlen leitenden Behörde anzeigen. Auch Frauen war es hier gestattet zu wählen (§ 111). In der Klasse der bäuerlichen Grundbesitzer waren auch die Besitzer derjenigen Ritter- und Freigüter stimmberechtigt, die wegen des geringen Umfangs ihres Besitzes nicht in der ersten Klasse stimmen konnten (§ 112). Die Abgeordneten dieses Standes wurden als einzige in mittelbarer Weise gewählt (§ 118, § 121). Weiterhin waren in der Klasse der Gelehrten diejenigen zur Wahl zugelassen, die irgendeine Wissenschaft studiert und entweder ein Staatsexamen bestanden oder einen akademischen Grad erlangt hatten („insbesondere also alle wissenschaftlich vorbereitete Geistliche, Aerzte und Wundärzte, Lehrer, Advocaten und privatisirende Gelehrte"). Schließlich durften in der Klasse des Handelsstandes alle eigentlichen Kaufleute, Fabrikunternehmer, Bankiers, Apotheker und alle, die ein Geschäft kaufmännisch mit regelmäßig geführten Büchern drei Jahre betrieben hatten, wählen. Kaufleute, welche einer vorsätzlichen Steuer- und Zollfraudation überführt wurden, verloren ihr Wahlrecht.

---

739 Zu den Gründen, warum Schleswig-Holstein und Luxemburg in dieser Hinsicht eine andere Aufstellung erfuhren, siehe unter 1. Kapitel: Die Zusammensetzung der Landtage, 1. Der Zeitraum von 1831–1847, a. Die Zusammensetzung innerhalb der Einkammersysteme.

740 Braunschweig 1832 (§ 62); Sachsen-Altenburg 1831 (§ 168); Schwarzburg-Sondershausen 1841 (§ 118); Hohenzollern-Sigmaringen 1833 (§ 82) und Wahlgesetz von Hessen-Kassel 1831 (§ 4–9).

741 Braunschweig 1832 (§ 61) und Sachsen-Altenburg 1831 (§ 184/185).

In **Hessen-Kassel** war das aktive Wahlrecht in einem eigens dafür angelegten Wahlgesetz geregelt. Die Wahl eines Obervorstehers der adeligen Stifter Kaufungen und Wetter wurden durch die ritterschaftlichen Obervorsteher in Gemeinschaft mit den fünf Stromsdeputierten der althessischen Ritterschaft bewirkt (§ 4 des Gesetzes). Der Abgeordnete der Landesuniversität wurde von dem akademischen Senat aus dessen Mitte durch geheime Abstimmung gewählt (§ 5) und zur Wahl der ritterschaftlichen Abgeordneten wurde die ehemalige Reichsritterschaft zugelassen, die im Besitz eines Gutes von wenigstens dreihundert Ackern (Morgen) an Garten- und Feldland oder Wiesen war (§ 6).

### (2) Wahlrecht der Personen, die die Deputierten der Städte wählten

Deputierte der Städte sah in dieser Zeit ausnahmslos jeder Staat für seine Kammer vor.[742] Im Gegensatz zu den Mitgliedern, die aus ihrer Mitte gewählt wurden, erfolgte hier die Wahl der Deputierten in allen Staaten in mittelbarer Weise.[743] Dies lag insbesondere an dem noch vorsichtigen Umgang mit den neuen liberalen Wahlrechtsgrundsätzen. Lediglich die Verfassung von **Schleswig-Holstein** gab hierüber keinen Aufschluss. Den Wahlvorschriften des Herzogtums war allerdings zu entnehmen, dass es sich um eine unmittelbare Wahl handelte. Damit war es der einzige Staat, der eine unmittelbare Wahl der Deputierten der Städte anordnete. Georg Meyer führte dies auf den hohen Aktiv- und Passivwahlzensus zurück, durch den die Zahl der Wähler so gering war, dass „einerseits die weitläufige Procedur des indirekten Wahlverfahrens als überflüssig erscheinen" musste und dass andererseits die Bedenken beseitigt wurden, die „augenscheinlich in anderen Staaten gegen die Gewährung des direkten Wahlrechtes an die grosse Masse der Bevölkerung bestanden".[744]

Die Verfassungen **Hessen-Kassels** und **Braunschweigs** nahmen hinsichtlich der Art der Wahl eine zusätzliche Unterteilung vor: Während die Abgeordneten der *Städte* in **Hessen-Kassel** durch Dazwischenschaltung von Wahlmännern gewählt wurden, wurde die Wahl der Abgeordneten der *Landbezirke* in drei Abschnitte gegliedert. Nach § 39 bestimmte die erste Wahl die Gemeinde-Bevollmächtigten, die zweite die Wahlmänner und die dritte die Abgeordneten zum Landtag. In **Braunschweig** sollten die Abgeordneten der Städte sowie der Fleckenbewohner, Freisassen und Bauern in doppelter Wahl (also mittelbar) gewählt werden, während für die übrigen Abgeordneten hinsichtlich der drei Standesklassen, die diese wählten, eine weitere Unterscheidung gemacht wurde. So bestimmte § 69 der Verfassung, dass die übrigen sechzehn Abgeordneten gemeinschaftlich von allen Standesklassen „und zwar von

742 Zu den Gründen siehe unter 1. Kapitel: Die Zusammensetzung der Landtage, Der Zeitraum von 1830–1847, Die Zusammensetzung innerhalb der Einkammersysteme.

743 Hohenzollern-Sigmaringen 1833 (§ 85); Hessen-Kassel (§ 10); Luxemburg 1841 (Art. 2); Sachsen-Altenburg 1831 (§ 168); Schwarzburg-Sondershausen 1841 (§ 118) und Braunschweig 1832 (§ 65).

744 Meyer, Das parlamentarische Wahlrecht, S. 114 f.; Ehrle, Die Volksvertretung im Vormärz, Bd. 2, S. 709.

der Ritterschaft durch eine doppelte, von den Uebrigen durch eine dreifache Wahlhandlung gewählt" werden sollten. Wie diese dreifache Wahlhandlung im Einzelnen auszusehen hatte, wurde in der Verfassung selbst nicht geregelt, sondern es wurde auf ein entsprechendes Wahlgesetz verwiesen. Insofern hieß es in § 70 der Verfassung: „Die näheren Bestimmungen über das Stimmrecht bei den Wahlen der Wahlmänner und Abgeordneten, so wie über das Verfahren bei deren Wahlen, enthält das Wahlgesetz, welches zwar keinen Theil der Landschafts-Ordnung bildet, aber ohne ständische Zustimmung nicht abgeändert werden kann." Es dauerte allerdings noch weitere sechzehn Jahre, bis es tatsächlich zu diesem Wahlgesetz kam.

Durch die besondere Anordnung der Dreiteilung innerhalb des Wahlrechts in **Hessen-Kassel** und **Braunschweig** wurde die selektive Wirkung des indirekten Wahlrechts noch verschärft.[745]

### (a) Besondere Bedingungen für das aktive Wahlrecht der Urwähler

Auch in der Zeitperiode von 1831–1847 durfte nicht jeder Staatsbürger wählen. In allen Verfassungen der Einzelstaaten mit Ausnahme von **Braunschweig**[746] fand sich insoweit eine Vielzahl von einschränkenden Regelungen für das aktive Wahlrecht der Urwähler.[747] Das Vorliegen des Staats- und Bürgerrechts forderten die Verfassungen **Hessen-Kassels, Luxemburgs** und **Schwarzburg-Sondershausens.** Ein Mindestalter von fünfundzwanzig Jahren wurde in **Hohenzollern-Sigmaringen** und **Luxemburg** als Bedingung für das aktive Wahlrecht festgesetzt. Dass gerade dieses Alter als Eintritt in die Wahlfähigkeit entscheidend war, lag wohl daran, dass jemand erst mit fünfundzwanzig Jahren eine selbständige berufliche Stellung einnehmen konnte und damit erst ab diesem Alter als vollwertiger Bürger galt.[748] In ebendiesen beiden Staaten und zusätzlich in **Sachsen-Altenburg** durfte nur wählen, wer auch in dem jeweiligen Wohnort ein ansässiger Bürger war. Als einzige Verfassungen forderten die von **Luxemburg** und von **Sachsen-Altenburg** eine gewisse jährliche direkte Steuerabgabe als Wahlrechtsvoraussetzung: In erstgenanntem Staat betrug diese zehn Gulden mit Inbegriff der Gewerbesteuer, in **Sachsen-Altenburg** wurde lediglich auf „städtische Abgaben" verwiesen, ohne hierzu nähere Größenangaben zu machen. Wohnte derjenige nicht innerhalb der Stadt, sondern in der Vorstadt, dann musste er direkte Steuern, mindestens jedoch die Schulsteuer, entrichtet haben. Da nur solche Personen Steuern zahlten, die auch einer Erwerbstätigkeit nachgingen, sollten mit dieser Wahlrechtsbeschränkung diejenigen Bürger ausgeschlossen werden, die gemeinhin ihren Lebensunterhalt nicht selbständig verdienten. Dies entsprach dem Selbstverständnis des liberalen

---

745 Ehrle, a.a.O., S. 711.

746 In der Verfassung wurde auch auf den § 70 verwiesen.

747 Wahlgesetz von Hessen-Kassel 1831 (§ 11); Hohenzollern-Sigmaringen 1833 (§ 89); Luxemburg 1841 (Art. 3); Sachsen-Altenburg 1831 (§ 190–192/194); Schwarzburg-Sondershausen 1841 (§ 112) und Schleswig-Holstein 1831 (§ 3).

748 Poensgen, Das Wahlrecht, S. 25.

Bürgertums, das eine Differenzierung nach Leistung für selbstverständlich hielt.[749] In der Verfassung von **Sachsen-Altenburg** wurde darüber hinaus zwischen solchen Urwählern, die in der Stadt und solchen, die auf dem Land ansässig waren hinsichtlich der Wahlrechtsbedingungen unterschieden. Denn die Landbewohner, deren Lebensraum aufgrund der Stadtmauer ein abgegrenztes Refugium darstellte und die sich vorwiegend noch durch eigens hergestellte Produkte ernährten, wurden mit den bereits als fortschrittlicher geltenden Stadtbewohnern noch nicht gleichgestellt. Der ländliche Raum war, wie Franco Farinelli dies zutreffend formuliert hat, „der Ort, an dem Entscheidungen umgesetzt werden, die in der Stadt gefällt worden sind“[750]. Sie mussten daher strengere Voraussetzungen erfüllen als die Stadtbewohner, die lediglich die gerade genannten Bedingungen enschließlich der Voraussetzung eines eigenen Hausstandes vorweisen mussten (§ 190). Die Landbewohner waren dagegen nur zur Wahl berechtigt, wenn sie Eigentümer eines bäuerlichen, mit Wohnsitz versehenen Grundstücks oder wenigstens eines bloßen Wohnhauses waren (§ 191). Ein solches Land- und städtisches Eigentum sah auch **Schleswig-Holstein** in seiner Verfassung als einzige Bedingung vor.

Frauen waren generell von der Wahl ausgeschlossen, was den gleichen Grund hatte wie auch hinsichlich des Ausschlusses vom passiven Wahlrecht, nämlich, dass ihnen ein politisches Denken und Handeln gänzlich abgesprochen wurde. Einige Verfassungen enthielten jedoch für Witwen und geschiedene „Frauenzimmer“ spezielle Regelungen. So sahen die Verfassungen von **Hohenzollern-Sigmaringen** und **Sachsen-Altenburg** vor, dass diese unter bestimmten Voraussetzungen (in Hohenzollern-Sigmaringen der Besitz eines Aktivbürgerrechts, in Sachsen-Altenburg das Eigentum an einem Haus) durch ihre Söhne oder durch ihre Brüder das Stimmrecht ausüben konnten. Diesen Frauen wurde damit zumindest mittelbar eine politische Einflussmöglichkeit zugestanden, da sie im Unterschied zu den verheirateten Frauen aufgrund ihrer privaten Alleinstellung ihren Lebensunterhalt selbst verdienen mussten.

In **Sachsen-Altenburg** war es sogar erlaubt, dass eine verheiratete Hausbesitzerin auf dem Lande an der Bestellung der Wahlmänner durch ihren Ehemann teilnehmen durfte. Unverheiratete Frauen, die ohne einen Ernährer an ihrer Seite als vollkommen unmündig galten, hatten dagegen kein Stimmrecht.

In einigen Staaten wurden schließlich bestimmte Personen explizit von der Wahl ausgeschlossen, vornehmlich solche, die aufgrund ihrer beruflichen Tätigkeit zu der untersten Bevölkerungsschicht gezählt wurden. In **Hessen-Kassel** fielen hierunter Bewohner, die zur Klasse der Gesellen und Tagelöhner gehörten oder die in Kost und Lohn eines anderen standen. Von der Wahl ausgeschlossen waren in **Hohenzollern-Sigmaringen** bloße Hintersassen, Schutzgenossen und dergleichen sowie nach § 89 „diejenigen, welchen die freie Vermögens-Verwaltung wegen Verschuldung nicht zusteht, oder welche wegen Verschuldung von der Ausübung

749 Stolleis, Geschichte des öffentlichen Rechts in Deutschland, Bd. II, S. 112.
750 Corboz, Die Kunst, Stadt und Land zum Sprechen zu bringen, S. 145.

des Stimmrechtes bei Gemeindeversammlungen für beständig, oder zur Zeit der Wahl ausgeschlossen sind". Nach § 194 der **sachsen-altenburgischen** Verfassung fielen hierunter indes Schutzverwandte[751], Eingesessene[752] und Ausmärker[753] sowie Handwerksbürger[754].

In **Hessen-Kassel** gab es neben den Urwählern für die Abgeordneten der Städte zusätzlich diejenigen Wähler, die die Abgeordneten der Landbezirke durch mittelbare Wahl ernannten. Diese mussten, um zur Wahl zugelassen zu werden, männliche Einwohner der betreffenden Landgemeinde sein, die die Eigenschaften des § 67 der Verfassungsurkunde nachweisen konnten[755], außerdem den Ackerbau oder ein Handwerk selbständig betrieben, oder ein Wohnhaus selbst besaßen und nicht das Staatsbürgerrecht verloren hatten.

Zusammenfassend lässt sich erkennen, dass weiterhin überwiegend nur solche Personen zu der Wahl zugelassen wurden, die eine Bevorrechtigung dadurch aufweisen konnten, dass sie entweder zu einer bestimmten Gruppierung der Steuerzahler gehörten oder aber im Besitz eines gewissen Eigentums sich befanden. Zudem waren auch weiterhin bestimmte niedere Berufsgruppen gänzlich von der Wahl ausgenommen. Lediglich die Verfassung von **Schwarzburg-Sondershausen** forderte als einzige Bedingung das Bürger- resp. Nachbarrecht; weitere Einschränkungen wurden hier nicht gemacht. Diese Bedingung implizierte jedoch das Vorliegen eines bestimmten Mindesteinkommens oder -vermögens, da das Recht der Ortsbürgerschaft wiederum an bestimmte Vermögensnachweise gebunden war.[756]

---

751 § 108 der Verfassung gab insoweit eine Definition zum Begriff des „Schutzverwandten". Hierunter fielen „diejenigen, welche, ohne das wirkliche Nachbarrecht an einem Ort zu erlangen, in demselben einen gesetzlichen dauernden Aufenthalt haben, und, gegen eine Abgabe (das Schutzgeld), gewisse Gewerbe und Handthierungen treiben dürfen, zu denen das wirkliche Nachbar- und Bürgerrecht nicht erfordert wird".

752 Eingesessene waren nach § 91 diejenigen, welche mit bloßem Grundbesitz im Lande angesessen waren, aber in demselben keine Heimatsrechte hatten. Ihnen standen die Rechte der Staatsbürgerschaft nicht zu.

753 Ausmärker bezeichneten solche Personen, welche in der Flur eines Ortes Grundeigentum besaßen und ihr Heimatsrecht an einem anderen Ort des Herzogtums hatten (§ 106).

754 Nach § 107 stand den Handwerksbürgern bereits eine beschränkte Teilnahme an den Gemeindeverhältnissen zu, welche in einigen Gegenden des Landes üblich waren, und die an einer außerhalb ihres Wohnortes bestehenden Innung teilnahmen. Sie genossen keine persönlichen Gemeinderechte.

755 Hinsichtlich des Inhalts des § 67 der Verfassungsurkunde siehe „die Zusammensetzung der Landtage" unter „Allgemeine Bedingungen der Wählbarkeit".

756 Klügel, Wahlrechtsbeschränkungen, S. 22.

(b) Voraussetzungen für das passive Wahlrecht der Wahlmänner

Nur **Hessen-Kassel, Hohenzollern-Sigmaringen** und **Luxemburg** normierten in ihren Verfassungen bestimmte Eigenschaften für die Wahlmänner, die die Voraussetzungen für das passive Wahlrecht bildeten.[757] Allen war gemeinsam, dass die Wahlmänner das passive Wahlrecht nur erlangten, wenn sie zu den Höchstbesteuerten des jeweiligen Wahlbezirks gehörten. In **Hessen-Kassel** fand insoweit aus bereits genannten Gründen wieder eine Unterscheidung zwischen den Wahlmännern, die die Abgeordneten der *Städte* und denen, die die Abgeordneten der *Landbezirke* wählten, statt. Nach § 14 mussten die Wahlmänner der Abgeordneten der Städte zusätzlich zu der Eigenschaft als höchstbesteuerte Grundbesitzer (einschließlich der Hausbesitzer) Einwohner der jeweiligen Stadt sein, die Eigenschaften des § 67 der Verfassungsurkunde besitzen und das Staatsbürgerrecht inne haben. Als höchstbesteuert waren aus jeder Stadt soviel Steuerpflichtige nach Maßgabe der direkten Steuern zu verzeichnen, wie sie im vohergegangenen Kalenderjahre an den Staat bezahlt hatten. Ausgeschlossen wurden jedoch diejenigen, „welche inzwischen den Grundbesitz, wegen dessen sie zu den Höchstbesteuerten gehörten, veräussert haben". Fast identische Voraussetzungen waren für die Wahlmänner vorgesehen, die die Abgeordneten der Landbezirke zu wählen hatten. Auch diese mussten nach § 50 Landbewohner des Wahldistrikts sein, die Eigenschaften des § 67 der Verfassungsurkunde inne und das Staatsbürgerrecht nicht verloren haben sowie zu den höchstbesteuerten Einwohnern der den Wahldistrikt bildenden Amtsbezirk gehören. Hinsichtlich letzterer Voraussetzung wurde jedoch auch eine anderweitige Möglichkeit zugelassen: Nach § 52 konnten die Wahlmänner bis zu einem Drittel der gesetzlichen Anzahl auch ausnahmsweise aus solchen Ortsvorgesetzten gewählt werden, welche nicht zu den Höchstbesteuerten gehörten als auch aus anderen Einwohnern, welche im Wahldistrikt ansässig waren und ein ständiges Einkommen von mindestens dreihundert Thalern jährlich (außer einer Besoldung aus der Staatskasse) bekamen.

In **Hohenzollern-Sigmaringen** gab es hinsichtlich der Bedingungen für das passive Wahlrecht eine Besonderheit. Hier wurden nicht pauschal nur die Höchstbesteuerten als wählbare Personen zugelassen, sondern es wurde eine Unterteilung in zwei Gruppen vorgenommen. Nach § 85 sollten die Wahlmänner *nur* teils aus der höchstbesteuerten Klasse bestehen, teils dagegen aus solchen, aus freien Wahlen der gesamten Bürgerschaft bestellten Personen. Diejenigen aus der höchstbesteuerten Klasse waren damit von vornherein als Wahlmänner festgesetzt; hinsichtlich der letzteren Gruppe wurden in § 89 zusätzliche Bedingungen für das passive Wahlrecht reguliert. So mussten die Wahlmänner, die durch freie Wahl bestimmt wurden, fünfundzwanzig Jahre alt und im Wohnort als Bürger angesessen sein. Ausgeschlossen von der Wählbarkeit waren die schon durch einen Steuerbetrag zu Wahlmännern

---

757 Wahlgesetz von Hessen-Kassel 1831 (§ 14/50), Hohenzollern-Sigmaringen 1833 (§ 85 und 89) und Luxemburg 1841 (Art. 4).

Berufenen, bloße Hintersassen, Schutzgenossen sowie solche, die wegen Verschuldung bereits von den Gemeindewahlen oder von einer freien Vermögensverwaltung freigestellt worden waren.

In **Luxemburg** wurden schließlich für das passive Wahlrecht der Wahlmänner die gleichen Bedingungen vorausgesetzt wie für die Urwähler auch (vgl. Art. 4, der insoweit auf Art. 3 verweist). Anstelle von zehn Gulden an direkten Abgaben mussten die Wahlmänner jedoch zwanzig Gulden vorweisen. Zudem wurde auch hier ein Ausschluss für bestimmte Personengruppen in Artikel 7 normiert: Nicht zugelassen zur Wählbarkeit waren diejenigen, die zu einer Leibes- oder entehrenden Strafe verurteilt worden waren, gerichtlich in Falliment oder Interdictions-Zustand versetzt waren, welchen ein gerichtlicher Beistand gegeben war oder die vor Gericht eine Vermögensabtretung gemacht hatten.

Insgesamt waren damit, unabhängig von anderen zusätzlichen Voraussetzungen, nur solche Personen als Wahlmänner zugelassen, die den höchsten Steuersatz entrichteten. Zur Begründung wurden die gleichen Erwägungen angeführt wie auch bereits zur Rechtfertigung der Einführung eines passiven Wahlzensus bei den Abgeordneten: Nur die Bürger, die in besonderem Maße zu den Staatslasten beitrugen, seien geeignet, bei der politischen Willensbildung mitzuwirken und als Wahlmänner bzw. Abgeordnete aufzutreten.[758]

### (3) Allgemeine Voraussetzungen für das aktive Wahlrecht

Nur wenige Staaten sahen für die *ganze* Wählerschaft, unabhängig davon, ob die Wähler zu denjenigen gehörten, die die Abgeordneten aus ihrer Mitte des Standes heraus wählten oder aber zu denjenigen, die in mittelbarer Wahl Deputierte der Städte zu ernennen hatten, noch umfassende allgemeine Bedingungen vor. Dass viele Staaten auf solche allgemeinen Wahlrechtsbedingungen verzichteten, lag insbesondere daran, dass zusätzlich zu den besonderen Voraussetzungen, die schon eine grobe Einschränkung für die Wählerschaft bedeutete, keine weiteren Einschränkungen durch allgemeine Voraussetzungen festgesetzt werden mussten. Lediglich die Staaten **Sachsen-Altenburg** und **Schwarzburg-Sondershausen** entschieden sich für solche, die ganze Wählerschaft umfassende allgemeine Voraussetzungen für das aktive Wahlrecht. In **Schwarzburg-Sondershausen** ist dies damit zu begründen, dass hinsichtlich der Urwähler der Deputierten der Städte nur minimale *besondere* Bedingungen geregelt wurden (lediglich das Vorliegen des Bürger- bzw. Nachbarrechts). Die allgemeinen Bedingungen des Rechts zu wählen waren nach § 110 der christliche Glaube und das Untertanenrecht, das Erreichen des einundzwanzigsten Lebensjahres, die Selbständigkeit, „so dass keiner, welcher sich in väterlicher Gewalt befindet oder in Kost und Lohn eines anderen steht und ihn zu vollkommenem Gehorsam verpflichtet ist, an den Wahlen teilnehmen kann".

758 Kirchherr, Die Verfassung des Fürstentums Hohenzollern-Sigmaringen, S. 150. Insoweit geht der Autor mit der Aussage allgemein auf die Beschränkungen des aktiven und passiven Wahlrechts ein.

Weiterhin musste eine Unbescholtenheit dergestalt vorliegen, dass alle, welche wegen eines Verbrechens in Untersuchung gewesen waren und noch keine vollständige Freisprechung erlangt hatten, sich des Wählens enthalten mussten. Schließlich war ein weiteres Ausschlusskriterium die Eröffnung eines gerichtlichen Konkurses.

In der Verfassung **Sachsen-Altenburgs**, in der bereits die besonderen Voraussetzungen des aktiven Wahlrechts eine beachtliche Einschränkung bedeutete, wurde das Recht des Wählens durch die zusätzlichen allgemeinen Voraussetzungen für alle drei Klassen (Rittergutsbesitzer, Städte und Bauern) auf ein erhebliches Maß reduziert. Nach § 169 setzte die Wahlberechtigung allgemein das Staatsbürgerrecht, die Volljährigkeit (nach § 89 war das mit Erreichen des einundzwanzigsten Lebensjahres der Fall) und das Bekenntnis zur christlichen Religion ohne Unterschied der Konfession sowie die Unbescholtenheit des Rufs voraus[759].

### *bb. Auswertung der Einkammersysteme*

In der Zeit von 1831–1847 ist in den Staaten mit einem Einkammersystem eine klare strukturelle Einheitlichkeit hinsichtlich des Wahlrechts auszumachen. Während die Wahl derjenigen Mitglieder, die aus der Mitte heraus gewählt wurden, in direkter Weise erfolgte, wurden die Deputierten der Städte von der Urwählerschaft durch Dazwischenschaltung von Wahlmännern gewählt. Dies lag insbesondere daran, dass es bei Honoratioren bereits klare Vorgaben allein durch die Zugehörigkeit des Standes gab. Es bedurfte dementsprechend nicht noch einer weiteren „Schranke" in Form der Festsetzung einer nur mittelbaren Wahl. Anders sah das bei den Wahlen zu den Abgeordneten der Städte aus, die sich nicht schon aus sich heraus beschränken ließen. Es sollte eine weitere Sicherheit durch die Art der Wahl geschaffen werden, um so letztendlich eine bestimmte Interessenvertretung im Landtag zu garantieren.

---

759 Insoweit wurde auf den § 89 verwiesen, in dem explizit aufgeführt wurde, wann das Staatsbürgerrecht vorübergehend nicht ausgeführt werden konnte: „während der Staatsbürger unter irgend einer Vormundschaft sich befindet; während eines ausgebrochenen Gants oder eingetretener außergerichtlicher Liquidationsverhandlungen, in Ansehung des Gemeinschuldners, so lange derselbe nicht, – (entweder nach geschehener voller Auszahlung der Gläubiger, oder doch nach vollständiger Nachweisung eines ganz unverschuldeten großen Unglücks, wie Feuersbrunst, Plünderung, Beraubung und dergleichen als alleiniger Ursache des Gants) – durch die obere Justizbehörde förmlich schuldlos erklärt (rehabilitirt) wird. Für Diejenigen, welche für die Bedienung der Person oder der Haushaltung eines andern Privatmanns Kost oder Lohn empfangen, während der Dauer dieses Abhängigkeitsverhältnisses. Endlich ruht das Staatsbürgerrecht während einer peinlichen Untersuchung bis zum Erkenntnis auf eine nichtehrende Strafe oder auf Freisprechung. – Auch in dem Falle, wenn wegen Dringlichkeit naher Verdachtsgründe, die Freisprechung von einem mit einer entehrenden Strafe bedroheten Verbrechen nur nach zuerkanntem und abgeleistetem Reinigungseide erfolgt ist, ruht das Staatsbürgerrecht, wegen eingetretener Bescholtenheit des Rufs, noch ferner bis zur gänzlichen Unschuldsausführung".

Das „Wahlmännersystem" ermöglichte nur einer schmalen, vermögenden Bevölkerungsschicht eine Repräsentation in den Landtagen.[760] Damit wurde eine Garantie des öffentlichen Kredits der stark überschuldeten Staaten durch die Vertreter der finanzstarken und somit steuerlich belastbareren Kreise erreicht.[761] Diese Art der Wahl führte schließlich dazu, dass in den meisten Staaten lediglich 0,03 %–2,25 % der Bevölkerung wahlberechtigt waren.[762]

Im Vergleich zu der vorhergegangenen Zeitperiode (1815–1830) erfolgte auf den ersten Blick eine Weiterentwicklung dahingehend, dass nunmehr in allen Kammern der Staaten neben einer immer noch fortwährenden Ständewahl zusätzlich auch Deputierte der Städte vorgesehen waren, die durch die Bürgerschaft gewählt werden konnten. Jedoch unterlag auch hier die Wählerschaft durch Reglementierung bestimmter Bedingungen für das aktive Wahlrecht weiterhin erheblichen Beschränkungen, so dass nur wenige Personen die Möglichkeit der Wahlberechtigung erfuhren. Hieran ist sichtbar, dass sich die Einstellung der Landesregierungen zu der Wahlrechtsfrage im Verhältnis zu den Anfängen des Deutschen Bundes nicht geändert hatte. Noch immer wurde nur einem bestimmten Teil der Bevölkerung, vornehmlich solchen, die im Besitz von Grundeigentum standen oder gewisse Steuerbeiträge erbringen konnten, das Vertrauen entgegengebracht, eine mündige Entscheidung bei Wahlen zu treffen.[763] Nur wer unabhängig sei, sei auch in seiner Stimmgebung nicht beeinflussbar.[764] Hinter dieser „öffentlich" propagierten Meinung stand jedoch oftmals der eigentliche Gedanke, dass das aktive Wahlrecht „hauptsächlich an materielle Interessen zu knüpfen" sei.[765]

---

760 Aeppli, Das beschränkte Wahlrecht, S. 87.

761 Aeppli, a.a.O., S. 87.

762 Siehe hierzu die tabellarische Aufstellung einzelner Länder in: Aeppli, Das beschränkte Wahlrecht, S. 85.

763 Diese Ansicht der Landesregierungen teilten auch weiterhin liberale Vertreter wie etwa der westfälische Unternehmer Friedrich Harkort, der die Aussage traf, dass die Bevölkerungsgruppe, die kein Eigentum besaß oder beruflich unselbständig war, an der Zivilisation nicht teilnehmen könne. Armut und Unwissenheit ließen die Menschen zum Feind der Gesellschaft werden (vgl. Harkort, Bemerkungen über die Hindernisse der Zivilisation und Emanzipation der unteren Klassen, S. 72).

764 So auch viele Stimmen von Verfechtern des beschränkten Wahlrechts; vgl. Boberach, Wahlrechtsfragen im Vormärz, S. 12.

765 So beispielsweise die Aussage des Marburger Staatsrechtlers Sylvester Jordan, der bei dem Entwurf zu der kurhessischen Verfassung von 1831 beratend tätig war (nachzulesen in Jordan, Über die Grundsätze, von welchem bei der Abfassung der churhessischen Verfassung ausgegangen ward, Jahrbücher der Geschichte und Staatskunst, Bd. 5, S. 193). Durch eine derartige Zusammensetzung von überrepräsentierten Grundbesitzern im Landtag kam es dazu, dass diesen hauptsächlich an dem internen Ausgleich und der Vertretung der landschaftlichen Bedürfnisse gegenüber Staat und Regierung gelegen war als an der Bündelung und Artikulation

Dass hierbei gerade an den Grundbesitz als Kriterium angeknüpft wurde, ließ sich auf veraltete Vorstellungen des Mittelalters zurückführen: Weil die Landstandschaft im Mittelalter an den Besitz privilegierter Grundstücke gebunden war, sollten allein Grundbesitzer wahlberechtigt sein.[766] Ein durch die Entrichtung hoher Steuern nachgewiesener Geldbesitz wurde als dem Grundeigentum gleichberechtigt anerkannt.[767]

### *b. Das Wahlrecht der Zweikammersysteme*

#### *aa. Unmittelbarer Vergleich der Einzelstaaten*

##### (1) Erste Kammern

Die Landtage von **Sachsen, Hannover** und **Lippe-Detmold** bestanden, ebenso wie im Zeitraum von 1815–1830, aus vom König ernannten Mitgliedern und solchen Deputierten, die aus ihrer Mitte unmittelbar gewählt wurden. In allen drei Staaten handelte es sich hierbei um Rittergutsbesitzer, so dass aufgrund der Wahlanordnung auch die Wähler einen entsprechenden Besitz vorweisen mussten. Es wurde nur dieser Gruppe die nötige Intelligenz zugetraut, eine alleinige Entscheidung über die Zusammensetzung der Mitglieder zu treffen, ohne dass ein Missbrauch von dieser Seite zu befürchten war.[768] Zudem hatten so erneut die Landesherren einen entsprechenden Einfluss auf die Ersten Kammern, da sie meistens in einer engen Beziehung zu den Rittergutsbesitzern standen und diese zugleich in ihrem Interesse handelten.[769]

Die altständisch-feudale Partei **Hannovers** hatte erhebliche Probleme damit, neue reformatorische Politikbewegungen zuzulassen. Bis 1830 hatte sie es geschafft, die konstitutionelle Bewegung zurückzudrängen.[770] Mit Auflodern der Revolution Anfang der 1830er Jahre hatten die Verantwortlichen unter dem regierenden Wilhelm IV. jedoch keine andere Möglichkeit mehr, als sich dem Willen des Volkes zu beugen.[771] Ihre Furcht vor der Veränderung ist dennoch deutlich in den Verfassungswerken von 1833 und 1840 ersichtlich, in denen weitere Regelungen zum Wahlrecht fehlten. Sie wichen damit der verbindlichen Wirkung des Staatsgrundgesetzes aus und es wurde erst 1840 auf ein einfaches Recht in Form des Gesetzes „über die Wahlen der Deputirten zur allgemeinen Ständeversammlung des Königreichs vom

---

gesamtgesellschaftlicher Belange (so Pollmann, Die braunschweigische Verfassung von 1832, S. 41).

766 Boberach, Wahlrechtsfragen im Vormärz, S. 8.

767 Boberach, a.a.O., S. 8.

768 Bülau, Darstellung der Verfassung und Verwaltung des Königreichs Sachsens, S. 151; so kam auch in Lippe der Ritterschaft als einzige Abgeordnete der Ersten Kammer ein besonderes politisches Gewicht zu. Vgl. Barmeyer, Lippe 1800–1848, S. 25.

769 Jellinek/Laband/Piloty, Das Staatsrecht des Königreichs Sachsen, S. 114.

770 Stolleis, Geschichte des öffentlichen Rechts in Deutschland, Bd. II, S. 208.

771 Stolleis, a.a.O., S. 208.

06. November 1840" verwiesen. Dieses Gesetz enthielt einen Paragraphen zu der Wahl der Ritterschaft. Hierin wurde allerdings nur auf das Wahlverfahren Bezug genommen, wie sich aus § 17 des Wahlgesetzes ergab: „Die Deputirten der Ritterschaften zur allgemeinen Stände-Versammlung werden in den ritterschaftlichen Versammlungen, welche neben der Wahl noch zu anderen Zwecken berufen sein können, nach den Statuten und Einrichtungen jeder Ritterschaft gewählt." Besondere Voraussetzungen für das aktive Wahlrecht wurden für die Rittergutsbesitzer – ebenso wie in **Lippe-Detmold** – nicht verlangt. Denn auch in der Verfassung von **Lippe-Detmold** wurde hinsichtlich der Wahl dieses Standes nur eine Regelung zum Wahlvorgang normiert. Besondere Berücksichtigung erlangte hierbei die Stellung der adeligen Rittergutsbesitzer, die aufgrund ihrer früheren Vorrangstellung in der Gesellschaft eine größere Einflussnahme besaßen als die bürgerlichen Besitzer. So bestimmte § 10, dass der Verein der Ritterschaft sieben Abgeordnete zu wählen hat, und zwar in der Art, dass, „so lange das gegenwärtige Zahlverhältniß der adlichen Rittergutsbesitzer zu den bürgerlichen sich nicht wesentlich verändert", fünf Abgeordnete aus der Mitte der adeligen und zwei aus der Mitte der bürgerlichen Besitzer landtagsfähiger Güter ernannt wurden.

Im Gegensatz zu **Hannover** und **Lippe-Detmold** wurden in **Sachsen** detaillierte Regelungen zur Wahl der Rittergutsbesitzer aufgestellt. In der Verfassung war in § 65 zum einen bestimmt, dass die zwölf Abgeordneten in Kreis- und Oberlausitz-Provinzial-Versammlungen gewählt wurden und zum anderen, dass nur diejenigen Personen an der Wahl teilnehmen durften, die ein nach dem Wahlgesetz für stimmberechtigt erklärtes Rittergut besitzen. Das angesprochene Wahlgesetz[772] enthielt insbesondere Regelungen zum Wahlverfahren und zu den allgemeinen Voraussetzungen für das aktive Wahlrecht. Die Abgeordneten der Rittergutsbesitzer wurden in unmittelbarer Weise gewählt.[773] Zur Stimmabgabe allgemein berechtigt waren solche Rittergutsbesitzer, die im Staat ansässig waren, das fünfundzwanzigste Lebensjahr vollendet und sich zur christlichen Religion ohne Unterschied der Konfession bekannt hatten (§ 5). Durch weitere Ausschlußkriterien sollte zudem garantiert werden, dass nur denjenigen, die ihren Besitz auch tatsächlich verwalteten, eine Abgeordnetenstellung zugebilligt wurden. So wurden als unfähig angesehen „diejenigen, welche unter Curatel stehen; Frauenspersonen; Almosenpercipienten, diejenigen, zu deren Vermögen ein Schuldenwesen entstanden ist [...]; die, welche sich mit Abentrichtung der Landes- und Gemeindeabgaben ganz oder zum Theil, länger als ein Jahr, nach vorgängiger Erinnerung, im Rückstande befinden, so lange diese Rückstände nicht abgeführt sind; alle von öffentlichen Ämtern und der juristischen Praxis removirte Personen, ingleichen die Suspendirten, so lange die

772 Gesetz, die Wahl der Abgeordneten zu den künftig zu haltenden Ständeversammlungen betreffend, vom 24. September 1831.

773 Wahlgesetz von Sachsen (§ 3).

Suspension dauert; diejenigen, welche wegen solcher Vergehen, die, nach allgemeinen Begriffen, für entehrend zu halten sind, vor Gericht gestanden haben, ohne von der Anschuldigung völlig frei gesprochen zu seyn".

Neben der Wahl der Rittergutsbesitzer sah die Verfassung von **Sachsen** als einziger Staat auch noch weitere Abgeordnete vor, die aus ihrer Mitte gewählt werden sollten. Das lag darin begründet, dass die sächsische Regierung, so weit es vom Umfang her möglich war, die Erste Kammer als ein getreues Abbild der alten Stände modellieren wollte.[774] So hatte der Landesherr die Möglichkeit, Einfluss auf die Zusammensetzung der Kammern zu nehmen.[775]

Aufgestellt zur Wahl wurde ein Abgeordneter der Universität Leipzig, der aus der Mitte der ordentlichen Professoren ernannt wurde, ein Abgeordneter des Collegiatstifts zu Wurzen, aus dem Mittel des Capitels und vier Besitzer der vier Schönburgischen Lehnsherrschaften (Rochsburg, Wechselburg, Penig und Remissen).[776] Weitere Regelungen zur Wahlfähigkeit wurden in der Verfassung nicht normiert; es wurde erwartet, dass die jeweiligen Stände selbst das Nähere bestimmen oder aber eine Vereinbarung der beteiligten Ständeangehörigen zustande kommen würde.[777] Versagte beides, so fielen die Sitze dieser Abgeordneten in der Ersten Kammer weg.[778]

### (2) Beurteilung der Ersten Kammern

Im Gegensatz zu der Zeitperiode von 1815–1830 wurden ab 1830 in allen Staaten, die in dieser Zeit Verfassungen erließen, in der Ersten Kammer neben den vom König zu ernennenden Abgeordneten *auch* solche Mitglieder zugelassen, die aus ihrer Mitte gewählt wurden. Damit kam es im Laufe des Vormärz zu einer inhaltlichen Revolte der altständischen Verfassungen. Diese wurden durch neue Elemente zumindest ergänzt, indem nunmehr einzelnen Standesangehörigen eine Wahlmöglichkeit eingeräumt wurde, wie es in der Zeit von 1815–1830 nur in **Baden**, **Nassau** und **Hannover** vorgesehen war.

Zusammenfassend lässt sich feststellen, dass es auch in diesen Jahren in den Ersten Kammern bei einer reinen Korporationsvertretung blieb. Eine Interessenvertretung des *gesamten* Volkes konnte sich damit in der Zeit des Vormärz nicht in den Ersten Kammern der Zweikammersysteme etablieren. Immer noch herrschte die verbreitete Ansicht, dass die Erste Kammer ein stabiles, in sich ruhendes Gegengewicht zur Zweiten Kammer darstellen müsse und diese Funktion nur dann erfüllt sei, wenn ausschließlich Personen Zutritt zur Ersten Kammer hätten, die dem Bestehenden die genügende Achtung zollen und durch Grundbesitz mit den Landesinteressen so eng verbunden seien, dass sie sich für diese einsetzen und

---

774 Jellinek/Laband/Piloty, a.a.O., S. 114; Schmidt, Die Staatsreform in Sachsen, S. 141.
775 Jellinek/Laband/Piloty, a.a.o., S. 114.
776 Sachsen 1831 (§ 63).
777 Jellinek/Laband/Piloty, Das Staatsrecht des Königreichs Sachsen, S. 117.
778 Jellinek/Laband/Piloty, a.a.O., S. 117.

sich von ihnen nicht abwenden könnten.[779] Die Erste Kammer wurde demnach in allen Staaten so ausgestaltet, wie die individuellen Verhältnisse des Landes auf der einen, die allgemeinen Grundsätze des Staatsrechts und der Staatsverwaltung auf der anderen Seite es geboten.[780]

### (3) Die Zweiten Kammern

**Hannover** war der einzige Staat in dieser Zeit, der die Zweite Kammer noch zusätzlich mit solchen vom Landesherrn zu ernennenden Abgeordneten besetzte, um sie nicht der gänzlichen Kontrolle durch den Monarchen zu entziehen. Die Verfassungen von **Sachsen** und **Lippe-Detmold** setzten hingegen, den Forderungen der Zeit entsprechend, nur noch solche, aus der Mitte des jeweiligen Standes gewählte Abgeordnete und Abgeordnete der Städte fest, die durch die Bürger zu wählen waren. Da es in jedem Staat unterschiedliche Stände gab, ist es an dieser Stelle zum Erhalt einer besseren Übersichtlichkeit ratsam, eine Unterteilung zwischen solchen Abgeordneten, die aus ihrer Mitte gewählt und solchen, die von der Bürgerschaft ernannt wurden, zu machen.

#### (a) Abgeordnete, die aus ihrer Mitte gewählt wurden

In **Hannover** gehörten sowohl 1833 als auch 1840 dieser Gruppe drei Deputierte von in der Verfassungsurkunde namentlich aufgezählten Stiftern an, ein Deputierter der Universität Göttingen, zwei von den evangelischen Consistorien zu wählenden Deputierten, achtunddreißig Deputierte der sämtlichen Grundbesitzer (1840: neununddreißig) und ein Deputierter des Domkapitels. 1840 kamen noch die in den Provinziallandschaften gewählten Mitglieder des Schatzkollegiums hinzu. Weder in der Verfassung von 1833 noch im neuen Grundgesetz von 1840 wurden zu der Wahlberechtigung der einzelnen Stände nähere Ausführungen gemacht. Damit ist auch nicht bestimmbar, inwieweit die Wahlen 1833 in mittelbarer oder unmittelbarer Weise erfolgten. Im Jahr 1840 wurde jedoch zusätzlich ein Wahlgesetz erlassen, in dem konkrete Bestimmungen zu dem Wahlrecht der einzelnen Stände sowie zum Wahlverfahren enthalten waren.[781] Da die drei Stifts-Abgeordneten aus verschiedenen Stiften kamen, waren aus organisatorischen Gründen drei Wahlversammlungen vorgesehen, bei denen die einzelnen Angehörigen des jeweiligen genannten Stifts

---

779 Aus diesem Grund wurde auch in Sachsen die Erste Kammer derart ausgestaltet. Siehe Böckstiegel, Volksrepräsentation in Sachsen, S. 97.

780 Witzleben, Die Entstehung der constitutionellen Verfassung des Königreichs Sachsens, S. 222.

781 Gesetz über die Wahlen der Deputirten zur allgemeinen Ständeversammlung des Königreichs vom 06. November 1840. Zu der Frage, warum hierfür ein eigenes Gesetz erlassen wurde, siehe den vorhergehenden Abschnitt zum Wahlrecht innerhalb der Ersten Kammern.

zu erscheinen und abzustimmen hatten.[782] Es waren nur die Personen zur Teilnahme an der entsprechenden Wahlversammlung berechtigt, die zuvor aus ihrem Stift dazu berufen worden waren. Diese mussten dafür wirkliche Mitglieder des Stifts und mit einer Präbende[783] desselben providiert sein.[784] Die Wahl des Deputierten der Universität Göttingen geschah dagegen nur in einer Versammlung, „zu welcher alle in Göttingen anwesenden, bei der Universität im Amte stehenden ordentlichen Professoren als Stimmberechtigte einzuladen sind".[785] Stimmberechtigt zur Wahl der zwei von den evangelischen Consistorien zu erwählenden Deputierten waren der Direktor und die zur Zeit der Wahl am Sitze des Consistoriums anwesenden stimmführenden Consistorialräte und Assessoren.[786] Auch hinsichtlich der Wahl des Deputierten des Domkapitels waren diejenigen zur Teilnahme an der Wahl berechtigt, die im Capitel zu Hildesheim anwesend waren (§ 24). Wie sich aus den jeweiligen Vorschriften ergab, wurden diese Deputierten jeweils in unmittelbarer Weise aus ihrer Mitte gewählt. Aufgrund ihrer altständischen Privilegien, ihrer geringen Mitgliederzahl sowie ihres hohen Bildungsstandes ging die Regierung davon aus, hier auf ein indirektes Wahlrecht verzichten zu können.[787] Anders gestaltete sich dies bei der Wahl der Grundbesitzer. § 32 des Wahlgesetzes ordnete insoweit nicht nur eine mittelbare Wahl, sondern darüber hinaus auch eine dreifache Wahlhandlung an. Hiernach sollten die Urwähler eines Gemeindebezirks sogenannte Vorwähler ernennen, die dann wiederum die Wahlmänner zu wählen hatten. Die Abgeordneten dieses Standes wurden schließlich von diesen Wahlmännern in ihr Amt berufen. Als Urwähler zugelassen waren nur Grundbesitzer, „welche nach den bestehenden Gemeindeeinrichtungen ein Stimmrecht in der Gemeinde auszuüben haben, und die Besitzer der eben erwähnten, dem Bezirke beigelegten Güter und Höfe sind". Frauen, Minderjährige und unter Vormundschaft stehende Grundbesitzer konnten selbst nicht abstimmen, jedoch konnten für Ehefrauen der Ehemann, für Witwen ein volljähriger Sohn und für Minderjährige der Vormund eine Stimme abgeben (§ 33). Bedingungen für das aktive bzw. passive Wahlrecht der Vorwähler und Wahlmänner wurden dagegen nicht normiert. Diese mittelbare dreifache Wahl galt jedoch nicht für alle Grundbesitzer. So wurde in § 36 und § 37 normiert, dass der Deputierte der Grafschaft Hohnstein und die Deputierten der in der Ritterschafts-Matrikel stehenden Freien der Grafschaften Hoya und Diepholz unmittelbar in einer Wahlversammlung gewählt werden sollten. Der hannoversche Monarch schätzte damit den Bildungsstand der Stadtbevölkerung kontrovers ein, weshalb er eine unterschiedliche Beteiligungsform an der Wahl durchsetzen wollte.[788]

782 Wahlgesetz Hannover 1840 (§ 18).
783 Präbende waren die mit der Mitgliedschaft im Domkapital verbundenen Geldbezüge; auch soviel wie Leibrente. Vgl. Meyers Konversationslexikon, 14. Band.
784 Wahlgesetz Hannover 1840 (§ 18/19).
785 Wahlgesetz Hannover 1840 (§ 22).
786 Wahlgesetz Hannover 1840 (§ 23).
787 Klügel, Wahlrechtsbeschränkungen, S. 57.
788 Klügel, Wahlrechtsbeschränkungen, S. 57.

Auch **Lippe-Detmold** sah Gutsbesitzer für die Zweite Kammer vor, die aus ihr Mitte heraus gewählt werden sollten.[789] An der Wahl dieses sogenannten „dritten Standes" nahm jeder Eigentümer eines, nicht dem ersten Stand (Rittergutsbesitzer) beigerechneten Gutes, einer Stätte oder eines Wohnhauses auf dem platten Lande teil (§ 14). Hinsichtlich des Wahlvorganges wurde in § 23 auf die der Verfassungsurkunde beigefügten Wahlvorschrift verwiesen. Dieser Wahlvorschrift war zu entnehmen, dass die erblichen Gutsbesitzer des platten Landes mittelbar gewählt wurden (vgl. § 9 ff). Welche Eigenschaften die Wahlmänner insoweit besitzen mussten, um als solche wählbar zu sein, wurde in der Wahlvorschrift nicht geregelt und blieb damit dem freien Ermessen der Regierung vorbehalten.

Grundlage für die Vorschriften des Wahlrechts in **Sachsen** bildete das „Gesetz, die Wahl der Abgeordneten zu den künftig zu haltenden Ständeversammlungen betreffend" vom 24. September 1831. Um in der Klasse der Rittergutsbesitzer wählen zu können, war neben den allgemeinen Eigenschaften der Stimmberechtigung der Besitz eines Ritterguts erforderlich, ohne Unterschied der Größe des Guts und der adeligen oder nicht adeligen Geburt des Besitzers (§ 25).[790] § 3 ordnete an, dass die Abgeordneten der Rittergutsbesitzer unmittelbar gewählt werden sollten. Anders dagegen bei den Bauern und den Vertretern des Handels- und Fabrikwesens, die mittels einer doppelten Wahlhandlung, durch Vermittlung von Wahlmännern, zu ernennen waren. Um an der Wahl der Wahlmänner im Bereich der Bauern teilnehmen zu können, mussten die Urwähler neben den allgemeinen Erfordernissen Eigentümer eines mit Wohnsitz versehenen, zur Klasse der Rittergüter nicht gehörigen Landgrundstücks sein.[791] Noch strengere Voraussetzungen waren für das passive Wahlrecht der Wahlmänner vorgesehen, indem vorgeschrieben wurde, dass nur solche wählbar waren, die den Besitz eines Grundstücks von der im § 76 erwähnten Gattung vorweisen konnten, „wovon jährlich wenigstens zehn Thaler an Schocken und Quatembern und Cavalerie-Verpflegungs-Geldern, in der Oberlausitz an Rauch- oder Grundsteuern, Rations- und Portionsgeldern und Grundanlage zu entrichten sind" (§ 83). Für den Stand des Handels- und Fabrikwesens enthielt das Wahlgesetz selbst keine Vorschriften. Es wurde hierfür eigens ein Gesetz erlassen[792], in dem die wichtigsten Vorschriften für das Wahlverfahren dieses Standes geregelt wurden. Dass zu diesen Wahlen nachträglich ein Gesetz erlassen wurde, lag daran, dass bei Erlass der Verfassung im Jahre 1831 noch nicht beabsichtigt war, sie in die Zweite Kammer mit aufzunehmen, nunmehr aber die Handelsleute eine immer bedeutendere Stellung

789 Lippe 1836 (§ 8).

790 Insoweit verweist § 70 der Verfassungsurkunde hinsichtlich der Voraussetzungen der Wahlberechtigung auf das Wahlgesetz („Wahlberechtigt sind die Besitzer der durch das Wahlgesetz hierzu befähigten Güter").

791 Wahlgesetz 1831 (§ 76).

792 Gesetz, die Wahlen der Vertreter des Handels- und Fabrikwesens betreffend, vom 07. März 1839.

in der Gesellschaft einnahmen,[793] wie die Errichtung von Handelslehranstalten in einigen deutschen Staaten seit Anfang der 1830er Jahre zeigte.[794]

§ 2 normierte zunächst, dass die Vertreter des Handels- und Fabrikwesens durch Vermittlung von Wahlmännern ernannt werden sollten. In § 3 wurden dann die Voraussetzungen für das aktive Wahlrecht festgelegt. Danach waren diejenigen stimmberechtigt, die die im Wahlgesetz normierten allgemeinen Erfordernisse besaßen und einen jährlichen Gewerbesteuerbeitrag von wenigstens vierundzwanzig Thalern in der ersten oder zweiten Unterabteilung der Gewerbesteuer (oder in beiden zusammen) oder aber zehn Thaler in der dritten Unterabteilung derselben entrichteten. Als Wahlmänner wählbar waren nur die in der Wahlliste aufgeführten Stimmberechtigten (§ 5).

### (b) Deputierte, die von der Bürgerschaft gewählt wurden

In allen drei Staaten gehörten auch von den Stadtbewohnern gewählte Abgeordnete zu den Zweiten Kammern. Sie wurden ausnahmslos in mittelbarer Weise gewählt.[795] In **Hannover** gab es insofern eine Besonderheit, als dass nicht nur die Bürgerschaft sich zur Wahlversammlung einfand, sondern eine ebenso große Anzahl von sämtlichen stimmführenden wirklichen Mitgliedern des Magistrats.[796] Durch diese Wahlanordnung schaffte es der Monarch, den Einfluß der „einfachen" Bürger durch die Ausübung ihres Stimmrechts zu minimieren und in die Hände von Gemeindebediensteten, die dem politischen Gemeinwesen angehörten und damit Sachverstand besaßen, zu legen. Weder in der ursprünglichen Verfassungsurkunde noch in dem zusätzlich erlassenen Wahlgesetz fanden sich Regelungen zu der aktiven Wahlfähigkeit der Urwähler oder zum passiven Wahlrecht der Wahlmänner. Es sollte eine möglichst weite Vertretung der „verschiedenen Interessen" des Landes stattfinden, unabhängig davon, ob diese in den anerkannten „Ständen" ihren Sitz hatten oder nicht.[797] Ebenfalls keine expliziten Voraussetzungen für die Stadtbewohner normierte **Sachsen** in seinem Wahlgesetz, jedoch mussten die Urwähler zumindest die unten angeführten allgemeinen Voraussetzungen vorweisen können. Dagegen war jedoch in § 55 detailliert aufgezählt, wann ein Wahlmann als wählbar galt. Dieser musste außer den allgemeinen Eigenschaften (§ 5) noch die „Ansässigkeit mit einem Hause in der Stadt oder deren Weichbilde, die Entrichtung von wenigstens 10 Thalern jährlich an Schocken und Grundquatembern oder anderen, nach Verschiedenheit der einzelnen Landestheile, üblichen Grundsteuern" als Nachweis erbringen, so dass das passive Wahlrecht an Zensusbestimmungen geknüpft war.

793 Pölitz, Die europäischen Verfassungen, 4. Band, S. 78.
794 Böttiger, Geschichte des Kurstaates und Königreiches Sachsen, Band II, S. 650.
795 Wahlgesetz Sachsen (§ 46); Lippe 1836 (§ 2/3) und Hannover 1840 (§ 91) und Wahlgesetz von Hannover (§ 25).
796 Wahlgesetz Hannover 1840 (§ 25).
797 Grotefend, Geschichte der allgemeinen landständischen Verfassung des Königreichs Hannover in den Jahren 1814–1848.

Gleiches wie in Sachsen und Hannover galt auch für die **lippischen** Urwähler. § 14 der Verfassung bestimmte insoweit, dass die Stimmberechtigten nur die allgemeinen Bedingungen des Wahlrechts erfüllen mussten.

#### (c) Allgemeine Voraussetzungen für das aktive Wahlrecht

Im Wahlgesetz von **Hannover** wurde auf zusätzliche allgemeine Bedingungen für die Stimmberechtigung verzichtet, wie oben bereits angeführt. In **Lippe-Detmold** wurde dagegen in § 15 der Verfassungsurkunde bestimmt, dass ein Wähler des zweiten (Gutsbesitzer) und dritten (Abgeordnete der Städte) Standes über die besonderen Voraussetzungen hinaus auch noch vorweisen musste, dass er über sein Vermögen selbst verfügen konnte, weder in Konkurs noch in der „Elocation" stand, im Land wohnte, sich zur christlichen Religion bekannt hatte und fünfundzwanzig Jahre alt war. In **Sachsen** wurden überwiegend die gleichen Voraussetzungen verlangt (§ 5 des Wahlgesetzes).[798]

### (4) Beurteilung der Zweiten Kammer

Ein Wahlrecht hatten hinsichtlich der Zusammensetzung der Zweiten Kammer sowohl die einzelnen, oben aufgeführten Standesangehörigen als auch die Bürger aus den jeweiligen Städten. Bei einem unmittelbaren Vergleich der Verfassungen aus dieser Zeit fällt insbesondere auf, dass hinsichtlich der Ständevertretung die Art der Wahl sehr unterschiedlich geregelt war. Während **Hannover** hauptsächlich eine unmittelbare Wahl für die Ständemitglieder anordnete, sahen **Lippe-Detmold** und **Sachsen** überwiegend eine mittelbare Wahl vor (in **Sachsen** erfolgte nur eine Ausnahme hinsichtlich der Wahl der Rittergutsbesitzer, die in direkter Weise gewählt werden sollten). Für die Wahl der Abgeordneten der Städte wurde dagegen ausnahmslos in jedem der Staaten eine mittelbare Wahl angeordnet. Welche Gründe für die Anordnung einer unmittelbaren bzw. einer mittelbaren Wahl sprachen, wurde bereits an anderer Stelle ausführlich erörtert.[799] Insbesondere wurde darauf hingewiesen, dass die mittelbare Wahl aus Sicht der Monarchen vorteilhafter war als die unmittelbare, da so eine Vertretung im Interesse der Regierung geschaffen werden konnte.

### *bb. Auswertung des Wahlrechts der Zweikammersysteme*

Bei einem Vergleich der Zweikammersysteme, die sich ab 1831 entwickelt hatten mit denjenigen aus der Zeit von 1815–1830, fällt auf, dass nur geringe Veränderungen stattfanden. Zwar wurden in die Erste Kammer nun vermehrt Abgeordnete zugelassen, die aus ihrer Mitte gewählt wurden und damit solche Deputierten verdrängt, die durch die Landesherren ernannt wurden. Eine Stimmberechtigung wurde indes

---

798 Siehe die „Erste Kammer" im Rahmen der Untersuchung des Standes der Rittergutsbesitzer.

799 Siehe unter „Beurteilung der Ersten Kammer" in der Zeitperiode von 1831–1847.

fast ausschließlich den Rittergutsbesitzern gestattet. Als Begründung führte der Staatsrechtler Rotteck an: „Alsdann wird die Mittelclasse die Oberhand bei Wahlen erhalten […] was überall das Wünschenswerthe ist, weil in diesen Mittelclassen der Regel nach Tüchtigkeit und Zuverlässigkeit am meisten anzutreffen sind, den untersten aber Roheit und Unwissenheit… begegnen, Eigenschaften hier und dort, welche wenig tauglich machen zu Organen eines vernünftigen Gesamtwillens.“[800] Ein Wahlrecht seitens der Bevölkerung wurde auch in dieser Zeit in der Ersten Kammer nicht zugelassen. Hinsichtlich der Zweiten Kammern bestand ebenso wie bereits 1815–1830 ein Wahlrecht sowohl für die einzelnen Ständeangehörigen als auch für die Bürger der jeweiligen Städte, wobei auch hier das Wahlrecht durch gesetzlich normierte Bedingungen weiterhin sehr eingeschränkt war. Zudem sahen die Regierungen als weitere Restriktion ein mittelbares Wahlrecht für die Wahl dieser Abgeordneten vor.

Das Königreich **Hannover**, das bereits in dieser Zeit seine zweite (und dritte) Verfassung seit Bestehen des Deutschen Bundes erließ, veränderte das Wahlrecht während dieser Zeit nicht. Erstmals 1840 wurden jedoch detaillierte Regelungen zum Wahlrecht mit dem Erlass des Wahlgesetzes aufgestellt, die zuvor sowohl 1819 als auch 1833 in den jeweiligen Verfassungsurkunden noch fehlten.

### c. *Die Auswertung der Ein- und Zweikammersysteme in der Zeitperiode von 1831–1847*

In der Zeitperiode von 1831–1847 ist keine deutliche Veränderung des Wahlrechts in den Kammersystemen zu entdecken. Während in der Zeit von 1815–1830 lediglich die Standesangehörigen aus ihrer Mitte heraus wählen durften, wurde dies nun zwar auch auf die Bürgerschaft ausgeweitet, die die Abgeordneten der Städte wählten. Durch ein immer noch bestehendes Zensuswahlrecht war jedoch weiterhin die Mehrheit dieser Bürger von der Stimmberechtigung ausgeschlossen.

Insoweit bestand während des gesamten Vormärz eine vorsichtige Haltung im Umgang mit tiefgreifenden Veränderungen, was das Wahlrecht betraf. Nur minimale Umgestaltungen konnten sowohl in den Ein- als auch in den Zweikammersystemen verzeichnet werden.

Diese bürgerliche Wahlrechtsentwicklung verlief in der ersten Hälfte des 19. Jahrhunderts in Deutschland deshalb so langsam, weil die Wahlen und das Wahlrecht Elemente sind, die immer auch in einer engen Verknüpfung zu anderen Gesetzmäßigkeiten des Staates stehen.[801] Da die Bourgeoisie im Interesse des gemeinsamen Kampfes gegen das Volk, insbesondere gegen das Proletariat, lang andauernde Kompromisse mit dem Feudaladel und dem Militarismus einging und die bürgerlich-demokratische Revolution nicht durchführte, fehlten die erforderlichen

800 Rotteck, Census, in: Rotteck/Welcker, Staatslexikon 3. Band, S. 384 f.
801 Graf/Seiler, Wahl und Wahlrecht im Klassenkampf, S. 15.

Bedingungen, um auch das Wahlrecht weiterentwickeln zu können.[802] Nirgends war in dieser Phase der Entwicklung die Bourgeoisie in der Lage und bereit, ein allgemeines, gleiches, direktes und geheimes Wahlrecht in das Zentrum ihrer politischen Forderungen zu rücken, was angesichts des zeitgenössischen Bewusstseins auch nicht weiter verwundert.[803]

### *d. Vergleich der Ein- und Zweikammersysteme zum heutigen Parlamentarismus*

Auch in dieser Zeit gab es mithin noch keine Vorform zum heutigen aktiven Wahlrecht. Die Wahlen waren weiterhin stark geprägt von einer Ständevertretung, wie wir sie heute nicht mehr kennen. Zwar waren bereits vermehrt sowohl in den Ein- als auch in den Zweikammersystemen Städtebewohner zur Wahl zugelassen. Diese durften jedoch nur in mittelbarer Wahl wählen. Eine unmittelbare Wahl fand lediglich bei den Ständen statt, da sie durch die geltenden Vorschriften bereits so vielen Bedingungen unterworfen waren, dass ein weiterer „Filter" in Form von Wahlmännern unnötig war, um zu gewährleisten, dass die Kammern regierungsfreundlich ausgestaltet wurden. Da im heutigen Wahlrecht die unmittelbare Wahl für alle Bevölkerungsgruppen gilt, ist das damalige System nicht als Vorläufer der heutigen demokratischen Verhältnisse zu werten.

Einzig viele allgemeine Wahlrechtsvoraussetzungen waren in jener Zeit, wie schon in der Zeit von 1815–1830, weiterhin nahezu identisch mit den geltenden Regelungen im Bundeswahlgesetz, mit Ausnahme der Bedingungen, die den Nachweis einer bestimmten Steuerabgabe, das Bekenntnis zur christlichen Religion und das Fehlen eines Konkurses forderten.

## 3. Der Zeitraum von 1848–1850

### *a. Das Wahlrecht innerhalb der Einkammersysteme*

#### *aa. Unmittelbarer Vergleich der Einzelstaaten*

Wie bereits im unmittelbaren Vergleich der Zusammensetzungen der Landtage gesehen, bestand die überwiegende Anzahl der Landtage des Deutschen Bundes in der Revolutionszeit von 1848–1850 nur noch aus Mitgliedern, die vom Volk legitimiert wurden. Da die Zielbewegung in diesen Jahren auf die Herbeiführung eines demokratischeren Wahlrechts konzentriert war, führten die meisten Einzelstaaten[804]

802 Graf/Seiler, a.a.O., S. 15.

803 Graf/Seiler, a.a.O., S. 16.

804 Namentlich: Sachsen-Gotha 1849 (§ 1 der Beilage I.) und Reuss j.L. 1849 (§ 6 des Wahlgesetzes); Schwarzburg-Sondershausen 1849 (§ 77); Lippe 1849 (§ 6), Schleswig-Holstein 1848 (Art. 74 ff.) und Sachsen-Altenburg 1848 (§ 1 ff.); Waldeck-Pyrmont 1849 (§ 53); Lauenburg 1849 (Art. 74); Mecklenburg-Schwerin 1849 (§ 8) und Hessen-Kassel Revision 1849 (§ 8).

eine unmittelbare Wahl ein. Es gab jedoch daneben eine Reihe von Ländern, die sich weiterhin „trauten", die Wahl mittelbar auszugestalten, um so die Schutzfunktion durch das Medium Wahlmänner aufrechtzuerhalten.

Dazu gehörten **Oldenburg, Luxemburg, Nassau, Württemberg, Sachsen-Meiningen, Anhalt-Bernburg** und **Sachsen-Coburg-Saalfeld**.[805] Die Wahlhandlung erfolgte durch eine Einteilung der Urwähler in verschiedene Wahlbezirke. In diesen Wahlbezirken wurde in der Regel jeweils ein Wahlmann gewählt. Bei Durchsicht des **anhalt-bernburgischen** Wahlgesetzes fällt hierzu eine Besonderheit auf: Es wurde in diesem Staat innerhalb eines Wahlkreises eine weitere Unterteilung in insgesamt vier Abteilungen angeordnet. Nach § 13 erfolgte die Bildung der Abteilungen nach den verschiedenen Berufs- und Geschäftsinteressen der Wähler, und zwar in folgender Weise: „Die erste Abtheilung besteht aus denjenigen Wählern, welche sich als Dienstboten, als Gesellen oder sonst durch Hände Arbeit ernähren. Die zweite Abtheilung besteht aus denjenigen Wählern, welche Gewerbe, Handel oder Fabrikgeschäfte treiben oder von ihren Renten leben. Die dritte Abtheilung besteht aus denjenigen Wählern, welche Acker- und Gartenbau treiben. Die vierte Abtheilung besteht aus allen übrigen Wählern; dahin gehören namentlich die vom gelehrten Stande, active und inactive Staats-, Hof- und Communalbeamte, Kirchenbeamte, Geistliche und Schullehrer, Officiere und Unterofficiere, Sachwalter, Aerzte und Künstler etc." Damit wurden innerhalb der Wahlkreise Interessengemeinschaften gebildet, die ihrer Affinität nach den Wahlmann entsprechend aussuchten.

Die Kammern von **Hessen-Kassel, Mecklenburg-Schwerin** und **Lauenburg** waren in dieser Zeit als einzige noch zusätzlich mit Abgeordneten besetzt, die aus einem bestimmten Stand heraus ihre Legitimation erfuhren.[806] Das waren in **Hessen-Kassel** die höchstbesteuerten Grundbesitzer und Gewerbetreibenden. Zu den Wahlen dieser Mitglieder waren nach § 6 der Verfassungsurkunde diejenigen Personen berechtigt, „welche im abgelaufenen Kalenderjahre die meiste Grund- und Gewerbsteuer gezahlt haben und bei Aufstellung der Wählerliste überhaupt noch Grund- und Gewerbsteuer entrichten". In **Mecklenburg-Schwerin** sollten sechs Gewerbetreibende, sechs Kaufleute und acht Grundbesitzer als Vertreter in die Erste Kammer aufgenommen werden. Hinsichtlich des Wahlrechts wurden hierfür spezielle Regelungen im Wahlgesetz von 1849 getroffen. Um für die Wahl der Gewerbetreibenden stimmberechtigt zu sein, musste derjenige in den Städten des Landes wohnhaft, ein zünftiger oder nicht zünftiger Handwerker, Fabrikant, Bierbrauer und Branntweinbrenner sein, und als solcher auch sein Gewerbe betreiben, d.h. laufende Steuern entrichten (§ 12). Ebensolche Regelungen galten für den zweiten Stand der

---

805 Oldenburg 1849 (Art. 131); Luxemburg 1848 (Art. 52), Nassau 1848 (§ 29 des Wahlgesetzes); Württemberg Gesetz 1849 (Art. 14), Sachsen-Coburg-Saalfeld Gesetz 1848 (Art. 2/3), Sachsen-Meiningen 1848 (Art. 3) und Anhalt-Bernburg Wahlgesetz 1848 (§ 8).

806 Zu den Hintergründen, warum diese Staaten noch weitere Abgeordnete in ihren Kammern vorsahen, siehe I. Die Zusammensetzung der Landtage, 3. Der Zeitraum von 1848–1850, a. Die Zusammensetzung innerhalb der Einkammersysteme.

Kaufleute. Auch diese Wähler mussten ein kaufmännisches Geschäft betreiben und „davon steuern". Ausgenommen waren nach § 14 kleine Händler (als da waren Mehl-, Kessel-, Sensen-, Putz-, Vieh-, Frucht-, Glas-, Milch-, Zitronen-, Spitzen-, Leinwand- und Uhrenhändler, konzessionierte Produktenhändler, Drögeköper, Kleiderseller und Trödler). Vorbehalten war das Wahlrecht also nicht jedem Gewerbetreibenden, sondern nur solchen, die in der Gewerbesteuerklasse eine exklusive Rolle einnahmen und dafür im Gegenzug Sonderrechte genießen sollten. So musste eine Person, um aus der Mitte der Grundbesitzer wählen zu können, ein ländliches Grundstück in der Größe von mindestens zweihundert „bonitierten Scheffeln"[807] als Eigentum, Erbpacht oder Bauerrecht vorweisen können (§ 15). Von mehreren Miteigentümern oder Mitbesitzern konnte nur einer wählen. Der Erschienene galt als legitimiert (§ 17). In der Verfassung von **Lauenburg** wurde lediglich in Artikel 74 reglementiert, dass neun Abgeordnete von den Grundeigentümern zu wählen waren und zwar sechs von den ländlichen und drei von den städtischen Grundbesitzern. Wann jemand als „Grundbesitzer" galt, wurde nicht explizit definiert.

### *bb. Allgemeine Bestimmungen*

#### (1) Voraussetzungen für die aktive Wahlfähigkeit

Bei einem unmittelbaren Vergleich der einzelnen Wahlrechtsbestimmungen in den Bundesstaaten ergibt sich, dass es bestimmte Bedingungen gab, die ausnahmslos in jedem der Staaten als festes Kriterium etabliert wurden.[808] Dazu gehörten die Staatsangehörigkeit und das Erreichen eines bestimmten Mindestalters[809]. Dass die Staatsangehörigen männlichen Geschlechts sein mussten, wurde für selbstverständlich erachtet

---

807 Bonitierte Scheffeln bedeutete, dass man ein als Ackermaß zu besäende Fläche von 6–300, bei Heideland bis 500 Quadratruten besaß. Vgl. Meyer, Konversations-Lexikon, 15. Band.

808 Regelungen zu dem aktiven Wahlrecht finden sich in den einzelnen Verfassungen in den folgenden Paragraphen: Hessen-Kassel Gesetz 1849 (§ 3–5); Lauenburg 1849 (Art. 75); Mecklenburg-Schwerin Wahlgesetz 1849 (§ 2, 3); Oldenburg 1849 (Art. 133); Anhalt-Bernburg Wahlgesetz 1850 (§ 1–5); Reuß j.L. Wahlgesetz 1849 (§ 1); Sachsen-Coburg-Gotha 1849 (§ 6); Luxemburg Wahlgesetz 1848 (Art. 1); Nassau Gesetz 1848 (§ 1); Schwarzburg-Sondershausen 1849 (§ 79–81); Schleswig-Holstein 1848 (Art. 76); Waldeck-Pyrmont 1849 (§ 47); Lippe 1849(§ 1); Sachsen-Meiningen Revision 1848 (Art. 7); Sachsen-Coburg-Saalfeld Revision 1848 (Art. 8); Sachsen-Altenburg Revision 1848 (§ 3) und Württemberg Gesetz 1849 (Art. 4).

809 Dies stellte in den meisten Staaten das fünfundzwanzigste Lebensjahr dar, so In Nassau, Württemberg und Sachsen-Coburg-Saalfeld, in deren Gesetzen lediglich vom „volljährigen" und in Schleswig-Holstein sowie Lauenburg vom „mündigen" Staatsbürger gesprochen wurden. Vgl. Groß-Bölting, Altersgrenzen im Wahlrecht, S. 252 ff.
In Sachsen-Altenburg war man bereits mit Vollendung des 21. Lebensjahres volljährig, dagegen durfte man in Hessen-Kassel erst mit Erreichen des 30. Lebensjahres wählen gehen.

und deshalb bis auf **Sachsen-Coburg-Gotha** und **Schwarzburg-Sondershausen,** in deren Verfassungen es explizit mit aufgenommen wurde, nicht eigens erwähnt. In den Verfassungen **Nassaus** und **Sachsen-Meiningens** wurden über diese Voraussetzungen hinaus keine weiteren Bedingungen für das aktive Wahlrecht gefordert, da die Regierungen bereits die Festsetzung einer mittelbaren Wahl als Wahlrechtsbeschränkung für ausreichend erachteten. Alle anderen Staaten sahen dagegen noch eine Reihe weiterer Wahlrechtsbestimmungen vor, wobei die Ausschlusskriterien fast überall identisch waren: Es wurde in jedem Staat gefordert, dass die Wähler nicht unter Curatel stehen und nicht wegen Verbrechens verurteilt sein durften. Im Wahlgesetz von **Luxemburg** hieß es insoweit, dass diejenigen von der Wahl ausgeschlossen seien, „welche wegen Attentats gegen die guten Sitten verurtheilt, und diejenigen, von welchen es bekannt ist, daß sie ein öffentliches Haus für Liederlichkeit und Unzucht halten". Bis auf **Hessen-Kassel**, **Luxemburg** und **Sachsen-Altenburg** wurde in den Verfassungen außerdem reglementiert, dass diejenigen Personen von der Wahl ausgeschlossen waren, die eine Armenunterstützung aus öffentlichen Mitteln erhielten. Bei einem anderen „in Kost und Lohn", zu stehen, d.h. unselbständig zu sein, wurde als Ausschlussgrund in **Lauenburg, Oldenburg**, **Sachsen-Coburg-Saalfeld** und **Sachsen-Altenburg** deklariert und die gerichtliche Eröffnung eines Konkurses über sein Vermögen führte in **Hessen-Kassel, Mecklenburg-Schwerin, Anhalt-Bernburg, Waldeck-Pyrmont, Lippe-Detmold, Sachsen-Altenburg** und **Sachsen-Coburg-Gotha** zum Wählerverbot. Über diese Ausschlusskriterien hinaus fanden sich in den Reglementierungen der Staaten noch einzelne Voraussetzungen, die nur rudimentär verbreitet waren. Beispielsweise forderten die Verfassungen von **Sachsen-Altenburg, Lippe-Detmold und Luxemburg** den Besitz der Ehren- oder politischen Rechte. Ein anderes zu erfüllendes Kriterium war in einigen Staaten (darunter **Württemberg, Luxemburg, Mecklenburg-Schwerin** und **Anhalt-Bernburg**) der Wohnsitz im jeweiligen Land. Das Grundgesetz von **Sachsen-Altenburg** forderte als einziger Staat das Bekenntnis zur christlichen Religion ohne Unterschied der Konfession und den Besitz eines eigenen Hausstandes. Ein Ausschlusskriterium, dass es so nur in **Mecklenburg-Schwerin** gab, war, dass diejenigen zu der Wahl nicht zugelassen wurden, „welche den von ihnen zu der zuletzt erhobenen außerordentlichen Contribution zu zahlenden Beitrag nicht gezahlt haben, oder von solcher Zahlung Armutshalber entfreiet sind". Wer bei den Wahlen Stimmen kaufte bzw. seine Stimme verkaufte oder wer zur Einwirkung auf die Wahl überhaupt gesetzlich unzulässige Mittel anwendete, der durfte in den Staaten **Schwarzburg-Sondershausen, Sachsen-Coburg-Gotha** und **Anhalt-Bernburg** nicht mehr an den Wahlen teilnehmen.

Nur noch in wenigen Staaten, hierunter **Anhalt-Bernburg, Reuß j.L., Sachsen-Coburg-Gotha, Luxemburg** und **Württemberg** wurde die Stimmberechtigung von den Vermögensverhältnissen der Personen abhängig gemacht. In diesen Ländern wurde weiterhin die Entrichtung einer direkten Staatssteuer[810] oder aber alternativ

---

810 In der Verfassung von Württemberg wurde hierzu in Art. 4 explizit aufgeführt, welcher Art die direkte Staatssteuer sein musste: „Wahlberechtigt sind alle [...],

das Kriterium der Selbständigkeit gefordert. Um als selbständig zu gelten, durfte derjenige allgemein nicht als Haussohn, Dienstbote, Handwerksgeselle, welcher keinen eigenen Hausstand hatte oder als Handlungs- bzw. anderer Geschäftsgehilfe tätig sein.

Im Vergleich zu den vorangegangenen Zeitperioden fällt insbesondere auf, dass sich die überwiegende Anzahl von Staaten eines detaillierteren Regelungsinstrumentariums bediente, was die Voraussetzungen für das aktive Wahlrecht anging. Geändert hatte sich indes auch die Art der Kriterien. Während in den vergangenen Jahren das Augenmerk im Wesentlichen auf die Vermögens- oder Bildungsverhältnisse gerichtet war, wurde dieses Kriterium in den Revolutionsjahren in den meisten Staaten in den Hintergrund gedrängt; nur noch wenige Staaten sahen auch weiterhin das Entrichten einer bestimmten Steuer oder die Selbständigkeit als ein nachzuweisendes Erfordernis an, das erfüllt werden musste, denn die Regierungen scheuten sich davor, weitere Wahlrechtsbeschränkungen aufzunehmen, um den radikalen Oppositionellen keine Angriffsfläche zu bieten.[811]

### (2) Wählbarkeitsvoraussetzungen für die Wahlmänner

In den Staaten, in denen eine mittelbare Wahl festgesetzt worden war, wurden in den entsprechenden Reglementarien neben den Wahlfähigkeitsvoraussetzungen der Urwähler in der Regel auch Bedingungen an das passive Wahlrecht der Wahlmänner geknüpft. Nur **Württemberg** und **Anhalt-Bernburg** hatten in den Gesetzen von 1848/1849 auf gesonderte Vorschriften über die Wählbarkeitsvoraussetzungen von Wahlmännern verzichtet, was jedoch nicht bedeutete, dass „jedermann" als Wahlmann zugelassen wurde. Ganz im Gegenteil: Die Regierung von **Württemberg** konnte so in unbürokratischer und damit in unauffälliger Weise festsetzen, dass zwei Drittel der Wahlmänner nach der Höhe ihres Steueraufkommens bestimmt und nur ein Drittel unmittelbar durch die Wähler gewählt wurden.[812]

Alle anderen Staaten, namentlich **Luxemburg, Nassau, Sachsen-Coburg-Saalfeld, Sachsen-Meiningen** und **Oldenburg** sahen für das passive Wahlrecht der Wahlmänner die gleichen Bedingungen vor wie für das aktive Wahlrecht der Urwähler.[813] **Luxemburg** war dabei der einzige Staat, der explizite Regelungen sowohl in der Verfassung als auch im Wahlgesetz für die Wahlmänner aufnahm. Danach

---

welche zu der direkten Staatssteuer aus Grundeigenthum, Gefällen, Gebäuden, Gewerben, Capitalien und Besoldungen oder anderem, den Besoldungen in der Steuer gleichgestellten Einkommen in dem der Wahl vorausgegangenen Finanzjahre beigetragen haben und zugleich im laufenden Finanzjahre noch beitragen."

811 Engehausen, Die Revolution von 1848/49, S. 143.

812 Lipp, Aktivismus und politische Abstinenz, in: Jansen/Mergel (Hrsg.), Die Revolutionen von 1848/49, S. 116.

813 Luxemburg Verfassung (Art. 53/54) und Wahlgesetz Art. 43); Nassau Gesetz 1848 (§ 22); Sachsen-Coburg-Saalfeld Revision 1848 (Art. 8); Sachsen-Meiningen Revision 1848 (Art. 7) und Oldenburg 1849 (Art. 133).

musste eine Person, um Wahlmann werden zu können, Staatsangehöriger sein, der seine politischen und bürgerlichen Rechte genoss, fünfundzwanzig Jahre alt und im Großherzogtum ansässig sein sowie keine Unfähigkeit aufweisen. Als unfähig wurde angesehen, wer wegen Attentats gegen die guten Sitten verurteilt oder aber ein Haus für Liederlichkeit und Unzucht betrieb. Zudem durften die Wahlmänner nicht zu Leibes- oder entehrenden Strafen oder wegen Diebstahls, Prellerei oder wegen Mißbrauchs des Vertrauens verurteilt worden sein, keine Armenunterstützung aus öffentlichen Mitteln erhalten und kein Konkurs angemeldet haben. Diese Voraussetzungen entsprachen im Wesentlichen denen, die auch an das aktive Wahlrecht gestellt wurden. Im Gegensatz zu der vorangegangenen Zeitperiode wurde mit Ausnahme von **Württemberg** in keinem Staat mehr das Kriterium der Höchstbesteuerung als wesentliche Voraussetzung herangezogen. Es wurden stattdessen andere Kriterien, die auch für das Wahlrecht der Urwähler für wichtig erachtet wurden, aufgestellt, die es zu erfüllen galt. Folglich unterfiel das passive Wahlrecht der Wahlmänner einer gleichen Entwicklung wie das aktive Wahlrecht der Urwähler. Beide Gruppierungen durften unabhängig von finanziellen Hintergründen unter anderen bestimmten Voraussetzungen aktiv oder passiv an den Wahlen teilnehmen. Damit war eine Forderung der Märzrevolution erfolgreich realisiert worden.

*cc. Änderungen innerhalb eines Staates*

**Luxemburg**, **Nassau**, **Schwarzburg-Sondershausen, Schleswig-Holstein** und **Waldeck-Pyrmont** gehörten zu denjenigen Staaten, die in dem Zeitraum von 1848–1850 bereits ihre zweite oder dritte Verfassung erließen. Die Länder **Hessen-Kassel, Lippe-Detmold, Sachsen-Meiningen, Sachsen-Coburg-Saalfeld, Sachsen-Altenburg** und **Württemberg** erhoben dagegen in der genannten Zeit lediglich Gesetze, die die bestehenden Regelungen ablösten. Hinsichtlich der damit einhergehenden Neuerungen interessiert vor allem die Frage, inwieweit die einzelnen Staaten ihr Wahlrecht im Vergleich zu den früheren Regelungen änderten.

Da die meisten Staatsregierungen bis zu den Revolutionsjahren ihre Landtage unter anderem mit Ständemitgliedern besetzt hatten, die aus ihrer Mitte gewählt wurden, und dies nunmehr in den 1848er Jahren dahingehend änderten, dass nur noch solche Abgeordnete vorgesehen waren, die vom Volk ernannt werden sollten, wurden auch die Wahlfähigkeitsvoraussetzungen neu verfasst: Es wurde nicht mehr an eine bestimmte Ständeeigenschaft angeknüpft. Alle anderen Voraussetzungen wurden jedoch, wie im obigen Vergleich sichtbar, fast identisch beibehalten. Lediglich das Kriterium eines bestimmten Vermögens- oder Einkommensnachweises fiel weg. Ansonsten können in keinem einzigen Staat bemerkenswerte Veränderungen hinsichtlich des Wahlrechts festgestellt werden. Diejenigen Länder, die in früheren Zeiten eine mittelbare Wahl anordneten, blieben auch in den Revolutionsjahren bei dieser Aufstellung, und umgekehrt. Die Verfassungen von **Lippe-Detmold** und **Württemberg** waren darüber hinaus nicht vergleichbar mit ihren jeweiligen früheren Reglementierungen, da beide Staaten von einem vormals zweikammerigen Aufbau zu einem Einkammersystem übergingen. Die Gründe für einen solchen

Wechsel wurden bereits im unmittelbaren Vergleich der Zusammensetzung der Landtage dargelegt.[814]

### *dd. Auswertung der Einkammersysteme*

In den Revolutionsjahren von 1848–1850 unterlag das Wahlrecht in den meisten Staaten einer großen Veränderung. Bis zu dieser Zeit war das Wahlrecht geprägt von Zensuren, indem überwiegend mittelbare Wahlen angeordnet und nur solche Personen zur Wahl zugelassen wurden, die den Nachweis des Besitzes oder aber der Zugehörigkeit zu einer bestimmten Steuerklasse erbringen konnten. Ab den 1848er Jahren wurden diese Beschränkungen weitestgehend aufgehoben. Wie im obigen Vergleich sichtbar, wurden in den meisten Staaten zusätzlich die Wahlen in unmittelbarer Weise ausgestaltet, dennoch verblieb es in einigen Ländern bei der Anordnung mittelbarer Wahlen, so in **Oldenburg**, **Luxemburg, Nassau, Württemberg, Sachsen-Meiningen, Anhalt-Bernburg** und **Sachsen-Coburg-Saalfeld**. In diesen Staaten siegten die Liberalen über die Demokraten, deren unterschiedliche Ansichten in einer Art polemischen Kampfes zunächst ausgetragen wurden.[815] Der Gegensatz zwischen Liberalen und Demokraten entzündete sich dabei an der Frage der Integration der unterbürgerlichen Schichten in den Kreis der vollberechtigten Staatsbürger.[816] Während die Liberalen über das Wahlrecht eine Schicht politisch Minderberechtigter konservieren wollte, ging es den Demokraten hingegen gerade darum, eine unbeschränkte Ausdehnung des Wahlrechts zu initiieren.[817] Da sich die Demokraten in diesen Staaten noch nicht durchsetzen konnten, wurde weiterhin, um die Macht der Bevölkerung in Form der Einwirkung auf die Besetzung des Volksvertretungsorgans einzudämmen, das Wahlrecht in mittelbarer Weise durchgeführt.[818] Durch dieses Wahlverfahren konnte eine Begünstigung der

---

814 Siehe I. Die Zusammensetzung der Landtage, 3. Die Zeit von 1848–1850, a. Die Zusammensetzung innerhalb der Einkammersysteme unter „Verfassungsrechtliche Änderungen innerhalb eines Staates".

815 Langewiesche, Liberalismus und Demokratie, S. 105.

816 Langewiesche, a.a.O., S. 133.

817 Langewiesche, a.a.O., S. 104.

818 Auch in den Staaten, in denen man sich letztendlich für ein unmittelbares Wahlrecht entschied, wurden lange Diskussionen über diesen Punkt der Agenda geführt. So wurde in einer dieser Debatten in Lauenburg die Ansicht vertreten, die mittelbare Wahl sei einfach sicherer als die unmittelbare, denn „es ist bekannt, dass diese Wahl (die direkte), die alle Unterschiede vernichtet, erst in diesem Jahr in einem Maaße sich geltend gemacht hat, von der ich annehme, daß sie uns die allergrößten Gefahren bringt. Durch die Wahl nach Classen bringen wir in die Wahlhandlung Frieden und Einigkeit." Von den Verfechtern der unmittelbaren Wahl wurde entgegen gehalten: „Vertrauen muß man entgegenbringen, wo man Vertrauen finden will. Vertrauen denn wir nur dem Volk, das es auch ohne den Befehl nach Classen zu wählen, doch wählen wird aus den Besten des Landes diejenigen Männer, die sein ganzes Wohl zu fördern wissen, sein leibliches allerdings, aber auch sein geistiges. Versuchen wird

Höchstbesteuerten erreicht werden[819]; es wurde teilweise als das „einzig konservative Element" bezeichnet.[820]

Eine weitere Auflockerung des Wahlrechtszensus ging mit der neu gestalteten Zusammensetzung in den meisten Landtagen einher. Bis auf **Lauenburg, Mecklenburg-Schwerin** und **Hessen-Kassel** sahen nunmehr alle Staaten mit einem Einkammersystem nur noch Mitglieder für ihre Landtage vor, die vom Volk gewählt und nicht mehr von einzelnen Standeszugehörigen ernannt wurden. Dadurch fiel der bestehende Klassenunterschied in der Bevölkerungszuteilung weg und es wurde nicht mehr an Grundbesitz oder an Steuerzahlungen in einer bestimmten Höhe als Wahlrechtsbedingung angeknüpft, wie es noch im Vormärz in fast allen Staaten der Fall gewesen war. Lediglich die Verfassungen von **Anhalt-Bernburg, Reuß j.L., Sachsen-Coburg-Gotha, Luxemburg** und **Württemberg** forderten weiterhin die Zugehörigkeit zu einer bestimmten Steuerklasse und damit das Vorliegen eines dezidierten Einkommens, was wiederum den Vorstellungen des bürgerlichen Liberalismus zuzuschreiben war. Dieser setzte das Gleichheitsprinzip der geburtsständischen Festlegung des Einzelnen und den Vorrechten des Adels entgegen, wandte sich aber nicht gegen eine Differenzierung der Bevölkerung, die auf Leistung beruhte.[821] Der Liberalismus sah weiterhin in der Volksvertretung kein verkleinertes Abbild der Gesellschaft, sondern eine Auswahl der Besten.[822] Bis auf diese wenigen Staaten, die sich weiterhin für ein indirektes und/oder beschränktes Wahlverfahren entschieden, ging die allgemeine Entwicklung in den Revolutionsjahren dahin, dass das Wahlrecht in den Einkammersystemen zugunsten der Bevölkerung allgemeiner, gleicher und unmittelbarer ausgestaltet wurde als noch im Vormärz.

## *b. Das Wahlrecht innerhalb der Zweikammersysteme*

### *aa. Unmittelbarer Vergleich der Einzelstaaten*

#### (1) Die Ersten Kammern

Wie bereits in der Untersuchung zur Zusammensetzung erörtert[823] gab es Länder, die sich für eine vollständige Auflösung der Ständevertretung entschieden (**Österreich ab 1849, Preußen 1848** und **Hessen-Darmstadt**). Andere wiederum, so **Preußen ab 1850** und **Sachsen,** reduzierten die vertretenen Stände auf ein Minimum und ließen daneben Mitglieder in der Ersten Kammer zu, die vom Volk gewählt wurden.

das wenigstens." Zitate aus Boehart, Nicht Untertanen, sondern Staatsbürger, in: Beutin (Hrsg)., Die deutsche Revolution von 1848/49 und Norddeutschland, S. 232.

819 Langewiesche, a.a.O., S. 133.

820 Günther, Parteien und Wahlen in Oldenburg, S. 122/123.

821 Grimm, Deutsche Verfassungsgeschichte, S. 128.

822 Grimm, a.a.O., S. 128.

823 Siehe I. Zusammensetzung der Landtage, 3. Die Zeit von 1848–1850, b. Die Zusammensetzung der Zweikammersysteme.

**Bayern und Hannover** dagegen blieben bei der vormals bestehenden Zusammensetzung, so dass die Mitglieder entweder weiterhin von den Landesherren ernannt oder aber aus Ständen aus ihrer Mitte berufen wurden. Dementsprechend war auch das Wahlrecht sehr unterschiedlich ausgestaltet. In **Hannover** gehörten zu den Honoratioren die größeren Grundeigentümer, Abgeordnete für Handel und Gewerbe und Angehörige der Kirchen und Schulen.[824] In dem Gesetz, „verschiedene Änderungen des Landesverfassungsgesetzes betreffend" vom 05. September 1848 wurde bezüglich dieser Abgeordneten die genaue Wählerschaft bestimmt. So sollten die dreiunddreißig größeren Grundeigentümer nach § 36 des Gesetzes zum Zwecke der Wahl auf dreiunddreißig Wahlbezirke je nach Grundsteuerertrag aufgeteilt werden, in denen je ein Abgeordneter gewählt wurde. In jedem Wahlbezirk erfolgte die Wahl von einhundertfünfzig Grundeigentümern, „und zwar von denjenigen, welche die höchste Grundsteuer zahlen". Befanden sich in einem Wahlbezirk mehr als einhundertfünfzig Grundeigentümer, welche fünfzig Taler Grundsteuer und darüber jährlich zahlten, so waren all diese Grundeigentümer wahlberechtigt. Die Mindestgrenze an erforderlichen Abgaben wurde bei dreißig Talern gezogen. Solche Eigentümer, die weniger als dreißig Taler an Abgaben leisteten, wurden von der Wahlberechtigung ausgeschlossen, da in diesen Fällen eine Gegenleistung in Form des Wahlprivilegs nicht mehr als adäquat angesehen wurde. Dies führte dazu, dass in solchen Wahlbezirken, in denen es weniger als einhundertfünfzig Grundeigentümer gab, die mindestens dreißig Taler Grundsteuer jährlich zahlten, die Zahl der Wahlberechtigten entsprechend reduziert wurde.

Die Abgeordneten für Handel und Gewerbe wurden zum Zweck der Wahl unter Berücksichtigung der provinziellen Bezirke eingeteilt. Wahlberechtigt war „jeder inländische Gewerbesteuerpflichtige in dem Urwahlbezirke, worin er zur Gewerbesteuer beschrieben ist, wenn er in der 8. oder einer höheren Steuerclasse steuert oder sonst eine jährliche Gewerbesteuer von mindestens 3 ½ Thaler entrichtet".[825] Gewerbesteuerpflichtige, die an mehreren Orten zur Entrichtung der Gewerbesteuer verpflichtet waren, hatten ihr Wahlrecht in dem Bezirke auszuüben, in welchem sie die höchste Steuer entrichteten. Auch waren Bierbrauer und Branntweinbrenner wahlberechtigt, wenn sie wegen der Einkünfte ihres Gewerbes zu einer Einkommenssteuer von gleichem Betrag verpflichtet waren. Weiterhin wurden auch die Vorsteher einer jeden Zunft (in den im § 41, 3a. des Gesetzes über verschiedenen Änderungen des Landesverfassungsgesetzes aufgeführten Städten)[826] zur Wahl

824 Hannover „Gesetz, verschiedene Änderungen des Landesverfassungsgesetzes betreffend" vom 05.09.1848 (§ 36).

825 Hannover „Gesetz über die Wahlen zur allgemeinen Ständeversammlung vom 26. Oktober 1848" (§ 23).

826 Zu den in § 41, 3a. aufgeführten Städten gehörten: Hannover, Göttingen, Northeim, Hameln, Einbeck, Osterode, Duderstadt, Moringen, Uslar, Hardegsen, Dransfeld und Hedemünden, Münden, Münder, Pattensen, Neustadt a. R., Springe, Wunstorf, Eldagsen, Bodenwerder und Rehburg, Clausthal, Zellerfeld, Bergstädte, Lüneburg, Uelzen, Celle, Harburg, Lüchow, Dannenberg, Hitzacker, Soltau, Walsrode, Burgdorf,

zugelassen. Welche Geistlichen die zehn Abgeordneten der Kirchen und Schulen wählen durften, wurde in vorgenanntem Paragraphen explizit reglementiert. Die evangelische Geistlichkeit erwählten vier, die katholische Geistlichkeit des hildesheimschen Sprengel einen, die katholische Geistlichkeit des Osnabrückschen Sprengels einen, die Universität Göttingen einen, die Lehrer-Kollegien der höheren Schulanstalten einen und die Lehrer der Bürger- und Volksschulen zwei Abgeordnete. Als Geistliche angesehen wurden solche Personen, die in einem geistlichen Amte standen.[827] Die vier Abgeordneten des Standes der Rechtsgelehrten wurden schließlich von den Ritterkollegien und den Rechtsbeiständen gewählt. Zusätzlich zu diesem Gesetz wurde rund ein Monat später ein weitere Verordnung erlassen, dass sich ausführlich mit den Wahlen der vorgenannten Abgeordneten beschäftigte. In diesem „Gesetz über die Wahlen zur allgemeinen Ständeversammlung" vom 26. Oktober 1848 wurde in § 1 insoweit bestimmt, dass die Wahlen des Standes der größeren Grundeigentümer und der Universität Göttingen unmittelbar, die Wahlen der übrigen Abgeordneten dagegen durch Dazwischenschaltung von Wahlmänner erfolgen sollten. In dieser Anordnungsweise zeigt sich ganz deutlich, welchen Stellenwert die einzelnen Mitglieder der Ersten Kammer auch im Jahr 1848 noch besaßen. Während den größeren Grundbesitzern und den Gelehrten ein erheblicher Vertrauensbonus eingeräumt wurde, indem ihnen ein direktes Wahlrecht gewährt worden war, bestand ein solches Ansehen hinsichtlich der anderen Kammermitglieder nicht. Grund für den Vertrauensbonus für diese Stände waren ihre altständischen Privilegien, ihre geringe Mitgliederzahl sowie ihr hoher Bildungsstand.[828]

In den Revisionsgesetzen **Bayerns** von 1848 ergaben sich hinsichtlich der Wahl der Abgeordneten der Ersten Kammer keine Änderungen im Verhältnis zu früheren Jahren. Maximilian II., der als Erbe von Ludwig I. im Jahr 1848 die Regierungsgeschäfte übernahm, verfolgte ein groß angelegtes Programm zur Sicherung der Souveränität.[829] Hierzu gehörte nicht zuletzt die Erhaltung der vorrevolutionären Wahlverhältnisse.

Ebenso wie **Hannover** und **Bayern** entschied sich überdies **Österreich** mit Erlass des ersten Grundgesetzes von 1848 für eine reine Ständevertretung in der Ersten Kammer. Auch hier wurde der Stand der Grundbesitzer, deren Mitglieder aus ihrer Mitte gewählt wurden, als Bedeutendster angesehen.[830] Dabei wurden in jeder Provinz zunächst die entsprechenden Grundbesitzer ermittelt und deren Namen

---

Gifthorn, Stade, Buxtehude, Verden, Hoyaschen Flecken, Diepholzschen Flecken, Osnabrück, Quakenbrück, Fürstenau, Melle, Bramsche, Meppen, Lingen, Haselünne, Goslar, Hildesheim, Alfeld, Peine, Bockenem, Elze, Gronau, Sarsted, Dassel, Emden, Aurich, Esens, Norden, Leer, Schüttorf, Nordhorn, Neuenhaus, Bentheim und Pappenburg.

827 Hannover Wahlgesetz 1848 (§ 29).

828 Klügel, Wahlrechtsbeschränkungen, S. 57.

829 Körner, Geschichte des Königreichs Bayern, S. 116.

830 Österreich 1848 (§ 35) sowie die provisorische Wahlordnung vom 09.05.1848 (§ 1).

dann öffentlich bekannt gegeben.[831] Wie sich aus den Vorschriften über das Wahlverfahren ergab, wurde die Wahl der Grundbesitzer aus den gleichen Gründen wie in Hannover in unmittelbarer Weise durchgeführt. Nur ein Jahr später wurde in **Österreich** jedoch ein neues Staatsgrundgesetz erlassen, mit dem unter anderem die Regelung getroffen wurde, dass nur noch vom Volk gewählte Abgeordnete in der Ersten Kammer zugelassen wurden.[832] Die Abgeordneten wurden durch direkte Wahlen berufen.[833] Solche vom Volk gewählte Abgeordnete sahen ebenfalls die Einzelstaaten **Preußen**, **Sachsen** und **Hessen-Darmstadt** vor.[834] In den beiden letzt genannten Staaten wurde dabei ebenfalls eine unmittelbare Wahl für die Mitglieder der Ersten Kammer angeordnet und damit den Forderungen der Märzrevolution auf liberalere Wahlrechte für die Bevölkerung Rechnung getragen.[835] In **Preußen** sah die Verfassung von 1848 zunächst eine mittelbare Wahl vor, was jedoch mit dem neuen Staatsgrundgesetz von 1850 aufgehoben und ebenfalls durch eine unmittelbare Anordnungsweise ersetzt wurde.[836]

### (a) Allgemeine Wahlrechtsbestimmungen

Die zu untersuchenden Staaten reglementierten für die Urwähler bestimmte Voraussetzungen, um an der Wahl der Abgeordneten der Ersten Kammer teilnehmen zu können.[837] Ausnahmslos in allen Staaten wurde ein bestimmtes Mindestalter gefordert, das entweder bei fünfundzwanzig oder bei dreißig Jahren lag.[838] Der Urwähler

---

831 So § 4 der österreichischen Verfassung von 1848: „Von den höchsten vereinten Steuerbeträgen, welche einzelne Grundbesitzer, wenn auch von verschiedenen, in derselben Provinz gelegenen Besitzungen zu entrichten haben, ist mit der Ausmittlung auf die zunächst stehenden Geringeren in so lange überzugehen, bis für jedes aus der Provinz in den Senat zu wählende Mitglied zwanzig Steuerpflichtige entfallen." § 5: „Die Namen dieser Höchstbesteuerten, und der geringste Steuerbetrag, auf welchen zur Erreichung der erforderlichen Zahl herabgegangen werden mußte, sind mit dem Beisatze öffentlich bekannt zu machen, (...)".

832 Österreich 1849 (§ 41).

833 Österreich 1849 (§ 78).

834 Preußen Wahlgesetz 1848 (Art. 1) und Preußen 1850 (Art. 65). Bezüglich der Zusammensetzung der Ersten Kammer von 1850 ist an dieser Stelle noch einmal darauf hinzuweisen, dass neben den vom Volk gewählten Abgeordneten auch Mitglieder weiterhin vorgesehen waren, die entweder zu einem bestimmten Stand oder aber vom König festgesetzt wurden. Hessen-Darmstadt Gesetz, die Zusammensetzung der beiden landständischen Kammern und die Wahlen der Abgeordneten betreffend 1849 (Art. 2); Sachsen Gesetz von 1848 (§ 63).

835 Sachsen Gesetz 1848 (§ 63) und Hessen-Darmstadt Gesetz 1849 (Art. 3).

836 Preußen Wahlgesetz 1848 (Art. 3); Preußen 1850 (Art. 65).

837 Hannover Gesetz 1848 (§ 38); Österreich Wahlordnung 1848 (§ 6); Preußen Wahlgesetz 1848 (Art. 1/2) und Preußen 1850 (Art. 70); Hessen-Darmstadt Gesetz 1849 (Art. 3) und Sachsen Gesetz 1848 (§ 65/66/68).

838 Das Erreichen des 25. Lebensjahres wurde insoweit in Hannover, Hessen-Darmstadt und in Preußen ab 1850 gefordert. 30 Jahre musste die Person hingegen in

musste in jedem der betreffenden Länder mit Ausnahme von **Sachsen,** wo es nicht explizit gefordert wurde, im Vollbesitz der staatsbürgerlichen bzw. politischen Rechte sein. Eine weitere Bedingung war das Staatsbürgerrecht, das in **Preußen, Hessen-Darmstadt** und **Sachsen** vorgewiesen werden musste. Von der Teilnahme an der Wahl ausgeschlossen waren in **Hannover, Hessen-Darmstadt** und **Sachsen** solche Personen, die wegen Verbrechens rechtskräftig verurteilt wurden.[839] Weitere Ausschlussgründe waren das Stehen unter väterlicher Gewalt oder Vormundschaft (so **Hannover** und **Sachsen**), die Eröffnung eines Konkurses (**Sachsen**), die Unterstützung aus öffentlichen Mitteln (**Hessen-Darmstadt** und **Sachsen**) und die Entsetzung oder Suspendierung aus öffentlichen Ämtern. In **Preußen** musste die Person schließlich noch im Genuss des Gemeindebürgerrechts sein (1850) und **Sachsen** forderte die Erfüllung des Kriteriums der Selbständigkeit. Wer als selbständig galt war abhängig vom Wohnsitz. Während in Städten die Bürger und Schutzverwandten bereits die Bedingung erfüllten, galten auf dem Land nur Angesessene und Hausgenossen sowie sämtliche der Armee Angehörige als Selbständige.

Auffällig bei den Wahlrechtsbedingungen ist, dass alle Staaten weiterhin für die Urwähler als Bedingung einen bestimmten Steuersatz oder aber das Vorweisen eines bestimmten Grundbesitzes festsetzten. So mussten diese in **Österreich** im Besitz eines steuerpflichtigen Objekts sein, in **Preußen** wiederum war nur derjenige wahlberechtigt, der entweder einen jährlichen Klassensteuersatz von mindestens acht Thalern, alternativ einen Grundbesitz im Wert von mindestens fünftausend Thalern oder ein reines jährliches Einkommen von fünfhundert Thalern vorweisen konnte. Dieses Kriterium wurde jedoch im letzt genannten Staat bereits zwei Jahre später mit Erlass des neuen Staatsgrundgesetzes wieder revidiert, so dass nunmehr jeder Wähler, unabhängig von seinen Einkommens- und Vermögensverhältnissen zur Teilnahme an der Wahl berechtigt war. Dass **Preußen** im Jahr 1848 ein Zensuswahlrecht bestimmte, lag an der besonderen Wahl der Abgeordneten der Ersten Kammer. Da einhundertachtzig Mitglieder nach Artikel 63 von Provinzial-, Bezirks- und Kreisvertretungen gewählt wurden und diese regionalen Vertretungskörperschaften noch nicht bestanden, wurde mit dem Wahlgesetz vom 06. Dezember 1848 die Wahlmöglichkeit der Ersten Kammer vorläufig den Angehörigen der besitzenden Klasse übertragen, indem das aktive und passive Wahlrecht von einem hohen Zensus abhängig gemacht wurde.[840] Die auf den hohen Zensus gegründete Wahl machte die Erste Kammer zu einem Instrument der besitzenden Oberschicht.[841] Die

Österreich und in Preußen 1848 sein. Das Gesetz von Sachsen verwies insoweit nur auf die „Volljährigkeit". Diesbezüglich verblieb es bei dem bereits in der Verfassung von 1831 genannten Alter von 25 Jahren (Vgl. § 73 der Verfassung von 1831).

839 In Hessen-Darmstadt wurde hierbei nicht jedes Verbrechen als Ausschlussgrund genommen, sondern nur die Verurteilung wegen Landstreicherei oder Bettelei während der letzten 12 Monate vor der Wahl.

840 Huber, Deutsche Verfassungsgeschichte, Band 2, S. 81.

841 Huber, a.a.O., S. 81.

Verfassung von **Hessen-Darmstadt** sah als Voraussetzung die Entrichtung einer jährlichen, ordentlichen und direkten Steuer von zwanzig Gulden vor, während das Grundgesetz **Sachsens** lediglich verlangte, dass der Wähler im „hiesigen“ Land mit Grundbesitz ansässig war. Zusammenfassend lässt sich feststellen, dass zumindest in einer der beiden Kammern nicht auf das, vom Standpunkt der Landesherren aus gesehen, bewährte Ausschlussinstrument des steuerlichen Abgabenerfordernisses verzichtet werden wollte. Es gab immer noch ein zuverlässiges Parameter für solche Bürger ab, die sich durch die Mitfinanzierung des Staates eines Wahlrechtsprivilegs verdient gemacht hatten.

(b) Passives Wahlrecht der Wahlmänner

Wie im obigen Vergleich sichtbar, wurde eine mittelbare Wahl hinsichtlich der Abgeordneten der Ersten Kammer nur in **Hannover** und in **Preußen** 1848 angeordnet.[842] In beiden Fällen wurde als Voraussetzung für das passive Wahlrecht der Wahlmänner festgesetzt, dass die gleichen Bedingungen wie für die Urwähler gelten sollten. Insoweit ist auf den obigen Vergleich (Allgemeine Wahlrechtsbedingungen) zu verweisen.

(2) Beurteilung der Ersten Kammern

Bis auf wenige Ausnahmen erfolgte die Wahl derjenigen Abgeordneten der Ersten Kammer, die entweder aus ihrer Mitte ernannt oder aber vom Volk gewählt wurden, in einer unmittelbaren Weise, was dem Zeitgeist der 1848er Jahre entsprach. **Preußen** führte 1848 zunächst eine mittelbare Wahl für diejenigen Abgeordneten, die vom Volk ernannt wurden, ein. Dies wurde jedoch bereits zwei Jahre später wieder revidiert und durch eine unmittelbare Wahlanordnung ersetzt. Die Regierung hatte eingesehen, dass das in der Verfassung von 1848 reglementierte Wahlrecht der Ersten Kammer den Anforderungen der Märzrevolution, die „im Sinne einer vernünftigen Freiheit und einer wahrhaft liberal-konservativen Politik“ an sie gestellt worden waren, nicht entsprach und reagierte hierauf entsprechend mit der Änderung der Wahlart. Indem sie sich weitestgehend für die Anordnung einer unmittelbaren Wahl entschied, kam es grundsätzlich zu einem liberaleren Wahlrecht als noch in den vorangegangenen Jahren. Dieser Fortschritt wurde jedoch wiederum dadurch geschmälert, dass es in allen Staaten bei Zensusbestimmungen hinsichtlich der Wahlrechtsbedingungen blieb. So wurde weiterhin als Voraussetzung für die Teilnahme an der Wahl gefordert, dass die Urwähler ein bestimmtes Steueraufkommen oder aber einen bestimmten Grundbesitz vorweisen konnten. Der Grund für die Weigerung der Aufgabe solcher Zensusbestimmungen ist darin zu sehen, dass trotz oder gerade aufgrund der revolutionären Märzforderungen ein allgemeines Wahlrecht in den meisten Staaten als weiterhin „gefährlich“ eingestuft

842 Hannover Wahlgesetz 1848 (§ 4) und Preußen Wahlgesetz 1848 (Art. 4).

wurde.[843] Während diesbezüglich auf die Forderungen hinsichtlich des Wahlrechts der Zweiten Kammer eingegangen werden musste – da gerade auf der Zweiten Kammer das besondere Augenmerk der bürgerlichen Bewegung lag –, hatten die Regierungen zumindest noch die Möglichkeit, das Wahlrecht hinsichtlich der Ersten Kammer weiterhin unter ihrer Kontrolle zu halten. Die aufgrund eines Zensuswahlrechts gewählte Erste Kammer fungierte als ein gefügiges Werkzeug in den Händen der Monarchen.[844] Es sollte folglich weiterhin mit der Ersten Kammer eine „Privilegiertenvertretung" erhalten bleiben, um sich nicht ganz dem Einfluss und den Forderungen der Bevölkerung zu beugen. Die Art und Weise, wie die Mitglieder gewählt wurden, bot hierfür Gewähr, als Instrument der Politik zu dienen.[845]

### (3) Die Zweiten Kammern

Bis auf die Verfassung des Königreichs **Hannover,** die neben den vom Volk gewählten Abgeordneten auch weiterhin solche vom König zu ernennenden Mitglieder vorsah, hatten sich alle anderen Staaten hinsichtlich der Zusammensetzung der Zweiten Kammer für eine vollständige Auflösung einer Ständevertretung entschieden. In den Landtagen gab es nur noch Mitglieder, die vom Volk legitimiert wurden. Diese Abgeordneten wurden größtenteils mittelbar durch die Urwähler ernannt, so in **Hannover, Österreich (1848), Bayern** und **Preußen.**[846] Die Verfassungen von **Sachsen** und **Hessen-Darmstadt** sahen dagegen unmittelbare Wahlen vor.[847] In **Österreich** wurde die mittelbare Anordnungsweise bereits ein Jahr später, mit Erlass des neuen Staatsgrundgesetzes von 1849, durch eine unmittelbare ersetzt. Eine einzigartige Anordnung zum Wahlrecht gab es im Königreich **Preußen**, das mit der „Verordnung, betreffend die Ausführung der Wahl der Abgeordneten der Zweiten Kammer vom 30. Mai 1849" ein Dreiklassenwahlrecht einführte. Dies gestaltete sich derart, dass die Urwähler nach Maßgabe der von ihnen zu entrichtenden direkten Staatssteuern in drei Abteilungen eingeteilt wurden. Auf jede Abteilung fiel dabei ein Drittel der Gesamtsumme der Steuerbeträge aller Urwähler (Art. 71). Die

843 Schilfert, Sieg und Niederlage des demokratischen Wahlrechts, S. 254. Schilfert bezieht sich hier zwarnur auf Preußen, es ist aber aufgrund der gleichen Entwicklung in allen Staaten Deutschlands zur Zeit der Märzrevolution davon auszugehen, dass auch die Regierungen der anderen deutschen Staaten diese Gedanken als Beweggründe für das Verbleiben bei einem Zensuswahlrecht für die Erste Kammer hatten.

844 Schilfert, a.a.O., S. 254.

845 Schilfert, a.a.O., S. 255.

846 Hannover Gesetz 1848 (§ 44); Österreich Wahlordnung 1848 (§ 20); Preußen 1848 (Art. 68) und 1850 (Art. 71); Bayern Gesetz, die Wahl der Landtags-Abgeordneten betreffend vom 04. Juni 1848 (Art. 3).

847 Hessen-Darmstadt Gesetz 1849 (Art. 3). In Sachsen wurde nicht explizit geregelt, dass es sich um unmittelbare Wahlen handelte. Jedoch ergab sich die Anordnung dieser Wahlart aus dem Umkehrschluß, dass es keine Regelungen zu einer Wahl von Wahlmännern gibt.

Gesamtsumme wurde dabei entweder gemeindeweise berechnet, falls die Gemeinde einen Urwahlbezirk für sich bildete, oder bezirksweise, falls der Urwahlbezirk aus mehreren Gemeinden zusammengesetzt war. Wie die Abteilungen eingeteilt wurden, wurde in Artikel 71 explizit normiert: „Die erste Abtheilung besteht aus denjenigen Urwählern, auf welche die höchsten Steuerbeträge bis zum Belaufe eines Drittheils der Gesamtsteuer fallen. Die zweite Abtheilung besteht aus denjenigen Urwählern, auf welche die nächst niedrigeren Steuerbeträge bis zur Gänze des zweiten Drittheils fallen. Die dritte Abtheilung besteht aus den am niedrigsten besteuerten Urwählern, auf welche das dritte Drittheil fällt."[848] Jede Abteilung wählte dabei ein Drittel der zu wählenden Wahlmänner. Diese Steuerunterteilung führte dazu, dass sich in der ersten Klasse hauptsächlich Rittergutsbesitzer, Geistliche, wissenschaftlich gebildete Lehrer, das Sanitätspersonal, die Zivilbeamten im Staatsdienst, Offiziere, Fabrikherren und Rentiers befanden; zu der zweiten Klasse gehörten die Elementarlehrer, die Handwerker und Gewerbetreibenden und die Landbesitzer von fünfzig bis zweihundertfünfzig Morgen; schließlich befanden sich in der dritten Klasse die Arbeiter, kleine Krämer und Schankwirte sowie die Landbesitzer von unter fünfzig Morgen. Die Idee zu der Einführung eines solchen Dreiklassenwahlrechts entstand mit den Überlegungen einer Veränderung des revolutionär beeinflussten Wahlrechts von 1848, das vom Staatsministerium als nicht akzeptabel proklamiert wurde, wie sich aus dem Immediatbericht des Staatsministeriums an den König ergab. Dort hieß es, „daß der Staat durch Ausführung der Wahlen in der bisherigen Art nicht nochmals gefährlichen Schwankungen ausgesetzt werden dürfe, und daß es mittels des neuen Wahlgesetzes möglich werde, endlich zu geordneten Zuständen und vor allem zu einer Volksvertretung zu gelangen, welche den Anforderungen der Bevölkerung entspreche, indem sie auch innerhalb des Kreises der zweiten Kammer den einzelnen Volksschichten denjenigen Einfluß gestatte, welcher zu ihrer wirklichen Bedeutung im Staatsleben im richtigen Verhältnis stehe".[849] Da der Grundsatz der Allgemeinheit der Wahl erhalten bleiben sollte, eine ständische Gliederung aber auch nicht mehr durchführbar erschien, wurde beschlossen, ein allgemeines, aber ungleiches Wahlrecht zu schaffen.[850] Als Vorbild diente das „Dreiklassenwahlrecht" der rheinischen Gemeindewahlordnung vom 23. Juli 1845, das den Forderungen des rheinischen Bürgertums nach Berücksichtigung von Besitz und Bildung weitgehend entsprochen hatte.[851] Speziell zur Rechtfertigung des Klassenwahlrechts hieß es, „daß bei Ausübung des Wahlrechts diejenigen zusammentreten sollen, welche gleiche Lebensweise und gleiche Bedürfnisse zu gleicher Anschauung und gleichem Wunsche verbinden, daß die Teilnahme an den Wahlen je nach den gegenüberstehenden Pflichten bemessen werden müsse, daß dieses System der Forderung der verhältnismäßigen Vertretung der einzelnen Elemente des Staatslebens entspreche

848 Gerlach, Die Geschichte des preußischen Wahlrechts, S. 30.
849 Gerlach, a.a.O., S. 11.
850 Vogel/Nohlen/Schultze, Wahlen in Deutschland, S. 86.
851 Vogel/Nohlen/Schultze, a.a.O., S. 86/87.

und verhindere, daß der Fleiß, der Besitz und die Intelligenz dem Übergewicht der Kopfzahl zum Opfer gebracht werde".[852] Dieses Dreiklassenwahlrecht führte jedoch tatsächlich dazu, dass nur die Höchstbesteuerten der ersten und zweiten Abteilung, die bei der Wahl nur eine Minderheit ausmachten, die Mehrheit der Urwähler der dritten Abteilung überstimmen konnten.[853] Die dritte Klasse war damit praktisch von jeglichem politischen Einfluss ausgeschlossen.[854] Durch ein solch abgestuftes Wahlrecht wurde die Möglichkeit geschaffen, den Einfluss der Volksmassen noch mehr einzudämmen, als dies schon auf dem Wege von Wahlrechtsbeschränkungen möglich gewesen wäre[855], indem das Geld zum Maß aktiver und passiver politischer Rechte gemacht wurde.[856]

(a) Allgemeine Wahlrechtsbestimmungen

Mit Ausnahme von **Sachsen**[857], der damit eines der demokratischsten Wahlgesetze jener Zeit geschaffen hatte,[858] wurden in allen Staaten Voraussetzungen für die Stimmberechtigung zur Wahl der Abgeordneten der Zweiten Kammer normiert, die nicht mit denen für die Erste Kammer übereinstimmten.[859] Das Mindestalter lag in **Hannover** und **Hessen-Darmstadt** bei fünfundzwanzig, in **Österreich** und **Preußen** sogar nur bei vierundzwanzig Jahren. **Bayern** verwies insoweit auf den § 3 Tit. IV. der Verfassungsurkunde von 1818 und sprach in dem „Gesetz, die Wahl der Landtags-Abgeordneten betreffend" vom 04. Juni 1848 nur von der „Volljährigkeit". Diese begann im betreffenden Staat mit dem Erreichen des einundzwanzigsten Lebensjahres. In den genannten Staaten musste der Wähler weiterhin Staatsbürger und mit Ausnahme von **Bayern** im vollen Besitz seiner politischen und bürgerlichen Rechte sein. In den Verfassungen von **Hannover, Österreich** und **Preußen** wurde zudem gefordert, dass der Wähler seinen Wohnsitz im Wahlbezirk hatte (in Österreich und Preußen musste dies seit sechs Monaten vor der Wahl der Fall sein). Dahinter steckte wohl der Gedanke, dass sich jemand eine gewisse Zeit in dem betreffenden Gebiet aufhalten müsste, um sich mit den dort gegebenen Verhältnissen vertraut machen zu können. Ausgeschlossen waren in **Österreich, Preußen** und **Hessen-Darmstadt**

852 Gerlach, a.a.O:, S. 11/12; Gneist, Die nationale Rechtsidee von den Ständen und das preußische Dreiklassenwahlsystem, S. 24.
853 Vogel/Nohlen/Schultze, a.a.O., S. 89.
854 Vogel/Nohlen/Schultze, a.a.O., S. 89.
855 Schilfert, a.a.O., S. 261.
856 Kotulla, Das konstitutionelle Verfassungswerk Preußens, S. 24.
857 In Sachsen galten insoweit die gleichen Voraussetzungen für die Urwähler der Zweiten Kammer wie für die Urwähler der Ersten Kammer (vgl. § 65 und 66 des Gesetzes von 1848).
858 Görlitz, Parlamentarismus in Sachsen, S. 98.
859 Hannover Gesetz 1848 (§ 42); Österreich 1848 (§ 31 der Wahlordnung) und 1849 (§ 43); Preußen 1848 (Art. 67) sowie § 8 der „Verordnung betreffend die Ausführung der Wahl der Abgeordneten der Zweiten Kammer vom 30. Mai 1849" und 1850 (Art. 70); Hessen-Darmstadt Gesetz 1849 (Art. 3).

solche Personen, die aus öffentlichen Mitteln Armenunterstützung erhielten. In **Hannover** waren weitere Ausschlusskriterien das Stehen unter väterlicher Gewalt oder unter Kuratel sowie die Anstellung in Kost und Lohn eines anderen. Zudem durfte derjenige hier, ebenso wie in **Bayern**, nicht wegen entehrenden Verbrechens bestraft worden sein.[860] In **Österreich** waren indes Arbeiter gegen Tag- und Wochenlohn und Dienstleute ausgeschlossen sowie Personen, die bereits bei der Wahl der Mitglieder der Ersten Kammer wahlfähig waren. Wer während der letzten zwölf Monate vor der Wahl wegen Landstreicherei oder Bettelei rechtskräftig verurteilt worden war, durfte in **Hessen-Darmstadt** nicht an den Wahlen teilnehmen. In **Preußen** änderte sich hinsichtlich des aktiven Wahlrechts mit Einführung des neuen Staatsgrundgesetzes von 1850 das Wahlalter, das nunmehr bei fünfundzwanzig Jahren lag. Aufgrund des Systems des Dreiklassenwahlrechts konnte auf das Ausschlusskriterium der Armenunterstützung aus öffentlichen Mitteln verzichtet werden, dafür wurde nunmehr der Besitz der Befähigung, an Gemeindewahlen teilzunehmen, gefordert. Neu eingeführt mit Erlass der Verfassung von 1849 wurde in **Österreich** die Bedingung, dass der Urwähler entweder einen „den durch das Wahlgesetz bestimmten" Jahresbetrag an direkter Steuer entrichtete oder aber nach seiner persönlichen Eigenschaft in einer Gemeinde eines österreichischen Kronlandes das aktive Wahlrecht besaß. Hinsichtlich des Jahresbetrages wurden in § 44 weitere Erläuterungen reglementiert. Dort hieß es: „Das Wahlgesetz wird den in dem vorstehenden Paragraph erwähnten Jahresbetrag der directen Steuer in jedem Kronlande mit Beachtung der eigenthümlichen Verhältnisse desselben festsetzen, und dabei als Grundsatz festgehalten, daß derselbe für das Land und für die Städte bis zehntausend Seelen nicht unter fünf Gulden Conventions-Münze, und für Städte über zehntausend Seelen nicht unter zehn Gulden Conventions-Münze betragen, und in keinem Falle höher als mit zwanzig Gulden Conventions-Münze bestimmt werden darf."

Ebenfalls die Voraussetzung eines bestimmten Steueraufkommens verlangten neben **Österreich** nur noch die zwei Königreiche **Hannover** und **Bayern,** die festlegten, dass eine direkte Steuer (und zwar seit mindestens zwölf Monaten vor der Wahl – so das Gesetz von **Hannover**) zu entrichten sei. Eine bestimmte Höhe der Steuer wurde in beiden Fällen nicht genannt, aus gutem Grund, da sich die Regierungen so die Option offen ließen, die Steuer willkürlich zu bestimmen und damit letztendlich höher ansetzen zu können, als es unter dem Blick der Öffentlichkeit in der Verfassungsurkunde möglich gewesen wäre.

### (b) Passives Wahlrecht der Wahlmänner

Da in den meisten Staaten, wie oben bereits gesehen, mittelbare Wahlen vorherrschend waren, enthielten die Revisionsgesetze bzw. Verfassungen dieser Länder auch entsprechende Regelungen über die Wählbarkeit der Wahlmänner. Die Normierungen

860 Was unter diese entehrenden Verbrechen fiel, wurde in Bayern in Art. 5 des Gesetzes von 1848 explizit genannt: „Verbrechen oder Vergehens der Fälschung, des Betrugs, des Diebstahls oder der Unterschlagung".

waren dabei in allen Staaten gleichen Inhalts, nämlich, dass hinsichtlich des passiven Wahlrechts der Wahlmänner die gleichen Voraussetzungen wie für das aktive Wahlrecht der Urwähler zu gelten hatten.[861] Diesbezüglich kann damit auf oben verwiesen werden. Lediglich die Verfassung **Bayerns** sah daneben noch eine besondere Bestimmung vor, die in dem Erreichen eines Alters von fünfundzwanzig Jahren lag (vgl. Art. 6 des Wahlgesetzes von 1848). Der Grund für die Einführung eines höheren Wahlalters für die Wahlmänner im Gegensatz zu den Urwählern, die bereits mit einundzwanzig Jahren zur Teilnahme an der Wahl berechtigt waren, lag in der Ansicht begründet, dass für die Tätigkeiten eines Wahlmannes in besonderer Weise „Erfahrung, Kenntnis der Menschen und Verhältnisse" sowie „ein Eingelebtsein in die staatliche Ordnung" erforderlich sei; dies alles sei in jüngeren Jahren noch nicht vorhanden.[862]

### (4) Beurteilung der Zweiten Kammern

Im Gegensatz zu den Verhältnissen in den Ersten Kammern wurden in den Zweiten Kammern der meisten Staaten die Abgeordneten mittelbar vom Volk gewählt. Die Urwähler ernannten die Wahlmänner, welche dann wiederum die eigentlichen Abgeordneten zu bestimmen hatten. Dieses Wahlverfahren zeigt ganz typische reaktionäre Verfälschungen der Märzbewegung, mit denen Möglichkeit geschaffen wurden, weiterhin undemokratische Akzente im Wahlrecht zu setzen.[863] Durch die Etablierung eines mittelbaren Wahlrechts konnte eine Stufe der Aussiebung der Bevölkerungsschichten trotz des unbeschränkten Wahlrechts weiterhin durchgesetzt werden. Da die Märzforderungen lediglich dahin gingen, ein *allgemeines* und *gleiches* Wahlrecht durchzusetzen, wurde diese Handhabung auch in den meisten Staaten großzügig akzeptiert. Zudem nahmen die meisten Staaten das Wahlrecht der Frankfurter Nationalversammlung, das ein indirektes Wahlverfahren vorsah, als Vorbild für die Ausgestaltung ihres eigenen Wahlrechts.[864]

Lediglich **Sachsen** und **Hessen-Darmstadt** sprachen sich für eine unmittelbare Wahl aus. Beide Staaten waren, was die Einführung eines demokratischen Wahlrechts anbelangte, von allen deutschen Staaten am Fortschrittlichsten.[865] Die äußersten Linken, die die Schaffenden in diesen Staaten darstellten, hatten im Zuge dieser Entwicklung mehr und mehr erfasst, welche großen Möglichkeiten ihnen eine

861 Hannover Gesetz 1848 (§ 4 des Wahlgesetzes); Österreich 1848 (§ 31 der Wahlordnung) und Preußen 1848 (Art. 4 des Wahlgesetzes) und 1850 (Art. 71); Bayern Gesetz 1848 (Art. 6).

862 Groß-Bölting, Altersgrenzen im Wahlrecht, S. 247.

863 Schilfert, a.a.O., S. 262.

864 Stockinger, Die Wahlen zum konstitutierenden Reichstag von 1848 in den ländlichen Wahlbezirken Niederösterreichs, in: Jahrbuch für Landeskunde von Niederösterreich, Neue Folge 69/71, S. 13.

865 Schilfert, a.a.O., S. 147/148.

konsequent durchgeführte demokratische Wahlgesetzgebung gab und sprachen sich deshalb restlos für ein demokratisches Wahlrecht aus.[866]

**Österreich** entschied sich zunächst für die Einführung einer mittelbaren Wahl, was bereits ein Jahr später mit der neuen Verfassung revidiert und in eine unmittelbare Wahl umgewandelt wurde. Die Regierung rechtfertigte die Entscheidung für eine mittelbare Wahl zunächst mit den Worten, dass mit direkten Wahlen „ein großer Zusammenfluß von Wählern aus der Ferne unzertrennlich" sei, „was für die öffentliche Ruhe leicht gefährlich werden kann, und für die Wähler wegen der Entfernung vom Hause lästig wird".[867] Die Wahlordnung von 1848 hielt jedoch den Protestaktionen der Studentenschaft und der revolutionären Linken nicht lange stand.[868] Insbesondere der indirekte Wahlmodus wurde in diesen Kreisen heftigst abgelehnt.[869] Die Regierung versprach daraufhin, „die Anordnungen des Wahlgesetzes, welche Bedenken hervorgerufen haben, in einer neuerlichen Prüfung zu erwägen".[870] Mit Erlass der neuen Verfassung von 1849 setzte sie dieses Versprechen dann auch um.

Im Gegensatz zu der Wahl der Abgeordneten zur Ersten Kammer erfolgte die Wahl der Mitglieder der Zweiten Kammer ohne Wahlrechtsbeschränkung auf ein bestimmtes Steueraufkommen oder den Besitz. Damit übernahmen die meisten Staaten im Wesentlichen die Forderungen des bürgerlichen Liberalismus, indem sie ein zensusfreies Wahlrecht auf Grundlage der Bevölkerungszahl etablierten, dennoch das Wahlrecht durch die Einführung einer mittelbaren Wahl wiederum beschränkten. **Preußen** konnte schon allein deshalb auf ein beschränktes Wahlrecht verzichten, weil mit Einführung des Dreiklassenwahlrechts der Einfluss der Volksmassen ohnehin schon genügend eingedämmt wurde, so dass weitere Wahlrechtsbeschränkungen nicht mehr notwendig waren.[871]

Lediglich die Verfassungen von **Hannover** und **Bayern** forderten weiterhin ein auf ein bestimmtes Vermögensverhältnis gerichtetes Zensuswahlrecht. Beide Staaten weigerten sich, das Wahlrecht an die neuen Verhältnisse anzupassen, da sie möglichst an den alten Bedingungen festhalten wollten.[872] Zwar mussten auch diese Staaten sich schließlich den öffentlichen Forderungen beugen, was sich in der neuen Zusammensetzung der Kammern zeigte, verknüpften dies jedoch mit der

---

866 Schilfert, a.a.O., S. 148. Schilfert nimmt hier nur Bezug auf die Entwicklung in Sachsen. Da aber auch Hessen-Darmstadt als einziger Staat neben Sachsen sich für die Einführung eines unmittelbaren Wahlrechts aussprach, ist insoweit auf die gleiche Entwicklung und damit auf die gleichen Gründe hierfür zu schließen.

867 Ministerrat vom 20. Mai (Haus-, Hof- und Staatsarchiv Wien, MR (955/848).

868 Stockinger, a.a.O., S. 11.

869 Stockinger, a.a.O., S. 12.

870 Stockinger, a.a.O., S. 12; Kaiserliche Proklamation vom 16. Mai, reproduziert in: 1848. Protokolle einer Revolution.

871 Schilfert, a.a.O., S. 261.

872 Schilfert, a.a.O., S. 143.

Bedingung, auch weiterhin ein beträchtliches Zensuswahlrecht festzusetzen, um so ihre bisherigen Positionen auch in den neuen Kammern zu wahren.[873]

Eine besondere Entwicklung ist diesbezüglich in **Österreich** zu beobachten. Während noch bei Erlass der Verfassung von 1848 ebenfalls auf Bedingungen hinsichtlich bestimmter Steueraufkommen verzichtet wurde, wurde genau eine solche Voraussetzung Grundlage des aktiven Wahlrechtskatalogs in der Verfassung von 1849. Es ist anzunehmen, dass Österreich das Zensuswahlrecht deshalb ab 1849 wieder einführte, da sich der Staat bereits hinsichtlich der Wahlart den der Verfassung von 1848 anschließenden Protestaktionen beugen musste. Durch die Einführung einer Beschränkung auf eine bestimmte besitzende Bürgerschaft hatten sie die Möglichkeit, trotz der Einführung des unmittelbaren Wahlrechts weiterhin einen gewissen Einfluss auf die Zusammensetzung der Abgeordneten der Zweiten Kammer zu bewahren.

### *bb. Auswertung des Wahlrechts der Zweikammersysteme*

Bei einem Vergleich der Jahre der Revolution zu den vorangegangenen Jahren, insbesondere der Zeitperiode von 1831–1847 ist hinsichtlich des Wahlrechts ein ganz deutlicher „Fortschritt" mit Blick auf die Einbeziehung des Volkes ersichtlich. Während in den Jahren von 1831–1847 in den Ersten Kammern lediglich vereinzelte Stände ein Wahlrecht zugestanden bekommen hatten, wurden nunmehr überwiegend auch in der Ersten Kammer Abgeordnete zugelassen, die vom Volk legitimiert wurden. In den Zweiten Kammern zeichnet sich diese Entwicklung noch deutlicher ab, da in allen Staaten – mit Ausnahme von **Hannover** – die Ständevertretung gänzlich abgeschafft wurde und damit nur noch aus vom Volk gewählten Abgeordneten bestanden. Wie im obigen Vergleich bereits sichtbar, wurden jedoch unterschiedliche Wahlarten und Wahlrechtsbestimmungen in den Ersten und Zweiten Kammern angeordnet. Während in den Ersten Kammern überwiegend die unmittelbare Wahl vorherrschend war, wurden die Abgeordneten der Zweiten Kammer meistens mittelbar gewählt. Dagegen war hinsichtlich der Ersten Kammern das Wahlrecht weiterhin an die Bedingung der Besitz- bzw. Einkommensverhältnisse geknüpft, während das Wahlrecht hinsichtlich der Zweiten Kammern frei von solchen Zensusbestimmungen war. Damit konnte ab 1848 in den „Zweikammerstaaten" ein System geschaffen werden, das dem englischen dualistischen Parlamentsmodell entsprach.[874] Die Erste Kammer stellte dabei weiterhin die Oberschicht dar, während die Zweite Kammer als „Volksvertretung" fungierte.

873 Schilfert, a.a.O., S. 143.
874 Huber, Deutsche Verfassungsgeschichte, Band 2, S. 80.

## c. *Die Auswertung der Ein- und Zweikammersysteme in der Zeit von 1848–1850*

Zusammenfassend lässt sich ab 1848 ein Wahlrecht in den Ein- und Zweikammersystemen feststellen, dass nunmehr das gesamte Volk betraf und nicht mehr auf einzelne Stände beschränkt war. Damit ging die Entwicklung, die bereits im Vormärz begonnen hatte, weiter in Richtung eines demokratischen Wahlrechts, indem die früheren Zensusbeschränkungen wie Besitz oder Eigentum in vielen Staaten wegfielen und das mittelbare Wahlverfahren in den meisten Staaten durch ein unmittelbares ersetzt wurde. Die Staaten mit einem Zweikammersystem waren dabei im Gegensatz zu den „Einkammerstaaten" in ihren Ausgestaltungsmöglichkeiten aufgrund der Aufteilung der Mitglieder in zwei Kammern grundsätzlich freier, so dass viele Staaten erfolgreich versuchten, zumindest die Erste Kammer weiterhin als „Privilegiertenvertretung" zu erhalten.

In beiden Systemen war jedoch insgesamt eine Entwicklung der Rückwendung der besitz- und bildungsbürgerlichen Führungsschicht hin zu einer interessengleichen Gemeinschaft zu verzeichnen.[875] Die Märzforderung, ein allgemeineres und gleiches Wahlrecht in den Landtagen zu etablieren, wurde, wenn auch mit Einschränkungen, in den meisten Staaten realisiert.[876]

## d. *Vergleich der Ein- und Zweikammersysteme zum heutigen Parlamentarismus*

Zum ersten Mal seit Bestehen des Deutschen Bundes ist das damalige Wahlrecht in den Ein- und Zweikammersystemen als ein tatsächlicher Vorläufer der heutigen Grundsätze des Wahlrechts zu sehen. Denn es wurde in den Revolutionsjahren überwiegend ein Wahlrecht eingeführt, dass den heutigen Grundsätzen sehr ähnelt. So wurden als Wähler die „normalen" Bürger zugelassen, ohne von ihnen weiterhin Zensusbestimmungen in Form von Besitz oder eines gewissen Steueraufkommens zu fordern. Zwar kann noch nicht von einer „allgemeinen" Wahl im heutigen Sinne gesprochen werden, da Frauen nach wie vor von der Wählergemeinschaft ausgeschlossen waren. Aber die ersten Ansätze zu dem heutigen Verständnis eines demokratischen Wahlrechts waren geboren und bereits in der oben genannten Modifikation in die Tat umgesetzt. Dass in den Staaten mit einem Zweikammersystem weiterhin die Erste Kammer ausschließlich oder überwiegend aus einer Ständevertretung bestand und damit auch nur Wähler aus den entsprechenden Ständen zugelassen wurden, liegt in der Natur dieses Systems begründet, da die Landesherren durch die dualistische Anordnungsweise die Möglichkeit hatten, zumindest eine

875 Seier, Liberalismus und Staat in Deutschland, in: Klötzer/Moldenhauer/Rebentisch (Hrsg.), Ideen und Strukturen der deutschen Revolution 1848, S. 75.

876 Vogel/Nohlen/Schultze, a.a.O., S. 76; vgl. Schilfert, a.a.O., S. 33.

Kammer weiterhin ihren Interessen entsprechend auszugestalten und nur in der Zweiten Kammer die Forderungen seitens der Bevölkerung umzusetzen.

Hinsichtlich der Unmittelbarkeit der Wahl ist eine Vorform fast ausschließlich in den „Einkammerstaaten" zu sehen, die verbreitet dazu übergingen, die Bevölkerung direkt, ohne Dazwischenschaltung von Wahlmännern, wählen zu lassen. Die „Zweikammerstaaten" setzten dagegen weiterhin – aus oben genanten Gründen – auch in der Zweiten Kammer mittelbare Wahlen durch.

Eine weitere Vorform ist in dieser Zeit in der Umsetzung der Gleichheit der Wahl zu erblicken, wie es gegenwärtig in Art. 38 Abs. 1 GG normiert ist. Bis auf das Dreiklassenwahlrecht in Preußen wurde überall durchgesetzt, dass jede Wählerstimme gleich gewichtet wurde.

Wie in den vergangenen Zeitperioden bereits festgestellt, waren auch in dieser Zeit die allgemeinen Wahlrechtsvoraussetzungen weiterhin vergleichbar zu den heutigen. Im Gegensatz zu den früheren Jahren wurde die Voraussetzung des Bekenntnisses zur christlichen Religion, das zuvor noch weit verbreitet war, nunmehr nur noch in den Einkammerstaaten gefordert und verlor mithin langsam aber sicher an Bedeutung. Dagegen gab es weiterhin solche Voraussetzungen, die nicht als Vorformen des heutigen Parlamentarismus zu werten sind, da mit dem heutigen Verständnis von Demokratie unvereinbar, wie etwa der Nachweis des Fehlens eines Konkurses sowie die Ausschlussgründe des Angestelltenverhältnisses und der Erhalt von Armenunterstützung.

Zusätzlich ist noch festzustellen, dass sich diese Bedingungen immer flächendeckender verbreiteten und damit als feste Größe in den Verfassungswerken etablierten.

## 4. Der Zeitraum von 1851–1866

### *a. Das Wahlrecht innerhalb der Einkammersysteme*

#### *aa. Unmittelbarer Vergleich der Einzelstaaten*

In der Zeit von 1851–1866 gab es zwei Gestaltungsarten in den Kammern: Einige Verfassungen sahen nur noch Abgeordnete vor, die ausschließlich vom Volk gewählt wurden, so **Oldenburg, Reuß j.L. (1852), Luxemburg, Sachsen-Gotha** und **Waldeck-Pyrmont.** Die überwiegende Anzahl an Ländern[877] ließ daneben jedoch wieder Deputierte zu, die von den Landesherren ernannt und/oder von den jeweiligen Ständen aus ihrer Mitte gewählt wurden.[878] Es bietet sich aufgrund dieser Zusammensetzung bei der Untersuchung des Wahlrechts an, eine Unterteilung

---

877 So Schwarzburg-Sondershausen, Sachsen-Meiningen, Sachsen-Altenburg, Anhalt, Hessen-Homburg, Liechtenstein, Schwarzburg-Rudolstadt, Sachsen-Weimar-Eisenach, Braunschweig und Reuß j.L. ab1856.

878 Zu den Gründen dieser Zusammensetzung siehe I. Zusammensetzung der Landtage, 4. Der Zeitraum von 1851–1866, a. Die Zusammensetzung innerhalb der Einkammersysteme.

derart vorzunehmen, dass zunächst das Wahlrecht derjenigen Abgeordneten zu vergleichen ist, die durch Ständemitglieder ernannt wurden. Danach ist eine umfassende Analyse des Wahlrechts aller Abgeordneten, die vom Volk gewählt wurden, durchzuführen.

### (1) Wahl der Ständevertretung

#### (a) Wahl der größeren Grundbesitzer

In einigen Kammern wurden die größeren Grundbesitzer als Ständevertretung integriert, die aus ihrer Mitte heraus gewählt wurden. Dazu gehörten **Schwarzburg-Rudolstadt, Sachsen-Meiningen** und **Sachsen-Weimar-Eisenach.** In den beiden erst genannten Staaten wurden diese unmittelbar, im letzt genannten Staat dagegen mittelbar von den Wahlberechtigten gewählt:[879] In diesem Großherzogtum herrschte nach der Revolutionszeit ein Verlangen nach einer Rückkehr zum Altbewährten. Die Regierung wollte die Grundsätze der Verfassung von 1816 wieder aufleben lassen und alle Neuerungen aus den Jahren 1848/49 beseitigen.[880] Da auch 1816 bereits die Stände – mit Ausnahme der Rittergutsbesitzer – indirekt gewählt wurden, entschied sie sich demnach bei Erlass des neuen Wahlgesetzes wieder für diese ursprüngliche Wahlart. Als wahlberechtigt galt dabei wie vor der Revolutionszeit in allen Staaten der Besitzer oder Mitbesitzer eines im Inland gelegenen gebundenen Gutes.[881] Der inländische Grundbesitzer musste hier mit einem jährlichen Grundeinkommen von wenigstens eintausend Thalern in den Steuerrollen eingetragen sein und in **Schwarzburg-Rudolstadt** musste das gebundene Gut einen Umfang von wenigstens einhundert preuß. Morgen entsprechen. Die Verfassung von **Sachsen-Meiningen** bestimmte, dass Besitzer eines gebundenen **Gutes** ist, „welcher jährlich nach der dermaligen Zahl der Steuertermine 40 fl. oder mehr an Steuern von Grundstücken oder Gebäuden zur Staatskasse entrichtet oder ein Areal von wenigstens 250 Ackern Nürnberger Maßes enthält" (Art. 6). Neben dieser altbewährten Zensusbestimmung wurden in den Verfassungen **Sachsen-Meiningens** und **Schwarzburg-Rudolstadts** noch weitere Kriterien verlangt, wobei sich an den früheren Voraussetzungen vollumfänglich orientiert wurde, so der Vollgenuss der staatsbürgerlichen Rechte und das Bekenntnis zur christlichen Religion. In dem Grundgesetz von **Schwarzburg-Rudolstadt** wurde darüber hinaus gefordert, dass nur die männlichen Untertanen des Fürstentums, die bereits seit mindestens einem Jahr im Land ihren Wohnsitz und das dreißigste Lebensjahr zurückgelegt hatten und nicht wegen eines die öffentliche Achtung entziehenden oder schmälernden

---

879 Schwarzburg-Rudolstadt Wahlgesetz 1854 (§ 2); Sachsen-Meiningen Wahlgesetz 1853 (Art. 2) und Sachsen-Weimar-Eisenach Wahlgesetz 1852 (§ 29).

880 Ortloff, Die Verfassungsentwicklung im Großherzogtum Sachsen-Weimar-Eisenach, S. 37 f.

881 Die Wählbarkeitsvoraussetzungen waren in Schwarzburg-Rudolstadt in § 5 des Wahlgesetzes geregelt, in Sachsen-Meiningen in Art. 6 des Wahlgesetzes und in Sachsen-Weimar-Eisenach in § 8.

Verbrechens verurteilt wurden, zur Teilnahme an der Wahl berechtigt waren. Neben der „Großjährigkeit", die in **Sachsen-Meiningen** bei fünfundzwanzig Jahren lag, mussten die größeren Grundbesitzer auch selbständig sein. Was unter dem Kriterium der Selbständigkeit zu verstehen war, wurde nicht explizit in dem Wahlgesetz normiert, so dass den Regierungen ein Beurteilungsspielraum hinsichtlich der Auslegung des Begriffs verblieb. Weitere Bestimmungen zu dem Wahlreglement der größeren Grundbesitzer ließen sich in dem Wahlgesetz von **Schwarzburg-Rudolstadt** finden (§ 5): Waren an einem Gut mehrere Eigentümer beteiligt, konnte hierfür nur eine Stimme abgegeben werden, damit es nicht zu einem Missverhältnis im Vergleich zu den anderen Gütern kam. Konnten sich die verschiedenen Miteigentümer über die Stimme nicht einigen, so wurde nur die Erklärung des im Wahltermin Erscheinenden und von mehreren Erschienenen nur die des den Jahren nach Ältesten berücksichtigt. Der Besitz mehrerer an sich stimmberechtigter Güter berechtigte nur zu einer Stimme. Da auch zu dieser Zeit den Frauen weiterhin kein politisches Bewusstsein und damit keine politische Handlungsfähigkeit zugetraut wurde, verblieb es dabei, dass nur die Ehemänner und Väter durch die im Eigentum ihrer Frauen oder Kinder befindlichen und dem ehemännlichen oder väterlichen Nießbrauch unterworfenen Güter stimmberechtigt waren.

#### (b) Wahl der Höchstbesteuerten

Die Revolutionszeit hatte nichts daran geändert, dass weiterhin lediglich den Besitzenden, die entsprechend die höchsten Abgaben an Gewerbe- und Grundsteuern leisteten, ein guter Wille und die entsprechende politische Einsichtsfähigkeit als Eigenschaften zugewiesen wurden – im Gegensatz zu den Proletariern. Demnach etablierten **Schwarzburg-Sondershausen, Braunschweig** und **Sachsen-Weimar-Eisenach** eine Wahl der Höchstbesteuerten. Aus denselben Gründen, die bereits für die Entscheidung einer mittelbaren Wahl hinsichtlich der Grundbesitzer maßgeblich waren, entschied sich letzt genannter Staat auch bezüglich der Höchstbesteuerten für diese Wahlart. Die erst genannten Staaten ließen dagegen die Höchstbesteuerten unmittelbar wählen.[882] In **Schwarzburg-Sondershausen** wurde im Wahlgesetz ausdrücklich normiert, welche Ermittlungskriterien bei der Beurteilung der Höchstbesteuerung herangezogen wurden. So hieß es in § 14: „Bei der Ermittlung dieser Personen kommen nur die directen Staatssteuern und diejenigen Steuerpflichtigen in Betracht, welche nicht mit der Entrichtung directer Staatssteuern ein Jahr oder darüber hinaus im Rückstande sind." Die einhundert Höchstbesteuerten wurden dann in einer Liste öffentlich bekannt gegeben (§ 16). Bereits vier Jahre später wurde in diesem Staat ein neues Wahlgesetz erlassen, das hinsichtlich der Wahl der Höchstbesteuerten jedoch keine Neuerungen mit sich brachte – mit Ausnahme einer

882 In Schwarzburg-Sondershausen wurde nicht explizit die Unmittelbarkeit der Wahl normiert, jedoch ergibt sich dies aus dem Umkehrschluss zu § 13, da dort nicht von Wahlmännern die Rede ist. Braunschweig Wahlgesetz 1851 (§ 8) und Sachsen-Weimar-Eisenach Wahlgesetz 1852(§ 29).

Erhöhung der Anzahl der Wähler von einhundert auf dreihundert Wahlberechtigte.[883] Möglicherweise hatten sich in den Jahren zuvor nicht genügend Wähler versammelt, so dass nun durch eine höhere Anzahl an zugelassenen Personen die Erreichung einer repräsentativen Mehrheit herbeigeführt werden konnte. In **Sachsen-Weimar-Eisenach** waren diejenigen wahlberechtigt, welche aus anderen Quellen als dem Grundbesitz ein jährliches Einkommen von wenigstens eintausend Thalern im Großherzogtum versteuerten.[884] In der Verfassung **Braunschweigs** wiederum wurde zwischen den höchstbesteuerten Grundbesitzern, den höchstbesteuerten Gewerbebesitzern und den nach den vorstehenden Steuern nicht unterworfenen Berufsgruppen unterschieden. Die höchstbesteuerten Grundbesitzer zerfielen dabei in zwei Klassen: Die erste Klasse bildete einen Wahlbezirk, in dem fünf Abgeordnete bestimmt wurden, die zweite Klasse enthielt fünf Wahlbezirke (und zwar jede Kreisdirektion mit Ausnahme der Kreisdirektion Blankenburg einen), wobei jeder Wahlbezirk einen Abgeordneten wählte.[885]

> Das Wahlgesetz setzte in § 8 fest, wer zu welchem Wahlbezirk gehören sollte: Die erste Klasse der höchstbesteuerten Grundbesitzer wurde aus denjenigen Eigentümern gebildet, deren Grundstücke „a) in den Kreisen Braunschweig und Wolfenbüttel und in dem Amtsbezirke Schöningen zu einem Grundsteuercapitale von mindestens 5000 fl., b) in den übrigen Landestheilen zu einem Grundsteuercapitale von mindestens 1000 fl. abgeschätzt sind“. Zu der zweiten Klasse gehörten dagegen die Eigentümer, deren Grundstücke „a) in den Kreisen Braunschweig und Wolfenbüttel und in dem Amtsbezirke Schöningen zu einem Grundsteuercapitale von weniger als 1500 fl. und mindestens 750 fl., b) in den übrigen Landestheilen zu einem Grundsteuercapitale von weniger als 1000 fl. und mindestens 500 fl. abgeschätzt sind“.[886]

Die höchstbesteuerten Gewerbetreibende bildeten drei Wahlbezirke: Der erste Bezirk war die Stadt Braunschweig, der zweite das Landgebiet des Kreises Braunschweig und die Kreise Wolfenbüttel und Helmstedt und zu dem dritten Bezirk gehörten die Kreise Sondersheim und Holzminden.[887] Der erste Wahlbezirk wählte drei, der zweite und dritte jeder einen Abgeordneten. Die Wahlkollegien wurden wiederum durch diejenigen Kaufleute (Bankiers, Buchhändler etc.) und Fabrikanten gebildet, die für einen solchen Gewerbebetrieb in der Stadt Braunschweig wenigstens zwölf fl. für einen Gewerbezweig, und im übrigen Herzogtum wenigstens acht fl. für einen Gewerbezweig jährlich an Gewerbesteuer bezahlten (§ 13). Eine ebensolche Aufteilung der Wahlbezirke gab es auch für die übrigen Höchstbesteuerten.[888] Der

883 Schwarzburg-Sondershausen Wahlgesetz 1856 (§ 7).
884 Sachsen-Weimar-Eisenach Wahlgesetz 1852 (§ 8).
885 Braunschweig Gesetz 1851 (§ 8).
886 Bei Ermittlung des Grundsteuerkapitals der höchstbesteuerten Grundbesitzer wurde der Grundbesitz der Ehefrau und der in väterlicher Gewalt stehenden Kinder dem Ehemanne und Vater angerechnet (§ 11).
887 Braunschweig Gesetz 1851 (§ 9).
888 Vgl. § 10 des Gesetzes von 1851.

erste und zweite Wahlbezirk wählte dabei jeder zwei, der dritte einen Abgeordneten. Zu den übrigen Höchstbesteuerten gehörten die stimmführenden oder beratenden Mitglieder des Staatsministeriums, die angestellten Richter, die Staatsanwälte, die Obergerichtsadvokaten und Advokateanwälte, ferner die Kreisdirektoren und ihre Vertreter sowie der Polizeidirektor der Stadt Braunschweig.

> Nach § 15 des Wahlgesetzes bestand diese Gruppe weiterhin aus den stimmführenden Mitgliedern der Landeskollegien, den Oberforst-, Oberberg- und Oberhüttenbeamten, den Oberzollinspektoren, Kreisbaumeistern und Landesökonomiekommissarien, den Lehrern der höheren Unterrichtsanstalten abwärts bis zum Oberlehrer, einschließlich den Direktoren der Real- und Bürgerschulen, den praktizierenden Ärzten nach zehnjähriger Berufsübung, den ersten Beamten am Landesarchiv, der Landesbibliothek und dem Landesmuseum sowie den Geistlichen der katholischen und reformierten Kirche.[889]

Wer als höchstbesteuerter Grundbesitzer und zugleich als höchstbesteuerter Gewerbetreibender oder als Mitglied der der Grund- und Gewerbesteuer nicht unterworfenen Berufsstände wahlberechtigt war, hatte in dem Kreis der Grundbesitzer zu wählen. Wer als höchstbesteuerter Gewerbetreibender und zugleich als Mitglied der der Grund- und Gewerbesteuer nicht unterworfenen Berufsstände wahlberechtigt war, konnte nur als Gewerbetreibender sein Wahlrecht ausüben (§ 2 des Wahlgesetzes). Diese Regelungen zeigen, dass es auch *innerhalb* der Klasse der Höchstbesteuerten eine unterschiedliche Gewichtung der Wahlstimmen gab, die vom Einkommen abhängig gemacht wurde. Damit herrschte in **Braunschweig** eine durch alle Schichten gehende ungleiche Wahl. Hintergrund dieser zusätzlichen Untergliederung war die Gewährleistung, dass auch innerhalb der Ständevertretung nur die „Privilegiertesten unter den Privilegierten" in die Kammer als Mitglieder Einlass fanden. **Braunschweig** bewirkte damit eine doppelte Absicherung im Hinblick auf die beabsichtigte Interessenvertretung. Ungeachtet dieser Unterteilung mussten jedoch alle Höchstbesteuerten daneben noch gleiche Voraussetzungen für die Wahlberechtigung erfüllen. Dazu gehörte nach § 4 des Wahlgesetzes von 1851 die Zugehörigkeit zum männlichen Geschlecht, die Landeseinwohnerschaft, das Erreichen des fünfundzwanzigsten Lebensjahres, das Führen eines eigenen Hausstandes

---

889 Schließlich wurde für den Kreis Blankenburg noch eine Sonderregelung normiert. In diesem Kreis wählten alle Höchstbesteuerten, ungeachtet der oben genannten Unterteilung, einen Abgeordneten (§ 11 des Gesetzes von 1851). Diesbezüglich wurde jedoch noch einmal eine andere Unterteilung gemacht, wie in § 16 des Wahlgesetzes festgesetzt: „Das Wahlcollegium der Höchstbesteuerten im Kreise Blankenburg besteht: 1 aus denjenigen Grundbesitzern des Kreises, deren Grundstücke zu einem Grundsteuercapitale von weniger als 1000 fl. (Gulden) und mindestens 500 fl. abgeschätzt sind, 2. Aus denjenigen Kaufleuten und Fabrikanten des Kreises, welche für solchen Gewerbebetrieb mehr als 8 fl. und wenigstens 8 fl. für einen Gewerbezweig jährlich an Gewerbesteuer bezahlen, 3. aus denjenigen Personen des Kreises, welche den im § 15 genannten Berufsständen angehören".

oder das Leben in selbständigen Verhältnissen. Zudem durfte derjenige nicht in Folge eines Strafanerkenntnisses die politischen Rechte verloren haben und weder für seine Person noch wegen seines Vermögens unter Kuratel stehen.

### (c) Wahl der Rittergutsbesitzer

Eine Wahl der Rittergutsbesitzer aus ihrer Mitte wurde in **Sachsen-Weimar-Eisenach**, in **Sachsen-Altenburg, in Reuß j.L. (1856)** und in **Anhalt** durchgeführt. Wie bei den anderen Ständevertretern auch schon war die Wahl in **Sachsen-Weimar-Eisenach** dabei mittelbar ausgestaltet, während in den anderen Staaten die Rittergutsbesitzer in direkter Weise ernannt wurden.[890] Wie sich aus der Verordnung, „die landschaftlichen Wahlen betreffend" von **Sachsen-Altenburg** ergab, wurden bezüglich der Wahlart und der Voraussetzungen des aktiven Wahlrechts hinsichtlich der Rittergutsbesitzer keine Veränderungen des Wahlgesetzes von 1831 vorgenommen. Die vorrevolutionären Regelungen waren aus Sicht der Regierenden zufriedenstellend, so dass auf eine aufwendige Ausgestaltung neuer Kritierien getrost verzichtet werden konnte. In der Verfassung von **Sachsen-Weimar-Eisenach** waren „die dem vormaligen Reichsadel angehörigen Besitzer oder Mitbesitzer eines vormals reichsunmittelbaren Gutes im Großherzogthum" wahlberechtigt (§ 8). Eine ähnliche Voraussetzung sah auch die Verfassung von **Reuß j.L.** für das aktive Wahlrecht vor: Der Urwähler musste Staatsangehöriger sein und sich im eigentümlichen Besitze eines, nach der früheren landständischen Einrichtung landtagsfähigen, aber auch nicht aus bloßen Realberechtigungen ohne Grund und Boden bestehenden Ritterguts befinden.[891] Hinsichtlich der Wahl der Ritterschaft wurde in **Anhalt** derart eine Unterteilung angeordnet, als dass die Ritterschaft zum einen durch diejenigen adeligen Familien, denen ein Sonderstimmrecht gewährt wurde, zum anderen durch die Rittergutsbesitzer selber gewählt wurde.[892] Ein Teil der Wähler bestach damit bereits durch ihre privilegierte Abstammung, was ihnen ein besonderes Vertrauen von der politischen Seite aus einbrachte. An der Wahl der ersten Gruppe konnten nur solche Familienglieder männlichen Geschlechts teilnehmen, welche die Volljährigkeit erreicht und sich zur christlichen Religion bekannt hatten. Ferner mussten sie sich im Vollgenuss der bürgerlichen Ehrenrechte befinden, nicht unter Zustandsvormundschaft stehen und es durfte über deren Vermögen kein Konkurs angeordnet worden sein. Zudem mussten sie mindestens mit der „gesammten Hand" an einem der im Herzogtum belegenen, der Familie zugehörigen Lehngüter beliehen sein. Zu der zweiten Gruppe gehörten diejenigen, die den Besitz eines in den Herzogtümern

890 Sachsen-Weimar-Eisenach Wahlgesetz 1852 (§ 29); Sachsen-Altenburg Verordnung von 1855 (§ 1 der Wahlordnung von 1831 bleibt insoweit bestehen); Anhalt Verfassung 1859 (§ 6 und 7) und Reuß j.L. Gesetz 1856 (§ 6).

891 Reuß j.L. Gesetz 1856 (§ 4/2).

892 Anhalt Verfassung 1859 (§ 6/7).

belegenen Ritterguts und die Landstandsfähigkeit[893] innehatten.[894] Der Wählende brauchte nicht das dreißigste Lebensjahr vollendet haben, es genügte insoweit das Erreichen der Volljährigkeit (fünfundzwanzig Jahre).[895] In welchem Verhältnis die Abgeordneten in den jeweiligen Gruppen gewählt wurden, besagt die Landschaftsordnung von **Anhalt** nicht.

#### (d) Wahl von übrigen Ständevertretern

Im Herzogtum **Braunschweig** wurden schließlich noch die evangelischen Geistlichen aus ihrer Mitte unmittelbar gewählt (§ 21). Besondere Voraussetzungen mussten sie für die Wahlberechtigung nicht erfüllen. Zur Teilnahme an der Wahl zugelassen waren allgemein die geistlichen Mitglieder des Konsistoriums, die Generalsuperintendanten, die Spezialsuperintendanten und sämtliche Pfarrer des Wahlbezirks.[896]

### (2) Wahl der durch das Volk legitimierten Abgeordneten

Alle Kammern, auch diejenigen, die teilweise noch eine Ständevertretung vorsahen, bestanden aus Abgeordneten, die vom Volk gewählt werden sollten. Für eine indirekte Wahl entschieden sich dabei **Schwarzburg-Rudolstadt, Sachsen-Meiningen, Sachsen-Weimar-Eisenach, Sachsen-Altenburg, Liechtenstein, Braunschweig**, **Oldenburg** und **Waldeck-Pyrmont**.[897] Auch **Schwarzburg-Sondershausen** sah eine mittelbare Wahl vor, jedoch wurde diese Regelung erst mit dem neuen Wahlgesetz von 1856 eingeführt. Zuvor galt eine direkte Wahlart, wie sich aus dem Umkehrschluss der Regelungen der Wahlordnung von 1852 (vgl. §§ 31 ff.) ergab. Es sollte auch hier, ebenso wie in vielen anderen Staaten, die Zusammensetzung des Landtags und die Wahl der Abgeordneten in den Verfassungen von 1848 zunächst notwendig abgeändert werden.[898] Als Vorlage wurde dabei das vorrevolutionäre Grundgesetz (1841) benutzt, in dem bereits die direkte Wahl vorgesehen war. Der Grund für die Einführung einer mittelbaren Wahl und neuerlicher Zensusbestimmungen bereits vier Jahre später war einer bestimmten Person geschuldet, die auf das innerpolitische Verfassungsleben **Schwarzburg-Sondershausen** ab

893 Landstandsfähig waren nach § 14 nur Männer, die das 30. Lebensjahr zurückgelegt und sich zur christlichen Religion bekannt hatten, sich im Vollgenuss der bürgerlichen Ehrenrechte befanden, nicht unter Zustandsvormundschaft standen und über deren Vermögen kein Konkurs eröffnet worden war.

894 Anhalt Verfassung 1859 (§ 7).

895 Anhalt Verfassung 1859 (§ 7).

896 Braunschweig Wahlgesetz 1851 (§ 21).

897 Schwarzburg-Rudolstadt Wahlgesetz 1854 (§ 2); Sachsen-Meiningen Wahlgesetz 1853 (Art. 2); Sachsen-Weimar-Eisenach Wahlgesetz 1852(§ 54); Sachsen-Altenburg Verordnung 1855 (es verblieb insoweit bei § 1 der Wahlordnung von 1831); Liechtenstein Verfassung 1862 (§ 55) und Braunschweig Wahlgesetz 1851 (§ 5 und 6); Oldenburg Gesetz 1852 (Art. 1); Waldeck Wahlgesetz 1852 (§ 1).

898 Lammert, Verfassungsgeschichte von Schwarzburg-Sondershausen, S. 123.

dem Jahr 1855 erheblichen Einfluss ausübte: Der frühere preußische Landrat Oskar Benno Ferdinand Joachim von Elsner.[899] Er war es auch, der das neue Wahlgesetz dem zusammentretenden Landtag am 12. November 1855 vorlegte.[900] Von Elsner galt schlichtweg als Apostel von streng kirchlichen und streng konservativen Grundsätzen.[901] Nicht verwunderlich ist deshalb, dass er auch das Wahlgesetz nach seinen politischen Überzeugungen ausgestaltete, indem er die liberalen Elemente von 1852 beseitigte und durch konservative Elemente ersetzte.

Die Verfassungen von **Luxemburg** und **Reuß j.L.** vereinten beide Wahlarten, indem sie die Wahl der Abgeordneten der Städte noch einmal unterteilten. In **Luxemburg** formierte sich dies dergestalt, als dass von den einunddreißig zu wählenden Abgeordneten sechs in indirekter Weise durch Dazwischenschaltung von sog. „Cantonswählern" und fünfzehn in direkter Weise von den „Distriktswählern" gewählt wurden.[902] Es scheint, als hätten sich hier die Demokraten und die Liberalen zwischen dem „richtigen" Wahlrecht nicht entscheiden können und dementsprechend beide Wahlverfahren in einer kumulierten Weise miteinander vereint.

In **Reuß j.L.** wurden 1852 von den neunzehn Abgeordneten vier durch die großen Grundbesitzer in unmittelbarer Weise gewählt, während die anderen fünfzehn Abgeordneten mittelbar durch die Bevölkerung ernannt wurden.[903] Erstere Gruppe musste dabei, um als wahlberechtigt zu gelten, ein Areal von mindestens einhundertvierundzwanzig Morgen Ackerland, Garten oder Wiese vorweisen.[904] Bezüglich der zweiten Gruppe gab es eine weitere Differenzierung, indem die Urwählerschaft in fünf Abteilungen je nach Berufs- und Geschäftsinteressen eingeteilt wurde.[905] Jede dieser Abteilungen erwählte zwölf Wahlmänner, die dann die fünfzehn Abgeordneten ernannten. Die Abteilungen wurden folgendermaßen klassifiziert: Die erste Abteilung enthielt die Landwirte und die Grubenbesitzer beim Bergbau mit Ausschluss der Grundbesitzer, die die vier Abgeordneten in unmittelbarer Wahl wählten. Die zweite Abteilung umfasste das zünftige Gewerbe und die dritte Abteilung war für den Handels- und Fabrikstand und für das unzünftige Gewerbe, soweit es nicht der fünften Abteilung zugewiesen wurde, bestimmt. Zu der vierten Abteilung gehörten die vom gelehrten Stand, aktive und inaktive Staats-, Hof- und Kommunalbeamte, Sachwalter, Ärzte und Künstler, Geistliche, Schullehrer, Offiziere und Unteroffiziere. Schließlich bestand die fünfte Abteilung aus all denen, die zu keiner der vier ersten Klassen gehörten, insbesondere aus den Arbeitern, Tagelöhnern, Fabrikarbeitern, Handwerksgesellen, Dienstboten etc., vorausgesetzt, dass sie eine eigene Wirtschaft hatten. Wenn ein Wähler seinem Beruf nach zu verschiedenen Abteilungen gehörte, so wurde er derjenigen Abteilung zugeordnet, dem er seinem hauptsächlichen

899 Lammert, a.a.O., S. 129.
900 Lammert, a.a.O., S. 130.
901 Lammert, a.a.O., S. 129.
902 Luxemburg Wahlgesetz 1857 (Art. 1).
903 Reuß j.L. Wahlgesetz 1852 (§ 2).
904 Reuß j.L. Wahlgesetz 1852 (§ 4).
905 Reuß j.L. Wahlgesetz 1852 (§ 5, 6).

Interesse nach angehörte. Im Zweifel stand ihm selbst die Entscheidung zu (§ 9). Die fünf Abteilungen bestanden in jedem der drei Landesteile, wozu Gera, Schleiz und Lobenstein gehörte (§ 5/8). Diese Wahlrechtsanordnung weist eine Ähnlichkeit zu der von **Hannover** 1833 auf. Dementsprechend ist als Grund für diese Ausgestaltung des Wahlverfahrens in **Reuß j.L.** auch derselbe anzunehmen wie in **Hannover**, nämlich, dass die Großgrundbesitzer deshalb unmittelbar wählen durften, weil ihnen ein größeres Vertrauen seitens der Regierung eingeräumt wurde als der Allgemeinbevölkerung. Mit einer weiteren Unterteilung innerhalb der Wählerschaft wurde ein ähnliches Dreiklassenwahlrecht wie in **Preußen** geschaffen, nur dass in **Reuß j.L.** nach Berufsgruppen und nicht nach Höchstbesteuerten unterschieden wurde. Dieses Wahlrecht wurde mit dem Gesetz, „über die Zusammensetzung und Wahl der Landesvertretung vom 16. Mai 1856" aufgehoben und durch ein anderes ersetzt. Nunmehr wurden neben den Rittergutsbesitzern, die aus ihrer Mitte gewählt wurden, die Abgeordneten aus den Stadt- und Landgemeinden *alle* in mittelbarer Weise gewählt.[906] Eine Differenzierung fand insoweit nicht mehr statt. Es ist anzunehmen, dass nur deshalb die Differenzierung wegfiel, weil die Regierung neben den Abgeordneten, die vom Volk gewählt wurden, nun auch wieder den Stand der Rittergutsbesitzer in die Kammer mit aufnahm. Durch diese Zusammensetzung war damit von vornherein gewährleistet, dass die Kammer zumindest teilweise aus Interessenvertretern des Landesherrn bestand. Auf anderweitige Kontrolleinrichtungen – wie durch das Wahlverfahren von 1852 geschaffen – konnte demnach verzichtet werden.

Die Staaten **Anhalt** und **Hessen-Homburg** bildeten von den vorgenannten Grundsätzen eine Ausnahme. Hier wurden die Abgeordneten nicht durch das Volk gewählt, sondern in direkter Weise von den Gemeinderäten (in **Anhalt**) bzw. -vorständen (in **Hessen-Homburg**).[907] Dabei wurde in **Anhalt** eine nochmalige Unterteilung zwischen Vertretern der Städte und Vertretern der Landgemeinden vorgenommen. Während die Vertreter der Städte von den jeweiligen Gemeinderäten gewählt wurden[908], wurden von den zwölf ländlichen Abgeordneten acht durch die

---

906 Reuß j.L. Gesetz 1856 (§ 6).

907 Anhalt Verfassung 1859 (§ 8–13); Hessen-Homburg Gesetz 1852 (Art. 4).

908 Insoweit wurde zwischen den Vertretern der Anhalt-Dessau-Köthensche Städte und den Vertretern der Anhalt-Bernburgischen Städte unterschieden. § 8 besagte insoweit: „Vertreter der Anhalt-Dessau-Köthenschen-Städte sind: 1) Die Bürgermeister der Städte Dessau, Zerbst und Köthen, 2) fünf von den Gemeinderäthen sämmtlicher Städte gewählten Abgeordnete. Von diesen wählen: a. die Gemeinderäthe der Städte des ersten Kreises des Herzogthums zwei Abgeordnete; b. die Gemeinderäthe der Städte des zweiten Kreises zwei Abgeordnete; c. die Gemeinderäthe der Städte des dritten Kreises einen Abgeordneten." § 9 beinhaltete: „Vertreter der Anhalt-Bernburgischen Städte sind: 1) Der Bürgermeister der Stadt Bernburg, 2) ein von den Gemeinderäthen der Städte Bernburg und Coswig, 3) zwei von den Gemeinderäthen der Städte Ballenstedt, Harzgerode, Gernrode, Hoym und Günthersberge zu wählende Abgeordnete."

Schulzen[909] der Landgemeinden des Herzogtums **Anhalt-Dessau-Köthen** aus ihrer Mitte oder aus der Zahl der im Herzogtum ansässigen bäuerlichen Grundbesitzer, Hüfner[910], Voll- und Ganzspänner und vier durch die Schulzen der Landgemeinden des Herzogtums **Anhalt-Bernburg** aus ihrer Mitte oder aus der Zahl der im Herzogtum ansässigen bäuerlichen Grundbesitzer, Hüfner, Voll- und Ganzspänner gewählt (§ 11). Es verwundert hierbei nicht, dass sich die beiden Staaten für eine unmittelbare Wahlart entschieden, da es aufgrund der Wählerschaft in Form der Gemeindevertretung einer zusätzlichen Absicherung nicht mehr bedurfte.

Ebenfalls nicht durch das Volk unmittelbar legitimiert wurden die Abgeordneten in **Sachsen-Gotha**. Hier bestand die Besonderheit darin, dass die Mitglieder des *gemeinschaftlichen* Landtags durch die Abgeordneten der einzelnen Landtage **Sachsens** und **Gothas** ausgewählt wurden.[911] Das Volk an sich hatte damit nur die Möglichkeit, auf die Mitgliederpräferenz der *einzelnen* Landtage Einfluss zu nehmen (hier waren die Wahlen mittelbar)[912], so dass eine unmittelbare Legitimitationskette zwischen Volk und gemeinschaftlichem Landtag nicht vorhanden war, sondern eine zusätzlich Beteiligung der zwei eigenständigen Landtagsorgane **Sachsens** und **Gothas** stattfand.

### (3) Allgemeine Wählbarkeitsvoraussetzungen

Bis auf **Anhalt, Hessen-Homburg** und **Braunschweig**, die aufgrund der inhaltlichen Ausgestaltung des Wahlrechts auf weitere Kriterien verzichten konnten, fanden sich in allen Verfassungen und Gesetzen dieser Zeit Regelungen zu den allgemeinen Wählbarkeitsvoraussetzungen.[913] Die Verordnung **Sachsen-Altenburgs** von 1855 verwies insoweit auf die weiterhin geltenden Regelungen der §§ 169–171 der Verfassung von 1831. Zusätzlich musste der Wähler nunmehr jedoch noch im vollen Genuß der staatsbürgerlichen Rechte im Sinne des Gesetzes vom 02. August 1850 sein. Zu den allgemeinen Bedingungen gehörten auch in dieser Zeit in allen Staaten mit Ausnahme von **Waldeck-Pyrmont**, dessen Wahlgesetz als einzige

909 Schulze war ein Synonym für Schultheiße. Schultheiße wiederum waren Beamte, die die Mitglieder einer Gemeinde zur Leistung ihrer Schuldigkeit anzuhalten hatten. Vgl. Meyer, Konversations-Lexikon, 15. Band.

910 Hüfner waren soviel wie Dreiviertelbauer. Vgl. Meyer, Konversations-Lexikon, 9. Band, unter: „Hüfnermeier".

911 Sachsen-Gotha Verfassung 1852 (§ 73).

912 Sachsen-Gotha Verfassung 1852 (§ 143).

913 Die Wählbarkeitsvoraussetzungen waren wie folgt geregelt: Schwarzburg-Rudolstadt Verfassung 1854 (§ 14); Sachsen-Meiningen Wahlgesetz 1853 (Art. 7); Schwarzburg-Sondershausen Wahlgesetz 1852 (§ 79–81) und 1856 (§ 22); Sachsen-Weimar-Eisenach (§ 7 und 10); Sachsen-Altenburg Verordnung 1855 (§ 3); Liechtenstein Verfassung 1862 (§ 57/60); Luxemburg Wahlgesetz 1857 (Art. 5–11); Oldenburg Verfassung 1852 (Art. 117) und Wahlgesetz 1852 (Art. 7–8); Reuß j.L. Wahlgesetz 1852 (§ 10–14) und Gesetz 1856 (§ 7–9/3/4); Waldeck-Pyrmont Wahlgesetz 1852 (§ 4).

Voraussetzung die Gemeindeangehörigkeit normierte, die Staatsangehörigkeit und das Erreichen eines bestimmten Mindestalters. Dieses Mindestalter lag dabei in allen Staaten bei fünfundzwanzig Jahren, lediglich in Liechtenstein war eine Person bereits mit vierundzwanzig wahlberechtigt. Das Bekenntnis zur christlichen Religion wurde in den Gesetzen von **Schwarzburg-Rudolstadt** und **Sachsen-Meiningen** gefordert. In diesen beiden Staaten und darüber hinaus auch in **Sachsen-Weimar-Eisenach**, in **Liechtenstein** und in **Luxemburg** wurde zur Teilnahme an der Wahl nur zugelassen, wer sich im Besitz der staatsbürgerlichen Rechte befand. Im jeweiligen Land ansässig musste eine Person in **Luxemburg, Liechtenstein** und **Schwarzburg-Rudolstadt** sein, hier seit mindestens einem Jahr vor der Wahl. Das Kriterium der Selbständigkeit wurde in den Gesetzen von **Oldenburg, Reuß j.L.** und **Liechtenstein** gefordert, wobei in den beiden erstgenannten Staaten in den jeweiligen Regelungswerken ausdrücklich darauf Bezug genommen wurde, wer nicht als selbständig galt. In **Oldenburg** hieß es in Art. 7 § 2 des Wahlgesetzes hierzu: „Als selbstständig ist derjenige nicht anzusehen, 1. der unter Curatel steht; 2. der innerhalb des letzten Jahres vor der Wahl Unterstützung aus öffentlichen Armenmitteln erhalten hat; 3. der ohne einen eigenen Heerd bei Anderen in Kost und Lohn steht." Im Wahlgesetz von **Reuß j.L.** wurde insoweit explizit auf die einzelnen Berufsgruppen abgestellt. Danach waren Haussöhne, Dienstboten und Handwerksgesellen sowie Handlungs- und Geschäftsgehilfen, die keinen eigenen Hausstand hatten, sich aber im „Brode ihres Handlungs- und Geschäftsherrn" befanden sowie alle, welche nach der Gemeindeordnung kein Stimmrecht hatten, als unselbständig zu beurteilen. Während diese beiden Staaten also auf eine negative Definition des Begriffes der Selbständigkeit zurückgriffen, formulierte es **Liechtenstein** positiv. Nach dieser Begriffsdefinition war selbständig, wer „einen Beruf für sich auf eigene Rechnung betreibt" (§ 57). Die vorgenannten Ausschlusskriterien der Zustandsvormundschaft und der Unterstützung aus öffentlichen Armenmitteln sahen auch **Schwarzburg-Sondershausen, Sachsen-Weimar-Eisenach, Reuß j.L.** und **Liechtenstein** vor, wobei letzt genannter Staat nur die Armenunterstützung oder das Stehen im „dienstbaren Gesindeverhältnis" zu einer anderen Person insoweit nannten, nicht dagegen das Stehen unter Vormundschaft. Dafür führte hier aber wiederum die Konkurseröffnung bzw. der Entzug der freien Vermögensverwaltung sowie die Verurteilung bzw. Untersuchung wegen Verbrechens oder Vergehens zum Ausschluss an der Teilnahme der Wahl, ebenso wie in **Schwarzburg-Rudolstadt** und **Oldenburg** (Verurteilung wegen Verbrechens oder Vergehens) sowie **Schwarzburg-Sondershausen** und **Reuß j.L.** (Konkurseröffnung). In **Schwarzburg-Sondershausen** und **Reuß j.L.** war darüber hinaus nicht wahlberechtigt, wer als bescholten galt. Dies waren nach der Aufzählung in § 12 des Wahlgesetzes von **Reuß j.L.** „Personen, welche den Vollbesitz der bürgerlichen Rechte in Folge richterlichen Erkenntnisses verloren haben und Personen, welche eine richterlich zuerkannte entehrende Strafe erlitten haben oder eines solchen Verbrechens, welches einen entehrenden Charakter an sich trägt, vom kompetenten Richter mittelst rechtskräftigen Erkenntnisses für schuldig erachtet worden sind". Es gab zudem einen weiteren Ausschlussgrund, der in dieser Zeit in einigen Staaten neu eingeführt wurde, namentlich in **Reuß j.L, Sachsen-Weimar-Eisenach** und **Schwarzburg-Sondershausen.** Dieser besagte, dass das Recht zu wählen für eine Zeit von vier bis zwölf Jahren durch strafgerichtliches Erkenntnis für denjenigen verlustig erklärt wird, der bei den Wahlen Stimmen erkauft oder seine Stimme bei der für ein- und denselben Zweck bestimmten Wahl mehr als einmal abgegeben oder zur Einwirkung auf die Wahl gesetzlich unzulässige Mittel angewendet hatte. Einen besonderen Ausschlussgrund sah schließlich noch **Luxemburg** vor, indem das Wahlgesetz in Artikel 12 normierte, dass diejenigen Personen, die wegen Attentats gegen die guten Sitten verurteilt und diejenigen, von denen es bekannt ist, dass sie ein öffentliches Haus für Liederlichkeit und Unzucht halten, nicht wählen durften. Die Bedingung der Entrichtung einer bestimmten Staatssteuer forderten die entsprechenden Gesetze der Staaten **Schwarzburg-Rudolstadt, Sachsen-Meiningen, Luxemburg, Oldenburg** und **Reuß j.L.**[914] Das Wahlgesetz von **Luxemburg** unterschied diesbezüglich zwischen den stimmberechtigten Wählern, die zunächst die Cantonswähler ernannten und den Distriktswählern, die unmittelbar die Abgeordneten legitimierten. Nach Artikel 5 musste jemand, um Stimmberechtigter zu sein, an den Staat die Summe von zehn bis einhundertfünfundzwanzig Francs an Grund-, Mobiliar- oder Patentsteuer zahlen. Um Distriktswähler zu sein, musste derjenige dagegen mehr als einhundertfünfundzwanzig Francs an denselben Steuern entrichten.[915] Auch **Schwarzburg-Sondershausen** verlangte, dass der Wähler nicht im Rückstand mit der Entrichtung einer direkten Staatssteuer seit einem Jahr sein durfte. Diese Forderung wurde jedoch erst im Wahlgesetz von 1856 proklamiert, während auf eine solche Voraussetzung im Jahr 1852 noch verzichtet worden war.[916] Diese Entwicklung ist ebenfalls auf den Staatsmann von Elsner zurückzuführen,

914 § 10 des Wahlgesetzes von Reuß j.L. beinhaltete diesbezüglich die pauschale Aussage, dass an direkter Staatssteuer mindestens „etwas" gezahlt werden müsse. Bis dies festgesetzt sei, trete an deren Stelle die Gemeindeabgabe.

915 Nähere Ausführungen zu den Steuerabgaben wurden in den nachstehenden Artikeln gemacht. Art. 5 besagt insoweit noch, dass der Betrag der Steuern, zu denen jemand angesetzt ist, ihn als Wahlzensus nur insofern angerechnet wird, als er denselben schon im vorhergegangenen Jahre gezahlt hat. Die Bergwerks-Steuern wurden als Grundsteuern angesehen (Art. 6). Weiter heißt es in Art. 7, dass dem Ehemann die von der Ehefrau gezahlten Steuern angerechnet werden. Ebenso werden dem Vater die von den minderjährigen Kindern gezahlten Steuern angerechnet, wenn er im Genusse von deren Gütern ist. Die Witwe kann die Steuern demjenigen ihrer Söhne, oder in Ermangelung von Söhnen, demjenigen ihrer Schwiegersöhne zuwenden, welcher mit ihr zusammen wohnt und welchen sie hierzu bestimmt. Der Wahlzensus wird durch Auszüge aus den Steuerrollen, durch Bescheinigungen, Quittungen oder Steuerzettel der Steuereinnehmer nachgewiesen (Art. 8).

916 Im Wahlgesetz von 1856 wurde der Forderungskatalog hinsichtlich des aktiven Wahlrechts von 1852 ganz abgeschafft. Nunmehr wurde neben der oben genannten Voraussetzung nur noch gefordert, dass der Urwähler Staatsangehöriger war und sich im Besitz des aktiven Wahlrechts befand (§ 22). Insoweit wurde ein Verzeichnis mit den stimmberechtigten Urwählern veröffentlicht (§ 24). Durch

wie oben bereits angesprochen. Die Verfassung von **Oldenburg** enthielt bezüglich dieser Forderung eine besondere Regelung. Zum Zwecke der Wahl der Wahlmänner wurden die Urwähler in drei Klassen eingeteilt. Für diese Einteilung war der von den Urwählern zu entrichtende Betrag maßgebend, und zwar im Herzogtum Oldenburg der zu entrichtende Betrag an Armen- und Grundsteuer (Contribution, Schatzung, provisorische Grundsteuer, Gebäudesteuer), im Fürstentum Lübeck an Klassensteuer und im Fürstentum Birkenfeld an direkten Staatssteuern, so dass auf jede Klasse ein Drittel der Gesamtsumme der gedachten, von den Urwählern zu entrichtenden Steuern fiel.[917] Dabei wurde der von der Ehefrau und den in väterlicher Gewalt stehenden Kindern zu entrichtenden Steuern dem Ehemann oder dem Vater angerechnet (Art 18 § 4). Die erste Klasse bestand sodann nach Artikel 21 aus denjenigen Stimmberechtigten, „welche die höchsten Steuerbeträge bis zum Belaufe eines Drittheils des Gesammtbetrages entrichten". Ebenso wurde die zweite Klasse nach Maßgabe des dann folgenden zweiten Drittels des Gesamtbetrages gebildet, so dass die dritte Klasse aus den übrigen Stimmberechtigten bestand. Diese Unterteilung war in Anlehnung an das in Preußen geltende Wahlrecht von der Staatsregierung vorgeschlagen und schließlich vom Landtag beschlossen worden.[918] Der Grundsatz der Gleichheit der Wahl wurde dadurch nicht beachtet, so dass derjenige, der ein höheres Steueraufkommen als ein anderer hatte, dementsprechend auch ein höheres Gewicht bei der Stimmenabgabe besaß. Damit konnte die privilegierte Stellung des „Staatsbürgertums" weiter aufrechterhalten werden.[919]

Mit dem Gesetz von 1856, das die Zusammensetzung und die Wahlen der Landesvertreter beinhaltete, änderte das Fürstentum **Reuß j.L.** die Wählbarkeitsvoraussetzungen für die Urwähler nur geringfügig. Auch 1856 mussten sie weiterhin das inländische Staatsbürgerrecht und das Mindestalter von fünfundzwanzig Jahren besitzen, unbescholten sein und wurden von der Wahl ausgeschlossen, wenn der Vorwurf des Kaufes oder Verkaufes von Wahlstimmen auf sie fiel. Ebenso besaßen die anderen Ausschlussgründe, wie etwa die Zustandsvormundschaft, weiterhin Geltung. Sie mussten jedoch zusätzlich das Bürgerrecht in derjenigen Stadt- oder Landgemeinde besitzen, in welcher sie ihr Wahlrecht auszuüben hatten. Hinsichtlich der Entrichtung einer gewissen Steuer blieb es auch bei der alten Regelung, nur der Wortlaut wurde geändert. So hieß es nunmehr, dass derjenige „in die Steuerrolle des Staates eingezeichnet sei und an Tragung der Gemeindelasten Theil nehme" (§ 3 verwies insoweit auf den § 7).

---

das Landesgrundgesetz von 1857 wurde diesbezüglich keine erneute Änderung vorgenommen.

917 Oldenburg Wahlgesetz 1852 (Art. 18).

918 Günther, Parteien und Wahlen in Oldenburg, S. 123.

919 Günther, Parteien und Wahlen in Oldenburg, S. 123.

### (4) Voraussetzungen für das passive Wahlrecht der Wahlmänner

Mit Ausnahme von **Anhalt** und **Sachsen-Gotha** waren in allen anderen Staaten die Wahlen indirekt, wenn dies auch in einigen Ländern nur für einen Teil der Abgeordneten der Städte galt (so in **Luxemburg** und **Reuß j.L.**). **Sachsen-Weimar-Eisenach** sah sogar für die Abgeordneten der *Stände* ein mittelbares Wahlrecht vor. Dementsprechend wurden auch überall entsprechende Voraussetzungen normiert, die die Wahlmänner, um von den Urwählern gewählt werden zu können, erfüllen mussten. Lediglich **Reuß j.L.** hatte auf Regelungen für das passive Wahlrecht der Wahlmänner verzichtet. Entsprechende Normen wurden jedoch alsbald, mit dem Gesetz von 1856, neu eingeführt. Dabei bedienten sich viele Staaten hinsichtlich des passiven Wahlrechts der Wahlmänner der gleichen Voraussetzungen wie für das aktive Wahlrecht der Urwähler, so in **Schwarzburg-Sondershausen** (wobei in dem Wahlgesetz zusätzlich noch das Erreichen eines Mindestalters von fünfundzwanzig Jahren gefordert wurde), **Sachsen-Weimar-Eisenach** (auch hier wurde im Wahlgesetz zusätzlich die Vollendung des fünfundzwanzigsten Lebensjahres sowie die Voraussetzung, dass der Wahlmann in dem Wahlbezirk, in dem er gewählt wird, seinen wesentlichen Aufenthalt hatte, verlangt), **Liechtenstein**, **Reuß j.L. (1856)**, **Luxemburg** (darüber hinaus mussten die Wahlmänner überdies in der Gemeinde ihren wirklichen Wohnsitz haben), **Oldenburg** und **Waldeck-Pyrmont**.[920] Bei einem Vergleich des Forderungskatalogs von passivem und aktivem Wahlrecht in **Schwarzburg-Rudolstadt** fällt auch hier die fast vollständige Kongruenz der Voraussetzungen auf.[921] Lediglich das Mindestalter wurde verändert: So mussten die Wahlmänner, um gewählt werden können, nicht das fünfundzwanzigste Lebensjahr, wie es für die Urwähler gefordert wurde, sondern das dreißigste Lebensjahr erreicht haben. Ebenso verhielt es sich auch in **Sachsen-Meiningen**, wobei im Wahlgesetz noch zusätzlich für den Wahlmann gefordert wurde, dass dieser im Genuss des Bürger- oder Nachbarrechts in der Gemeinde, von welcher gewählt wurde, stand.[922]

An diesem Vergleich ist sichtbar, dass die beiden einzigen Kriterien, die hinsichtlich des passiven Wahlrechts der Wahlmänner im Verhältnis zum aktiven Wahlrecht der Urwähler zusätzlich gefordert wurden, ein anderes Mindestalter und das Bürgerrecht in der Gemeinde, in der sie gewählt werden sollten, war. Ansonsten blieb es bei den oben genannten Regelungen zum aktiven Wahlrecht.

### *bb. Auswertung der Einkammersysteme*

Diejenigen Staaten, die neben den vom Volk gewählten Abgeordneten noch eine Ständevertretung vorsahen, gestalteten die Wahlen fast allerorts in einer direkten

---

920 Schwarzburg-Sondershausen Wahlgesetz 1856 (§ 22); Sachsen-Weimar Eisenach Wahlgesetz 1852 (§ 9); Liechtenstein Verfassung 1862 (§ 57); Luxemburg Wahlgesetz 1857 (Art. 30); Oldenburg Wahlgesetz 1852 (Art. 7) und Waldeck-Pyrmont Wahlgesetz 1852 (§ 4).

921 Schwarzburg-Rudolstadt Verfassung 1854 (§ 13/14).

922 Sachsen-Meiningen Wahlgesetz 1853 (Art. 9).

Weise. Es wurde bei der Wahl von Ständemitgliedern keine Notwendigkeit gesehen, eine Beschränkung in Form der mittelbaren Wahlart einzuführen. Es reichte den jeweiligen Landesherren zu wissen, dass diese Abgeordneten aus ihrer Mitte gewählt wurden. Eine Interessenvertretung im Sinne der Regierung war mithin auch ohne weitere Einschränkungsregelungen geschaffen, so dass sie getrost eine unmittelbare Wahl anordnen konnten.

Hinsichtlich der Abgeordneten, die vom Volk gewählt wurden, dominierte wieder – anders noch als 1848 – das mittelbare Wahlrecht. Um diese Art der Wahl erneut einzuführen, setzten sich die Monarchen sogar teilweise über die Entscheidungen der Landtage hinweg.[923] Diese Reintegration bedeutete für die Bevölkerung einen erheblichen Rückschritt in der Entwicklung ihres Stimmrechts, während es für die Landesoberhäupter eine Absicherung darstellte, da die „Filterfunktion" mittels Wahlmänner wieder etabliert war. Dieses Wahlverfahren hatte wie schon zuvor eine Mediatisierung des Wählerwillens zur Folge, da zwischen Urwähler und Mandatsträger ein Wahlmännergremium trat, welches ungebunden zur Wahl der Landtagsabgeordneten schreiten konnte.[924]

Die Voraussetzungen des allgemeinen Wahlrechts waren im Kern identisch mit denen von 1848. So wurde in den meisten Einzelstaaten auch in den Gesetzen ab 1851 beispielsweise ein bestimmtes Mindestalter oder aber das Kriterium der Selbständigkeit gefordert, um nur einige wenige Bedingungen zu nennen. Eine Besonderheit fällt bei einem Vergleich zwischen der Zeit der Reaktion und der Phase der Märzrevolution hinsichtlich der allgemeinen Wählbarkeitsvoraussetzungen jedoch auf: Während die Regierungen 1848/1849 fast überall in den Einzelstaaten bemüht waren, das Zensuswahlrecht, das seit dem Entstehen des Deutschen Bundes einen nicht wegzudenkenden Grundsatz im Wahlrecht darstellte, zu eliminieren, wurde ein solches nunmehr in vielen Staaten wieder eingeführt. Diese Reintegration fand seinen Grund in den Vorgaben des Deutschen Bundes, der in dem „Bundesreaktionsbeschluss" die Landesregierungen der Mitgliedstaaten aufforderte, die politischen Neuerungen von 1848/1849 wieder rückgängig zu machen. Da diese Aufforderungen von Seiten der Deutschen Bundesversammlung der inneren Einstellung der Liberalen entsprachen, wurde schnell und ohne aufständische Revolte das Wahlrecht erneut dahingehend geändert, dass die Wahlteilnahme nunmehr wieder von einem bestimmten Steueraufkommen abhängig gemacht wurde.[925] Denn die Liberalen sahen auch zu dieser Zeit noch das „Volk" als eine Masse von ungebildeten, emotional reagierenden, verführbaren und auch zu gewalttätigen Exzessen neigenden

923 So hatte beispielsweise in Waldeck die Fürstin Emma sich über die Entscheidung von Seiten des Landtages, eine unmittelbare Wahl im neuen Wahlgesetz von 1851 einzuführen, hinweggesetzt und machte damit von dem Mittel der Oktroyierung Gebrauch. Vgl. Bürsch, Kleinstaatliche Verfassung zwischen Vormärz und Reaktion, S. 121 ff.

924 Günther, Parteien und Wahlen in Oldenburg, S. 122 f.

925 Wiegand, Direktdemokratische Elemente, S. 36.

Menschen aus den Unterschichten an.[926] Ihr politisches Vertrauen galt daher einzig und allein den nach möglichst hohem Zensus gewählten Repräsentanten, da diesen die Fähigkeit zugesprochen wurde, die richtigen, dem „Gemeinwohl" am ehesten entsprechende politische Entscheidungen zu fällen.[927]

## *b. Das Wahlrecht innerhalb der Zweikammersysteme*

### *aa. Unmittelbarer Vergleich der Einzelstaaten*

#### (1) Die Ersten Kammern

Neben den Honoratioren wurden in der Ersten Kammer nunmehr noch von den Landesherren ernannte oder erbliche Mitglieder aufgenommen, da nach der Revolutionszeit in allen Einzelstaaten mit einem Zweikammersystem wieder ausschließlich oder zumindest teilweise eine Ständevertretung etabliert wurde. Da für solche Personen ein Wahlrecht obsolet war, ist im Folgenden die Untersuchung auf diejenigen Mitglieder beschränkt, die auch tatsächlich durch eine Wahl in die Kammer gelangten. Dementsprechend ist auf eine Untersuchung der Ersten Kammer von Österreich mangels Wahlrechts zu verzichten, da die Regierung mit dem neuen Grundgesetz von 1861 nur noch Abgeordnete in die Erste Kammer beorderte, die von vornherein festgelegt oder aber durch Erbfolge oder persönliche Ernennung durch den Kaiser in das Amt berufen wurden.[928] Auch **Preußen** entschied sich zunächst dafür, keine Mitglieder, die mittels einer Wahl ernannt werden sollten, aufzunehmen und ordnete dies auch in dem „Gesetz, betreffend die Bildung der Ersten Kammer" vom 07. Mai 1853 an. Bereits ein Jahr später erließ das Königreich jedoch erneut eine Verordnung „wegen Bildung der Ersten Kammer" vom 12. Oktober 1854[929], in der auch wieder Vertreter der Stände als Mitglieder für die Erste Kammer zugelassen wurden, die aus ihrer Mitte heraus gewählt werden sollten. Zu diesen Ständen gehörten zum einen die Vertreter der Stifte, die von den „Mitgliedern derselben aus ihrer Mitte" gewählt, die Vertreter der Landesuniversitäten, die aus der Zahl der ordentlichen Professoren ernannt sowie die Vertreter der Städte, die von den Magistraten „oder, in Ermangelung eines kollegialischen Vorstandes, von den übrigen kommunalverfassungsmäßigen Vertretern der Stadt aus der Zahl der Magistratsmitglieder" gewählt wurden (§ 5). Nähere Regelungen über die jeweiligen besonderen Wahlrechtsvoraussetzungen und

926 Wiegand, a.a.O., S. 36 f.

927 Wiegand, a.a.O., S. 37.

928 Bezüglich der einzelnen Mitgliederaufstellung siehe unter I. Zusammensetzung der Landtage, 4. Der Zeitraum von 1851–1866, b. Die Zusammensetzung innerhalb der Zweikammersysteme.

929 Die königliche Verordnung stützte sich auf eine Ermächtigung, die die Kammer selbst dem König gegeben hatte. Da sie jedoch diese Ermächtigung überschritt, war die Verordnung damit verfassungswidrig. Trotzdem blieb die Verordnung in Kraft, was daran lag, dass niemand die Verfassungswidrigkeit rügte. Vgl. Kimminich, Deutsche Verfassungsgeschichte, S. 396.

über die Wahlart wurden nicht gemacht; vielmehr wurde in § 6 darauf hingewiesen, dass solche noch von der Regierung erlassen werden würden, was jedoch bis zur Auflösung des Deutschen Bundes nicht mehr geschah.

Neben **Preußen** gab es nur noch zwei Staaten, die ab 1851 neue Regelungen über das Wahlrecht trafen: **Nassau** und **Sachsen**. **Nassau** reglementierte insoweit in der „Verordnung über das geltende Staatsrecht und die Organisation der Stände vom 25. November 1851“ ein Wahlrecht für die Stände der Grundbesitzer und der Gewerbetreibenden für die Erste Kammer.[930] Die Mitglieder des erst genannten Standes wurden dabei von den dreißig höchstbesteuerten Grundbesitzern gewählt. Diese mussten zusätzlich die allgemeinen Eigenschaften zur Ausübung des Wahlrechts besitzen, wie sich aus § 7 des Wahlgesetzes von 1851 ergab. Zu diesen allgemeinen Eigenschaften zählten nach den §§ 1–4 das Erreichen des fünfundzwanzigsten Lebensjahres, die mindestens dreijährige Angehörigkeit zum nassauischen Staatsverband und die Unbescholtenheit des Rufes. Als bescholten galten nach § 2 „diejenigen, welche zu einer entehrenden Strafe verurtheilt worden sind, oder wegen eines mit einer solchen Strafe bedrohten Verbrechens in Untersuchung gestanden haben, ohne freigesprochen worden zu sein; diejenigen, welche wegen eines nach gesetzlichen Bestimmungen oder nach allgemeiner Ansicht entehrenden Vergehens oder Verbrechens, worüber in letzterem Falle bei den Wählern die Wahlversammlung, bei den Abgeordneten die Ständeversammlung zu entscheiden hat, bestraft worden sind, oder ohne freigesprochen worden zu sein, in Untersuchung gestanden haben; diejenigen, welche durch richterliches Urtheil von einem öffentlichen Amte entsetzt worden sind“. Nicht zur Teilnahme an der Wahl berechtigt waren schließlich noch solche Personen, die unter Kuratel standen oder über deren Vermögen ein Konkurs eröffnet worden war sowie solche, die aus öffentlichen Armenkassen eine ständige Unterstützung erhielten. Wie sich aus den Vorschriften zum Wahlverfahren ergab, waren die Wahlen der Grundbesitzer unmittelbar ausgestaltet. Eine ebensolche Wahlart wurde auch für die Gewerbetreibenden vorgesehen. Als Wähler kamen hier ebenso nur die höchstbesteuerten Gewerbebesitzer in Betracht, und damit diejenigen, die in der 13. bis 22. Gewerbesteuerklasse nach dem neuesten Stand der Kataster besteuert wurden sowie diejenigen, welche einen gleich hohen Gewerbesteuerbetrag entrichteten (§ 14 des Wahlgesetzes).

**Sachsen** führte erst im Jahre 1861 mit dem Gesetz, „die Wahlen der Abgeordneten beider Kammern der Ständeversammlung betreffend“ neue Regelungen zum Wahlrecht der Kammern ein, wobei es jedoch bei der Zusammensetzung der Mitglieder der Ersten Kammer von 1831 blieb. Nunmehr wurden die Wahlkreise für die zwölf Abgeordneten der Rittergutsbesitzer namentlich in § 12 genannt: im Meißner Kreise und in der Oberlausitz wurden je drei und im Leipziger, Erzgebirgischen und Voigtländischen Kreise je zwei Abgeordnete gewählt. Weiterhin war jetzt die Wahlberechtigung nicht mehr, wie noch 1831, an einen bestimmten Ertragsgewinn geknüpft, sondern es musste, um in der Klasse der Rittergutsbesitzer das Wahlrecht

930 Nassau Verordnung 1851 (§ 4).

ausüben zu können, neben den allgemeinen Bedingungen der Stimmberechtigung das bürgerliche Eigentum an einem Rittergute vorgewiesen werden können.[931] Dadurch wurde die Wählerschaft deutlich erweitert. König Johann zollte damit der neuen Situation in Sachsen Rechnung, sprich die Gefahr, „von neuem der organisierten Revolution Eingang in die Kammern zu verschaffen".[932] Dem Ehemann und Vater war dabei der Grundbesitz seiner Ehefrau oder der in seiner väterlichen Gewalt befindlichen Kinder anzurechnen (§ 5). Zu den allgemeinen Bedingungen gehörten ebenso wie in Nassau die Erfüllung des fünfundzwanzigsten Lebensjahres und der Besitz des sächsischen Untertanenrechts. Ausgeschlossen von der Wahl waren neben „Frauenspersonen" diejenigen, welche nicht dispositionsfähig waren, die öffentliche Almosen bekamen, die sich mit der Abführung von Landes- oder Gemeindeabgaben länger als ein Jahr im Rückstand befanden, über deren Vermögen ein Konkurs eröffnet oder die von öffentlichen Ämtern suspendiert worden waren. Ferner waren solche Personen nach § 2 ausgeschlossen, „welche von der Communalgarde nach § 9 Nr. 7 des Disciplinarregulativs vom 14. Mai 1851 augeschlossen worden sind; welche zu Zuchthaus- oder Arbeitshausstrafe verurtheilt worden, oder zwangsweise in einer öffentlichen Besserungs- oder Arbeitsanstalt befindlich oder befindlich gewesen sind; welche wegen solcher Vergehen, die nach allgemeinen Begriffen für entehrend zu halten sind, vor Gericht gestanden haben, so lange nicht die Einstellung der Untersuchung oder die völlige Freisprechung der Angeschuldigten erfolgt ist [...][933] sowie welchen nach § 74 der allgemeinen Städteordnung oder nach § 29 sub 7 der Landgemeindeordnung vom 7ten November 1838 die Stimmberechtigung entzogen worden ist". Da den Rittergutsbesitzern auch zu dieser Zeit noch ein höheres Vertrauen entgegenbrachte wurde als den einfachen Bürgern, durften sie in einer unmittelbaren Weise wählen.

Alle anderen Staaten, namentlich **Hessen-Darmstadt, Hessen-Kassel, Hannover** und **Lippe-Detmold**, verwiesen in den neuen Gesetzen hinsichtlich des Wahlrechts – einschließlich der allgemeinen Wahlrechtsvoraussetzungen und der Wahlart – auf die Gesetze und Verfassungen, die *vor* den Revolutionsjahren Geltung hatten. Insoweit sind auf die obigen Ausführungen der Zeitperioden von 1815–1830 und 1831–1847 zu verweisen.[934] In **Hessen-Kassel** wurde in dem neuen Wahlgesetz von 1852 nicht nur auf die entsprechenden Paragraphen von 1831 verwiesen, sondern es wurden detaillierte Aussagen zu dem Wahlverfahren der Mitglieder der Ersten Kammer gemacht. Werden diese Ausführungen jedoch mit denen aus dem

---

931 Sachsen Wahlgesetz 1861 (§ 14).

932 Matzerath, Adelsprobe an der Moderne, S. 281.

933 Darüber, ob ein Verbrechen nach allgemeinen Begriffen für entehrend gehalten wurde, hatte in Städten, wo die Städteordnung galt, der Stadtrat unter Vernehmung mit den Stadtverordneten auf dem Land und in den Städten, welche die Landgemeindeordnung hatten, die Ortsobrigkeit unter Vernehmung mit dem Gemeinderat zunächst zu entscheiden (§ 2).

934 In Hessen-Darmstadt galten wieder die Regelungen von 1820, in Hessen-Kassel die von 1831, in Hannover die von 1840 und in Lippe die von 1836.

Jahre 1831 verglichen, so fällt auf, dass eine wortwörtliche Wiederholung desselben stattfand. Auch nach Erlass der neuen Verfassung und des Wahlgesetzes von 1860 blieb es bei dem Wahlrecht von 1831 für die zu erwählenden Mitglieder der Ersten Kammer. Ebenso wurde in **Hannover** mit der Verordnung vom 01. August 1855 dem Wahlrecht von 1840 wieder Geltung verschafft. Vor Erlass dieser Verordnung fand jedoch zunächst noch durch ein anderes Gesetz eine Ergänzung zum Wahlgesetz von 1848 statt. Während in dem Regelungswerk von 1848 Wahlvorschriften zu den Abgeordneten des Standes der Rechtsgelehrten fehlten, wurden diese nun mit einem entsprechenden Gesetz vom 09. Mai 1853 nachgeholt.[935] In diesem Gesetz wurden die einzelnen Wahlbezirke namentlich genannt und angeordnet, dass die Rechtsgelehrten in einer indirekten Weise gewählt werden sollten (§ 2).

### (2) Beurteilung der Ersten Kammern

Hinsichtlich des Wahlrechts war die Reaktionszeit geprägt von der Wiederherstellung der alten, vor der Märzrevolution bestehenden Grundsätze, und zwar unabhängig davon, ob die Einzelstaaten neue Regelungen zum Wahlrecht schufen oder aber lediglich auf die alten Wahlgesetze und Verfassungen, die vor 1848 bestanden, verwiesen. Dies bedeutete, dass die Erste Kammer nunmehr in allen Staaten nur noch Mitglieder von Ständen vorsah, die aus ihrer Mitte gewählt wurden. Vom Volk gewählte Abgeordnete, die in den 1848er Jahren vermehrt in die Erste Kammer aufgenommen wurden, suchte man ab dem Jahre 1851 vergebens in der Mitgliederaufstellung. Ebenso wurden hinsichtlich der allgemeinen Wahlrechtsbestimmungen keine Neuerungen vorgenommen, auch wenn viele Staaten hierzu detailliertere Ausführungen machten als noch in den Jahren zuvor, so zum Beispiel in **Sachsen** und **Nassau**. Es blieb bei den bewährten Bedingungen wie das Erreichen eines bestimmten Mindestalters, die Staatsangehörigkeit und die Unbescholtenheit des Rufes.

Lediglich der Grundsatz der Unmittelbarkeit der Wahl konnte sich nunmehr allerorts durchsetzen, und zwar für *alle* Ständemitglieder, die aufgrund von Wahlen in die Erste Kammer aufgenommen wurden. Damit blieb das direkte Wahlverfahren einer exklusiven Schicht vorbehalten.

### (3) Die Zweiten Kammern

Die Staaten, die bereits für die Erste Kammer das frühere, vor den Revolutionsjahren geltende Wahlrecht anordneten, reglementierten dies auch für die Zweite Kammer. Insofern kam es in den Staaten **Hannover, Hessen-Darmstadt, Hessen-Kassel, Lippe-Detmold** und **Sachsen** dazu, dass die Zweite Kammer wieder einerseits aus Honoratioren bestanden, die aus ihrer Mitte heraus gewählt wurden, andererseits

935 Gesetz, betreffend die Wahlen der Abgeordneten des Standes der Rechtsgelehrten zur ersten Kammer der allgemeinen Ständeversammlung" vom 09.05.1853.

aber auch aus vom Volk ernannten Abgeordneten.[936] Dabei wurden die Honoratioren in allen Staaten direkt, die Abgeordneten, die von der Bürgerschaft ernannt wurden, indirekt gewählt, was deutlich das Ungleichgewicht in der sozialen Stellung, das sie in der Gesellschaft hatten, zum Ausdruck brachte.

Eine Besonderheit beinhaltete das neue Grundgesetz von **Hessen-Kassel**. Da hier im Jahre 1852 ein Wechsel von dem vormals herrschenden Einkammersystem hin zu einer „Zweikammerordnung“ stattfand, mussten in der Verfassung hinsichtlich der Zusammensetzung und des Wahlrechts der Mitglieder der Landtage zwangsläufig neue Vorschriften angeordnet werden. Bei einem Vergleich der Mitgliederaufstellung der *einen* Kammer mit den nunmehr aufgestellten zwei Kammern fällt allerdings auf, dass es bei der ursprünglichen Zusammensetzung blieb, die Mitglieder in dem neuen Landtag lediglich auf zwei Kammern verteilt wurden. So beinhaltete die Zweite Kammer die sechzehn Abgeordnete der Städte und die sechzehn Abgeordnete der ländlichen Bezirke. Ebenso wie 1831 wurden die Abgeordneten der Zweiten Kammer weiterhin in einer indirekten Weise gewählt[937] und es wurde in § 47 der Verfassungsurkunde auf die Zusammensetzung der Wahlmänner Bezug genommen: „Die Körperschaft der Wahlmänner der städtischen Wahlbezirke besteht für jeden derselben aus dem Bürgermeister, den Gemeinderathsmitgliedern, dem Ausschußvorsteher, den ordentlichen und außerordentlichen Mitgliedern des Ausschusses und aus einer, der Zahl der sämmtlichen Vorgenannten gleichstehenden Anzahl von Zunft- und Gildemeistern, Zunft- und Gildegenossen, sowie unzünftigen Fabrikbesitzern und Großhändlern.“ Die Zahl der berufenen unzünftigen Fabrikbesitzer und Großhändler betrug mithin ein Drittel der berufenen Wahlmänner aus den Zünften, außerdem aber soviel, wie in dem Wahlbezirke existierte (§ 47). Auch hinsichtlich der Wahlen der ländlichen Abgeordneten wurden die in Betracht kommenden Wähler gleich namentlich aufgelistet. § 49 bestimmte, dass die Körperschaft der Wahlmänner für jeden ländlichen Wahlbezirk aus sämtlichen Ortsvorständen und Ausschussvorstehern der Landgemeinden des Wahlbezirks, die aus ihrer Mitte dann den Abgeordneten zu wählen hatten, bestehen sollten.

Neu eingeführt wurde im Grundgesetz von 1852, dass neben den gerade genannten Abgeordneten auch sechzehn nicht zu den in der Ersten Kammer vertretenen ritterschaftlichen Verbänden gehörigen Besitzer von Güterkomplexen, welche mindestens zweihundert Acker umfassten, aufgenommen wurden.[938] Wie es bei der Ständevertretung allgemein üblich war, wurde auch diese Gruppe von den Mitgliedern

---

936 Hannover verwies insoweit wieder auf die Verfassung von 1840, Hessen-Darmstadt auf die Verfassung von 1820, Hessen-Kassel auf das Wahlgesetz und die Verfassung von 1831 und Lippe auf das Grundgesetz von 1836. Das Wahlgesetz Sachsens von 1861 enthielt zwar neue Regelungen, diese waren jedoch inhaltlich identisch mit denen von 1831.

937 Hessen-Kassel 1852 (§ 47 und 49). Insoweit ist der Wortlaut des § 47 und des § 49 missglückt, indem von der „Körperschaft der Wahlmänner“ und nicht von den Urwählern die Rede ist.

938 Hessen-Kassel 1852 (§ 42).

aus ihrer Mitte in direkter Weise gewählt, d.h. nur von solchen Personen, die ebenfalls den Besitz von Gütern von mindestens zweihundert Kasseler Ackern vorweisen konnten.[939] Hinsichtlich der allgemeinen Wahlrechtsbedingungen verblieb es wortgetreu bei den Vorschriften von 1831.[940] Mit der Einführung der neuen Verfassung von 1860 kam es lediglich zu kleinen Veränderungen in der Wahlberechtigung. So waren zur Wahl der städtischen Abgeordneten die Zunft- und Gildemeister, Zunft- und Gildegenossen und die unzünftigen Fabrikbesitzer und Großhändler nicht mehr teilnahmeberechtigt. Stattdessen wurden nunmehr die höchstbesteuerten Ortsbürger zugelassen, wobei die Grund-, Gewerbe- und Klassensteuer als Bemessungsgrundlage dienten (§ 50).[941] Als Urwähler der ländlichen Abgeordneten galten nunmehr nur noch die Ortsvorstände und Ausschussvorsteher der Landgemeinden des jeweiligen Wahlbezirks. Die Gemeinderatsmitglieder und die ordentlichen oder außerordentlichen Mitglieder des Ausschusses waren als Wähler nicht mehr vorgesehen (§ 52). Welche Kriterien die Wahlmänner erfüllen mussten, um als solche die Abgeordneten wählen zu dürfen, ergab sich aus den entsprechenden Regelungen des der Verfassungsurkunde zugehörigen Wahlgesetzes von 1860:[942] Diejenigen Wahlmänner, die sowohl die städtischen als auch die ländlichen Abgeordneten zu bestimmen hatten, sollten „aus ihrer Mitte" gewählt werden. Dies bedeutete, dass die Wahlmänner die gleichen Wahlrechtsbedingungen zu erfüllen hatten wie die Urwähler selbst.[943] In diesen Regelungen wurde auch die Anzahl der zu ernennenden Wahlmänner normiert.[944] Da es hinsichtlich der Wahl der Besitzer der Güterkomplexe grundsätzlich bei den Regelungen von 1852 verblieb, wurden diese Mitglieder weiterhin direkt aus

939 Hessen-Kassel 1852 (§ 45).

940 Vgl. den § 67 der Verfassungsurkunde von 1831 mit dem § 50 der Verfassungsurkunde von 1852.

941 Diese höchstbesteuerten Ortsbürger wurden dabei von dem Bürgermeister jeder Stadt festgestellt und in einem Verzeichnis öffentlich bekannt gegeben. Die Feststellung erfolgte dabei derart, dass der Bürgermeister sich von der betreffenden Steuerbehörde diejenigen höchstbesteuerten Bürger, welche in dem vorhergegangenen Kalenderjahr an Grund-, Gewerbe- oder Klassensteuer, getrennt oder zusammen, die höchsten Beträge an den Staat zu entrichten hatten, bezeichnen ließ (§ 30 des Gesetzes, die Wahl der Landstände betreffend vom 30. Mai 1860).

942 Gesetz, die Wahl der Landstände betreffend vom 30. Mai 1860.

943 Hessen-Kassel Wahlgesetz 1860 (§ 33, 40).

944 So heißt es in § 33 des Wahlgesetzes von 1860: „In den Städten, welche für sich allein einen Wahlbezirk bilden, wählt die ganze Wahlkörperschaft dieses Bezirks 16 Wahlmänner aus ihrer Mitte. In jeder Stadt dagegen, welche mit anderen zusammen einen Wahlbezirk bildet, wählen die zur Wahlkörperschaft desselben gehörigen Mitglieder der Gemeindemitglieder und Höchstbesteuerten dieser Stadt für sich und aus ihrer Mitte auf je 500 Seelen der städtischen Bevölkerung einen Wahlmann und zwar ohne Beachtung der überschießenden, noch nicht 500 Seelen betragenden Seelenzahl." Zu der Wahl der Wahlmänner der ländlichen Abgeordneten wurde in § 40 normiert, dass in jeder Landgemeinde ein Wahlmann aus der Mitte der Urwähler zu wählen war.

ihrer Mitte gewählt (§§ 47, 48). Allerdings fand eine Erweiterung der Norm durch das „Gesetz, die Wahl der Landstände betreffend vom 30. Mai 1860“ statt. Danach war auch ohne den Nachweis des Eigentums von mindestens zweihundert Ackern die Wahlfähigkeit anzunehmen „in der Person des Ehemannes, wenn Ehegatten die gemeinschaftlichen Eigentümer eines 200 Acker oder darüber haltenden Güterkomplexes sind und in der Person des Vaters, wenn derselbe nach dem Tode seiner Ehefrau in der Gemeinschaft des Eigentums eines solchen Güterkomplexes mit den Kindern verbleibt“.[945] Bereits zwei Jahre später wurden die neuen Regelungen von 1860 in Kurhessen wieder außer Kraft gesetzt. Mit der „Landesherrlichen Verkündung (über die Wiederherstellung der kurhessischen Verfassung von 1831) vom 21. Juni 1862 wurden insoweit die Direktionen der Verfassungsurkunde vom 05. Januar 1831 wieder für gültig erklärt. Die Wiederherstellung der alten Verfassungsurkunde von 1831 war zum Ziel des Verfassungskampfes der 1850er Jahre geworden.[946] Aber erst eine fühlbare Veränderung der politischen Lage in der Frankfurter Bundesversammlung und der preußischen Haltung zum kurhessischen Verfassungsproblem[947] ließ diese Bestrebungen zum Erfolg gelangen.[948]

Lediglich minimale Veränderungen zu den ursprünglichen Gesetzen von 1820 bzw. 1831 erfolgten in **Hessen-Darmstadt** und **Sachsen**.[949] So wurden beispielsweise in erst genanntem Staat die allgemeinen Wahlrechtsbedingungen im Verhältnis zu den bestehenden von 1820 teilweise erneuert, teilweise erweitert. Statt einer direkten Steuer von zwanzig fl. wurde ab 1856 die Entrichtung einer Personalsteuer seit Anfang des Jahres, in welchem die Wahl vorgenommen wurde, gefordert und zwar an dem Orte, an welchem die Urwähler personalsteuerpflichtig waren.[950] Dies ist wohl auf entsprechende Änderungen in der Steuerpolitik Hessen-Darmstadts zu dieser Zeit zurückzuführen. Neu eingeführt wurden Ausschlusskriterien, die bereits in anderen Ländern seit langer Zeit manifestiert waren und nun auch in diesem Staat als gut befunden wurden. Gemäß Artikel 7 wurde angeordnet: „Die Stimmberechtigung kann von Denjenigen nicht ausgeübt werden, welche 1) in der Ausübung des Staatsbürgerrechts gehindert sind, oder 2) in Folge strafrechtlicher gegen sie ergangener Verurtheilungen von der Stimmberechtigung und der Wählbarkeit bei Ortsvorstandswahlen nach der dermaligen Gesetzgebung ausgeschlossen sind, oder

945 Hessen-Kassel Wahlgesetz 1860 (§ 24).

946 Kellner, Verfassungskämpfe, S. 65.

947 Siehe hierzu allgemein Huber, Deutsche Verfassungsgeschichte, Band. 3, S. 217 ff., 436 ff.

948 Kellner, a.a.O., S. 65.

949 Interessant an dieser Stelle ist die öffentliche Meinungsmache in Sachsen, die diese unmerklichen Veränderungen des Wahlgesetzes von 1831 nach außen hin unter dem Etikett einer „Wahlrechtsreform“ anpriesen. Vgl. Neemann, Landtag und Politik in der Reaktionszeit, S. 229. Zur allgemeinen Entwicklung der Wahlreformbewegung und dem Wahlgesetz von 1861 siehe: Neemann, a.a.O., S. 216–232.

950 Hessen-Darmstadt Gesetz, die Zusammensetzung der beiden Kammern der Stände und die Wahlen der Abgeordneten betreffend, vom 06. September 1856 (Art. 6).

3) wegen Zuwiderhandlung gegen Artikel 202 oder Artikel 203 des Strafgesetzbuchs zu einer Strafe rechtskräftig verurtheilt worden sind, oder welche 4) zur Zeit der Wahl zu ihrem Lebensunterhalte eine nicht bloß vorübergehende Armenunterstützung aus öffentlichen Mitteln beziehen oder in den letzten der Wahl vorhergegangenen zwölf Monaten bezogen haben." Indem statt des dreistufigen Wahlverfahrens, wie es 1820 noch angeordnet war, die Abgeordneten der Städte und Wahlbezirke nunmehr nur noch mittels zweier Wahlen ernannt wurden, war das äußerst begrenzte Wahlrecht aufgehoben. Noch hatte die Regierung zuviel Angst vor einem erneuten Putsch der Bevölkerung, als dass alle, zum Teil stark konservativen Elemente von 1820 einfach bedenkenlos übernommen worden wären. Die erste Wahl bestimmte die Wahlmänner und von diesen wurden die Abgeordneten gewählt.[951] Auch das passive Wahlrecht der Wahlmänner wurde 1856 aus demselben Grund dahingehend geändert, als dass nun nicht mehr höchstbesteuerte Staatsbürger vorgesehen wurden, wie es 1820 noch der Fall war, sondern ein konkreter Steuerbetrag angegeben wurde. So musste eine Person, um als Wahlmann gewählt werden zu können, seit Anfang des Jahres, in welchem die Wahl vorgenommen wurde, an direkten Steuern mindestens ein Normalsteuerkapital von einhundertachtzehn fl. entsprechender Betrag jährlich entrichtet haben.

Auch im Wahlgesetz **Sachsens** wurde hinsichtlich des Steuerabgabenkriteriums eine minimale Veränderung, die wohl auf eine Neuerung im Bereich der Abgabenpolitik zurückzuführen war, mit dem Wahlgesetz von 1861 im Verhältnis zu demjenigen von 1831 vorgenommen.[952] Während es 1831 noch hieß, dass der Wahlmann die Entrichtung von wenigstens zehn Thalern an Schocken und Grundquatembern oder anderen Grundsteuern nachzuweisen hatte (§ 55), wurde nunmehr vorausgesetzt, dass der zu Erwählende an Grundsteuern von seinen „eigentümlichen" städtischen Grundstücken oder an direkten Personallandesabgaben oder an beiden zusammen wenigstens zehn Thaler jährlich zu entrichten habe (§ 26). Die Voraussetzungen für das Wahlrecht der Rittergutsbesitzer wurden 1861 nicht geändert. Dagegen wurden jedoch für die Wähler der Abgeordneten der Städte nunmehr strengere Voraussetzungen normiert: Während diese 1831 nur die allgemeinen Erfordernisse der Wahlberechtigung erfüllen mussten, wurde 1861 darüber hinaus auch noch gefordert, dass die Urwähler Mitglieder der Gemeinde ihres Wohnortes waren und das bürgerliche Eigentum an einem Wohnhaus im Ort besitzen oder an Grundsteuern von „eigentümlichen" städtischen Grundstücken oder an direkten Personallandesabgaben oder an beiden zusammen mindestens in großen Städten drei Taler, in mittleren und kleinen Städten zwei Taler jährlich entrichteten (§ 24). Eine fast identische Regelung fand sich auch hinsichtlich der Wahl des Bauernstandes wieder, wobei jedoch zwischen großen, mittleren und kleinen Städten nicht mehr unterschieden, sondern unabhängig davon eine jährliche Abgabe von zwei Talern gefordert wurde, was 1831 noch nicht

951 Hessen-Darmstadt Gesetz 1856 (Art. 4).

952 Gesetz, die Wahlen der Abgeordneten beider Kammern der Ständeversammlung betreffend vom 19. Oktober 1861.

der Fall war. Bezüglich der Wahl der Vertreter des Handels- und Fabrikwesens blieb es bei den Regelungen von 1831, nur dass nunmehr diese nicht mehr in einem gesonderten Gesetz, sondern ebenfalls in dem Wahlgesetz von 1861 angeführt wurden.

Neue Regelungen hinsichtlich der Wahl der Mitglieder der Zweiten Kammer sahen **Österreich** und **Nassau** vor. Beide Staaten hatten gemein, dass sie für die Zweite Kammer keine Ständevertretung vorsahen. **Nassau** ließ lediglich solche Abgeordneten, die auch vom Volk gewählt wurden, zu. **Österreich** nahm eine Sonderstellung ein. Das Grundgesetz über die Reichsvertretung von 1861 besagte, dass die Kammer mit dreihundertdreiundvierzig Abgeordneten besetzt werden sollte.[953] Diese Mitglieder wurden jedoch nicht durch das Volk gewählt, sondern wurden von dem jeweiligen Landtag durch unmittelbare Wahl entsendet.[954] Die Wahl hatte durch absolute Stimmenmehrheit und zwar „in der Art zu geschehen, daß die nach Maßgabe der Landesordnungen auf bestimmte Gebiete, Städte, Körperschaften entfallende Zahl von Mitgliedern des Abgeordnetenhauses aus den Landtagsmitgliedern derselben Gebiete, derselben Städte, derselben Körperschaften hervorgehen" (§ 7). Damit verblieb es bei einer Wahl, die nur der privilegierten Klasse – und zwar einzig den Landtagsabgeordneten – vorbehalten war. Denn in den einzelnen Kronländern **Österreichs** war das Wahlrecht eingeschränkt und ungleich.[955] Allgemeine Charakteristika des Wahlrechts in diesen Ländern war, dass die Städtekurie ein Viertel und die Wähler der Landgemeinden (hauptsächlich Bauern) zwei Fünftel der Abgeordneten wählten; ein Drittel der Abgeordneten wurden einerseits von den Großgrundbesitzern und Mitgliedern der Handels- und Gewerbekammern und andererseits von den Bischöfen und Rektoren der Universitäten gewählt.[956]

In **Nassau** erfolgte die Wahl der vierundzwanzig Abgeordneten durch das Volk in indirekter Weise.[957] Die Urwähler **Nassaus** wurden dabei für die Wahl der Wahlmänner in drei Abteilungen eingeteilt.[958] Die Bildung der Abteilungen erfolgte nach

---

953 Österreich 1861 (§ 6). Hier wurde auch festgesetzt, wie viele Abgeordnete aus den jeweiligen Kronländern zu entsenden waren: Für das Königreich Ungarn 85, das Königreich Böhmen 54, das lombardisch-venetianische Königreich 20, das Königreich Dalmatien 5, das Königreich Kroatien und Slowenien neun, das Königreich Galizien und Lodomerien 38, das Erzherzogtum Österreich unter der Enns 18, das Erzherzogtum Österreich ob der Enns 10, das Herzogtum Salzburg 3, das Herzogtum Steiermark 13, das Herzogtum Kärnten 5, das Herzogtum Krain 6, das Herzogtum Bukowina 5, das Großfürstentum Siebenbürgen 26, die Markgrafschaft Mähren 22, das Herzogtum Ober- und Niederschlesien 6, die gefürstete Grafschaft Tirol und Vorarlberg 12 und die Markgrafschaft Istrien 6.

954 Österreich 1861 (§ 7).

955 Melik, Wahlen im alten Österreich, S. 5.

956 Melik, a.a.O., S. 5/6; Bachmann, Österreichische Reichsgeschichte, S. 424.

957 Nassau Verordnung 1851 (§ 17); Das Wahlgesetz von Preußen von 1851 verweist insoweit auf die Verordnung von 1849, die weiterhin Geltung hatte und das indirekte Wahlverfahren für die Abgeordneten der Zweiten Kammer anordnete (§ 1).

958 Nassau Wahlgesetz 1851 (§ 19).

Maßgabe der von den Wählern zu entrichtenden direkten Staatssteuern, und zwar in der Art, dass auf jede Abteilung ein Drittel der Gesamtsumme der Steuerbeträge aller Wähler des Wahlbezirks fiel. Die erste Abteilung bestand aus denjenigen Wählern, auf welche die höchsten Steuerbeträge bis zur Grenze eines Drittels der Gesamtsumme fielen. Die zweite Abteilung bestand aus denjenigen Wählern, auf welche die nächst hohen Steuerbeträge bis zur Grenze des zweiten Drittels fielen und schließlich wurden in die dritte Abteilung nur solche aufgenommen, die am niedrigsten besteuert waren, d.h. auf welche das letzte Drittel fiel.[959] Damit hatte **Nassau** ein Dreiklassenwahlrecht – ähnlich dem in Preußen – innerhalb der Urwähler eingeführt. Zur Motivation der erheblichen Neuerungen führte die Regierung – sehr lapidar und wenig aussagekräftig – aus, dass das Wahlgesetz vom Mai 1848 den Verhältnissen des Herzogtums nicht gerecht geworden sei und keine wirkliche Repräsentation des Volkes ermöglicht habe.[960] Hinsichtlich der allgemeinen Wahlrechtsbedingungen galten in **Nassau** für die Urwähler, die die Abgeordneten der Zweiten Kammer wählten, die gleichen Voraussetzungen wie für die Urwähler der Ersten Kammer (s.o.). Wer als Wahlmann wählbar sein wollte, musste wiederum die gleichen Eigenschaften besitzen wie ein Urwähler.[961]

**Preußen** war der einzige Staat in dieser Zeit, der hinsichtlich des Wahlrechts für die Mitglieder der Zweiten Kammer auf die Regelungswerke, die in den Revolutionsjahren ergangen waren, verwies. So sollten dreihundertdreiundvierzig Mitglieder vom Volk nach den Grundsätzen des Wahlrechts vom 30. Mai 1849 gewählt werden. Auch was die allgemeinen Wahlrechtsvoraussetzungen und die Eigenschaften der Wahlmänner anbelangte, wurde in dem „Gesetz, betreffend die Abänderung des Art. 69 und die Ergänzung der Art. 66 und 115 der Verfassungsurkunde vom 30. April 1851" auf die Wahlgesetze vom 06. Dezember 1848 und vom 30. Mai 1849 (s.o.) verwiesen. Damit galt das Dreiklassenwahlrecht auch in der Reaktionszeit weiter.

#### (4) Beurteilung der Zweiten Kammer

Unabhängig davon, ob die Staaten die alten Regelungen wieder aufnahmen oder sich für neue entschieden, war überall gleich, dass die Wahlen der vom Volk gewählten Abgeordneten in indirekter Weise geschahen. Die Staaten entschieden sich damit erneut für ein System, das bereits vor den Jahren 1848/49 als feste Wahlrechtsgrundsätze galt. Diejenigen Staaten, die darüber hinaus auch wieder Ständemitglieder in die Zweite Kammer aufnahmen, ließen diese direkt von den anderen Standeangehörigen wählen. Auch insoweit fand keine Veränderung zu der Zeit von vor den Revolutionsjahren statt. Was die allgemeinen Wahlrechtsbedingungen anging, so wurden ebenfalls in den meisten Staaten keine bzw. nur minimale Veränderungen

959 Nassau Wahlgesetz 1851 (§ 20).
960 Rösner, Nassauische Parlamentarier, Teil 1, S. XXII.
961 Nassau Wahlgesetz 1851 (Wortlaut des § 20: „Die Wahlmänner werden von den Wählern *aus ihrer Mitte* gewählt, [...]).

vorgenommen. Lediglich **Sachsen** nahm die neue Reglementierung zum Anlass, strengere Anforderungen an die Urwähler zu stellen.

**Hessen-Kassel** normierte das einschränkendste Wahlrecht von allen Staaten. Die kurfürstliche Regierung bestimmte nicht nur eine indirekte Wahl, sondern begrenzte auch das Wahlrecht so stark, dass nur ausgewählte, im Wahlgesetz ganz explizit genannte Personen als Urwähler zugelassen wurden. Darüber hinaus gelang der Regierung Hassenpflugs eine weitere Wahlrechtsreduzierung durch die Entpolitisierung der Landtagswahl und zwar dergestalt, dass die Wahl der Wahlmänner durch die Urwähler in den Landgemeinden und zur Hälfte auch in den Städten nicht gezielt im Hinblick auf eine Landtagswahl erfolgte, sondern losgelöst von der aktuellen Tagespolitik und eher beiläufig, indem die Kommunalwahlen zugleich die Wahlmännergremien für nachfolgende Landtagswahlen bestimmten.[962] Dadurch kam es dazu, dass die Zahl der Wahlberechtigten von 102.732 im Jahre 1849 auf 6.000 Männer im Jahre 1852 zurückging.[963]

Insgesamt ergab sich damit auch in den Zweiten Kammern im Vergleich zu den revolutionären und als fortschrittlich geltenden demokratischen Entwicklungen ein erneuter Rückschritt in alte, politische Muster. Die Bemühungen des „realpolitischen" Liberalismus und später auch der Sozialdemokratie, die Zweite Kammer zu stärken und größeren Einfluss auf die monarchische Regierung zu gewinnen, um diese zu „parlamentarisieren", kamen bis zum Zusammenbruch des monarchischen Konstitutionalismus in Deutschland nicht zum Ziel.[964]

### *bb. Auswertung der Zweikammersysteme*

Wie dem Vergleich als Schlussfolgerung zu entnehmen ist, wurde auch in den „Zweikammerstaaten" der Aufforderung der Deutschen Bundesversammlung gefolgt, die alten Zustände wieder aufleben zu lassen. Hieran hielten sich die meisten Staaten wie **Sachsen, Kurhessen, Lippe-Detmold, Hannover** oder auch **Hessen-Darmstadt,** die hinsichtlich des Wahlrechts auf die Regelungen der alten, vor der Revolutionszeit geltenden Gesetze und Verfassungen zurückgriffen. Aber auch diejenigen Staaten, die sich für neue Regelungen entschieden, wie **Österreich** und **Nassau**, teilweise auch **Preußen** (lediglich für die Erste Kammer), nahmen nicht die Neuerungen der Revolution zum Gegenstand ihres novellierten Wahlrechts. Vielmehr normierten auch diese Staaten in ihren Reglementierungswerken die altbekannten Grundsätze, die da waren: die indirekte Wahl, Zensusbestimmungen und das teilweise bestehende Wahlrecht allein für privilegierte Ständegruppen.

---

962 Nathusius, Kurfürst, Regierung und Landtag, S. 312.
963 Nathusius, a.a.O., S. 312.
964 Wiegand, Direktdemokratische Elemente, S. 36.

### c. *Auswertung der Ein- und Zweikammersysteme in der Periode von 1851–1866*

Die Reaktionszeit bedeutete einen erheblichen Rückschritt des Wahlrechts, während in der Revolutionszeit zumindest in Ansätzen eine allgemeine und gleiche Struktur vorhanden war. Diese Fortschritte unterlagen nun, mit Einläuten der Reaktionsära, nicht nur der Stagnation, sondern auch einer Beseitigung, so dass die vormärzlichen Verhältnisse wieder Einzug in die meisten Landtage der Einzelstaaten hielten. Diese Entwicklung ist in den Einkammersystemen insbesondere daran ersichtlich, dass vermehrt wieder Ständemitglieder in die Kammern eingeführt wurden, die nur von aus ihrer Mitte stammenden Personen gewählt werden konnten. Weiterhin wurde für die Abgeordneten, die vom Volk ernannt wurden, die unmittelbare Wahlart fast gänzlich abgeschafft und damit der Zustand, der vor der Revolution bestand, restauriert. Schließlich änderte sich auch die Wählbarkeitsvoraussetzung in einigen Staaten dahingehend, dass ein Vermögens- bzw. Steuerzensus, auf den in den Revolutionsjahren gerade bewusst verzichtet worden war, erneut eingeführt wurde.

In den Zweikammersystemen herrschte eine gleiche Entwicklung. Auch hier wurden die Zustände, die im Vormärz Deutschlands Landtagspolitik ausgemacht hatten, wiederhergestellt. Im Einzelnen bedeutete dies, dass das Wahlrecht hinsichtlich der Mitglieder der Ersten Kammer auf ein Minimum beschränkt oder gar ganz aufgelöst wurde. Dies wurde dadurch realisiert, dass die Landesherren in den Ersten Kammern nur noch von ihnen zu ernennende Personen oder einzelne Ständemitglieder zuließen. Auch bezüglich der Zweiten Kammern waren sie um eine Reduzierung der Volksbeteiligung bemüht. Um dies zu erreichen, knüpften sie erneut an die vormals herrschenden Zensusbestimmungen und an das indirekte Wahlverfahren und nahmen neben den vom Volk gewählten Abgeordneten auch wieder Honoratioren in die Kammern auf, die von vornherein nur aus ihrer Mitte gewählt werden durften.

Zusammenfassend bedeutete dies, dass der Versuch der politischen Reihen in Deutschland, den konservativ-bürokratischen Obrigkeits- und Ordnungsstaat wieder fest zu etablieren und gegen allen Liberalismus und all die Tendenzen, die zur Revolution geführt hatten, abzuschirmen, zur festen Wirklichkeit wurde.[965] Natürlich versuchten die Landtage alles, um die gerade erst errungenen Kompetenzen zu konservieren. Dementsprechend verweigerten sie ihre Zustimmung hinsichtlich der Regierungsvorlagen zur Änderung der Verfassung. Die Regierungen behalfen sich damit, die Landtage zu vertagen oder gar aufzulösen, oft mehrmals nacheinander, bis Neuwahlen eine regierungsfreundliche Mehrheit erbrachten.[966]

---

965 Nipperdey, Deutsche Geschichte 1806–1866, S. 674.

966 Brosius, Vom Sieg der Reaktion zum Scheitern der Republik, in: Präsident des Niedersächsischen Landtags (Hrsg.), Landstände und Landtage, S. 158.

### *d. Vergleich der Ein- und Zweikammersysteme zum heutigen Parlamentarismus*

Die Merkmale, die in den Revolutionsjahren hinsichtlich des Wahlrechts in die Verfassungen aufgenommen wurden und im Vergleich zum heutigen Parlamentarismus als Frühformen bezeichnet werden können, wurden in der Reaktionsära allesamt wieder abgeschafft. So wurde überwiegend in den Ein- und Zweikammersystemen wieder eine Wahl der Standeszugehörigen etabliert und erneut erhebliche Zensusbestimmungen eingeführt. Diese galten auch für die Wähler, die sich aus der Mitte der Bevölkerung zusammensetzten, so dass allerorts von einer allgemeinen Wahl wieder abgerückt wurde. Zusätzlich wurde bei letzt genanntem Wählerkreis auch überwiegend eine mittelbare Wahl eingeführt. Der Grundsatz der Gleichheit der Wahl, wie in den Revolutionsjahren noch eingeführt, musste ebenfalls zugunsten konservativer Elemente wieder weichen, da die Wählerstimmen häufig einen unterschiedlichen Zählwert hatten.

Damit gab es insgesamt keine Merkmale mehr, die mit dem heutigen Parlamentarismus vergleichbar sind. Das politische System in dieser Zeit kann damit wahrlich nicht als Vorläufer betrachtet werden – mit einer Ausnahme: Die allgemeinen Wahlrechtsbestimmungen, von den Zensusbestimmungen abgesehen, entsprachen auch in dieser Zeit weiterhin zum Großteil denjenigen, die auch heute noch anerkannt und in den Verfassungsgesetzen normiert sind. Insoweit wird auf den Vergleich in den früheren Zeitperioden verwiesen.

## III. Kompetenzen der Landtage

Die Landtage des 19. Jahrhunderts zeichneten sich dadurch aus, dass sie gewisse Rechte, die in den Verfassungswerken explizit genannt wurden, ausüben durften. Dies scheint im Hinblick auf die Geltung des monarchischen Prinzips auf den ersten Blick verwunderlich, da hiernach der Monarch alle Entscheidungsgewalt in seiner Person vereinigen sollte. Wie zu Beginn der Untersuchung schon erwähnt,[967] war die Finanzlage der Einzelstaaten zu Beginn des Deutschen Bundes wegen der hohen Abgaben während der Zeit der napoleonischen Kriege deutlich angespannt.[968] Die jeweiligen Monarchen sahen sich dadurch gezwungen, auf den finanzstarken Adel und die zahlungsfähigen Großgrundbesitzer im Land zurückzugreifen, die durch Bereitstellung von Geld die Schuldenlast der Monarchen abbauen sollten.[969]

---

967 Siehe 1. Kapitel unter „Die Stellung des Landtags im monarchischen System".

968 Müller, Heinrich Luden als Parlamentarier, S. 28; Seibel, die Waldeckischen Landstände im Vormärz, S. 274.

969 Müller, a.a.O., S. 28; Seibel, a.a.O., S. 274; Andreas, Geschichte der badischen Verwaltungsorganisation und Verfassung, S. 422; Becht, Vom Ständesaal zur Revolution, in: Borst (Hrsg.), Aufruhr und Entsagung, S. 48; Jonscher, Thüringische Verfassungsgeschichte im 19. Jahrhundert, in: Thüringer Landtag (Hrsg.), Thüringische Verfassungsgeschichte, Heft 3, S. 9; Fehrenbach, Bürokratische Reform und

Als Gegenleistung verlangte die zahlende Schicht allerdings gewisse Mitentscheidungsrechte in den politischen Angelegenheiten.[970] Da sie es war, die die Schulden begleichen sollte, wollte sie nachvollziehbarerweise gerade in diesem Bereich eine Entscheidungskompetenz gesichert sehen, um so zukünftige Beschlüsse kontrollieren zu können.[971] Dementsprechend wurden vielen Landtagen in den Einzelstaaten ein Steuerbewilligungsrecht und das Recht der Zustimmung zu sonstigen finanziellen Entscheidungen zugebilligt. Die Einräumung eines Steuerbewilligungsrechts sahen die meisten Monarchen auch als wenig bedenklich an, da die Steuern oftmals nur einen geringen Teil der Staatseinnahmen ausmachten und damit auch eine partielle Steuerverweigerung den Staat nie in Verlegenheit hätte bringen können.[972] Darüber hinaus hatten sie in fast allen Staaten ein Mitbestimmungsrecht hinsichtlich des Gesetzgebungsverfahrens. Weit verbreitet waren zudem solche Kompetenzen wie das Ministeranklagerecht, das Beschwerderecht und Entscheidungen über Angelegenheiten der Gemeinde.

Da es für eine umfassende Darstellung der damaligen Landtage erforderlich ist, auch auf den Bereich der ihnen zustehenden Kompetenzen einzugehen, gilt es nun, die einzelnen Rechte im Folgenden detailliert zu untersuchen und hierbei der Frage nachzugehen, welche Entwicklung während der Zeit des Deutschen Bundes zu beobachten war. Aus diesem Grund erscheint auch in diesem Bereich eine zeitliche Unterteilung sinnvoll.

## 1. Der Zeitraum von 1815–1830

### *a. Die Kompetenzen innerhalb der Einkammersysteme*

#### *aa. Unmittelbarer Vergleich der Kompetenzen*

In den unmittelbaren Vergleich der Kompetenzen der Landtage fließen wiederum nur die Staaten mit ein, die während der Zeit von 1815–1830 die ersten Verfassungen erließen.[973] Dabei sind diejenigen Rechte Gegenstand der Untersuchung, die in den einzelnen Verfassungen normiert worden sind. Dazu gehörten vor allem Kompetenzen hinsichtlich des Finanzhaushaltes – wie etwa das Steuerbewilligungsrecht oder auch die Bestimmung des Staatsbudgets –, Anzeige- und Anklagerechte, Ernennungsrechte, das Recht der Immunität der Abgeordneten sowie die Befugnisse, die ihnen im Bereich des Gesetzgebungsverfahrens zustanden.

---

gesellschaftlicher Wandel, in: Bräunche/Schnabel (Hrsg.), Die badische Verfassung von 1818, S. 17.

970 Carsten, Die deutschen Landstände und der Aufstieg der Fürsten, in: Heinz Rausch (Hrsg.), Die geschichtlichen Grundlagen der modernen Volksvertretung, Zweiter Band, S. 318.

971 Carsten, a.a.O., S. 318.

972 Götschmann, Bayerischer Parlamentarismus, S. 51.

973 Hinsichtlich der gemeinten Staaten vgl. unter Zusammensetzung der Landtage in der Zeit von 1815–1830.

### (1) Kompetenzen hinsichtlich des Finanzhaushaltes

#### (a) Steuerbewilligungsrecht

Den jeweiligen Landtagen wurde in allen Staaten ein Steuerbewilligungsrecht zugebilligt.[974] Das Steuerbewilligungsrecht zeichnete sich allgemein nicht nur dadurch aus, dass die Landstände über jede Besteuerung und andere Belastungen der Staatsbürger unterrichtet werden mussten, sondern insbesondere, dass ohne ihre ausdrückliche Bewilligung keine Steuern oder andere Abgaben und Leistungen im Land ausgeschrieben und erhoben werden durften. Dieses Recht hatten sich, wie eingangs bereits erwähnt, die Mitglieder der Landtage als Kompensation für die finanzielle Unterstützung der jeweiligen Landesherren erstritten. In **Sachsen-Hildburghausen, Sachsen-Meiningen** und **Waldeck-Pyrmont** umfasste diese Kompetenz auch das eingeschränkte Recht, alle Einnahmen an Steuern und sonstigen von ihnen „verwilligten" Abgaben in einer eigenen Kasse zu verwalten, aber nur zu den im Etat angegebenen bestimmten Zwecken zu verwenden.[975] Diese Einschränkung wurde auch in **Sachsen-Coburg-Saalfeld** den Ständen auferlegt. Ein solches eingeschränktes Recht stellte einen tragfähigen Kompromiss zwischen den Befugnissen der Landesherrn und denen der Landtage dar, wodurch die Mitglieder die Möglichkeit der freien Verwaltung bekamen, zugleich aber gewährleistet war, dass sie es nicht in völlig freiem Ermessen ausüben durften. Zweck der Steuern war nach § 72 der Verfassung von **Sachsen-Coburg-Saalfeld** die Bestreitung der Landesbedürfnisse, zu denen alle Staatsbürger nach verhältnismäßiger Gleichheit beizutragen hatten. In **Schaumburg-Lippe** waren die Stände dagegen nicht befugt, selbst die Verwendung der Steuern vorzunehmen, sondern hatten insoweit nur das Recht, von der Verwendung der Landessteuern zu den Landesbedürfnissen *Kenntnis* zu nehmen und der Regierung ihre Bemerkungen hierzu vorzulegen. Keineswegs war diese Regelung der Grundeinstellung des Fürsten Georg Wilhelm geschuldet. Vielmehr stand diese Art der Steuerpolitik bereits seit dem Landesvergleich von 1791 fest, so dass die Verantwortlichen hierüber keine weiteren Gedanken zu verschwenden bereit waren.[976] Dafür Sorge zu tragen, dass die Steuern ohne Unterschied des Eigentümers den gleichen Maßstab erhielten, war Aufgabe der

---

974 Sachsen-Coburg-Saalfeld 1821 (§ 70/72 ff.); Sachsen-Hildburghausen 1818 (§ 2); Sachsen-Weimar Eisenach 1816 (§ 5); Sachsen-Meiningen 1824 (§ 14) und 1829 (Art. 81); Schaumburg-Lippe 1816 (§ 2); Waldeck-Pyrmont 1816 (§ 22) und Liechtenstein 1818 (§ 11). In Schwarzburg-Rudolstadt ergab sich dieses Recht noch nicht aus der Verfassungsurkunde von 1816. Erst durch die „Bekannmachung über die Durchführung des ersten Landtags im Fürstenthum Schwarzburg-Rudolstadt vom 21. April 1821" wurde dem Landtag unter anderem auch das Steuerbewilligungsrecht zugebilligt.

975 Sachsen-Hildburghausen 1818 (§ 2); Sachsen-Meiningen 1824 (§ 14 pt. 2) und 1829 (Art. 83); Waldeck 1816 (§ 25).

976 Brockhaus, Allgemeine deutsche Real-Encyclopaedie für die gebildeten Stände, 12. Band, S. 608.

**liechtensteinischen** Landstände.[977] In **Sachsen-Meiningen** wurde in der Verfassung von 1829 allgemein der Grundsatz verankert, dass „die erste Obliegenheit der getreuen Stände des Herzogthums ist, an ihrem Theile dahin mitzuwirken, daß die Beiträge der Unterthanen zu dem, was das Gemeinwohl erheischt, mit kluger Sparsamkeit gefordert, mit Gerechtigkeit vertheilt, und mit strenger Gewissenhaftigkeit und Genauigkeit ihrer Bestimmung gemäß verwendet werden“ (Art. 80). Mit einer derartig bedachten Wortwahl sollte offenbar bei der Bevölkerung entsprechendes Vertrauen in die Funktionsweise des Landtags erweckt werden.

### (b) Bestimmung des Staatsbudgets

In **Sachsen-Weimar-Eisenach**, **Sachsen-Hildburghausen**, **Sachsen-Meiningen** und **Waldeck** hatten die Landtage über das Steuerbewilligungsrecht hinaus noch die Kompetenz, gemeinschaftlich mit dem Fürsten den Etat zu bestimmen. Dies beinhaltete regelmäßig die Prüfung der Staatsbedürfnisse und die Festsetzung der zu ihrer Deckung erforderlichen Einnahmen und Ausgaben.[978] Eine *gemeinschaftliche* Bestimmung über den Etat fand in **Sachsen-Coburg-Saalfeld** zwar nicht statt, jedoch war auch hier der Etat durch die Landstände zustimmungsbedürftig und die Stände waren berechtigt, zu verlangen und darüber zu wachen, dass der immer von einem Landtag zum anderen geltende, für diese Finanzperiode vom Landesherrn als Gesetz ausgesprochene Etat durch die oberen Landes-Administrations-Behörden beobachtet wurde (§ 68). Zudem hatten die Stände zu allen über den Etat gehenden außerordentlichen Ausgaben ihre besondere Zustimmung zu erteilen. Darüber hinaus wurde ihnen auch der Kassenrapport mitgeteilt und sie hatten das Recht, bei der Landesregierung auf Kassenstürze mündlich oder schriftlich anzutragen. Schließlich waren sie noch befugt, von dem Ministerium alle Subsidien zu verlangen, welche zu den obigen Geschäften, insbesondere aber zur Prüfung der Etats und Rechnungen erforderlich waren (§ 69).

Der Grund für das Mitbestimmungsrecht beim Finanzetat für die Landtage lag darin, dass es zu Beginn des 19. Jahrhundert so etwas wie eine öffentliche Finanzverwaltung noch nicht gab.[979] Erst mit Erlangung der uneingeschränkten Souveränität nach der Auflösung des Heiligen Römischen Reiches und der damit verbundenen Erlangung der Finanzhoheit wurde eine Unterscheidung zwischen privaten und öffentlichen Etats überhaupt vorgenommen.[980] Da es demzufolge gänzlich neue

---

977 Liechtenstein 1818 (§ 12).

978 Sachsen-Weimar-Eisenach 1816 (§ 5); Sachsen-Coburg-Saalfeld 1821 (§ 68); Sachsen-Hildburghausen 1818 (§ 2); Sachsen-Meiningen 1824 (§ 14) und 1829 (Art. 81); Waldeck 1816 (§ 25).

979 Ullmann, Überlegungen zu den Finanzen, in: Engehausen/Kohnle (Hrsg.), Zwischen Wissenschaft und Politik, S. 162.

980 Ullmann, a.a.O., S. 162.

Regelungen hierzu geben musste, drängte sich die Frage nach der Partizipation durch die Landtage gerade in dieser Frage regelrecht auf.[981]

### (c) Zustimmung zur Aufnahme neuer Staatsschulden

Unter den damaligen Gegebenheiten, insbesondere dem Umstand der leeren Haushaltskassen, gehörte es zu den Selbstverständlichkeiten, neue Staatsschulden zu produzieren, wie zutreffend der Finanzwissenschaftler Lorenz von Stein äußerte: „Ein Staat ohne Staatsschuld thut entweder zuwenig für seine Zukunft, oder er fordert zuviel von seiner Gegenwart".[982] Entsprechend hatten die Landesherren auch keinerlei Interesse daran, die Landtage hieran mitwirken zu lassen, da es sie grundlos eingeschränkt hätte. So kam es, dass in keiner Verfassung der damaligen Zeit eine Zustimmung zur Aufnahme neuer Schulden normiert wurde. Der **schaumburg-lippische** Landtag forderte zwar ein solches Kontrollrecht, hatte hiermit jedoch keinen Erfolg, was aus oben genannten Gründen nicht weiter überrascht.[983] Lediglich in **Sachsen-Coburg-Saalfeld** wurde in § 75 verlangt, dass eine Vermehrung der Staatsschulden ohne die Einwilligung der Stände nicht vorgenommen werden durfte. In diesem Staat kam es bereits Ende des 18. Jahrhunderts zu einer massiven Eskalation des Schuldenwesens.[984] Der weitere Ausbau dieser ohnehin schon elementar prekären finanziellen Situation ohne die Zustimmung der Landtage und damit eines Kontrollorgans, wäre unter diesen Umständen nicht mehr zu rechtfertigen gewesen, weshalb dem Monarchen keine andere Wahl blieb, als die Landtage per Gesetz hieran zu beteiligen.

### (d) Rechte hinsichtlich des Domanial-Vermögens

Bei den „Domainen" handelte es sich um das landesherrliche Kammergut, mithin um umfangreichen Grundbesitz, dessen Besitzer die Landesherren waren.[985] Darunter fielen nicht nur die Güter der herrschaftlichen Eigenwirtschaft, sondern vor allem die gesamten aus der Säkularisation stammenden Immobilien und Einkünfte, wobei die bedeutendsten Erträge aus der Grundherrschaft flossen.[986] Hinsichtlich dieser Güter hatten die Stände von **Sachsen-Coburg-Saalfeld** und **Sachsen-Hildburghausen** die Stellung eines Garanten inne. Dies bedeutete, dass die Landesherren die Stände zur Beratung in Ansehung einer nützlichen oder schädlichen Verwendung dieses Vermögens hinzuzogen, damit das Domanial-Vermögen sichergestellt und

981 Ullmann, a.a.O., S. 163.
982 Zitiert in: Koch, Begrenzung von Staatsverschuldung, S. 38.
983 Stieglitz, Ständegeschichte, Heft 59, S. 183.
984 Westphal, Kaiserliche Rechtsprechung und herrschaftliche Stabilisierung, S. 289.
985 Seibel, Die Waldeckschen Landstände im Vormärz, S. 284; Jensen, Das Domanium Waldeck, S. 33.
986 Kallenberg, Die Sonderentwicklung Hohenzollerns, in: Kallenberg (Hrsg.), Hohenzollern, S. 149.

erhalten blieb.[987] Dabei waren die Stände gehalten, keine Verminderung oder Veräußerung dieses Vermögens zu gestatten. Diese aus Sicht der Landesherren enorme Einschränkung ihrer Rechte über die ihnen zur alleinigen Verfügung stehenden Mittel gründete sich ebenfalls aus dem in der Vergangenheit verschwenderischen Umgang mit den Domänen.[988] Eine zweckwidrige Verwendung der Erträge und eine sehr kostspielige Lebensführung führten schließlich dazu, dass die Erträge der Kammergüter nicht mehr ausreichten, um die Kosten der landesherrlichen Hofverwaltung zu decken.[989] Folge hiervon war, dass die Kammergüter per Gesetz zu Staatseigentum erklärt wurden und die Stände in Zukunft mitbestimmen sollten, wenn es um diese Art der Finanzverwaltung ging.[990]

(2) Anzeige- und Anklagerechte

Ebenso bestand in den gerade genannten Staaten mit Einschluss von **Schaumburg-Lippe** die Befugnis, eine Anzeige über Mängel und Missbräuche in der Gesetzgebung und in der Verwaltung des Landes zu erstatten und gutachterliche Vorschläge zur Abschaffung dieser Missbräuche zu tätigen.[991] Darüber hinaus – hier jedoch **Schaumburg-Lippe** wieder ausgenommen – hatten die jeweiligen Landtage die Möglichkeit, gegenüber dem Landesherrn Beschwerden und Anklagen gegen das Benehmen der Staatsdiener zu erheben. In welcher Weise dann mit der Anklage weiter verfahren wurde, wurde unter anderem in der Verfassung von **Sachsen-Coburg-Saalfeld** in § 78 explizit normiert. Dort hieß es, dass die Beschwerden vom Landesherrn auf dem Weg förmlicher Klagen an das Justiz-Collegium, oder wenn sie gegen dessen Mitglieder gerichtet waren, an das gemeinschaftliche Oberappelationsgericht gelangen sollten. Voraussetzung hierfür war jedoch, dass die Anklage von besonderer Erheblichkeit war und sie zum Gegenstand die Bestechung, absichtlich verweigerte oder verzögerte Rechtspflege, Eingriffe in die Verfassung oder in die gesetzliche Freiheit, die Ehre oder das Eigentum der einzelnen Untertanen oder verfassungsmäßigen Behörden und Kommunen hatte. Weiterhin wurde sie nur dann auf den Klageweg gebracht, wenn die vom Landesherrn zuvor getroffene Verfügung und darauf erfolgte Verantwortung des Angeschuldigten nicht erledigt war. Ohne eine solche vorangegangene Verantwortung des Angeschuldigten sollte aber in keinem Fall eine förmliche Untersuchung gegen denselben verfügt werden. Eine fast identische Vorschrift über das Anklageverfahren sah auch **Sachsen-Weimar-Eisenach** vor (§§ 112–115). Es herrschte damit ein so kompliziertes Regelungswerk, dass es so gut wie unmöglich war, dass es im Falle einer Beschwerdeeinreichung

987 Sachsen-Coburg-Saalfeld 1821 (§ 76); Sachsen-Hildburghausen 1818 (Titel I § 2).
988 Jensen, a.a.O., S. 35.
989 Jensen, a.a.O., S. 34/35.
990 Jensen, a.a.O:, S. 36.
991 Sachsen-Weimar-Eisenach 1816 (§ 5); Sachsen-Coburg-Saalfeld 1821 (§ 77); Sachsen-Hildburghausen 1818 (§ 2); Sachsen-Meiningen 1824 (§ 14) und 1829 (Art. 87); Schaumburg-Lippe 1816 (§ 2) und Waldeck 1816 (§ 34).

tatsächlich auch zu dessen Verfahrensdurchführung kam, da die Anklageerhebung bereits im Vorfeld schon an zahlreiche Bedingungen geknüpft war. Der jeweilige Landesherr übernahm insoweit eine Art Filterfunktion, wodurch es ermöglicht wurde, dass diese Befugnis zur Anklage und Beschwerde zu einem rein geschriebenen Recht ohne Praxistauglichkeit stilisiert wurde.

In der Verfassung von **Sachsen-Meiningen** wurde eine solche vorherige Überprüfung durch das Ministerium 1824 nur für Beschwerden gegen höhere Beamte angeordnet[992], während es dann im Jahr 1829 auch auf die anderen Staatsdiener ausgeweitet wurde. So hieß es in § 14 der Verfassung von 1829: „das Recht, bei dem Fürsten Beschwerde und Klage zu erheben gegen die Geheimen Räthe und gegen die andern Staatsdiener und Staatsbehörden, über derselben Willkühr und über deren Eingriffe in die gesetzliche Freiheit, die Ehre und das Eigenthum der Staatsbürger, so wie über Verletzung der landschaftlichen Verfassung". Da diese Formulierung wortgetreu in der Verfassung von **Sachsen-Weimar-Eisenach** (§ 5) zu finden ist, ist davon auszugehen, dass **Sachsen-Meiningen** sich bei der Neukonstitutierung des Grundgesetzes von 1829 diese Regelung zum Vorbild genommen hatte. Schließlich standen die beiden Staaten eng beieinander, nicht zuletzt auch dadurch, dass sie durch den Thüringischen Handelsverein miteinander verbunden waren.[993]

Es kann nur gemutmaßt werden, dass die in **Waldeck** gegebene Möglichkeit der sofortigen Klageerhebung vor dem ordentlichen Gericht, d.h. ohne vorherige Einreichung bei dem Fürsten, daraus resultierte, dass die Verfassung nicht nur einseitig vom Monarchen oktroyiert wurde, sondern eine zwischen dem Landtag und Georg Heinrich getroffene Vereinbarung darstellte.[994] Zumindest aber war damit in der Zeitperiode von 1815–1830 tatsächlich nur in diesem Land auch eine reale Möglichkeit der Ausübung des Anklagerechts gegeben.

#### (3) Ernennung der Kassiers

Da die „landschaftlichen Cassiers" für die Schuldenabzahlung zuständig waren, erstaunt es nicht, dass sich die Landtage vorbehielten, die entsprechenden Personen auch selbst auszuwählen.[995] Allerdings war auch dieses Recht wiederum geprägt von einer Einflussnahme seitens der jeweiligen Landesherren, indem sie die Ernennung zusätzlich bestätigen mussten. In den jeweiligen Ländern waren diese Regelungen im Vergleich nur unwesentlich modifiziert: So waren in **Sachsen-Weimar-Eisenach** neben den Landräten und dem landschaftlichen Kassier auch noch zwei Räte und Assessoren bei dem Landschaftskollegium zu ernennen (§ 5). In **Sachsen-Meiningen** durften sie einen weiteren Ausschuss, einen landschaftlichen

---

992 Sachsen-Meiningen 1824 (Art. 88).

993 Auf den Thüringischen Handelsverein wird im „Regierungsblatt für das Königreich Württemberg vom Jahr 1834" verwiesen.

994 Waldeck 1816 (§ 25).

995 So in Sachsen-Weimar-Eisenach, Sachsen Meiningen und Sachsen-Coburg-Saalfeld.

Syndikus und einen landschaftlichen Kassier wählen, welche die landschaftlichen Angelegenheiten von einem Landtag zum anderen zu besorgen hatten (§ 14). In **Sachsen-Coburg-Saalfeld** war lediglich die zur Besetzung der Landeskassierstelle geeignete Person dem Landesherrn zur Auswahl und Ernennung vorzuschlagen.

### (4) Recht der Immunität

Der Sinn von Immunitätsregelungen zu der Zeit des Deutschen Bundes war, dass die Abgeordneten vor den willkürlichen Zugriffen der souveränen Monarchen geschützt werden sollten.[996] Entsprechend wurden in den thüringischen Staaten **Sachsen-Weimar-Eisenach, Sachsen-Hildburghausen** und **Sachsen-Meiningen** in den jeweiligen Verfassungen geregelt, dass die Deputierten wegen „ihrer Äußerungen in der ständischen Versammlung“ nicht verantwortlich gemacht werden durften.[997] Verboten und nach dem Gesetz strafbar waren dagegen „den Anstand verletzende Reden“ und Verunglimpfungen oder Beleidigungen „der höchsten Person des Landesfürsten, der Staatsbehörden oder Einzelner“. Zudem gab es in allen drei thüringischen Verfassungen die folgende wortgleiche Vorschrift: „Die landständischen Abgeordneten genießen sowohl in ihrer Gesammtheit, als einzeln, völlige Unverletzlichkeit der Person, vom Anfang des Landtags bis acht Tage nach dem Schluße desselben. Nur mit Einwilligung des Landtags, auf dem Wege Rechtens, kann, in dringenden Fällen, gegen sie verfahren werden.“ Eine ebensolche Regelung fand sich auch in der Verfassung von **Liechtenstein** und **Sachsen-Coburg-Saalfeld**.[998] In diesen beiden Staaten wurde aber zusätzlich angeordnet, dass im Fall der Ergreifung auf frischer Tat der Landtag mit Angabe des Grundes von der geschehenen Verhaftung unverzüglich in Kenntnis zu setzen war.

### (5) Gesetzgebungsverfahren

Das Gesetzgebungsverfahren war in den frühen Jahren des Bestehens des Deutschen Bundes in den Einzelstaaten regelmäßig derart ausgestaltet, dass den Landtagen kein Gesetzesinitiativrecht zustand, sie aber zumindest an der Beschlussfassung beteiligt waren. Die einzigen Staaten, in denen den jeweiligen Landtagen auch ein Initiativrecht, d.h. das Recht, einen Gesetzesvorschlag einzubringen, zugesprochen wurde, waren **Sachsen-Weimar-Eisenach, Sachsen-Meiningen** und **Liechtenstein.** Diese Überschreitung der altständischen Rechte könnte in den beiden thüringischen Staaten darauf zurückzuführen sein, dass es sich bei diesen Verfassungen nicht um oktroyierte, sondern um solche handelte, die die jeweiligen

---

996 Kischel, Immunität als Recht des Abgeordneten, in: Manssen, Die verfassungsrechtlich garantierte Stellung der Abgeordneten in den Ländern Mittel- und Osteuropas, S. 87.

997 Sachsen-Weimar-Eisenach 1816 (§ 68/69); Sachsen-Meiningen 1824 (§ 68/69) und 1829 (Art. 99) und Sachsen-Hildburghausen 1818 (§ 21/22).

998 Liechtenstein 1818 (§ 107/108) und Sachsen-Coburg-Saalfeld 1821 (§ 82).

Landesherren gemeinsam mit den Ständevertretern beraten und erlassen hatten.[999] Dadurch hatten die Landtage von vornherein mehr Mitwirkungsmöglichkeit und Einflussnahme auf die einzelnen Regelungen, als wenn die Verfassungen nur vom Landesherrn beschlossen worden wären. Vorschläge zu neuen Gesetzen konnten demnach sowohl von dem Monarchen dem Landtag als auch von dem Landtag dem Monarchen vorgelegt werden.[1000] Die jeweilige ständische Versammlung der ersten beiden genannten Staaten hatte, wenn sie ihre Zustimmung zu einem ihr vorgelegten Gesetzentwurf verweigerte, jedesmal die Gründe ausführlich anzugeben; der Fürst hingegen musste auf einen, von dem Landtage vorgelegten Gesetzesvorschlag nur die Erteilung oder die Vorenthaltung seiner Sanktion aussprechen, ohne jedoch explizit Gründe angeben zu müssen. Hieran lässt sich erkennen, dass trotz Einführung des Gesetzesinitiativrechts die Machtposition weiterhin verstärkt bei den Landesherren lag. Dies änderte sich allerdings, zumindest in **Sachsen-Meiningen**, bereits Ende der 1820er Jahre mit Einführung der neuen Verfassung. Nunmehr durfte auch eine Ablehnung von Seiten des Fürsten nicht mehr ohne trifftigen Grund erfolgen (Art. 86). Fürst Johann Joseph von **Liechtenstein** entschied sich für diese weitergehenden Regelungen nicht bewusst, vielmehr nahm er die österreichischen Landesgesetze als Muster für seine eigene Verfassung,[1001] in denen das Gesetzesinitiativrecht als Grundlage ständischer Rechte normiert wurde.[1002] Im Gegensatz hierzu war allerdings das Gesetzesinitiativrecht in **Liechtenstein** von vornherein nur auf bestimmte Bereiche beschränkt. So durfte der Landtag nur solche Vorschläge machen, die auf das allgemeine Wohl abzielten und nicht solche Gegenstände betrafen, die das eigentliche „dominicale" Gefälle oder die privaten Renten des Ministeriums ausmachten. Zur Begründung wurde angeführt, dass diese Gegenstände das Privateigentum des Ministeriums darstellten und damit außerhalb des Wirkungskreises ständischer Befugnisse lagen. Auch hier durfte der Regent ohne Angabe von Gründen den Vorschlag verweigern.[1003]

Bis auf die gerade genannten Staaten sahen alle anderen Verfassungen kein solches Gesetzesinitiativrecht für die Landtage vor, wie sich aus den fehlenden Regelungen hierzu ergibt; lediglich in **Sachsen-Coburg-Saalfeld** wurde dies in § 67 auch explizit normiert: „Gesetzesentwürfe können nur vom Landesherrn an die Stände, nicht von den Ständen an den Landesherrn gebracht werden." Hier waren die Stände jedoch zumindest befugt, auf neue Gesetze, so wie auf Abänderung oder

---

999 Friedrich/Jähnichen, Von den Befreiungskriegen bis zur Errichtung des Deutschen Reiches, in: Brakelmann/Friedrich/Jähnichen (Hrsg.), Auf dem Weg zum Grundgesetz, S. 32.

1000 Sachsen-Weimar-Eisenach 1816 (§ 117); Sachsen-Meiningen 1824 (§ 66) und 1829 (Art. 86); Liechtenstein 1818 (§ 13 ff.).

1001 Brockhaus, Allgemeine deutsche Real-Encyclopaedie für die gebildeten Stände, Sechster Band, S. 590.

1002 Vgl. etwa die Tiroler Verfassung von 1816 unter Punkt 13.

1003 Liechtenstein 1818 (§ 13).

Aufhebung der bestehenden Gesetze einen Antrag zu stellen und diese dann zur weiteren höchsten Entschließung dem Landesherrn anheimzustellen.

Unabhängig von dem Bestehen eines Gesetzesinitiativrechts besaßen alle Landtage der damaligen Zeit die Möglichkeit, ihre Zustimmung zu neuen Gesetzen zu erteilen. Dieses Recht der Teilnahme an der Gesetzgebung war jedoch in allen Staaten mit Ausnahme von **Liechtenstein** auf die Ausfertigung *allgemeiner* Gesetze beschränkt.[1004] Hierunter fielen in der Regel solche Gesetze, die entweder die Landesverfassung (und damit die Bestimmung der gegenseitigen Rechte des Regenten und der Stände) betrafen oder aber die persönliche Freiheit, die Sicherheit und das Eigentum der Staatsbürger zum Gegenstand hatten. In **Waldeck** wurde allerdings der Zusatz gemacht, dass die Landtage dann mehr Rechte hinsichtlich der Gesetze und Gesetzgebung bekämen, wenn auch durch den Bundestag zu Frankfurt mehr Rechte für die Landtage im Allgemeinen angeordnet werden würden.[1005] Die Art, wie sie über die Gesetze abzustimmen hatten, wurde den Landständen hier selbst überlassen (§ 28). In diesem Staat fand sich jedoch eine Regelung, die Anlass zu der Vermutung gibt, dass die Zustimmungsbedürftigkeit der Landstände in der politischen Wirklichkeit tatsächlich keine Auswirkung auf die spätere Ausfertigung der Gesetze hatte. So hieß es in § 29: „In den Fällen, wo die Erklärung der Stände ablehnend ist, müssen die Gründe dazu angegeben werden, und behalten Wir uns vor, den gemachten Vorschlag oder Antrag, unter Auseinandersetzung aller dafür sprechenden Gründe, durch Unsere Regierung wiederholen zu lassen, allenfalls auch bey beharrlicher Ablehnung, den befragten Gegenstand zur Beratung an die gesammten Stände gelangen zu lassen. Sollte aber auch hierdurch der Zweck nicht erreicht werden; so soll eine Commission aus einem herrschaftlichen Diener und einem landschaftlichen Mitglied niedergesetzt werden, welche die Sache prüft und wo möglich, eine Vereinigung zu Stande bringt. Würde aber auch dieser Versuch fehl schlagen; so werden die Verhandlungen, in sofern sie Steuern und Verwilligungen nicht betreffen, an eine auswärtige Juristen-Facultät, oder an das Appellationsgericht eingesandt."

Die Möglichkeit der Umgehung der Zustimmung der Stände wurde ebenfalls in **Sachsen-Coburg-Saalfeld** durchgesetzt, wenn auch auf anderem Wege als in **Waldeck**. Stimmte die Versammlung hier gegen einen Vorschlag, so blieb das Gesetz bis zum nächsten Landtag ausgesetzt, und wurde erst dann wieder neu behandelt.[1006] Darüber hinaus hatte der Landesherr auch noch die Möglichkeit, einzelne Verfügungen in dringenden Fällen und Anordnungen, welche sich auf „einzelne Fälle, Gemeinheiten, Vereine und Personen oder auf vorübergehende Ereignisse"

1004 Sachsen-Weimar-Eisenach 1816 (§ 5); Sachsen-Meiningen 1824 (§ 14) und 1829 (Art. 85); Sachsen-Coburg-Saalfeld 1821 (§ 64/65); Schaumburg-Lippe 1816 (§ 2); Sachsen-Hildburghausen 1818 (§ 2); Schwarzburg-Rudolstadt 1816 (2) und Waldeck 1816 (§ 25).

1005 Waldeck 1816 (§ 25).

1006 Sachsen-Coburg-Saalfeld 1821 (§ 65).

bezogen, ganz ohne Einwilligung der Stände zu beschließen. Diese Verfügungen galten allerdings nur für den besonderen dringenden oder einzelnen Fall und konnten nicht zum Gesetz gemacht werden. Die Verfassung von **Liechtenstein** sah eine solche Möglichkeit nicht vor, jedoch hatte der Landesherr zumindest das letzte Wort, indem er den Landtagsbeschluss, der mit absoluter Stimmenmehrheit erging, noch genehmigen musste.[1007]

Dass das Zustimmungsrecht gerade auf die Gesetze, die die Landesverfassungen betrafen, begrenzt war, lag wohl daran, dass es sich die Monarchen, die grundsätzlich den Willen verfolgten, die Kompetenzen der Landtage auf ein Minimum zu reduzieren, nicht erlauben konnten, in einem derart relevanten Bereich wie bei den Änderungen von Verfassungsregelungen die Mitwirkung der Landtage auszuschließen. Es ist davon auszugehen, dass die Landtage eine derartige Zurückweisung nicht ohne Weiteres akzeptiert hätten. Dass ihnen darüber hinaus noch die Mitwirkung an solchen Gesetzen oblag, die bestimmte Rechte der Staatsbürger zum Gegenstand hatten, lässt sich damit begründen, dass zum einen dieser Bereich aus Sicht der Monarchen „ungefährlich" war, da es sie selbst und ihre Stellung nicht betrafen; zum anderen war es aber auch aus Sicht der Untertanen von Vorteil, wenn sie wussten, dass sich nicht nur das Landesoberhaupt allein, sondern auch der Landtag, der nach außen hin als eine das Volk repräsentierende Gruppe dargestellt wurde, mit ihren Belangen beschäftigte.

### *bb. Auswertung der Einkammersysteme*

Der Vergleich zeigt, dass den Stimmen der Landtage der jeweiligen Länder gerade im Bereich des Finanzhaushaltes ein starkes politisches Gewicht zukam. Sie durften mitentscheiden, was den Haushaltsetat und die Steuerbewilligung betraf, nicht jedoch was die Aufnahme neuer Schulden anbelangte. Dennoch war das Finanzwesen das Haupttätigkeitsgebiet der Kammern, was daran lag, dass die Stände in der Regel die fürstlichen Schulden übernahmen, da der Landesherr außerstande war, mit der finanziellen Notlage des Landes fertig zu werden.[1008] Demzufolge ging in vielen Staaten die Kontrolle und selbst die praktische Ausübung der Finanzgewalt, die Erhebung und Verteilung der Steuern, die Ausgabe von Obligationen und die Zinszahlungen in die Hände der Stände über, denn sie konnten viel größere Summen zu einem viel niedrigeren Zinsfuß borgen als ihre bankrotten Herrscher.[1009]

Darüber hinaus sahen fast alle Staaten für die Landtage aber auch die Möglichkeit der Ministeranklage und der Mitwirkung im Gesetzgebungsverfahren vor, auch wenn sich letzteres in der Regel auf die Beschlussfassung beschränkte. Eine Immunitätsregelung findet sich in dieser Zeit lediglich in den **thüringischen Staaten** sowie in **Liechtenstein**.

---

1007 Liechtenstein 1818 (§ 17).

1008 Rausch, Die geschichtlichen Grundlagen der modernen Volksvertretung, 2. Band, S. 322.

1009 Rausch, a.a.O., S. 322.

Auf den ersten Blick schienen die Kammern damit reich an der Involvierung wichtiger politischer Mitwirkungsakte zu sein. Wie der Vergleich aber auch zeigt, hatten die Landesherren bei Ausfertigung der entsprechenden Regelungen in den Grundgesetzen dafür gesorgt, dass diese Rechte durch bestimmte Maßnahmen wieder abgeschwächt wurden. So wurde oftmals das Ministeranklageverfahren von so vielen Bedingungen abhängig gemacht, dass der Landesherr die Möglichkeit hatte, die Beschwerde von Seiten der Landstände nicht auf den Klageweg zu bringen und dadurch das angebliche Anklagerecht der Landtage letztendlich ins Leere lief. Auch im Bereich des Gesetzgebungsverfahrens konnte es durch entsprechende Regelungen ermöglicht werden, dass die scheinbar erforderliche Zustimmung von Seiten der Landtage de facto umgangen werden konnte. Die Monarchen vieler Länder hatten es damit geschafft, unter dem Deckmantel des Anscheins vielfältiger Kompetenzen für die Landtage ihre eigene Machtposition weiterhin aufrecht zu erhalten.

Unabhängig von dieser allgemeinen Entwicklung stachen einige Länder hinsichtlich ihrer Kompetenzverteilung besonders hervor. So waren die Kompetenzen des Landtags von **Liechtenstein** im Vergleich zu den anderen Staaten minimalistisch ausgestaltet, da ihm neben der Mitwirkungskompetenz im Bereich der Gesetzgebung nur noch das Steuerbewilligungsrecht zustand. Eine solche eingeschränkte Kompetenzverteilung zulasten der Kammer war bewusst bei der Ausgestaltung der Verfassung eingerichtet worden, damit dem fürstlichen Absolutismus kaum Hindernisse entgegen stehen konnten.[1010] Der Landtag mit seinen sehr begrenzten Befugnissen spielte damit eine nur unwesentliche Rolle.[1011] Auch in **Schwarzburg-Rudolstadt** kamen dem Landtag lediglich Rechte bei der Mitwirkung in der Gesetzgebung zu. Andere Rechte, insbesondere im Bereich des Finanzhaushaltes, waren ihnen verwehrt. Es liegt nahe, dass hier die gleichen Gründe wie in **Liechtenstein** zu dieser politischen Ausrichtung geführt hatten.

Auffällig ist weiterhin, dass lediglich die Verfassungen von **Sachsen-Weimar-Eisenach, Sachsen-Meiningen** und **Liechtenstein** den Landtagen das Recht einräumten, Gesetzesvorschläge einzubringen. In den beiden ernestinischen Staaten besaßen die jeweiligen Landtage damit die Kompetenz, neue Gesetze durch Mehrheitsbeschluss auf dem Wege der Petition einzubringen, was „einem förmlichen Gesetzesinitiativrecht" schon nahe kam. Lediglich in **Liechtenstein** tendierte das Gesetzesinitiativrecht zu einem rein provisorischen Recht ohne Wirklichkeitsbezug, da der Fürst die Vorschläge sofort wieder, ohne Angabe von Gründen, verwerfen konnte.[1012] Damit waren mithin die deutlichsten Fortschritte hinsichtlich

1010 Raton, Liechtenstein, S. 29.

1011 Raton, Liechtenstein, S. 29.

1012 So war der einzige von den Ständen eingebrachte Vorschlag, der vom Fürsten gebilligt wurde, 1828 die Einführung der Hundesteuer. Vgl. Ignor, Monarchisches und demokratisches Prinzip in der liechtensteinischen Verfassungsentwicklung, in: Willoweit/Press (Hrsg.), Liechtenstein, S. 471.

der landständischen Kompetenzen in den thüringischen Kleinstaaten **Sachsen-Weimar-Eisenach** und **Sachsen-Meiningen** zu verzeichnen.

Wie insgesamt anhand der Geschehnisse innerhalb der Einzelstaaten ersichtlich, waren die Landesherren der damaligen Zeit sehr darum bemüht, den Landtagen im Ergebnis so wenig Rechte wie möglich einzuräumen. Da sie dies oftmals aufgrund drohender Aufstände von Seiten der Bevölkerung oder aber von Seiten der Landtage selbst nicht zu offensichtlich machen durften, gestatteten sie den Landtagen auf den ersten Blick eine Vielzahl an Kompetenzen, schafften es jedoch durch eine entsprechende Ausgestaltung der Regelungen, eine wirkliche Beteiligung der Landtage an vielen politischen Sachverhalten zu umgehen. In einigen Staaten, wie **Liechtenstein** oder **Schwarzburg-Rudolstadt,** trauten sich die Fürsten sogar, ihr wirkliches Ansinnen in einer *eindeutigen und damit offensichtlichen Weise* in Gesetzesform zu gießen und so den Landtagen von vornherein nur sehr stark begrenzte Befugnisse zu übertragen.

### *b. Die Kompetenzen innerhalb der Zweikammersysteme*

Da die Kompetenzen für die Ersten und Zweiten Kammern gleichermaßen galten, ist an dieser Stelle des Vergleichs eine zusätzliche Unterscheidung zwischen den beiden Kammern entbehrlich.

#### *aa. Unmittelbarer Vergleich der Kompetenzen*

In einigen Verfassungen, wie etwa in der von **Braunschweig**[1013] oder von **Hannover**[1014], wurden die besonderen Pflichten und Kompetenzen mit einem allgemeinen Grundsatz eingeleitet: Inhaltlicher Konsens war, dass die Landstände bei der Ausübung ihrer Kompetenzen stets das Beste des Vaterlandes und ihrer Mitbürger immer vor Augen haben und „nach ihrer besten Einsicht mit Gewissenhaftigkeit zu befördern suchen“[1015]. Für die Bevölkerung sollte dadurch der Eindruck entstehen, den Landständen uneingeschränktes Vertrauen entgegenbringen zu können, die nach diesen Einleitungsworten in erster Linie das Wohl des Volkes vor Augen hatten.

#### (1) Kompetenzen hinsichtlich des Finanzhaushaltes

#### (a) Steuerbewilligungsrecht

In allen „Zweikammerstaaten“ dieser Zeit war die Erhebung einer direkten oder indirekten Steuer ohne die Einwilligung der Stände nicht möglich.[1016] Sie folgten

1013 Braunschweig 1820 (§ 14).
1014 Hannover 1819 (§ 8).
1015 So der Wortlaut in der braunschweigischen Verfassung. Hannover wählte einen anderen Wortlaut, inhaltlich stimmte die Aussage jedoch mit der von Braunschweig überein.
1016 Württemberg 1819 (§ 109 f., 113); Nassau 1814 (§ 2 Pkt. 3); In Nassau herrschte insoweit die Besonderheit, dass zwischen direkten und indirekten Steuern

damit den Leitlinien, die vom Wiener Kongress aufgestellt worden waren und die eine solche Befugnis für die Landstände vorsahen.[1017] In **Württemberg** bestand die Besonderheit, dass Steuern nur dann anfielen, wenn der Staatsbedarf durch den Ertrag des Kammergutes nicht schon gedeckt war.[1018] Mit dieser Regelung sollte die Steuerlast so gering wie möglich gehalten werden, da sich „das vorrangige Interesse des Bürgertums auf die Freiheit von staatlichen Eingriffen richtete"[1019]. Hierfür musste bei einem entsprechenden Ansinnen zunächst ein genauer Nachweis über die Notwendigkeit und Nützlichkeit der zu machenden Ausgaben, über die Verwendung der früheren Staatseinnahmen und über die Unzulänglichkeit der Kammereinkünfte geführt werden (§ 110). Auch in **Nassau, Hessen-Darmstadt** und **Bayern** war der Bedarf des folgenden Jahres samt dem wahrscheinlichen Ertrag der zu erhebenden Abgaben in genauen und vollständigen Übersichten den Landständen vorzulegen.[1020] In letzt genanntem Staat durften beide Kammern darüber hinaus auch eine genügende Auskunft über die Verwendung *früher* bewilligter Summen begehren.

Oftmals durfte die Bewilligung von Steuern nicht an Bedingungen geknüpft werden, die die Verwendung jener Steuern nicht unmittelbar betrafen.[1021] Dies konnte nur dahingehend verstanden werden, „keine Initiative zur Verfassungs-Abänderung, Ausdehnung mit Rückblick auf die frühere Zeit zu veranlassen", wie sich aus einem der Protokolle über die Verhandlungen der Zweiten Kammer Bayerns ergibt.[1022] Eine Besonderheit galt diesbezüglich in **Braunschweig**. Hicr wurde der Grundsatz beibehalten, dass die Besteuerung ohne Bewilligung der Landstände zu erfolgen hatte (§ 15). Begründet wurde diese Regelung mit dem Argument, dass „der bisherigen Verfassung nach nur die Reichs-, Kreis- und Prinzessinen-Steuern, so wie überhaupt die zur nothwendigen Vertheidigung des Vaterlandes erforderlichen Auflagen, ohne vorherige Verwilligung der Stände, aufgebracht werden mussten". Jedoch wurde die Ausnahme zugelassen, dass eine Bewilligung zumindest dann erforderlich sei, wenn den Einwohnern des Landes neue Abgaben zu anderen Staatszwecken und

---

unterschieden wurde. So sollten alle direkten und indirekten Abgaben von der Mehrheit der Landstände (wobei die einzelnen Stimmen nach geschehener besonderen Umfrage in beiden Kammern zusammen zu zählen waren) im Voraus bewilligt werden, und zwar die direkten Abgaben für den Zeitraum eines Jahren, die indirekten Steuern auf sechs Jahre. Braunschweig 1820 (§ 15 ff.); Hannover 1819 (§ 6); Hessen-Darmstadt 1820 (Art. 67); Baden 1818 (§ 53 ff.) und Bayern 1818 (Titel VII § 3).

1017 Kube, Finanzgewalt in der Kompetenzordnung, S. 43.

1018 Württemberg 1819 (§ 109).

1019 Kube, Finanzgewalt in der Kompetenzordnung, S. 45.

1020 Nassau 1814 (§ 2 Pkt. 3); Hessen-Darmstadt 1820 (Art. 68) und Bayern 1818 (Titel VII § 4 und 10).

1021 So in Württemberg 1819 (§ 113), in Hessen-Darmstadt 1820 (Art. 68), in Baden 1818 (§ 56) und in Bayern 1818 (Titel VII § 9).

1022 Verhandlungen der zweyten Kammer der Ständeversammlung, S. 117.

Einrichtungen auferlegt werden sollten (§ 15). Hierbei machte es keinen Unterschied, welche Gegenstände solche allgemeinen Landesauflagen und Leistungen betrafen, d.h. ob sie auf Grundstücke, Vermögen, Personen, Gewerbe, oder auf den Verbrauch von Lebensmitteln gelegt werden sollten (§ 16). Jedoch wurde auf die Einwilligung der Stände wiederum verzichtet, wenn es um Abgaben und Leistungen ging, die aufgrund der höchsten Polizeigewalt zur Leitung des Handels und der Gewerbe oder zur Ausführung nötig befundener polizeilicher Einrichtungen und Maßregeln anzuordnen waren, ebenso, wenn es sich um Gemeindesteuern handelte. Ein Einmischungsrecht gerade im Bereich der hoheitlichen Verwaltung wurde zu dieser Zeit offenbar noch nicht geduldet.

Zusätzlich zu dieser generell schon sehr beschränkten Einwilligungsmöglichkeit hinsichtlich der öffentlichen Abgaben wurde in der **braunschweigischen** Verfassung von 1820 noch eine weitere Ausnahme normiert, die besagte, dass auch dann auf die Einwilligung der Stände verzichtet wurde, „wenn in sehr dringenden Fällen das Bedürfniß und Beste des Landes es nicht erlaubt, mit der Ausschreibung der nöthigen Steuer oder Leistung bis zur Versammlung der gesammten Landschaft Anstand zu nehmen" (§ 18). Die hiernach vorläufig getroffenen Verfügungen und Anordnungen mussten dann aber zumindest auf dem nächsten Landtag den gesamten Ständen eröffnet und mit ihnen zusammen beraten werden. Da aber der Landesherr derjenige war, der die Entscheidungsgewalt über die Eröffnung des Landtags hatte, konnte er die Versammlung nach Belieben verschieben. Dieses Reglement verschaffte dem Monarchen damit eine fast uneingeschränkte Möglichkeit der alleinigen Disposition über das Steuerwesen.

### (b) Bestimmung des Staatsbudgets

Lediglich die Verfassungen **Badens** und **Braunschweigs** sahen vor, dass den Ständen eine detaillierte Übersicht über den Etat und über die Verwendung der verwilligten Gelder vorgelegt werden sollte.[1023] In diesem Zusammenhang wurde dem Landtag in **Baden** auch das Recht eingeräumt, dass er seine Zustimmung zu Auflagen zu erteilen hatte, die das Staatsbudget betraf (§ 53). Damit waren diese beiden Staaten im Hinblick auf die allgemeine Entwicklung eines *Staatshaushaltes*, wie auch heute noch bekannt, bereits sehr fortschrittlich; eine einheitliche Auflistung aller Einnahmen und Ausgaben war bereits möglich.[1024] In allen anderen Staaten bestand eine solche Organisationsstruktur noch nicht, so dass dies ein Staatsbudgetrecht obsolet machte.[1025]

---

1023 Baden 1818 (§ 53) und Braunschweig 1820 (§ 24).

1024 Köhler, Warum wird das Budgetrecht als das „Königsrecht" des Parlaments bezeichnet?, S. 4.

1025 Köhler, a.a.O., S. 4.

### (c) Zustimmung zu der Aufnahme neuer Staatsschulden

In den Verfassungen **Württembergs**, **Badens**, **Braunschweigs**, **Bayerns** und **Hessen-Darmstadts** wurde die Aufnahme neuer Staatsschulden unter die Bedingung der Einwilligung der Landtage gestellt.[1026] Ausnahmeregelungen zu diesem Grundsatz fanden sich in den Verfassungen von **Baden** und **Bayern**. So wurde in erst genanntem Grundgesetz in § 57 zunächst normiert, dass eine Zustimmung bei solchen Anleihen nicht erforderlich sei, „wodurch etatsmäßige Einnahmen zu etatsmäßigen Ausgaben nur anticipirt werden, so wie die Geldaufnahmen der Amortisationscasse, zu denen sie, vermöge ihres Fundations-Gesetzes, ermächtigt ist“. Weiterhin erachtete das Staatsoberhaupt die Zustimmung eines Ausschusses[1027] anstelle des Landtags als ausreichend, wenn es sich um Fälle eines außerordentlichen, unvorhergesehenen dringenden Staatsbedürfnisses handelte, dessen Betrag mit den Kosten einer außerordentlichen Versammlung der Stände nicht im Verhältnis stand und wozu das Kreditvotum der Stände nicht reichte. Da es der Landesherr selbst war, der die Ausschussmitglieder auswählen durfte, und es ebenfalls in seinem Ermessen stand, die Aufnahme neuer Schulden als ein außerordentliches, unvorhergesehenes dringendes Staatsbedürfnis zu deklarieren, hatte er letztendlich bei jeglicher Neuverschuldung die Möglichkeit, eine aktive Rolle der Landstände hierbei auszuschließen. Die angeblichen Mitwirkungsrechte stilisierten damit zu einem reinen Provisorium. Diese Realität wurde noch durch einen weiteren Sonderfall verstärkt, indem der Landesherr im Falle eines Krieges selbst über die Aufnahme neuer Staatsanleihen entscheiden konnte (§ 63). Für diesen Fall wurde den Ständen aber eine nähere Einsicht und Mitwirkung in der Verwaltung in Form eines Überwachungsrechts, dass die zu Kriegszwecken erhobenen Gelder auch tatsächlich und ausschließlich zu diesem Zweck verwendet wurden, eingeräumt.

Solche Ausnahmeregelungen schufen auch **Bayern** und **Hessen-Darmstadt**. In erst genanntem Staat wurde es in außerordentlichen Fällen, wo drohende äußere Gefahren die Aufnahme von Kapital dringend erforderten und die Einberufung der Stände durch äußere Verhältnisse unmöglich gemacht wurde, für ausreichend erachtet, wenn ein bestimmter Ausschuss (hier die sog. „Commissaire's“, die von beiden Kammern aus ihrer Mitte zu wählen waren) seine Zustimmung im Namen der Stände vorläufig erteilte. In **Hessen-Darmstadt** war dies sogar ohne gänzliche Zustimmung eines Ausschusses möglich.[1028]

Im Bereich des Staatsschuldenwesens wurde den Ständen in **Bayern** über die Zustimmung zur Aufnahme neuer Schulden hinaus auch noch die Kompetenz

1026 Württemberg 1819 (§ 85); Baden 1818 (§ 57); Braunschweig 1820 (§ 25); Bayern 1818 (Titel VII § 11) und Hessen-Darmstadt 1820 (Art. 78).

1027 Dieser Ausschuss bestand aus dem Präsidenten der letzten ständischen Sitzung und drei anderen Mitgliedern der Ersten sowie sechs Mitgliedern der Zweiten Kammer. Gewählt wurde der Ausschuss in beiden Kammern durch relative Stimmenmehrheit (vgl. § 51).

1028 Hessen-Darmstadt 1820 (Art. 71).

zuteil, dass ihnen ein genauer Nachweis des Standes der Staatsschuldentilgungskasse vorgelegt wurde.[1029]

### (d) Veräußerung von Staatsgebiet oder Staatseigentum

In **Württemberg**, **Braunschweig, Bayern** und in **Baden** brauchte der Landesherr, wenn er Staatsgebiet oder Staatseigentum veräußern wollte, die vorherige Zustimmung der Landtage.[1030] Unter das Staatseigentum fielen in **Braunschweig** insoweit die Staats-, Kammer, Stifts- und Klostergüter oder aber Einkünfte, die verpfändet oder veräußert werden sollten. Ohne Einwilligung der Kammern durfte in **Württemberg** auch das Kammergut nicht veräußert bzw. mit Schulden oder sonst mit einer bleibenden Last beschwert werden.[1031] Als eine Verminderung des Kammerguts war es jedoch nicht anzusehen, wenn zu einem entschieden vorteilhaften Erwerb Geldanleihen aufgenommen, oder zum Vorteil des Ganzen eine Veräußerung oder ein Austausch einzelner minder bedeutender Bestandteile desselben vorgenommen wurde (§ 107). Zwar musste den Kammern in jedem Jahr eine genaue Berechnung über den Erlös aus solchen Veräußerungen und über dessen Wiederverwendung zum Grundstock vorgelegt werden. Eine Einwirkungsmöglichkeit hatten sie damit jedoch nicht, denn die vorher getätigte Veräußerung war zu diesem Zeitpunkt nicht mehr rückgängig zu machen, weshalb ihnen auch die Vorlage solcher Berechnungen letztendlich nichts nutzte.

In **Baden** und **Bayern** wiederum war die Zustimmung nur ausdrücklich bei der Veräußerung von Domänen erforderlich.[1032] Ausgenommen war nach der Verfassung **Badens** allerdings „die zu Schuldentilgungen bereits beschlossenen Veräußerungen, Ablosungen von Lehen, Erbbeständen, Gülten, Zinsen, Frohndiensten, Verkäufe von entbehrlichen Gebäuden, von Gütern und Gefällen, die in benachbarten Staaten belegen sind, und alle Veräusserungen, die aus staatswirthschafltichen Rücksichten zur Beförderung der Landes-Cultur, oder zur Aufhebung einer nachtheiligen eigenen Verwaltung geschehen" (§ 58). Weiterhin waren auch „Täusche" und Veräußerungen zum Zwecke der Beendigung eines, über Eigentums- und Dienstbarkeitsverhältnisse anhängigen Rechtsstreits ausgenommen; ferner die Wiedervergabe „heimgefallener" Thron-, Ritter- und Kammerlehen während der Zeit der Regierung des Regenten, an den sie selbst zurückgefallen waren. Damit hatte der Großherzog Carl einen großen Bereich des Staatseigentums von der Bedingung der Zustimmung der Stände ausgeschlossen und konnte hierüber die alleinige Handlungsmacht behalten. In **Bayern** war dagegen die Zustimmung des Landtags auch bei der Veräußerung oder Verwendung allgemeiner Stiftungen, wenn diese in ihrer Substanz für andere als ihre ursprünglichen Zwecke genommen wurden, erforderlich (Titel VII § 17).

---

1029 Bayern 1818 (§ 16).

1030 Württemberg 1819 (§ 85); Braunschweig 1820 (§ 25) und Baden 1818 (§ 58); Bayern 1818 (§ 17/18).

1031 Württemberg 1819 (§ 107).

1032 Baden 1818 (§ 58); Bayern 1818 (Titel VII § 18).

In **Baden** und **Hessen-Darmstadt** schließlich war eine Erhöhung der Zivilliste ohne Einwilligung der jeweiligen Landtage nicht möglich.[1033]

### (2) Beschwerde- und Anklagerechte

Die Verfassungen von **Baden**, **Braunschweig**, **Nassau** und **Hessen-Darmstadt** sahen für die jeweiligen Landtage neben den Kompetenzen im Bereich des Finanzhaushaltes auch die Möglichkeit eines Beschwerderechts vor.[1034]

Diese Beschwerdekompetenz umfasste in der Regel das Recht, Mißbräuche in der Verwaltung, die zu ihrer Kenntnis gelangten, der Regierung anzuzeigen; ferner waren sie zuständig für Beschwerden von Seiten der Staatsbürger über „Kränkung" in ihren verfassungsmäßigen Rechten. Darüber hinaus stand den meisten Landtagen ein förmliches Anklagerecht wegen Verletzung der Verfassung oder anerkannt verfassungsmäßiger Rechte durch Minister oder Mitglieder der obersten Staatsbehörden zu. Dieses Anklagerecht sollte in **Baden** jedoch durch ein besonderes Gesetz, dass die Fälle der Anklage, den Grad der Ahndung, der urteilenden Behörde und der Prozedur zum Inhalt hatte, zunächst näher konkretisiert werden. Da ein solches Gesetz jedoch nie erlassen wurde, ging das förmliche Anklagerecht ins Leere. In **Nassau**, **Braunschweig** und **Hessen-Darmstadt** gab es diese Möglichkeit der Anklage nicht.[1035] Vielmehr konnten sie lediglich fordern, dass gegen die Staatsminister wegen bestimmter Beschuldigungen eine Untersuchungskommission eingeleitet werden sollte. Ob es dann zu einem tatsächlichen Anklageverfahren kam, lag allein in den Händen des Staatsministeriums.

Die eingangs erwähnten Beschwerden, Vorstellungen oder Anklagen konnten generell jedoch nur dann an den jeweiligen Landesherrn (**Baden**, **Nassau**) gebracht werden, wenn sie die Zustimmung der Mehrheit einer jeden der beiden Kammern erhielten. Was im Falle des Fehlens der Zustimmung *einer* Kammer geschehen sollte, wurde lediglich in der Verfassung von **Hessen-Darmstadt** geregelt. Dort hieß es insoweit in Artikel 82: „Wenn die eine Kammer der andern in Hinsicht auf eine Petition oder Beschwerdeführung nicht bestimmen sollte, so bleibt es der letzteren unbenommen, die Höchste Regierung von der beabsichtigten Petition, oder Beschwerdeführung im Wege der gewöhnlichen Mittheilung, mit dem Bemerken in Kenntniß zu setzen, daß dieselbe der andern Kammer, welche aber ihre Zustimmung versagt

---

1033 Baden 1818 (§ 59); Hessen-Darmstadt 1820 (Art. 70).

1034 Baden 1818 (§ 67); Nassau 1814 (§ 2 Pkt. 2); Braunschweig 1820 (§ 30 ff.) und Hessen-Darmstadt 1820 (Art. 79 ff.).

1035 Zwar wird in § 31 der braunschweigigschen Verfassung von „Klagen" gesprochen, jedoch ergibt sich aus dem weiteren Inhalt des Paragraphen, dass in einem solchen Fall lediglich Untersuchungen angestellt wurden, und, wenn sie begründet erschienen, den Angeschuldigten zur gebührenden Verantwortung und Strafe gezogen werden. Damit hatte es inhaltlich den gleichen Aussagegehalt wie die nassauische Regelung hierzu.

habe, mitgetheilt worden sey." In der Verfassung **Badens** umfasste das Beschwerderecht überdies die Möglichkeit der Missbilligung solcher Verordnungen, in denen die Stände ihr Zustimmungsrecht bedroht sahen. Jene Verordnungen wurden dann sogleich außer Kraft gesetzt.

Vergleichend ist festzustellen, dass die Forderung der Landtage, ein solches Anklage- und Beschwerderecht zu normieren, zwar offiziell umgesetzt wurde, die Landesherren jedoch erhebliche Probleme hatten, es den Landständen tatsächlich auch zu gewähren, weshalb sie es schafften, die Regelungen so zu umgehen, dass de facto eine solche Befugnis nicht bestand.

### (3) Recht der Immunität

Immunitätsregelungen waren in jener Zeit in den „Zweikammerstaaten" nur im süddeutschen Raum vertreten. So konnte kein Mitglied der Ständeversammlung von **Bayern, Baden, Württemberg** und **Hessen-Darmstadt** während der Dauer der Sitzungen ohne Einwilligung der betreffenden Kammer verhaftet werden, den Fall der Ergreifung auf frischer Tat bei begangenen Verbrechen ausgeschlossen.[1036] In **Württemberg** und **Hessen-Darmstadt** war in letzterem Fall der Landtag mit Angabe der Gründe unverzüglich davon in Kenntnis zu setzen.

Darüber hinaus durfte in diesen Staaten mit Ausnahme von **Baden**, wo eine derartige Regelung fehlte, kein Mitglied wegen seiner Äußerungen und Abstimmungen in der Versammlung zur Verantwortung gezogen werden.[1037] Handelte es sich jedoch um Beleidigungen oder Verleumdungen gegen die Regierung, der Ständeversammlung oder Einzelner, galt diese Immunitätsregelung nicht (so in **Hessen-Darmstadt** und **Württemberg**). Eine zusätzliche, in den anderen Verfassungen nicht aufgeführte Vorschrift findet sich insoweit in § 185 der Verfassungsurkunde von **Württemberg**: „Verfehlungen gegen die Gesetze des Anstandes oder der innern Polizei, oder gegen die Geschäfts-Vorschriften, hat der Präsident zu bemerken, und, wenn sie bedeutend sind, solche zur Kenntniß der Kammer zu bringen, welche nach Beschaffenheit der Umstände ihre Mißbilligung ausdrücken, Verweis ertheilen, oder auch Widerruf verlangen kann."

### (4) Gesetzgebungsverfahren

Mit Ausnahme von **Württemberg** sahen alle anderen Staaten mit einem Zweikammersystem in dieser Zeit für ihre Landtage die Möglichkeit eines Vorschlagsrechts zur Abänderung bestehender und Einführung neuer Gesetze vor.[1038] Dieses Vorschlagsrecht beinhaltete jedoch kein förmliches Gesetzesinitiativrecht im eigentlichen Sinne, wie sich einer Regelung der Verfassung von **Hessen-Darmstadt**

---

1036 Württemberg 1819 (§ 184); Baden 1818 (§ 49); Bayern 1818 (Titel VII § 26); Hessen-Darmstadt 1820 (Art. 84).

1037 Bayern 1818 (§ 27); Württemberg 1819 (§ 185) und Hessen-Darmstadt 1820 (Art. 83).

1038 Baden 1818 (§ 67); Nassau 1814 (§ 2 Pkt. 2); Braunschweig 1820 (§ 29); Hannover 1819 (§ 6); Bayern 1818 (Titel VII § 19) und Hessen-Darmstadt 1820 (Art. 76).

entnehmen lässt. Dort wurde diesbezüglich explizit ausgeführt, dass Gesetzesentwürfe nur von dem Großherzog an die Stände, nicht aber von den Ständen an den Großherzog gebracht werden konnten. Die Stände konnten aber im Wege der Petition auf neue Gesetze, so wie auf Abänderung oder Aufhebung der bestehenden antragen (Art. 76). Diese Regelung zeigt deutlich, dass die Entscheidung darüber, ob das vorgeschlagene Gesetz von Seiten der Landstände dann auch tatsächlich Gegenstand des Gesetzgebungsverfahrens wurde, allein den Ministerien oblag; irgendeinen Anspruch auf dessen Befolgung besaßen sie nicht.[1039] In **Braunschweig** durften solche Vorschläge nur dann an den Landesfürsten gebracht werden, wenn die Stände auf dem Landtag versammelt waren (§ 29). In **Bayern** und **Nassau** hatte jeder einzelne Abgeordnete das Recht, Anträge in seiner Kammer vorzubringen. Solche Anträge wurden dann zunächst von einer Kammer geprüft und im Falle einer Beschlussfassung an die andere Kammer zum Zweck der Zustimmung gesendet. Erst dann durften sie dem Monarchen vorgelegt werden.[1040]

Unabhängig von dem Vorschlagsrecht stand ausnahmslos allen Landtagen der Staaten mit einem Zweikammersystem die Befugnis zu, über neue bzw. bestehende Gesetze mit den Landesherren gemeinsam zu beraten und ihre Zustimmung zum Erlass, zur Abänderung oder zur Aufhebung zu erteilen.[1041] In einigen Staaten war diese Kompetenz allerdings auf eine bestimmte Art von Gesetzen beschränkt. So bestand beispielsweise in **Bayern** und **Nassau** das Mitwirkungsrecht nur, wenn es um Gesetze ging, die die Freiheit der Person, das Eigentum der Staatsangehörigen oder die Verfassung betrafen. Wie sich aus dem königlichen Entwurf von 1817 ergab, war eine solche Einschränkung auch in **Württemberg** zunächst vorgesehen. In der eigentlichen Verfassungsurkunde verzichtete die Regierung dann jedoch auf diese einschränkende Klausel und führte zur Begründung an: „Würden als Gegenstände der Gesetzgebung bloß Rechte der einzelnen ausgehoben werden, das gemeine Wesen, was gerade Verwaltungsnormen nötig mache, aber ausgeschlossen, so sei das Zustimmungsrecht der Stände praktisch illusorisch".[1042] Die Klauseln in **Bayern** und **Nassau** stellten also eine erhebliche Reduzierung des eigentlichen Mitwirkungsrechts dar und machten das Zustimmungsrecht zu einem reinen Provisorium; in **Nassau** ging dieses Mitwirkungsrecht sogar völlig ins Leere, da von „wichtigen" Gesetzen im Verfassungsedikt die Rede war. Die Entscheidung darüber, welche Gesetze jedoch als „wichtig" angesehen wurden, stand der Regierung zu.[1043] In **Hannover** wurden die Angelegenheiten gesondert und damit ohne Zustimmung der Stände beschlossen, „welche nur die eine oder die andere Provinz angehen" (§ 6) und in

---

1039 Eichler, Nassauische Parlamentsdebatten, S. 29.

1040 Bayern 1818 (§ 20); Nassau 1814 (§ 2 Pkt. 2).

1041 Württemberg 1819 (§ 85/88); Baden 1818 (§ 50 ff.); Nassau 1814 (§ 2); Braunschweig 1820 (§ 27 f.); Hannover 1819 (§ 6); Bayern 1818 (Titel VII § 2) und Hessen-Darmstadt 1820 (Art. 72 ff.).

1042 So der Vizepräsident in der konstituierenden Landesversammlung. Vgl. Menzinger, Verfassungsrevision, S. 18.

1043 Eichler, Nassauische Parlamentsdebatten, S. 8.

**Hessen-Darmstadt** wurden alle den Kriegsdienst betreffenden Verordnungen explizit von der ständischen Mitwirkung ausgeschlossen. Ebenso wie in den Verfassungen von **Bayern** und **Nassau** wurde auch in **Braunschweig** der Katalog der Gesetze, bei denen eine Zustimmung der Stände erforderlich war, positiv formuliert. Nach § 26 und § 27 der Verfassung gehörten dazu Verordnungen, die die bestehenden oder neuen Kriminal- und Zivilgesetze bzw. die Prozess- und allgemeine Polizeiordnung zum Gegenstand hatten. Ferner mussten die Stände zustimmen, wenn es um wesentliche Veränderungen ging, die die Landesverfassung, die Landes-Collegien, Gerichts- und allgemeine Verwaltungsbehörden betrafen; darüber hinaus bei allgemeinen gesetzlichen Veränderungen „in Ansehung der Zehnten, Dienste, Meier- und sonstigen gutsherrlichen Verhältnisse und Gefälle verfügt, oder endlich allgemeine Gesetze über die Theilung der Gemeinheiten gegeben werden“ (§ 28). Schließlich bestand das Zustimmungsrecht auch bei Gesetzen über die Militärpflichtigkeit, wie sich aus § 33 ergab.

Unabhängig von dieser Beschränkung der ständischen Mitwirkung auf bestimmte Gesetze ließ sich in **Hessen-Darmstadt** und **Württemberg** darüber hinaus auch noch ein weiterer Ausnahmetatbestand finden. So wurde in beiden Verfassungen fast wortgleich die Bestimmung getroffen, dass der Monarch befugt war, ohne ständische Mitwirkung die zur Vollstreckung und Handhabung der Gesetze erforderlichen Verordnungen und Anstalten zu treffen, und in dringenden Fällen das Nötige zur Sicherheit des Staates vorzukehren.[1044]

Die größte Freiheit diesbezüglich wurde dem **badischen** Monarchen Carl zuteil, der eine Regelung im Grundgesetz von 1818 aufnahm, die pauschal vorsah, dass die Stände sich nur „mit den nach gegenwärtigem Grundgesetz zu ihrer Berathung geeigneten oder vom Großherzog besonders an sie gebrachten Gegenständen beschäftigen“ (§ 50). Da es der Großherzog selbst war, der darüber bestimmte, ob ein Gesetz zur Beratung „geeignet“ war, lag es allein in seiner Hand, ob die Stände die Möglichkeit bekamen, über ein Gesetz mit abzustimmen.

Nur wenige Verfassungen dieser Zeit enthielten gesonderte Bestimmungen über das eigentliche Verfahren im Landtag. Die **badische** Verfassung bezog sich dabei nur auf die Finanzen betreffenden Gesetzentwürfe. Diese sollten nach § 60 zunächst an die Zweite Kammer gehen und konnten nur, wenn sie von dieser angenommen wurden, vor die Erste Kammer zur Abstimmung über Annahme oder Nichtannahme im Ganzen ohne alle Abänderung gebracht werden. Im Falle der Mehrheitsverweigerung durch die Erste Kammer wurden die bejahenden und verneinenden Stimmen beider Kammern zusammengezählt und nach der absoluten Mehrheit sämtlicher Stimmen der Stände der Beschluss über den Gesetzentwurf gefasst (§ 61). Die Regierung hatte es zuvor geschafft, durch massive Wahlbeeinflussung die Zweite Kammer mit aus ihrer Sicht bekannten und verlässlichen Personen zu besetzen.[1045] Eine

1044 Württemberg 1819 (§ 89); Hessen-Darmstadt 1820 (§ 73).

1045 Kommission für geschichtliche Landeskunde in Baden-Württemberg, Handbuch der baden-württembergischen Geschichte, S. 77.

oppositionelle Haltung kam so nicht mehr zustande und der Zustimmung zu den eingebrachten Gesetzentwürfen stand nichts mehr im Wege.[1046]

Zur Beschlussfähigkeit der allgemeinen Gesetze wurden in den §§ 64, 65 nähere Bestimmungen getroffen. So bedurften Gesetze, die die Verfassungsurkunde ergänzten, erläuterten oder abänderten, einer Mehrheit von zwei Dritteln der anwesenden Ständemitglieder einer jeden der beiden Kammern. Zu allen anderen Landesgesetzen, die die Freiheit der Personen und das Eigentum der Staatsangehörigen betrafen oder authentische Erklärungen abänderten, war dagegen eine Zustimmung der absoluten Mehrheit einer jeden der beiden Kammern erforderlich.

Auch in dem Staatsgrundgesetz von **Hessen-Darmstadt** wurden gesonderte Regelungen über die die Finanzen betreffenden Gesetze aufgenommen. So sollte auch hier zunächst der Zweiten Kammer der Gesetzentwurf vorgelegt werden, die dann, nach einer vorherigen vertraulichen Absprache mit der Ersten Kammer darüber zu beschließen hatte. Sodann konnte die Erste Kammer diesen Beschluss nur im Ganzen annehmen oder verwerfen.[1047] Geschah letzteres, so wurde das Finanzgesetz in einer Versammlung der vereinigten beiden Kammern diskutiert und der Beschluss nach absoluter Stimmenmehrheit gefasst. Darüber hinaus wurde in diesem Staat hinsichtlich der allgemeinen Gesetze die positive Beschlussfassung beider Kammern gefordert (Art. 75). Hatte eine Kammer gegen den Gesetzesvorschlag gestimmt, so wurde das Gesetz ausgesetzt und konnte dem nächsten Landtag von der Regierung wieder vorgelegt werden. Sollte auch in diesem zweiten Versuch eine Kammer gegen den Entwurf stimmen, so wurden die Pro- und Kontrastimmen in beiden Kammern zusammengezählt, und es wurde nach der sich dann ergebenden Stimmenmehrheit für oder gegen die Annahme entschieden. Da in beiden Kammern zusammen eine Mehrheit an solchen, den Interessen des Landesherrn entsprechenden Personen vertreten war, war es so gut wie selbstverständlich, dass die Zählung der Stimmen zugunsten einer Annahme des Gesetzes ausging.

Im Gegensatz dazu sahen die Verfassungen von **Nassau** und **Braunschweig** eine etwas andere Art der Verfahrensdurchführung vor.[1048] Zwar wurden auch hier in gleicher Weise wie nach dem oben gesagten abgestimmt. Herrschten hier jedoch in beiden Kammern geteilte Meinungen, so wurde die Vereinigung der Kammern durch eine von jeder Kammer in gleicher Anzahl zu erwählende Deputation ersetzt, die unter den beiden Präsidenten zusammentrat. Bei nicht stattfindender Vereinbarung behielt sich das Ministerium in **Nassau** vor, die landesherrliche Entscheidung selber zu treffen. Diese Art des Gesetzgebungsverfahrens war offensichtlich politisches Kalkül. Es war nämlich so gut wie ausgeschlossen, dass die beiden Kammern bei ihrem so unterschiedlichen sozialen und politischen Charakter überhaupt jemals zu einer gemeinsamen Mehrheit gelangten.[1049]

---

1046 Kommission für geschichtliche Landeskunde in Baden-Württemberg, a.a.O., S. 77.

1047 Hessen-Darmstadt 1820 (Art. 67).

1048 Nassau 1814 (§ 2 Pkt. 2); Braunschweig 1820 (§ 66; 67).

1049 Eichler, Nassauische Parlamentsdebatten, S. 30.

Die letztendliche Entscheidungsbefugnis behielt sich der König von **Bayern** noch zusätzlich vor, indem er die Gesetze schließlich allein sanktionierte und mit seiner Unterschrift erließ.[1050]

*bb. Auswertung der Zweikammersysteme*

Auch in den „Zweikammerstaaten" hatten die meisten Landtage die größte Kompetenz im Bereich der Finanzen: Ein Steuerbewilligungsrecht, ein Zustimmungsrecht bei der Bestimmung des Staatsbudgets und bei der Veräußerung von Staatseigentum. Was die Mitwirkung im Bereich der Schuldenpolitik anbelangte, so wurde den Abgeordneten der Zweikammersysteme dieses Recht nur auf den ersten Blick gewährt. Zahlreiche Ausnahmetatbestände, die in diesem Zusammenhang mitgeregelt wurden, hatten jedoch den Zweck, diese angeblich bestehende Mitentscheidungskompetenz letztlich zu eliminieren.

Hinsichtlich des Steuerbewilligungsrechts nahm **Braunschweig** eine besondere Stellung unter den zu untersuchenden Staaten ein. Hier waren zahlreiche Ausnahmetatbestände normiert, die die erforderliche Einwilligung des Landtags in vielen Fällen entbehrlich machte. Dies bedeutete sogar einen erheblichen Rückschritt im Verhältnis zu den früheren Rechten der Stände.[1051] Die Regierung war in diesem Staat damit offensichtlich besonders bemüht, den Ständen, auch im wichtigsten Bereich der Finanzen, so wenig Macht wie möglich zukommen zu lassen, um sich eine möglichst alleinige Entscheidungsgewalt zu sichern.

Neben den Kompetenzen hinsichtlich des Haushaltetats hatten die meisten Staaten ebenso wie in den „Einkammerstaaten" den Verfassungsregelungen nach die Möglichkeit der Ministeranklage oder ein generelles Beschwerderecht sowie das Mitwirkungsrecht im Bereich des Gesetzgebungsverfahrens. Auch die Immunitätsregelungen, soweit in einem Staat vorhanden, waren detailgetreu den Vorschriften in den „Einkammerstaaten" nachgebildet.

Eine Ausnahme hiervon bildete **Hannover**. Die einzigen Kompetenzen, die den Ständen zugesprochen wurden, waren das Steuerbewilligungsrecht und das Mitwirkungsrecht beim Gesetzgebungsverfahren. In allen anderen Angelegenheiten wurde eine Zustimmungsnotwendigkeit verneint. Zur Begründung wurde in § 6 normiert: „Und gleichwie es überhaupt keineswegs Unsere Absicht ist, eine neue auf Grundsätzen, welche durch die Erfahrung noch nicht bewährt sind, gebauete ständische Verfassung einzuführen; also soll auch die allgemeine Stände-Versammlung im Wesentlichen künftig dieselben Rechte ausüben, welche frühern den einzelnen Provinzial-Landschaften, so wie auch der bisherigen provisorischen Stände-Versammlung zugestanden haben". Dazu gehörte, wie sich aus dem weiteren Verlauf des Paragraphen ergab, lediglich das Steuerbewilligungs- und Mitwirkungsrecht beim Gesetzgebungsverfahren.

1050 Bayern 1818 (Titel VII. § 30).
1051 Dobbeler, Landständische Verfassung des Herzogthums Braunschweig, S. 63.

Wie aus dem Vergleich resultiert, gab es jedoch zu fast jedem Recht der Landtage auch diverse Ausnahmeregelungen, beispielsweise im Bereich des Verfahrens der Aufnahme neuer Steuern, im Bereich der Ministeranklage und des Gesetzgebungsverfahrens. Zusätzlich haftete dem Abschnitt über die Rechte der Stände eine dehnbare Unbestimmtheit an, die der Willkür der Regierung erheblichen Spielraum gestattete.[1052] Hieran ist deutlich zu erkennen, dass durch die Staatsoberhäupter oftmals versucht wurde, die Rechte der Landstände einzugrenzen. Anders als in den meisten Einkammersystemen haben sich die Monarchen in den Ländern mit einem Zweikammersystem jedoch nicht unbedingt die Mühe gemacht, diese Vorgehensweise unter dem Deckmantel der angeblich gewährten Rechte zu vertuschen, sondern haben die zahlreichen Beschränkungsregelungen vielmehr offen mit dem Argument gerechtfertigt, dass insoweit auf die früheren Verhältnisse zurückgegriffen würde und damals den Landständen auch nicht mehr Befugnisse zugestanden hätten. Teilweise wurde sogar gegen die Regelungen verstoßen, die von Gesetzes wegen her absolut eindeutig waren. In **Nassau** beispielsweise wurden die Kammern nach Verkündung des Verfassungsedikts erst gar nicht zu Versammlungszwecken einberufen; in dieser Zeit bewilligte die Regierung aber dennoch die Steuern selbst, ohne die vorgeschriebene Bewilligung durch die Landstände zu beachten.[1053]

### c. *Auswertung der Ein- und Zweikammersysteme*

Bei einem Vergleich der Kompetenzen zwischen den Landtagen mit einem Einkammersystem und denjenigen, die in zwei Kammern aufgeteilt waren, fällt auf, dass die Rechte in beiden Systemen fast vollständig kongruent waren. So wurden den jeweiligen Kammern die meisten Befugnisse im Bereich des Finanzhaushaltes zugeschrieben, etwa in Form der Steuerbewilligung, der Mitbestimmung des Etats oder der Zustimmungsbedürftigkeit bei der Veräußerung von Staatseigentum. Zudem gab es in beiden Systemen Regelungen zu einem Ministeranklageverfahren und zu der Mitwirkung beim Gesetzgebungsverfahren. Wie der Vergleich aber auch zeigt, wurden oftmals zusätzliche Regelungen getroffen, unabhängig davon, ob es sich um ein Ein- oder Zweikammersystem handelte, die die Kompetenzen der Landtage erheblich einzuschränken in der Lage waren. Dies zeigt, dass die Monarchen zu dieser Zeit des Bestehens des Deutschen Bundes noch nicht gewillt waren, große Entscheidungskompetenzen auf die Landtage zu verteilen und eine gewisse eigene Machtspanne damit abzugeben. Die Regierungen betrachteten die Landtage zu dieser Zeit nicht als Vertreter des Volkes, die mit beraten sollten, sondern sahen sie als Staatsfeinde an und behandelten sie auch so.[1054] Dass die Regierungen alle Machtmittel, gesetzliche wie ungesetzliche, anwandten, um die Verfassung

1052 Andreas, Geschichte der badischen Verwaltungsorganisation und Verfassung, S. 438.

1053 Eichler, Nassauische Parlamentsdebatten S. 6/7.

1054 Bergsträßer, Die Entwicklung des Parlamentarismus in Deutschland, in: Kluxen, Parlamentarismus, S. 139.

tatsächlich unwirksam zu machen bzw. sie auszuhöhlen, ist auf die vergangenen Verhältnisse zurückzuführen.[1055] Die ersten Verfassungen waren erlassen worden, kurz nachdem unter der Führung des Staatskanzlers Metternich eine Zeit bewusster Rückbildung, absichtlicher Niederhaltung aller aus dem Volke kommenden Kräfte einsetzte.[1056] Dadurch wurden die Regierungen der Länder teils in ihren Auseinandersetzungen mit den Landtagen gestützt, teils direkt zu solchen Auseinandersetzungen veranlasst.[1057] Zutreffend umschrieb der Fürst Friedrich Wilhelm in einem Brief an den Staatsminister Freiherr von Marschall von Nassau diese Einstellung der meisten Staatsoberhäupter zu jener Zeit mit folgenden Worten: „Wir südliche deutsche Fürsten wollen gern Väter unserer Untertanen sein, aber Väter die doch nicht emanzipierte Kinder haben wollen."[1058]

### *d. Vergleich der Ein- und Zweikammersysteme zum heutigen Parlamentarismus*

Bei einem Vergleich der damaligen Rechte im Bereich des Finanzwesens zum heutigen Parlamentarismus lassen sich durchaus Merkmale erkennen, die als Vorläufer zu bezeichnen sind, da sie heute – wenn auch in erheblich erweitertem Maße – ebenfalls noch bestehen. Hierzu gehört zunächst das den Landtagen gewährte Steuerbewilligungsrecht. Sie hatten bereits zu Beginn des Deutschen Bundes die Kompetenz, ihre Zustimmung zu den steuerlichen Festsetzungen zu erteilen. Dieses Recht hat sich mittlerweile zu einer fast uneingeschränkten Zuständigkeit des Parlaments ausgeweitet. So hat der Bund nach Art. 105 Abs. 1 GG die ausschließliche Gesetzgebung über Zölle und Finanzmonopole, zudem die konkurrierende Gesetzgebung über die übrigen Steuern nach Art. 105 Abs. 2 GG, wenn ihm das Aufkommen dieser Steuern ganz oder zum Teil zusteht oder die Voraussetzungen des Art. 72 Abs. 2 GG vorliegen. In Art. 106 Abs. 1 GG ist sodann geregelt, welche Steuern dem Bund zustehen, darunter beispielsweise die Verbrauchssteuern, die Kapitalverkehrssteuern und die Kraftfahrzeugsteuer. Steuern wie die Vermögens- und die Erbschaftssteuer steht ihm nach der 2. Alternative des Art. 105 Abs. 2 GG nur zu, wenn die Herstellung gleichwertiger Lebensverhältnisse im Bundesgebiet oder die Wahrung der Rechts- und Wirtschaftseinheit im gesamtstaatlichen Interesse eine bundesgesetzliche Regelung erforderlich macht.

Ebenso verhält es sich mit den Rechten bezüglich des Staatsbudgets. Während die Landtage damals zumindest schon in der Form beteiligt gewesen waren, dass sie zusammen mit dem Monarchen das Staatsbudget bestimmten, hat es sich heutzutage zu einem alleinigen Entscheidungsrecht ausgeweitet. So sind alle Einnahmen und Ausgaben des Bundes in den Haushaltsplan gemäß Art. 110 Abs. 1 GG einzustellen,

1055 Bergsträßer, a.a.O., S. 140.
1056 Bergsträßer, a.a.O., S. 140.
1057 Bergsträßer, a.a.O., S. 140.
1058 Eichler, Nassauische Parlamentsdebatten, Bd. 1, S. 3.

der für ein oder zwei Rechnungsjahre vor Beginn des ersten Rechnungsjahres durch das Haushaltsgesetz festgestellt wird, wie sich aus § 1 BHO ergibt.

Schließlich ist auch das Recht im Hinblick auf das sog. „Domanial-Vermögen" als Vorform des heutigen Parlamentarismus zu bezeichnen, wiederum mit der Besonderheit, dass sich gegenwärtig diese Kompetenz von einem reinen Einwilligungsrecht zu einem, wenn auch mit Einschränkungen versehen, alleinigen Entscheidungsrecht über die Frage der Veräußerung von Vermögensgegenständen entwickelt hat. Diese Einschränkungen sind zum einen in § 63 Abs. 2 BHO geregelt, nämlich, dass die Vermögensgegenstände nur veräußert werden dürfen, „wenn sie zur Erfüllung der Aufgaben des Bundes in absehbarer Zeit nicht benötigt werden". Zum anderen ergibt sich aus § 64 HBO, dass bundeseigene Grundstücke nur mit Einwilligung des Bundesministeriums der Finanzen und des für das Bundesvermögen zuständigen Bundesministeriums veräußert werden, allerdings können die Bundesministerien auch auf ihre Mitwirkung verzichten.

Da die Landtage hinsichtlich der Aufnahme neuer Schulden hingegen kein Zustimmungsrecht zu Beginn des Deutschen Bundes hatten, ist dieser Bereich noch nicht als Vorläufer anzusehen. Ebenso ist kein Vergleich zu dem damaligen Anzeigerecht über Mängel und Missbräuche in der Gesetzgebung möglich, da eine solche Kompetenz heute aufgrund der Tatsache, dass das Parlament das entscheidende Legislativorgan darstellt, obsolet ist. Auch ein Ministeranklagerecht, unabhängig davon, dass es in jener Zeit durch weitreichende Umgehungsvorschriften ad absurdum geführt wurde, gibt es heute nicht mehr.

Die Regelungen zum Gesetzgebungsverfahren in der Zeit von 1815–1830 sind ebenfalls noch nicht als Vorform anzuerkennen. Denn ein förmliches Gesetzesinitiativrecht, wie es heute besteht, gab es zu jener Zeit noch nicht. Vielmehr wurde den Landtagen lediglich das Recht gewährt, den Monarchen Vorschläge zu neuen Gesetzesvorlagen zu unterbreiten. Diese konnten jedoch sofort und ohne weitere Begründung von ihnen abgelehnt werden. Zwar sahen die Staaten Sachsen-Weimar-Eisenach, Sachsen-Meiningen und Liechtenstein bereits tatsächlich die Möglichkeit vor, dass Gesetzentwürfe auch von den jeweiligen Landtagen den Fürsten vorgelegt werden konnten. Jedoch wurde dieses Recht sofort wieder zu einem ad absurdum geführt, indem geregelt wurde, dass der Fürst ohne Angabe von Gründen den Entwurf verweigern konnte oder wie in Liechtenstein das Initiativrecht von vornherein auf einen kleinen Bereich beschränkt war.

Im Bereich des Gesetzgebungsverfahrens kamen zusätzlich noch zahlreiche Umgehungsvorschriften hinzu, insbesondere, was das Zustimmungserfordernis für Gesetzesbeschlüsse anging. Hier waren den Phantasien der Monarchen keine Grenzen gesetzt. Die meisten begnügten sich damit, zu bestimmen, dass die Zustimmung nur bei dem Beschluss von sog. „allgemeinen" Gesetzen erforderlich war, andere wiederum sahen eine Einwilligung nur bei „geeigneten Gegenständen" an. So oder so waren die „Rechte" in diesem Bereich damit derart eng gefasst, dass von einer wirklichen Beteiligung der Landstände bei der Gesetzgebung nicht gesprochen werden kann. Deshalb sind diese minimalen Rechte noch nicht vergleichbar mit den heutigen umfassenden Kompetenzen in diesem Bereich.

Dagegen als Vorläufer bezeichnet werden können uneingeschränkt die Immunitätsregelungen, die mit nahezu identischem Wortlaut auch heute noch bestehen. So heißt es in Art. 46 Abs. 1 GG: „Ein Abgeordneter darf zu keiner Zeit wegen seiner Abstimmung oder wegen einer Äußerung, die er im Bundestage oder in einem seiner Ausschüsse getan hat, gerichtlich oder dienstlich verfolgt oder sonst außerhalb des Bundestages zur Verantwortung gezogen werden. Dies gilt nicht für verleumderische Beleidigungen." Und: „Wegen einer mit Strafe bedrohten Handlung darf ein Abgeordneter nur mit Genehmigung des Bundestages zur Verantwortung gezogen oder verhaftet werden, es sei denn, daß er bei Begehung der Tat oder im Laufe des folgenden Tages festgenommen wird." (Art. 46 Abs. 2 GG). Im Vergleich dazu der Wortlaut der Verfassung von Sachsen-Meiningen von 1824: „Niemand kann wegen seiner Äußerungen in der ständischen Versammlung verantwortlich gemacht werden." Und: „Die landständischen Abgeordneten [...] genießen sowohl in ihrer Gesammtheit, als einzeln, völlige Unverletzlichkeit der Person [...]. Nur mit Einwilligung des Landtags kann in dringenden Fällen auf dem Wege Rechtens gegen sie verfahren werden." (§ 69). Dass eine gerichtliche Verfolgung heutzutage bei verleumderischen Beleidigungen durchaus möglich ist, wurde auch damals bereits in zahlreichen Regelungen mit den Worten normiert, dass verboten und nach dem Gesetz strafbar die „den Anstand verletzende Reden und Verunglimpfungen oder Beleidigungen der höchsten Person der Landesfürsten, der Staatsbehörden oder Einzelner" seien.

## 2. Der Zeitraum von 1831–1847

### *a. Die Kompetenzen innerhalb der Einkammersysteme*

#### *aa. Unmittelbarer Vergleich der Kompetenzen*

In den meisten Verfassungen dieser Zeit waren zu Beginn des Abschnitts über die Rechte und Pflichten der Mitglieder der Landtage einleitende, allgemein gültige Einführungsworte proklamiert, die die Landstände als das gesetzmäßige Organ der Gesamtheit der Staatsbürger betitelten, die aus dieser Stellung heraus für das allgemeine Wohl des Fürsten und des Landes durch Beachtung der Grundsätze der Verfassung zuständig seien.[1059] An diesen Worten wird deutlich, wie sehr die Julirevolution auch in Deutschland Spuren hinterlassen hatte. Die Regierung war offenbar versucht, der Bevölkerung zu signalisieren, dass sie sich verstärkt darum bemühte, Anfänge eines Parlamentarismus in den deutschen Einzelstaaten zu etablieren. Tatsächlich aber wollte sie zu dieser Zeit das Volk mit solchen Worten lediglich beruhigen. Zutreffend schreibt Hans Boldt über die damalige Volksrepräsentation:

---

1059 So die Einführungsworte in Hohenzollern-Sigmaringen 1833 (§ 65); Sachsen-Altenburg 1831 (§ 199); Schwarzburg-Sondershausen 1841 (§ 136); Braunschweig 1832 (§ 94), Hessen-Kassel 1831 (§ 89).

„Man wird, jedenfalls für den deutschen Vormärz, kaum jene konstitutionell, diese parlamentarisch nennen dürfen."[1060]

### (1) Kompetenzen hinsichtlich des Finanzhaushaltes

#### (a) Steuerbewilligungsrecht

Mit Ausnahme von **Luxemburg** und **Schleswig-Holstein** finden sich auch in den Verfassungen der Jahre von 1831–1847 Regelungen zu einem Steuerbewilligungsrecht der Stände in den einzelnen Ländern.[1061] Da in **Luxemburg** im Gegensatz zu den anderen Staaten fast keine revolutionäre Bewegung seitens des Volkes stattgefunden hatte und es deshalb auch keine proklamierten Forderungen gab, die die Regierung obligatorisch hätte durchsetzen müssen, wurde dem Landtag auch kein Steuerbewilligungsrecht zugesprochen.[1062] In **Schleswig-Holstein** hatte zunächste der Kanzleirath Lornsen in seinen Vorschlägen, die er der Regierung vorlegte, ein Steuerbewilligungsrecht vorgesehen und berief sich hierbei auf den Art. 13 der Deutschen Bundesakte. Die Regierung jedoch wartete so lange, bis sich die revolutionäre Bewegung derart wieder beruhigt hatte, dass sie ruhigen Gewissens auf ein solches Steuerbewilligungsrecht verzichten konnte.[1063]

In **Hohenzollern-Sigmaringen**, **Sachsen-Altenburg** und **Schwarzburg-Sondershausen** durften die Bewilligungen der Abgaben und Leistungen nicht an Bedingungen geknüpft werden, welche nicht das Wesen oder die Verwendung derselben unmittelbar betrafen.[1064] Dieses Prinzip war zwar in der Landschaftsordnung **Braunschweigs** von 1832 selbst nicht verankert, jedoch war es aufgrund eines entsprechenden Bundesbeschlusses, der unmittelbar vor der abschließenden Beratung über die Landschaftsordnung stattfand, ebenfalls für das Herzogtum verbindlich und wurde auch ausdrücklich anerkannt.[1065] Zweck dieser Regelung war es, für die Landtage die Möglichkeit auszuschließen, dass sie willkürlich, aus sachfremden Erwägungen heraus, eine Steuerverweigerung vornahmen, um dadurch Druck auf die Regierung auszuüben und die Durchsetzung anderweitiger Wünsche und Anträge zu erreichen.[1066] In **Braunschweig** trat das Recht der Steuerbewilligung allerdings nur dann ein, wenn die zur Erreichung der Staatszwecke erforderlichen Mittel nicht

---

1060 Boldt, Zwischen Patrimonalismus und Parlamentarismus, in: Ritter (Hrsg.), Gesellschaft, Parlament und Regierung, S. 97.

1061 Hohenzollern-Sigmaringen 1833 (§ 66/68); Sachsen-Altenburg 1831 (§ 202); Schwarzbug-Sondershausen 1841 (§ 138); Braunschweig 1832 (§ 173) und Hessen-Kassel 1831 (§ 143).

1062 Engelhardt, Geschichte der Stadt und Festung Luxemburg, S. 313 f.

1063 Brockhaus, Conversations-Lexikon der Gegenwart, 4. Band, 1. Abteilung, S. 865 ff.

1064 Hohenzollern-Sigmaringen 1833 (§ 68); Sachsen-Altenburg 1831 (§ 204); Schwarzburg-Sondershausen 1841 (§ 143).

1065 Pollmann, Die Landschaftsordnung von 1832, in: Pöls/Pollmann (Hrsg.), Moderne braunschweigische Geschichte, S. 18.

1066 Kirchherr, Die Verfassung des Fürstentums Hohenzollern-Sigmaringen, S. 109.

schon aus den Überschüssen des Kammerguts und dem übrigen Staatsvermögen bestritten werden konnten.[1067] Auf welche Abgaben sich das Steuerbewilligungsrecht bezog, wurde sodann namentlich in § 174 aufgezählt.[1068] Darüber hinaus gab es in diesem Staat, aber auch in **Hohenzollern-Sigmaringen** und **Schwarzburg-Sondershausen** (§ 144) eine weitere rechtliche Beschneidung der Steuerbewilligungskompetenz für die zur Erfüllung allgemeiner Bundespflichten erforderlichen Abgaben und Leistungen, und zwar derart, dass solche nicht verweigert werden durften. Im Falle der Verweigerung hatte der Monarch die Möglichkeit, ohne die Mitwirkung der Stände die erforderlichen Steuern auszuschreiben. Ihm oblag damit die alleinige Entscheidungskompetenz. Jedoch mussten in **Braunschweig** zumindest dem ständischen Ausschuss die Gründe der diesbezüglichen Ausschreibungen vorgelegt werden.[1069] Ebenso wenig bedurfte es in diesem Staat der Bewilligung durch die Stände, wenn es um Abgaben der Kommunen ging (§ 181). Auch **Sachsen-Altenburg** nahm in seiner Verfassung eine Ausnahmeregelung auf. Diese normierte eine Umgehung des Bewilligungsrechtes der Kammer in der Weise, dass die Steuerbewilligungen nur auf Antrag des Landesherrn zu erfolgen hatten. Insbesondere waren sofortige Bewilligungen für einzelne Personen oder Verwaltungszweige ohne solche Anträge unzulässig. Zumindest aber durfte die Kammer eine Bitte auf landesherrliche Anträge aussprechen, was jedoch auch nicht zur Rettung des eigentlichen Rechts der Bewilligung beitrug.[1070]

In vielen Staaten wurde nunmehr auch die Dauer der Wirksamkeit der Steuerbewilligung geregelt. So hieß es in § 68 der Verfassung **Hohenzollern-Sigmaringens:** „Eine Steuerverwilligung geschieht in der Regel von einem ordentlichen Landtage zum anderen, wenn nicht wegen eines zeitlichen außerordentlichen Bedürfnisses eine Abgabe auf kürzere Dauer bewilligt ist, oder solche Auflagen mit Staatsverträgen in Verbindung stehen, die auf längere Dauer geschlossen sind, in welchem Falle sie vor Ablauf des Vertrages nicht geändert werden können." Diesbezüglich wurde im Grundgesetz von **Sachsen-Altenburg** normiert, dass, sollte ein Einverständnis bis zum Ende der „Verwilligungszeit" nicht erlangt worden sein, der Landesherr befugt sei, die „bisherigen Verwilligungen" noch einmal auf ein Jahr auszuschreiben.[1071] In **Schwarzburg-Sondershausen** wurde zwischen den für den stehenden notwendigen Staatsbedarf erforderlichen und den übrigen Steuern insoweit eine Unterscheidung vorgenommen.[1072] Erstere wurden so lange erhoben und konnten nicht

---

1067 Braunschweig 1832 (§ 173).

1068 Dazu gehörten solche, die sich auf Grundstücke, Vermögen, Personen, Gewerbe, Verbrauch von Lebensmitteln und Consumtibilien, Leitung des Handels und der Gewerbe bezogen, aber auch solche, die zur Ausführung polizeilicher Einrichtungen und Maßregeln erforderlich waren, namentlich auf Wegegelder, Zölle, Packhausentrichtungen und Gerichtssporteln.

1069 Braunschweig 1832 (§ 180).

1070 Sachsen-Altenburg 1831 (§ 204).

1071 Sachsen-Altenburg 1831 (§ 205).

1072 Schwarzburg-Sondershausen 1841 (§ 145).

eher zurückgenommen werden, bis der Bedarf auf andere Weise gedeckt wurde, während die übrigen Steuern nur für die Dauer eines Landtags jeweils „verwilligt" wurden. Alle Abgaben, die in **Braunschweig** erhoben wurden, wurden längstens für die Dauer einer regelmäßigen Finanzperiode von drei Jahren bewilligt, und konnten nach dem Ablauf höchstens noch für ein Jahr, welches aber in die neue Finanzperiode einzurechnen war, erhoben werden.[1073] Die für einen kürzeren Zeitraum bewilligten Abgaben hörten jedoch mit dem Ablauf der „Verwilligungszeit", und die für einen vorübergehenden Zweck ausgeschriebenen Steuern, mit der Erreichung desselben, auf.[1074] Ebenfalls auf die Dauer von drei Jahren wurden die Steuern in **Hessen-Kassel** erhoben.[1075]

#### (b) Bestimmung des Staatsbudgets

In allen Einzelstaaten mit Ausnahme von **Schleswig-Holstein** und **Hessen-Kassel** hatten die Landtage in dieser Zeit die Möglichkeit, den Finanzetat mitzubestimmen, d.h. das erforderliche Staatsbudget mit festzusetzen.[1076] Dass die beiden gerade genannten Länder von dem Recht Abstand nahmen, lag an ihrer Größe: Während die Großstaaten eine Einmischung bei der Frage der Verwendung der Steuermittel, unterstützt durch den Deutschen Bund, der mit Intervention drohte, ablehnten, hatten sich die Kleinstaaten schon früh mit den Landtagen über das Budgetrecht geeinigt.[1077] Dies geschah in der Regel in der Weise, dass den Landständen der zukünftige Finanzplan über sämtliche Einnahmen und Ausgaben vorgelegt wurde und sie sodann zusammen mit dem Monarchen über die Bewilligung dessen beratschlagen konnten. In **Hohenzollern-Sigmaringen** und **Braunschweig** umfasste dieses Recht darüber hinaus auch die Nachweispflicht von Seiten der Regierung über die vorangegangene Finanzperiode, und zwar was die Verwendung der bewilligten und erhobenen Abgaben anging.[1078]

In **Luxemburg** zerfiel das Staatsbudget in zwei Teile (Art. 30). Der erste Teil enthielt die gewöhnlichen und unveränderlichen Einnahmen und Ausgaben, der zweite Teil die außerordentlichen und veränderlichen Mittel und Ausgaben, welche jährlich festgesetzt wurden. Einer Zustimmung von Seiten der Stände bedurfte es,

---

1073 Braunschweig 1832 (§ 177).

1074 Hinsichtlich der indirekten Steuern und den auf den Handel gelegten Abgaben konnte die Steuererhebung allerdings mit Zustimmung der Stände verlängert werden. Auch sollten diejenigen Abgaben dieser Art, welche nach der bisherigen Verfassung von der Landesregierung ohne Mitwirkung der Stände bestimmt wurden und deren unveränderliche Beibehaltung von Seiten der Landesregierung durch die bestehenden Handelsverträge zugesichert waren, für die Dauer dieser Verträge fortbestehen (§ 179).

1075 Hessen-Kassel 1831 (§ 144).

1076 Hohenzollern-Sigmaringen 1833 (§ 68/69); Luxemburg 1841 (Art. 29–31); Sachsen-Altenburg 1831 (§ 203/207); Schwarzburg-Sondershausen 1841 (§ 139–142).

1077 Stolleis, Geschichte des öffentlichen Rechts in Deutschland, 2. Band, S. 114.

1078 Hohenzollern-Sigmaringen 1833 (§ 69) und Braunschweig 1832 (§ 187).

wenn es zu einem Ausgaben-Übertrag von einem auf den anderen Teil kam (Art. 31). Jedoch war das Regierungs-Kollegium befugt, Überschüsse von einem Artikel auf einen anderen zu übertragen, wenn sie einen solchen Übertrag vor den Ständen rechtfertigen konnten.

In **Schwarzburg-Sondershausen** konnte die Kammer auch ausdrücklich auf Verminderung der verlangten Summen antragen, musste dies jedoch unter den ausführlichen Nachweis der Gründe stellen und hinreichend belegen, wie Ersparnisse insoweit realisiert werden konnten.[1079] Solche Anträge wurden dann „auf das Reiflichste erwogen und, soweit es mit dem Staatswohle vereinbar war, jederzeit berücksichtigt".[1080] Dieser mit Bedacht formulierte Paragraph bedeutete de facto nichts anderes, als dass die Kammer zwar offiziell einen Antrag stellen durfte, dieser aber von der Regierung unberücksichtigt zur Seite gelegt werden konnte, ohne dass sie dazu verpflichtet gewesen wäre, die Ablehnung bzw. Nichtberücksichtigung des Antrages begründen zu müssen.

Im Herzogtum **Braunschweig** schaffte die Regierung es auch hinsichtlich des Finanzhaushaltes eine Ausnahmeregelung zu schaffen, mit der sie die Bedingung der Zustimmung des Landtags umgehen konnte. So hieß es in § 185: „Den Ständen steht das Recht zu, gemeinschaftlich mit der Landesregierung den Staatshaushalts-Etat nach den einzelnen Abtheilungen festzustellen. Die Verwendung und Vertheilung der für jede einzelne Abtheilung im Ganzen bewilligten Summen bleibt jedoch der Bestimmung der Landesregierung überlassen, und es kann, wenn die Verwendung nur für diese Abtheilung und ohne Überschreitung der feststehenden Special-Etats statt findet, gegen eine von den einzelnen Positionen derselben eingetretene Abweichung an sich, eine Erinnerung von Seiten der Stände nicht gemacht, wohl aber eine Nachweisung der Zweckmäßigkeit dieser Abweichung verlangt werden."

In **Luxemburg** bestimmten die Landstände noch die „Civiliste" für die Dauer der Regierung sowie die nötigen Summen für die Einrichtung eines zur Wohnung des Landesherrn oder dessen Stellvertreter bestimmten Palastes (Art. 28). Die Rechte gingen damit im Vergleich zu den anderen Staaten gerade im Budgetrecht für die damalige Zeit sehr weit. Nicht ohne Grund wurde die damalige Verfassung als eine der freiheitlichsten Europas bezeichnet.[1081] Schließlich wurde für den Landtag von **Schwarzburg-Sondershausen** ein Mitwirkungsrecht hinsichtlich des Landesschuldentilgungsfonds normiert.[1082]

### (c) Zustimmung zu der Aufnahme neuer Schulden

Das Recht, neue Schulden aufzunehmen oder Darlehen zu bewilligen, stand den Landtagen mit Einvernehmen der Landesherren in den Staaten **Hohenzollern-Sigmaringen, Schwarzburg-Sondershausen, Braunschweig** und **Hessen-Kassel**

1079 Schwarzburg-Sondershausen 1841 (§ 141).
1080 Schwarzburg-Sondershausen 1841 (§ 142).
1081 Kotulla, Deutsche Verfassungsgeschichte, Rdnr. 1647.
1082 Schwarzburg-Sondershausen 1841 (§ 148).

zu.[1083] Einer Zustimmung bedurfte es insoweit in erst genanntem Staat jedoch dann nicht, wenn zu einem Krieg aufgerüstet wurde oder wenn während der Dauer eines Krieges der Landesfürst Landesanleihen zur schleunigen und wirksamen Erfüllung seiner Bundespflichten aufnehmen musste.[1084] Im Gegensatz zu der Zeit vor der Julirevolution wurden ansonsten keine Umgehungsvorschriften mehr geregelt, so dass die Befugnis für die Landtage in diesen Staaten auch tatsächlich bestand.

#### (d) Veräußerung von Staatseigentum und Mitwirkungsrechte bei dem privaten Vermögen des Landesfürsten

In **Hohenzollern-Sigmaringen**, **Schwarzburg-Sondershausen**, **Braunschweig** und **Hessen-Kassel** hatten die Landtage die Möglichkeit, über die Veräußerung des Kammerguts und des sonstigen Staatsvermögens mitzuentscheiden.[1085] In erstgenanntem Staat gehörte zu diesem Recht hinsichtlich des Kammerguts nicht nur die Veräußerung an sich (§ 26), sondern auch die Zustimmung im Falle der Unzulänglichkeiten der Kammereinkünfte (§ 25). Die Einkünfte waren dabei nach § 24 hauptsächlich zum standesmäßigen Unterhalt des Landesherrn und der fürstlichen Familie sowie zur Bestreitung des zur Erhaltung und Verwaltung des Kammerguts nötigen Aufwands, und zur Besoldung der Hofdiener bestimmt. Hinsichtlich der Veräußerung des Kammerguts wurden jedoch zahlreiche Ausnahmen festgelegt, bei denen die Zustimmung der Stände nicht erforderlich war, sondern ihnen lediglich die Veräußerung angezeigt werden musste. Der Einwilligung der Stände bedurfte es insoweit nach § 27 nicht, „1) wenn für einen vom Cammergute abgegebenen Theil ein gleich werthvoller und wenigstens eben so viel rentirender dem Fideicommiß gleichzeitig einverleibt wird; 2) zur Ablösung von Gerechtigkeiten und Renten; 3) zu Schulden, welche in Folge neuer, dem Cammergute einzuverleibender Erwerbungen gemacht werden müssen, und deren Betrag durch den Werth der neuen Erwerbung gedeckt wird“.

Bezüglich der Veräußerung des *sonstigen* Staatsvermögens bestand nur für die Landtage in **Schwarzburg-Sondershausen** und **Hessen-Kassel** ein Zustimmungserfordernis.[1086] Allerdings wurde in letzt genanntem Staat darauf verzichtet, wenn es sich um Veräußerungen handelte, die zur Beförderung der Landeskultur, oder sonst zur Wohlfahrt des Staates und Entfernung wahrgenommener Nachteile, durch Verkauf, Austausch, Erbe, Ablösung oder Umwandlung in ständige Renten oder infolge eines gerichtlichen Urteils notwendig waren (§ 142). Ob eine Veräußerung unter diese Kriterien fiel, wurde dabei in das Ermessen des Landesfürsten

1083 Hohenzollern-Sigmaringen 1833 (§ 69); Schwarzburg-Sondershausen 1841 (§ 36); Braunschweig 1832 (§ 186) und Hessen-Kassel 1831 (§ 94).
1084 Hohenzollern-Sigmaringen 1833 (§ 69d).
1085 Schwarzburg-Sondershausen 1841 (§ 25/26/35); Braunschweig 1832(§ 164/165/167–169); Hessen-Kassel 1831 (§ 147).
1086 Schwarzburg-Sondershausen 1841 (§ 35) und Hessen-Kassel 1831 (§ 142).

gestellt. Es oblag damit letztendlich wiederum nur der Entscheidung des Fürsten, über alle Veräußerungen allein zu verfügen.

In **Braunschweig** waren die Landstände nur befugt, über das Kammergut mit zu verfügen. Insoweit wurde ihnen der auf die Dauer einer dreijährigen Finanzperiode aufgestellte Kammer-Etat vorgelegt (§ 168), sodann war ihre Zustimmung zur Veräußerung von Kammergütern erforderlich (§§ 164, 165, 169).

Nicht von Kammergut, sondern von „Domainen" wurde in **Hohenzollern-Sigmaringen** gesprochen und festgesetzt, dass durch eine Übereinkunft mit den Ständen bestimmt werden sollte, was als Bestandteil des Domainen-Vermögens zu betrachten sei, welche Ausgaben aus dem Ertrag desselben zu bestreiten waren, welche Leistungen auf die Hauptlandeskasse zu überweisen seien und was bei der Unzulänglichkeit des Domainen-Ertrags für die Bedürfnisse des Fürstlichen Hauses und Hofes aus den Mitteln des Landes beigetragen werden sollte.[1087] Ebenso bedurfte es der Zustimmung der Stände, wenn es um die Veräußerung oder Belastung des Fürstlichen Stamm- und Fideikommißvermögens ging (§ 78). Da dem Fürsten allerdings die alleinige Gesetzesinitiative zustand, lag es in seiner Hand, die Behandlung dieser Frage in den folgenden fünf Landtagen – entgegen dem Gebot der Verfassung – zu verhindern.[1088]

### (2) Rechte bezüglich des Militärs

Neu im Vergleich zu der Zeitperiode von 1815–1830 war eine Einmischung der Stände im Bereich des Militärs. Viele Regierungen setzten damit eine Forderung der Julirevolution konsequent um. So sah zwar auch **Hohenzollern-Sigmaringen** ab 1833 auf den ersten Blick eine Mitwirkung des Landtags bei der sog. „Militäraushebung" vor.[1089] Darunter wurde die Festsetzung der Zahl der zur ordentlichen Ergänzung des Bundes-Kontingents jährlich erforderlichen Mannschaft verstanden. Jedoch wurde dieses Mitwirkungsrecht durch einen entsprechenden Zusatz sofort wieder zu einem reinen Provisorium degradiert, indem festgesetzt wurde, dass die Stände nicht die Möglichkeit hatten, die Aushebung zu verweigern. In **Braunschweig** war die Zustimmung des Landtags erforderlich, wenn ein größeres als das durch die Bundesgesetzgebung vorgeschriebenes Truppencorps aufgestellt werden sollte. Ohne dessen Bewilligung konnte auch weder das Truppencorps noch eine Abteilung desselben in den Dienst des auswärtigen Staates gegeben werden. Schließlich war eine Stimmenabgabe erforderlich, „wenn durch Werbung, besonders von Ausländern, Truppen gebildet werden sollen" (§ 102). In **Sachsen-Altenburg** umfasste das Mitwirkungsrecht einen anderen Gegenstand als in Hohenzollern-Sigmaringen und Braunschweig. So hieß es in § 212: „Die Verwaltung des Militärkollegiums ist der Landschaft wie dem Landesherrn wegen der Geldverwendung verantwortlich; – die

---

1087 Hohenzollern-Sigmaringen 1833 (§ 74).

1088 Kallenberg, Die Sonderentwicklung Hohenzollerns, in: Kallenberg (Hrsg.), Hohenzollern, S. 150.

1089 Hohenzollern-Sigmaringen 1833 (§ 66 i.V.m. § 62).

Landschaft ist über Konscriptionsgesetze[1090] mit Beirath und Zustimmung zu vernehmen, und sie hat das Recht der Beschwerdeführung, wenn dem Konscriptionsgesetz entgegen gehandelt würde."

### (3) Beschwerde- und Anklagerechte

Ebenso wie in der vorangegangenen Zeitperiode wurden auch ab 1831 in allen Staaten mit Ausnahme von **Luxemburg** Beschwerde- und teilweise auch Anklagerechte für die Landtage festgesetzt.[1091] Das Beschwerderecht war dabei im Allgemeinen so ausgestaltet, dass die Landtage entweder selbst entsprechende Anträge wegen Mängeln oder Missbräuchen in der Landesverwaltung oder Rechtspflege dem Landesfürsten vorlegen konnten oder aber die Beschwerden und Vorstellung Einzelner oder ganzer Korporationen wegen widerrechtlicher Verletzung ihrer Interessen und Bedrückung annehmen und an den Landesfürsten bringen durften.

Hinsichtlich des Verhaltens von Staatsdienern hatten die Landtage auch in dieser Zeitperiode nicht allerorts die Möglichkeit, eine förmliche Anklage zu erheben. Diese Befugnis stand ihnen lediglich in **Hohenzollern-Sigmaringen, Schwarzburg-Sondershausen** und **Hessen-Kassel** zu; in erst genanntem Staat jedoch nur, wenn Gegenstand der Anklage die Verletzung der Verfassung, Veruntreuung öffentlicher Gelder, Erpressung, Bestechung oder „gröblicher Hintansetzung ihrer Amtspflichten" war; in den beiden letzt genannten Staaten war eine Klage nur bei Verfassungsverletzung möglich. Handelte der Staatsdiener aus Unachtsamkeit oder Irrtums, so waren die Landtage nur berechtigt, eine *Beschwerde* beim Landesherrn vorzutragen. In **Sachsen-Altenburg** konnte eine Klage zwar auch beim Oberappellationsgericht eingereicht werden, jedoch musste die Beschwerde zuerst dem Landesfürsten zugehen und nur wenn dieser zu dem Ergebnis kam, dass eine sachgemäße Schadlosstellung nicht ohne Verfahren möglich sei, konnte förmlich Klage erhoben werden.[1092] Dieser Grundsatz bedeutete nichts anderes, als dass der Landesherr über die Erforderlichkeit der Klageeinreichung selbst bestimmte und nicht der Landtag. Lediglich ein Beschwerderecht und kein förmliches Anklagerecht hinsichtlich des Fehlverhaltens von Staatsdienern bestand in **Braunschweig**. Der Landtag konnte in einem solchen Fall nur einen Antrag auf Untersuchung des Verhaltens an den Landesfürsten stellen. In **Schleswig-Holstein** wurde ein solches Beschwerderecht ganz außer Acht gelassen.

---

1090 Gesetze, die die Kriegsführung betrafen. Vgl. „Conscription" in: Rotteck/Welcker, Staats-Lexikon, 3. Band.

1091 Hohenzollern-Sigmaringen 1833 (§ 70); Sachsen-Altenburg 1831 (§ 37; 214–216); Schwarzburg-Sondershausen 1841 (§ 155/158–159); Schleswig-Holstein 1831 (§ 5); Braunschweig 1832 (§ 106/108) und Hessen-Kassel 1831 (§ 99/100).

1092 Sachsen-Altenburg 1831 (§ 37).

### (4) Recht der Immunität

Ein Immunitätsrecht genossen nur die Abgeordneten in **Hessen-Kassel, Hohenzollern-Sigmaringen** und **Schwarzburg-Sondershausen**. Dieses Recht beinhaltete das Verbot der Verhaftung ohne Einwilligung der Ständeversammlung, es sei denn, es ging um einen Fall der Ergreifung auf frischer Tat wegen eines „peinlichen" Verbrechens.[1093] Hinzu kam in **Hessen-Kassel** und **Schwarzburg-Sondershausen** die Immunität von Äußerungen in der Versammlung, den Fall der Beleidigung oder Verunglimpfung der Staatsorgane ausgenommen.[1094]

### (5) Gesetzgebungsverfahren

Ein förmliches Gesetzesinitiativrecht für die Landtage bestand auch zu dieser Zeit in keinem einzigen Staat. Auch ein Antragsrecht gehörte zur Seltenheit. So konnten lediglich in **Hohenzollern-Sigmaringen**, in **Schwarzburg-Sondershausen,** in **Braunschweig** und **Hessen-Kassel** die jeweiligen Landtage im Wege der Vorstellung auf neue Gesetze sowie auf Abänderung oder Aufhebung der bestehenden einen Antrag an die Regierung stellen.[1095] Dass insoweit ein förmliches Gesetzesinitiativrecht für die Landstände nicht bestand, wurde nur in **Schwarzburg-Sondershausen** ausdrücklich normiert: „[...]; doch sollen die Stände keine vollständigen Gesetzes-Entwürfe vorlegen, sondern nur den Zweck und die Principien im Allgemeinen angeben" (§ 154). Allerdings hatten die Stände in diesem Staat die Möglichkeit, zu den einzelnen Bestimmungen der von den Landesherren eingebrachten Gesetzentwürfe Abänderungen und Zusätze in Antrag zu bringen, wie sich aus § 152 der Verfassungsurkunde ergab. Wurde ein solcher Antrag vom Landesherrn nicht genehmigt, so konnte der Gesetzentwurf entweder ganz zurückgenommen oder vorher noch einmal während desselben Landtags mit Widerlegungsgründen oder auch mit von der Regierung selbst vorzuschlagenden Abänderungen an die Stände gebracht werden (§ 153).

Ein Mitwirkungsrecht im Gesetzgebungsverfahren bestand in allen Staaten dergestalt, dass ohne ihre Zustimmung ein neues Gesetz oder aber die Veränderung eines bestehenden Gesetzes nicht erlassen werden durfte.[1096] In den meisten Ländern war jedoch diese Kompetenz auf bestimmte Gesetze beschränkt. So war in **Sachsen-Altenburg** ihre Zustimmung nur bei allgemeinen Gesetzen erforderlich, die die Freiheit der Personen oder das Eigentum aller Staatsangehörigen sowie die

---

1093 Hohenzollern-Sigmaringen 1833 (§ 127); Hessen-Kassel 1831 (§ 87) und Schwarzburg-Sondershausen 1841 (§ 181).

1094 Schwarzburg-Sondershausen 1841 (§ 182) und Hessen-Kassel 1831 (§ 87).

1095 Hohenzollern-Sigmaringen 1833 (§ 66a, 67); Schwarzburg-Sondershausen 1841 (§ 154); Braunschweig 1832 (§ 105) und Hessen-Kassel 1831 (§ 97).

1096 Hohenzollern-Sigmaringen 1833 (§ 66a, 67); Luxemburg 1841 (Art. 26, 27); Sachsen-Altenburg 1831 (§ 201, 209–211); Schwarzburg-Sondershausen 1841 (§ 151/152); Schleswig-Holstein 1831 (§ 4); Braunschweig 1832 (§ 98/99) und Hessen-Kassel 1831 (§ 95).

Grundverfassung und die Militäraushebung betrafen. Auch in **Schleswig-Holstein** musste es sich um allgemeine Gesetze handeln, die Veränderungen in Personen- und Eigentumsrechten beinhalteten, darüber hinaus aber auch solche, die sich mit Steuern und öffentlichen Lasten beschäftigten. Die Zustimmung der **Luxemburger** Kammer war wiederum nur erforderlich bei Veränderungen in Strafgesetzen und bei solchen, welche Abgaben und den Zolltarif betrafen. Hinsichtlich letzterem waren jedoch diejenigen Abänderungen ausgenommen, welche in Folge eines Handelsvertrages oder einer von dem Landesherrn geschlossenen Übereinkunft nötig waren (Art. 27). Zu allen anderen Gesetzen und Verfügungen war lediglich die vorherige Beratschlagung durch die Kammer erforderlich, der insoweit jedoch keine weitere Bedeutung zukam, wenn sich der Landesherr anders entscheiden sollte. Zu dem Erlass der übrigen Gesetze[1097] musste der Landtag zumindest „besonders gehört werden". Da aber auch dieses besondere Anhörungsrecht nicht den Charakter einer Mitwirkungsbefugnis trug, hatte es in letzter Konsequenz auch kein politisches Gewicht für die letztendlichen Entscheidungen des Monarchen. In **Schwarzburg-Sondershausen** bezog sich dagegen das Mitwirkungsrecht nur auf Gesetze oder Staatsverträge, die das Privat- oder peinliche Recht und das gerichtliche Verfahren zum Gegenstand hatten. Über diese Gegenstände hinaus war in **Braunschweig** eine Zustimmung auch bei solchen Gesetzen erforderlich, die die Verfassung änderten, ergänzten oder erläuterten, ebenso, wenn neue organische Staatseinrichtungen getroffen oder die bestehenden verändert werden sollten und bei solchen Gesetzen, die das Landesfinanz- und Steuerwesen inhaltlich betrafen. Bei allen übrigen, namentlich den das Landespolizeiwesen betreffenden gesetzlichen Bestimmungen, musste die Kammer dieses Staates zumindest zuvor mit ihrem Gutachten und ihrem Rat gehört werden (§ 99). Ausdrücklich ohne Mitwirkung der Kammer wurden Verordnungen, d.h. solche Verfügungen, die aus dem allgemeinen Verwaltungs- oder Oberaufsichtsrecht der Regierung hervorgingen oder welche die Ausführung und Handhabung der bestehenden Gesetze betrafen, erlassen (§ 101). Eine solche Regelung fand sich fast wortgetreu auch in den Verfassungen von **Hessen-Kassel** (§ 95) und **Sachsen-Altenburg** (§ 211). Darüber hinaus behielt sich die Regierung von **Hessen-Kassel** das Recht vor, bei Nichtversammlung des Landtags zu solchen ausnahmsweise erforderlichen Maßregeln, die bei außerordentlicher Begebenheit von dem Staatsministerium unter Zuziehung des landständischen Ausschusses erlassen werden mussten, auf die Zustimmung der Kammer zu verzichten. Die Maßregeln mussten dabei aber als wesentlich und unaufschiebbar zur Sicherheit des Staates

1097 Dazu gehörten nach Art. 26 die die Verfassung, die zivilen Rechte, die Stiftung und die Verbesserung öffentlicher Anstalten betreffenden Rechte sowie solche, die den Bau von Straßen, Kanälen und anderen öffentlichen Arbeiten, Erwerbung, Veräußerung oder Austausch des Staatseigentums, vorgeschlagene Veränderungen in den Einteilungen der Distrikte, Kantone und Gemeinden und der Bestimmung der Hauptorte zum Gegenstand hatten sowie schließlich solche, die die Vollziehung von Verträgen, welche Abtretungen oder Auswechselungen von Gebietsteilen betrafen.

oder zur Erhaltung der ernstlich bedrohten öffentlichen Ordnung erklärt werden. Diese Erklärung erfolgte jedoch durch den Landesherrn, so dass es in seiner alleinigen Begutachtung stand, ein Gesetz als absolut notwendig zu deklarieren. In einem solchen Fall musste aber dennoch der Landtag so schnell wie möglich einberufen werden, um dessen Zustimmung zu den Anordnungen zu erwirken (§ 95).

Auch in **Sachsen-Altenburg** wurden über die reglementarischen Verfügungen zur Ausführung bestehender Gesetze hinaus auch noch polizeiliche Anordnungen und Vorschriften zur Sicherheit des Staates von dem Erfordernis der Zustimmung der Landstände ausgenommen.

Was bei einer Verweigerung der Zustimmung der Stände geschah, wurde lediglich in **Hohenzollern-Sigmaringen** und **Sachsen-Altenburg** ausdrücklich erwähnt. In erst genanntem Staat konnte dann der Gesetzentwurf auf demselben Landtag nicht mehr in Antrag gebracht werden (§ 67). Das bedeutete jedoch im Umkehrschluss, dass damit der Gesetzentwurf nicht gänzlich verworfen wurde, sondern die Regierung durchaus noch die Möglichkeit hatte, auf dem *nächsten* Landtag den Antrag erneut zu stellen. In **Sachsen-Altenburg** wurde dagegen nicht auf die Versammlung eines neuen Landtags gewartet, sondern die Kammer musste vielmehr die Gründe für die Verweigerung angeben, „damit der Landesherr den Gegenstand nochmals in Ueberlegung ziehen kann“ (§ 209).

### (6) Sonstige Rechte

Vereinzelt fanden sich noch Rechte, die es nur in einem bestimmten Staat gab. So beispielsweise in **Luxemburg**, in dessen Verfassung normiert war, dass der Landtag über die genannten Rechte hinaus auch noch die Befugnis hatte, Verwaltungsreglemente mitzubestimmen (Art. 32) oder über die Ein- und Ausfuhr von Waren zu wachen (Art. 39). Allgemeine Kompetenzen im Bereich der Kommunalangelegenheiten gab es nicht nur in **Luxemburg**, sondern auch in **Schleswig-Holstein**.[1098] Diese beiden Staaten hatten zudem gemein, dass die Landtage Vorschläge, die das gemeinschaftliche Wohl und Interesse des ganzen Staatsgebietes betrafen, dem jeweiligen Landesfürsten gegenüber machen konnten.[1099]

In drei Staaten gab es noch die Möglichkeit für die Landtage, bestimmte Personen zu wählen. Nach der Verfassung von **Hohenzollern-Sigmaringen** bestand insoweit ein Vorschlagsrecht von Personen zur Besetzung der Landeskassierstellen (§ 69e); in **Braunschweig** durfte die Kammer zum einen einen Landsyndicus – ebenso wie in **Hessen-Kassel** (§ 102) – ernennen und zum anderen zwei Ratsstellen im Landesgericht besetzen (§ 104/115).

Schließlich wurden dem Landtag von **Braunschweig** als einzige Institution die Möglichkeit der Überwachung der Unabhängigkeit der Gerichte (§ 103) und ein eigenes Versammlungsrecht (§ 113) gewährt.

---

1098 Luxemburg 1841 (Art. 33–36) und Schleswig-Holstein 1831 (§ 6).
1099 Luxemburg 1841 (Art. 40) und Schleswig-Holstein 1831 (§ 5).

Viele dieser neuen Rechte münzten auf den Forderungen, die Gegenstand der Julirevolution gewesen waren. Denn es stand nicht nur die Verfassungspolitik im Vordergrund der revolutionären Bewegung, sondern in erster Linie die unmittelbaren Interessen der ärmeren Bevölkerungsschichten.[1100] Gerade im Bereich der Verwaltungsangelegenheiten wurden die Rufe nach Änderungen laut, um der Willkürhandlungen Einhalt zu gebieten.[1101]

#### (7) Verfassungsrechtliche Änderungen innerhalb der Staaten

Der einzige Staat, der seit Bestehen des Deutschen Bundes bereits seine zweite Verfassung erließ, war das Herzogtum **Braunschweig**. Neben den gravierenden Umstrukturierungsmaßnahmen im Bereich des Landtags während dieser Zeit (von einem Zwei- zu einem Einkammersystem) fand auch innerhalb des Kompetenzbereichs eine Veränderung statt. Zwar blieb es hinsichtlich des Steuerbewilligungsrechts bei den Einschränkungen, die es bereits 1820 gegeben hatte und auch hinsichtlich der Aufnahme neuer Schulden und dem Beschwerderecht bei Missbräuchen in der Rechtspflege und Verwaltung gab es keine nennenswerten Neuerungen. Jedoch bekam der Landtag im Bereich des Finanzetats mehr Mitwirkungsrechte als noch 1820. So durfte er den gesamten Staatshaushalt nunmehr feststellen. Das ist insbesondere darauf zurückzuführen, dass der fürstliche und der Domanialhaushalt im Jahr 1832 erstmalig von dem Staatshaushalt getrennt wurden. Auch bei der Gesetzgebung verstärkten sich die Rechte der Mitglieder der Kammer dahingehend, dass sie über das Vorschlagsrecht hinaus bei bestimmten Gesetzen ihre Zustimmung geben mussten. Schließlich wurden ihnen über die gerade erwähnten Kompetenzen hinaus nun neue Befugnisse zuteil. Dazu gehörten das Recht der Mitwirkung im Bereich des Militärwesens sowie die Überwachung der Unabhängigkeit der Gerichte und das Recht, eine eigene Versammlung einzuberufen. Dass es auch in diesem Bereich zu durchschlagenden Novellierungen kam, lag an der neuen Besetzung des herzoglichen Throns zu dieser Zeit. Denn als Herzog Karl II. 1830 entthront wurde, nachdem das herzogliche Schloss im Feuergefecht niederbrannte, übernahm sein Sohn, Herzog Friedrich Wilhelm an seiner Stelle die Staatsgeschäfte.[1102] Um nach außen hin vor dem Volk bestehen zu können, berief er 1831 den Landtag ein, um mit diesem zusammen eine neue Landschaftsordnung zu erlassen.[1103]

### *bb. Auswertung der Einkammerstaaten*

Die Kompetenzen der Landtage im Einkammersystem haben sich im Vergleich zu der Zeitperiode von 1815–1830 nur minimal geändert. Es wurden teilweise neue Rechte, beispielsweise in **Luxemburg** und **Braunschweig,** den dortigen Landtagen gewährt,

1100 Rürup, Deutschland im 19. Jahrhundert 1815–1871, S. 148.
1101 Rürup, a.a.O., S. 148.
1102 Rürup, Deutschland im 19. Jahrhundert, S. 147 f.
1103 Rhamm, Das Staatsrecht des Herzogtums Braunschweig, Einleitung.

wie etwa die Befugnis der Mitwirkung im Bereich des Militärwesens. Zudem wurden Rechte, die ihnen zuvor noch versagt geblieben waren, nunmehr zugesprochen, wie etwa die Zustimmung zur Aufnahme neuer Schulen. Ansonsten waren auch in der Zeit von 1831–1847 weiterhin die altbekannten Kompetenzen zu verzeichnen, wie etwa das Steuerbewilligungsrecht, die Mitentscheidung bei der Bestimmung des Etats und das Mitwirkungsrecht beim Gesetzgebungsverfahren, die je nach Staat mehr oder weniger stark ausgestaltet waren. So gehörten beispielsweise **Luxemburg** und **Schleswig-Holstein** im Vergleich zu den anderen Staaten zu den absolutistischsten dieser Zeit, da die Landtage nicht einmal das wichtige Recht der Steuerbewilligungsbefugnis übertragen bekamen; in **Schleswig-Holstein** mussten sie überdies auf weitere Rechte im Bereich des Finanzwesens und in **Luxemburg** auf ein Beschwerde- und Anklagerecht verzichten.

An weitergehende Entwicklungen, z.B. die Errichtung der Möglichkeit eines förmlichen Gesetzesinitiativrechts oder eines tatsächlichen Anklagerechts gegen Staatsdiener war auch in dieser Zeit in fast allen Staaten noch nicht zu denken. Die Landesherren hegten immer noch die Befürchtung, dass neue Rechte möglicherweise zu einem „Hange nach Neuerungen, zu dem das Volk sich leicht verleiten“ lasse, führen könnten.[1104] Deshalb müssten „Hindernisse festgesetzt werden, um der Vervielfältigung der Gesetze zuvorzukommen und ihnen weise Überlegtheit zu sichern“.[1105]

Zudem lassen sich in den meisten Verfassungen ab 1831 auch weiterhin zahlreiche Ausnahmeregelungen verzeichnen, mit denen die Monarchen viele Rechte der Landtage abschneiden bzw. zumindest auf ein Minimum reduzieren konnten. Insoweit ist insbesondere auf die Staaten **Hohenzollern-Sigmaringen** und **Braunschweig** zu verweisen, die das Steuerbewilligungsrecht an so viele Bedingungen knüpften, dass eine tatsächliche Ausführung von Seiten der Landtage kaum mehr denkbar war. Die Beschneidung dieses Rechts begegnete in **Hohenzollern-Sigmaringen** sogar in den eigenen Regierungsreihen erheblicher Kritik.[1106] Doch war der Landesherr Fürst Karl ein gewissenhafter, absolutistischer Herrscher, der seine Schwierigkeiten im Umgang mit den Abgeordneten hatte und deshalb lieber die entsprechende Kritik hinnahm als den Landtagen etwas von seiner Machtposition abzugeben.[1107]

### *b. Die Kompetenzen innerhalb der Zweikammersysteme*

#### *aa. Unmittelbarer Vergleich der Kompetenzen*

Keine Änderung im Vergleich zu den 1820er Jahren ergab sich hinsichtlich der Kompetenzverteilung zwischen den Kammern. Auch zu dieser Zeit blieb es dabei,

1104 Kirchherr, Die Verfassung des Fürstentums Hohenzollern-Sigmaringen, S. 105.

1105 Kirchherr, a.a.O., S. 105.

1106 Kallenberg, Die Sonderentwicklung Hohenzollern, in: Kallenberg (Hrsg.), Hohenzollern, S. 149.

1107 Kallenberg, a.a.O., S. 150.

dass beide Kammern in ihren Rechten und Befugnissen einander gleich standen, wie in der Verfassung **Sachsens** auch in § 62 ausdrücklich normiert.

### (1) Kompetenzen hinsichtlich des Finanzhaushaltes

#### (a) Steuerbewilligungsrecht

Alle die in dieser Zeit von 1831–1847 ergangenen Verfassungen in den Staaten mit einem Zweikammersystem, namentlich in **Sachsen, Hannover** und **Lippe-Detmold,** räumten den Landtagen das Recht ein, sowohl direkte als auch indirekte Steuern zu bewilligen.[1108] Im Grundgesetz **Sachsens** wurde in § 96 sogleich auf den § 103 verwiesen, der eine Ausnahme hierzu vorsah. Wurde danach eine Bewilligung von Seiten des Landtags wiederholt abgelehnt, so hatte der König die Möglichkeit, die Auflagen für den Staatsbedarf, insofern sie nicht ausdrücklich nur für einen vorübergehenden, bereits erreichten Zweck bestimmt waren, nach Ablauf der Bewilligungszeit durch die oberste Staatsbehörde, mittels einer in die Gesetzsammlung aufzunehmenden Verordnung, noch auf ein Jahr auszuschreiben und fortzuerheben. Als weiteres Hindernis zu Lasten der Kammern wurde zudem festgesetzt, dass eine Bewilligung überhaupt nur dann als Ablehnung erachtet wurde, wenn in einer der beiden Kammern mindestens zwei Drittel der Anwesenden für die Ablehnung gestimmt hatten. Eine sehr ähnliche Regelung sah auch die Verfassung von **Hannover** von 1833 vor, nur mit dem Unterschied, dass eine Forterhebung bei Ablehnung der Bewilligung auf die Zeit von lediglich sechs Monaten zulässig war.[1109] Mit Erlass der neuen Verfassung von 1840 wurde diese Zeitspanne auch hier auf ein Jahr erhöht.[1110] Zudem durfte die Bewilligung der Steuern in gerade genanntem Staat sowie in **Sachsen** an keine Bedingung geknüpft werden, die nicht deren Wesen oder Verwendung unmittelbar betrafen.[1111] Diese Einschränkung war indes nicht neu, sondern findet sich bereits bei den ersten erlassenen Verfassungen zum Zeitpunkt der Gründung des Deutschen Bundes.

#### (b) Bestimmung des Staatsbudgets

Mitwirkungsrechte im Bereich der Festsetzung des Staatsbudgets lassen sich in allen drei Staaten finden.[1112] Diese Befugnis umfasste im Allgemeinen eine Vorlagepflicht von Seiten des Fürsten über das aufgestellte Budget, das dann von den Kammern geprüft und bewilligt wurde. In **Hannover** (1833) gab es jedoch Ausgaben, die die allgemeine Ständeversammlung nicht verweigern durfte. Zu diesen Ausgaben

---

1108 Sachsen 1831 (§ 96); Lippe-Detmold 1836 (§ 5); Hannover 1833 (§ 145) und 1840 (§ 154).

1109 Hannover 1833 (§ 146).

1110 Hannover 1833 (§ 155).

1111 Hannover 1833 (§ 145) und 1840 (§ 154); Sachsen 1831 (§ 102).

1112 Hannover 1833 (§ 139 ff.) und 1840 (§ 150 ff.); Sachsen 1831 (§ 98–100); Lippe 1836 (§ 6).

gehörten solche, die auf bestimmte bundes- oder landesgesetzliche oder auf privatrechtlichen Verpflichtungen beruhten sowie solche, die die Gehälter, Pensionen und Wartegelder, welche der König bereits bewilligt hatte, betrafen.[1113] Diese Regelung hatte zur Konsequenz, dass die Regierungsmitglieder über ihre Dienstbezüge selbst bestimmen und diese damit jederzeit nach ihrem Belieben erhöhen konnten. Mit Erlass der neuen Verfassung von 1840 wurde diese Möglichkeit für die Regierungsmitglieder abgeschnitten. So hatte die entsprechende Regelung nunmehr nur noch folgenden Inhalt: „Ausgaben, welche auf bestimmten bundes- oder landesgesetzlichen oder auf privatrechtlichen Verpflichtungen beruhen, darf die allgemeine Ständeversammlung nicht verweigern."[1114] Darüber hinaus gab es in der Verfassung von 1833 Ausgaben, die als eine Art Sonderposten von der Aufstellung des eigentlichen Staatsbudgets von vornherein ausfiltriert wurden mit der Begründung, dass es sich bei diesen Ausgaben um außerordentliche, während der Vertagung der allgemeinen Ständeversammlung eintretende Landesbedürfnisse handeln und deshalb „schleunige Maßregeln und Kostenverwendungen" erfordern würden.[1115] Dies hatte zur Folge, dass die Kammern diese „außerordentlichen" Ausgaben auch nicht bewilligen mussten, sondern ihnen die Verwendung dessen lediglich bei ihrer nächsten Zusammenkunft nachgewiesen werden musste. Diese Regelung entfiel mit der neuen Verfassung von 1840 vollständig.

Eine ähnliche Regelung gab es auch in **Sachsen**. Dort wurde in § 99 der Verfassungsurkunde von sog. „geheimen" Ausgaben gesprochen, die ohne Zustimmung der Stände erhoben werden konnten, wenn eine schriftliche, von mindestens drei verantwortlichen Ministerialvorständen unterzeichnete Versicherung des Königs bezeugte, dass die Verwendung zum wahren Besten des Landes stattgefunden habe oder stattfinden werde.

#### (c) Zustimmung zur Aufnahme neuer Schulden

Zum Mitwirkungsrecht im Bereich des Finanzhaushaltes gehörte auch allerorts die Zustimmungsnotwendigkeit zu einer Aufnahme neuer Anleihen auf den Staat.[1116] Doch auch zu diesem Grundsatz findet sich in **Hannover** abermals eine Ausnahme, und zwar derart, dass der König allein mit den Regierungsorganen Anleihen bis zu einem Gesamtbetrag von höchstens einer Million Thaler aufnehmen durfte, wenn außergewöhnliche Umstände diese Aufnahme erforderlich machten. Zu diesen außerordentlichen Umständen zählten bedeutende Ausfälle in der Landeseinnahmekasse und eilende Kriegsrüstungen.[1117] In einem solchen Fall musste der König zwar bei der nächsten Ständeversammlung den Abgeordneten gegenüber nachweisen, dass die gemachten Anleihen notwendig gewesen und zum Besten des

1113 Hannover 1833 (§ 140).
1114 Hannover 1840 (§ 150).
1115 Hannover 1833 (§ 143).
1116 Hannover 1833 (§ 147) und 1840 (§ 163); Sachsen 1831 (§ 105) und Lippe 1836 (§ 5).
1117 Hannover 1833 (§ 147) und 1840 (§ 163).

Landes verwendet worden waren, weitergehende Befugnisse diesbezüglich stand den Ständen jedoch nicht zu. Auch in **Sachsen** findet sich eine ähnliche, allerdings *noch* oberflächlichere Ausnahmeregelung in § 105. Zwar wurde vorgesehen, dass eine außerordentliche Ständeversammlung zum Zwecke der Zustimmung der Stände einzuberufen sei, „wenn in außerordentlichen, dringenden und unvorhergesehenen Fällen schleunige finanzielle Maßregeln erfordert werden", doch wurde bereits im nächsten Satz gesagt, dass der König dann alleine entscheiden durfte, wenn „äußere Verhältnisse eine solche Einberufung durchaus unmöglich machen". Was als „äußere Verhältnisse" in diesem Sinne zu verstehen war, wurde erst gar nicht erläutert, so dass es gänzlich in der Hand des Königs lag, Vorkommnisse unter diesen allgemein gehaltenen Begriff zu subsumieren.

### (d) Veräußerung von Staatseigentum und Mitwirkungsrechte bei dem privaten Vermögen des Landesfürsten

In **Hannover** wurde eine Reihe von Regelungen über das Krongut[1118], d.h. das private Gut des Königs, in die Verfassung von 1833 mit aufgenommen. Dieses Krongut konnte nur mit Zustimmung der Kammern verpfändet werden, es sei denn, es trat ein in § 147 genannter außergewöhnlicher Fall auf (vgl. Ausnahmeregelung unter: Zustimmung zur Aufnahme von Anleihen). Auch freiwillige Veräußerungen ganzer Domanialgüter durften nur mit der Einwilligung der Kammern geschehen (§ 123). Hinsichtlich der Ausgaben aus dem Etat des Kronguts war eine Zustimmung der Stände nur erforderlich, wenn es sich um Kosten handelte, die die Erbauung oder Acquisition und der Einrichtung königlicher Schlösser zum Gegenstand hatten (§ 130). Ausdrücklich bestimmt wurde jedoch, dass sie keinerlei Kontrolle über die „Verwendung der zur Dotation der Krone, zu Apanagen oder Witthümern der Mitglieder der königlichen Familie ausgesetzten Einnahmen" hatten (§ 137). Die aufgezählten Rechte hinsichtlich des Kronguts wurden dem Landtag allerdings mit Erlass der neuen Verfassung von 1840 gänzlich genommen. In den entsprechenden Regelungen über die königlichen Domänen wurde nunmehr kein Wort mehr über ein etwaiges Zustimmungserfordernis verloren. Vielmehr oblag nun dem König die alleinige Gewalt über dieses Privatvermögen. Auch in **Sachsen** hatte der Landtag keinerlei Befugnisse über das Privatvermögen des Königs. Lediglich hinsichtlich des Staatsguts war ihre Zustimmung zu einer Veräußerung desselben erforderlich (§ 18). Jedoch wurden einige Arten von Veräußerungen hiervon wieder ausgenommen, so bei Veränderungen von einzelnen Parzellen oder wenn es um die Beförderung der Landeskultur ging. **Lippe-Detmold** verzichtete vollständig auf Befugnisse des Landtags hinsichtlich des Staatseigentums.

1118 Zu dem Krongut gehörten etwa Schlösser, Gärten, Güter, Gefälle, Forsten, Bergwerke, Salmen und Aktivkapitalien (1833 (§ 123) und 1840 (§ 129).

### (2) Beschwerde- und Anklagerechte

Alle Verfassungen dieser Zeit beinhalteten auch Regelungen zu einem allgemeinen Beschwerderecht der Landtage.[1119] So hatten sie die Befugnis, bei etwaigen Mängeln und Missbräuchen in der Rechtspflege oder Verwaltung, ihre Wünsche, Vorstellungen und Beschwerden dem Landesherrn gegenüber anzutragen.

In **Hannover** (1833) **und Sachsen** hatten sie darüber hinaus auch das Recht, bei Verletzung des Staatsgrundgesetzes durch einen Staatsminister hierüber entweder Beschwerde oder aber förmliche Anklage gegen einen solchen geltend zu machen, d.h. sie durften unmittelbar die Anklage an das Gericht bringen.[1120] Dieses Recht wurde ihnen in **Hannover** bereits mit Erlass der neuen Verfassung sieben Jahre später wieder genommen und nicht einmal durch eine allgemeine Beschwerdekompetenz gegen das verfassungswidrige Verhalten von Staatsministern ersetzt. Auch **Lippe-Detmold** verzichtete auf ein solches Beschwerde- und Anklagerecht hinsichtlich der Staatsminister.

### (3) Recht der Immunität

Eine Immunität wegen ihrer Äußerungen oder wegen begangener Taten besaßen in dieser Zeit die Abgeordneten von **Hannover** und **Sachsen**.[1121] Die in den Verfassungen festgesetzten Regelungen entsprachen dabei den Vorschriften, die sich auch in den entsprechenden Staatsgrundgesetzen der „Einkammerstaaten" fanden.

### (4) Gesetzgebungskompetenzen

Ein zumindest in Ansätzen entwickeltes Gesetzesinitiativrecht wurde 1833 erstmals in **Hannover** proklamiert. Dort hieß es in § 88: „Gesetzentwürfe gelangen von Seiten der Regierung an die Stände; jedoch haben auch diese das Recht, auf Erlassung neuer oder abändernder Gesetze sowohl überhaupt anzutragen, als zu dem Ende Gesetzentwürfe vorzulegen." Dieser Paragraph wurde bereits 1840 dahingehend geändert, dass der letzte Halbsatz (in dem neuen § 119) einfach weggelassen wurde, so dass von Gesetzentwürfen von Seiten der Stände nicht mehr die Rede war. Damit wandelte sich das gerade erst eingeführte Gesetzesinitiativrecht in ein bloßes Antragsrecht um. Ein ebensolches reines Antragsrecht gab es auch in **Sachsen** und **Lippe-Detmold.**[1122]

Die Befugnis der Mitwirkung bei der Gesetzgebung hatte der Landtag in **Hannover** immer bei solchen Gesetzen, die entweder das ganze Königreich oder zumindest den Bezirk *mehrerer* Provinziallandschaften betrafen.[1123] Sobald es sich auf

1119 Hannover 1833 (§ 90/151) und 1840 (§ 126); Lippe-Detmold 1836 (§ 7) und Sachsen 1831 (§ 109).

1120 Hannover 1833 (§ 151 ff.); Sachsen 1831 (§ 110 f./ 140 ff.).

1121 Hannover 1833 (§ 110/111) und Sachsen 1831 (§ 83 f.).

1122 Sachsen 1831 (§ 85); Lippe-Detmold 1836 (§ 7).

1123 Hannover 1833 (§ 85) und 1840 (§ 112).

spezielle Verhältnisse der Provinzen beschränkte, wurden diese an die dafür vorgesehenen Provinziallandschaften gebracht. Die Mitwirkung der Stände beschränkte sich dabei auf den wesentlichen Inhalt der Gesetze. In der Verfassung **Sachsens** wurde diesbezüglich gar keine Einschränkung gemacht; der Landtag war zunächst für alle Gesetze zustimmungsbedürftig.[1124] Beschlossen die Stände in **Hannover** Abänderungen des ihnen vorgelegten Gesetzentwurfs, so durfte der Landesherr diesen wieder zurücknehmen.[1125] Wurde allerdings die Genehmigung des Gesetzes von den Ständen verweigert, so konnte der Landesherr ab 1840 das Gesetz erneut in den Landtag einbringen und diese waren verpflichtet, nach einer zweimaligen Beratung bei der letzten Abstimmung das Gesetz entweder im Ganzen anzunehmen oder abzulehnen.[1126] Auch im Grundgesetz **Sachsens** fanden sich entsprechende Regelungen zum Gesetzgebungsverfahren. So wurde bestimmt, dass der Landesherr einen an die Kammer gerichteten Gesetzvorschlag noch während der ständischen Diskussion darüber wieder zurücknehmen konnte.[1127] Wurden sich beide Kammern über einen Vorschlag nicht einig, hatten sie aus ihrer Mitte eine gemeinschaftliche Deputation zu wählen, die nun über den Gesetzentwurf zu beratschlagen hatte (§ 91 i.V.m. § 131). Konnten die beiden Kammern sich auch dann noch nicht einigen, durften sie den Vorschlag *nur* verwerfen, wenn in einer der beiden Kammern mindestens zwei Drittel der Anwesenden für die Verwerfung gestimmt hatten (§ 92).

Natürlich fehlte es auch in diesem Bereich in **Hannover** und **Sachsen** nicht an entsprechenden Ausnahmeregelungen, um das Mitwirkungsrecht auf ein für die jeweiligen Monarchen erträgliches Minimum zu reduzieren. So wurde beispielsweise in **Hannover** die Erforderlichkeit der Einwilligung der Stände bei solchen Verfügungen ausgeschlossen, welche der König über das Heer, dessen Formation, Disziplin, Militärstrafgesetze und den Dienst überhaupt erließ.[1128] Einzige Ausnahme hierzu bildeten die Militäraushebungsgesetze sowie die Rechte und Pflichten der übrigen Untertanen in Beziehung auf das Heer und die auf dessen bürgerliche Verhältnisse bezogenen Gesetze. Weiterhin wurden in **Hannover** und **Sachsen** Verordnungen, welche zur Vollziehung oder Handhabung bestehender Gesetze erforderlich waren, in Eigenregie des Königs erlassen;[1129] ebenso „ausserordentliche, ihrer Natur nach der ständischen Mitwirkung bedürfende, aber durch das Staatswohl, die Sicherheit des Landes oder die Erhaltung der ernstlich bedroheten Ordnung dringend gebotene gesetzliche Verfügungen, deren Zweck durch Verzögerung vereitelt werden würde".[1130] Durch die Verwendung dieser unbestimmten Rechtsbegriffe hatten es die beiden Könige einmal mehr geschafft, das Mitwirkungsrecht der Stände zu minimieren, indem sie Gesetze einfach unter diese Ausnahmeregelung subsumierten. Die Verfassung

---

1124 Sachsen 1831 (§ 86).
1125 Hannover 1833 (§ 85) und 1840 (§ 115).
1126 Hannover 1840 (§ 115).
1127 Sachsen 1831 (§ 90).
1128 Hannover 1833 (§ 86) und 1840 (§ 117).
1129 Hannover 1833 (§ 87) und 1840 (§ 121); Sachsen 1831 (§ 87).
1130 Hannover 1833 (§ 87) und 1840 (§ 122); Sachsen 1831 (§ 88).

von **Lippe-Detmold** normierte bezüglich des eigentlichen Mitwirkungsrechts bei der Gesetzgebung keinerlei Regelungen.

### (5) Sonstige Rechte

Zu den sonstigen Rechten gehörten sowohl in **Hannover** 1833 als auch in **Sachsen** und **Lippe-Detmold** die Ernennung bestimmter Personen. In **Hannover** waren das die Commissarien, die zur Prüfung der Rechnungen der Generalkasse auf Lebenszeit ernannt wurden (§ 149), während in **Sachsen** der Landtag befugt war, Deputationen zu wählen, deren Aufgabe es war, beratend hinsichtlich der Vorbereitung bestimmter anzuzeigender Beratungsgegenstände und zur Ausführung von Beschlüssen in ständischen Angelegenheiten tätig zu werden (§ 114). Die **lippischen** Landtagsabgeordneten wählten dagegen den Landsyndicus (§ 28).

### (6) Verfassungsrechtliche Änderungen innerhalb eines Staates

Der einzige Staat, der seit Bestehen des Deutschen Bundes innerhalb der „Zweikammerstaaten" bereits seine zweite (und in dieser Periode auch dritte) Verfassung erließ, war **Hannover**. Im Vergleich zu 1819 waren die Kompetenzen des Landtags ab 1833 erheblich ausgeweitet worden. Während sich 1819 die Stände lediglich mit einem Steuerbewilligungsrecht und einem Mitwirkungsrecht im Bereich des Gesetzgebungsverfahrens begnügen mussten, kamen ihnen nun auch zahlreiche neue Befugnisse im Bereich des Finanzhaushaltes zu, wie etwa das Prüfungsrecht des Etats oder die Zustimmung zur Aufnahme neuer Steuern. Auch ein Beschwerderecht wurde ihnen erstmalig gestattet. Diese erhebliche Erweiterung der ständischen Rechte lässt sich zurückführen auf die allgemeine Protestentwicklung von allen Seiten, die auch das Königreich **Hannover** nicht verschonte.[1131] Die Aufstände trugen den Charakter einer „gänzlichen Umwälzung der bestehenden gesetzlichen Ordnung".[1132] Als Reaktion sprach die Regierung in der Proklamation vom 05.10.1831 die Überzeugung aus, „dass eingreifende Verbesserungen in der Verfassung und Verwaltung notwendig sind".[1133]

Bei einem Vergleich der in der Zeitperiode von 1831–1847 erlassenen **hannoverschen** Verfassungen fällt allerdings auf, dass einige Kompetenzen, die erst 1833 neu eingeführt wurden, mit Erlass der späteren Verfassung von 1840 bereits wieder revidiert oder aber zumindest Einschränkungen der bestehenden Rechte vorgenommen wurden. Während eine alleinige Forterhebung durch den König bei Ablehnung von Steuerbewilligungen von Seiten der Landstände 1833 nur auf die Dauer von sechs Monaten möglich war, wurde dieses nun 1840 auf ein Jahr erhöht. Hinsichtlich der

1131 Hassel, Geschichte des Königreichs Hannover, 1. Teil, S. 284 ff.; Oberschelp, Politische Geschichte Niedersachsens, S. 99 ff.; Heinemann, Geschichte von Braunschweig und Hannover, 3. Band, S. 412 ff.

1132 So die Aussage der Regierung gegenüber dem Bundestag. Vgl. Huber, Deutsche Verfassungsgeschichte, Bd. 2, S. 89.

1133 Hammer, Volksbewegung und Obrigkeiten, S. 86.

Bestimmung des Etats waren allerdings 1833 noch zahlreiche Ausnahmeregelungen normiert, die sieben Jahre später zugunsten der Ständeversammlung entfielen. Dagegen war es den Ständen zuvor erlaubt, auch hinsichtlich des Privatvermögens des Königs mitzubestimmen, was ihnen mit Erlass der neuen Verfassung verwehrt wurde. Außerdem entfiel das gerade erst eingeführte förmliche Anklagerecht gegen Staatsdiener nun gänzlich, ebenso wie das Gesetzesinitiativrecht. Ansonsten verblieb es aber im Großen und Ganzen bei den bereits bestehenden Regelungen, was die sonstige Mitwirkung im Bereich des Gesetzgebungsverfahrens anbelangte.

Wie an dieser teilweisen Rückwärtsbewegung hinsichtlich der Rechte des Landtags deutlich zu erkennen, stellte die Verfassung von 1840 eine Kompromisslösung zwischen dem altständischen und dem repräsentativen Prinzip dar.[1134] Der neue König Ernst August wollte einen gänzlichen Rückschritt auf die für die Landstände doch sehr eingeschränkten Zustände von 1819 vermeiden, ihm waren jedoch die 1833 erheblich ausgeweiteten Kompetenzen zugunsten des Landtags ein Dorn im Auge. Insbesondere monierte er die Befugnisse, die dann auch mit Erlass der neuen Verfassung revidiert wurden, wie etwa der entscheidende Einfluss der Stände auf die Gesetzgebung sowie ein Mitspracherecht hinsichtlich des Kronguts und dem damit verbundenen privaten Vermögen des Königs.[1135]

#### *bb. Auswertung der Zweikammersysteme*

Im Gegensatz zu den anderen beiden Staaten hatte die Verfassung von **Lippe-Detmold** die wenigsten Rechte für die Kammern normiert. Dass dem Landtag somit nur eine geringe politische Einflussmöglichkeit verblieb, lag daran, dass sich die Regierung im Streit um die Verfassungsinhalte darauf einigte, die bis 1805 rudimentär vorhandenen Rechte in die neue Verfassung von 1836 wieder zu etablieren, und darüber hinaus nur ein Steuer- und Anleihebewilligungsrecht zu gewähren.[1136]

Die Verfassungen von **Hannover** und **Sachsen** sahen zwar im Gegensatz zu der von **Lippe-Detmold** erheblich mehr Rechte vor, hatten dafür aber auch eine Reihe von Umgehungsvorschriften zu den einzelnen Kompetenzbereichen geschaffen.

Alle drei Verfassungen beinhalteten im Großen und Ganzen die altbekannten Rechte, wie etwa das Steuerbewilligungsrecht oder das Staatsbudgetrecht. Als absolute Neuheit seit Bestehen des deutschen Bundes galt die Errichtung eines tatsächlichen und damit förmlichen Anklagerechts gegen das verfassungswidrige Verhalten von Staatsministern in **Hannover** und **Sachsen**. Bis zu diesem Zeitpunkt hatten alle Landesherren ohne Ausnahme Möglichkeiten gefunden, diese Kompetenz zu umgehen, indem sie beispielsweise auf andere Gesetze verwiesen, die nie in Kraft traten oder aber forderten, dass zunächst eine Beschwerde zur genauen Überprüfung an den Landesherrn gehen sollte. Hinsichtlich der Gründe dafür, dass **Hannover** das

1134 Huber, a.a.O., Bd. II, S. 114.
1135 Oberschelp, a.a.O., S. 140.
1136 Barmeyer, Lippe 1800–1848, in: Wiersing, Lippe im Vormärz, S. 26.

gerade erst eingeführte Anklagerecht sieben Jahre später wieder abschaffte, ist auf oben zu verweisen.[1137]

Zudem ist in diesen beiden Staaten auch in dem Sinne ein Fortschritt im Gegensatz zu anderen geltenden Verfassungen zu verzeichnen, als dass die Mitwirkung in der Gesetzgebung nicht mehr auf bestimmte Gesetze beschränkt war. Nicht zuletzt aufgrund der doch für diese Zeit schon weitreichenden Rechte des Landtags wurde der Verfassung von **Sachsen** nachgesagt, dass sie „eine bemerkenswerte Modernität und einen sehr breiten Regelungsrahmen" erreicht habe.[1138]

### c. *Auswertung der Ein- und Zweikammersysteme*

Zwischen den Ländern mit einem Ein- und denen mit einem Zweikammersystem lassen sich hinsichtlich des Bestehens der Landtagskompetenzen keine bemerkenswerten Unterschiede erkennen. Die den Landtagen gewährten Rechte waren überwiegend gleich und es lässt sich kaum ein Staat finden, in dem die Regierung nicht mit zahlreichen Ausnahmeregelungen versucht hätte, die dadurch gewonnene Machtposition der Landtage zu umgehen. Lediglich die „Zweikammerstaaten" **Hannover** und **Sachsen** hatten in einigen Bereichen Kompetenzerweiterungen realisiert, zum Beispiel, indem ein tatsächliches Anklagerecht gegen die Staatsminister zugelassen wurde.

Im Vergleich zu dem Zeitraum von 1815–1830 lässt sich grundsätzlich feststellen, dass sich die Kompetenzen der Landtage auch während der Zeit des Vormärz nicht geändert haben. Es sind jedoch teilweise neue Rechte hinzugekommen, wie etwa die Mitwirkungsbefugnis im Bereich des Militärwesens oder auch die Möglichkeit, bei den Kommunalangelegenheiten Mitentscheidungsrechte zu besitzen.

Das Kernproblem des deutschen Frühkonstitutionalismus, namentlich der Kompromisscharakter der Verfassungen zwischen dem monarchischen Prinzip auf der einen und dem neu ausgestalteten Kammersystem auf der anderen Seite, führte damit auch weiterhin zu einem ungelösten Konflikt zwischen den beteiligten politischen Akteuren.

### d. *Vergleich der Ein- und Zweikammersysteme zum heutigen Parlamentarismus*

Da sich die Rechte sowohl in den Ein- als auch in den Zweikammersystemen im Verhältnis zu der Zeit von 1815–1830 kaum merklich änderten, ist an dieser Stelle hinsichtlich der Frage, inwieweit sie Vorläufer des heutigen Parlamentarismus waren, auf den bereits vorgenommenen Vergleich in der Zeit von 1815–1830 zu verweisen. Eine Änderung gab es allerdings vielerorts im Hinblick auf das neu gewonnene Recht

1137 Siehe in diesem Abschnitt unter (6) Verfassungsrechtliche Änderungen innerhalb eines Staates.

1138 Tischner, Anton, in: Kroll (Hrsg.), Die Herrscher Sachsens, S. 232; so auch Zeise, Die bürgerliche Umwälzung, in: Czok (Hrsg)., Geschichte Sachsens, S. 337.

der Zustimmung zur Aufnahme neuer Schulden für die Landtage. Wie in allen anderen Bereichen des Finanzwesens ist auch hier eine erhebliche Kompetenzerweiterung im heutigen Parlamentarismus im Verhältnis zu den früheren Rechten zu erkennen. Das damalige Zustimmungsrecht ist dennoch als Vorform zu dem heutigen alleinigen Entscheidungsrecht des Parlaments zu bewerten, da Ansätze bereits zu dieser Zeit vorhanden waren. Nach § 18 Abs. 2 BHO ist das Parlament mittlerweile das einzige Organ, das über die Aufnahme und die Höhe neuer Schulden zu bestimmen hat.

Ebenfalls Ausprägungen zu den heutigen Rechten sind im Bereich des Militärwesens in den 1830er Jahren entstanden. Es lassen sich bereits geringe Mitwirkungsrechte, die den Landtagen bezüglich der Truppenaufstellung gewährt wurden, in drei Staaten feststellen, wobei Hohenzollern-Sigmaringen dieses Recht aufgrund bestimmter Umgehungsvorschriften zu einem reinen Provsiorium werden ließ. Eine flächendeckende Vorform existierte damit zwar noch nicht, jedoch können auch in diesem Bereich bereits Ansätze zu den heutigen vollumfassenden Rechten in diesem Bereich für das Bundesministerium der Verteidigung und der Entscheidungsgewalt des Bundestages im Falle eines Verteidigungsfalles gemäß Art. 115a GG festgestellt werden.

## 3. Der Zeitraum von 1848–1850

### *a. Die Kompetenzen innerhalb der Einkammersysteme*

#### *aa. Unmittelbarer Vergleich der Kompetenzen*

#### (1) Kompetenzen im Bereich des Finanzhaushaltes

#### (a) Steuerbewilligungsrecht

Bis auf **Luxemburg**[1139] waren in allen Verfassungen mit Einkammersystemen, namentlich in **Anhalt-Bernburg, Anhalt-Dessau-Köthen, Oldenburg, Schleswig-Holstein, Sachsen-Weimar-Eisenach, Waldeck-Pyrmont, Mecklenburg-Schwerin, Schwarzburg-Sondershausen, Lauenburg, Reuß j.L.**, **Sachsen-Gotha** und **Nassau** die Zustimmung der Landtage zur Einführung neuer Steuern sowie zur Änderung und Forterhebung bestehender Steuern als Erfordernis festgesetzt.[1140] Auch in dieser Zeitperiode beinhalteten viele Verfassungen den Zusatz, dass die Bewilligungen nicht an Bedingungen geknüpft werden durften, welche mit dem

1139 Warum Luxemburg im Gegensatz zu allen anderen Staaten dem Landtag kein Steuerbewilligungsrecht und keine weiteren Rechte im Finanzbereich gewährte, siehe in diesem Abschnitt unter „verfassungsrechtliche Änderungen innerhalb eines Staates".

1140 Anhalt-Bernburg 1848 (§ 74); Anhalt-Dessau-Köthen 1848 (§ 88); Oldenburg 1849 (Art. 164 i.V.m. Art. 216); Schleswig-Holstein 1848 (Art. 140); Sachsen-Weimar-Eisenach 1850 (§ 4); Mecklenburg-Schwerin 1849 (§ 167); Schwarzburg-Sondershausen 1849 (§ 110); Lauenburg 1849 (Art. 147); Reuß j.L. 1849 (§ 70); Sachsen-Gotha 1849 (§ 53), Waldeck-Pyrmont 1849 (§ 124) und Nassau 1849 (§ 57).

Wesen der vorgeschlagenen Ausgabe oder mit der Verwendung der zu „verwilligenden“ Gelder nicht im unmittelbaren Zusammenhang standen.[1141] In der Verfassung **Nassaus** wurde zwischen der Erhebung direkter und indirekter Steuern unterschieden: Während die direkten Abgaben für den Zeitraum von einem Jahr erhoben wurden, galten die indirekten Abgaben „nach Gutfinden auf längere Jahre“ (§ 82). In den Verfassungen **Mecklenburg-Schwerins, Schleswig-Holsteins, Anhalt-Bernburgs** und **Lauenburgs** wurde die Bewilligung auf ein Jahr festgesetzt[1142], in der von **Schwarzburg-Sondershausen** auf eine Finanzperiode von vier Jahren (§ 111). Alle anderen Verfassungen enthielten hierzu keine speziellen Regelungen. Dass die Märzrevolution auch Auswirkungen auf die Steuergesetzgebung hatte, wird aus der Regelung des § 171 der Verfassung **Mecklenburg-Schwerins** deutlich. Dort wurde bestimmt, dass die Besteuerung so angeordnet werden sollte, „dass der Grundsatz verhältnißmäßiger gerechter Benutzung der Steuerkraft dabei als Hauptgesichtspunkt dient, und die Bevorzügung einzelner Stände und Güter aufhört“ (§ 171).

Im Grundgestz von **Sachsen-Gotha** bestand bezüglich des Steuerbewilligungsrechts die Besonderheit, dass auf die gesetzgebende Gewalt verwiesen wurde. In § 53 hieß es: „Die Auferlegung neuer Abgaben, die Veränderung oder Erhöhung der bestehenden öffentlichen Abgaben aller Art [...] sind Gegenstände der Gesetzgebung.“ Dies hatte zur Folge, dass der Landesherr das letztentscheidende Wort über die Bestätigung und Verkündung und damit die Möglichkeit der Verweigerung der Landtagsbeschlüsse hatte (vgl. § 43).

### (b) Staatsbudgetrecht

Die Landtage derjenigen Staaten, die in der Revolutionszeit neue Verfassungen oder Veränderungsgesetze zu den bestehenden Staatsgrundgesetzen erließen, hatten die Befugnis, gemeinschaftlich mit den Landesfürsten die Staatsbedürfnisse zu prüfen und die zu ihrer Deckung erforderlichen Einnahmen und Ausgaben festzusetzen.[1143] „Angeknüpft wurde dabei zumeist an das Vorbild bereits bestehender Kodifizierungen, so dass diese Verfassunggebungen im finanzstaatlichen Bereich nurmehr als Anpassungsleistungen erscheinen.“[1144] Ausgenommen von dieser Kompetenz

1141 So in Waldeck 1849 (§ 126); Mecklenburg-Schwerin 1849 (§ 168); Anhalt-Bernburg 1848 (§ 74) und Reuß j.L. 1849 (§ 74).

1142 Mecklenburg-Schwerin 1849 (§ 167), Lauenburg 1849 (Art. 147); Schleswig-Holstein 1848 (Art. 140); Anhalt-Bernburg 1848 (§ 74).

1143 Sachsen-Weimar-Eisenach 1850 (§ 4); Reuß j.L. 1849 (§ 71–73); Oldenburg 1849 (Art. 217); Anhalt-Bernburg 1848 (§ 73); Anhalt-Dessau-Köthen 1848 (§ 90); Waldeck 1849 (§ 122), Schleswig-Holstein 1848 (Art. 139); Lauenburg 1849 (Art. 146); Schwarzburg-Sondershausen 1849 (§ 112); Mecklenburg-Schwerin 1849 (§ 162/163), Sachsen-Gotha 1849 (§ 56/57) und Nassau 1849 (§ 82).

1144 Kube, Finanzgewalt in der Kompetenzordnung, S. 49.

war wiederum der **luxemburgische** Landtag, dem die allgemeine Staatsrechnung lediglich am Ende vorgelegt wurde, ohne dass er darüber mitentscheiden durfte.[1145]

In direktem Zusammenhang mit dieser Befugnis stehend wurde in einigen Ländern dem Landtag das Recht gewährt, die Rechnungen der Staatskassen zu prüfen und über die Verwendung der Einnahmen der Staatskassen Rechenschaft zu verlangen, so beispielsweise in **Sachsen-Weimar-Eisenach** (§ 4), in **Reuß j.L.** (§ 76), in **Oldenburg** (Art. 220), in **Anhalt-Dessau-Köthen** (§ 91), in **Waldeck** (§ 132), in **Schleswig-Holstein** (Art. 141), in **Lauenburg** (Art. 148) und in **Nassau** (§ 82). In der Verfassung von **Oldenburg** wurde jedoch indes eine Umgehungsvorschrift normiert, dessen Inhalt vorsah, dass in dringenden und unvorhergesehenen Fällen die Staatsregierung über die zur Deckung eines außerordentlichen Bedürfnisses unumgänglich erforderlichen finanziellen Maßregeln vorläufig verfügen konnten.[1146] Zwar sollte der Nachweis hierüber dem nächsten Landtag vorgelegt werden; dies änderte jedoch nichts an der alleinigen Entscheidungskompetenz und der willkürlichen Auslegungsmöglichkeit der Regierung in zahlreichen Fällen. Auch in **Anhalt-Bernburg**, **Anhalt-Dessau-Köthen** und **Waldeck-Pyrmont** fand sich in den Verfassungen von 1848 jeweils eine ähnliche Regelung, jedoch mit dem Unterschied, dass es tatsächlich einer nachträglichen Genehmigung des folgenden Landtags bedurfte. In § 73 der **anhalt-bernburgischen** Verfassung hieß es beispielsweise: „Die durch plötzlich eingetretene Ereignisse zwischen den Landtagen nothwendig gemachten Ausgaben, welche dem letzten Landtage nicht zur Genehmigung vorgelegt werden konnten, bedürfen der nachträglichen Genehmigung des folgenden Landtags." In den Grundgesetzen **Anhalt-Dessau-Köthens** und **Waldecks** wurde insoweit nur auf plötzlich eintretende Ereignisse in *Kriegszeiten* Bezug genommen (§ 91 bzw. § 129). Die Verfassung von **Schwarzburg-Sondershausen** sah gleich mehrere Sonderfälle vor, in denen eine Bewilligung der Landtage nicht „erforderlich" war bzw. wirkungslos blieb. Nach § 114 durfte der Landtag zum einen seine Genehmigung und die Deckungsmittel zu Ausgaben, welche auf reichs- oder landesverfassungsmäßigen, oder auf privatrechtlichen Verbindlichkeiten des Staates beruhten, nicht verweigern. Um die Staatsregierung für unvorhergesehene Ereignisse mit den erforderlichen außerordentlichen Hilfsmitteln zu versehen, wurde derselben bei der Feststellung des Budgets zudem von vornherein ein angemessener Reservefonds zur Verfügung gestellt (§ 115). Zum anderen konnten auch die bestehenden Abgaben, die bei dem Ablauf einer Finanzperiode die entsprechende Bewilligung in Folge einer Auflösung des Landtags oder eines sonstigen unabwendbaren Hindernisses nicht erhalten haben, noch sechs Monate forterhoben werden, soweit sie nicht zu einem vorübergehenden bereits erreichten Zweck ausgeschrieben worden waren. Diese sechs Monate wurden aber in die neue Finanzperiode eingerechnet (§ 117).

1145 Luxemburg 1848 (§ 109).
1146 Oldenburg 1849 (Art. 221).

### (c) Zustimmung zur Aufnahme neuer Anleihen

Auch die Zustimmungsbefugnis zur Aufnahme neuer Schulden wurde dem Landtag von **Luxemburg** nicht gewährt. Alle anderen Staaten nahmen diese Kompetenz in ihre Verfassungen mit auf.[1147] Nicht als neue Staatsschulden zu betrachten waren in **Schwarzburg-Sondershausen** solche Darlehen, die für die Tilgung älterer Staatsschulden aufgenommen wurden, ebenso Schulden, die durch die Annahme von Kautionen entstanden.[1148] Diese Bestimmung bedeutete letztlich nichts anderes, als dass bei *dieser Art von Schulden* die Einwilligung von Seiten der Kammer nicht erwünscht war, mithin der Monarch alleiniger Entscheidungsträger blieb. Eine fast ebensolche Regelung sah auch das Staatsgrundgesetz von **Reuß j.L.** vor: „Als neue Landesschulden sind nicht zu betrachten diejenigen Vorschüsse, welche Behufs einer Tilgung von früheren Landesschulden aufgenommen werden, ebensowenig die Ausstellung neuer Schuldurkunden an die Stelle älterer Obligationen." (§ 77). Den gleichen Inhalt hatte auch der § 128 der **waldeck-pyrmont'schen,** der § 75 der **anhalt-bernburgischen** und der § 88 der **anhalt-köthenschen** Verfassung. Darüber hinaus wurde in **Reuß j.L., Waldeck-Pyrmont, Anhalt-Bernburg, Anhalt-Dessau-Köthen** und in **Mecklenburg-Schwerin** aber auch auf die Einwilligung der Kammern verzichtet, wenn es die Aufnahme von Summen aufgrund außerordentlicher Fälle, z.B. in Kriegszeiten oder aufgrund einer schleunigen Erfüllung der Bundespflichten betraf. Ebenfalls in Fällen, wo die Deckung der Staatsbedürfnisse weder durch ordentliche noch durch außerordentliche Beiträge der Staatsangehörigen erforderlich erschienen und die Einberufung des Landtags nicht sofort ausführbar war.[1149] Diese Regelungen wurden lediglich von den alten Verfassungen übernommen, die dort schon fester Bestandteil der Rechte und Pflichten der Landtage gewesen waren.

### (d) Veräußerung von Staatseigentum

Die Bewilligungskompetenz der Landtage zu einer Veräußerung von Staatseigentum war ebenfalls weit verbreitet,[1150] nur in **Sachsen-Gotha**, **Reuß j.L.**, **Waldeck, Luxemburg** und **Sachsen-Weimar-Eisenach** waren die jeweiligen Landesherren offenbar nicht gewillt, eine solche Tätigkeit von der Zustimmung der Landtage

---

1147 Schleswig-Holstein 1848 (Art. 142); Oldenburg 1849 (Art. 216); Schwarzburg-Sondershausen 1849 (§ 120); Sachsen-Weimar-Eisenach 1850 (§ 4); Lauenburg 1849 (Art. 143); Reuß j.L. 1849 (§ 77); Sachsen-Gotha 1849 (§ 58); Anhalt-Bernburg 1848 (§ 75); Anhalt-Köthen 1848 (§ 88), Mecklenburg-Schwerin 1849 (§ 159) und Nassau 1849 (§ 88).

1148 Schwarzburg-Sondershausen 1849 (§ 121).

1149 Reuß j.L. 1849 (§ 78); Waldeck-Pyrmont 1849 (§ 128); Anhalt-Bernburg 1848 (§ 76); Anhalt-Dessau-Köthen 1848 (§ 92) und Mecklenburg-Schwerin 1849 (§ 159).

1150 Mecklenburg-Schwerin 1849 (§ 159); Anhalt-Dessau-Köthen 1848 (§ 54); Anhalt-Bernburg 1848 (§ 93) Schleswig-Holstein 1848 (Art. 136); Oldenburg 1849 (Art. 3); Schwarzburg-Sondershausen 1849 (§ 123); Lauenburg 1849 (Art. 143) und Nassau 1849 (§ 88).

abhängig zu machen. In vielen Staaten war darüber hinaus auch die Zustimmung bei der Abtretung oder Veräußerung von Teilen des Staatsgebiets erforderlich.[1151] War die Veräußerung allerdings notwendige Folge gesetzlicher Bestimmungen, erging sie aufgrund richterlicher Entscheidung. Bestand ein Fall der äußersten Not (z.B. durch plötzlich eingetretene Ereignisse in Kriegszeiten), so stand in **Anhalt-Dessau-Köthen** allein der Staatsregierung die Befugnis zu, zur Sicherheit einer Anleihe das Staatsgut zu verpfänden (§ 54). Neben den Veräußerungen, die als notwendige Folge gesetzlicher Bestimmungen oder rechtskräftiger Entscheidungen in **Schwarzburg-Sondershausen** eintreten konnten, war die Zustimmung des Landtags auch ausgeschlossen bei „Veräußerungen beweglicher Sachen, zu welchen auch Activkapitalien zu rechnen sind, und privatrechtlicher Gerechtigkeiten; zu dem Verkaufe oder Austausche von Grundstücken oder Grundstückstheilen, welche nicht über 500 Thlr. wert sind oder in entbehrlichen Gebäuden bestehen sowie bei Abtretungen zum Zwecke der Berechtigung streitiger Grenzen".[1152] Damit hatte dieser Staat eine ganze Reihe von Ausnahmen geschaffen, durch die die eigentliche Kompetenz des Landtags in weiten Teilen umgangen werden konnte.

Eine einschränkende Vorschrift enthielt diesbezüglich auch **Nassau**. So wurde zum einen geregelt, dass zur Veräußerung von geringfügigen, zum Staatsgut gehörigen Immobilien die nachträgliche Einholung der Genehmigung des Landtags genügte. Diese Genehmigung hatte jedoch keine Wirkung, da eine bereits erfolgte Veräußerung von solchen Immobilien auch bei Ablehnung durch den Landtag nicht mehr rückgängig gemacht werden konnte. Zum anderen entging der Monarch der Zustimmung dadurch, dass von dem Veräußerungs- und Verpfändungsverbot einige Gegenstände ausgeschlossen wurden. Dazu gehörten nach § 86 die „Abtheilung von Gemeinschaften, die Ablösung von Grundabgaben und Diensten, die Vererbleihung, Austauschung und der Verkauf kleinerer Domanialgüter und Grundstücke und die Niederlegung oder Veräußerung überflüssiger Gebäude". Weiterhin wurde in § 87 von dem eigentlichen Grundsatz, namentlich dem Verbot der „Verpfändung von Gütern, Renten, Rechte und Gerechtsame", insoweit abgewichen, als die Verpfändung von solchen Einkünften nur dann zulässig war, wenn ein Fall einer notwendigen oder nützlichen Kapitalaufnahme vorlag. Darunter wurde die wirkliche Verwendung zum Nutzen und zur Abwendung einer durch Krieg oder Unglücksfälle entstandenen Not gefasst.

### (2) Beschwerde- und Anklagerechte

Das Recht, Vorstellungen und Beschwerden von einzelnen Staatsbürgern dem Fürsten oder dem Ministerium vorzulegen sowie aus eigenem Antrieb über Mängel und

1151 Sachsen-Weimar-Eisenach 1850 (§ 4); Waldeck-Pyrmont 1849 (§ 2); Luxemburg 1848 (Art. 1); Reuß j.L. 1849 (§ 3); Mecklenburg-Schwerin 1849 (§ 2); Anhalt-Dessau-Köthen 1848 (§ 3); Anhalt-Bernburg 1848 (§ 2); Oldenburg 1849 (Art. 3) und Schwarzburg-Sondershausen 1849 (§ 2).

1152 Schwarzburg-Sondershausen 1849 (§ 123).

Missbräuche in der Landesverwaltung und der Rechtspflege Beschwerde zu führen, hatten in dieser Zeitperiode mit Ausnahme von **Schleswig-Holstein** und **Lauenburg** alle Landtage, wie es auch zu früheren Zeiten schon der Fall gewesen war.[1153]

Auch die Möglichkeit des tatsächlichen Anklagerechts, d.h. die reale Möglichkeit gegen Mitglieder des Ministeriums, welche durch vorsätzliches Handeln oder Unterlassen die Verfassung verletzt hatten, vor dem zuständigen Gericht Klage einzureichen, war zu dieser Zeit bereits in vielen Staaten etabliert, so in **Schwarzburg-Sondershausen** (§ 127), **Oldenburg** (Art. 151 i.V.m. 230), **Anhalt-Dessau-Köthen** (§ 55), **Sachsen-Gotha** (§ 62 i.V.m. § 94), **Reuß j.L.** (§ 125 ff.), **Sachsen-Weimar-Eisenach** (§ 4 i.V.m. § 49 ff.), **Waldeck-Pyrmont** (§ 66) und **Nassau** (§ 57). In der Verfassung **Oldenburgs** wurde allerdings verlangt, dass der Beschluss zu einer solchen Anklage zu seiner Gültigkeit der Wiederholung einer zweiten, wenigstens acht Tage nach der ersten Abstimmung abgehaltenen Sitzung bedurfte.[1154] Im Grundgesetz von **Nassau** wurde wiederum in § 57 nur von „bestimmten Beschuldigungen“ gesprochen, soweit es um Ministerialvorstände ging. Handelte es sich dagegen um Mitglieder der Landeskollegien, wurde bestimmt, dass ein gerichtliches Verfahren nur dann eingeleitet werden würde, wenn die Beschuldigungen darauf beruhten, dass von ihnen eine Verletzung der Verfassung oder eine Bestechung bzw. Bestechlichkeit ausging.

Darüber hinaus bestand in **Schwarzburg-Sondershausen** für den Landtag die Kompetenz, die Ansprüche der Staatskasse auf den Ersatz von Staatsgeldern, welche von dem Ministerium ohne genügende Rechtfertigung nicht bestimmungsgemäß verwendet worden waren, gegen die schuldigen Mitglieder im Wege des Zivilprozesses vor Gericht geltend zu machen (§ 128).

Nur die Regierungen von **Anhalt-Bernburg, Luxemburg** und **Mecklenburg-Schwerin** versuchten weiterhin diese Kompetenz zu umgehen, indem sie hinsichtlich der näheren Bestimmungen über die Verantwortlichkeit der Staatsminister, das Verfahren und das Strafmaß auf ein besonderes Gesetz verwiesen, das jedoch nie erlassen wurde.[1155]

---

1153 Luxemburg 1848 (Art. 68); Nassau 1849 (§ 57); Schwarzburg-Sondershausen 1849 (§ 125); Oldenburg 1849 (Art. 151); Anhalt-Bernburg 1848 (§ 71/77); Anhalt-Dessau-Köthen 1848 (§ 55); Mecklenburg-Schwerin 1849 (§ 104); Sachsen-Gotha 1849(§ 62/64); Reuß j.L. 1849 (§ 70d); Sachsen-Weimar-Eisenach 1850 (§ 4/49–51); Waldeck-Pyrmont 1849 (§ 66).

1154 Oldenburg 1849 (Art. 230).

1155 Anhalt-Bernburg 1848 (§ 77); Mecklenburg-Schwerin 1849 (§ 104); Luxemburg 1848 (Art. 84).

### (3) Recht der Immunität

In dieser Zeit genossen alle Abgeordneten der „Einkammerstaaten" Immunität;[1156] ausgenommen davon waren lediglich die Mitglieder des Landtags von **Sachsen-Altenburg.** Die Immunität beinhaltete dabei in allen Staaten generell die gleichen Gegenstände wie bereits zu früheren Zeiten: So durften die Abgeordneten ohne Zustimmung der Landtage nicht verhaftet werden, es sei denn, es lag ein Fall der Ergreifung auf frischer Tat vor und sie durften wegen ihrer Äußerungen, die sie im Landtag tätigten, nicht zur Rechenschaft gezogen werden, in **Anhalt-Bernburg, Reuß j.L., Lauenburg, Sachsen-Weimar-Eisenach, Hessen-Kassel, Waldeck-Pyrmont** und **Mecklenburg-Schwerin** allerdings mit Ausnahme von beleidigenden oder verleumderischen Aussagen. Zu dieser Ausnahme wurden in **Waldeck-Pyrmont** in § 70 der Verfassungsurkunde noch explizite Regelungen getroffen: „Die Ständeversammlung hat das Recht, ihre Mitglieder wegen unwürdigen Verhaltens in der Versammlung zu bestrafen und äußersten Falls auszuschließen. [....] Eine Ausschließung kann nur dann ausgesprochen werden, wenn eine Mehrheit von ¾ der Stimmen sich dafür entscheidet." Neu war in einigen Verfassungen die Regelung, dass bei bereits erfolgter Verhaftung der Landtag über die Entlassung entscheiden durfte – so in der von **Anhalt-Bernburg, Anhalt-Dessau-Köthen, Mecklenburg-Schwerin, Reuß j.L., Sachsen-Weimar-Eisenach** und von **Waldeck-Pyrmont** – wodurch das Recht der Abgeordneten in diesem Bereich erheblich erweitert wurde.

### (4) Gesetzgebungsverfahren

Zum ersten Mal in der Entstehungsgeschichte des Deutschen Bundes gewährten die Landesherren den Landtagen nicht nur ein provisorisches Antragsrecht, sondern die tatsächliche Befugnis, Gesetzentwürfe selbst auszuarbeiten und dem Monarchen vorzulegen, wie sich aus dem eindeutigen Wortlaut *aller* Vorschriften ergab.[1157] Der Monarch seinerseits hatte natürlich weiterhin das Recht, auch von sich aus die Gesetzentwürfe an die Volksvertretung zu bringen.

Hinsichtlich der Gesetzgebungskompetenz der Kammern fand sich in vielen Verfassungen eine gleiche Regelung: „Kein Gesetz kann ohne Zustimmung der Volksvertretung erlassen, abgeändert, aufgehoben oder authentisch interpretiert

---

1156 Anhalt-Dessau-Köthen 1848 (§ 51); Anhalt-Bernburg 1848 (61/62); Luxemburg 1848 (Art. 69/70); Mecklenburg-Schwerin 1849 (§ 81/82); Oldenburg 1849 (Art. 148/149); Reuß j.L. 1849 (§ 111); Sachsen-Gotha 1849 (§ 34/35); Waldeck-Pyrmont 1849 (§ 68–70); Hessen-Kassel 1848 (§ 68); Schleswig-Holstein 1848 (Art. 95/96); Sachsen-Weimar-Eisenach 1850 (§ 18/19); Nassau 1849 (§ 62); Lauenburg 1849 (Art 96/97).

1157 Reuß j.L. 1849 (§ 70d, 80); Lauenburg 1849 (Art. 71); Anhalt-Dessau-Köthen 1848 (§ 83); Oldenburg 1849 (Art. 158); Mecklenburg-Schwerin 1849 (§ 109); Sachsen-Gotha 1849 (§ 40); Sachsen-Weimar-Eisenach 1850 (§ 60); Anhalt-Bernburg 1848 (§ 69); Schleswig-Holstein 1848 (Art. 71); Luxemburg 1848 (Art. 47 i.V.m. 48); Schwarzburg-Sondershausen 1849 (§ 101); Waldeck-Pyrmont 1849 (§ 44) und Nassau 1849 (§ 57).

werden“[1158] oder aber es wurde darauf hingewiesen, dass die Landesversammlung in Gemeinschaft mit dem Herzog die gesetzgebende Gewalt ausübt.[1159]

Im Gegensatz zu den Verhältnissen in früheren Jahren gab es mittlerweile fast allerorts keine Beschränkung der Zustimmung mehr auf *bestimmte* Gesetze. Eine Ausnahme hiervon bildete jedoch weiterhin **Oldenburg**. Nach Artikel 152 durfte der Landtag nur „über die alle drei Provinzen des Großherzogtums gemeinsam betreffenden Angelegenheiten und Einrichtungen“ Beschlüsse fassen. Was zu diesen gemeinsamen Angelegenheiten und Einrichtungen gehörte, wurde dann im folgenden Paragraphen explizit aufgeführt, darunter auch die Gesetzgebung bezüglich der Provinzialgesetze.[1160] Dies bedeutete für die Landtage keine Einschränkung, da die meisten Gesetze zu den Provinzialgesetzen gezählt wurden. Auch in der Verfassung von **Waldeck-Pyrmont** gab es eine fast gleiche Vorschrift, in der bestimmt wurde, dass der gemeinsame Landtag von Waldeck und Pyrmont die in § 46 gemeinsamen Angelegenheiten zu beschließen hatten. Dazu gehörte auch die allgemeine Gesetzgebung. Dies bedeutete jedoch keine Beschränkung auf bestimmte Gesetze, sondern war aus der Natur der Sache begründet, da geregelt werden musste, für welche Gegenstände der gemeinschaftliche Landtag zuständig war.

In den Grundgesetzen von **Waldeck-Pyrmont**, **Nassau, Sachsen-Gotha** und von **Reuß j.L.** blieb es darüber hinaus bei der Vorschrift, dass dem Monarchen *allein* die vollziehende Gewalt zustehe, d.h. er über die Verkündung der Gesetze verfügte und die zu deren Vollziehung nötigen Verordnungen erließ.[1161] Damit hatte der Landesherr die letztendliche Entscheidungsgewalt über Erlass des von der Landesversammlung zuvor gebilligten Gesetzentwurfs und vereinte weiterhin die Exekutive in seiner Person. Als Ausnahme wurde in den Verfassungen von **Oldenburg, Sachsen-Weimar-Eisenach, Waldeck-Pyrmont** und **Reuß j.L.** darüber hinaus festgesetzt, dass der Monarch auch dann alleine über Verordnungen, die eigentlich der Zustimmung der Volksvertretung bedurften, verfügte, wenn es durch das Staatswohl dringend geboten war und deren Zweck durch Verzögerung vereitelt werden würde (mit Ausnahme aller und jeder Abänderungen in der Verfassung und in dem Wahlgesetz).[1162] Ausdrücklich wurde dann auch in **Reuß j.L.** noch darauf hingewiesen, dass das Ministerium dafür verantwortlich ist, wann Eile geboten war.

---

1158 So in Reuß j.L. 1849 (§ 79); Oldenburg 1849 (Art. 157); Mecklenburg-Schwerin 1849 (§ 108); Sachsen-Weimar-Eisenach 1850 (§ 4); Anhalt-Bernburg 1848 (§ 68) und Schwarzburg-Sondershausen 1849 (§ 100).

1159 So beispielsweise in Lauenburg 1849 (Art. 70); Anhalt-Dessau-Köthen 1848 (§ 81); Luxemburg 1848 (Art. 47); Schleswig-Holstein 1848 (Art. 70); Waldeck-Pyrmont 1849 (§ 43); Sachsen-Gotha 1849 (§ 39).

1160 Art. 153 Nr. 14.

1161 Reuß j.L. 1849 (§ 81 i.V.m. § 59); Oldenburg 1849 (Art. 160 Nr. 1) und Nassau 1849 (§ 51).

1162 Reuß j.L. 1849 (§ 82) und Oldenburg 1849 (Art. 160) sowie Sachsen-Weimar-Eisenach 1850 (§ 61); Schwarzburg-Sondershausen 1849 (§ 107) und Waldeck-Pyrmont 1849 (§ 137).

In einem solchen Fall hatte der Landtag nur insoweit eine Mitwirkungsmöglichkeit, als dass ihm diese Verordnungen auf der nächsten Versammlung vorgelegt wurden (§ 83). Eine solche Regelung fand sich in ähnlicher Form auch in der Verfassung von **Anhalt-Dessau-Köthen, Nassau** und **Mecklenburg-Schwerin** wieder.[1163]

Der Fürst hatte zudem in **Reuß j.L.** das Recht, einen der Volksvertretung übergebenen Gesetzentwurf noch während der Diskussion wieder zurückzunehmen (§ 88). Zusätzlich hatten die Landtage die Pflicht, bei Ablehnung oder Beantragung einer Änderung eines Gesetzvorschlags Angaben zu den Beweggründen zu tätigen (§ 89). Eine weitere Ausnahmevorschrift in diesem Staat wurde schließlich noch in § 92 normiert. Es wurde bestimmt, dass bei bestimmten Anträgen nicht nur eine Stimmenmehrheit von mindestens zwei Dritteln der Mitglieder des Landtags zu ihrer Gültigkeit erforderlich, sondern hierzu auch das Einverständnis des Staatsoberhauptes notwendig war. Hierbei handelte es sich um Anträge, die auf Abänderung der Verfassung des Staates gerichtet waren sowie um solche, welche den Staatshaushalt und die Besteuerung der Staatsangehörigen betrafen. Eine ebensolche Regelung enthielt auch die Verfassung von **Sachsen-Gotha** (§ 52). Damit enthielt das Staatsgrundgesetz von **Reuß j.L.** auffallend viele Ausnahmevorschriften zur Gesetzgebungskompetenz. Dem Landtag wurde damit sein Mitwirkungsrecht in diesem Bereich in großem Maße entzogen.

In fast allen Verfassungen dieser Zeit finden sich auch Regelungen über das Gesetzgebungsverfahren an sich, d.h. über die Beschlussfähigkeit und die Beschlussfassung der Mitglieder der Kammern. In **Lippe-Detmold** wurde durch die „Verordnung, die Zusammensetzung des Landtags und die Ausübung der ständischen Rechte betreffend“ von 1849 lediglich auf die Voraussetzung der Beschlussfassung Bezug genommen. Während im Jahre 1836 dazu noch eine entsprechende Regelung fehlte, wurde nunmehr in § 3 bestimmt, dass die einfache Stimmenmehrheit bei Abstimmungen entschied.

In den meisten Staaten wurde gefordert, dass zu einem gültigen Landesbeschluss eine Anwesenheit von mindestens zwei Dritteln der Mitglieder erforderlich war und die absolute Mehrheit entschied.[1164] Bei Stimmengleichheit war die Sache als abgelehnt zu betrachten.[1165] In **Schleswig-Holstein** und **Sachsen-Gotha**, in der

1163 Anhalt-Dessau-Köthen 1848 (§ 85); Mecklenburg-Schwerin 1849 (§ 115) und Nassau 1849 (§ 57).

1164 Lauenburg 1849 (Art. 92/93); Reuß j.L. 1849 (§ 109/110); Anhalt-Dessau-Köthen 1848 (§ 53); Oldenburg 1849 (Art. 179/180); Sachsen-Gotha 1849 (§ 36); Luxemburg 1848 (Art. 63); Schleswig-Holstein 1848 (Art. 91/92). Hier war allerdings schon die Anwesenheit der Mehrheit ausreichend. Anhalt-Bernburg 1848 (§ 66); Sachsen-Weimar-Eisenach 1850 (§ 13); Schwarzburg-Sondershausen 1849 (§ 140/141), Waldeck-Pyrmont 1849 (§ 65) und Nassau 1849 (§ 65).

1165 Lauenburg 1849 (Art. 93); Oldenburg 1849 (Art. 181): hier wurde jedoch zunächst eine erneute Sitzung einberufen und wenn auch die zweite Abstimmung zu einer weiteren Stimmengleichheit geführt hat, so konnte der Antrag abgelehnt werden. Ebenso wurde es auch in Anhalt-Bernburg in § 66 geregelt.

normalerweise nur die Mehrheit der Mitglieder zur Beschlussfassung anwesend sein musste, konnte eine Stimmenmehrheit bei Gesetzen, die die Abänderung der Verfassungsurkunde selbst betrafen, nur erreicht werden, wenn ebenfalls zwei Drittel der gesetzlichen Anzahl der Mitglieder erschienen (und in Sachsen-Gotha der Herzog sein Einverständnis bekundete), in **Anhalt-Bernburg** mussten es drei Viertel sein (§ 66). Ebenfalls eine Mehrheit von drei Viertel der anwesenden Mitglieder musste es auch in **Oldenburg** geben und darüber hinaus wurde gefordert, dass der Beschluss auf zwei nacheinander folgenden Landtagen, zwischen denen eine neue Abgeordnetenwahl stattgefunden hat, gefasst wurde (Art. 242). In **Mecklenburg-Schwerin** reichte die Einholung der Zustimmung vom nächsten Landtag (§ 113). Wurde ein Gesetzentwurf von Seiten der Landtage in **Reuß j.L.** eingebracht, so musste der Fürst über die Bestätigung oder Nichtbestätigung (unter Angabe der Bestimmungsgründe) innerhalb von sechs Wochen entscheiden.[1166] Der Angabe von Bestimmungsgründen konnte der Fürst aber dadurch entgehen, dass er die Sechs-Wochen-Frist verstreichen ließ, denn dann galt der Gesetzesvorschlag als verworfen, ebenso in **Mecklenburg-Schwerin**, jedoch mit dem Unterschied, dass hier die Frist für die Dauer von einem Landtag gesetzt war (§ 114). In einem solchen Fall sowie wenn der Fürst die Sanktion ausdrücklich versagte, durfte der Gesetzbeschluss erst vom nächsten ordentlichen Landtag wiederholt und nochmals zur Diskussion gestellt werden. Wurde dann ein solcher Gesetzesvorschlag von den zwei folgenden ordentlichen Landtagen mit jedesmaliger Neuwahl der Abgeordneten hintereinander gleichmäßig mit einer Majorität von zwei Dritteln wiederholt und eingebracht, dann erlangte er auch ohne die Sanktion des Landesfürsten Gesetzeskraft. Eine solche Regelung fand sich auch in **Schwarzburg-Sondershausen** (§ 104). Anders dagegen in **Anhalt-Dessau-Köthen,** dessen Verfassung in § 84 vorschrieb: „Wenn der Herzog einem Landtagsbeschlusse seine Zustimmung versagt hat, so kann er, wenn derselbe Beschluß von dem nächstfolgenden neugewählten Landtage nochmals gefaßt wird, die Bestätigung desselben nicht verweigern. Erfolgt diese Bestätigung nicht binnen vier Wochen, so erhält der Beschluß des Landtags von selbst gesetzliche Kraft." Auch in **Sachsen-Gotha** war eine ähnliche Vorschrift zu finden (§ 43).

In **Lauenburg** wurde dem Landtag ein Sonderrecht für den Fall gestattet, dass der Herzog Oberhaupt eines anderen, nicht deutschen Staates war. Wurde während eines solchen Falles ein Gesetzesvorschlag auf drei verschiedenen Landtagen von der Landesversammlung mit einer Stimmenmehrheit von drei Viertel unverändert angenommen, so *musste* der Herzog seine Zustimmung zu diesem Gesetz geben und es verkünden.[1167]

Eine Besonderheit bezüglich des Gesetzgebungsverfahrens gab es in **Luxemburg**: Ein Gesetzentwurf wurde erst dann der Kammer vorgelegt, nachdem er einer ständigen Gesetzgebungskommission zur Begutachtung dargeboten worden war (Art. 60).

---

1166 Reuß j.L. 1849 (§ 92).
1167 Lauenburg 1849 (Art. 70).

(5) Sonstige Rechte

Einige Staaten sahen für ihre Landtage außerdem das Recht vor, dem Abschluss bestimmter Verträge zuzustimmen. In **Sachsen-Gotha, Anhalt-Bernburg** und **Oldenburg** bezog sich das Zustimmungsrecht auf generelle Verträge mit anderen Staaten,[1168] während in **Luxemburg** die Mitwirkung auf Handels- und solche Verträge, durch die dem Staat Lasten oder einzelnen Luxemburgern Verpflichtungen auferlegt werden konnten (Art. 37), beschränkt wurde. Ein Zustimmungserfordernis bei Handels- und Gewerbeprivilegien forderten sowohl **Anhalt-Dessau-Köthen** als auch **Anhalt-Bernburg** in ihren Verfassungen (§ 34 bzw. § 70).

In einigen Staaten bestand eine generelle Befugnis, Auskunft über alle Landesangelegenheiten von der Staatsregierung zu begehren, so in **Oldenburg, Mecklenburg-Schwerin** und **Schwarzburg-Sondershausen** sowie **Anhalt-Dessau-Köthen, Nassau** und **Anhalt-Bernburg.**[1169]

Die Verfassungen **Schleswig-Holsteins** und **Lauenburgs** sahen noch folgende Kompetenzen für die jeweiligen Landtage vor: Zum einen das Recht, Adressen und Anträge zu beschließen (Art. 72; so auch in Nassau, § 57), zum anderen Ausschüsse zu ernennen (Art. 73) und schließlich die Befugnis, Regalien zu verwalten (Art. 137 bzw. Art. 144).

Die alleinige Entscheidung über die Gültigkeit von Wahlen stand nur den **anhaltischen** Landtagen zu.[1170] Darüber hinaus wurde dem Landtag von **Anhalt-Dessau-Köthen** auch noch die Möglichkeit der Beantragung eines Misstrauensvotums (§ 56) gewährt. Das parlamentarische Misstrauensvotum war das einzige verfassungsrechtlich eindeutig fixierte Element eines modernen politischen Systems in den Verfassungen der deutschen Länder.[1171] Es verwundert nicht, dass dieses Recht genau in diesen beiden Staaten den Landtagen gewährt wurde, handelte es sich doch hierbei um die fortschrittlichsten Länder ihrer Zeit.

Lediglich in **Mecklenburg-Schwerin** bestand die Kompetenz, die Anwesenheit der Minister in ihren Landtagssitzungen zu verlangen (§ 106) sowie die Einwilligung zur Schließung des Landtags zu geben, wenn er vor Ablauf von zwei Monaten geschlossen werden sollte (§ 100).

In **Sachsen-Gotha** durfte der Landtag schließlich nach § 61 noch die Zustimmung zu Gnadengehalten, Geschenken und Erlass von Unkosten der Staatskasse erteilen, ebenso eine Untersuchung durch hierfür eigens eingesetzte Ausschüsse einleiten (§ 67).

---

1168 Sachsen-Gotha 1849 (§ 50); Anhalt-Bernburg 1848 (§ 68) und Oldenburg 1849 (Art. 27).

1169 Oldenburg 1849 (Art. 145); Mecklenburg-Schwerin 1849 (§ 104); Schwarzburg-Sondershausen 1849 (§ 126); Anhalt-Dessau-Köthen 1848(§ 52), Anhalt-Bernburg 1848 (§ 65) und Nassau 1849 (§ 57).

1170 Anhalt-Dessau-Köthen (§ 40) und Anhalt-Bernburg (§ 55).

1171 Kupfer, Der Weg zum Bündnis, S. 22.

In **Lippe-Detmold** blieben die seit 1836 gewährten Rechte des Landtags in Kraft, es wurde mit der Verordnung von 1849 lediglich eine Vorschrift über die Beschlussfassung errichtet.

### (6) Verfassungsrechtliche Änderungen innerhalb eines Staates

Es gab nur einen Staat in dieser kurzen Zeitperiode, der gleich zwei Verfassungen erließ. So erging in **Anhalt-Bernburg** das erste Staatsgrundgesetz im Jahr 1848, das zweite nur zwei Jahre später. Grundsätzlich blieb es auch mit Erlass der neuen Verfassung bei den zuvor beschriebenen Rechten der Landtage. Nur kleine Veränderungen wurden durchgeführt, so etwa im Bereich des Gesetzgebungsverfahrens, wo nunmehr nicht mehr zwei Drittel der Mitglieder zur Beschlussfassung anwesend sein mussten, sondern die Anwesenheit der absoluten Mehrheit ausreichend war (§ 70). Weggefallen war das Recht der Zustimmung zu Handels- und Gewerbeprivilegien.

Die Kompetenzen derjenigen Landtage, deren Regierungen schon vor der Revolutionszeit Verfassungen erlassen hatten, namentlich **Schwarzburg-Sondershausen** und **Waldeck-Pyrmont** hatten sich während der Jahre nicht geändert; zudem blieb es in erst genanntem Staat auch 1848 – ebenso wie schon 1841 – bei zahlreichen Ausnahmetatbeständen zu den einzelnen Befugnissen. Auch in **Sachsen-Weimar-Eisenach** wurden die damaligen Kompetenzen von 1816 in die neue Verfassung von 1850 fast wortgetreu kopiert. In all diesen Staaten gab es jedoch die Neuheit, dass nunmehr ein tatsächliches Anklage- und Gesetzesinitiativrecht für die Kammern bestand.

In **Schleswig-Holstein** lässt sich im Verhältnis zu den gerade untersuchten Staaten dagegen ein erheblicher Fortschritt hinsichtlich der Rechte von 1831 und den neuformierten Kompetenzen von 1848 ausmachen. Zwar war 1848 auf ein Beschwerderecht, das es 1831 noch gab, verzichtet worden, dafür wurden dem Landtag aber generell erheblich mehr Befugnisse gewährt als noch 1831, als es weder ein Steuerbewilligungsrecht noch sonstige Rechte im Bereich des Finanzwesens gab. Dies lag in erster Linie daran, dass das Staatsgrundgesetz 1848 aus den Händen der damaligen Landesversammlung stammte.[1172] Diese wählte in einer konstituierenden Sitzung im August 1848 einen Verfassungsausschuss, der in großer Hast einen Verfassungsentwurf ausarbeitete, da die Landesversammlung bemüht war, das Staatsgrundgesetz unter Dach und Fach zu bringen, bevor die Provisorische Regierung durch eine aristokratisch geprägte dänisch-schleswig-holsteinische Gemeinschaftsregierung abgelöst würde.[1173] Aufgrund dieser außergewöhnlichen Umstände konnte die damalige Landesversammlung eine für sie günstige Interessenlage herausarbeiten. Dass in

---

1172 Lange, Landtage in Schleswig-Holstein, in: Titzck (Hrsg.), Landtage in Schleswig-Holstein, S. 33.

1173 Schultz-Hansen, Demokratie oder Nationalismus – Politische Geschichte Schleswig-Holsteins 1830–1918, in: Lange (Hrsg.), Geschichte Schleswig-Holsteins, S. 445; vgl. Lange, a.a.O., S. 33; vgl. Brandt, Geschichte Schleswig-Holsteins, S. 245 f.

**Schleswig-Holstein** der Landtag selbst und nicht die Regierung die Verfassung inhaltlich geformt hatte, ist nicht zuletzt daran zu sehen, dass in dem Staatsgrundgesetz von 1848 keinerlei Umgehungsvorschriften zugunsten des Herzogs normiert waren.

Eine ganz andere Entwicklung zeichnete sich dagegen in **Luxemburg** ab, wo hinsichtlich der Kompetenzzuteilung ein tatsächlicher und genereller Rückfall in vergangene Zustände festgestellt werden kann. Während schon 1841 die **luxemburgische** Verfassung zu den absolutistischsten ihrer Zeit gehörte, änderte sich das auch mit der Revolution von 1848 nicht. Denn auch zu diesem Zeitpunkt wurden dem Landtag weder ein Steuerbewilligungsrecht noch sonstige Kompetenzen im Bereich des Finanzwesens gewährt. Dass nur derart wenige Kompetenzen der Kammer beschieden waren, lag darin begründet, dass das belgische Staatsgrundgesetz von 1831 in allgemeiner Hinsicht und offiziell als Modell für den **luxemburgischen** Verfassungstext gedient hatte.[1174] Und diese belgische Verfassung sah nur sehr eingeschränkte Rechte vor, so die Verabschiedung des Budgets und das Recht zur Abänderung der Gesetzesvorlage.[1175] Für den König-Großherzog war das Verfassungswerk eine große Genugtuung, da hierdurch, wie er bei dem Schwur auf das neue Grundgesetz anführte, die Ordnung und Ruhe in dem Lande keine Störung erleiden und die vollkommene Gesetzlichkeit gewahrt bleiben würde, da es den gesetzgebenden Organen gegönnt worden war, die neue Lage nach freiem Ermessen zu gestalten.[1176]

**Nassau** hatte seine erste Verfassung 1814 erlassen. Mit Inkrafttreten der zweiten Verfassung von 1849 fand eine Erweiterung der Rechte des nunmehr in einer Kammer tagenden Landtages statt. Während 1814 noch kein Ministeranklagerecht und kein förmliches Gesetzesinitiativrecht für den Landtag bestanden hatten, wurden ihm diese Rechte ab 1849 gewährt. Eine zusätzliche Stärkung der Kompetenzen erhielt der Landtag im Bereich des Gesetzgebungsverfahrens dadurch, dass nunmehr die Mitwirkung nicht mehr auf Gesetze beschränkt war, die das Eigentum und die persönliche Freiheit betrafen, wie es noch 1814 der Fall gewesen war. Damit wurden de facto die Forderungen umgesetzt und in Gesetzesform gegossen, die bereits bei dem Zusammentritt der nassauischen Ständeversammlung am 22. Mai 1848 zu den dringendsten Verhandlungsgegenständen zwischen Parlament und Regierung gehörten.[1177] Ein Steuerbewilligungsrecht gab es hingegen schon seit geraumer Zeit.

---

1174 Stengers, Das belgische Verfassungsmodell von 1831 und die holländische und luxemburgische Verfassung von 1848, in: Kirsch/Schiera, Verfassungwandel um 1848 im europäischen Vergleich, S. 297; vgl. Eyschen, Das Staatsrecht des Großherzogtums Luxemburg, S. 11. Die belgische Verfassung besaß bereits von 1830–1839 fast im ganzen luxemburgischen Gebiet Gültigkeit. Vgl. Calmes, Gründung und Werden eines Landes, S. 366.

1175 Vgl. die belgische Verfassung von 1831.

1176 Eyschen, Das Staatsrecht des Großherzogtums Luxemburg, S. 11.

1177 Schüler, Das Herzogtum Nassau 1806–1866, S. 24.

#### *bb. Auswertung der Einkammersysteme*

In der Zeit von 1848–1850 finden sich in den meisten Verfassungen diejenigen Kompetenzen wieder, die den Landtagen auch schon in den Jahren zuvor gewährt wurden. Die Landtage hatten hierbei nunmehr aber einen weiteren Handlungsspielraum: Das bis dato bestehende bloße Antragsrecht im Gesetzgebungsverfahren wurde ausnahmslos in allen Staaten durch ein förmliches Gesetzesinitiativrecht ersetzt und es wurde zusätzlich ein tatsächliches Anklagerecht gegen Staatsminister gewährt. Zudem kamen in einigen Staaten noch neue Rechte hinzu, wie etwa die Befugnis, Auskunft über alle Landesangelegenheiten zu begehren oder die Zustimmung zum Abschluss von Staatsverträgen. Die Immunitätsregelungen, die sich nunmehr fast in allen Staaten fanden, blieben im Großen und Ganzen mit den bereits früher bestehenden Vorschriften inhaltsgleich.

Auffällig ist, dass die Kompetenzen der Landtage in **Anhalt-Dessau-Köthen** und **Anhalt-Bernburg** mit unwesentlichen Ausnahmen vollständig kongruent waren. Ebenso verhielt es sich mit den Befugnissen in **Schleswig-Holstein** und **Lauenburg.** Dies lässt sich jedoch mit den engen territorialen Verhältnissen der beiden Staatengruppen begründen, wodurch ein gegenseitiger Austausch bei den Beratungen über die Verfassungsverhandlungen möglich war.

Bei Betrachtung der Mitwirkungsbefugnisse, die die Landtage hinsichtlich des Staatseigentums hatten, fällt deutlich auf, dass im Gegensatz zu den Jahren von 1831–1847 nunmehr keine Ausführungen mehr zu dem privaten Eigentum der Monarchen gemacht wurden. Das lag schlicht und einfach daran, dass das fürstliche Domanium wieder zum Staatsgut erklärt wurde und die Fürsten nunmehr auf Zivillisten angewiesen waren.[1178] Die Landesherren beugten sich damit einmal mehr den Märzforderungen, die an sie gestellt worden waren.

Zusammenfassend lässt sich damit eine generelle Kompetenzerweiterung in den meisten Einzelstaaten ausmachen. Dies änderte jedoch nichts daran, dass auch in den Revolutionsjahren die Landesherren nicht darauf verzichteten, weiterhin eine Reihe von Umgehungsvorschriften in die Verfassungen aufzunehmen, wie im obigen Vergleich erkennbar. Insbesondere im Gesetzgebungsverfahren gab es in einigen Staaten, so beispielsweise in **Reuß j.L.,** zahlreiche Ausnahmeregelungen, die die eigentlichen Befugnisse der Landtage stark schmälerten.

Der Vergleich zeigt, dass die Revolution auch vor dem Bereich der Kompetenzen der Landtage hinsichtlich notwendiger konstitutioneller Veränderungen nicht Halt gemacht hatte. Denn zu den allerorts aufgekommenen Revolutionsforderungen gehörte nicht nur die Novellierung des Wahlrechts und die Aufhebung des Ständeprinzips, sondern auch die Erweiterung der Rechte der Landtage. Dabei wurden insbesondere die Einführung des Gesetzesinitiativrechts und die Etablierung des

---

1178 Hartung, Deutsche Verfassungsgeschichte, S. 214.

Budgetrechts zur Bedingung gestellt, was dann auch tatsächlich in fast allen Verfassungen der Einkammersysteme umgesetzt wurde.[1179]

## *b. Die Kompetenzen innerhalb der Zweikammersysteme*

### *aa. Unmittelbarer Vergleich der Kompetenzen*

Nicht alle der ab 1848 ergangenen Revisionen beinhalteten auch Veränderungen im Bereich der Kompetenzen der Landtage. Deshalb sind an dieser Stelle nur diejenigen Verfassungen und Revisionen in die Untersuchung mit einzubeziehen, die diesbezüglich Neuerungen in diesem Zeitraum vorsahen. Dazu gehörten namentlich **Bayern** („Gesetz, die ständische Initiative betreffend" und das „Gesetz, die Verantwortlichkeit der Minister betreffend" vom 04. Juni 1848), **Sachsen** („Provisorisches Gesetz wegen einiger Abänderungen der Verfassungsurkunde vom 04. September 1831" vom 15. November 1848; „Gesetz, die Abänderung der §§ 85 und 120 der Verfassungsurkunde betreffend" vom 31. März 1849; „Gesetz über das Recht der Kammern zu Gesetzesvorschlägen" vom 31. März 1849), **Preußen** (Verfassungen von 1848 und 1850) und **Österreich** (Verfassungen von 1848 und 1849).

#### (1) Kompetenzen im Bereich des Finanzhaushaltes

#### (a) Steuerbewilligungsrecht

In **Österreich** und **Preußen** hatten die Landtage das Recht, Steuern zu bewilligen.[1180] In der Verfassung **Österreichs** wurde explizit bestimmt, dass die Gesetzesvorschläge zuerst bei der Kammer der Abgeordneten einzubringen seien (1848, § 47). Diese Bestimmung fiel allerdings bereits 1849 weg. Im Grundgesetz von **Preußen** fand sich überdies die Regelung, dass hinsichtlich der Besteuerung eine Bevorzugung einzelner Güter und Stände verboten war.[1181]

**Sachsen** beugte sich den Märzforderungen nach mehr Einwirkungsmöglichkeit durch den Landtag, indem durch das „Provisorische Gesetz wegen einiger Abänderungen der Verfassungsurkunde vom 04. September 1831" die Beschränkung für die Landtage bei der Steuerbewilligung aufgehoben wurde. So hieß es 1831 noch, dass die Landtage nur dann eine Bewilligung ablehnen konnten, wenn in einer der beiden Kammern mindestens zwei Drittel der Anwesenden für die Ablehnung gestimmt hätten. In dem neuen § 103 von 1848 wurde dieser Absatz nun vollständig weggelassen.

In **Preußen** schaffte es die Regierung jedoch, durch einen einzelnen Paragraphen sowohl das Steuerbewilligungsrecht als auch das Staatsbudgetrecht zu einer reinen Fiktion werden zu lassen. Dieser Paragraph hatte den Inhalt: „Die bestehenden Steuern und Abgaben werden forterhoben [...], bis sie durch ein Gesetz abgeändert

---

1179 Siehe beispielsweise dazu Jonscher, Verfassungen, Wahlrechte, Bürgerrechte, in: Hahn/Greiling (Hrsg.), Die Revolution von 1848/49 in Thüringen, S. 133.

1180 Österreich 1848 (§ 47) und 1849 (§ 108); Preußen 1848 (Art. 99) und 1850 (Art. 100).

1181 Preußen 1848 (Art. 100) und 1850 (Art. 101).

werden".[1182] Solange keine neue Steuer eingeführt wurde, gab es damit für die alteingebrachten Finanzgesetze keine Möglichkeit der Mitwirkung durch die Kammern.

### (b) Staatsbudgetrecht

Die allgemeine Rechnung über den Staatshaushalt einschließlich einer Übersicht der Staatsschulden wurde dem **preußischen** Landtag jährlich vorgelegt.[1183] Eine nachträgliche Genehmigung der Kammern war bei Etat-Überschreitungen erforderlich. Eine ebensolche alljährliche Vorlagepflicht traf auch die Regierung von **Österreich**.[1184] Allerdings wurde hier diese Pflicht erst 1849 impliziert; in der Verfassung von 1848 wurde in § 47 lediglich darauf hingewiesen, dass die Prüfung und Feststellung des jährlichen Voranschlages der Staatseinnahmen und -ausgaben nur durch ein Gesetz erfolgen konnte, wobei ein solcher Gesetzentwurf zunächst der Kammer der Abgeordneten vorzulegen war.

### (c) Zustimmung zur Aufnahme neuer Schulden und zur Veräußerung von Staatseigentum

Auch hinsichtlich der Aufnahme neuer Schulden und der Veräußerung von Staatseigentum wurde in **Österreich** 1848 nicht explizit von einem Zustimmungsrecht des Landtags gesprochen, sondern lediglich von der Durchführung eines Gesetzgebungsverfahrens (§ 47). In der neuen Verfassung von 1849 fehlten zu diesen Gegenständen gänzlich entsprechende Regelungen. Eine ebensolche Regelung wie in **Österreich** 1848 fand sich für die Aufnahme von Anleihen auch in **Preußen**: „Die Aufnahme von Anleihen für die Staatskasse findet nur auf Grund eines Gesetzes statt" (sowohl in der Verfassung von 1848 in Art. 102 als auch in der Verfassung von 1850 in Art. 103). Hinsichtlich der Veräußerung von Staatseigentum wurden in beiden Verfassungen dagegen keine Angaben gemacht.

### (2) Beschwerde- und Anklagerechte

In **Preußen** und **Österreich** (hier erst ab 1849) wurde in den Verfassungen die Möglichkeit der Ministeranklage mit aufgenommen.[1185] In **Preußen** konnten nur solche Minister angeklagt werden, die sich wegen des Verbrechens der Verfassungsverletzung, der Bestechung und des Verrats schuldig gemacht hatten. In beiden Staaten wurde hinsichtlich der näheren Bestimmungen stets auf ein gesondertes Gesetz verwiesen. Da die vorbehaltenen Gesetze jedoch nicht zustande kamen, blieben die entsprechenden Artikel bedeutungslos. Ein tatsächliches und nicht nur provisorisches Recht der Ministeranklage wurde in **Bayern** 1848 eingeführt. Mit dem „Gesetz, die Verantwortlichkeit der Minister betreffend" sah die Regierung nun die

1182 Preußen 1848 (Art. 108) und 1850 (Art. 109).
1183 Preußen 1848 (Art. 103) und 1850 (Art. 104).
1184 Österreich 1849 (§ 111).
1185 Preußen 1848 (Art. 59) und 1850 (Art. 61); Österreich 1849 (§ 91.

Möglichkeit für den Landtag vor, einen Staatsminister, der durch Handlungen oder Unterlassungen die Staatsgesetze verletzt hatte, förmlich beim zuständigen Gericht anzuklagen (Art. IX, X). Diese Kompetenz hatte die Verfassung von 1818 noch nicht beinhaltet.

### (3) Recht der Immunität

Nur die Abgeordneten der Landtage von **Österreich** und **Preußen** genossen eine Immunität.[1186] Die Regelungsinhalte unterschieden sich dabei nicht von denen der „Einkammerstaaten".[1187]

### (4) Gesetzgebungsverfahren

Die gesetzgebende Gewalt wurde in den Staaten gemeinschaftlich durch den König und die jeweiligen zwei Kammern ausgeübt.[1188] Jedoch war auch allerorts der jeweilige Landesherr weiterhin zuständig für die Vollziehung der Gesetze, d.h. er verkündete die Gesetze und erließ die zu deren Ausführung notwendigen Verordnungen.[1189]

Die Verfassungen **Österreichs** und **Preußens** sahen die Möglichkeit des Gesetzesinitiativrechts für beide Kammern vor.[1190] Brachte der Landesherr einen Gesetzesvorschlag ein, so musste in **Österreich** dieser Entwurf zunächst an die Zweite Kammer gehen.[1191] In **Preußen** wurde hierzu erst 1850 mit Erlass der neuen Verfassung etwas geregelt, nämlich dass lediglich die Finanzgesetzentwürfe der Zweiten Kammer vorzulegen waren (Art. 62). In **Österreich** (1849) und in **Preußen** konnten Anträge und Erlasse von Gesetzen, welche durch eine der beiden Kammern oder durch den Kaiser abgelehnt worden waren, in derselben Landtagsperiode nicht wieder vorgebracht werden.[1192] Handelte es sich um einen dringenden Fall, der den Erlass provisorischer Gesetze notwendig machte, so war lediglich die nachträgliche Prüfung und Genehmigung des **preußischen** Landtags (1850) erforderlich.[1193] Diese nachträgliche Genehmigung hatte allerdings keinen großen Entscheidungswert, da die Wirkungen, die von der Verordnung in der Zwischenzeit ausgingen, nicht immer rückgängig gemacht werden konnten.[1194] Diese Ausnahmeregelung gab es 1848 in der preußischen Verfassung noch nicht. In **Österreich** reichte in derartigen Fällen sogar aus, dass der Monarch dem Reichstag lediglich die Gründe diesbezüglich darlegte (1849; § 87).

---

1186 Österreich 1848 (§ 42) und 1849 (§ 62/63); Preußen 1848 (Art. 83) und 1850 (Art. 84).

1187 Siehe unter dieser Zeitperiode a. Die Kompetenzen innerhalb der Einkammersysteme unter Recht der Immunität.

1188 Preußen 1848 (Art. 60) und 1850 (Art. 62); Österreich 1848 (§ 45) und 1849 (§ 66).

1189 Preußen 1848 (Art. 43) und 1850 (Art. 45); Österreich 1848 (§ 10) und 1849 (§ 18).

1190 Österreich 1848 (§ 48) und 1849 (§ 65); Preußen 1848 (Art. 61) und 1850 (Art. 64).

1191 Österreich 1848 (§ 47). In der Verfassung von 1849 wurde hierzu nichts geregelt.

1192 Österreich 1849 (§ 66); Preußen 1848 (Art. 61) und 1850 (Art. 64).

1193 Preußen 1850 (Art. 63).

1194 Biedermann, Die Repräsentativverfassungen, S. 127.

Die Verfassungen von **Österreich** und **Preußen** enthielten darüber hinaus auch detaillierte Regelungen zu der Durchführung des Gesetzgebungsverfahrens. Die Mehrheit der Mitglieder musste, um einen Beschluss fassen zu können, anwesend sein. Allerdings galt diese Regelung in **Österreich** erst ab 1849. In der Verfassung von 1848 wurde noch bestimmt, dass in der Ersten Kammer die Anwesenheit von dreißig Mitgliedern, in der Zweiten Kammer die Anwesenheit von sechzig erforderlich war. Da die Erste Kammer mehr als einhundertfünfzig Mitglieder und die Zweite Kammer sogar aus dreihundertdreiundachtzig Mitgliedern bestand, bedeutete das eine minimalistische Größe für die Teilnahme am Gesetzgebungsverfahren.

Ein Beschluss kam in beiden Staaten nur durch absolute Stimmenmehrheit zustande, in **Preußen** jedoch vorbehaltlich der durch die Geschäftsordnung für Wahlen zu bestimmenden Ausnahmen.[1195] In **Österreich** wurde bei Gesetzesvorschlägen, durch welche die Bestimmungen der Verfassungsurkunde ergänzt, erläutert oder abgeändert werden sollten, die Zustimmung von zwei Dritteln der anwesenden Mitglieder benötigt.[1196]

Aber nicht nur in **Österreich** und **Preußen** wurden in den Jahren von 1848–1850 Kompetenzregelungen hinsichtlich des Gesetzgebungsverfahrens festgelegt. Auch andernorts gab es hierzu Neuerungen. So etwa in **Bayern**, das mit dem „Gesetz, die ständische Initiative betreffend" zum ersten Mal seit Bestehen des Deutschen Bundes ein Gesetzesinitiativrecht für den Landtag einräumte (Art. I, II). Eine ebensolche Befugnis erhielt erstmalig auch der Landtag von **Sachsen** 1849.[1197] Im Verhältnis zu der Verfassung von 1831 wurde darüber hinaus in **Sachsen** eine Beschränkung für die Landtage aufgehoben. So war eine Verwerfung eines Gesetzesvorschlages 1831 nur möglich, wenn in einer der beiden Kammern wenigstens zwei Drittel der Anwesenden für die Verwerfung gestimmt hatten. Diese Regelung war im Jahr 1848 mit dem „Provisorischen Gesetz wegen einiger Abänderungen der Verfassungsurkunde vom 04.09.1831" weggefallen. Eine weitere Änderung wurde hinsichtlich des § 131 der Verfassungsurkunde von 1831 getroffen. Während damals bei fehlender Einigung beider Kammern in der zweiten Beratung eine gemeinschaftliche Deputation gewählt werden musste, die dann über den Gesetzesvorschlag beratschlagte, wurde mit dem neu gestalteten § 131 bestimmt, dass beide Kammern erneut zu einer gemeinschaftlichen Beratung und Abstimmung zusammen treten mussten und der Beschluss nach der Mehrheit der vereinigten Stimmen gefasst wurde.

1195 Österreich 1848 (§ 51) und 1849 (§ 58); Preußen 1848 (Art. 79) und 1850 (Art. 80).

1196 Österreich 1848 (§ 50).

1197 Sachsen „Gesetz, die Abänderung der §§ 85 und 120 der Verfassungsurkunde betreffend" vom 31.03.1849 (§ 85). Hinsichtlich detaillierter Regelungen zu dem Verfahren über die Einbringung von Gesetzesentwürfen von Seiten des Landtags siehe das „Gesetz, über das Recht der Kammern zu Gesetzvorschlägen" vom 31.03.1849.

### (5) Sonstige Rechte

In **Österreich** blieb es im Grundgesetz von 1848 zunächst bei den bereits genannten Rechten für den Landtag. Erst mit Erlass der neuen Verfassung von 1849 wurden ihm darüber hinausgehende Kompetenzen gewährt. Dazu gehörte die Zustimmung bei solchen Verträgen, durch welche dem Reich neue Lasten auferlegt wurden (§ 17) und die Einbringung von Bittschriften (allerdings nur in der Kammer, dem das Reichstagsmitglied auch angehörte, § 60).

Das Recht, Adressen an den König zu richten, stand allein den **preußischen** Kammern zu. Zudem konnte jede Kammer auch die an sie gerichteten Schriften an die Minister überweisen und von ihm Auskunft über eingehende Beschwerden verlangen.[1198] Weiterhin hatte jede Kammer die Befugnis, zum Zwecke der Information Kommissionen zur Untersuchung von Tatsachen zu ernennen.[1199] Ebenso wie in **Österreich** war die Zustimmung des Landtags bei Handelsverträgen und solchen Verträgen erforderlich, durch welche dem Staat Lasten oder einzelnen Staatsbürgern Verpflichtungen auferlegt wurden.[1200] Schließlich konnte ohne Einwilligung beider Kammern der König nicht zugleich Herrscher fremder Reiche sein.[1201]

### (6) Verfassungsrechtliche Änderungen innerhalb eines Staates

Sowohl in **Preußen** als auch in **Österreich** wurden in dieser Zeitperiode von 1848 bis 1850 gleich zwei Verfassungen erlassen. Vergleicht man die **preußischen** Staatsgrundgesetze von 1848 und 1850 hinsichtlich der Kompetenzen der Landtage miteinander, so ist eine fast vollständige Kongruenz diesbezüglich zu verzeichnen. Nur minimale Veränderungen wurden durchgeführt. Anders dagegen in **Österreich**, wo mit Erlass der neuen Verfassung von 1849 mehrere Änderungen in diesem Bereich veranlasst wurden. Während die Gesetze, die inhaltlich die Erhebung neuer Steuern zum Gegenstand hatten, 1848 noch zunächst der Zweiten Kammer vorgelegt werden mussten, wurde diese Vorschrift bereits ein Jahr später wieder revidiert. Weiterhin fielen für die Landtage mit Erlass der neuen Verfassung die früheren Kompetenzen hinsichtlich der Zustimmung zur Aufnahme neuer Schulden und der Veräußerung von Staatseigentum weg. Dagegen wurde aber eine Ministeranklagebefugnis normiert, die allerdings aufgrund des Verweises auf ein besonderes, niemals in Kraft getretenes Gesetz mit einem rein provisorischen Charakter behaftet blieb. Bezüglich des Gesetzgebungsverfahrens gab es hinsichtlich der Beschlussfähigkeit eine erhebliche Änderung. Während es 1848 noch ausreichend war, wenn von den mehr als einhundertfünfzig Mitgliedern der Ersten Kammer dreißig und von den dreihundertdreiundachtzig Mitgliedern der Zweiten Kammer sechzig anwesend waren, mussten ab 1849 mehr als die Hälfte der Abgeordneten anwesend sein, um einen Beschluss wirksam fassen zu können. Diese Veränderung deutet darauf hin, dass der Reichstag

1198 Preußen 1848 (Art. 80) und 1850 (Art. 81).
1199 Preußen 1848 (Art. 81) und 1850 (Art. 82).
1200 Preußen 1848 (Art. 46) und 1850 (Art. 48).
1201 Preußen 1848 (Art. 53) und 1850 (Art. 55).

erst ab 1849 als tatsächliches und nicht nur aufgrund der minimalen Besetzung als rein provisorisches Gesetzgebungsorgan verstanden wurde. Schließlich wurden dem Landtag durch die neue Verfassung weitergehende Rechte gewährt als es durch die alte Verfassung der Fall gewesen war. Damit stellte die neue Verfassung zumindest in gewissen Kompetenzbereichen einen Fortschritt zum alten Staatsgrundgesetz dar, was auf die drängenden Märzforderungen in dieser Zeit zurückzuführen ist.

#### *bb. Auswertung der Zweikammerstaaten*

Auch in den „Zweikammerstaaten", die eine neue Verfassung erließen oder die alten Staatsgrundgesetze während der Revolutionszeit revidierten, wurden die neuen Rechte, die sich auch in den „Einkammerstaaten" erstmalig in dieser Zeit finden lassen, eingeführt. Dazu gehörten vornehmlich das Ministeranklagerecht und ein Gesetzesinitiativrecht. Dennoch fanden, gerade in **Österreich** und **Preußen**, die Landesherren immer noch „Schlupflöcher", um die genannten Rechte entweder ganz oder zumindest teilweise einzuschränken, indem sie, beispielsweise beim Anklagerecht auf ein gesondertes Gesetz verwiesen, das dann jedoch nie in Kraft trat. Auch beim Gesetzgebungsverfahren wurden weiterhin einige Ausnahmeregelungen normiert und die Regierung **Preußens** schaffte es durch einen einzelnen Paragraphen, alle Rechte hinsichtlich des Finanzhaushaltes als rein „geschriebenes" Recht ohne Realitätsbezug auszugestalten. Damit gab es in diesen beiden Hegemonialstaaten nur eine schwache Entwicklung einer Konstitutionalisierungsperspektive.[1202]

### *c. Auswertung der Ein- und Zweikammersysteme*

Im Ergebnis hatte in den Revolutionsjahren in den Staaten mit einem Ein- und einem Zweikammersystem im Verhältnis zueinander eine kongruente Entwicklung stattgefunden. Die bereits bestehenden Rechte aus früheren Jahren wurden den Landtagen weiterhin gewährt, darüber hinaus aber auch neue Kompetenzen geschaffen. Insbesondere die in den früheren Verfassungen enthaltenen Beschränkungen der ständischen Initiative und die Vorbehalte der Regierungen hinsichtlich der Beantragung neuer Gesetze fielen der Bewegung von 1848 zum Opfer.[1203] Durch die Etablierung eines besonderen Staatsgerichtshofes konnte nunmehr auch die Ministerverantwortlichkeit tatsächlich gerichtlich festgestellt werden.

Insgesamt war damit zwar eine aus Sicht eines demokratisch denkenden Volkes fortschrittlichere, wenn auch nicht so deutlich abzuzeichnende Entwicklung wie etwa im Bereich des Wahlrechts oder der Zusammensetzung der Kammern im Verhältnis zu den früheren Jahren zu verzeichnen.

1202 Schlegelmilch, Die Alternative des monarchischen Konstitutionalismus, S. 29.
1203 Hartung, Deutsche Verfassungsgeschichte, S. 214.

### d. *Vergleich der Ein- und Zweikammersysteme zum heutigen Parlamentarismus*

Die Rechte im Bereich des Finanzwesens hatten sich auch in der Revolutionszeit für die Landtage sowohl in den Ein- als auch in den Zweikammersystemen nicht wesentlich geändert. Wie bereits in den vorangegangenen Zeitperioden festgestellt, nahmen das Steuerbewilligungsrecht, die Zustimmung zur Festlegung des Staatsbudgets und zur Veräußerung von Staatseigentum sowie das Mitwirkungsrecht bei der Schuldenaufnahme, das allerdings erst ab 1830 den Landtagen gewährt wurde, eine Vorreiterrolle zu den heute vollumfänglichen Rechten für das Parlament in diesem Sektor ein.

Zum ersten Mal seit Bestehen des Deutschen Bundes als Vorform zum heutigen Parlamentarismus zu werten sind allerdings die Kompetenzen im Bereich der Gesetzgebung. Im Gegensatz zu den vorangegangenen Zeitepochen, in denen aufgrund der geringen Mitwirkungsrechte noch nicht von einem Vorläufer gesprochen werden konnte, hatte sich nunmehr ein förmliches Gesetzesinitiativrecht für die überwiegende Anzahl der Landtage etabliert, wie es auch heute in Art. 76 GG zu finden ist. Danach konnten die Landtage den jeweiligen Monarchen Gesetzentwürfe vorlegen, über die sie dann auch entscheiden *mussten*. Im Vergleich hierzu sieht Art. 76 GG vor, dass Gesetzesvorlagen aus der Mitte des Bundestages eingebracht werden können. Auch im Bereich des eigentlichen Gesetzgebungsverfahrens ergab sich zu jener Zeit ein erheblicher Fortschritt dahingehend, dass die Zustimmung der Landtage zu den Gesetzesbeschlüssen nicht mehr nur auf allgemeine Gesetze beschränkt war. Dieses Merkmal ist als Vorläufer zu dem heutigen System anzusehen, auch wenn sich die Rechte zu einem alleinigen Entscheidungsrecht des Parlaments entwickelt haben. Mittlerweile ist der Bundestag alleiniges Legislativorgan, während der Bundesrat seine Zustimmung zu einem Gesetz erteilen bzw. einen Einspruch gegen ein Gesetz, das kein Zustimmungsgesetz ist, einlegen kann. Eine weitere Novität in den Revolutionsjahren waren die Bestimmungen über die Beschlussfassung und Beschlussfähigkeit, die mit den heutigen Regelungen fast vollständig kongruent sind und deshalb als Vorformen bezeichnet werden können. So waren die meisten Kammern zu jener Zeit, genauso wie heutzutage (§ 45 Abs. 1 GO BT), beschlussfähig, wenn mehr als die Hälfte der Mitglieder anwesend war. Das Erfordernis einer absoluten Mehrheit für die Beschlussfassung gibt es ebenfalls noch, wenn auch nur noch für den Fall, dass es durch das Grundgesetz explizit vorgeschrieben ist, wie z.B. im Falle der Wahl des Bundestagspräsidenten und seiner Stellvertreter oder der Wahl des Bundeskanzlers; in allen anderen Fällen reicht mittlerweile eine einfache Mehrheit aus (vgl. Art. 42 Abs. 2 GG).

Eine Regelung, die es auch heute gibt, findet sich ebenfalls als neue Errungenschaft in dieser Zeit, nämlich das Recht der Landtage, Ausschüsse zu ernennen, wie es gegenwärtig in Art. 44 und 45 GG vorgesehen ist. Diese Kompetenz wurde allerdings in jener Zeit nur zwei Landtagen gewährt: **Schleswig-Holstein** und **Lauenburg**. Auch wenn es damit flächendeckend noch nicht anerkannt war, ist es dennoch bereits als Ansatz zum heutigen Parlamentarismus zu werten.

Ebenso verhält es sich mit der Bestimmung zum Misstrauensvotum in § 56 der Verfassung von **Anhalt-Dessau-Köthen**. Danach konnte der Landtag, wenn er einen Mehrheitsbeschluss hierüber in den eigenen Reihen hatte, dem Herzog gegenüber schriftlich die Erklärung abgeben, dass das Gesamtministerium das Vertrauen des Landes verloren habe. Der Herzog hatte dann die Möglichkeit, das Ministerium entweder zu entlassen oder durch die Entlassung einzelner neue Mitglieder hinzutreten zu lassen oder das Ministerium gänzlich aufzulösen. Hierdurch war es letztlich in das Ermessen des Monarchen gestellt, ob es tatsächlich zu der Durchführung einer Auflösung kam oder nicht. Diese Entscheidungsgewalt hat der heutige Bundespräsident nicht. Nach Art. 67 Abs. 1 GG muss er dem Ersuchen vom Bundestag, der ebenfalls mit der Mehrheit seiner Mitglieder dem Bundeskanzler gegenüber sein Mißtrauen aussprechen kann, entsprechen. Wie an der heutigen Regelung erkennbar, haben sich noch einige Änderungen diesbezüglich im Laufe der Zeit ergeben, die Prägung zu dieser Regelung findet aber seinen Ursprung eindeutig in der Zeit des 19. Jahrhunderts.

Hinsichtlich der damaligen Immunitätsregelungen kann dem geänderten Wortlaut einmal mehr die Vorform zum heutigen Parlamentarismus entnommen werden wie noch in den Jahren zuvor. Während noch in den Anfangsjahren des Bestehens des Deutschen Bundes die Ausnahme der verleumderischen Beleidigungen, wie sie heute in Art. 46 Abs. 1 GG normiert ist, umschrieben wurde mit „den Anstand verletzende Reden und Verunglimpfungen oder Beleidigungen der höchsten Person der Landesfürsten, der Staatsbehörden oder Einzelner", wurde in den Revolutionsjahren das identische Wort zu heute, nämlich „verleumderische" Aussagen, gebraucht. Eine weitere vollständige Kongruenz zu dem modernen Parlamentarismus lässt sich in der in einigen Staaten neu eingeführten Regelung sehen, dass bei bereits erfolgter Verhaftung der Landtag über die Entlassung entscheiden darf. Dieses entspricht detailgetreu dem Art. 46 Abs. 4 GG, in dem es heißt: „Jedes Strafverfahren und jedes Verfahren gemäß Art. 18 gegen einen Abgeordneten, jede Haft und jede sonstige Beschränkung seiner persönlichen Freiheit sind auf Verlangen des Bundestages auszusetzen."

Insgesamt kann festgestellt werden, dass die Zeit von 1848–1850 hinsichtlich der Kompetenzen der Landtage die meisten Übereinstimmungen mit den heute vorherrschenden Rechten des Parlaments verzeichnet und sich damit die meisten Vorformen in dieser Zeit der Revolution entwickelt haben.

## 4. Der Zeitraum von 1851–1866

### *a. Die Kompetenzen innerhalb der Einkammersysteme*

#### *aa. Unmittelbarer Vergleich der Kompetenzen*

Die neuen Verfassungen, die in dieser Zeit in **Anhalt, Hessen-Homburg, Liechtenstein, Oldenburg, Reuß j.L., Schwarzburg-Rudolstadt und Schwarzburg-Sondershausen** ergingen, fließen an dieser Stelle in den unmittelbaren Vergleich ein, da sie alle Regelungen zu den Kompetenzen der damaligen Landtage implizierten. Dagegen werden nur diejenigen Revisionen berücksichtigt, die in der Zeit von

1851–1866 auch bezüglich der Landtagsbefugnisse Änderungen enthielten. Dies war in **Luxemburg, Waldeck-Pyrmont** und **Sachsen-Altenburg** der Fall.

### (1) Kompetenzen im Bereich des Finanzhaushaltes

#### (a) Steuerbewilligungsrecht

Mit Ausnahme von **Hessen-Homburg** gab es in allen genannten Staaten für die jeweiligen Landtage in dieser Zeit ein Steuerbewilligungsrecht.[1204] In der Verfassung von **Liechtenstein** wurde ausdrücklich normiert, dass die Steuerbewilligung von einem ordentlichen Landtag zum anderen erfolgte (§ 44). Dieser Landtag hatte zudem das Recht, auch zu der Art der Umlegung und der Verteilung aller öffentlichen Abgaben und Leistungen sowie der Erhebungsweise ihre Zustimmung zu erteilen (§ 43). Aus dem gerade genannten Paragraphen ging ebenfalls hervor, dass dem Landtag bei Abgaben und Leistungen, welche zur Bestreitung anerkannter und genehmigter Auslagen des Staatshaushaltes und solche, die zur Erfüllung allgemeiner Bundespflichten erforderlich waren, kein Ermessen zustand, d.h. dass er diese Abgaben nicht verweigern durfte. Eine fast identische Regelung sah auch die Verfassung von **Waldeck** und **Oldenburg** vor.[1205]

Durch eine besondere Regelung schaffte es die **waldeck'sche** Regierung, das Steuerbewilligungsrecht ad absurdum zu führen. So hieß es in § 85: „Zur Einführung neuer Steuern, sowie zur Änderung oder Forterhebung der bestehenden, bedarf es der Zustimmung des Landtags. Der bewilligte Steuerbedarf ist jedoch nach den bestehenden Steuergesetzen aufzubringen." Dies bedeutete, dass hinsichtlich der alten Steuern eine Zustimmung des Landtags nicht erforderlich war, da dieses Erfordernis in den bestehenden Steuergesetzen nicht vorgesehen wurde. Da es kaum jemals zu der Erhebung einer neuen Steuerart kam, blieb es damit bei einer zustimmungsfreien Steuergesetzgebung. **Luxemburg** umging das Steuerbewilligungsrecht in der gleichen Weise, wie sich aus Nr. 37 der Verordnung vom 27.11.1856 ergab. Eine ebensolche Regelung gab es auch in der Verfassung von **Schwarzburg-Sondershausen,** allerdings mit der Ausnahme, dass diese Regel auf solche Steuern keine Anwendung fand, die zu vorübergehenden außerordentlichen Ausgaben nur für einen bestimmten Zeitraum eingeführt worden waren.[1206] Eine etwas andere Ausnahme zum Steuerbewilligungsrecht war im Grundgesetz von **Schwarzburg-Rudolstadt** zu verzeichnen. Hier konnten die alten Steuern noch drei Jahre lang (eine Finanzperiode hindurch) forterhoben werden, wenn vor Ablauf der Finanzperiode zwischen der Regierung und dem einberufenen Landtag eine Einigung über den vorgelegten Etat nicht erzielt wurde.[1207] In **Reuß j.L.** und **Oldenburg** durfte die Bewilligung der Steuern nicht

---

1204 Anhalt 1859 (§ 19); Liechtenstein 1862 (§ 40b); Waldeck 1852 (§ 46); Schwarzburg-Rudolstadt 1854 (§ 23); Reuß j.L. 1852 (§ 54a) und Oldenburg 1849 (Art. 143).

1205 Waldeck 1852 (§ 85) und Oldenburg 1852 (Art. 187).

1206 Schwarzburg-Sondershausen 1857 (§ 48).

1207 Schwarzburg-Rudolstadt 1854 (§ 29).

an die Bedingung der Erfüllung bestimmter, das Budget nicht betreffender Anträge geknüpft werden.[1208]

### (b) Staatsbudgetrecht

An der Beratung des Staatsbudgets durften alle Landtage der damaligen Zeit teilnehmen.[1209] In **Hessen-Homburg** war es allerdings nicht der Landtag selbst, sondern ein von diesem berufener Landesausschuss, der aus vier dem Landtag zugehörigen Personen bestand (Art. 3). Auch in **Anhalt** war der eigentliche Gesamtlandtag von der Beratung der Festlegung des Finanzhaushaltes ausgeschlossen. Hierfür waren die Sonderlandtage der Herzogtümer **Anhalt-Dessau-Köthen** und **Anhalt-Bernburg** zuständig, die aus den Mitgliedern der jeweiligen Landtage bestanden. Die Sonderlandtage berieten damit auch nur über ihre jeweiligen Landesfinanzen. In **Luxemburg** war zwar ein Staatsbudgetrecht für den Landtag vorgesehen; diese Befugnis wurde jedoch auf ein Minimum beschränkt, indem festgesetzt wurde, dass das Budget der „gewöhnlichen und ständigen Einnahmen und Ausgaben und überhaupt aller derjenigen, welche nöthig sind, um den regelmäßigen Gang des öffentlichen Dienstes zu sichern", auf permanente Weise durch ein Gesetz geregelt war (Nr. 38 der Verordnung vom 27.11.1856). Dem Landtag wurde nur das Budget der nicht ständigen Einnahmen und Ausgaben am Ende vorgelegt, da es jedes Jahr durch ein besonderes Gesetz festgestellt werden musste.

In der Verfassung von **Schwarzburg-Sondershausen** waren zwei Ausnahmen von der Befugnis der Mitberatung im Finanzwesen vorgesehen: Zum einen durfte der Landtag seine Genehmigung zu Ausgaben, die auf bundes- oder landesverfassungsmäßigen oder auf privatrechtlichen Verbindlichkeiten des Staates beruhten, nicht verweigern (§ 45); zum anderen wurde für die Staatsregierung ein sogenannter Reservefonds geschaffen, auf den sie bei unvorhergesehenen Ereignissen ohne Einwilligung des Landtags zugreifen durfte (§ 46).

Ebenso wie beim Steuerbewilligungsrecht sah die Verfassung von **Schwarzburg-Rudolstadt** auch bezüglich des Finanzwesens die Möglichkeit der dreijährigen Fortdauer der sonstigen Einnahmen vor, wenn sich die Regierung vor Ablauf der Finanzperiode mit dem einberufenen Landtag über den vorgelegten Etat nicht geeinigt hatte (§ 29).

### (c) Zustimmung zur Aufnahme neuer Anleihen

Die Aufnahme neuer Anleihen war in **Anhalt, Liechtenstein, Waldeck, Schwarzburg-Sondershausen, Schwarzburg-Rudolstadt, Reuß j.L.** und **Oldenburg** nur

1208 Reuß j.L. 1852 (§ 58) und Oldenburg 1852 (Art. 188).

1209 Hessen-Homburg 1852 (Art. 3); Luxemburg Verordnung (Nr. 38); Liechtenstein 1862 (§ 45, 46); Waldeck 1852 (§ 86); Schwarzburg-Sondershausen 1857 (§ 44); Schwarzburg-Rudolstadt 1854 (§ 23/28); Reuß j.L. 1852 (§ 54b); Oldenburg 1852 (Art. 189).

mit Einwilligung der Landtage möglich.[1210] In **Luxemburg** und **Hessen-Homburg** wurde auf ein solches Recht verzichtet. Zu dieser Befugnis wurden in die Verfassung von **Waldeck** und in das Staatsgrundgesetz von **Reuß j.L.** allerdings zahlreiche Sonderfälle aufgenommen, bei deren Vorliegen die Aufnahme von Schulden auch ohne die Einwilligung des jeweiligen Landtags möglich war.[1211] So wurden Vorschüsse, die zur Tilgung der Landesschulden erforderlich waren, erst gar nicht als Schulden im oben genannten Sinne angesehen. Weiterhin bedurfte es der Zustimmung des jeweiligen Landtags auch nicht bei der Ausstellung neuer Schuldurkunden, die an die Stelle älterer Obligationen traten und bei Geldern, die aus der Kasse der Depositen- und Massengelder, aus der Brandkasse, der Staatsdienerwitwenkasse und der Landessparkasse in die Landeskasse einflossen. Schließlich wurde in beiden Staaten in einer Regelung noch festgesetzt, dass bei außerordentlichen Anleihen, die durch plötzlich eintretende Ereignisse in Kriegszeiten notwendig wurden und eine schnelle Berufung des Landtags zur Bewilligung des Bedarfs nicht möglich war, die Regierung selbst darüber zu befinden hatte. Solche Anleihen wurden dann jedoch dem folgenden Landtag zur Prüfung und Genehmigung vorgelegt. Da eine vorhergehende Genehmigung und Verwirklichung der Aufnahme dieser Anleihen aber zuvor schon durch die Landesregierung stattfand, hatte diese Befugnis für die Landtage keinerlei reale Wirkung.

In der Verfassung von **Schwarzburg-Rudolstadt** nahm man von dem Einwilligungserfordernis eine vorübergehende Schuldenerhöhung, die durch die Notwendigkeit der Fortführung des Staatshaushaltes geboten war und innerhalb der laufenden Finanzperiode wieder ausgeglichen wurde, heraus (§ 27).

#### (d) Veräußerung von Staatseigentum

Bis auf **Hessen-Homburg, Luxemburg und Reuß j.L.** hatten alle Landtage der „Einkammerstaaten" dieser Zeit die Kompetenz, über die Veräußerung von Staatseigentum mitzuentscheiden.[1212] Auch eine Veräußerung der Staatsgebiete an sich war der Einwilligung durch die Landtage unterworfen, da sie in den meisten Staaten zum Staatseigentum gehörten. Die Domänen wurden hingegen wieder dem ausschließlichen Eigentum des Monarchen einverleibt, was jedoch nichts daran änderte, dass auch bezüglich dieses – nunmehr wieder monarchischen – Gutes die Zustimmung im Falle der Veräußerung notwendig war. In **Schwarzburg-Sondershausen** wurde zu dieser Kompetenz eine Ausnahmevorschrift in die Verfassung mit aufgenommen. So hieß es in § 53: „Ausnahmsweise ist diese Zustimmung nicht erforderlich;

---

1210 Anhalt 1859 (§ 19); Liechtenstein 1862 (§ 47); Waldeck 1852 (§ 88); Schwarzburg-Sondershausen 1857 (§ 50 ff.); Schwarzburg-Rudolstadt 1854 (§ 27); Reuß j.L. 1852 (§ 61); Oldenburg 1852 (Art. 187).

1211 Waldeck 1852 (§ 88/89); Reuß j.L. 1852 (§ 61/ 62).

1212 Anhalt 1859 (§ 19); Liechtenstein 1862 (§ 23); Schwarzburg-Sondershausen 1857 (§ 53); Schwarzburg-Rudolstadt 1854 (§ 31) und Oldenburg 1852 (Art. 3); Waldeck 1852 (§ 2).

1) bei Veräußerungen, die als nothwendige Folge gesetzlicher Bestimmungen oder rechtskräftiger Entscheidungen eintreten; 2) bei Veräußerungen von beweglichen Sachen, Activcapitalien und privatrechtlichen Gerechtigkeiten; 3) zu dem Verkauf von Grundstücken, welche nicht über 1000 Thlr. werth sind oder in entbehrlichen Gebäuden bestehen; 4) bei Vertauschungen; 5) bei Abtretungen zum Zwecke der Berichtigung streitiger Grenzen." Damit blieb dem Landtag in der Praxis nur noch ein kleines Spektrum im Bereich der Veräußerungen, bei dem er auch tatsächlich zustimmen durfte.

### 2) Beschwerde- und Anklagerechte

Die rudimentär ausgestaltete Verfassung von **Hessen-Homburg** schloß auch das Beschwerde- und Anklagerecht für den Landtag aus. Hingegen wurde in allen anderen Staaten den Landtagen die Möglichkeit der Erhebung einer Beschwerde gewährt. Zu dieser Kompetenz gehörte in der Regel nicht nur die Anzeige von Mängeln und Missbräuchen in der Verwaltung und Rechtspflege, sondern auch die Möglichkeit, Bitten und Beschwerden von Seiten der Bürger an die Regierung zu tragen.[1213]

Nur eine reine Beschwerdekompetenz und kein Anklagerecht sah die Verfassung von **Anhalt** vor. In **Luxemburg** war mit der „König-Großherzoglichen Verordnung vom 27.11.1856 über die Revision der Verfassung" hinsichtlich des Beschwerde- und Anklagerechts keine Änderung vorgenommen worden. Es blieb damit bei den Regelungen von 1848. Damit hatten die Landtage weiterhin nur die Möglichkeit, Beschwerden, die an sie gerichtet wurden, an die Mitglieder der Regierung zu überweisen. Das in Artikel 84 geregelte Anklagerecht konnte nie zur Ausführung kommen, da das dafür erforderliche Gesetz zu keiner Zeit erlassen worden war. Ebenso verhielt es sich auch weiterhin in den Staaten **Waldeck** und **Schwarzburg-Sondershausen**, in denen auf ein solches, nie ergangenes Gesetz verwiesen und damit das Anklagerecht ad absurdum geführt wurde.[1214]

In **Liechtenstein** gab es kein förmliches Anklagerecht, sondern lediglich die Möglichkeit, auch gegen Staatsdiener eine reine Beschwerde wegen der Verletzung der Verfassung, Veruntreuung öffentlicher Gelder, Erpressung, Bestechung oder „gröbliche Hintansetzung ihrer Amtspflichten", mit der Bitte um Untersuchung an den Landesfürsten zu bringen (§ 42).

Die einzigen Landtage, die ein tatsächliches, d.h. auch durchführbares Anklagerecht besaßen, waren die von **Schwarzburg-Rudolstadt** (§ 35), **Reuß j.L.** (§ 108) und **Oldenburg** (Art. 200).

---

1213 Anhalt 1859 (§ 22); Liechtenstein 1862 (§ 42); Waldeck 1852 (§ 65); Schwarzburg-Sondershausen 1857 (§ 55); Reuß j.L. 1852 (§ 76–79); Oldenburg 1849 (Art. 133/134).

1214 Waldeck 1852 (§ 66); Schwarzburg-Sondershausen 1857 (§ 57).

### (3) Recht der Immunität

Explizite Immunitätsregelungen gab es nur in **Oldenburg, Reuß j.L., Schwarzburg-Sondershausen** und **Waldeck-Pyrmont**. Auch zu dieser Zeit war die Immunität darauf gerichtet, dass die Mitglieder nicht wegen ihrer Äußerungen zur Rechenschaft gezogen werden durften und dass sie nicht ohne Zustimmung des Landtags verhaftet werden konnten, es sei denn, es lag ein Fall der Ergreifung auf frischer Tat vor.[1215]

### (4) Gesetzgebungsverfahren

Auch in der Zeit von 1851–1866 wurde in den Einkammerstaaten die Gesetzgebung gemeinschaftlich mit den Landtagen ausgeübt, wie sich aus vielen Verfassungen explizit ergab.[1216] Normalerweise wurde die dem Landtag zugesprochene Gesetzgebungskompetenz in dieser Zeit nicht mehr auf bestimmte Gegenstände beschränkt, wie es noch in früheren Zeiten oftmals der Fall war. Ausnahmen hiervon bildeten allerdings das Fürstentum **Schwarzburg-Rudolstadt**, das Landgrafentum **Hessen-Homburg** und das Herzogtum **Anhalt**. Der Fürst des erst genannten Staates begrenzte das Mitwirkungsrecht des Landtags auf solche Gesetze, welche die grundgesetzlichen Bestimmungen des Fürstentums oder die persönliche Freiheit, die Sicherheit und das Eigentum der Staatsuntertanen zum Gegenstand hatten (§ 24). Das Landgrafentum **Hessen-Homburg** formulierte eine solche Ausnahme negativ, indem in Artikel 1 der Verfassung geschrieben stand, dass es einer Zustimmung von Seiten der Landtage in dringenden Fällen, in Militärangelegenheiten und bei Gesetzen zur Ausführung von Bundesbeschlüssen nicht bedurfte. Schließlich bestimmte § 19 der **anhaltischen** Landschaftsordnung: „Die Zustimmung der Landstände werden Wir zum Erlaß solcher Gesetze einholen, welche eine Abänderung der Landesverfassung und Landschaftsordnung enthalten, Unsere Unterthanen mit neuen Abgaben belasten oder wohlerworbene Rechte, insondertheit das Eigenthum einzelner Unterthanen oder ganzer Klassen derselben, aufheben oder beschränken. Ausgeschlossen von der Zustimmung des Landtags sind jedoch diese Gesetze, soweit sie zur Ausführung der Beschlüsse des Deutschen Bundes oder als Ausflüsse bereits bestehender Staatsverträge dienen."

Was das förmliche Gesetzesinitiativrecht anging, wurde dieses nun nicht mehr allen Landtagen gewährt, nur noch denen von **Oldenburg, Reuß j.L., Schwarzburg-Sondershausen** und **Liechtenstein**.[1217] Oftmals wurden die alten Regelungen wieder in Kraft gesetzt, die vor der Revolutionszeit bestanden, was bedeutete, dass den Landtagen abermals lediglich ein Antragsrecht auf Erlass von Gesetzen

---

1215 Oldenburg 1852 (Art. 131/132); Schwarzburg-Sondershausen 1857 (§ 32); Reuß j.L. 1852 (§ 94) und Waldeck-Pyrmont 1852 (§ 68).

1216 Oldenburg 1852 (Art. 136); Reuß j.L. 1852 (§ 63); Waldeck 1852(§ 6); Schwarzburg-Rudolstadt 1854 (§ 24); Schwarzburg-Sondershausen (§ 34).

1217 Oldenburg 1852 (Art. 138); Reuß j.L. 1852 (§ 64); Schwarzburg-Sondershausen (§ 35); Liechtenstein 1862 (§ 41).

zugestanden wurde, so in **Sachsen-Altenburg**[1218], **Waldeck, Hessen-Homburg, Anhalt** und **Luxemburg.**[1219]

In der Verfassung von **Reuß j.L.** wurde die Bestimmung getroffen, dass ein von dem Fürsten vorgelegter Gesetzentwurf noch während der Diskussion wieder zurückgenommen werden konnte.[1220] Beantragte der Landtag eine Veränderung des eingebrachten Gesetzentwurfes oder lehnte er ihn vollständig ab, so musste dies in **Reuß** und **Oldenburg** unter Angabe von Gründen geschehen.[1221] Bei Verwerfung eines Gesetzentwurfs durch den Fürsten oder dem Landtag konnte er in **Reuß j.L.** und **Liechtenstein** bei einem folgenden Landtag wieder *unverändert* vorgebracht werden, während desselben Landtags jedoch nur in veränderter Form.[1222] In **Schwarzburg-Sondershausen** und **Anhalt** war es dagegen möglich, dass die Landtage hinsichtlich der vom Fürsten eingebrachten Gesetzentwürfe Veränderungen oder Zusätze beantragen konnten. Genehmigte der Landesherr diesen veränderten Entwurf nicht, so musste der Landtag über den ursprünglichen Entwurf neu entscheiden.[1223]

Der Erlass zu der Vollziehung der Gesetze notwendigen Verordnungen oblag in dieser Zeit nur in **Waldeck** und **Oldenburg** ausdrücklich allein dem Landesoberhaupt.[1224] Darüber hinaus bedurfte es der Zustimmung des Landtags von **Oldenburg** auch nicht „bei Verordnungen von gesetzlicher Bedeutung, welche durch die Umstände dringend geboten sind, und weder einen Aufschub bis zum nächsten ordentlichen Landtage zulassen, noch die Berufung eines außerordentlichen Landtags gestatten oder durch ihre Wichtigkeit rechtfertigen, auch eine Abänderung des Staatsgrundgesetzes nicht enthalten“ (Art. 137). Ließ es die Dringlichkeit der Sache jedoch zu, so war zumindest der Landesausschuss hierzu einzuberufen. Eine ähnliche Ausnahmeregelung sahen auch die Verfassungen von **Reuß j.L.** (§ 66),

1218 Mit diesem Gesetz vom 11.02.1854 zählte Sachsen-Altenburg im Verhältnis zu den anderen thüringischen Staaten zu denjenigen mit ausgeprägt autoritär-bürokratischer Tendenz mit stark absolutistischen Rudimenten. Thüringischer Landtag, Thüringische Verfassungsgeschichte, Heft 3, S. 33.

1219 In Sachsen-Altenburg wurde das erst 1848 erstmalig gewährte Gesetzesinitiativrecht mit dem „Gesetz, die Aufhebung der landschaftlichen Initiative bei Gesetzesvorschlägen betreffend, vom 11.02.1854“ beseitigt. Waldeck 1852 (§ 65); Hessen-Homburg 1852 (Art. 2); Anhalt 1859 (§ 27 der Geschäftsordnung); Luxemburg Verordnung 1856 (Nr. 18). In der Verfassung von Schwarzburg-Rudolstadt wurde über das Gesetzesinitiativrecht nichts normiert. Da aber in § 23 hinsichtlich der Gesetzgebungskompetenz lediglich von dem „Recht der Einwilligung bei zu erlassenden allgemeinen Landesgesetzen“ gesprochen wurde, ist davon auszugehen, dass das Initiativrecht nur dem Fürsten zustand.

1220 Reuß j.L. 1852 (§ 72).

1221 Reuß j.L. 1852 (§ 73); Oldenburg 1852 (Art. 139).

1222 Reuß j.L: 1852 (§ 74); Liechtenstein 1862 (§ 41).

1223 Schwarzburg-Sondershausen 1857 (§ 36/37) und Anhalt 1859 (§ 26 der Geschäftsordnung).

1224 Oldenburg 1852 (Art. 137); Waldeck 1852 (§ 8).

**Waldeck** (§ 7), **Schwarzburg-Rudolstadt** (§ 25), **Schwarzburg-Sondershausen** (§ 39) und **Anhalt** (§ 20) vor.

Eine besondere Umgehungsvorschrift erfand die Regierung von **Anhalt**, indem sie sich die Möglichkeit vorbehielt, jede an sich zur Zuständigkeit des „Gesamtlandtags" gehörende Angelegenheit nach ihrem Ermessen für eine Angelegenheit des „Sonderlandtags" zu erklären, und zwar entweder, wenn sie eine Notwendigkeit einer Übereinstimmung bei einem zu erlassenden Gesetz nicht sah oder wenn es um Angelegenheiten ging, die wesentlich das Interesse eines Herzogtums betrafen.

Beschlussfähig waren die meisten Landtage, wenn wenigstens zwei Drittel der Abgeordneten anwesend waren; die Beschlussfassung erfolgte mithin durch absolute Stimmenmehrheit der Anwesenden.[1225] Etwas anderes galt nur, wenn es um Anträge auf Abänderungen oder Erläuterungen der jeweiligen Grundgesetze selbst ging. So wurde in **Liechtenstein** bestimmt, dass in einem solchen Fall eine Stimmeneinigkeit der anwesenden Mitglieder oder eine auf zwei nacheinander folgenden ordentlichen Landtagssitzungen sich aussprechende Stimmenmehrheit von drei Vierteln derselben erforderlich war (§ 121). In **Luxemburg** wurde diesbezüglich nur auf die Abhaltung zweier verschiedener Landtagssitzungen mit einem Zwischenraum von vierzig Tagen verwiesen (Nr. 42).

### (5) Sonstige Rechte

In **Liechtenstein** hatten die Landtage die Möglichkeit der Mitwirkung bei der Militäraushebung.[1226] Der **waldeck'sche** Landtag konnte die Mitglieder der Staatsregierung verpflichten, in ihren Sitzungen anwesend zu sein (§ 64). Zudem war er befugt, über alle Landesangelegenheiten Auskunft zu begehren (§ 64). Diese letzt genannte Kompetenz wurde auch den Landtagen von **Schwarzburg-Sondershausen** und **Oldenburg** gewährt.[1227]

In mehreren Staaten, darunter **Waldeck, Schwarzburg-Sondershausen und Reuß j.L.** bedurften Staatsverträge, durch welche dem Staat Lasten oder einzelnen Staatsangehörigen Verpflichtungen auferlegt wurden, zu ihrer Gültigkeit der Zustimmung der Stände.[1228] Ausgenommen hiervon waren in letzt genanntem Staat allerdings solche Staatsverträge, welche auf den Verhältnissen des Fürstentums zum thüringischen und respektive zum deutschen Zoll- und Handelsverein beruhten (§ 43).

Gemeinschaftlich mit dem **oldenburgischen** Landtag musste der dauernde Bedarf für das Militär und für die Gehalte und Geschäftskosten in Justiz- und Verwaltungsdienste festgesetzt werden (Art. 192).

---

1225 Oldenburg 1852 (Art. 159/160); Reuß j.L. 1852 (§ 92); Waldeck 1852 (§ 57/62); Schwarzburg-Rudolstadt 1854 (§ 20); Schwarzburg-Sondershausen 1857 (§ 67/68); Hessen-Homburg 1852 (Art. 9); Anhalt 1859 (§ 1 der Geschäftsordnung).

1226 Liechtenstein 1862 (§ 40c).

1227 Schwarzburg-Sondershausen 1857 (§ 56) und Oldenburg 1852 (Art. 128).

1228 Waldeck 1852 (§ 11); Schwarzburg-Sondershausen 1857 (§ 42); Reuß j.L. 1852 (§ 70).

(6) Verfassungsrechtliche Änderungen innerhalb eines Staates

Bereits ihre zweiten oder dritten Verfassungen oder eine einfache Revision der früheren Verfassungen seit Bestehen des Deutschen Bundes erließen **Liechtenstein** (1818/1862), **Luxemburg** (1841/1848/1856), **Oldenburg** (1849/1852), **Reuß j.L.** 1849/1852), **Schwarzburg-Rudolstadt** (1816/1854), **Schwarzburg-Sondershausen** (1841/1849/1857) und **Waldeck-Pyrmont** (1816/1852), deren Inhalte sich jeweils auch auf die verfassungsrechtlichen Veränderungen im Kompetenzbereich der Landtage bezogen.

Im Fürstentum **Liechtenstein** kamen zu dem Steuerbewilligungs-, Staatsbudget- und Beschwerderecht, die bereits im Jahr 1818 in die erste Verfassung aufgenommen wurden, im Jahr 1862 noch weitere Rechte hinzu, namentlich die Zustimmung zur Aufnahme neuer Schulden und zur Veräußerung von Staatseigentum. Ebenso wie 1818 wurde auch 1862 kein Anklagerecht gegen die Staatsdiener gewährt. Bemerkenswert ist jedoch, dass das förmliche Gesetzesinitiativrecht, das die neue Verfassung vorsah, auch schon 1818 dem Landtag zustand, allerdings noch mit erheblichen Einschränkungen. Insgesamt wurde damit das schon lange überholte Staatsgrundgesetz von 1818 auch hinsichtlich der Kompetenzbescheidung durch das neue Verfassungswerk reformiert und modernisiert.

Während also in **Liechtenstein** hinsichtlich der Kompetenzzuteilung ein, wenn auch geringer demokratischer Fortschritt zu verzeichnen war, erlebten die versammelten Landtage von **Luxemburg** die gesamte Zeit des Deutschen Bundes hindurch eine regelrechte Stagnation. Schon mit Erlass der ersten Verfassung von 1841 wurden dem Landtag einzig die Mitwirkung im Bereich des Finanzwesens und beschränkte Mitwirkungsrechte beim Gesetzgebungsverfahren eingeräumt. Dies änderte sich auch 1848 kaum; lediglich ein Beschwerderecht und ein förmliches Gesetzesinitiativrecht kamen hinzu, dafür wurde ihm jedoch das Staatsbudgetrecht genommen. Mit der Verordnung über die Revision der Verfassung von 1856 blieb es im Großen und Ganzen bei diesen Verhältnissen. Teilweise gab es sogar einen Rückschritt zu beklagen, beispielsweise dadurch, dass das erst 1848 gewährte Gesetzesinitiativrecht nunmehr wieder durch ein einfaches Antragsrecht ersetzt wurde. Damit verwirklichte der König-Großherzog seinen Willen, eine neue Regierung zu ernennen, die zur Aufgabe hatte, „die Omnipotenz der Kammer zu brechen".[1229]

Fast keine Veränderungen hinsichtlich der Kompetenzen der Landtage fanden in **Oldenburg, Reuß j.L., Schwarzburg-Sondershausen** und **Waldeck** statt. Die jeweiligen früher gewährten Rechte wurden ohne Ausnahme in die neuen Verfassungen dieser Länder übernommen. Die einzige Neuerung in **Oldenburg** war im Bereich des Gesetzgebungsverfahrens eingeführt worden, und zwar dergestalt, dass 1852 die Gesetzgebung nicht mehr auf bestimmte Gegenstände beschränkt wurde, wie es 1849 noch der Fall gewesen war. Hinsichtlich des Kompetenzbereichs für den Landtag von **Schwarzburg-Sondershausen** fällt im Vergleich auf, dass alle Verfassungen, die in diesem Staat im Laufe des Deutschen Bundes ergangen waren,

1229 Eyschen, Das Staatsrecht des Großherzogtums Luxemburg, S. 12.

zahlreiche Ausnahmevorschriften beinhalteten, wodurch die Befugnisse erheblich reduziert werden konnten. In **Waldeck** waren solche Umgehungsvorschriften erst 1852 in starkem Maße vertreten.

Den auf den ersten Blick deutlichsten Fortschritt im Bereich der Kompetenzen erzielte die neue Verfassung von **Schwarzburg-Rudolstadt** 1854. Während in der ersten Verfassung von 1818 dem Landtag lediglich ein Mitwirkungsrecht im Bereich des Gesetzgebungsverfahrens zugesichert worden war, fand mit Erlass des neuen Staatsgrundgesetzes eine erhebliche Kompetenzerweiterung statt. Hinzu kamen nun diverse Rechte hinsichtlich des Finanzwesens (Steuerbewilligungs- und Staatsbudgetrecht, die Zustimmung zur Aufnahme neuer Schulden sowie zur Veräußerung von Staatseigentum), sowie ein Beschwerde- und tatsächliches Anklagerecht gegen Staatsminister. Allerdings verblieb es weiterhin bei einem reinen Antragsrecht, was neue Gesetze anging und es wurden zu den neuen Befugnissen auch zahlreiche Umgehungsvorschriften normiert. Die neu erworbenen Rechte kamen folglich oftmals nicht zur Ausführung. Dass sich der Landesherr damit weiterhin eine große Machtposition zusicherte und eine umfassende Kontrolle über das Volksvertretungsorgan wünschte, zeigte sich nicht nur an der Ausgestaltung der Verfassung selbst, sondern auch in einer Vorschrift der Geschäftsordnung, die am 09.02.1855 erging. In § 14 der Geschäftsordnung sicherte sich der Fürst das Recht zu, den Vorstand des Landtags – auf entsprechende Vorschläge hin – auszuwählen. Der Vorstand bestand aus dem Landtagspräsidenten und dem Landtagsvizepräsidenten. Damit schaffte sich der Fürst einen Vorteil, der darin bestand, sich jederzeit in die inneren Angelegenheiten des Landtags einmischen zu können.[1230]

### *bb. Auswertung der Einkammerstaaten*

Die Kompetenzen, die den Landtagen in der Zeit von 1851–1866 gewährt wurden, unterschieden sich kaum von denen, die auch schon zuvor in ihren Verantwortungsbereich fielen, wie bereits bei der Untersuchung zu den verfassungsrechtlichen Änderungen innerhalb der „Einkammerstaaten" zu sehen ist. Auffällig ist jedoch, dass einigen Landtagen, namentlich denen von **Sachsen-Altenburg, Waldeck, Hessen-Homburg, Anhalt** und **Luxemburg** das Recht der Einbringung von Gesetzen wieder genommen und durch ein einfaches Antragsrecht ersetzt wurde. Ebenso verhielt es sich mit einem Anklagerecht gegen Staatsminister, das nur in **Schwarzburg-Rudolstadt, Reuß j.L.** und **Oldenburg** förmlich durchgeführt werden konnte. Damit kehrten diese Staaten zumindest teilweise wieder zu den Zuständen zurück, die vor den revolutionären Jahren ab 1848 bestanden. Hinsichtlich des Finanzwesens gingen die meisten Staaten wieder dazu über, die Domänen in das ausschließliche Eigentum des Fürsten zu geben. Erst 1848 waren die Domänen als Staatseigentum deklariert worden. Diese schnelle Rückkehr zu den alten finanziellen Zuständen zugunsten der Monarchen, die damit wieder die volle Verfügungsgewalt über die

1230 Lengemann, Landtag und Gebietsvertretung von Schwarzburg-Rudolstadt 1821–1923, S. 34.

Domänen sicher hatten, wurde zumeist ohne die Zustimmung der Landtage entschieden.[1231]

In vielen Staaten schafften es die Monarchen zudem, die auf den ersten Blick umfassend gewährten Rechte durch entsprechende Ausnahmevorschriften erheblich zu beschränken oder ganz zu umgehen, wie im obigen Vergleich sichtbar.

## *b. Die Kompetenzen innerhalb der Zweikammersysteme*

### *aa. Unmittelbarer Vergleich der Kompetenzen*

Innerhalb der bestehenden „Zweikammerstaaten" gab es nur sehr wenige Länder, die in dieser Zeit Veränderungen im Bereich der Kompetenzen der Landtage vorgenommen hatten. In der Regel setzten die meisten Staaten die seit 1848 ergangenen Regelungswerke außer Kraft, so dass die davor bestehenden Staatsgrundgesetze und mithin die dort geregelten Landtagsbefugnisse wieder Wirksamkeit erlangten. Nur in **Österreich** (Kaiserliches Diplom von 1860 und Staatsgrundgesetz von 1861) und **Hessen-Kassel** (Verfassung von 1852 und 1860) kam es aufgrund der Erlasse neuer Verfassungen auch zu einer Neubescheidung der Landtagsbefugnisse. In **Preußen** (Gesetz von 1855) und **Nassau** (Verordnung von 1851) wurden Revisionen erlassen, die sich auch teilweise auf die Kompetenzen bezogen und deshalb in die anstehende Untersuchung mit einbezogen werden. Beide Länder nahmen dabei jedoch nur Bezug auf die Voraussetzungen der Beschlussfassung.

#### (1) Kompetenzen im Bereich des Finanzhaushaltes

#### (a) Steuerbewilligungsrecht

Der Wirkungskreis der Landtage von **Österreich** und **Hessen-Kassel** umfasste in der Zeit von 1851–1866 unter anderem die Erhöhung bestehender oder die Einführung neuer Steuern und Abgaben.[1232] In **Hessen-Kassel** musste 1852 zu jeder Erhöhung oder Änderung die Notwendigkeit oder Nützlichkeit der Ausgaben und das Bedürfnis der vorgeschlagenen Steuern nachgewiesen werden.[1233] Zusätzlich kam 1860 noch die Bestimmung hinzu, dass die Steuern nur für die Dauer einer Finanzperiode (drei Jahre) Geltung hatten (§ 118).

Allerdings gab es auch in dieser Zeit in **Österreich** und **Hessen-Kassel** eine Vorschrift, die besagte, dass die alten Steuern solange auf der Grundlage der bestehenden Gesetze erhoben wurden, bis sie verfassungsgemäß geändert würden.[1234]

---

1231 Jonscher, Thüringische Verfassungsgeschichte, in: Thüringer Landtag, Thüringische Verfassungsgeschichte, Heft 3, S. 31.; vgl. auch Jonscher, Kleine thüringische Geschichte, S. 169 f.

1232 Österreich Diplom 1860 (II. Punkt) und 1861 (§ 10); Hessen-Kassel 1852 (§ 75 i.V.m. § 111).

1233 Hessen-Kassel 1852 (§ 112) und 1860 (§ 117).

1234 Österreich 1861 (§ 10); Hessen-Kassel 1852 (§ 112) und 1860 (§ 112/118).

Damit gab es für den Landtag kaum eine Möglichkeit der Mitwirkung, da die bestehenden Steuern zu ihrer Erhebung keiner ständischen Bewilligung bedurften.

### (b) Sonstige Kompetenzen im Bereich des Finanzhaushaltes

In **Österreich** und **Hessen-Kassel** bestand überdies das Mitwirkungsrecht in Form der Prüfung und Feststellung der Voranschläge der Staatsauslagen.[1235] In der Verfassung **Hessen-Kassels** von 1860 kam noch die Bestimmung hinzu, dass über die im Laufe einer Finanzperiode gemachten Ersparnisse und über die Überschüsse im Allgemeinen nur mit Zustimmung der Stände verfügt werden durften.

Beide Staaten sahen zudem das Zustimmungsrecht zu der Aufnahme neuer Schulden für die jeweiligen Landtage vor.[1236] Ebenso wie in den „Einkammerstaaten" erfolgte auch in den Ländern mit einem Zweikammersystem die Verlagerung der Domänen vom Staatseigentum in das fürstliche Vermögen. Diese erneute Vereinnahmung änderte jedoch nichts daran, dass den Landtagen durch ein diesbezügliches Einwilligungserfordernis eine Einwirkungsmöglichkeit zustand.[1237] Von diesem Veräußerungsverbot waren in **Hessen-Kassel** jedoch einige Gegenstände ausgeschlossen. Insoweit wurde in die neuen Verfassungen die alte Regelung von 1831 wortgetreu übernommen. Einen zusätzlichen Einfluss hatten die **kurhessischen** Landtage im Bereich der Apanagen, d.h. die festgesetzten Gelder, die die Fürsten erhielten. So konnte nur unter Beistimmung der Landstände eine Vermehrung dieser Apanagen stattfinden, wenn ein bedeutender Zuwachs von Gebiet eintrat oder beträchtliche Grundbesitzungen mit Erlöschen einer Seitenlinie anfielen.[1238]

### (2) Anklage- und Beschwerderecht

Lediglich in **Hessen-Kassel** gab es die Befugnis, begründete Bitten und Beschwerden von einzelnen Untertanen, ganzer Klassen oder Körperschaften anzunehmen und der Landesregierung vorzulegen sowie über die in der Landesverwaltung oder der Rechtspflege wahrgenommenen Missbräuche Beschwerde zu führen.[1239] Darüber hinaus bestand die Möglichkeit der förmlichen Anklage, wobei nicht alle Staatsbeamte zur Verantwortung gezogen werden konnten, sondern nur „Ministerialvorstände und deren Stellvertreter" (§ 78 f.). Mit Erlass des neuen Grundgesetzes von 1860 wurde diese Gruppe noch durch die Mitglieder des Gesamtstaatsministeriums erweitert (§ 83). Dieses landständische Anklagerecht war jedoch in einem Fall ausgeschlossen,

---

1235 Österreich Diplom 1860 (II. Punkt) und 1861 (§ 10c); Hessen-Kassel 1852 (§ 107/118) und 1860 (§ 117/121).

1236 Hessen-Kassel 1852 (§ 74 i.V.m.§ 110) und 1860 (§ 79/§ 115); Österreich Diplom 1860(II. Punkt) und 1861 (§ 10c).

1237 Hessen-Kassel 1852 (110) und 1860 (§ 115); Österreich Diplom 1860 (II. Punkt) und 1861 (§ 10c).

1238 Hessen-Kassel 1852 und 1860 (§ 10). Eine Verminderung der Apanagen durfte allerdings in keinem Fall stattfinden.

1239 Hessen-Kassel 1852 (§ 77) und 1860 (§ 82).

nämlich wenn „zwischen der Regierung und den Landständen über den Sinn einzelner Bestimmungen der Verfassungsurkunde Zweifel sich erheben und [...] eine Verständigung nicht erfolgen".[1240] Die zweifelhafte Bestimmung musste dann bei der Bundesversammlung durch die Regierung oder die Landstände zur Entscheidung gebracht werden, unbeschadet der einstweiligen Geltung des von der Regierung angenommenen Sinnes. In **Österreich** wurde auf ein Anklage- und Beschwerderecht gänzlich verzichtet.

### (3) Gesetzgebungsverfahren

Die Landtage waren befugt, bei der Gesetzgebung in Form der Beschlussfassung mitzuwirken. In beiden Staaten wurde jedoch dieses Recht auf bestimmte Gesetze beschränkt. In **Österreich** fielen darunter „alle Gegenstände der Gesetzgebung, die sich auf Rechte, Pflichten und Interessen beziehen, die zu den gemeinschaftlichen Angelegenheiten der Königreiche und Ländern zählen".[1241] Dazu gehörten namentlich alle Angelegenheiten, welche sich auf die Art und Weise sowie auf die Ordnung der Militärpflicht bezogen; alle Angelegenheiten, welche die Regelung des Geld-, Kredit-, Münz- und Zettelbankwesens, die Zölle und Handelssachen, die Grundsätze des Post-, Eisenbahn- und Telegraphenwesens betrafen sowie alle Angelegenheiten der Reichsfinanzen überhaupt. Darüber hinaus auch alle Gegenstände der Gesetzgebung, die nicht ausdrücklich durch die Landesordnungen den einzelnen im engeren Reichsrathe vertretenen Landtagen vorbehalten waren. Dasselbe galt auch bezüglich solcher den Landtagen vorbehaltener Gegenstände für die gemeinsame Behandlung von dem betreffenden Landtage.[1242]

Ohne Zustimmung der Stände konnte in **Kurhessen** im Jahr 1852 kein Gesetz ergehen, das auf die Privatrechte, die Steuern oder die Rechtspflege bezogen war (§ 75). Dieser Katalog wurde 1860 mit Erlass der neuen Verfassung um ein Vielfaches erweitert; beispielsweise kamen noch weitere Bereiche des Rechtssystems und des Finanzwesens sowie alle Angelegenheiten der Gemeindeorganisation hinzu (§ 80).

> Namentlich dazu gehörten „das Strafrecht sowie die auf besonderem Titel beruhenden, die Hoheitsrechte des Staats beschränkenden Rechte, die Steuern und sonstige Abgaben, die Salzpreise, die Holzpreise, den bürgerlichen und den Strafprozeß, die Gerichtsverfassung, den Einfluss des Religionsbekenntnisses auf die bürgerlichen und staatsbürgerlichen Rechte, die Wahl der Gemeindebehörden, die Verwaltung des Gemeindevermögens und der örtlichen Einrichtungen, die Aufnahme in den Gemeindeverband und die Bestellung der Gemeindediener, den Bestand der Handwerks- und Gewerbs-Korporationen, die Landeskreditkasse und die Brandkasse, die Rechte und Pflichten der Staatsdiener, die Militärpflicht und deren Dauer, die Stellvertretung und die Art der Ergänzung des

1240 Hessen-Kassel 1852 (§ 120) und 1860 (§ 128).
1241 Österreich Diplom 1860 (II. Punkt) und 1861 (§ 10).
1242 Österreich Diplom 1860 (II. Punkt) und 1861 (§ 10 f.).

Kriegsheeres sowie die sonstigen in den ständischen Wirkungskreis fallenden Gegenstände betreffenden Gesetze [...]".

Ausgenommen von der Zustimmung des Landtages waren in diesem Staat allerdings Verordnungen, welche die Handhabung oder Vollziehung bestehender Gesetze, oder die Organisation, die Verwaltung und Polizei betrafen.[1243] Zusätzlich konnte die Landesregierung alleine über solche ausnahmsweise erforderlichen Maßregeln entscheiden, die bei außerordentlichen Begebenheiten, wofür die vorhandenen Gesetze unzulänglich waren, für erforderlich gehalten wurden. Voraussetzung war allerdings, dass auf den Antrag der betreffenden Ministerialstände das Staatsministerium ein Gesetz für wesentlich und unaufschiebbar zur Sicherheit des Staates oder zur Erhaltung der ernstlich bedrohten öffentlichen Ordnung erklärte. Zudem durften die Kammern nicht versammelt und deren Zusammenberufung unausführbar sein.[1244] Diese provisorischen Anordnungen waren dann dem nächsten Landtag vorzulegen. Damit behielt sich das Staatsministerium einen großen Entscheidungsspielraum vor, da es in seinem Ermessen stand, eine Maßnahme für „wesentlich" zu erachten und der Landesherr sowieso darüber zu befinden hatte, wann sich der Landtag zu versammeln hatte.

Eine solche Ausnahme sah das **österreichische** Grundgesetz von 1861 ebenfalls vor (§ 13). Während in **Österreich** ein Gesetzesinitiativrecht für den damaligen Landtag bestand, gab es in **Hessen-Kassel** lediglich ein Antragsrecht.[1245] Dass insoweit Gesetzentwürfe nur vom Landesherrn an die Landstände, nicht aber von diesen an den Landesherrn gebracht werden durften, wurde explizit erst 1860 in die Verfassung geschrieben. In dem Staatsgrundgesetz von 1852 findet sich zu der Einbringung von Gesetzentwürfen keine Regelung.

Hinsichtlich des Gesetzgebungsverfahrens war in beiden Staaten zu einer gültigen Beschlussfassung die absolute Mehrheit der Anwesenden erforderlich.[1246] Wann eine solche Beschlussfassung überhaupt erst möglich war, wurde lediglich in **Hessen-Kassel** explizit gesagt: Es war dazu die Anwesenheit von zwei Dritteln der Abgeordneten jeder Kammer notwendig.[1247] Etwas anderes galt jedoch, wenn es um die Abänderung oder Erläuterung eine der Verfassungsurkunde beinhalteten Bestimmung ging. Dann wurde in **Hessen-Kassel** eine Stimmenmehrheit von drei Viertel und in **Österreich** eine Stimmenmehrheit von zwei Drittel der in der

1243 Hessen-Kassel 1852 (§ 75) und 1860 (§ 80). 1860 fielen unter die polizeilichen Verordnungen allerdings nur solche, die Strafen unter 50 Thaler oder weniger als 6 Wochen Gefängnis vorsahen. Alles, was darüber hinaus ging, bedurfte der Einwilligung der Landstände.

1244 Hessen-Kassel 1852 (§ 75) und 1860 (§ 80).

1245 Österreich 1861 (§ 12); Hessen-Kassel 1860 (§ 82).

1246 Österreich 1861 (§ 14); Hessen-Kassel 1852 (§ 57) und 1860 (§ 62).

1247 Hessen-Kassel 1852 (§ 57) und 1860 (§ 62). 1860 wurden zwar die genauen Zahlen genannt (Anwesenheit in der Ersten Kammer von wenigstens 12 Mitgliedern, in der Zweiten von mindestens 32); dies entsprach jedoch ungefähr Zweidritteln.

Verfassung festgesetzten Anzahl von landständischen Mitgliedern in jeder Kammer gefordert.[1248]

In der „Verordnung über das geltende Staatsrecht und die Organisation der Stände" vom 25. November 1851 wurde auch im Herzogtum **Nassau** auf die Beschlussfassung Bezug genommen. Ebenso wie in Kurhessen mussten zwei Drittel der Mitglieder einer jeden Kammer anwesend sein, um über Beschlüsse beraten und abstimmen zu können (§ 12). Die Beschlussfassung erfolgte durch Stimmenmehrheit. Darüber hinaus wurden in dieser Verordnung auch Bestimmungen über das Verfahren an sich getroffen. So heißt es in § 12: „Weichen die Beschlüsse beider Kammern voneinander ab, so wird zunächst eine Verständigung durch einen Zusammentritt derselben zu gemeinschaftlicher Berathung versucht. Die definitive Abstimmung erfolgt in jeder Kammer besonders. Erklärt sich hierbei auch nur Eine Kammer gegen den Gesetzentwurf, so bleibt das Gesetz ausgesetzt. Betreffen die abweichenden Beschlüsse nur einzelne Bestimmungen des Gesetzentwurfs, während derselbe im Ganzen von beiden Kammern angenommen worden ist, so bleibt Uns die Entscheidung vorbehalten."

Auch in **Preußen** wurde eine Neuerung der Beschlussfähigkeit durch das „Gesetz, betreffend die Abänderung der Verfassungsurkunde vom 31. Januar 1850 in Ansehung der Benennung der Kammern und der Beschlussfähigkeit der ersten Kammer" vom 30. Mai 1855 getroffen. Die Erste Kammer konnte danach keinen Beschluss fassen, wenn nicht mindestens sechzig der nach Maßgabe der Verordnung vom 12. Oktober 1854 zu Sitz und Stimme berufenen Mitglieder anwesend waren. Diese Änderung beruhte darauf, dass mit der Verordnung vom 12. Oktober 1854 die Erste Kammer eine neue Zusammensetzung erhielt. Dadurch, dass das sog. Herrenhaus 1855 aus zweihundertvierunddreißig Mitgliedern bestand, machte die notwendige Anzahl von sechzig Mitgliedern für eine Beschlussfassung nicht einmal die Hälfte der gesamten Abgeordneten aus.[1249] Eine Stimmenabgabe und die damit verbundene Beschlussfassung konnten damit kaum den Willen des einheitlichen Herrenhauses repräsentieren. Dies war jedoch auch nicht Wille der Schöpfer der Verfassungen und Gesetze; vielmehr sollte der Landtag auf eine Gutachterfunktion beschränkt werden, so dass nicht interessierte, wie die mehrheitliche Meinung über bestimmte Gesetzentwürfe aussah.[1250]

### (4) Sonstige Rechte

In **Hessen-Kassel** hatte der Landtag das Recht, seine Zustimmung für einen Tausch einzelner Teile des Staatsgebietes gegen einen vollständigen Ersatz an Land und Leuten, verbunden mit anderen wesentlichen Vorteilen, zu geben. Von

---

1248 Hessen-Kassel 1852 (§ 119); Österreich 1860 (§ 14).

1249 Spenkuch, Das Preußische Herrenhaus, S. 50. Die volljährigen Prinzen sind in der Gesamtzahl nicht zu berücksichtigen, da der König Friedrich Wilhelm IV. sie nie berief.

1250 Spenkuch, Das Preußische Herrenhaus, S. 56.

dieser Zustimmung ausgenommen waren jedoch die Verträge über Grenzberichtigungen.[1251] Darüber hinaus war eine jede Kammer befugt, über alle inneren Staatsangelegenheiten, welche auf das Landeswohl von wesentlichem Einfluss waren, zweckdienliche Aufklärungen von der Regierung zu begehren.[1252] Schließlich war **Hessen-Kassel** auch der einzige Staat, der explizite Regelungen zur Immunität vorsah.[1253] Inhaltlich waren sie dabei deckungsgleich mit den Vorschriften, die es auch in den „Einkammerstaaten" hierzu gab.

### (5) Verfassungsrechtliche Änderungen innerhalb der Staaten

In **Hessen-Kassel** wurden in diesem Zeitraum gleich zwei Verfassungen erlassen. Im Großen und Ganzen wurde der Kompetenzkatalog, der 1852 in die Verfassung aufgenommen wurde, in das neue Staatsgrundgesetz von 1860 übernommen. Jedoch wurden bestimmte Bereiche zugunsten des Landtags erweitert. So durfte er beispielsweise im Bereich des Finanzwesens nunmehr auch über Ersparnisse, die während einer Finanzperiode gemacht wurden, verfügen. Das Anklagerecht wurde um eine bestimmte Personengruppe erweitert und auch der Gegenstandskatalog der Gesetze, bei denen eine Mitwirkung der Stände erforderlich war, wurde 1860 aufgestockt. Im Verhältnis zu der letztgültigen Verfassung **Hessen-Kassels** 1831 (die Revisionen, die ab 1848 in diesem Staat ergangen waren, berührten nicht die Kompetenzen) war in Kurhessen insgesamt eine stagnierende Entwicklung zu verzeichnen. Alle Kompetenzen, die 1831 dem Landtag gewährt wurden, gab es auch ab 1851 weiterhin, ohne dass es zu großen fortschrittlichen Veränderungen kam. Der Befugniskatalog wurde lediglich um das Staatsbudgetrecht erweitert. Ansonsten blieb es aber beim Antragsrecht im Bereich des Gesetzgebungsverfahrens. Dem kurhessischen Landtag sollte damit bis zum Ende des Deutschen Bundes kein Gesetzesinitiativrecht mehr eingeräumt werden. Eine erhebliche Einschneidung seiner Kompetenzen erfuhr der Landtag allerdings im Bereich der Informationsoffenlegung. Während 1831 noch die Ständeversammlung über „alle Verhältnisse, welche nach ihrem Ermessen auf das Landeswohl wesentlichen Einfluss haben" Informationen einfordern konnte (§ 92), wurde dieses Recht 1852 auf „innere Staatsangelegenheiten" beschränkt (§ 72). Zudem war auch das Mitwirkungsrecht beim Gesetzgebungsverfahren empfindlich dadurch eingeschränkt worden, dass es nur noch auf bestimmte Gegenstände begrenzt wurde. Mit der „landesherrlichen Verkündigung" vom 21. Juni 1862 versetzte die Regierung die Stellung des Landtags auch hinsichtlich ihrer Rechte dann vollends wieder in den alten Zustand zurück, indem sie das Staatsgrundgesetz von 1831 abermals für gültig erklärte.

In **Österreich** wurde, ein Jahr bevor es zum Erlass der Verfassung von 1861 kam, ein kaiserliches Diplom ausgestellt, in dem eine Auflistung der dem Landtag zustehenden Kompetenzen enthalten war. Wie im unmittelbaren Vergleich sichtbar, wurden die dort aufgeführten Befugnisse wortgetreu in die neue Verfassung

1251 Hessen-Kassel 1852 (§ 1) und 1860 (§ 1).
1252 Hessen-Kassel 1852 (§ 72) und 1860 (§ 77).
1253 Hessen-Kassel 1860 (§ 73).

übernommen. Diesbezüglich wurden somit keine Veränderungen mehr vorgenommen. Bei einem Vergleich des österreichischen Staatsgrundgesetzes von 1861 mit den Regelungswerken von 1848 und 1849 fällt auf, dass hinsichtlich der Landtagsbefugnisse im Jahr 1861 ein geringer Rückschritt im Verhältnis zu den früheren Jahren erfolgte. Ebenso wie im Jahr 1848 wurde den Landständen auch 1861 ein Anklagerecht gegen Staatsdiener verwehrt, das 1849 erst neu eingeführt worden war. Zudem wurde das Mitwirkungsrecht im Bereich des Gesetzgebungsverfahrens nunmehr auf bestimmte Gegenstände beschränkt, was in den früheren Jahren noch nicht der Fall gewesen war. Ansonsten blieb es aber größtenteils bei den Rechten, die auch schon zuvor den Kammern zustanden.

In **Nassau** wurde mit der Verordnung von 1851 die frühere Verfassung von 1814 wieder in Geltungszustand versetzt. Da es damals noch keine Regelung über die Beschlussfähigkeit gab, wurde dies nun durch nachträgliche Einarbeitung einer entsprechenden Regelung nachgeholt.

#### *bb. Auswertung der Zweikammerstaaten*

Dadurch, dass viele „Zweikammerstaaten" in dieser Zeit zu den vor 1848 bestehenden Staatsgrundgesetzen zurückkehrten und damit die alten Kompetenzen wieder Bestandskraft hatten, kam es auch hier zu einem generellen Rückschritt in der Stellung der Landtage. Denn während in den Jahren ab 1848 allerorts ein förmliches Anklage- und Gesetzesinitiativrecht eingeführt wurde, kam es nunmehr wieder zu einem bloßen Antragsrecht hinsichtlich der Gesetzgebung und zu einem bloßen Beschwerderecht gegen die Staatsdiener. Nur **Österreich** und **Hessen-Kassel** normierten neue Verfassungen, die auch einen Befugniskatalog für die Landtage beinhalteten. Im unmittelbaren Vergleich ist aber auch hier zu erkennen, dass im Verhältnis zu den früher gewährten Rechten eine Stagnation, teilweise auch eine Degression zu verzeichnen ist. So wurde beispielsweise ein Beschwerde- und Anklagerecht dem Landtag in **Österreich** ab 1861 gar nicht mehr gewährt, und die Mitwirkung im Bereich des Gesetzgebungsverfahrens wurde erneut auf bestimmte Arten von Gesetzen beschränkt.

### *c. Auswertung der Ein- und Zweikammersysteme*

Die Reaktionsära ab 1851, in der vielerorts versucht wurde, die Veränderungen von 1848 wieder rückgängig zu machen und die vorher bestehenden Staatsgrundgesetze erneut in Gesetzesform zu gießen, machte auch vor dem Kompetenzbereich der Landtage nicht Halt. Allerdings sind diesbezüglich nur sehr kleine Veränderungen zu verzeichnen, vergleicht man es mit den erheblichen Umbildungen im Bereich des Wahlrechts und der Zusammensetzung der Landtage. Auffällig ist im Vergleich, dass oftmals den Kammern die Möglichkeit der Anklagebefugnis gegen Staatsminister genommen wurde und das Gesetzesinitiativrecht wieder in den alleinigen Verantwortungsbereich der Monarchen fiel. Abgesehen von diesem Rückschritt zu den vorigen Verhältnissen blieb es ansonsten bei den altbewährten Kompetenzen der Landtage.

### d. *Vergleich der Ein- und Zweikammersysteme zum heutigen Parlamentarismus*

Im Bereich des Finanzwesens kann hinsichtlich eines Vergleichs zum heutigen Parlamentarismus auf die Ausführungen der anderen Zeitperioden verwiesen werden, da es auch zu dieser Zeit kaum Änderungen in den jeweiligen Gesetzen gab. Es war immer noch gängige Praxis, diese Rechte durch umfassende Umgehungsvorschriften zu unterwandern. Auch bezüglich der Immunitätsregelungen gab es keine Veränderungen im Verhältnis zu den vorangegangenen Zeitperioden. Allein im Bereich des Gesetzgebungsverfahrens erfolgten Umgestaltungen dahingehend, dass die meisten Landesherren zu den Verhältnissen vor den Revolutionsjahren zurückkehrten. Dies bedeutete in concreto, dass das Gesetzesinitiativrecht, wie es den Landtagen noch in den 1848er Jahren gewährt worden war, nunmehr wieder durch ein bloßes Antragsrecht ersetzt wurde. Die Vorläuferrolle, die dieses Recht noch in den Revolutionsjahren im Vergleich zum heutigen Parlamentarismus erfüllte, ist damit hinfällig. Ebenso verhielt es sich mit den Mitwirkungsrechten im Gesetzgebungsverfahren, da das Zustimmungsrecht, wie es sich in der vorangegangenen Zeitperiode noch ergab, nunmehr wiederum durch entsprechende Beschränkungen auf sog. allgemeine Gesetze auf ein Minimum an tatsächlicher Einwirkungsmöglichkeit reduziert wurde. Eine Weiterentwicklung der Vorformen, die mithin in der vorangegangenen Zeitperiode festgestellt werden konnte, erfolgte damit in diesem Bereich nicht. Schließlich wurde den anhaltischen Kammern das erst in den 1848er Jahren neu eingeführte Recht des Misstrauensvotums wieder genommen; auch in diesem Bereich ein enormer Rückschritt, den die Landtage in dieser Zeit der Reaktionsära hinnehmen mussten.

# 4. Kapitel: Die Auswertung und der Erkenntnisgewinn der verfassungsvergleichenden Analyse

## I. Zusammenfassung des Verfassungsvergleichs der Ein- und Zweikammersysteme

Wie in der Einführung bereits erläutert, rechtfertigt sich die vorliegende Dissertation vor dem Hintergrund, dass ein umfassender Vergleich der verfassungsrechtlichen Verhältnisse zur Zeit des Deutschen Bundes im Hinblick auf die Ein- und Zweikammersysteme bis heute fehlt. Erst durch die Darstellung einer geschichtlichen Abhandlung ist es jedoch möglich, Rückschlüsse auf die heutige Zeit zu ziehen. Daher galt es in einem ersten Schritt einen umfassenden Vergleich zwischen den Ein- und Zweikammersystemen zur Zeit des Deutschen Bundes vorzunehmen, um in einem zweiten Schritt hierdurch Erkenntnisse für das weitere Anliegen der Dissertation – zu untersuchen, ob die Ein- und Zweikammersysteme Vorläufer des heutigen Parlamentarismus sind – zu gewinnen. Bei dem Vergleich interessierte unter anderem die Frage, die sich bereits bei dem ersten Blick auf den Inhalt der Verfassungen regelrecht aufdrängt: Warum hatten sich einige Staaten für ein Ein-, andere Staaten hingegen für ein Zweikammersystem entschieden? Hierbei gilt nun festzustellen, welche der eingangs gestellten Fragen tatsächliche Beweggründe lieferten: War die Größe eines Landes für die Entscheidung ausschlaggebend? Führten ungleiche Entwicklungen in den Einzelstaaten zu unterschiedlichen Ausgestaltungen? Orientierten sie sich an dem englischen oder französischen Vorbild? War ein System gegenüber dem anderen System effizienter? Oder gab es womöglich einen ganz anderen Grund für die Entscheidung eines Ein- oder Zweikammersystems, welcher bisher unbedacht geblieben ist?

Die verfassungsvergleichende Analyse bezüglich der Zusammensetzung der Landtage, des Wahlrechts, der Rechte und Pflichten der Abgeordneten und der Gründe für die Einführung eines Ein- oder Zweikammersystems hat folgende Erkenntnisse erbracht:

### 1. Zusammenfassung hinsichtlich der Zusammensetzung und des Wahlrechts der Ein- und Zweikammersysteme

Hinsichtlich der Zusammensetzung war zu Beginn des Deutschen Bundes kennzeichnend, dass sowohl die Ein- als auch die Zweikammersysteme grundsätzlich nur aus Honoratioren bestanden. Dazu gehörten insbesondere die Rittergutsbesitzer, die Standesherren und der Adel. Das Wahlrecht wurde auf Bürger begrenzt, die ebenfalls den jeweiligen Ständen angehörten. Im Gegensatz zum Einkammersystem war es in den in zwei Kammern geteilten Landtagen gebräuchlich, in die Ersten Kammern fast ausschließlich solche Personen aufzunehmen, die kraft ihres Amtes oder der Ernennung von Seiten der Landesherren den Status eines Abgeordneten erhielten. Damit war automatisch eine politische Teilhabe der Bevölkerung in Form von öffentlichen Wahlen ausgeschlossen. Dieses System stellte folglich für die jeweiligen Monarchen eine sehr vorteilhafte Form der politischen Einflussnahme dar, weil sie es durch die Aussendung entsprechender Gesandter in den Landtag schafften, ihre eigene Meinung vertreten zu sehen und so die Politik in eine ihr günstige Richtung zu lenken.

Diese sehr landständisch ausformierte Landtagszusammensetzung änderte sich bereits ab den 1830er Jahren dahingehend, dass nunmehr in beiden Kammersystemen zusätzlich solche Abgeordneten vertreten waren, die vom Volk in mittelbarer Weise gewählt wurden. So bestanden die Landtage mit nur einer Kammer aus Abgeordneten der Stände, die entweder von den Landesherren ernannt oder aber von den jeweils berufsständischen Gruppen gewählt wurden und aus vom Volk gewählten Abgeordneten. Die Staaten mit einem Zweikammersystem hatten weiterhin aus Sicht der Monarchen den Vorteil, dass in die Ersten Kammern nur privilegierte, einem Stand zugehörige Personen aufgenommen wurden. Der Einfluss der Monarchen war im Gegensatz zu der vorherigen Zeitperiode nunmehr eingeschränkter, da die Ersten Kammern neben Abgeordneten, die *ausschließlich* von den Landesherren ernannt wurden, auch aus Honoratioren bestanden. Diejenigen Personen, die vom Volk ihre Berechtigung erlangten, wurden in die Zweiten Kammern abgeordnet. Hinsichtlich des Wahlrechts gab es keine großen Unterschiede zwischen den Ein- und Zweikammersystemen in dieser Zeitperiode. Vorherrschend war allerorts ein strenges Zensuswahlrecht, weshalb zu dieser Zeit noch nicht von einem „Volkswahlrecht" im damaligen Sinne gesprochen werden konnte.

In den Revolutionsjahren 1848/49 wurde in den meisten Einzelstaaten, die ein Einkammersystem etabliert hatten, die Ständevertretung zugunsten einer reinen Volksvertretung abgeschafft und auch in einigen „Zweikammerstaaten", darunter Österreich (1849), Preußen (1848) und Hessen-Darmstadt, wurde diese Entwicklung in *beiden* Kammern verfassungsrechtlich umgesetzt. Der Normalfall lag allerdings anders: Die meisten Staaten mit einem in zwei Kammern geteilten Landtag ließen eine reine Volksvertretung nur in den Zweiten Kammern zu und sahen für die Ersten Kammern weiterhin nur Standeszugehörige vor. Einen deutlichen Entwicklungsunterschied zwischen beiden Kammersystemen kann man insbesondere im damals geltenden Wahlrecht ausmachen. In den „Einkammerstaaten" wurde allerorts das Zensuswahlrecht abgeschafft und in den meisten Staaten waren unmittelbare Wahlen angeordnet. In den Zweikammersystemen wurden solche Änderungen hingegen lediglich für die Zweiten Kammern durchgeführt, wobei hier die mittelbare Wahl weiterhin vorherrschend war. Die Wählerschaft der Ersten Kammern bestand hingegen weiterhin nur aus Standeszugehörigen und sonstigen Personen, die ein bestimmtes Steueraufkommen oder einen bestimmten Besitz vorweisen konnten. Auch zu dieser Zeit stellte sich damit aus Sicht der Monarchen das Zweikammersystem sowohl von der Zusammensetzung als auch vom Wahlrecht her als vorteilhafter dar, weil es weiterhin bei einer – zumindest in einer Kammer – bestehenden Interessenvertretung blieb.

In den Reaktionsjahren ab 1851 unterschieden sich die Ein- und Zweikammersysteme im Hinblick auf ihre Zusammensetzung erstmals deutlich voneinander. In vielen Zweikammersystemen wurden die vor der Revolutionszeit bestehenden Verfassungen für wieder gültig erklärt. Dies führte zu dem Ergebnis, dass die Ersten Kammern erneut ausschließlich aus Ständen bestanden und die Zweiten Kammern neben Abgeordneten, die vom Volk legitimiert wurden, ebenfalls wieder eine Ständevertretung beinhalteten. Die Staaten mit einem Einkammersystem erschufen hingegen im Allgemeinen neue Regelungen. Das führte dazu, dass zwar wieder Stände durch Vertreter in den Kammern repräsentiert wurden, sie sich von der Art und der Anzahl her jedoch von denen vor den Revolutionsjahren gänzlich unterschieden: Im Grundsatz wurden nur noch vereinzelt Rittergutsbesitzer zugelassen. Adelige und Bauern waren gar nicht mehr vertreten. Den Großteil der in den Kammern aufgestellten Stände machten die Grundbesitzer und die Höchstbesteuerten aus. Diese Entwicklung lag vor allem an der Einbuße an Macht und Ansehen, die der Adel im Laufe der Jahre erfahren hatte. Auch das Verhältnis zwischen den Ständen und den vom Volk gewählten Abgeordneten änderte sich: Während in den vorrevolutionären Jahren solche aus der Bevölkerung gewählte Abgeordnete im Vergleich zu denen der Stände noch eine Minoritätsgruppe darstellten, dominierten sie ab den 1850er Jahren die Zusammensetzung der Kammern. Hierin zeigt sich die Angst, die trotz Abflauen der Revolution noch in den Köpfen der Monarchen verankert war. Sie hatten gemeinhin Bedenken, dass eine aufrührerische Bewegung von Seiten der Bevölkerung jederzeit wieder aufflammen könnte. Andererseits aber standen die Monarchen unter dem Druck der Regierung des Deutschen Bundes, die demokratischen Elemente aus den Verfassungen wieder zu eliminieren. Eine Zwickmühle für die Verantwortlichen der Einzelstaaten, die es beiden Lagern rechtzumachen versuchten und für sich einen Kompromiss fanden, indem sie nicht alle Neuerungen aus den Revolutionsjahren abschafften. Insbesondere beließen sie die vom Volk gewählten Abgeordneten weiterhin in der Kammer. Dafür führten sie aber auch wieder eine Ständevertretung ein, die allerdings von der Anzahl her deutlich der Dominanz der anderen Abgeordneten unterlag.

Diese Angst bestand bei den Monarchen der Staaten mit einem Zweikammersystem nicht, da sie bei der Existenz von zwei Kammern stets die Möglichkeit erhielten, eine der Kammern nach ihrem Interessenvorteil auszugestalten, ohne sich dem Misstrauen der Bevölkerung ausgesetzt zu sehen. Von dieser Möglichkeit machten tatsächlich auch alle Monarchen Gebrauch, so dass die Ersten Kammern ausnahmslos in der Reaktionszeit wieder eine reine Ständevertretung darstellten, wobei sich die Art der Stände und die Anzahl ihrer Vertreter im Vergleich zu den vorangegangenen Zeitperioden nicht wesentlich änderte.

Hinsichtlich des Wahlrechts unterschieden sich hingegen die Kammersysteme in der Reaktionszeit kaum voneinander. In beiden Systemen wurde grundsätzlich erneut die mittelbare Wahl für die Wähler der Städte und das Zensuswahlrecht eingeführt. Damit wurden die lange geforderten und erst in den Revolutionsjahren durchgesetzten Bedingungen für ein demokratischeres Wahlverfahren wieder beseitigt.

## 2. Zusammenfassung hinsichtlich der Kompetenzen der Landtage

Die Kompetenzen der Landtage waren während der gesamten Zeit des Deutschen Bundes grundsätzlich identisch zwischen den „Ein- und Zweikammerstaaten“.[1254] Der einzige Unterschied bestand im Bereich des Gesetzgebungsverfahrens, welches sich aus der Natur der Sache ergab: Während in den Zweikammersystemen sowohl die Erste als auch die Zweite Kammer über den Gesetzentwurf entscheiden musste, bedurfte ein solcher Gesetzentwurf in den Einkammerstaaten naturbedingt nur der Einwilligung durch die eine Kammer. Wurde in einigen Staaten mit einem Zweikammersystem ein Gesetzentwurf durch eine der beiden Kammern verweigert, so kam es oftmals zu einem Beschluss erst dann, wenn beide Kammern nochmals einstimmig ihre Zustimmung hierzu gaben. War das nicht der Fall, fiel die Entscheidung an den Landesherrn. Hintergrund dieses Verfahrens war, dass die Landesherren davon ausgingen, dass es aufgrund der unterschiedlichen Besetzungen in den beiden Kammern so niemals zu einer Mehrheit kommen würde und sie damit letztendlich allein über die Gesetze bestimmen konnten. In anderen „Zweikammerstaaten“ war es wiederum so, dass bei einem Dissens in der Abstimmung die bejahenden und verneindenen Stimmen aus beiden Kammern zusammengezählt wurden und die Entscheidung nach der Mehrheit aller Stimmen ausfiel. Da die meiste Zeit über beide Kammern zu einem Großteil aus Abgeordneten bestanden, die den Landesherren wohlgesinnt waren, war die Annahme eines von dem jeweiligen Landesherrn eingebrachten Gesetzes von vornherein gesichert. Für die Monarchen war unter diesem Gesichtspunkt eine dichotome Unterteilung des Landtags durchaus günstiger als die Einführung nur einer Kammer. In einer offiziellen politischen Begründung für die Rechtfertigung zweier Kammern wurde hingegen angeführt, dass dem demokratischen Element der Zweiten Kammer das aristokratische Element der Ersten Kammer entgegensetzt werden müsse, da bezweifelt werde, dass eine einzige Kammer das notwendige Urteilsvermögen besäße, um alle Maßnahmen der Gesetzgebung richtig zu entscheiden.[1255] Zudem sollte so die Gefahr einer Übereilung von Entscheidungen vermieden werden.

---

1254 Die einzelnen Rechte, die den Landtagen gewährt wurden, sind in diesem Kapitel noch einmal ausführlich im Zusammenhang mit der Frage, ob das Ein- und Zweikammersystem als Vorläufer des heutigen Parlamentarismus zu werten ist (Punkt II.) unter „5. Vergleich der Kompetenzen der Abgeordneten“ aufgeführt.

1255 Die Fundstellen hierzu und zu den Aussagen, die in dieser Zusammenfassung noch angeführt werden, wurden bereits in dem umfassenden Vergleich, der im 3. Kapitel vorgenommen wurde, angegeben, so dass an dieser Stelle auf eine erneute Literaturangabe verzichtet wird.

## 3. Die Gründe für die Entscheidung zwischen Ein- und Zweikammersystem

Dieser Vergleich zwischen den Ein- und Zweikammersystemen lässt damit den Rückschluss zu, dass sich aus Sicht der Monarchen eine Aufteilung der Landtage in zwei Kammern als sehr viel vorteilhafter darstellte, da es die Möglichkeit zuließ, die Besetzung dahingehend zu lenken, dass eine vollumfängliche Interessenvertretung der Monarchen garantiert wurde.

Dennoch ist festzustellen, dass das Einkammersystem grundsätzlich in den Einzelstaaten des Deutschen Bundes vorherrschend war. Das lag in erster Linie daran, dass es vom Verwaltungsaufwand her leichter zu handhaben und deshalb für kleinere Länder, die den Hauptteil des deutschen Gebiets ausmachten, vorteilhafter war. Zudem verringerte sich dadurch die Wahrscheinlichkeit der Bildung einer Opposition, die oftmals einen Zwiespalt in die politischen Geschäfte und Entscheidungen brachte. Auch wurde angeführt, dass ein Zweikammersystem aufgrund einer noch vorhandenen Ständevertretung den Zweck einer wahren Volksvertretung zur allgemeinen Zufriedenheit und zum wahren Besten des Landes nicht erreichen könne.

Weitere Rückschlüsse hinsichtlich der Entscheidung eines Systems lassen sich zudem aus den Begründungen derjenigen Staaten ziehen, die sich im Laufe des Deutschen Bundes zu einem Wechsel der Ordnung entschlossen hatten. Dazu gehörte unter anderem Braunschweig, dessen Verfassung von 1820 noch ein Zweikammersystem vorsah, jedoch bereits im Jahr 1832 zu einem Einkammersystem wechselte. Zur Begründung wurde angeführt, dass die Funktion zweier Kammern in einem solch kleinen Land wie Braunschweig anscheinend fehl schlüge. Die Funktion der Zweiteilung bestände darin, dass das Staatsoberhaupt zumindest eine Kammer hätte, die zu seiner vollen Unterstützung tätig wäre und seine Interessen vertreten würde. Dies wäre jedoch in einem kleinen Land unnötig, da der Monarch in nur einer Kammer eine viel bessere Übersicht über die Interessen seiner Untertanen hätte und diese somit schneller umgesetzt werden könnten.

Dass sich dennoch auch kleine Staaten für ein Zweikammersystem entschieden, zeigt das Beispiel von Lippe-Detmold (1836). Als Grund wurde die historische Tradition angegeben, da die regionale, in zwei selbständige Kurien geteilte „Landschaft" bereits im Mittelalter fester Bestandteil der politischen Ordnung gewesen sei. Aber auch dieses Land ordnete 1848 einen Wechsel zu einem Einkammersystem an, allerdings aus anderen Motiven heraus als es in Braunschweig der Fall gewesen war. Den Anstoß dafür gaben die Märzereignisse, durch welche die Regierung aufgefordert wurde, eine Volksvertretung zu etablieren und die Ständevertretung sowie das Zweikammersystem zugunsten einer Einkammerordnung abzuschaffen. Die Regierung sah sich deshalb aufgrund dieser geschichtlichen Ereignisse zu einem Systemwechsel gezwungen. Aus ebendiesem Grund erhielten auch Württemberg und Nassau eine neue „singuläre" Kammerordnung. Dass Nassau jedoch wiederum ein paar Jahre später zu einem Zweikammersystem zurückkehrte, basierte auf dem Interessenvorteil, den sich der Landesherr mit der ersten der zwei Kammern versprach, die ausschließlich aus Vertretern bestand, die ihm politisch zugeneigt waren. Eine ähnliche Begründung für die Einführung eines Zweikammersystems lieferte auch Hessen-Kassel. Aus finanziellen Erwägungen heraus wurde eine Erste Kammer geschaffen, die derart besetzt wurde, dass eine regierungsfreundliche Mehrheit und damit auch die stetige Zustimmung zu finanziellen Geschäften, wie etwa die Aufnahme eines Kredits, gesichert waren.

Nach der oben erwähnten Einführung nur einer Kammer im Jahre 1848 kam es in Lippe-Detmold 1853 zu einem erneuten Systemwechsel, da die Verfassung von 1836, in der das Zweikammersystem vorherrschend war, aufgrund des „Bundesreaktionsbeschlusses" wieder eingeführt wurde.

Zusammenfassend ist somit festzuhalten, dass es keinen einheitlichen Grund für die Entscheidung für ein System gab. Vielmehr wurden in den Einzelstaaten unterschiedliche Erwägungen angeführt, warum die jeweilige Regierung sich für das eine oder andere System entschied. Darunter finden sich auch viele der eingangs aufgestellten Thesen als Begründung wieder. So lag der ausschlaggebende Grund für den Wechsel zu einem Einkammersystem in Braunschweig beispielsweise in den **territorialen Verhältnissen**. In Lippe-Detmold, wo sich der Monarch zunächst aus **historischen Erwägungen** heraus für ein Zweikammersystem entschied, wurde schließlich wegen der **geschichtlichen Veränderungen** im Laufe der Zeit ein Einkammersystem erneut eingeführt, ebenso wie es in Nassau und Württemberg der Fall gewesen war. In Nassau versprach sich der Landesherr schließlich von einem erneuten Systemwechsel eine **Absicherung seiner Interessen**. **Finanzielle Erwägungen** spielten dagegen in Hessen-Kassel für die Einführung eines Zweikammersystems eine Rolle.

## II. Das Ein- und Zweikammersystem als Vorläufer des heutigen Parlamentarismus

Die verfassungsvergleichende Analyse beinhaltet nicht nur einen umfassenden Überblick über die damalige staatsrechtliche Lage im Hinblick auf die Landtage, sondern darüber hinaus auch in der Auswertung einer jeden Zeitperiode einen Vergleich der Ein- und Zweikammersysteme zum heutigen Parlamentarismus. Hierdurch konnten zum einen Erkenntnisse darüber gewonnen werden, inwieweit die Ein- und Zweikammersysteme als Vorläufer des heutigen Parlamentarismus zu werten sind. Zum anderen konnte festgestellt werden, ob diesbezüglich eine stetige Entwicklung einer kontinuierlichen Moderne stattgefunden hat, mithin eine Traditionslinie zu erkennen ist.

Nach Vornahme der Untersuchung ist insoweit Folgendes festzustellen: Sowohl hinsichtlich der Zusammensetzung als auch des Wahlrechts sowie der Rechte der Landtagsabgeordneten fand insgesamt in den Einzelstaaten, unabhängig davon, ob es sich um ein Ein- oder um ein Zweikammersystem gehandelt hatte, *keine* kontinuierliche Entwicklung statt.

Im ersten der vier behandelten Zeitabschnitte, d.h. zu Beginn des Deutschen Bundes, hielten die meisten Einzelstaaten aus Angst vor einer bis dahin nicht erprobten

Veränderung und deren ungeahnten Konsequenzen noch verstärkt an den bewährten altständischen Systemen fest. Dieses zeichnete sich in der Zusammensetzung insbesondere dadurch aus, dass die ersten Landtage, die es ab 1815 gab, sowohl in den Ein- als auch in den Zweikammersystemen ausschließlich aus Mitgliedern bestanden, die teils durch landesherrliche Ernennung und teils durch die Wahl seitens bestimmter Berufungskörperschaften ihren Abgeordnetenstatus erlangten. Nicht privilegierte Personen wurden indessen grundsätzlich nicht geduldet. Bezüglich des Wahlrechts bedeutete dies eine erhebliche Einschränkung für die Bevölkerung, da nur solche Personen wählen durften, die selbst ihrem jeweiligen Stand zugehörig waren. Zwar wurden die Vertreter der Städte von den Einwohnern derselben gewählt, diese mussten jedoch, um wahlberechtigt zu sein, einen Besitz von Gütern vorweisen können. Auch diese Wahlgruppierung stellte damit letztendlich eine bevorrechtigte Standesklasse dar. An Kompetenzen wurde den Landtagen in der Regel nur ein sehr eingeschränktes Zustimmungsrecht im Bereich der Steuerbewilligung und der Gesetzgebung gewährt.

In den Jahren von 1830–1847, der zweite behandelte Zeitabschnitt, wurden sodann bereits vermehrt neben den altbewährten Landständen auch solche Personen in den Ein- und Zweikammersystemen zugelassen, die vom Volk in mittel- oder unmittelbarer Wahl gewählt wurden. Jedoch war dieses neu eingeführte konstitutionelle Element noch auf ein Minimum beschränkt; die Stände dominierten weiterhin die Landtagszusammensetzung. Zudem war auch das Wahlrecht noch derart eingeschränkt, dass nur eine verschwindend geringe Gruppierung der Bevölkerung dieses Privileg genoss, insbesondere die Gutsbesitzer und Steuerpflichtigen. Die Kompetenzen der Landtage entsprachen in beiden Systemen im Großen und Ganzen denen, die bereits in der vorangegangenen Zeitepoche gewährt worden waren. Lediglich teilweise wurden den Ständen neue Rechte zugesprochen, beispielsweise im Bereich des Militärwesens.

Es entstand damit in dieser Zeit zwar schon eine liberalere Ausrichtung der Landtagsverhältnisse als noch zu Beginn des Deutschen Bundes von 1815–1830, ohne dass jedoch die Monarchen von dem Altständischem und Bewährtem gänzlich abrückten.

Dieser zunächst nur sehr kleine liberale Fortschritt fand seinen Höhepunkt in den Jahren der Revolution 1848/49 – dem dritten der vier behandelten Zeitabschnitte. Die Märzforderungen, die von Seiten der Bevölkerung an die Regierungen gestellt wurden, brachten vielerorts eine Abschaffung der Ständevertretungen mit sich; die Landtage wurden nunmehr mit Abgeordneten besetzt, die durch das Volk gewählt wurden. Zur Wahl aufstellen lassen konnte sich grundsätzlich jeder, der ein bestimmtes Mindestalter und einen Wohnsitz innerhalb des jeweiligen Staates vorweisen konnte. Aber nicht nur die Zusammensetzung der Kammern änderte sich deutlich, sondern auch das Wahlrecht. Die unmittelbare Wahl wurde zur majorisierten Wahlart stilisiert und die Wahlrechtsbeschränkungen derart aufgehoben, dass nicht mehr die Besitz- und Vermögensverhältnisse über die Teilnahme an der Wahl entschieden, sondern Kriterien wie beispielsweise ein bestimmtes Mindestalter, die Staatsangehörigkeit und das Geschlecht. In denjenigen Staaten, in denen es bei einer mittelbaren Wahl verblieb, wurden ebenfalls nicht mehr nur die Höchstbesteuerten als solche zugelassen, da die Voraussetzungen für das passive Wahlrecht der Wahlmänner gelockert wurden. Auch im Bereich der Kompetenzen errangen die Landtage eine bedeutend einflussreichere Stellung, als es noch zu früheren Zeiten der Fall gewesen war. So wurde fast allerorts ein förmliches Gesetzesinitiativrecht und ein Anklageverfahren gegen Minister durchgesetzt. Zudem wurde die Mitwirkung im Gesetzgebungsverfahren nicht mehr auf bestimmte Arten von Gesetzen beschränkt.

Nun könnte angenommen werden, dass die Revolution die ersten Schritte auf dem Weg zu einem demokratischeren politischen System ebneten und eine Weiterentwicklung von liberalem Fortschritt nicht mehr aufzuhalten war. Die politische Entwicklung während der Zeit des Deutschen Bundes offenbart jedoch anderes.

Mit Abebben der revolutionären Bewegung Anfang der 1850er Jahre – der vierte untersuchte Zeitabschnitt – und einem gezielten Entgegensteuern von Seiten des Deutschen Bundes fand die erwähnte Weiterentwicklung ein jähes Ende. Die Bundesversammlung forderte die Einzelstaaten in ihrem „Bundesreaktionsbeschluss" auf, die liberalen Elemente, die mit der Revolution Einzug in die Verfassungen erhalten hatten, zu beseitigen und durch die altständischen Formen zu ersetzen. Mit einigen Ausnahmen folgten die Einzelstaaten dieser Aufforderung, indem sie entweder die früheren, vor den Revolutionsjahren ergangenen Verfassungen in Kraft setzten oder aber neue Regelungen schufen, die die liberalen Elemente auf ein Mindestmaß reduzierten. Dadurch kam es wieder vermehrt zu einer Ständevertretung in den Kammern. Auch das in den Revolutionsjahren durchgesetzte unmittelbare Wahlverfahren wurde nun weitestgehend abgeschafft und in den meisten Staaten erneut durch eine mittelbare Wahl ersetzt. Aufgrund der wiederholten Etablierung eines auf ein Minimum reduzierten Zensuswahlrechts wurde die Voraussetzung zur Wahlteilnahme vielerorts erneut an bestimmte Vermögens- und Besitzverhältnisse geknüpft. Im Bereich der Kompetenzen war ebenfalls ein gewisser Rückschritt im Verhältnis zu den Revolutionsjahren zu verzeichnen, wenn auch nicht derart gravierend, wie es bezüglich des Wahlrechts und der Zusammensetzung erfolgte. So wurde überwiegend das erst 1848 etablierte Anklagerecht gegen Staatsminister durch ein einfaches Antragsrecht ersetzt und auch das Gesetzesinitiativrecht wurde den Landtagen wieder genommen. Zudem wurde oftmals die Mitwirkung im Bereich des Gesetzgebungsverfahrens erneut auf bestimmte Gesetzgebungsgegenstände begrenzt, insbesondere auf Gesetze, die die Landesverfassung sowie gewisse Rechte der Staatsbürger betrafen.

Im Ergebnis ist somit festzuhalten, dass es keine kontinuierliche Entwicklung gab. So ist zwar die Zeit von 1815–1848 als eine stetige „demokratische" Steigerung der konstitutionellen Verhältnisse in den Landtagen des 19. Jahrhunderts zu charakterisieren, die allerdings ihr jähes Ende mit dem Abschluss der deutschen Revolution von 1848/1849 fand. Von dem Zeitpunkt an, in dem der Bund wieder seine alte Machtgewalt über das Volk zurückerlangte, wurden die Einzelstaaten unmittelbar aufgefordert, die mit der Revolution ergangenen demokratischeren Verhältnisse aus ihren Verfassungen zu beseitigen. Der „Bundesreaktionsbeschluss" kann damit als Ausfallstor zur Vernichtung einer kontinuierlichen Entwicklung hin zu dem heutigen Verständnis von Parlamentarismus und damit als ein Rückschritt des Liberalismus bezeichnet werden. Die Landtage wurden von den neuen liberalen Elementen wieder „befreit“ und in ihren ursprünglichen Zustand von vor 1848 zurückversetzt. Bis zum Ende des Deutschen Bundes von 1866 blieb es nunmehr bei dieser „rückwärtsgewandten“ Entwicklung.

Der Vergleich hat somit gezeigt, dass die Ein- und Zweikammersysteme nicht in der *Gesamtheit ihrer Entwicklung als Vorläufer* bezeichnet werden können, sondern lediglich einzelne Elemente aus unterschiedlichen Zeitperioden als Vorformen des heutigen Parlamentarismus zu werten sind.

Zu der weiterführenden Frage, *welche* Elemente insoweit als Vorformen bezeichnet werden können und wann diese im Laufe der Zeit des Deutschen Bundes etabliert waren, ist die Verfasserin zu folgenden Ergebnissen gelangt:

## 1. Zweikammersystem als Vorläufer des heutigen Bundestages und Bundesrates?

Die grundlegende Frage, die es dabei zunächst zu beantworten gilt, ist, ob ein Einoder Zweikammersystem *an sich* als Vorläufer des heutigen Parlamentarismus angenommen werden kann. Mit anderen Worten: Schuf der parlamentarische Rat möglicherweise durch die Einführung der Institutionen Bundestag und Bundesrat ein Zweikammersystem, wie es auch früher bereits in einigen Einzelstaaten etabliert war? Wie der vorangegangene Verfassungsvergleich sichtbar macht, waren die zwei Kammern in den meisten Staaten derart aufgestellt, dass die Ersten Kammern sich durch eine Ständevertretung auszeichneten und die Zweiten Kammern ausschließlich oder zumindest teilweise aus vom Volk gewählten Abgeordneten bestanden. Nicht einmal die Revolutionszeit 1848/49 änderte in den meisten Staaten hieran etwas. Dies lag hauptsächlich an dem Interesse der jeweiligen Monarchen, mit der Ersten Kammer bewusst einen Gegenpol zur Zweiten Kammer zu schaffen. Aus diesem Grund wurden die Ersten Kammern auch gerade mit solchen Abgeordneten besetzt, die ähnliche Interessen wie die Monarchen vertraten. Streng genommen stellt auch der Bundesrat ein Gegengewicht zum Bundestag dar, weil hier die Interessenvertretung der Länder etabliert ist. Deshalb gibt es heute noch eine Vielzahl von Autoren, die im Bundesrat eine Zweite Kammer sehen. Begründet wird dieses oftmals mit der Gründungsgeschichte des Grundgesetzes, da die Alliierten in ihren Auflagen ein Zweikammersystem für die Bundesrepublik Deutschland forderten.[1256] Sie diskutierten darüber, ob neben dem Bundestag nicht eine Zweite Kammer geschaffen werden sollte, die aus unabhängigen, von den Landtagen gewählten Einzelpersonen besteht.[1257] Diese Forderung von Seiten der Allierten wurde auf der anderen Seite heftig kritisiert, z.B. von dem Kommunisten Renner, welcher Mitglied der KPD war, mit den Worten: „Wenn man das

1256 Hanf, Bundesstaat ohne Bundesrat? S. 36, Beyme, Die parlamentarischen Regierungssysteme in Europa, S. 359.

1257 HCh-Bericht, S. 37.

parlamentarische Prinzip hochhalten will, muß der Bundestag die einzig souveräne Vertretung des souveränen Volkes, die Instanz sein, die die Regierungsbildung aus sich heraus schafft."[1258] Kritische Worte fanden ebenfalls Vertreter der politischen Parteien SPD und FDP.[1259] Tatsächlich wurden schließlich im Rahmen der Sechsmächtebesprechung im Jahr 1947 die Ministerpräsidenten damit beauftragt, eine verfassunggebende Versammlung einzuberufen, bei der es um die Errichtung einer Verfassung mit der „Regierungsform des förderalistischen Typs" gehen sollte.[1260] Diese Vertreter waren sich von Anfang an darüber einig, dass ein Bundesrat eingerichtet werden sollte, jedoch ging es ihnen dabei nicht um die Etablierung einer gleichwertigen „Zweiten Kammer". Der Zweck bestand vielmehr von vornherein darin, durch die Schaffung des Bundesrates den Förderalismusgedanken einzubringen, indem die Länder bei der Gesetzgebung beteiligt werden sollten.[1261]

Dieser Zweck stellt im Vergleich zu den Zweikammersystemen des 19. Jahrhunderts bereits den ersten signifikanten Unterschied dar. Aufgrund der heutigen Staatsform eines Bundesstaates geht es nicht mehr darum, eine Zweite Kammer zu schaffen, die als Gegenpol zu der dazu gehörigen Ersten Kammer fungiert. Vielmehr geht es darum, die förderalistischen Strukturen derart umzusetzen, dass die Länder eine gewisse Eigenständigkeit bereits auf Bundesebene besitzen. Dies zeigt sich auch daran, dass der Bundesrat zwar im Gesetzgebungsverfahren mitwirkt, das entscheidende Legislativorgan aber dennoch der Bundestag ist. Zwar dürfen Gesetzesinitiativen auch vom Bundesrat in den Bundestag eingebracht werden, über die Gesetze selbst entscheidet jedoch allein der Bundestag. Der Bundesrat darf anschließend lediglich bei Zustimmungsgesetzen seine Zustimmung verweigern oder bei Einspruchsgesetzen Einspruch gegen das Gesetz einlegen. Der Bundestag kann jedoch den Einspruch mit der Mehrheit seiner Mitglieder wieder zurückweisen (Art. 77 IV GG). Dieses Verfahren ist nicht vergleichbar mit dem Gesetzgebungsverfahren zur Zeit des Deutschen Bundes, als die Zweite Kammer in gleichem Maße wie die Erste Kammer bei der Gesetzgebung beteiligt war.

Aufgrund dieser Divergenzen zwischen dem heutigen und dem damaligen System kann das Zweikammersystem *als solches* nicht als Vorläufer zum heutigen System mit Bundestag und Bundesrat gesehen werden. Schon allein aufgrund der Konzeption von zwei Organen ist es offensichtlich auch nicht mit einem damaligen Einkammersystem vergleichbar.

## 2. Vergleich der Zusammensetzung der Landtage

Die verfassungsvergleichende Analyse hat gezeigt, dass die damalige Zusammensetzung der Landtage lediglich in der Revolutionszeit als Vorform des heutigen Parlamentarismus betrachtet werden kann. Denn zu dieser Zeit bestanden die

1258 Beyme, a.a.O., S. 360.
1259 Beyme, a.a.O., S. 360.
1260 Scholl, Der Bundesrat in der deutschen Verfassungsentwicklung, S. 15.
1261 Ismayr, Der deutsche Bundestag, S. 22; Scholl, a.a.O., S. 31.

Landtage in den Einkammersystemen und die Zweiten Kammern in den Zweikammersystemen aus vom Volk gewählten Abgeordneten, wie es sich auch heute bei der Zusammensetzung des Bundestages finden lässt. Zum ersten Mal seit Bestehen des Deutschen Bundes fielen die Zensusbestimmungen für die Wählbarkeit der Abgeordneten fast allerorts weg. So konnten nun alle Personen gewählt werden, unabhängig von dem Nachweis eines bestimmten Besitzes oder Einkommens bzw. Steueraufkommens. Dies ist aktuell ebenso der Fall und aufgrund unseres heutigen Demokratieverständnisses auch nicht mehr anders vorstellbar.

Hinsichtlich der passiven Wählbarkeitsvoraussetzungen lassen sich hingegen sogar Übereinstimmungen ausmachen, die sich in der *gesamten Zeit des Deutschen Bundes* und innerhalb aller Ein- und Zweikammersysteme wiederfinden lassen: Etwa ein bestimmtes Mindestalter, das damals schon in allen Zeitperioden für die Abgeordneten gefordert wurde und auch heute noch eine Bedingung darstellt. Geändert hat sich im Laufe der Zeit allerdings das Alter selbst. Während es zur Zeit des Deutschen Bundes konstant noch bei fünfundzwanzig, teilweise auch bei dreißig Jahren lag, gilt nunmehr ein Mindestalter von achtzehn Jahren.[1262] Die Herabsetzung des Alters während der Jahrhunderte liegt entscheidend an der Bestimmung der Volljährigkeit. Im Laufe der Zeit entschieden sich die Politiker fortwährend für einen früheren Eintritt des Erwachsenenstatus. Des Weiteren gibt es auch heute wie damals die Voraussetzung der deutschen Staatsangehörigkeit.[1263] Ebenfalls noch anerkannt sind einige Ausschlussgründe von damals: So der „Curatelzustand", wie sich aus § 15 Nr. 1 i.V.m. § 13 Nr. 2 BWG ergibt: „Ausgeschlossen vom Wahlrecht ist derjenige, für den zur Besorgung aller seiner Angelegenheiten ein Betreuer nicht nur durch einstweilige Anordnung bestellt ist [...]." Überdies vergleichbar ist der § 15 Nr. 1 i.V.m. § 13 Nr. 1 BWG mit dem früheren Ausschlussgrund der Verurteilung wegen Verbrechens oder Vergehens.[1264]

Diese Regelung hat sich im Laufe der Jahrhunderte dahingehend modifiziert, dass mittlerweile nur noch derjenige seine Wählbarkeit verliert, der wegen eines Verbrechens zu einer Freiheitsstrafe von mindestens einem Jahr verurteilt wird und wenn das Gericht zusätzlich die Fähigkeit zur Bekleidung öffentlicher Ämter nach pflichtgemäßem Ermessen aberkennt (vgl. § 45 Abs. 1 StGB). Weggefallen sind allerdings solche Ausschlussgründe, die mit dem heutigen Demokratieverständnis nicht mehr zu vereinbaren sind, wie beispielsweise Personen, die in „Kost und Lohn eines anderen" standen und nicht das Kriterium der Selbständigkeit erfüllten. Auch ist es mittlerweile ausgeschlossen, dass Frauen als Abgeordnete nicht zugelassen werden.

---

1262 Vgl. Art. 38 II letzter Halbsatz des Grundgesetzes für die Bundesrepublik Deutschland (GG).

1263 Vgl. § 15 des Bundeswahlgesetzes (BWG).

1264 So heißt es in § 13 Nr. 1 BWG: „Ausgeschlossen vom Wahlrecht ist, wer infolge Richterspruchs das Wahlrecht nicht besitzt." Vgl. auch § 15 II Nr. 2: „wer infolge Richterspruchs die Wählbarkeit oder die Fähigkeit zur Bekleidung öffentlicher Ämter nicht besitzt".

Insgesamt gibt es damit zahlreiche Wählbarkeitsvoraussetzungen des 19. Jahrhunderts, die bis heute erhalten geblieben sind.

Als eine in Ansätzen bestehende Vorform zum heutigen Parlamentarismus ist das damalige Selbstversammlungsrecht zu sehen, dass lediglich in der Zeit von 1848–1850 in den meisten Ein- und Zweikammersystemen geregelt war. Wie im Vergleich sichtbar, war es im Gegensatz zu heute allerdings noch stark eingeschränkt. Den Landtagen wurde nur einmal im Jahr die Möglichkeit zur alleinigen Versammlung gegeben und auch nur, wenn der Landesherr die Landtage nicht selbst einberief. Die Idee zu dem modernen, zu jeder beliebigen Zeit möglichen Selbstversammlungsrecht kam damit in der Revolutionszeit von 1848/1849 auf.

Schließlich wurde im 19. Jahrhundert bereits eine Legislaturperiode für die Landtage bestimmt, die sich als Regelung von Beginn bis Ende des Deutschen Bundes in fast jeder Verfassung wiederfindet. Da auch heute noch eine Legislaturperiode von vier Jahren gesetzlich geregelt ist, ist zumindest die *Existenz* einer solchen Regelung als Vorform des heutigen Parlamentarismus zu werten. Dagegen noch nicht vergleichbar war die unterschiedliche Dauer einer solchen Periode, die von Staat zu Staat zwischen drei und acht Jahren divergierte. Allerdings ist zu berücksichtigen, dass die Kodifizierung zwar bestand, es jedoch an der Umsetzung oftmals scheiterte, was aber auch häufig in der Absicht der Monarchen lag. Dadurch, dass sich hierzu in vielen Verfassungen, gerade zu Beginn des Bestehens des Deutschen Bundes, nur rudimentär ausgestaltete oder undeutliche Regelungen fanden, lag die Entscheidung über Neuwahlen letztendlich doch beim Monarchen.

Der Ursprung zu der heute bestehenden Parteienbildung findet sich ebenfalls in den Ein- und Zweikammersystemen des 19. Jahrhunderts. Die Anfänge der Parteienbildung und des Fraktionszusammenschlusses fielen in die Zeit des Vormärz. Diese Institutionen entwickelten sich in den Revolutionsjahren dahingehend weiter, dass die Parteien zu einer festen Größe in den Kammern wurden, auch wenn verfassungsrechtliche Kodifizierungen hierzu fehlten. In der Reaktionsära kam es dann zu einer Stagnation derart, dass in vielen Kammern entsprechende Parteien nicht mehr auftraten.

Als ein abgeschlossenes politisches Vorkommnis ist hingegen die damals bestehende Ständevertretung anzusehen, die sich in den Zweikammersystemen bis zum Ende des Bestehens des Deutschen Bundes gehalten hat, dem heutigen Verständnis des Parlamentarismus dagegen völlig widerspricht. Während eine solche Zusammensetzung in erster Linie den Interessen der Monarchen diente, ist die Frage, ob die heutige Zusammensetzung nicht ebenfalls vorrangig den Regierungsverantwortlichen dient, kritisch zu beurteilen. Zwar ist in Art. 20 Abs. 2 GG bestimmt, dass alle Staatsgewalt vom Volke ausgeht. Es sei an dieser Stelle jedoch erlaubt zu hinterfragen, ob dieser Grundsatz tatsächlich der Wirklichkeit entspricht. Denn das Volk hat auch in der heutigen Zeit lediglich einmal in vier Jahren die Möglichkeit, die Parteien und Direktkandidaten zu wählen. Danach liegt die Entscheidungsgewalt über die staatspolitischen Fragen allein in den Händen der gewählten Parteien, da Volksentscheide – mit Ausnahme der Neugliederung des Bundesgebietes (Art. 29 Abs. 2 GG) und der Entscheidung über eine neue Verfassung (Art. 146 GG) – im

Grundgesetz nicht vorgesehen sind. Die einzelnen Bundesminister werden zudem durch den Bundeskanzler vorgeschlagen. Dies führt dazu, dass oftmals die Bundesministerien mit Personen besetzt werden, die eine erforderliche Sachkunde für diesen Bereich nicht besitzen. Es sei die kritische Frage erlaubt, ob es nicht sinnvoll wäre, die Führung spezifischer Fachbereiche ausschließlich Personen anzuvertrauen, die bereits eine entsprechende berufliche Vorbildung hierfür aufweisen können.

## 3. Verantwortlichkeiten im heutigen und damaligen Regierungssystem

Wie unter den Begriffserläuterungen im 1. Kapitel dargestellt, zeichnet sich der heutige Parlamentarismus dadurch aus, dass die Regierung dem Parlament gegenüber verantwortlich ist. Eine solche Verantwortung kann grundsätzlich auch in einer konstitutionellen Monarchie festgesetzt werden. So kann beispielsweise das Parlament in Norwegen seit 1884 sowie in Großbritannien, Dänemark, Belgien und den Niederlanden über die Entlassung und die Wahl der Regierung entscheiden.[1265] Bei Betrachtung der verfassungsrechtlichen Grundlagen der konstitutionellen Monarchie des 19. Jahrhunderts zur Zeit des Deutschen Bundes fällt jedoch auf, dass nicht *eine* Verfassung eine solche Regelung beinhaltet. Vielmehr war übereinstimmend geregelt, dass allein der Monarch die Minister berief und auch über deren Entlassung zu entscheiden hatte.[1266] Dies blieb auch durch die Möglichkeit der Ministeranklage[1267] unberührt, denn dieses Rechtsinstitut änderte nichts an der eigentlichen

1265 Schwind, Allgemeine Staatengeographie, S. 358.

1266 In alphabetischer Reihenfolge: Anhalt-Bernburg 1848 (§ 81); Anhalt-Dessau-Köthen 1848 (§ 66); Braunschweig 1832 (§ 158); Hessen-Kassel 1831 (§ 51); Hohenzollern-Sigmaringen 1833 (§ 47); Liechtenstein 1862 (§ 27); Luxemburg 1849 (Art. 74); Mecklenburg-Schwerin 1849 (§ 128); Nassau 1849 (§ 50); Österreich 1848 (§ 11); Oldenburg 1849 (Art. 24); Preußen 1848 (Art. 43); Reuß j.L. 1848 (§ 60); Sachsen-Coburg-Gotha 1852 (§ 128); Sachsen-Gotha 1849 (§ 46); Schwarzburg-Rudolstadt 1854 (§ 4); Schleswig-Holstein 1848 (Art. 38); Waldeck-Pyrmont 1849 (§ 76).

1267 In alphabetischer Reihenfolge: Anhalt-Bernburg 1848 (§ 77); Anhalt-Dessau-Köthen 1848 (§ 55); Baden 1818 (§ 67); Braunschweig 1820 (§ 31); Braunschweig 1832 (§ 108); Hannover 1833 (§ 151); Hessen-Darmstadt: Gesetz über die Verantwortlichkeit der Minister von 1821 (Art. 4 ff.); Hessen-Kassel 1831(§ 61); Hohenzollern-Sigmaringen 1833 (§ 66e/70); Luxemburg 1848 (Art. 84); Lippe-Detmold 1836 (§ 7); In der Verfassung von Mecklenburg-Schwerin von 1849 wird in § 104 hinsichtlich der besonderen Befugnis der Ministeranklage auf ein betreffendes Gesetz hingewiesen, das jedoch nicht mehr erlassen wurde, weil zuvor schon die Verfassung von 1849 wieder aufgehoben wurde; Nassau 1849 (§ 57); Oldenburg 1849 (Art. 155 verweist insoweit auf den Art. 230); Preußen 1848 (Art. 59); Preußen 1850 (Art. 61); Reuß j.L. 1849 (§ 70d); Sachsen-Coburg-Meiningen 1824 (§ 14); Sachsen-Meiningen-Saalfeld 1829 (Art. 88); Sachsen-Coburg-Gotha 1852 (§ 132); Sachsen-Weimar-Eisenach 1816 (§ 5); Sachsen-Weimar-Eisenach 1850 (§ 4); Sachsen-Hildburghausen 1818 (§ 2h); Sachsen-Gotha 1849 (§ 61 verweist insoweit auf § 91 f.); Sachsen-Coburg-Saalfeld

Verantwortlichkeitsverteilung. Zudem sei darauf hingewiesen, dass das Ministeranklagerecht in vielen Staaten in Wirklichkeit nicht ausgeführt wurde bzw. werden konnte. Die Anklage war an so viele Bedingungen geknüpft, dass die jeweiligen Landesherren im Ergebnis die Anklageerhebung zurückweisen konnten, wovon sie auch regen Gebrauch machten. Um nur ein Beispiel zu nennen: § 70 der Verfassung von Hohenzollern-Sigmaringen regelte, dass die Stände nachweisen mussten, dass sie zunächst Beschwerde bei den Landesstellen vergeblich eingereicht hatten und die Beschwerde selbst nach eingeholter Auskunft bei der obersten Landesbehörde als begründet erschien. Oder aber es wurde wegen der Einzelheiten auf ein Gesetz verwiesen, was jedoch nie oder erst spät erlassen wurde, wie etwa in Luxemburg (Art. 84 der Verfassung von 1848). Kam es doch einmal zu einer Anklageerhebung, wurden die Staatsgerichtshöfe derart besetzt, dass die Regierung sich einer Stimmenmehrheit gewiss sein konnte.[1268]

Das Merkmal, dass die Regierung dem Parlament gegenüber verantwortlich ist, hatte seinen Ursprung nicht in der konstitutionellen Monarchie des 19. Jahrhunderts.

## 4. Vergleich des Wahlrechts

Der heutige Parlamentarismus zeichnet sich weiterhin dadurch aus, dass das Grundgesetz in Art. 38 I S. 1 GG vorschreibt, dass die Abgeordneten des Deutschen Bundestages in allgemeiner, freier, unmittelbarer, gleicher und geheimer Wahl gewählt werden. Bei der Untersuchung, ob sich diese Grundsätze als Vorformen in den Ein- und Zweikammersystemen wiederfinden, kann im Ergebnis, ebenso wie bei der Zusammensetzung, lediglich auf das Wahlrecht zur Zeit der Revolutionsjahre von 1848/49 verwiesen werden. Denn nur zu dieser Zeit gab es ein Wahlrecht, das als liberal bezeichnet werden kann, während zu allen anderen Zeiten die Kammern hauptsächlich als Ständevertretung fungierten und/oder Zensusbestimmungen das Wahlrecht dominierten. In den Revolutionsjahren fielen dagegen vielerorts die vormals bestehenden Zensusbestimmungen weg und die Wahlen wurden vornehmlich in den Einkammersystemen unmittelbar ausgestaltet. Heutzutage prägt das Wahlrecht ebenfalls der Grundsatz der Unmittelbarkeit. Bei genauerer Betrachtung des heutigen Wahlsystems ist allerdings durchaus fraglich, ob dieser Grundsatz in der Verfassungswirklichkeit tatsächlich so eingehalten wird, wie in Artikel 38 I GG geregelt. In Deutschland wird das Wahlverfahren nach den „Grundsätzen einer mit der Personenwahl verbundenen Verhältniswahl gewählt" (§ 1 I S. 2 BWG). In concreto bedeutet dies, dass jeder Wähler zwei Stimmen hat: Eine Erststimme für die Wahl eines Wahlkreiskandidaten, eine Zweitstimme für die Wahl einer Landesliste (§ 4 BWG). Maßgebend für die Zusammensetzung des Bundestages sind die

---

1821 (§ 78); Sachsen-Altenburg 1831 (§ 37); Sachsen 1831 (§ 141); Schwarzburg-Rudolstadt 1854(§ 35); Schwarzburg-Sondershausen 1841 (§ 159), 1849 (§ 127), 1857 (§ 57); Waldeck-Pyrmont 1816 (§ 25), 1849 (§ 66).

1268 Hecker, Die Erhebung des Volkes in Baden für die deutsche Republik, S. 11.

Zweitstimmen, da jede Partei prozentual so viele Sitze im Bundestag erhält, wie Zweitstimmen für sie abgegeben worden sind (§ 6 I BWahlG). Ein Direktkandidat kann nur über die Erststimme gewählt werden. Für die Wählerschaft bedeutet dieses Verfahren in der Realität nichts anderes, als dass sie de facto keinerlei Einfluss auf die letztendliche Regierungszusammensetzung hat, denn die Minister selbst werden nach Artikel 64 GG auf Vorschlag des Bundeskanzlers vom Bundespräsidenten ernannt. Der Bundeskanzler bzw. die Bundeskanzlerin wiederum wird auf Vorschlag des Bundespräsidenten vom Bundestag gewählt (Art. 63 GG). Auch eine mögliche Koalitionsbildung ist schließlich eine Entscheidung der Parteien selbst. In unserem System bestellen also eher die Parteien das Spitzenpersonal, zumindest nicht direkt die Wähler.[1269]

Abgesehen von dem Grundsatz der Unmittelbarkeit gibt es heutzutage weitere Prinzipien, die ebenfalls zumindest zu Zeiten der Revolution im 19. Jahrhundert verfassungsrechtlich verankert waren. So wurde in dieser Zeit – mit Ausnahme des Dreiklassenwahlrechts in Preußen und Bestimmungen in einigen wenigen anderen Zweikammerstaaten – durchgesetzt, dass jede Wählerstimme gleich gewichtet wurde. Was eine „allgemeine" Wahl anbelangt, so wurde in den Revolutionsjahren zumindest der Grundstein zu dem heutigen Grundsatz gelegt und bereits auf eingeschränkte Weise umgesetzt, indem die Zensusbestimmungen aufgehoben wurden und die Personen dementsprechend nur noch die allgemeinen Wahlrechtsvoraussetzungen erfüllen mussten, um zum Wählerkreis zu gehören. Dennoch waren Frauen weiterhin von der Wahl ausgeschlossen, weshalb es nicht unmittelbar vergleichbar mit dem heutigen Wahlrecht ist.

Parallel zu den passiven Wahlrechtsvoraussetzungen waren die Bedingungen für das aktive Wahlrecht während der gesamten Zeit des Bestehens des Deutschen Bundes normiert und finden sich teilweise auch heute noch in den Verfassungsgesetzen wieder, weshalb sie von Anfang an als Vorläufer des heutigen Parlamentarismus bezeichnet werden können. Geblieben ist bis heute die Bedingung eines bestimmten Mindestalters (Art. 38 II GG), die Voraussetzung der deutschen Staatsangehörigkeit und der Nachweis des Wohnsitzes (§ 12 BWG). Auch der Ausschlussgrund der Vormundschaftsbetreuung ist heute noch anerkannt (§ 13 Nr. 2 BWG), ebenso wie die Nichtteilnahme an den Wahlen, wenn es zu einem Richterspruch gekommen ist (§ 13 Nr. 1 BWG). Weggefallen, da mit dem heutigen Demokratieverständnis nicht vereinbar, sind jedoch solche Ausschlussgründe wie der Erhalt einer Armenunterstützung sowie das Bestehen einer Unselbständigkeit oder eines Angestelltenverhältnisses und die Eröffnung eines gerichtlichen Konkurses.

Auch im Bereich des Wahlrechts lassen sich damit viele Vorformen zum heutigen Parlamentarismus erkennen, wenn auch die meisten ebenfalls nur in der Zeit zwischen 1848 und 1850 bestanden. Aus der Tatsache, dass die aktiven Wahlrechtsvoraussetzungen während der gesamten Zeit des Deutschen Bundes normiert wurden

---

1269 Steingart, Die gestohlene Demokratie, S. 161; Arnim, Volksparteien ohne Volk, S. 11.

und sich auch heute noch fast wortgetreu in den Bundesgesetzen wiederfinden, kann der Schluss gezogen werden, dass sich diese Merkmale bereits zu jener Zeit derart bewährt hatten, dass sie auch heutzutage nicht mehr in Frage gestellt werden sollten, sondern als verlässliches Kennzeichen des heutigen Parlamentarismus zu werten sind.

## 5. Vergleich der Kompetenzen der Abgeordneten

Hinsichtlich der Kompetenzen sind ebenfalls Vorformen in den Landtagen des Deutschen Bundes zu dem heutigen Parlamentarismus festzustellen. Es bietet sich an dieser Stelle an, aufgrund der zahlreichen Kompetenzen der damaligen Landtage eine Unterscheidung im Folgenden vorzunehmen.

### *a. Rechte im Bereich des Finanzwesens*

Die Rechte der Landtage im Bereich des Finanzwesens waren bereits in der Zeit von 1815–1830 in einem enormen Umfang ausgestaltet und blieben während der gesamten Zeit des Deutschen Bundes erhalten. So hatten die meisten Ein- und Zweikammersysteme von Beginn an nicht nur ein Steuerbewilligungsrecht, sondern auch ein Zustimmungsrecht hinsichtlich der Festlegung des Staatsbudgets. Allerdings ist an dieser Stelle darauf hinzuweisen, dass dem Steuerwesen zu der damaligen Zeit noch nicht ein derart hohes Gewicht beigemessen wurde wie es heutzutage der Fall ist. Die Steuern machten vielmehr nur einen geringeren Teil der Einnahmequelle eines Staates aus. Die Landtage hatten von Anfang an, als es um die Neuordnung der Verhältnisse in Deutschland ging, die Forderung nach umfassenden Mitentscheidungsrechten gegenüber den jeweiligen Monarchen gestellt. Da die Landesherren wiederum auf finanzielle Hilfe angewiesen waren, respektierten sie diese Entscheidung zugunsten der jeweiligen Abgeordneten und gewährten ihnen diese Rechte. Heutzutage hat das Parlament nicht mehr nur ein „Steuerbewilligungsrecht", sondern zum großen Teil die Zuständigkeit über die Gesetzgebung im Bereich der Finanzen inne, wie ausführlich im Vergleich bereits dargestellt.[1270] Über die Zweckbestimmung der Staatsfinanzen hat der Bundestag die alleinige Entscheidungsgewalt. So sind alle Einnahmen und Ausgaben des Bundes in den Haushaltsplan gemäß Art. 110 I GG einzustellen, der für ein oder zwei Rechnungsjahre vor Beginn des ersten Rechnungsjahres durch das Haushaltsgesetz festgestellt wird (§ 1 BHO).

Wie der Vergleich ergibt, haben sich aus einem anfänglichen Steuerbewilligungsrecht und einem bloßen Zustimmungsrecht zur Festlegung des Staatsbudgets eine umfassende Gesetzgebungskompetenz und eine ausschließlich alleinige Bestimmung über die Staatsfinanzen für das Parlament entwickelt. Da also bereits im 19. Jahrhundert zumindest eine Mitwirkung im Bereich des Finanzwesens durch die Landtage vorgesehen war, sind diese damaligen Formen als Vorläufer des heutigen

---

1270 Siehe 3. Kapitel, III. Die Kompetenzen der Landtage, 1. Der Vergleich in der Zeit von 1815–1830, d. Vergleich der Ein- und Zweikammersysteme zum heutigen Parlamentarismus.

Parlamentarismus zu charakterisieren. Die Rechte bestanden zudem von Beginn des Deutschen Bundes an in den Ein- und Zweikammersystemen.

Auch als Vorläufer, wenn auch heute nicht mehr mit der traditionellen Bezeichnung versehen und unter anderen Eigentumsverhältnissen stehend, sind die Rechte anzusehen, die die Landtage im Hinblick auf das damalige sogenannte Domanial-Vermögen hatten. Seit den 1815er Jahren durfte der Monarch keine Immobilie oder sonst ihm gehörende Grundbesitzungen veräußern, ohne dass die Landtage hierzu eingewilligt hätten. Ebenso wie im Bereich der Steuerverwaltung ist das Parlament mittlerweile alleiniger Entscheidungsträger über die Frage der Veräußerung von Vermögensgegenständen. Eingeschränkt ist dieses Recht lediglich durch den Zusatz, dass sie nur veräußert werden dürfen, „wenn sie zur Erfüllung der Aufgaben des Bundes in absehbarer Zeit nicht benötigt werden" (vgl. § 63 II BHO). Bundeseigene Grundstücke dürfen hingegen nur mit Einwilligung des Bundesministeriums der Finanzen und des für das Bundesvermögen zuständigen Bundesministeriums veräußert werden, allerdings können die Bundesministerien auf ihre Mitwirkung verzichten, wie sich aus § 64 I BHO ergibt. Auch diese Vorform hat damit eine kräftige Erweiterung im Laufe der Zeit erfahren, indem dieses Recht von einer ehemaligen bloßen Einwilligungskompetenz zu einem überwältigenden Entscheidungsrecht im Bereich des Staatseigentums gestärkt worden ist.

Ebenfalls als Vorläufermodell, allerdings erst überwiegend verbreitet ab den 1830er Jahren, stellt sich schließlich die damalige „Schuldenpolitik" dar. Denn sowohl die Abgeordneten der Ein- als auch der Zweikammersysteme bekamen zu jener Zeit fast allerorts das Recht, sich hinsichtlich der Aufnahme neuer Schulden in die Politik einzumischen. Während in der Zeit der 1815er Jahre diese Kompetenz zunächst noch in der alleinigen Entscheidungsgewalt der jeweiligen Monarchen verblieb, wurde die Schuldenaufnahme bereits 15 Jahre später von der Zustimmung der Landtage abhängig gemacht. Heutzutage ist das Parlament sogar das einzige Organ, dass über die Aufnahme und die Höhe neuer Schulden zu bestimmen hat (vgl. § 18 II BHO). Diese Souveränität ist auch nicht, wie das öffentliche politische Meinungsbild Glauben machen möchte, durch die europäische Währungs- und Wirtschaftspolitik eingeschränkt worden. Zwar ist in Art. 126 AEUV in Verbindung mit dem Protokoll Nr. 12 „Über das Verfahren bei einem übermäßigen Defizit" gesetzlich eine klare Schuldenbremse von 3 % für das Verhältnis zwischen der Neuverschuldung und dem Bruttoinlandsprodukt und nicht mehr als 60 % für das Verhältnis der Gesamtschulden und dem BIP geregelt. Allerdings ist diese Regelung genauso wenig eingehalten worden wie auch die Vorschrift zum Verbot der Haftung von Verbindlichkeiten für andere Mitgliedstaaten (Art. 125 AEUV), ohne dass es zu den in dem EU-Arbeitsweisevertrag vorgesehenen Disziplinarmaßnahmen gekommen ist.[1271]

---

1271 Nach Angabe des Statistischen Bundesamtes liegt die Gesamtverschuldung bei 75,7 % im Verhältnis zum BIP. Zudem wurde eine Vielzahl von Hilfskrediten an in Schwierigkeit geratenen Mitgliedsländern in den letzten Jahren vergeben, wie der „EFSM", die „Griechenland-Hilfe", ESM und viele mehr.

Nach dieser Analyse ist abschließend festzuhalten, dass fast alle Kompetenzen aus dem Bereich des Finanzsektors von Beginn des Bestehens des Deutschen Bundes an vorhanden waren und als Vorformen gewertet werden können und dass eine erhebliche Erweiterung dieser Kompetenzen für das heutige Parlament festzustellen ist.

### *b. Anzeige- und Anklagerechte*

Bereits von Beginn der Ein- und Zweikammersysteme an bis zum Ende im Jahr 1866 fanden sich in fast allen Verfassungsregularien unabhängig von der Art des Kammersystems immer wieder die gleichen Bestimmungen: So gab es für die Abgeordneten zum einen die Möglichkeit, Anzeige über Mängel und Missbräuche in der Gesetzgebung zu erstatten. Ein solches Anzeigerecht ist heutzutage nicht mehr vorgesehen, da das Parlament selbst das entscheidende Legislativorgan darstellt. Den damaligen Ständen wurde ein sogenanntes Ministeranklagerecht gegen Staatsdiener gewährt. Wie oben bereits schon angeführt, war es aufgrund der einzelnen Regelungen allerdings mehr als schwierig, dieses Recht in der Realität auch durchzusetzen. Ein Ministeranklagerecht gibt es heute nicht mehr. Das Grundgesetz regelt lediglich die Möglichkeit der Anklage des *Präsidenten* in Artikel 61 GG.

Zudem gibt es in Art. 67 Abs. 1 GG das Mißtrauensvotum, wonach der Bundestag dem Bundeskanzler das Mißtrauen aussprechen kann, indem er mit der Mehrheit seiner Mitglieder einen Nachfolger wählt und den Bundespräsidenten ersucht, den Bundeskanzler bzw. die Bundeskanzlerin zu entlassen. Tatsächlich entstand die Prägung zu diesem Merkmal des heutigen Parlamentarismus in der Zeit des 19. Jahrhunderts, allerdings noch nicht allerorts und während der gesamten Zeit, sondern lediglich in den anhaltischen Staaten und nur zur Zeit der Revolution. Das dort auch bereits als „Mißtrauensvotum“ bezeichnete Recht sah vor, dass der Landtag bei einem Mehrheitsbeschluss dem Herzog gegenüber die schriftliche Erklärung abgeben konnte, dass das Gesamtministerium das Vertrauen des Landes verloren habe. Anders als heute, wo der Bundespräsident dem Ersuchen des Bundestages entsprechen *muss*, hatte der damalige Herzog allerdings noch die Möglichkeit zu entscheiden, ob er das Ministerium oder einzelne Mitglieder tatsächlich entließ.

Auch wenn dieses Recht zu jener Zeit noch nicht flächendeckend anerkannt war, war es doch im Ansatz bereits vorhanden und damit als Frühform zu den heutigen parlamentarischen Regelungen anzusehen.

### *c. Immunitäts- und Indemnitätsregelungen*

Fast wortgetreu erhalten geblieben sind Vorschriften zur Immunität der Abgeordneten. So heißt es auch heute noch in Artikel 46 I GG: „Ein Abgeordneter darf zu keiner Zeit wegen seiner Abstimmung oder wegen einer Äußerung, die er im Bundestage oder in einem seiner Ausschüsse getan hat, gerichtlich oder dienstlich verfolgt oder sonst außerhalb des Bundestages zur Verantwortung gezogen werden. Dies gilt nicht für verleumderische Beleidigungen.“ Und: „Wegen einer mit Strafe bedrohten Handlung darf ein Abgeordneter nur mit Genehmigung des Bundestages zur Verantwortung gezogen oder verhaftet werden, es sei denn, daß er bei Begehung der Tat oder im Laufe des folgenden Tages festgenommen wird" (Art. 46 II GG). Im Vergleich dazu der Wortlaut einer der Regelungen aus der Verfassung des 19. Jahrhunderts: „Niemand kann wegen seiner Äußerungen in der ständischen Versammlung verantwortlich gemacht werden"[1272] Und: „Die landständischen Abgeordneten[...] genießen sowohl in ihrer Gesammtheit, als einzeln, völlige Unverletzlichkeit der Person [...]. Nur mit Einwilligung des Landtags kann in dringenden Fällen auf dem Wege Rechtens gegen sie verfahren werden."[1273] Diese Bestimmungen wurden in den Verfassungswerken von Beginn bis zum Ende des Deutschen Bundes reglementiert. Dass diese Regelungen bis heute fast unverändert im Verfassungsrecht wiederzufinden sind, liegt daran, dass sich der Sinn dieser Vorschriften nicht verändert hat: Damals wie heute sollen die Abgeordneten vor willkürlichen Zugriffen von der Außenwelt bewahrt und dadurch die Arbeitsfähigkeit der Volksvertretungsorgane geschützt werden.[1274]

Aufgrund der nahezu identischen Regelungen sind diese Merkmale damit als „absolute" Vorläufer des heutigen Parlamentarismus zu kennzeichnen.

### *d. Kompetenzen hinsichtlich des Gesetzgebungsverfahrens*

Hinsichtlich des Gesetzgebungsverfahrens sind als Vorläufer lediglich die Bestimmungen der Revolutionszeit zu sehen, da zuvor und auch danach die Rechte nicht dem entsprachen, was wir heute unter dem modernen Gesetzgebungsverfahren verstehen. Denn erst im Zuge der Märzrevolution wurden Forderungen nach mehr Einwirkungsmöglichkeit im Bereich der Gesetzgebung laut. Daher erstaunt es nicht, dass die Landtage erst zu jener Zeit ein förmliches Gesetzesinitiativrecht erhielten, wie es sich auch heutzutage in Art. 76 GG wiederfindet. Vor und nach den 1848er Jahren gab es in den meisten Staaten lediglich ein sogenanntes Antragsrecht, d.h. die Kammern durften den Monarchen zwar Gesetzesvorschläge unterbreiten, diese konnten jedoch frei darüber entscheiden, ob sie einen solchen Vorschlag zur Verhandlung annahmen oder nicht. Erst in den Revolutionsjahren kam es dazu, dass die Landtage Gesetzentwürfe den Landesherren vorlegen durften, über die dann auch entschieden werden musste.

Als weiterer Vorläufer, wenn auch in wesentlich abgeschwächter Form zum heutigen System, ist das Mitwirkungsrecht im Gesetzgebungsverfahren zu werten, das den Landtagen ebenfalls erst in den Revolutionsjahren vielerorts gewährt wurde. Zu allen anderen Zeiten des Deutschen Bundes beschränkte sich das Zustimmungsrecht der Landtage lediglich auf sog. allgemeine Gesetze, die beispielsweise die Landesverfassung und die Rechte der Staatsbürger betrafen. Die Mitwirkungskompetenz in der Zeit von 1848–1850 zeichnete sich dadurch aus, dass ohne die Zustimmung

1272 Vgl. die Verfassung von Sachsen-Meiningen von 1824, § 68.
1273 § 69 der Verfassung von Sachsen-Meiningen von 1824.
1274 Öhlinger, Verfassungsrecht, Rdnr. 415.

der Landtage kein Gesetz „erlassen, abgeändert, aufgehoben oder authentisch interpretiert werden“ durfte, wie es sich wortgetreu aus den meisten Verfassungen ergab. Dieses einfache Zustimmungsrecht hat sich bis heute derart gewandelt, dass mittlerweile das Parlament alleiniges Legislativorgan ist, während der Bundesrat seine Zustimmung zu einem Gesetz erteilen muss bzw. Einspruch gegen ein Gesetz, was kein Zustimmungsgesetz ist, einlegen kann. Auch in diesem Bereich haben sich damit die Kompetenzen seit dem 19. Jahrhundert erheblich zugunsten des Parlaments erweitert.

Regelungen über die Beschlussfassung und Beschlussfähigkeit lassen sich ebenfalls erst in den 1848er Jahren finden und sind durchaus als Vorläufer der heutigen Bestimmungen anzusehen. Denn die meisten Kammern waren zu jener Zeit, genauso wie heutzutage, beschlussfähig, wenn mehr als die Hälfte seiner Mitglieder anwesend war.[1275] Zu einer Beschlussfassung war damals stets eine absolute Mehrheit erforderlich. Auch diese Vorschrift gibt es heutzutage noch. Zwar ist in Art. 42 II GG geregelt, dass grundsätzlich eine einfache Mehrheit ausreicht. Soweit das Grundgesetz aber etwas anderes vorschreibt, ist ebenfalls eine absolute Mehrheit erforderlich, wie z.B. im Falle der Wahl des Bundestagspräsidenten und seiner Stellvertreter oder der Wahl des Bundeskanzlers bzw. der -kanzlerin.

Die Auswertung ergibt, dass im Bereich des Gesetzgebungsverfahrens tatsächlich nur die Zeit von 1848–1850 als abgeschwächte Vorform des heutigen Parlamentarismus gewertet werden kann.

### *e. Sonstige Rechte*

Ebenfalls eine Prägung zu den heutigen Rechten ist im Bereich des Militärwesens in den 1830er Jahren entstanden. In drei Staaten wurden geringe Mitwirkungsrechte, die den Landtagen bezüglich der Truppenaufstellung gewährt wurde, normiert. Eine Vorform existierte damit zwar noch nicht, jedoch können auch in diesem Bereich bereits Ansätze zu den heute vollumfassenden Rechten in diesem Bereich, wie bereits bei dem unmittelbaren Vergleich zu jener Zeit festgestellt,[1276] gesehen werden.

Das heutige Recht der Landtage, Ausschüsse zu ernennen (Art. 44 und 45 GG), war bereits 1848 in zwei Staaten geregelt und ist deshalb als rudimentäre Vorform zu werten.

### *f. Bereich der Exekutive*

Während der gesamten Zeit des Bestehens des Deutschen Bundes ist durchgängig der gleiche Satz in den meisten Verfassungen zu finden, nämlich, dass dem Landesherrn allein die vollziehende Gewalt zustehe. Aufgrund der heutigen Föderalismusstruktur lassen sich die Regelungen zu den Verwaltungsvorschriften nicht einmal im

---

1275 § 45 I GO BT.

1276 Siehe 3. Kapitel, III. Kompetenzen der Landtage, 2. Der Zeitraum von 1830–1847, d. Vergleich der Ein- und Zweikammersysteme zum heutigen Parlamentarismus.

Ansatz miteinander vergleichen. Denn heutzutage ist der Exekutivbereich zwischen Bund und Ländern in der Weise aufgeteilt, als dass gemäß Art. 30 GG die Länder grundsätzlich für die Vollziehung der Gesetze zuständig sind, soweit das Grundgesetz keine andere Regelung trifft. Während also in der heutigen Zeit die Exekutive grundsätzlich auf zwei Organe verteilt ist, sollte dieser komplette Machtbereich in der damaligen Zeit bei einem einzigen Menschen liegen, dem Landesherrn. Die Landtage selbst hatten hierauf keinerlei Einwirkungsmöglichkeit.

## III. Schlusswort

Wie die Auswertung ergibt, lassen sich tatsächlich viele damalige verfassungsrechtliche Bestimmungen als Vorformen des heutigen Parlamentarismus werten und zwar in allen untersuchten Bereichen, das heißt sowohl in der Zusammensetzung der Landtage als auch im Wahlrecht und den Kompetenzen der Abgeordneten. Allerdings resultiert aus dem Vergleich auch, dass diese Vorformen zum Großteil allein in der Zeit der Revolutionsjahre bestanden, was darauf zurückzuführen ist, dass gerade in dieser Zeit die demokratischen Forderungen der Bevölkerung umgesetzt werden mussten. Nur ganz wenige Ausnahmen, wie beispielsweise die passiven Wählbarkeitsvoraussetzungen und die Kompetenzen im Bereich des Finanzwesens, nehmen eine Vorläuferrolle während der *gesamten* Zeit des Bestehens des Deutschen Bundes ein, da die Regelungen von Anfang an und territorial größtenteils gleich ausgestaltet waren.

Zu dem heutigen Parlamentarismus gehören zusätzlich noch Elemente, die es in der Zeit des 19. Jahrhunderts noch nicht gab, inbesondere die föderalistischen Strukturen und weitergehende Regelungen im Finanzbereich. Dass es sich bei denjenigen Elementen, die sich auch im heutigen Parlamentarismus noch wiederfinden lassen, tatsächlich nur um „Vorformen“ und gerade nicht um identische Regelungen zu den aktuellen handelt, wird spätestens an den heutigen parlamentarischen Regelungen sichtbar, die im Verhältnis zu den damaligen um ein Vielfaches erweitert und ausdifferenziert sind.

Letztendlich konnte durch diesen umfassenden Vergleich festgestellt werden, dass es keine kontinuierliche Entwicklung hin zum heutigen Verständnis des modernen Parlamentarismus gegeben hat, eine Traditionslinie damit nicht fortgesetzt wurde. Die Dissertation will damit auch ein Stück weit aufzeigen, wie behutsam mit den niedergeschriebenen staatsrechtlichen Begrifflichkeiten, die sich in vielen geschichtlichen Abhandlungen finden, umzugehen ist. Es ist Vorsicht bei solchen Schriften geboten, in denen die Staatsbegriffe „Parlament“, „Parlamentsregierung“[1277] oder „parlamentarisches Regierungssystem“ in Zusammenhang mit den damaligen Ein- und Zweikammersystemen gebracht werden – so sprach beispielsweise

1277 So bspw. Bülau in: Darstellung der Verfassung und Verwaltung des Königreichs Sachsen, Teil 1.

Ludwig Bergsträßer von „Parlamentarismus in Deutschland".[1278] Denn ob es in der Vergangenheit schon bestimmte staatsrechtliche Verhältnisse gab, die als solche auch bezeichnet werden können, ist letztendlich nur aus der heutigen Sicht und aus dem heutigen Verständnis heraus zu beurteilen. Auf diese Arbeit bezogen bedeutet dies, dass ein Parlamentarismus zu jener Zeit nur bestand, wenn er mit den heutigen Merkmalen des Parlamentarismusbegriffs übereinstimmt. Dass das parlamentarische Regierungssystem erst in der Weimarer Republik entstanden ist, ist bekannt. Dass die Ein- und Zweikammersysteme auch keine Vorläufer in ihrer Gesamtheit waren, hat die vorliegende Dissertation ebenfalls dargelegt. Lediglich einzelne verfassungsrechtliche Bestimmungen, die oben angeführt sind, können als Vorformen des heutigen Parlamentarismus gewertet werden, da sie auch heutzutage in unserem System, wenn auch in „neuem Gewande", noch wiederzufinden sind.

Hinsichtlich der Ein- und Zweikammersysteme *in ihrer Gesamtheit* könnte die Frage gestellt werden, was sie ihrer politischen Natur nach waren, wenn nicht Vorläufer des heutigen Parlamentarismus. Ohne sich in Definitionen zu verlieren, sei an dieser Stelle schlicht auf die zutreffenden Worte von Ernst Rudolf Huber hingewiesen: „Eine selbständige politische Form, ein auf eigenem Boden gegründetes und einer eigenen Wurzel entstammendes politisches Gebilde".[1279]

---

1278 Bergsträßer, Geschichte des Parlamentarismus in Deutschland, in: Gerhard Anschütz (Hrsg.), Handbuch der Politik.
Weitere Autoren, die diese oder ähnliche Begriffe für die damalige politische Ordnung benutzt haben, finden sich in Brunner/Conze/Koselleck, Geschichtliche Grundbegriffe unter dem Stichwort „Parlamentarismus".

1279 Huber, Deutsche Verfassungsgeschichte seit 1789, Band III, S. 4.

# Literaturverzeichnis

## Bücher zu der allgemeinen deutschen Verfassungsgeschichte

**Aeppli, Sebastian,** Das beschränkte Wahlrecht im Übergang von der Stände- zur Staatsbürgergesellschaft, Zielsetzungen des Zensuswahlrechts, Dissertation, Zürich 1988.

**Angelow, Jürgen,** Der deutsche Bund, Darmstadt 2003.

**Arnim, Hans Herbert,** Volksparteien ohne Volk, Das Versagen der Politik, 1. Auflage, München 2009.

**Asch, Ronald G.,** Europäischer Adel in der Frühen Neuzeit, Köln 2008.

**Bauer, Bruno,** Der Untergang des Frankfurter Parlaments, Geschichte der deutschen konstituierenden Nationalversammlung, Berlin 1849.

**Bellers, Jürgen/Westphalen, Raban,** Parlamentslehre, Das parlamentarische Regierungssystem im technischen Zeitalter, München 1993.

**Bentfeldt, Ludwig,** Der deutsche Bund als nationales Band: 1815–1866, Göttingen 1985.

**Bergengrün, Alexander,** David Hansemann, Berlin 1901.

**Bergenroth, Gustav Adolf,** Zeitschrift des Vereins für deutsche Statistik, Zweiter Jahrgang, 7. Heft, Berlin 1848.

**Bergsträßer, Ludwig,** Die Entwicklung des Parlamentarismus in Deutschland, in: Kurt Kluxen (Hrsg.), Parlamentarismus, 5. Auflage, Königstein 1980, S. 138–160.

**Bergsträßer, Ludwig,** Geschichte des Parlamentarismus in Deutschland, in: Gerhard Anschütz (Hrsg.), Handbuch der Politik, Die Grundlagen der Politik, Band 1, 3. Auflage, Berlin 1920, S. 329–336.

**Biedermann, Karl,** Die Repräsentativ-Verfassungen mit Volkswahlen, Leipzig 1864.

**Blos, Wilhelm,** Die deutsche Revolution, Geschichte der deutschen Bewegung von 1848 und 1849, Stuttgart 1893.

**Boberach, Heinz,** Wahlrechtsfragen im Vormärz, Die Wahlrechtsanschauung im Rheinland 1815–1849 und die Entstehung des Dreiklassenwahlrechts, Dissertation, Düsseldorf 1959.

**Boehart, William,** Nicht Untertanen, sondern Staatsbürger, in: Wolfgang Beutin (Hrsg.), Die deutsche Revolution von 1848/49 und Norddeutschland, Frankfurt am Main 1998, S. 219–236.

**Böckenförde, Ernst-Wolfgang/Grawert, Rolf/Ossbenbühl, Fritz/Quaritsch, Helmut,** Der Staat, Zeitschrift für Staatslehre, Öffentliches Recht und Verfassungsgeschichte, Beiheft 4, Von der ständischen Gesellschaft zur bürgerlichen Gleichheit, Berlin 1980.

**Boldt, Hans,** Zwischen Patrimonalismus und Parlamentarismus. Zur Entwicklung vorparlamentarischer Theorien in der deutschen Staatslehre des Vormärz, in: Gerhard A. Ritter (Hrsg.), Gesellschaft, Parlament und Regierung. Zur Geschichte des Parlamentarismus in Deutschland, Düsseldorf 1974, S. 77 ff.

**Bornhak, Conrad,** Deutsche Verfassungsgeschichte vom Westfälischen Frieden an, Stuttgart 1934.

**Brockhaus,** Conversations-Lexikon, Allgemeine deutsche Real-Encyclopaedie für die gebildeten Stände, 4. Band, 13. Auflage, Leipzig 1883.

**Brockhaus,** Conversations-Lexikon der Gegenwart, 3. Band, Leipzig 1838.

**Brockhaus,** Conversations-Lexikon der Gegenwart, 4. Band, 1. Abteilung, Leipzig 1840.

**Brockhaus,** Conversations-Lexikon, Allgemeine deutsche Real-Encyclopaedie für die gebildeten Stände, 12. Band, 9. Auflage, Leipzig 1847.

**Brockhaus,** Conversations-Lexikon, Allgemeine deutsche Real-Encyclopaedie für die gebildeten Stände, 6. Band, 7. Auflage, Leipzig 1830.

**Brosius, Dieter,** Vom Sieg der Reaktion zum Scheitern der Republik (1852–1933), in: Präsident des Niedersächsischen Landtags (Hrsg.), Landstände und Landtage, Hannover 1996, S. 157–188.

**Brunner, Otto/Conze, Werner/Koselleck, Reinhart,** Geschichtliche Grundbegriffe, Historisches Lexikon zur politisch-sozialen Sprache in Deutschland, Band 4: Mi-Pre, Heidelberg 1978.

**Carsten, F.L.,** Die deutschen Landstände und der Aufstieg der Fürsten, in: Heinz Rausch (Hrsg.), Die geschichtlichen Grundlagen der modernen Volksvertretung, Reichsstände und Landstände, Band 2, Darmstadt 1974, S. 315–340.

**Conrad, Hermann,** Der deutsche Staat: Epochen seiner Verfassungsentwicklung (843–1945), Frankfurt am Main 1969.

**Conze, Werner,** Das Spannungsfeld von Staat und Gesellschaft im Vormärz, in: Werner Conze (Hrsg.), Staat und Gesellschaft im deutschen Vormärz 1815–1848, 2. Auflage, Stuttgart 1970, S. 207–269.

**Corboz, André,** Die Kunst, Stadt und Land zum Sprechen zu bringen, Berlin 2001.

**Danecki, Edmund,** Die ideengeschichtlichen Grundlagen des sogenannten monarchischen Prinzips im 19. Jahrhundert, Dissertation, Köln 1936.

**Dennewitz, Bodo,** Volk und Staat in Lehre, Geschichte und Gegenwart, Wien 1943.

**Der Neue Brockhaus,** Lexikon und Wörterbuch, 4. Band, 4. Auflage, Wiesbaden 1968.

**Deutsches Rechtswörterbuch,** Band 5, Weimar 1953.

**Dippel, Horst,** Verfassungen der Welt vom späten 18. Jahrhundert bis Mitte des 19. Jahrhunderts, Deutsche Verfassungsdokumente 1806–1849, Teil 3: Europa, München 2007.

**Dyroff, Hans-Dieter,** Der Wiener Kongress 1814/15, Die Neuordnung Europas, München 1966.

**Ehrle, Peter Michael,** Volksvertretung im Vormärz, Studien zur Zusammensetzung, Wahl und Funktion der deutschen Landtage im Spannungsverhältnis zwischen monarchischem Prinzip und ständischer Repräsentation, Teil 1, Dissertation, Frankfurt am Main 1979.

**Ehrle, Peter Michael,** Volksvertretung im Vormärz, Studien zur Zusammensetzung, Wahl und Funktion der deutschen Landtage im Spannungsverhältnis zwischen monarchischem Prinzip und ständischer Repräsentation, Teil 2, Dissertation, Frankfurt am Main 1979.

**Engehausen, Frank,** Die Revolution von 1848/49, Paderborn 2007.

**Engelberg, Ernst,** Deutschland von 1849–1871, 2. Auflage, Berlin 1979.

**Engelberg, Ernst,** Im Widerstreit um die Reichsgründung, 1. Auflage, Berlin 1970.

**Fehrenbach, Elisabeth,** Vom Ancien Régime zum Wiener Kongress, 4. Auflage, München 2001.

**Flügel, Axel,** Bürgerliche Rittergüter, Göttingen 2000.

**Forsthoff, Ernst,** Deutsche Verfassungsgeschichte der Neuzeit, 4. Auflage, Stuttgart 1972.

**Fränkisches Bürgerblatt:** eine Zeitschrift für Wahrheit und Gesetz, 1848.

**Friedrich, Norbert/Jähnichen, Traugott,** Von den Befreiungskriegen bis zur Errichtung des Deutschen Reiches – Der Protestantismus und der Beginn der modernen Verfassungsgeschichte in Deutschland, in: Günter Brakelmann/Norbert Friedrich/Traugott Jähnichen (Hrsg.), Auf dem Weg zum Grundgesetz, Beiträge zum Verfassungsverständnis des neuzeitlichen Protestantismus, Münster 1999, S. 30–45.

**Fromme, Friedrich Karl**, Von der Weimarer Verfassung zum Bonner Grundgesetz, Die verfassungspolitischen Folgerungen des Parlamentarischen Rates aus Weimarer Republik und nationalsozialistischer Diktatur, Tübingen 1960.

**Frotscher, Werner/Pieroth, Bodo,** Verfassungsgeschichte, 7. Auflage, München 2008.

**Galletti, Joh. Georg August,** Allgemeine Weltkunde oder Encyklopädie für Geographie, Statistik und Staatengeschichte, 9. Auflage, Pesth 1840.

**Gentz, Friedrich,** Über den Unterschied zwischen den landständischen und Repräsentativverfassungen, in: Hartwig Brandt (Hrsg.), Restauration und Frühliberalismus 1814–1840, Darmstadt 1979, S. 218–227.

**Gneist, Rudolf,** Die nationale Rechtsidee von den Ständen und das preußische Dreiklassenwahlsystem, 2. Auflage, Nachdruck der 1. Auflage Berlin 1894, Darmstadt 1962.

**Graf, Herbert/Seiler, Günther,** Wahl und Wahlrecht im Klassenkampf, Berlin 1971.

**Griewank, Karl,** Der Wiener Kongress und die europäische Restauration 1814/15, 2. Auflage, Leipzig 1954.

**Grimm, Dieter,** Deutsche Verfassungsgeschichte 1776–1866, Vom Beginn des modernen Verfassungsstaates bis zur Auflösung des Deutschen Bundes, 1. Auflage, Frankfurt am Main 1988.

**Groß-Bölting, Markus Maria,** Altersgrenzen im Wahlrecht, Entwicklung und systematische Bedeutung im deutschen Verfassungsrecht, Dissertation, Köln 1993.

**Grotefend, Georg August,** Das deutsche Staatsrecht der Gegenwart, Berlin 1869.

**Haas, Christoph,** Sein oder nicht sein: Bikameralismus und die Funktion zweiter Kammern, in: Gisela Riescher/Sabine Ruß/Christoph M. Haas (Hrsg.), Zweite Kammern, Oldenburg 2000, S. 2–17.

**Habermas, Jürgen,** Strukturwandel der Öffentlichkeit, Untersuchungen zu einer Kategorie der bürgerlichen Gesellschaft, Nachdruck der Ausgabe 1962, Habilitation 1962, Frankfurt am Main 2006.

**HCh-Bericht,** Verfassungsausschuß der Ministerpräsidenten-Konferenz der westlichen Besatzungszonen. Bericht über den Verfassungskonvent auf Herrenchiemsee v. 10. – 23. August 1948, München 1948.

**Hanf, Dominik,** Bundesstaat ohne Bundesrat? Die Mitwirkung der Glieder und die Rolle zweiter Kammern in evolutiven und devolutiven Bundesstaaten, Dissertation, Baden 1999.

**Hardtwig, Wolfgang,** Vormärz, Der monarchische Staat und das Bürgertum, 4. Auflage, München 1998.

**Harkort, Friedrich**, Bemerkungen über die Hindernisse der Civilisation und Emancipation der untern Klassen, Elberfeld 1844.

**Hartung, Fritz,** Deutsche Verfassungsgeschichte vom 15. Jahrhundert bis zur Gegenwart, 9. Auflage, Stuttgart 1969.

**Hein, Dieter,** Die Revolution von 1848/49, München 1998.

**Held, Joseph,** System des Verfassungsrechts der monarchischen Staaten Deutschlands, System des geltenden, den deutschen constitutionellen Monarchien gemeinsamen Staatsverfassungsrechts, Band 2, Würzburg 1857.

**Hempel, Karl-Friedrich/Conrads, Norbert,** Die Breslauer Revolution, in: Friedrich Benninghoven/Hans Koeppen/Cécile Hensel (Hrsg.), Denkwürdige Jahre 1848–1851, Köln 1978, S. 3–96.

**Historische Kommission bei der Königlichen Akademie der Wissenschaften (Hrsg.),** Allgemeine deutsche Biographie, 7. Band, Berlin 1968.

**Hoffmann, Paul Gerhard,** Monarchisches Prinzip und Ministerverantwortlichkeit, Eine politische Studie, Jena 1911.

**Hohlfeld, Johannes**, Dokumente zur deutschen Politik und Geschichte von 1848 bis zur Gegenwart, Die Reichsgründung und das Zeitalter Bismarcks 1848–1890, Band 1, Berlin 1951.

**Huber, Ernst Rudolf,** Deutsche Verfassungsgeschichte seit 1789, Band 1: Reform und Restauration 1789 bis 1830, Nachdruck der 2. Auflage, Stuttgart 1990.

**Huber, Ernst Rudolf,** Deutsche Verfassungsgeschichte seit 1789, Band 2: Der Kampf um Einheit und Freiheit 1830–1850, 3. Auflage, Stuttgart 1988.

**Huber, Ernst Rudolf,** Deutsche Verfassungsgeschichte seit 1789, Band 3: Bismarck und das Reich, 3. Auflage, Stuttgart 1988.

**Huber, Ernst Rudolf,** Dokumente zur deutschen Verfassungsgeschichte, Band 1, Deutsche Verfassungsdokumente 1803–1850, 3. Auflage, Mainz 1978.

**Huber, Ernst Rudolf,** Dokumente zur deutschen Verfassungsgeschichte, Band 2, Deutsche Verfassungsdokumente 1851–1900, 3. Auflage, Stuttgart 1986.

**Hundt, Michael,** Quellen zur kleinstaatlichen Verfassungspolitik auf dem Wiener Kongress, Hamburg 1996.

**Ingelmann, Alfons,** Ständische Elemente in der Volksvertretung nach den deutschen Verfassungsurkunden der Jahre 1806–1819, Breslau 1914.

**Ismayr, Wolfgang,** Der deutsche Bundestag, 3. Auflage, Wiesbaden 2012.

**Kaltenborn, Carl,** Einleitung in das constitutionelle Verfassungsrecht, Frankfurt am Main 1970.

**Kant, Immanuel,** Immanuel Kant's Metaphysik der Sitten, 1838.

**Kelsen, Hans,** Das Problem des Parlamentarismus, 2. Auflage, Darmstadt 1968.

**Kimminich, Otto,** Deutsche Verfassungsgeschichte, 2. Auflage, Baden-Baden 1987.

**Kirsch, Martin,** Monarch und Parlament im 19. Jahrhundert, Dissertation, Göttingen 1999.

**Kischel, Uwe,** Immunität als Recht des Abgeordneten, in: Gerrit Manssen (Hrsg.), Die verfassungsrechtlich garantierte Stellung der Abgeordneten in den Ländern Mittel- und Osteuropas, Frankfurt am Main 2009, S. 87–110.

**Kissinger, Henry A.,** Großmacht Diplomatie – Von der Staatskunst, Castlereaghs und Metternichs, Frankfurt 1972.

**Klinge, Matti,** Die Universitätslehrer, in: Walter Rüegg (Hrsg.), Geschichte der Universität in Europa, Band III: Vom 19. Jahrhundert zum Zweiten Weltkrieg 1800–1945, München 2004, S. 113–144.

**Klüber, Johann Ludwig,** Übersicht der diplomatischen Verhandlungen des Wiener Kongresses überhaupt und insbesondere über wichtige Angelegenheiten des teutschen Bundes, 1. Abteilung, Neudruck der Ausgabe 1816, Osnabrück 1966.

**Kluke, Paul,** Der Kampf der beiden deutschen Großmächte um die Gestaltung Deutschlands, in: Theodor Schieffer (Hrsg.), Deutsche Geschichte im Überblick, 3. Auflage, Stuttgart 1972, S. 457–492.

**Kluxen, Kurt,** Religion- und Nationalstaat im 19. Jahrhundert, in: Julius H. Schoeps (Hrsg.), Religion und Zeitgeist im 19. Jahrhundert, Band 1, Stuttgart 1982, S. 37–57.

**Köbler, Gerhard,** Historisches Lexikon der deutschen Länder – Die deutschen Territorien vom Mittelalter bis zur Gegenwart, 7. Auflage, München 2007.

**Koch, Daniel,** Begrenzung von Staatsverschuldung, Unter Berücksichtigung von (polit-) ökonomischer und ethischer Aspekte, Dissertation 1. Auflage, Norderstedt 2012.

**Köhler, Jens,** Warum wird das Budgetrecht als das „Königsrecht" des Parlaments bezeichnet?, Studienarbeit, 1. Auflage Norderstedt 2011.

**Korn, Karl,** Die verlorene Revolution 1848, Berlin 1948.

**Kotulla, Michael,** Deutsche Verfassungsgeschichte, Vom Alten Reich bis Weimar (1495–1934), Berlin Heidelberg 2008.

**Kotulla, Michael,** Deutsches Verfassungsrecht 1806–1918, Band 1: Gesamtdeutschland, Anhaltische Staaten und Baden, Berlin und Heidelberg 2006.

**Kotulla, Michael,** Deutsches Verfassungsrecht 1806–1918, Band 2: Bayern, Berlin Heidelberg 2007.

**Kremer, Alois Silverius,** Darstellung des Steuerwesens, Wien 1821.

**Kröger, Kersten,** Die landständische Verfassung, München 2003.

**Kröger, Klaus,** Grundrechtsentwicklung in Deutschland – von ihren Anfängen bis zur Gegenwart, Tübingen 1998.

**Kube, Hanno,** Finanzgewalt in der Kompetenzordnung, Tübingen 2004.

**Kühne, Jörg-Detlev,** Die Reichsverfassung der Paulskirche, 2. Auflage, Neuwied 1998.

**Lang, Heinrich**, Gesetzgebung in eigener Sache, Tübingen 2007.

**Langewiesche, Dieter,** Europa zwischen Restauration und Revolution 1815–1849, 3. Auflage, München 1993.

**Linde, Justin Timotheus Balthasar,** Archiv für das öffentliche Recht des Deutschen Bundes, Band 2, 1. Heft, Gießen 1855.

**Lipp, Carola,** Aktivismus und politische Abstinenz. Der Einfluß kommunalpolitischer Erfahrung und lebensweltlicher Strukturen auf die politische Partizipation in der Revolution 1848/49, in: Jansen, Christian/Mergel, Thomas (Hrsg.), Die Revolutionen von 1848/49, Göttingen 1998.

**Loewenstein, Karl,** Zum Begriff des Parlamentarismus, in: Kurt Kluxen, Parlamentarismus, 2. Auflage, Berlin 1969, S. 65–69.

**Mann, Golo,** Deutsche Geschichte des 19. und 20. Jahrhunderts, 11. Auflage, Frankfurt am Main 2008.

**Meisner, Heinrich O.,** Die Lehre vom monarchischen Prinzip im Zeitalter der Restauration und des Deutschen Bundes, Aalen 1913.

**Meyer, Georg,** Das parlamentarische Wahlrecht, Berlin 1901.

**Meyer, Georg,** Konversations-Lexikon, Ein Nachschlagewerk des allgemeinen Wissens, 14. Band, 5. Auflage, Leipzig und Wien 1896.

**Meyer, Georg,** Konversations-Lexikon, Ein Nachschlagewerk des allgemeinen Wissens, 15. Band, 5. Auflage, Leipzig und Wien 1897.

**Meyer, Georg,** Konversations-Lexikon, Eine Enzyklopädie des allgemeinen Wissens, 12. Band, 4. Auflage, Leipzig und Wien 1890.

**Meyer, Georg,** Konversations-Lexikon. Ein Nachschlagewerk des allgemeinen Wissens, 9. Band, 5. Auflage, Leipzig und Wien 1895.

**Meyer, Hans,** Die Stellung der Parlamente in der Verfassungsordnung des Grundgesetzes, in: Hans-Peter Schneider/Wolfgang Zeh (Hrsg.), Parlamentsrecht und Parlamentspraxis, Berlin 1989, S. 117–164.

**Meyer, Philipp Anton Guido** (Hrsg.), Corpus Juris Confoederationis Germanicae oder vollständige Sammlung der Quellen des deutschen Bundesrechts, Beschlüsse der deutschen Bundesversammlung, Band 2, 3. Auflage, Frankfurt am Main 1859.

**Mohl, Robert,** Staatsrecht, Völkerrecht und Politik, Band 1, Tübingen 1860.

**Müller, Andreas,** Lexikon des Kirchenrechts und der römisch-katholischen Liturgie, 1. Band: A-E, 2. Auflage, Würzburg 1839.

**Müller, Jürgen,** Der deutsche Bund zwischen Reaktion und Reform 1851–1858, München 1998.

**Müller, Jürgen,** Der Deutsche Bund 1815–1866, Enzyklopädie Deutscher Geschichte, Band 78, Oldenburg 2006.

**N.N.,** Staatenbund, Bundesstaat und Einheitsstaat, Wodurch unterscheiden sie sich voneinander und was sind sonach der Deutsche Bund, die nordamerikanische Union und die schweizerische Eidgenossenschaft und wie muss die Verfassung des Deutschen Bundes reformiert werden, wenn Deutschland nicht die Beute einer Grossmacht werden soll, Leipzig 1859.

**N.N.,** Bibliothek politischer Reden aus dem 18. und 19. Jahrhundert, Band 3, Berlin 1844.

**N.N.,** Politische Zustände Österreichs, Köln 1869.

**Nipperdey, Thomas,** Deutsche Geschichte 1800–1866, 4. Auflage, München 1987.

**Nitsche, Johanna,** Die Entwicklungsdynamik des deutschen Liberalismus im 19. Jahrhundert, 1. Auflage, Norderstedt 2009.

**Öhlinger, Theo,** Verfassungsrecht, 8. Auflage, Wien 2009.

**Philippson, Johanna,** Über den Ursprung des allgemeinen gleichen Wahlrechts in Deutschland, Dissertation 1913.

**Pierer's Universal-Lexikon** der Vergangenheit und Gegenwart oder Neuestes encyclopädisches Wörterbuch der Wissenschaften, Künste und Gewerbe, 4. Auflage, 1. Band, Altenburg 1857–1865.

**Pölitz, Karl Heinrich Ludwig,** Die europäischen Verfassungen seit dem Jahre 1789 bis auf die neueste Zeit, 1. Band, die gesammten Verfassungen des teutschen Staatenbundes enthaltend, 1. Abteilung, 2. Auflage, Leipzig 1832.

**Pölitz, Karl Heinrich Ludwig**, Die europäischen Verfassungen seit dem Jahre 1789 bis auf die neueste Zeit, 4. Band, 1. Abteilung, die Verfassungen des teutschen Staatenbundes seit dem Jahre 1833 enthalten, 2. Auflage, Leipzig 1847.

**Poensgen, Oskar,** Das Wahlrecht, Leipzig 1909.

**Pröve, Ralf,** Stadtgemeindlicher Republikanismus und die „Macht des Volkes", Civile Ordnungsformationen und kommunale Leitbilder politischer Partizipation in den deutschen Staaten vom Ende des 18. bis zur Mitte des 19. Jahrhunderts, Habilitation 2000.

**Rausch, Heinz,** Die geschichtlichen Grundlagen der modernen Volksvertretung, 2. Band: Reichsstände und Landstände, Darmstadt 1974.

**Reif, Heinz,** Adel im 19. und 20. Jahrhundert, München 1999.

**Rönne, Ludwig,** Das Staatsrecht der preußischen Monarchie, 1. Band, 4. Auflage, Leipzig 1881.

**Rotteck, Carl,** Ideen über Landstände, Karlsruhe 1819.

**Rotteck, Carl/Welcker, Carl,** Das Staatslexikon, 11. Band, 3. Auflage, Leipzig 1864.

**Rotteck, Carl/Welcker, Carl,** Das Staatslexikon, 12. Band, 3. Auflage, Leipzig 1865.

**Rotteck, Carl/Welcker, Carl,** Das Staatslexikon, 13. Band, 3. Auflage, Leipzig 1865.

**Rotteck, Carl/Welcker, Carl,** Das Staatslexikon, 3. Band, 3. Auflage, Leipzig 1859.

**Rotteck, Carl/Welcker, Carl**, Das Staatslexikon, 8. Band, 3. Auflage, Leipzig 1863.

**Rürup, Reinhard,** Deutschland im 19. Jahrhundert 1815–1871, Göttingen 1984.

**Scharff, Alexander,** Deutscher Bund und deutsche Verfassungsbewegung, in: Theodor Schieffer (Hrsg.), Deutsche Geschichte im Überblick, 3. Auflage, Stuttgart 1972, S. 395–432.

**Scharff, Alexander,** Revolution und Reichsgründungsversuche, in: Theodor Schieffer (Hrsg.), Deutsche Geschichte im Überblick, 3. Auflage, Stuttgart 1972, S. 433–456.

**Scheuner, Ulrich,** Volkssouveränität und Theorie der parlamentarischen Vertretung, Zur Theorie der Volksvertretung in Deutschland 1815–1848, in: Karl Bosl (Hrsg.), Der moderne Parlamentarismus und seine Grundlagen in der ständischen Repräsentation, Berlin 1977, S. 297–340.

**Schieder, Theodor,** Vom Deutschen Bund zum Deutschen Reich 1815–1871, 2. Auflage, München 1976.

**Schleiermacher, Friedrich,** Vorlesungen über die kirchliche Geographie und Statistik, Kritische Gesamtausgabe, Berlin 2005.

**Schmid, Karl Ernst,** Lehrbuch des gemeinsamen deutschen Staatsrechts, Erste Abteilung, Jena 1821.

**Schmitt, Karl,** Die Prinzipien des Parlamentarismus, in: Kurt Kluxen (Hrsg.), Parlamentarismus, 2. Auflage, Berlin 1969, S. 41–58.

**Schnabel, Franz,** 1789–1919: Eine Einführung in die Geschichte der neuesten Zeit, Leipzig 1924.

**Schöttle, Rainer,** Karl von Rotteck, Über Landstände und Volksvertretungen, 1. Auflage, Freiburg-Berlin 1997.

**Scholl, Udo,** Der Bundesrat in der deutschen Verfassungsentwicklung, Reichsverfassung von 1871 und Grundgesetz, Berlin 1982.

**Schreiber, Wolfgang,** Wahlkampf, Wahlrecht und Wahlverfahren, in: Hans-Peter Schneider/Wolfgang Zeh (Hrsg.), Parlamentsrecht und Parlamentspraxis, Berlin 1989, S. 401–438.

**Schremmer, Eckart,** Steuern und Staatsfinanzen während der Industrialisierung Europas, England, Frankreich, Preußen und das Deutsche Reich 1800–1914, Berlin 1994.

**Schulz, Hans,** Deutsches Fremdwörterbuch, 1. Band, A-R, Straßburg 1913.

**Schwind, Martin,** Allgemeine Staatengeographie, Hannover 1971.

**Seibel, Thomas,** Die Waldeckischen Landstände im Vormärz, Dissertation, Frankfurt am Main 1997.

**Seier, Hellmut,** Liberalismus und Staat in Deutschland zwischen Revolution und Reichsgründung, in: Wolfgang Klötzer/Rüdiger Moldenhauer/Dieter Rebentisch (Hrsg.), Ideen und Strukturen der deutschen Revolution 1848, Frankfurt am Main 1974, S. 69–85.

**Smend, Rudolf,** Maßstäbe des parlamentarischen Wahlrechts in der deutschen Staatstheorie des 19. Jahrhunderts, Stuttgart 1912.

**Spiel, Hilde,** Der Wiener Kongress in Augenzeugenberichten, Düsseldorf 1965.

**Stadelmann, Rudolf,** Soziale und politische Geschichte der Revolution von 1848, 2. Auflage, München 1970.

**Stahl, Julius,** Die deutsche Reichsverfassung nach den Beschluessen der deutschen Nationalversammlung und nach dem Entwurf der drei koeniglichen Regierungen, 2. Auflage, Berlin 1849.

**Steingart, Gabor,** Die gestohlene Demokratie, Das Wahlbuch '09, München 2009.

**Steinmetz, Willibald,** Gemeineuropäische Tradition und nationale Besonderheiten im Begriff der „Mittelklasse". Ein Vergleich zwischen Deutschland, Frankreich und England, in: Reinhart Koselleck/Klaus Schreiner (Hrsg.), Bürgerschaft, Stuttgart 1994, S. 161–238.

**Sternberger, Dolf/Vogel, Bernhard** (Hrsg.), Die Wahl der Parlamente, Band I: Europa: Erster Halbband, Berlin 1969.

**Stolleis, Michael,** Geschichte des öffentlichen Rechts in Deutschland, Staatsrechtslehre und Verwaltungswissenschaft 1800–1914, Band 2, München 1992.

**Tecklenburg, Adolf,** Wahlrecht und Wahlverfahren, in: Gerhard Anschütz (Hrsg.), Handbuch der Politik, Die Grundlagen der Politik, Band 1, 3. Auflage, Berlin 1920, S. 358–368.

**Theimer, Walter,** Lexikon der Politik, 8. Auflage, München 1975.

**Tilly, Richard,** Unternehmermoral und -verhalten im 19. Jahrhundert. Indizien deutscher Bürgerlichkeit, in: Jürgen Kocka (Hrsg.), Bürgertum im 19. Jahrhundert, Band II: Wirtschaftsbürger und Bildungsbürger, Göttingen 1995, S. 35–64.

**Treitschke, Heinrich,** Deutsche Geschichte im 19. Jahrhundert, Bis zum zweiten Pariser Frieden, 1. Teil, 9. Auflage, Leipzig 1981.

**Treitschke, Heinrich,** Der Wiener Kongress, Berlin 1943.

**Ullmann, Hans-Peter,** „Ponderare non numerare?" Überlegungen zu den Finanzen deutscher Universitäten im „langen" 19. Jahrhundert, in: Frank Engehausen/Armin Kohnle (Hrsg.), Zwischen Wissenschaft und Politik, Studien zur deutschen Universitätsgeschichte, Stuttgart 2001, S. 159–173.

**Vierhaus, Rudolf,** Vergangenheit als Geschichte, Studien zum 19. und 20. Jahrhundert, Göttingen 2003.

**Vierhaus, Rudolf,** Von der altständischen zur Repräsentativverfassung. Zum Problem institutioneller und personeller Kontinuität vom 18. und 19. Jahrhundert, in: Karl Bosl (Hrsg.), Der moderne Parlamentarismus und seine Grundlagen in der ständischen Repräsentation, Berlin 1977, S. 177–194.

**Vogel, Bernhard/Nohlen, Dieter/Schultze, Rainer-Olaf,** Wahlen in Deutschland, Theorie, Geschichte, Dokumente, 1848–1970, Berlin 1971.

**Von Hippel, Wolfgang/Stier, Bernhard,** Europa zwischen Reform und Revolution 1800–1850, Stuttgart 2012.

**Von Westphalen, Raban Graf,** Deutsches Regierungssystem, Oldenburg 2001.

**Verhandlungen der zweyten Kammer der Ständeversammlung des Königreichs Bayern** vom Jahre 1831, 9. Band, München 1831.

**Wahrig-Burfeind, Renate,** Fremdwörterlexikon, 2. Auflage, München 2000.

**Weber-Fas, Rudolf,** Epochen deutscher Staatlichkeit, Vom Reich der Franken bis zur Bundesrepublik, Stuttgart 2006.

**Wehler, Hans-Ulrich,** Deutsche Gesellschaftsgeschichte, 1849–1914, Von der „Deutschen Doppelrevolution" bis zum Beginn des Ersten Weltkrieges, 3. Band, München 1995.

**Wende, Peter,** Radikalismus im Vormärz, Wiesbaden 1975.

**Westphal, Siegrid,** Kaiserliche Rechtsprechung und herrschaftliche Stabilisierung, Köln 2002.

**Willoweit, Dietmar,** Deutsche Verfassungsgeschichte, Vom Frankenreich bis zur Wiedervereinigung Deutschlands, 6. Auflage, München 2009.

**Winter, August,** Die Volksvertretung in Deutschlands Zukunft, Göttingen 1852.

**Zaar, Brigitta,** „Weise Mäßigung" und „ungetrübter Blick" – die bürgerlich-liberale Frauenbewegung im Streben nach politischer Gleichberechtigung, in: Brigitte Mazohl-Wallnig (Hrsg.), Bürgerliche Frauenkultur im 19. Jahrhundert, Band 2, Böhlau 1995, S. 233–268.

**Zachariä, Heinrich Albert,** Die deutschen Verfassungsgesetze der Gegenwart, Göttingen 1855.

**Zimmermann, Wilhelm,** Die deutsche Revolution, 2. Auflage, Karlsruhe 1851.

**Zippelius, Reinhold,** Kleine deutsche Verfassungsgeschichte, Vom frühen Mittelalter bis zur Gegenwart, 5. Auflage, München 1999.

## Bücher und Aufsätze zu der Verfassungsgeschichte anderer Staaten

**Beyme, Klaus,** Die parlamentarischen Regierungssysteme in Europa, 2. Auflage, München 1973.

**Fetscher, Iring,** Großbritannien, Gesellschaft-Staat-Ideologie, 3. Auflage, Frankfurt am Main 1978.

**Gebauer, Bernt,** Das britische Oberhaus: Neue Effizienz für eine ehrwürdige Institution? in: Gisela Riescher/Sabine Ruß/Christopf Haas (Hrsg.), Zweite Kammern, Oldenburg 2000, S. 270–287.

**Gneist, Rudolf,** Englische Verfassungsgeschichte, Berlin 1882.

**Gralher, Martin,** Demokratie und Repräsentation in der englischen Revolution, Dissertation, Meisenheim am Glan 1973.

**Hartmann, Peter Claus,** Französische Verfassungsgeschichte der Neuzeit (1450–1980), 2. Auflage, Berlin 2003.

**Hatschek, Julius,** Englische Verfassungsgeschichte bis zum Regierungsantritt der Königin Viktoria, 2. Auflage, Aalen 1978.

**Haupt, Heinz-Gerhard,** Von der französischen Revolution bis zum Ende der Julimonarchie (1789–1848), in: Ernst Hinrichs (Hrsg.), Geschichte Frankreichs, Stuttgart 2002, S. 207–250.

**Hirschauer, Charles,** Les Etat d'Artois, de leurs origines a l'occupation francaise, 1340–1640, Band 1, Dissertation, Bruxelles.

**Holtzmann, Robert,** Französische Verfassungsgeschichte, Von der Mitte des neunten Jahrhunderts bis zur Revolution, Nachdruck der 1. Auflage von 1910, München 1965.

**Jennings, Ivor/Ritter, Gerhard A.,** Das britische Regierungssystem, 2. Auflage, Köln 1970.

**Jones, Colin,** Frankreich, Frankfurt am Main 1995.

**Kluxen, Kurt,** Englische Verfassungsgeschichte, Mittelalter, Darmstadt 1987.

**Köller, Heinz/Töpfer, Bernhard,** Frankreich, Ein historischer Abriß, Von Ludwig XIII. bis zur Gegenwart, Teil 2, 3. Auflage, Berlin 1976.

**Kühne, Jörg-Detlef,** Volksvertretungen im monarchischen Konstitutionalismus (1814–1918), in: Hans-Peter Schneider/Wolfgang Zeh (Hrsg.), Parlamentsrecht und Parlamentspraxis, Berlin 1989, S. 49–102.

**Loewenstein, Karl,** Der britische Parlamentarismus, Entstehung und Gestalt, Hamburg 1964.

**Lousse, Emile,** Parlamentarismus oder Korporatismus in: Heinz Rausch (Hrsg.), Die geschichtlichen Grundlagen der modernen Volksvertretung, Allgemeine Fragen und europäischer Überblick, Band 1, Darmstadt 1980, S. 278–302.

**Montesquieu, Jean Baptiste,** Vom Geist der Gesetze, 1. Band, Tübingen 1951 (Originaltitel: De l'esprit des Lois).

**Peifer, Markus,** Das rechtliche Spannungsverhältnis von Zentralismus und Dezentralisierung in der V. Republik, Eine Untersuchung am Beispiel des Regimes der Chambres de Commerce et d'Industrie, Berlin 2008.

**Reyes, Dante Haro,** Die Rolle zweiter Kammern in Bundesstaaten – rechtsvergleichende Untersuchung am Beispiel Deutschlands, der Vereinigten Staaten von Amerika und der Vereinigten Mexikanischen Staaten, Dissertation, Berlin 2003.

**Richter, Carl,** Staats- und Gesellschaftsrecht der französischen Revolution von 1789–1804, 1. Band, Berlin 1865.

**Riescher, Gisela/Ruß, Sabine/Haas, Christoph M. (Hrsg.),** Zweite Kammern, Oldenburg 2000.

**Rohden, Peter Richard,** Französische Geschichte, Leipzig 1943.

**Schmale, Wolfgang,** Geschichte Frankreichs, Stuttgart 2000.

**Sieburg, Heinz-Otto,** Geschichte Frankreichs, Stuttgart 1975.

**Sieburg, Heinz-Otto,** Grundzüge der französischen Geschichte, 2. Auflage, Darmstadt 1973.

**Voegelin, Eric,** Zwischen Revolution und Restauration, Politisches Denken in England im 17. Jahrhundert, München 1968.

## Bücher und Aufsätze zu den Einzelstaaten

**Andreas, Willy,** Geschichte der badischen Verwaltungsorganisation und Verfassung in den Jahren 1802–1818, Der Aufbau des Staates im Zusammenhang der allgemeinen Politik, Leipzig 1913.

**Andres, Hans,** Die Einführung des konstitutionellen Systems im Großherzogtum Hessen, Nachdruck der Ausgab Berlin 1908, Vaduz 1965.

**Bachmann, Adolf,** Österreichische Reichsgeschichte, 2. Auflage, Prag 1904.

**Barmeyer, Heide,** Lippe 1800–1848, Biedermeier oder Vormärz?, in: Erhard Wiersing (Hrsg.), Lippe im Vormärz, von bothmäßigen Unterthanen und unbothmäßigen Demokraten, Bielefeld 1990, S. 17–55.

**Becht, Hans-Peter,** Vom Ständesaal zur Revolution? Kontinuitäten und Diskontinuitäten in der badischen Geschichte von 1815 bis 1848/49, in: Otto Borst (Hrsg.), Aufruhr und Entsagung. Vormärz 1815–1848 in Baden und Württemberg, Stuttgart 1992, S. 44–64.

**Bethmann, Anke,** Revolutionsrezeption und -gestaltung in Schaumburg – Politische Öffentlichkeit als Indikator des Demokratisierungsprozesses, in: Hubert Höing (Hrsg.), Vom Ständestaat zur freiheitlich-demokratischen Republik, Etappen in Schaumburg, Melle 1995, S. 79–105.

**Böckstiegel, Elke,** Volksrepräsentation in Sachsen, zur Entwicklung der Repräsentation des sächsischen Volkes von 1789–1850, Dissertation, München 1998.

**Böttiger, Karl Wilhelm,** Geschichte des Kurstaates und Königreiches Sachsen, Zweiter Band, Von der Mitte des sechzehnten Jahrhunderts bis auf die neueste Zeit, 1553–1831, Hamburg 1831.

**Bolley, Heinrich Ernst Ferdinand**, „Vortrag von Bolley über landschaftliche Ausschüsse" in: Drey in der würtembergischen Stände-Versammlung gehaltene Vorträge in Beziehung auf die Schrift; über die Trennung der Volksvertretung in zwey Abtheilungen und über Landschaftliche Ausschüsse, Württemberg 1816, S. 1–77.

**Brandt, Otto,** Geschichte Schleswig-Holsteins, 7. Auflage, Kiel 1976.

**Brauneder, Wilhelm,** Österreichische Verfassungsgeschichte, 10. Auflage, Wien 2005.

**Budach, Eckhard Werner,** Das Fürstentum Waldeck in der Zeit des Deutschen Bundes, Studien zur Verfassungsgeschichte der Kleinstaaten 1815–1866, Dissertation, Kiel 1973.

**Bülau, Friedrich,** Darstellung der Verfassung und Verwaltung des Königreichs Sachsen. Aus staatsrechtlichem und politischem Gesichtspunkte, Teil. 1: Verfassung und Verfassungsrecht des Königreichs Sachsen, Leipzig 1833.

**Bülow, Gottfried Philipp,** Zur Erläuterung der Landschaftsordnung des Herzogthums Braunschweig von 1820, Braunschweig 1831.

**Bürsch, Michael**, Kleinstaatliche Verfassung zwischen Vormärz und Reaktion: Studien zur Entstehung der waldeckisch-pyrmontischen Verfassungsurkunden von 1849 und 1852, Kiel 1970.

**Calmes, Christian,** Gründung und Werden eines Landes 1815 – heute, Luxemburg 1989.

**Dobbeler, Adolf,** Über geschichtliche Entstehung, Charakter und zeitgemäße Fortbildung der landständischen Verfassung des Herzogthums Braunschweig und Fürstenthums Blankenburg, Braunschweig 1831. (zit.: Dobbeler, Landständische Verfassung des Herzogthums Braunschweig.)

**Dressel, Carl-Christian,** Die Entwicklung von Verfassung und Verwaltung in Sachsen-Coburg 1800–1826 im Vergleich, Dissertation, Berlin 2007.

**Eberhardt, Hans,** Die Geschichte der Behördenorganisation in Schwarzburg-Sondershausen, Zeitschrift des Vereins für Thüringische Geschichte und Altertumskunde, Beiheft 28, Jena 1943.

**Eichler, Volker,** Nassauische Parlamentsdebatten, Restauration und Vormärz 1818–1847, Band 1, Wiesbaden 1985.

**Engelhardt, Friedrich Wilhelm,** Geschichte der Stadt und Festung Luxemburg, seit ihrer ersten Enstehung bis auf unsere Tage, Luxemburg 1850.

**Engler, Franz,** Revolution und Reaktion in Anhalt-Dessau-Köthen, Ein Beitrag zur Geschicht Anhalts in den Jahren 1848–1861, in: Anhaltische Geschichtsblätter, 4. Heft, Ort 1928.

**Eyschen, Paul,** Das Staatsrecht des Großherzogtums Luxemburg, Tübingen 1910.

**Falkmann, August,** Das Staatsrecht des Fürstenthums Lippe, in: Heinrich Marquardsen (Hrsg.), Handbuch des öffentlichen Rechts, Band 3, 2. Halbband, Freiburg 1888, S. 177–186.

**Fehrenbach, Elisabeth,** Bürokratische Reform und gesellschaftlicher Wandel. Die badische Verfassung von 1818, in: Ernst Otto Bräunche/Thomas Schnabel (Hrsg.), Die badische Verfassung von 1818. Südwestdeutschland auf dem Weg zur Demokratie, Ubstadt-Weiher 1996, S. 13–24.

**Fleck, Peter,** Die 1848/49er Ereignisse und ihre Vorgeschichte in Hessen-Darmstadt, in: Klaus Böhme/Bernd Heidenreich (Hrsg.), Einigkeit und Recht und Freiheit, Die Revolution von 1848/49 im Bundesland Hessen, Opladen 1999, S. 199–220.

**Franz, Eckhart,** Der Landtag des Großherzogtums Hessen 1820–1848, Darmstadt 1998.

**Freiherr von Eberstein, Alfred,** Über die Revolution in Preußen und Deutschland, Leipzig 1938.

**Friedjung, Heinrich,** Österreich von 1848–1860, Die Jahre der Revolution und der Reform 1848–1851, Erster Band, 4. Auflage, Stuttgart 1918.

**Gehrke, Roland,** Landtag und Öffentlichkeit, Provinzialständischer Parlamentarismus in Schlesien, 1825–1845, Köln 2009.

**Geisthövel, Alexa,** Restauration und Vormärz 1815–1847, Paderborn 2008.

**Geisthövel, Alexa,** Eigentümlichkeit und Macht, Deutscher Nationalismus 1830–1851, Der Fall Schleswig-Holstein, Wiesbaden 2003.

**Gerlach, Hellmut,** Die Geschichte des preußischen Wahlrechts, Berlin-Schöneberg 1908.

**Gerner, Joachim,** Vorgeschichte und Entstehung der württembergischen Verfassung im Spiegel der Quellen (1815–1819), Dissertation, Stuttgart 1989.

**Görlitz, Maria,** Parlamentarismus in Sachsen, Königtum und Volksvertretung im 19. und frühen 20. Jahrhundert, Berlin 2011.

**Götschmann, Dirk,** Bayerischer Parlamentarismus im Vormärz, die Ständeversammlung des Königreichs Bayern 1819–1848, Düsseldorf 2002.

**Grefe, Ernst-Hermann,** Gefährdung monarchischer Autorität im Zeitalter der Restauration, Der braunschweigische Umsturz von 1830 und die zeitgenössische Publizistik, Braunschweig 1987.

**Grossert, Werner**, Alle Gewalten gehen vom Volke aus, in: Landesheimatbund Sachsen-Anhalt e.V. (Hrsg.), Zur Kultur- und Sozialgeschichte Sachsen-Anhalts, Halle 1995, S. 90–99.

**Grotefend, Georg August,** Geschichte der allgemeinen landständischen Verfassung des Königreichs Hannover in den Jahren 1814–1848, Hannover 1857.

**Grothe, Ewald,** Verfassungsgebung und Verfassungskonflikt, Das Kurfürstentum Hessen in der ersten Ära Hassenpflug 1830–1837, Dissertation, Berlin 1996.

**Grünthal, Günther,** Parlamentarismus in Preußen 1848/49 – 1857/58, Düsseldorf 1982.

**Günther, Wolfgang,** Parteien und Wahlen in Oldenburg, Beiträge zur Landesgeschichte im 19. und 20. Jahrhundert, Oldenburg 1983.

**Hammer, Michael,** Volksbewegung und Obrigkeiten, Revolution in Sachsen 1830/31, Weimar 1997.

**Hansen, Stefan,** Politisches System des Kleinstaates Liechtenstein, 1. Auflage, Norderstedt 2003.

**Hassel, William,** Geschichte des Königreichs Hannover, Von 1813–1848, Teil 1, Bremen 1898.

**Hecker, Friedrich,** Die Erhebung des Volkes in Baden für die deutsche Republik im Frühjahr 1848, Basel 1848.

**Heinemann, Otto,** Geschichte von Braunschweig und Hannover, 3. Band, Gotha 1892.

**Herntrich, Thomas,** Thüringen, Von den thüringischen Kleinstaaten nach Zerfall des Alten Reiches bis zum Freistaat Thüringen, Dissertation, Marburg 2010.

**Hohnstein, Otto,** Geschichte des Herzogtums Braunschweig, Nachdruck der Ausgabe Braunschweig 1908, Hannover-Doehren 1979.

**Ignor, Alexander,** Monarchisches und demokratisches Prinzip in der liechtensteinischen Verfassungsentwicklung, in: Volker Press/Dietmar Willoweit (Hrsg.), Liechtenstein – Fürstliches Haus und staatliche Ordnung, Vaduz 1987, S. 465–486.

**Jellinek, Georg/Laband, Paul/Piloty, Robert,** Das Staatsrecht des Königreichs Sachsen, Das öffentliche Recht der Gegenwart, Tübingen 1909.

**Jensen, Günter Martin,** Das Domanium Waldeck, Die rechtliche Zuordnung eines Fürstenvermögens, Frankfurt am Main 1984.

**Jonscher, Reinhard,** Kleine thüringische Geschichte, Vom Thüringer Reich bis 1945, Jena 1993.

**Jonscher, Reinhard,** Thüringische Verfassungsgeschichte im 19. Jahrhundert – Ein Abriß, in: Thüringer Landtag (Hrsg.), Thüringische Verfassungsgeschichte im 19. und 20. Jahrhundert, Heft 3, 1. Auflage, Jena 1993, S. 7–48.

**Jonscher, Reinhard,** Verfassungen, Wahlrechte, Bürgerrechte, in: Hans-Werner Hahn/Werner Greiling, Die Revolution von 1848/49 in Thüringen, Aktionsräume, Handlungsebenen, Wirkungen, Rudolstadt 1998, S. 131–146.

**Jordan, D.**, Über die Grundsätze, von welchem bei der Abfassung der churhessischen Verfassung ausgegangen ward, Jahrbücher der Geschichte und Staatskunst, Band 5.

**Kallenberg, Fritz,** Die Sonderentwicklung Hohenzollerns, in: Fritz Kallenberg (Hrsg.), Hohenzollern, Stuttgart 1996. S. 129–282.

**Karenberg, Dagobert,** Die Entwicklung der Verwaltung in Hessen-Darmstadt unter Ludwig I. (1790–1830), Dissertation, Darmstadt 1964.

**Kellner, Wolf Erich,** Verfassungskämpfe und Staatsgerichtshof in Kurhessen, Marburg/Lahn 1965.

**Kirchherr, Roland,** Die Verfassung des Fürstentums Hohenzollern-Sigmaringen vom Jahre 1833. Zu den Auswirkungen der Verfassungstheorien der Zeit des Deutschen Bundes auf das Fürstentum Hohenzollern-Sigmaringen, Dissertation, Köln 1979.

**Klügel, Volker,** Wahlrechtsbeschränkungen und deren Auswirkungen im Königreich Hannover zur Zeit des Frühkonstitutionalismus, Dissertation, Göttingen 1988.

**Kolb, Karlheinz/Teiwes, Jürgen,** Beiträge zur politischen, Sozial- und Rechtsgeschichte der hannoverschen Ständeversammlung von 1814–1833 und 1837–1849, Hildesheim 1977.

**Kolmer, Gustav,** Parlament und Verfassung in Österreich, Erster Band 1848–1869, Wien 1902.

**Kommission für geschichtliche Landeskunde in Baden-Württemberg,** Handbuch der baden-württembergischen Geschichte, Vom Ende des Alten Reiches bis zum Ende der Monarchien, Band 3, Stuttgart 1992.

**Körner, Hans-Michael,** Geschichte des Königreichs Bayern, München 2006.

**Kotulla, Michael,** Das konstitutionelle Verfassungswerk Preußens (1848–1918), Berlin 2003.

**Krauss, Marita,** Herrschaftspraxis in Bayern und Preußen im 19. Jahrhundert, Frankfurt 1997.

**Krüger, Jürgen,** Blindheit und Königtum, Die Blindheit des Königs Georg V. von Hannover als verfassungsrechtliches Problem, Dissertation, Frankfurt am Main 1992.

**Kunze, Marco,** Braunschweigs Weg zur „Neuen Landschaftsordnung" 1830–1832, „Der souveraine Landesfürst, als Oberhaupt des Staates, vereinigt in sich die gesammte, ungetheilte Staatsgewalt, und übt sie auf verfassungsmäßige Weise aus.", Norderstedt 2007.

**Kupfer, Torsten,** Der Weg zum Bündnis: entschieden Liberale und Sozialdemokraten in Dessau und Anhalt im Kaiserreich?, Böhlau 1998.

**Lammert, Friedrich,** Verfassungsgeschichte von Schwarzburg-Sondershausen, Bonn und Leipzig 1920.

**Lange, Ulrich,** Landtage in Schleswig-Holstein, Rudolf Titzck, Landtage in Schleswig-Holstein gestern-heute-morgen, Husum 1987, S. 11–46.

**Langewiesche, Dieter,** Liberalismus und Demokratie in Württemberg zwischen Revolution und Reichsgründung, Dissertation, Düsseldorf 1974.

**Lathwesen, Heinrich,** Der Schaumburg-Lippische Landtag und seine Abgeordneten, Bückeburg 1974.

**Lengemann, Jochen,** Landtag und Gebietsvertretung von Schwarzburg-Rudolstadt 1821–1923, Jena 1994.

**Lentz, Sebastian,** Das nördliche Vogtland um Greiz, Köln 2006.

**Losch, Philipp,** Geschichte des Kurfürstentums Hessen 1803–1866, Marburg 1922.

**Matzerath, Josef,** Adelsprobe an der Moderne, Sächsischer Adel 1763–1866, Entkonkretisierung einer traditionalen Sozialformation, Stuttgart 2006.

**Mayer, Otto,** Das Staatsrecht des Königreichs Sachsen, Tübingen 1909.

**Melik, Vasilij,** Wahlen im alten Österreich, am Beispiel der Kronländer mit slowenischsprachiger Bevölkerung, Wien 1996.

**Menzinger, Rosemarie,** Verfassungsrevision und Demokratisierungsprozeß im Königreich Württemberg, ein Beitrag zur Entstehungsgeschichte des Parlamentarischen Regierungssystems in Deutschland, Dissertation, Stuttgart 1969.

**Müller, Gerhard,** Heinrich Luden als Parlamentarier, ein Beitrag zur frühen Parlamentsgeschichte Sachsen-Weimar-Eisenachs 1816–1832, 1. Auflage, Weimar 1998.

**N.N.,** Die neue Gesetzgebung Österreichs, erläutert aus den Reichsrathsverhandlungen, 1. Band: Die Verfassungsgesetze und die Gesetze über den finanziellen Ausgleich mit Ungarn, Wien 1868.

**Nathan, Helene,** Preußens Verfassung und Verwaltung im Urteile rheinischer Achtundvierziger, Dissertation, Bonn 1912.

**Nathusius, Ulrich,** Kurfürst, Regierung und Landtag im Dauerkonflikt, Studien zur Verfassungsgeschichte Kurhessens in der Reaktionszeit (1850–1859), Dissertation, Kassel 1996.

**Neemann, Andreas,** Landtag und Politik in der Reaktionszeit, Sachsen 1849/50–1866, Dissertation, Düsseldorf 2000.

**Niebuhr, Hermann,** Das Fürstentum Lippe 1848–1853, in: Wilfried Reininghaus/Horst Conrad (Hrsg.), Für Freiheit und Recht, Westfalen und Lippe in der Revolution von 1848/49, Münster 1999, S. 74–87.

**Oberschelp, Reinhard,** Politische Geschichte Niedersachsens 1803–1866, Hildesheim 1998.

**Opitz, Eckardt,** Schleswig-Holstein – Landesgeschichte in Bildern, Texten und Dokumenten, Hamburg 1988.

**Oppermann, Heinrich Albert,** Zur Geschichte des Königreichs Hannover von 1832–1860, 1832–1848, Band 1, Leipzig 1860.

**Ortloff, Hermann,** Die Verfassungsentwicklung im Großherzogtum Sachsen-Weimar-Eisenach, Zeitschrift des Vereins für thüringische Geschichte und Altertumskunde, 2. Supplementheft, Jena 1907.

**Pfeiffer, Burkhard Wilhelm,** Geschichte der landständischen Verfassung in Kurhessen, Cassel 1834.

**Pölitz, Karl Heinrich Ludwig,** Andeutungen über den staatsrechtlichen und politischen Charakter des Grundgesetzes für das Herzogthum Sachsen-Altenburg vom 29. April 1831; mit vergleichender Rücksicht auf die Verfassungen von Schwarzburg-Sondershausen, Churhessen, Hannover und Braunschweig, Leipzig 1831.

**Pollmann, Klaus Erich,** Die braunschweigische Verfassung von 1832, Hannover 1982.

**Pollmann, Klaus Erich,** Die Landschaftsordnung von 1832, in: Werner Pöls/Klaus Erich Pollmann, Moderne braunschweigische Geschichte, Hildesheim 1982, S. 6–53.

**Quaderer, Rupert,** Politische Geschichte des Fürstentums Liechtenstein von 1815–1848, Dissertation, Vaduz 1969.

**Ranke, Leopold,** Aus dem Briefwechsel Friedrich Wilhelm IV. mit Bunsen, Leipzig 1981.

**Raton, Pierre,** Liechtenstein, Staat und Geschichte, Vaduz 1969.

**Real, Willy,** Der hannoversche Verfassungskonflikt von 1837/39, Göttingen 1972.

**Real, Willy,** Die Revolution in Baden 1848/49, Stuttgart 1983.

**Regierungsblatt für das Königreich Württemberg vom Jahr 1834**, Stuttgart 1834.

**Rhamm, Albert,** Das Staatsrecht des Herzogtums Braunschweig, Tübingen 1908.

**Riehl, Wilhelm Heinrich,** Nassauische Chronik des Jahres 1848, Idstein 1979.

**Roesler, Robert**, Geschichte des Königreichs Sachsen von der ältesten bis zur neusten Zeit, 2. Augabe, Leipzig 1870.

**Rösner, Cornelia,** Nassauische Parlamentarier, Der Landtag des Herzogtums Nassau 1818–1866, Teil 1, Wiesbaden 1997.

**Sarholz, Hans,** Das Herzogtum Nassau 1813–1815. Ein Beitrag zur Geschichte des Rheinbundes und der Befreiungskriege, in: Nassauische Annalen, Band 57, Wiesbaden 1937, S. 55–119.

**Sauer, Wilhelm,** Das Herzogtum Nassau in den Jahren 1813–1820, Ein Beitrag zur Geschichte der gleichzeitigen politischen Bewegungen in Deutschland, Wiesbaden 1893.

**Scharff, Alexander,** Schleswig-Holstein in der deutschen und nordeuropäischen Geschichte, Stuttgart 1969.

**Schilfert, Gerhard,** Sieg und Niederlage des demokratischen Wahlrechts in der deutschen Revolution von 1848/49, Berlin 1952.

**Schlegelmilch, Arthur,** Die Alternative des monarchischen Konstitutionalismus. Eine Neuinterpretation der deutschen und österreichischen Verfassungsgeschichte des 19. Jahrhunderts, Bonn 2009.

**Schmidt, Gerhard,** Die Staatsreform in Sachsen in der ersten Hälfte des 19. Jahrhunderts, eine Parallele zu den Steinschen Reformen in Preußen, Weimar 1966.

**Schneider, Karl Heinz**, Schaumburg in der Industrialisierung: Vom Beginn des 19. Jahrhunderts bis zur Reichsgründung, Band 1, Hannover 1994.

**Schücking, Walther,** Das Staatsrecht des Großherzogtums Oldenburg, Tübingen 1911.

**Schüler, Winfried,** Das Herzogtum Nassau 1806–1866, Wiesbaden 2006.

**Schultz-Hansen, Hans,** Demokratie oder Nationalismus. Politische Geschichte Schleswig-Holsteins 1830–1918, in: Ulrich Lange (Hrsg.), Geschichte Schleswig-Holsteins, Neumünster 1996, S. 427–486.

**Schulze, Hagen,** Preußen von 1850 bis 1871, Verfassungsstaat und Reichsgründung, in: Otto Büsch (Hrsg.), Handbuch der preußischen Geschichte, Band II: Das 19. Jahrhundert und Große Themen der Geschichte Preußens, Berlin 1992, S. 293–372.

**Schweitzer, Christian Wilhelm,** Öffentliches Recht des Großherzogthumes Sachsen-Weimar-Eisenach, 1. Teil, Weimar 1825.

**Seier, Hellmut,** Akten und Dokumente zur kurhessischen Parlaments- und Verfassungsgeschichte 1848–1866, Marburg 1987.

**Seier, Hellmut,** Revolution in Kurhessen 1848–1850, in: Klaus Böhme/Bernd Heidenreich (Hrsg.), Einigkeit und Recht und Freiheit, Die Revolution von 1848/49 im Bundesland Hessen, Opladen 1999, S. 35–58.

**Spenkuch, Hartwin,** Das preußische Herrenhaus, Adel und Bürgertum in der Ersten Kammer des Landtags 1854–1918, Dissertation, Düsseldorf 1998.

**Stengers, Jean,** Das belgische Verfassungsmodell von 1831 und die holländische und luxemburgische Verfassung von 1848, in: Martin Kirsch/Pierangelo Schierer (Hrsg.), Verfassungswandel um 1848 im europäischen Vergleich, Berlin 2001, S. 285–300.

**Stieglitz, Annette,** Ständegeschichte der hessischen Grafschaft Schaumburg, 1640–1821, Melle 2000.

**Stockinger, Thomas,** Die Wahlen zum konstituierenden Reichstag von 1848 in den ländlichen Wahlbezirken von Niederösterreich, in: Jahrbuch für Landeskunde von Niederösterreich, Neue Folge 69/71, 2003–2005, St. Pölten 2007, S. 1–170.

**Tischner, Wolfgang,** Anton, in: Frank-Lothar Kroll (Hrsg.), Die Herrscher Sachsens. Markgrafen, Kurfürsten, Könige 1089–1918, München 2004, S. 223–236 und 343 f.

**Vogel, Stephanie,** Die liberale Bewegung in Sachsen 1830–1849 (unter besonderer Berücksichtigung des politischen Zentrums Leipzig), Dissertation, Bonn 1993.

**Volkhausen, Carl,** Zur Geschichte eines kleinen Staates, Bielefeld 1999.

**Vollmer, Hans-Jürgen,** Der Kampf um die Grundrechte und um die Revision der Verfassung in Württemberg (1848–1852), Dissertation, Freiburg 1967.

**Walter, Friedrich,** Österreichische Verfassungs- und Verwaltungsgeschichte von 1500–1955, Wien 1972.

**Wasielewski, Andreas,** Der kurhessische Verfassungskonflikt von 1850 in der Bewertung des Deutschen Konstitutionalismus, Dissertation, Kassel 1990.

**Weech, Friedrich,** Geschichte der badischen Verfassung, Karlsruhe 1868.

**Weigel, Dieter,** Fürst, Stände und Verfassung im frühen 19. Jahrhundert, Studien zur Entstehung der Verfassungsurkunden von 1814 und 1816 des Fürstentums Waldeck, Dissertation, Korbach 1967.

**Wettengel, Michael,** Die Revolution von 1848/49 im Herzogtum Nassau, in: Klaus Böhme/Bernd Heidenreich (Hrsg.), Einigkeit und Recht und Freiheit, Die Revolution von 1848/49 im Bundesland Hessen, Opladen 1999, S. 157–198.

**Wiegand, Hanns-Jürgen,** Direktdemokratische Elemente in der deutschen Verfassungsgeschichte, Dissertation, Berlin 2006.

**Witzleben, Caesar Dietrich,** Dic Entstehung der constitutionellen Verfassung des Königreichs Sachsen, Leipzig 1881.

**Woeniger, August Theodor,** Preußens Erster Reichstag: Eine Zusammensetzung der ständischen Gesetze, der Mitglieder und der Verhandlungen des ersten Vereinigten Landtags, nebst einem geschichtlichen Umriß seiner Verhältnisse, 2. Teil, Berlin 1847.

**Wrage, Michael,** Der Staatsrat im Königreich Hannover 1839–1866, Dissertation, Hamburg 2001.

**Zeise, Roland,** Die bürgerliche Umwälzung, in: Karl Czok (Hrsg.), Geschichte Sachsens, Weimar 1989, S. 332–380.

www.ingramcontent.com/pod-product-compliance
Ingram Content Group UK Ltd.
Pitfield, Milton Keynes, MK11 3LW, UK
UKHW021918290926
8980IPUK00015B/1331

9 783631 667699